Franco Rol

L'Uomo dell'Impossibile

Documenti, lettere, articoli, analisi su
Gustavo Adolfo Rol

Anni '60 e '70

VOLUME V

© 2022 Franco Rol – Tutti i diritti riservati

ISBN: 979-8-89480-732-4

Prima edizione: novembre 2022
Seconda edizione: maggio 2024

Siti e pagine principali dell'Autore:

www.gustavorol.org

facebook.com/Gustavo.A.Rol

facebook.com/FrancoRolAutore

facebook.com/FrancoRolPilota

youtube.com/FrancoRol

Si ringrazia l'Archivio Storico del Comune di Torino per la messa a disposizione del materiale su G.A. Rol – fotografato dall'Autore – proveniente dal lascito della dott.ssa Catterina Ferrari.

INDICE

	Introduzione al Vol. V………………………………………	9
1.	*Enigmi a Torino – Il Grande Rol* (Leo Talamonti) ……………	12
2.	Le due statuette "magiche" …………………………………….......	29
3.	Lettere di Leo Talamonti (1962-1963)……………………………	33
4.	Lettere di Nino Rota (1948/1961)………………………………..	52
5.	Una cartolina di Fellini …………………………………………..	59
6.	Lettere di Fellini (1963-1964)……………………………………	60
7.	Buzzati e Fellini (1964)…………………………………………..	65
8.	Lettere di Fellini (1965)…………………………………………...	72
9.	Buzzati e Fellini (1965)…………………………………………...	76
10.	*Un pittore morto da 70 anni ha dipinto un paesaggio a Torino* (Dino Buzzati)…………………………………………………….	80
11.	*Torino misteriosa* (Almerina Buzzati)……...………………….......	99
12.	Telegrammi di Fellini (1965)……...……………………………..	105
13.	*Alla ricerca dei misteri d'Italia*…………………………………...	107
14.	Lettera di Dino Buzzati (1968) ………………………………….	111
15.	*Il dottor Rol* (Piero Femore)…………………………………….	114
16.	Estratti da *Universo Proibito* (Leo Talamonti)…………………..	119
17.	Lettera di Donato Piantanida (1963)……………………………...	125
18.	Lettere di Fellini (1967)…………………………………………..	130
19.	*"Ho udito la voce di vecchi amici"* (Federico Fellini)………….	132

20.	Lettere di Fellini (1969)..	136
21.	*Quella sera a Torino con il mago di Fellini* (Tullio Kezich).........	137
22.	Lettere di Fellini (1973-1974).....................................	141
23.	Le non-iniziazioni di Rol..	150
24.	Lettere di Giorgio di Simone (1966)................................	152
25.	*Gustavo Adolfo Rol* (Nicola Riccardi).............................	154
26.	*Rol: il gentiluomo superuomo* (Dino Biondi)......................	176
27.	*Rol: sono un uomo come gli altri* (Dino Biondi)...................	182
28.	*Gustavo Adolfo Rol (Nota preliminare)* (Piero Cassoli e Massimo Inardi)	191
29.	Due lettere del dr. Franco Bona (1967-1969)......................	206
30.	Da una conversazione con Franco Bona (2002)....................	211
31.	*Pittura spiritica* (Nicola Riccardi)................................	212
32.	Comunicazioni di Barbara Riccardi................................	223
33.	Lettera di Hans Bender (1968).....................................	227
34.	*Gli spettri in laboratorio* (Enrico Altavilla).......................	230
35.	Lettera di Giorgio Alberti (1968)..................................	235
36.	*«Esperimenti» eseguiti dal dott. G.A. Rol a Torino* (Giorgio Alberti)	238
37.	Seconda lettera di Giorgio Alberti.................................	243
38.	Lettere di Giorgio di Simone (1969*a*)............................	244
39.	Lettera di Rol a Giorgio di Simone................................	246
40.	*Dibattito sui fenomeni provocati dal Dr. Rol* (I) – 1969.........	248

41.	Lettere di Giorgio di Simone (1969*b*).............................	266
42.	*Dibattito sui fenomeni provocati dal Dr. Rol* (II) – 1970.........	268
43.	*Appunti sulla relazione e sul dibattito riguardante G.A. Rol* (Jacopo Comin)	303
44.	*La trasfigurazioni di E.F. Seddon* (Mrs Bullock).................	309
45.	*Carte da giuoco e chiaroveggenza* (Emilio Servadio)............	315
46.	*Nuove esperienze col medium Kordon-Veri* (Emilio Servadio)..	317
47.	*La difficile eredità di Rol* (Emilio Servadio)......................	319
48.	Lettere di Leo Talamonti (1970)......................................	322
49.	Estratti da *Operazioni psichiche sulla materia* (Nicola Riccardi)	331
50.	*Opinioni* (Giorgio di Simone).......................................	348
51.	Lettere di Nicola Riccardi a Giorgio di Simone (1970*a*)	358
52.	Lettere di Giorgio di Simone (1970*a*).............................	362
53.	*Incontro con Gustavo Adolfo Rol* (Giorgio di Simone)...........	372
54.	Lettere di Nicola Riccardi a Giorgio di Simone (1970*b*)..........	383
55.	Lettere di Giorgio di Simone (1970*b*).............................	385
56.	Lettere di Nicola Riccardi a Giorgio di Simone (1971)...........	387
57.	Lettere di Giorgio di Simone (1971-1972)........................	389
58.	*Il prodigio come un gioco* (Giovanni Serafini)....................	405
59.	*I fantasmi del pomeriggio* (Carlo Moriondo).....................	411
60.	Estratti da *L'occulto in laboratorio* (Nicola Riccardi)	420
61.	Altri documenti aggiunti con la seconda edizione.................	437

Introduzione

*Tutta la mia vita si è sempre svolta
in una naturale atmosfera di costanti "possibilità"*
G.A. Rol, 1969

Tutti gli esperimenti sono possibili
G.A. Rol, 1969

Nella vita e biografia di Rol gli anni '60 e '70 sono forse i più significativi, sia per l'aumento sostanziale di testimonianze, articoli e relazioni su di lui, che per il suo rapporto con il mondo "esterno": se si escludono i brevi cenni su *La Stampa* e altri periodici nel 1949 in occasione dell'incidente aereo di Giorgio Cini, l'articolo su *Epoca* nel 1951 e i capitoli nel libro di Pitigrilli *Gusto per il mistero* pubblicato in Italia nel 1954, all'inizio degli anni '60 – Rol ormai sessantenne – il pubblico non sapeva quasi nulla di lui. Di fatto, il solo articolo su *Epoca* poteva avere una certa risonanza – e sappiamo bene come Rol ne fu deluso – il resto essendo poco evidente o "di nicchia". Per quanto è dato di conoscere nel momento in cui scrivo (novembre 2022) per tutti gli anni '50 Rol non permise a nessun altro giornalista di scrivere sul suo conto e non è dato sapere a quanti concesse di incontrarlo informalmente. Tra le eccezioni di un certo livello intellettuale ci fu l'incontro con Vittorio Beonio-Brocchieri, che era molto più di un giornalista, e che ho collocato nella seconda metà degli anni '50 e che comunque pubblicò la sua testimonianza su Rol, vista nel volume precedente, solo nel 1964.
Dovettero passare 11 anni dall'articolo di *Epoca* perché Rol si dispose a incontrare nuovamente un giornalista, questa volta però con la differenza che il cronista in questione mostrava di avere sia una conoscenza che un approccio non superficiali nei confronti delle tematiche che intendeva trattare, in una inchiesta in più puntate che avrebbe avuto come titolo generale *Un viaggio quasi incredibile alle frontiere sconosciute della mente*, sul noto e diffuso periodico *La Settimana Incom Illustrata*.
Come emerge dalle lettere inedite che pubblico in questo volume e dall'incrocio di altre informazioni, Leo Talamonti dovette incontrare Rol la prima volta il 15 marzo 1962, l'inchiesta uscì in nove puntate nell'estate dello stesso anno ma... di Rol non si fece alcuna menzione. Si dovrà invece attendere il gennaio del 1966, quando venne pubblicato il libro di Talamonti *Universo proibito*, per trovare un po' a macchia di leopardo aneddoti che lo riguardano.
Questo dovrebbe essere l'indice – l'ennesimo – di quanto Rol non desiderasse che si parlasse di nuovo di lui su riviste a grande divulgazione e che avesse accolto Talamonti soprattutto per venire incontro al suo

desiderio di ricercatore, chiedendogli però poi di non fare alcun articolo su di lui.

Per la prima eccezione a questa "riservatezza ortodossa", conforme alla tradizione iniziatica – ma anche di qualunque forma di apprendimento teorico-pratico – che di certe cose se ne può e se ne deve parlare a condizione di farlo nei modi e nelle circostanze opportune, *nei limiti del possibile*, dovremo attendere l'agosto del 1965, ovvero 14 anni e mezzo dall'articolo di *Epoca*, con una testata giornalistica di eccezione, il *Corriere della Sera* e un cronista non da meno: Dino Buzzati, a quei tempi uno dei più noti scrittori italiani, conosciuto anche internazionalmente, e tra i maggiori del '900.

Probabilmente Buzzati desiderava conoscere Rol già da qualche tempo, forse qualche anno, lo aveva menzionato l'anno precedente sempre sul *Corriere*, quando aveva raccolto la testimonianza di André Sella, proprietario dell'Hotel du Cap, sull'incidente di Cini.

E fu Leo Talamonti, come lui stesso afferma, l'intermediario dell'incontro[1].

Il *Corriere* pubblicò l'articolo[2] quasi a tutta pagina e certo non passò inosservato.

Da quel momento Rol si aprì di più alla stampa – che intanto aveva cominciato a parlare di lui anche per la sua amicizia col regista Federico Fellini, resa pubblica a partire da un articolo sul periodico francese *Planète* e nella sua versione italiana *Pianeta* (fine 1964 inizio 1965) – accettando di incontrare nel 1966 e 1967 il giornalista Dino Biondi de *Il Resto del Carlino*, e Giovanni Serafini dello stesso quotidiano all'inizio del 1972, anno in cui farà la conoscenza anche di Remo Lugli per *La Stampa* e di Luciana Jorio per *Grazia*.

Intanto il decennio 1965-1975, e in particolare il quinquennio 1967-1972, sarà l'"epoca dei parapsicologi", ovvero quella di studiosi e ricercatori che scrivevano su periodici specializzati sulla parapsicologia e lo studio dei fenomeni paranormali, come *Metapsichica* (1966-1968-1970), *Quaderni di parapsicologia* (1970), *Informazioni di parapsicologia* (1970-1972-1973), *Scienza e Ignoto* (1973), *Il Giornale dei Misteri* (1975), *Esp* (1975).

Si tratta di materiale prezioso perché l'approccio degli studiosi in questione era razionale e critico, spesso persino scettico; la loro esigenza di fornire una testimonianza quanto più attendibile e precisa, spesso trascritta nelle ore o giorni successivi agli incontri, con memoria ancora fresca e lucida, ci ha consegnato resoconti dettagliati, soprattutto di quegli esperimenti che per Rol erano "solo" il primo gradino, dove le carte erano le protagoniste indiscusse. Avendoli anche io visti, posso confermare la difficoltà di illustrarli a parole, e tale difficoltà aumenta con l'aumentare

---

[1] Lo dice in *I protagonisti invisibili*, Rizzoli, Milano, 1990, p. 173.
[2] Cfr. p. 80 in questo volume.

della distanza temporale da quando si sono visti. Questo a causa della loro *complessità*, dell'intreccio e delle combinazioni di numeri, simboli, parole, tanto che, a meno di non averli annotati prontamente, si ricordano solo quelli con meno passaggi e spesso con particolari secondari inesatti (ad esempio la carta campione di un dato esperimento confusa con quella di un altro simile tra altri venti).

Tutto questo materiale disperso e poco accessibile viene ora qui riunito, sempre in ordine cronologico fatte rare eccezioni, e inframezzato con lettere inedite degli stessi autori e di altri che incontrarono Rol, per fornire un quadro il più possibile completo di quel periodo storico e illuminare le relazioni intercorse, con l'aggiunta di miei approfondimenti, analisi, chiarimenti e correzioni per consegnare al futuro un corpus documentale di rilievo.

Gli anni '70 da soli tuttavia presentano una quantità di documentazione troppo estesa per poter essere contenuta integralmente in questo volume. Ragion per cui la trattazione continuerà in un volume successivo dove saranno inclusi anche gli anni '80.

Enigmi a Torino
Il grande Rol

di Leo Talamonti

Agosto 1975[1]

...la realtà ha una sua *componente magica,* la quale si manifesta di rado e solo agli occhi di chi in essa crede; ma quando si manifesta, può compiere autentici prodigi.
E non li compie soltanto in circostanze drammatiche: se è vero – come si legge in *Enigmi a Torino* – che c'è un compito signore il quale dispone di stranissimi poteri, e ne fa uso quotidiano. Può comandare, ad esempio – a un anello che si trovi infilato al dito di una persona presente e a lui sconosciuta – di andarsi a infilare seduta stante all'interno di una torta nuziale già preparata; può obbligare degli oggetti lontani nel tempo o nello spazio a concretarsi *hic et nunc* ... E viene sempre obbedito! Sono cose da far perdere il senno a chi crede che l'universo e la vita non abbiano ormai più segreti per la scienza, e che l'uomo sia nient'altro che la piccolissima ruota di un colossale ingranaggio meccanico a funzionamento ben noto. Strana condizione, quella di una scienza che si trova costretta, per salvare la propria credibilità, a negare energicamente l'esistenza di fatti che smentiscono le premesse fondamentali su cui essa si fonda: una delle quali, ad esempio, vuole che il futuro non può esserci noto, perché *non esiste ancora. ...*

Enigmi a Torino

Fu già un tempo nel quale gli ordini del direttore di un giornale non si discutevano, né faceva differenza che si trattasse di un quotidiano o di un periodico a respiro più ampio. Naturalmente non era in causa alcuna soggezione dettata dalla paura: come capita invece sotto le armi, dove

---

[1] *Enigmi a Torino* è il titolo del capitolo dedicato a Rol nel volume di Talamonti: *Gente di Frontiera*, Milano, Mondadori, 1975, pp. 107-125 (il brano introduttivo è tratto invece da pp. 12-13); *Il grande Rol* è invece il titolo dell'articolo, che riproduce lo stesso capitolo, sulla rivista *Grazia*, n. 1812, 16/11/1975, pp. 54-62. L'incontro tra Rol e Talamonti avvenne a quanto pare nel marzo 1962 (come si evince dalla lettera del 18/03/1962 che pubblico a p. 33 correggendo un errore dello stesso autore che in *Universo proibito* scrisse invece «marzo 1961», errore poi ripreso in una lettera del 1970, *infra* p. 322), per questo ho deciso di iniziare il volume con questo scritto, che si sofferma abbastanza anche sull'antefatto dell'incontro e fornisce un quadro generale di Rol, che Talamonti incontrò altre volte sia quell'anno che negli anni successivi.

qualsiasi superiore ti può «sbattere», come dicono, «dentro», ed è una gran brutta cosa; ma poi tutto finisce lì e la punizione non influisce quasi mai sulla carriera: anzi una punizioncella ogni tanto ci vuole, se no dicono che non hai carattere[2].

Il grande ROL

A Torino vive un tipo straordinario dotato di capacità fuori del normale: questa è una testimonianza sui fatti misteriosi di cui è protagonista.

Grande è il potere che una divisa può esercitare su un'altra, per una piccola differenza di grado; eppure non è nulla – dirò meglio: non era nulla – a paragone del potere di un direttore di allora, che non aveva bisogno di spauracchi tangibili, per esercitarsi. Gli bastava tenere in pugno i collaboratori attraverso il loro narcisismo, concedendo, oppure no, le soddisfazioncelle professionali a cui quelli potevano ambire; e siccome di regola il narcisismo è proporzionale alla vocazione giornalistica, se ne traggano le conseguenze del caso. Gli hai presentato, poniamo, un certo servizio già da parecchi giorni, tu, vile collaboratore, e positivamente sai che lo ha letto. Se non te ne dice nulla e neppure ti guarda quando lo incontri, ti senti come un verme. Se ti guarda sia pure distrattamente, e ti saluta, puoi respirare: le cose vanno bene, per te. Se poi il saluto è cordiale o addirittura compiaciuto, puoi cominciare a sentirti come un eroe, almeno fino alla prossima occasione di attesa e di dubbio.
Cose d'altri tempi, s'intende; ma sarebbe difficile, senza questa premessa, capire il comportamento acquiescente e volenteroso ch'io dimostrai

---

[2] Fino a qui, solo in *Gente di frontiera*; di seguito, anche nell'articolo.

quando il mio direttore – che da Milano reggeva le sorti di un noto settimanale – mi tenne questo discorsetto, parola più parola meno[3]:
«Giorni fa, a Torino, ho conosciuto un tipo alquanto insolito, capace di fare scherzi che lasciano senza fiato. Sarebbe bene che ti occupassi anche di lui, in uno dei prossimi tuoi articoli sulle frontiere della mente, eccetera. D'accordo?». Prima ancora di sapere a chi si riferisse, gli avevo già detto di sì. Dopo di che, gli chiesi come si chiamava quel tale, e la risposta non fu incoraggiante. Suonava pressappoco così: «Rolla o Rolli, o qualcosa del genere; ma non ne sono affatto sicuro. Ci hanno presentato in occasione di un pranzo in casa di comuni amici, ma non sperare che ti dia il loro nome; non mi garba che siano disturbati per faccenduole come questa. Non dubito però che ti sarà facile rintracciarlo: non è poi così grande, Torino, e chissà quanta gente avrà sentito parlare di lui, soprattutto a proposito di quelli che si occupano di metapsichica (si dice così?). Si tratta di un industriale: altra indicazione preziosa».
«Ti do un'idea di ciò che è in grado di fare quel signore. Mettiamo il caso che tu gli abbia stretto la mano di sfuggita, e poi vi siete seduti allo stesso tavolo da pranzo, alle due estremità opposte. Mi segui? Ogni tanto ti si accosta la cameriera e ti riconsegna un *tuo* oggetto personale che l'altro le ha dato da restituirti: un orologio, o una penna stilografica, o un taccuino; insomma qualcosa che non avrebbe potuto né dovuto muoversi dalla tua tasca; e invece si è mosso, eccome».
«Un prestigiatore, diciamo?».
«Piano, aspetta. A un dato momento, quel Tizio che sta dalla parte opposta alla tua si mette a recitare ad alta voce il contenuto di una lettera *molto privata* che tu sai di avere nel portafogli, e allora ti precipiti a vedere se c'è ancora. C'è, ma quello lì seguita a leggerla ugualmente, come l'avesse in mano lui. Lo stupore, a questo punto, cede ovviamente il passo alla contrarietà, e tu gli dici di smetterla; l'altro obbedisce, ma se la ride. Se non si fosse fermato al punto giusto, potresti anche offenderti; ma si è fermato e non hai di che risentirti. A parte ciò, ha un aspetto per bene, molto per bene... Ecco, ti ho detto tutto. Va, trovalo e cucinalo a dovere. È *un fenomeno unico*, e tutti gli studiosi di parapsicologia (è così che si dice, mi pare) sapranno certamente chi è...»
Dove si vede fino a qual punto si possa illudere il direttore di un periodico sia pure autorevole, supponendo che basti professare di occuparsi di parapsicologia, per essere al corrente di certe cose. La parapsicologia «ufficiale», diciamo così, segue strane vie tortuose che non di rado l'allontanano dalle fonti vere o presunte dei fenomeni paranormali; diciamo pure che in genere ci si limita a fare dell'accademia scritta o

---

[3] Il brano che segue l'ho riprodotto in parte sia in *Fellini & Rol* che nel vol. III, preceduto dalla testimonianza di Pierangelo Garzia (I-155) che aveva intervistato Talamonti nel 1981. Il direttore è Lamberto Sechi, il settimanale è *La Settimana Incom illustrata*.

verbale, accontentandosi di rimasticare notizie e opinioni provenienti dall'estero. Non è una regola, ma quasi. A quel tempo, l'uomo di cui ci occupiamo era noto soltanto a pochi intimi. Per decenni aveva chiuso la porta in faccia a curiosi e giornalisti. Praticamente fui io ad aprire la serie delle incursioni indiscrete nella sua vita[4]; dopo di che il suo atteggiamento difensivo cominciò a rilassarsi, e di ciò approfittarono in tempi diversi parecchi altri giornalisti o scrittori, tra cui qualche nome illustre: Buzzati. Infine si mossero anche alcuni studiosi[5], e fu interessante vedere come reagivano a quell'incontro, che poteva considerarsi come un test di probità intellettuale, intelligenza e carattere. Non tutti ne uscirono con onore. Giunsero a indire un convegno speciale per confrontare le proprie opinioni sull'enigmatico signore di Torino[6], e i pareri, al solito, risultarono assai discordi. Pochi ebbero il coraggio di rendere omaggio indiscusso agli aspetti inquietanti e problematici di una certa realtà che si era manifestata, ai loro occhi, per il tramite di quel signore.

Dopo l'incarico ricevuto, a me non restò che precipitarmi alla sede centrale della società dei telefoni, a Milano, e passare in sfiduciata rassegna i Rolla, Rolli e Rollo che si susseguivano a schiere compatte nel prontuario telefonico di Torino. Non ci volle molto perché mi convincessi che non era quello il modo più razionale di affrontare il problema; e stavo per rinunciare, quando l'occhio mi cadde su un cognome insolito e caratteristico (Rol) ripetuto solo tre volte. Per uno di quei nominativi figuravano due numeri, uno per l'abitazione e l'altro per lo stabilimento. Non aveva detto, il despota, che si trattava di un industriale?
«Spiacente» mi rispose all'altro capo del filo una voce gentile e sconosciuta «ma non può trattarsi di me. Avrei pranzato con il direttore di un periodico? Mai conosciute persone del genere in vita mia, a parte il fatto che da mesi non ricevo inviti a pranzo. Non si tratterà di mio cugino Adolfo?[7] Io non ho il tempo di fare vita mondana; lui sì».

---

[4] In realtà, prima di lui furono Laura Bergagna (1949), Furio Fasolo (1951) e Pitigrilli (1952). Dopo il 1962, ma prima che Talamonti pubblicasse il primo dei libri in cui parlava di Rol (*Universo proibito*, 1966), furono Vittorio Beonio Brocchieri (1964) e Dino Buzzati (1965, anche se fu Talamonti a fargli incontrare Rol).

[5] Nell'ordine, a partire dal 1965-1966: Nicola Riccardi, Giorgio di Simone, Piero Cassoli e Massimo Inardi, Gastone De Boni, Giorgio Alberti e Hans Bender, Ugo Dèttore e altri. Le loro opinioni, relazioni, articoli, lettere, sono tutte riunite a partire da questo volume.

[6] Si tratta delle conferenze tenutesi a Milano il 16 novembre 1969 e il 1° febbraio 1970, il cui dibattito venne pubblicato sulla rivista *Metapsichica*. Si vedano pp. 248 e sgg. e 268 e sgg. in questo volume.

[7] Come ho già riferito in volumi precedenti, a rispondere fu mio nonno materno Franco Rol, industriale nel settore chimico e pilota di automobilismo.

Alla telefonata successiva fu il dottor Gustavo Adolfo Rol in persona a rispondermi che sì, aveva avuto il piacere di incontrare il mio direttore in casa di amici comuni, e ne aveva approfittato per eseguire qualche innocente «esperimento»; ma quanto a ricevere ora un giornalista, e per di più in veste di inquirente, non se la sentiva davvero, tanto più che era convalescente di asiatica[8]. Senza contare che in tempi andati aveva avuto dispiaceri tali, dai due o tre giornalisti con cui era venuto in contatto, da fargli desiderare di non incontrarne mai più. Stava già per riattaccare, quando mi venne l'idea. «Stia a sentire», dissi con tono insinuante «lei è un chiaroveggente, è inutile che cerchi di negarlo: legge le lettere chiuse che si trovano nelle tasche altrui. Se una persona a lei sconosciuta – io, per esempio – viene a bussare alla sua porta, il meno che saprà fare sarà di scrutarne l'animo, di capire che intenzioni ha, e se ci si può fidare di lui. Che male c'è, se vengo a bussare alla sua porta? Mi farà entrare, oppure no, a seconda dell'impressione che io le farò. Non me ne avrò a male, se non riuscirò a superare l'esame». Rise, e mi dette appuntamento per il terzo giorno di allora: un venerdì. Avevo vinto la prima *manche*, ma le incognite di fondo c'erano ancora.

Mi aperse lui stesso la porta, sorrise e mi condusse nel suo studio, comportandosi in modo da farmi sentire completamente a mio agio. Avevo vinto la seconda *manche*. Alto, biondo, occhi chiari e vivacissimi, fronte assai spaziosa. Un tipo nordico, pareva, e in un certo senso lo era, per via di una lontana ascendenza scandinava di cui venni a sapere più tardi. Non avevo finito di sedermi, e già mi sbalordiva contestando il contenuto di un articolo che avevo scritto per la mia «inchiesta», e che non era stato ancora pubblicato: lo avevo lì, nella borsa ben chiusa. Per lui era come se l'avesse già letto; mi rimproverò di aver riferito a Napoleone – un personaggio su cui sapeva tutto – certi particolari di cui volle dimostrarmi l'inesattezza, testi alla mano. Poi mi disse parecchie altre cose della mia vita privata, quasi ne sapesse più di me. Parlava di getto e con sicurezza, in maniera autorevole e precisa.
Vennero in seguito le ore gaie e brillanti dedicate agli «esperimenti», come lui li chiamava; e allora si capiva che non era soltanto in gioco la sua chiaroveggenza, ma anche qualcosa di più: una sorta di volontà irresistibile che sapeva imporsi anche alle carte da gioco, le quali invariabilmente si conformavano ai suoi ordini mentali. C'è qualche motivo comprensibile per cui un certo mazzo di carte francesi scelto a caso fra tanti – e che lui si è ben guardato dal toccare – si metta a obbedire puntualmente a leggi di ritmo e di armonia? Uno le ha mescolate e rimescolate a sazietà, sotto lo sguardo divertito di Rol, poi le ha disposte a casaccio sul tavolo, a faccia in giù. Va a scoprirle e si accorge che quelle

---

[8] Quasi certamente una scusa.

si trovano in un certo ordine preciso, proprio come era già successo poc'anzi, e come succederà ancora la prossima volta; e così per ore, variando solo di volta in volta la trama ordinatrice del gioco e qualche particolare secondario. Non c'è causalità meccanica, questo è certo, e neppure casualità: questo è il trionfo della volontà sull'imprevedibile, dell'armonia ordinatrice sul caso. Piccoli divertimenti non del tutto gratuiti, se portano a conseguenze filosofiche piuttosto grosse, come questa: c'è un finalismo che batte invariabilmente l'entropia, e ciò è quanto dire: «badate che il Cosmo è retto da leggi armoniose, che gli scienziati non conoscono». Chi arriva a possedere questo genere di consapevolezza, è giunto – dice Rol – al livello della *coscienza sublime*, e può fare molte altre cose piccole e grandi al tempo stesso; farti prendere una carta, ad esempio, dopo averti raccomandato di guardarla con attenzione e di tenerla bene stretta, per poi cambiartela in mano: l'ha fatto a Pitigrilli, a Buzzati, a Fellini, a me, a molti altri...[9] E se uno, di fronte a piccoli, ma eloquenti prodigi del genere, si aggrappa al puntiglio intellettualistico del «gioco di prestigio», vuol dire che sarebbe capace di mantenere un puntiglio del genere anche di fronte al prodigio ben più grande di un seme che si trasforma in pianta, e della pianta che genera il fiore, e poi il frutto, e poi ancora il seme... Ai puntigliosi non conviene dar retta.

A sera inoltrata ci trovammo seduti in due poltrone contigue poste ad angolo retto, nella «sala verde» dove s'erano svolti tutti quei giochi apparentemente casuali, e invece diretti da una precisa volontà ordinatrice e finalistica. Come uno scafo momentaneamente affidato al libero gioco delle correnti, la conversazione si stava a poco a poco orientando verso una tematica che implicava argomenti di spiritualità e di religione. Mi chiese, a un certo punto: «È religioso, lei?». «Naturalmente». «E mi saprebbe dare una definizione sua propria della divinità?». Obiettai che si poteva, tutt'al più, riferirsi a un qualche aspetto del divino; e in quest'ordine di idee, non esitai a formulare un certo enunciato che parve colpirlo; ma fu un attimo, e subito la conversazione, come la barca deviata da un brusco colpo di remo, riprese su un filo più concreto. Chi lo sa perché, volle che mi alzassi, che andassi a prendere uno qualsiasi dei molti mazzi di carte francesi rimasti abbandonati sul tavolo, e tornassi da lui. Eseguii, presentendo, naturalmente, che «stava per succedere qualcosa». Non volle toccare il mazzo; mi pregò invece di *impacchettarlo* nel mio fazzoletto da taschino, annodandone bene i capi, e di mettere il pacchetto appena *confezionato* in un posto qualsiasi, a mio piacere. Optai per un vaso d'argento situato su uno scaffale, a notevole distanza da noi.

---

[9] Si veda il cap. XXXVI dei voll. I/II-III.

Il suo sguardo, sempre mobile e irrequieto, in quel momento mi parve assorto e fisso[10]. Per la prima volta il suo discorso cominciò a farsi incomprensibile. «Mi occorre un po' di grafite» lo udii che diceva «e potrei prenderla, volendo, nella cartoleria all'angolo; ma no, non ce n'è bisogno: c'è una matita nel terzo tiretto della scrivania». Poi si riscosse, riprese l'abituale vivacità di sguardo e mi disse: «È riuscito, *deve* essere riuscito. È sempre riuscito». «Ma di che si tratta?». «L'esperimento. Dov'è il mazzo di carte impacchettato? Lo prenda, sciolga i legacci, guardi le carte una ad una». Eseguii. Giunto all'asso di cuori, trovai, sotto il simbolo del seme, una frase che pareva tracciata a matita da una scrittura alta e scattante, che in seguito seppi essere la sua; corrispondeva a quella particolare definizione della divinità che io avevo enunciato poc'anzi a sua richiesta. C'era scritto: «Il Signore dalla lenta parola: Dio». Mi chiese: «Lei crede che quella frase sia scritta, non è vero? Provi un po' a soffiare». Bastò un soffio leggerissimo, e la polvere di grafite con cui la frase era stata tracciata si disperse subito nell'aria; ne rimase una traccia leggera che rimossi automaticamente col pollice, dopo di che strofinai il dito su fazzoletto, per eliminare la macchia. Al mattino dopo, il quadratino di tela imbrattato di un grigio plumbeo era ancora lì, a provarmi che il fatto inverosimile era accaduto realmente.

Il giorno successivo mi presentai a lui con un fotografo, secondo gli accordi. Era il giovane dipendente di un'agenzia fotografica abituata a servire i giornalisti; l'opera sua avrebbe completato il mio «servizio» con illustrazioni adeguate[11]. Il mio improvvisato collaboratore non sapeva nulla dell'enigmatico signore che andavamo a intervistare; immaginarsi dunque come sgranò gli occhi quando il dottor Rol si rivolse a lui con queste domande, dopo averci introdotti nel suo studio: «Lei è sposato da pochi mesi, vero? E la sua mogliettina è bruna, con occhi neri?». «Sì, ma come diavolo...» «Aspetti. Come mai si sente sempre mezzo

---

[10] È il momento in cui Rol si astrae dall'ambiente circostante, per sintonizzarsi col proprio *spirito intelligente*; detto in altri termini: è il momento in cui alla coscienza normale subentra la *coscienza sublime*, che, *in questo tipo* di esperimento, ha bisogno di un attimo di concentrazione, che *non è trance*. Ci sono analogie con il *sognare ad occhi aperti*.

[11] Il servizio su Rol però poi non venne pubblicato. Non è dato sapere chi fosse il fotografo. Di quelle foto, perse in chissà quale archivio (*La Settimana Incom*, l'agenzia fotografica, l'editore SugarCo oppure rimaste ai discendenti di Talamonti, che non sono riuscito a rintracciare) Talamonti ne pubblicò solamente tre, ma non in *Gente di frontiera* e solo anni dopo che furono scattate, prima su *Scienza e ignoto* nel 1973, poi in parte in *La mente senza frontiere* nel 1974 e *Grazia* nel 1975. Le pubblico nelle pagine seguenti. Tranne il primo piano alla scrivania (al fondo di questo capitolo), non si può dire che siano belle foto. L'altro primo piano, nella pagina che segue, è la riproduzione di una foto piccola e sfuocata tratta dall'indice del numero di giugno 1973 di *Scienza e ignoto*.

addormentato? Come ora, ad esempio. Lei soffre di astenia, e lo sa perché? Glielo dico io. I motivi sono parecchi, ma in primo luogo c'è l'appendicite cronica di cui soffre: non è vero, forse?». «Sì, ma lei come fa a sapere tutte queste cose? Mi ha fatto spiare?». «Bisogna che si liberi presto da questa appendice che non va: glielo dico per il suo bene, mi creda. Poi c'è un'altra cosa. Non è igienico che due giovani coniugi si abbandonino a certe effusioni a tarda sera, quando sono stanchi e snervati; lo sforzo pregiudica il riposo, e poi l'organismo ne risente. C'è il pericolo dell'esaurimento a lungo andare. Meglio occuparsene al mattino, quando si è ben riposati. Ora mi dica: è vero che lei ha vinto 37.000 lire[12] al totocalcio? Però ha perso molto di più, se tiene conto di tutte le somme che ha giocato in parecchi anni. Mi creda: non è il caso di insistere».

Stavolta lo stupore aveva addirittura bloccato le facoltà di reazione verbale del giovanotto, il quale volgeva non più a Rol, ma a me, i suoi occhi spalancati, pieni di inespresse domande. Tuttavia la sua meraviglia – non esente da qualche timore, al principio – si trasformò in interesse quando seppe, da me, che avevamo a che fare con uno dei rarissimi soggetti dotati di «doppia vista», e in grado di frugare pressoché a piacere nella mente altrui. Allora si prestò molto volentieri a collaborare ad altre esperienze che ci portarono via un paio di orette e di cui ho reso conto in un altro libro[13], nel quale mi riferivo, in particolare, alla lettura a distanza di libri chiusi. A un certo momento il giovanotto si era quasi completamente dimenticato che aveva un compito preciso da svolgere: quello di far brillare ogni tanto qualche lampo al magnesio, per cogliere il nostro ospite negli atteggiamenti più caratteristici; ma rimediò negli ultimi minuti.

---

[12] Per rivalutazione monetaria, circa 550 euro nel 2022.
[13] *Universo proibito*, 1966, più avanti a p. 119.

Leo Talamonti, a sinistra, insieme a Rol nel suo studio di casa.

Poco prima che ci congedassimo dal nostro ospite, questi sedette un momento alla scrivania, scarabocchiò qualcosa su un foglio e coperse lo scritto con la mano; subito chiamò accanto a sé il fotografo e lo pregò di dire un numero qualsiasi. «Di quante cifre?» chiese il fotografo. «Come preferisce», disse Rol. «Allora facciamo 753», decise il giovanotto. «Strano: lo avevo già scritto», rispose Rol mostrandogli il foglio. Era vero[14].

Fu il primo ciclo dei miei incontri con Rol, cui poi ne seguirono altri. Ci vollero anni perché potessi mettere a fuoco abbastanza bene alcuni aspetti riposti della sua personalità, e dovetti utilizzare i suggerimenti di persone che lo conoscevano da anni, per indurlo a confermare certi episodi. Chi era il misterioso signore che si presentava ogni tanto al reparto Incurabili di certi ospedali, e s'intratteneva indisturbato con gli ammalati più gravi? Tutti lo riverivano, dal personale sanitario alle suore. Si accostava ai pazienti che soffrivano di più, ne prendeva le mani con delicatezza tra le sue e conversava amabilmente con loro per una decina di minuti, poi si eclissava. Seduta stante – e per la durata di alcune ore – quelli cessavano di avvertire le proprie sofferenze, per virtù dell'anestesia psichica indotta in loro dal visitatore sconosciuto. Superfluo dire che si trattava di Rol, il quale possiede delle limitate capacità guaritorie di cui si vale quando e come può, con il pieno gradimento di alcuni medici che lo conoscono ormai da anni e lo hanno messo alla prova tante volte. «Li guarirei, se potessi, ma non arrivo a tanto» mi rispose, quando gli chiesi conferma di quelle sue visite periodiche agli ospedali; e aggiunse: «Tutto quello che posso fare è risparmiar loro qualche ora di sofferenza. È un impegno morale»[15].

Una volta si trovò presente a un'operazione chirurgica da una sua parente[16]; era lì come semplice osservatore, ma in camice bianco, guanti di gomma e maschera di garza sul viso, come tutti gli altri. Operava Dogliotti, il noto chirurgo da poco scomparso, e naturalmente questi aveva le sue buone ragioni per desiderare la presenza di Rol al suo fianco (né fu

---

[14] Nel vol. III ho raccolto molti di questi esperimenti, uno dei quali Rol fece anche a me.

[15] La verità è un'altra: come al solito, Rol minimizzava – ennesimo indizio della sua autenticità, visto che un mistificatore si comporterebbe in maniera diametralmente opposta – dato che poteva guarire malattie anche gravi, non solo lenire il dolore. Si esprimeva in questo modo anche perché non poteva permettersi che si diffondesse la sua nomea di guaritore, avrebbe avuto in breve la fila sotto casa. Era lui a decidere quando, come e chi guarire, sempre dentro certi limiti (per il principio così ben enunciato a Chiara Barbieri: «non è nel *karma* di tutti essere guariti. Dio si serve della malattia per farci capire tante cose. Quel signore poteva essere guarito e così è stato»), e non avrebbe permesso di perdere la sua iniziativa e libertà.

[16] Mia nonna materna Elda Quaglia Rol, moglie di Franco Rol, amica, come Gustavo, del prof. Achille Mario Dogliotti.

l'unica volta). A un certo momento gli operatori si trovarono di fronte a un serio problema: per effetto dell'anestesia, la lingua della paziente si era retroflessa e stava bloccando la respirazione; non si riusciva a tirarla indietro neppure con le pinze. Il pericolo di morte per asfissia stava diventando di momento in momento più grave. Fu allora che l'osservatore «estraneo» chiese e ottenne il permesso di inserire la sua mano sotto la nuca della paziente: dopo di che, la lingua venne addirittura *scaraventata* al di fuori, e la respirazione riprese regolarmente. A raccontarmi questo episodio è stata la stessa persona che fu allora salvata in extremis[17]; poi ne ho avuto conferma da Rol.

Essendo lui così schivo dal parlare di se stesso – quanto meno per certi argomenti – molte delle cose che lo riguardano possono essere apprese solo da altri.

Come questo fatto, ad esempio. Durante l'occupazione tedesca di Torino, vi fu un certo personaggio che si sobbarcò il difficile compito di andare a trattare ogni tanto con le autorità occupanti, allo scopo di ottenere da loro il rilascio di qualche ostaggio italiano sul quale incombeva la prospettiva della deportazione, o peggio. Questo messaggero era Rol, il quale peraltro non andava a chiedere favori gratuiti, che non sarebbero stati certamente concessi; aveva una sua precisa contropartita da offrire, e tale, anche, da avere molto effetto. Valendosi del fatto che certi suoi esperimenti a carattere magico avevano mandato addirittura in visibilio gli alti esponenti della *Kommandantur*, aveva stipulato con quelli un patto che fu poi rigorosamente mantenuto da entrambe le parti: per ogni tre ore di esperimenti che lui avesse eseguiti, i tedeschi avrebbero rilasciato uno degli ostaggi italiani[18]. E furono in parecchi a beneficiarne.

Quando ne ho chiesto conferma a lui, è andato a prendere un fascio di documenti: erano attestazioni di enti comunali o di organizzazioni della Resistenza[19], e trasformavano la leggenda in storia. Parecchie altre cose si potrebbero dire a suo riguardo, venute a galla mentre io davo una rapida scorsa a certi carteggi intercorsi tra lui e alti esponenti di governi o di case regnanti ed ex regnanti d'Europa; ma i tempi non sono ancora maturi per

---

[17] Talamonti dovette parlare più volte con mia nonna, sia di persona quando con Fellini e Piantanida andò a casa di mio nonno a una serata di esperimenti con Gustavo (si veda più avanti, p. 122), sia per telefono.

[18] Il un libro pubblicato l'anno successivo, nel marzo 1976, Piero Fortuna e Raffaello Uboldi riferirono che Rol disse loro che con gli ufficiali tedeschi «si stabilì fra noi una specie di patto: un'ora di esperimenti di parapsicologia per ogni ostaggio o prigioniero da liberare» (si veda racconto completo in 1-I-78^{sex}). Sono propenso qui a dar più credito a Talamonti. Tre ore era quanto durava più o meno una serata di esperimenti, e forse Rol otteneva la liberazione di un prigioniero dopo ciascuna serata.

[19] Si veda la lettera del 1945 del sindaco di San Secondo di Pinerolo pubblicata in originale nel vol. IV, p. 399.

renderle di pubblico dominio[20]. Posso dire soltanto questo: a quanto risulta da una tale documentazione, nessuno di quei personaggi che in tempi relativamente recenti si trovarono in alto nelle sfere politiche o dinastiche, e che ora sono quasi tutti scomparsi dalla scena, mostrò mai di prendere alla leggera i suoi avvertimenti... Evidentemente conoscevano bene il dottor Rol e sapevano, tra l'altro, che a volte egli antivede il futuro, come risulta da numerose testimonianze e anche dalla mia (cfr. in proposito *Universo proibito*[21]).

Qual è il retroscena che si nasconde dietro le sue insolite capacità? Come al solito, è intessuto di enigmi. Le versioni sono svariate, e non è facile ridurle a un'unica e precisa interpretazione. Pitigrilli, che si occupò di Rol molti e molti anni prima che ce ne interessassimo noi, parla di una «iniziazione» che il personaggio in questione avrebbe ricevuto a Parigi da parte di un medium polacco[22]; il che farebbe rientrare il tutto nel solito quadro convenzionale della *trasmissione* di certi determinati poteri da maestro a discepolo; ma noi crediamo poco a questo genere di «eredità esterna», mentre crediamo assai di più alle inesauribili capacità che ha madre natura di far scaturire ogni tanto, dal grembo dell'umanità, qualche soggetto che si distingua in qualche modo dalla «norma» statistica. In altri termini, *dotati* si può nascere, ma non si diventa: anche se le circostanze giocano poi non di rado un ruolo importante nel portare a galla, o nel far maturare, le attitudini latenti[23].

---

[20] Qualcosa si trova nel lascito di Catterina Ferrari al Comune di Torino. Ma credo che non sia tutto lì. Ho avuto l'impressione che alcuni documenti o non siano pervenuti o siano stati forse sottratti o lasciati ad altri, nel più di mezzo secolo trascorso da quando Talamonti li vide.

[21] A p. 119 in questo volume.

[22] Pitigrilli in realtà parla di Marsiglia, cfr. p. 119 vol. IV; e comunque non lo presenta come un medium: Talamonti fa un po' di confusione col fatto che Pitigrilli considerasse Rol "medium", proprio in relazione al racconto sul presunto Polacco. Quale che sia il grado di attendibilità di questa storia, quello che è certo è che gli *inizi* di Rol furono a Marsiglia e non a Parigi (e Talamonti dopo comunque lo scrive), dove invece questi *inizi* giunsero a una prima conclusione (che, sicuramente, costituì a sua volta un nuovo *inizio*): la scoperta della «tremenda legge» nel luglio 1927, dopo circa due anni dagli *inizi* di Marsiglia.

[23] Trovo queste considerazioni sia incomplete che non corrette: premesso che nessun Polacco ha *iniziato* Rol, argomento che già ho trattato ne *Il simbolismo di Rol* e nel vol. IV, la trasmissione Maestro-discepolo è un fatto consolidato in tutte le tradizioni, soprattutto quelle più antiche che erano più autentiche di quelle moderne, e soprattutto in Oriente. Grado e contenuto di ciò che viene trasmesso varia molto: di norma sono solo conoscenze (e anche qui, varia molto il grado di attendibilità ed accuratezza), qualche volta esperienze e tecniche; rarissimamente, oltre a ciò, un *quid* "psico-energetico" che solo i Maestri illuminati posseggono e

Secondo lo stesso Rol, che ama per sua natura le versioni suggestive e romantiche – ed è noto che le circostanze della vita sembrano spesso concatenarsi in maniera da appagare i gusti di ciascuno – secondo Rol, dicevamo, tutto accadde a Marsiglia nel lontano 1927[24], mentre stava contemplando un arcobaleno. Tutti ne abbiamo contemplati, e non ci è successo niente; non così a Rol. Quel color verde che sta nel centro della immensa fascia iridata lo incantò, tanto da non poterne staccare gli occhi. Lo sentì *vivere* in sé, come pura vibrazione immateriale, e contemporaneamente si accorse che quella vibrazione ne evocava un'altra, corrispondente alla quinta nota musicale – il *sol*[25] – e ancora una terza, di natura fisiologica: si sentì infatti pervadere da una sensazione di calore che si andava irradiando dalla base del cranio[26]. Al tempo stesso si ritrovò interiormente trasfigurato, come se il suo *io* di prima avesse ceduto il posto a un altro *io* più grande, più forte e capace di vibrare sull'onda creativa stessa del Cosmo... Allora avvertì che poteva conoscere cose che agli altri restano nascoste, leggere nelle menti altrui, imporre entro limiti sia pure modesti la sua volontà alle forze stesse della natura...

---

che solo loro possono trasmettere, come la fiamma che passa da una candela a un'altra. Esistono poi casi eccezionali dove la fiamma si è autogenerata – il che dovrebbe del resto essere ovvio quando ci si soffermi a considerare l'origine di ogni lignaggio autentico e "superiore", qualcuno deve pur aver "acceso il fuoco" per primo – e uno di questi casi è quello di Rol, che *da nessuno ha ricevuto la fiamma*, al di là che poi abbia incontrato persone che possano avergli dato delle indicazioni o preso spunto da altri sperimentatori (ad esempio, Henri Poutet); Rol non era "dotato" più di altri, lo ha sempre smentito e ciò concorda sia col fatto che ha anche sempre detto che tutti possono fare quello che lui faceva, sia che in futuro tutti lo avrebbero fatto. Naturalmente, si può comunque concedere che avesse una *predisposizione* sia come sensibilità che come raziocinio, favoriti dalle circostanze in cui era nato e cresciuto.

[24] Talamonti forse non si era riletto, si sarebbe accorto dell'errore precedente di Parigi. Qui però ne commette un altro, scrivendo 1927 mentre si trattava di 1925. Il fatto è che, proprio perché gli *inizi* di Rol sono divisi in due parti (Marsiglia 1925 e Parigi 1927) spesso sono stati sovrapposti e scambiati per errore.

[25] Nuovo errore di Talamonti, forse derivato dall'articolo di Fasolo del 1951 (cfr. p. 91 del vol. IV) e ripreso in seguito da altri: non si trattava della quinta nota *sol*, ma dell'*accordo di quinta*, come per es. *do-sol* (bicordo). Si veda *Il simbolismo di Rol*, p. 73 e sgg. (tutti i rimandi di pagina da qui in avanti sono da intendersi della 3ª ed., il cui ebook è reperibile gratis in rete sulle mie pagine) e il mio articolo: *Rol, un Buddha occidentale del XX secolo*, pubblicato anche nel vol. IV, p. 383.

[26] Ciò che mi ha spesso sorpreso è come molti – inclusi sedicenti esperti di esoterismo – abbiano riferito gli elementi *verde-quinta*, quest'ultimo anche sbagliato copiando da Talamonti, ma non abbiano invece riferito e copiato l'elemento che il solo Talamonti ha riferito sia correttamente che per la prima e ultima volta fino a quando io non l'ho spiegato, tre decenni dopo: quello appunto del *calore* che unito alla nozione/qualificazione di *potenza* indica il corretto ambito in cui collocare la *tremenda legge*: quello del risveglio di *kuṇḍalinī*.

Aveva scoperto, cioé, il segreto di quella che lui chiama la *coscienza sublime*[27], e si affrettò a prenderne nota nel suo diario.

L'ho visto, quel vecchio diario: è un registrino alto e stretto come ne usavano i contabili di una volta, con tanto di colonnine *dare* e *avere*; ho però l'impressione che i segreti che esso racchiude non si possano contabilizzare facilmente. In una delle pagine c'è una frase che pur nella sua brevità, la riempie quasi per intero, com'è naturale per una scrittura alta, espansa e scattante come la sua. C'è scritto: «Oggi, 28 luglio 1927, la mia ricerca è finita. Ho scoperto la legge che lega le vibrazioni cromatiche del verde a quelle sonore della quinta nota musicale e a certe vibrazioni termiche: il segreto della *coscienza sublime*»[28].

Tutto ciò è molto *goethiano*, ci sembra. Se non andiamo errati, lo stesso tipo di ricerca era stata intrapresa in altre epoche da personaggi più o meno illustri, e sotto metaforiche denominazioni come quelle del Graal o della Pietra dei Filosofi, le quali tutte adombravano un complesso di operazioni tendenti a rigenerare l'*io*, a raggiungere un livello superiore di coscienza atto a sottomettere alla volontà consapevole le arcane forze latenti nel profondo, e che sfuggono normalmente al suo controllo. È come se la coscienza, da quel piccolo nucleo in cui abitualmente consiste – e che viene giustamente paragonato alla parte emersa dell'iceberg – si dilatasse all'improvviso fino ad abbracciare l'enorme massa di ghiaccio sottostante, raccordandosi con le misteriose potenze che l'oceano racchiude.

Se Rol ha raggiunto davvero questa meta – e non è detto che si debba prestar fede a delle semplici apparenze – l'avrebbe raggiunta con poco sforzo[29], a paragone della lunga e severa ascesi che occorre, secondo le tradizioni sapienziali, per realizzare la *trasmutazione interiore*. Se molti hanno cercato quell'approdo, ben pochi l'hanno raggiunto, e parecchi si sono fermati a mezza strada[30]. Una volta è stato chiesto a Rol quante persone, a suo avviso, disponevano di capacità analoghe alle sue, nel

---

[27] Le righe che vanno dalla «sensazione di calore» fino a qui sono precise e fondamentali.

[28] Talamonti avrà anche visto il diario, purtroppo non ha trascritto correttamente, come già detto in una nota precedente e come chiunque può verificare dalle fotografie fatte da me e da altri all'agenda, due delle quali ho pubblicato a pp. 101-102 del vol. IV.

[29] Infatti non si deve prestar fede alle «apparenze»: Rol ci arrivò con *molto* sforzo, non con poco, gli ci vollero anni per giungere alla meta e a un vero equilibrio. Talamonti vedeva solo il risultato, la foto di un volto sorridente scattata in cima all'Everest.

[30] Indubbiamente. E comunque Talamonti è stato uno dei pochi che aveva compreso dove guardare per comprendere Rol, assai meglio di testimoni e commentatori che ancora oggi, mezzo secolo dopo, hanno compreso molto meno di quanto lui avesse intuito allora.

mondo. La risposta, atta più a far sorgere curiosità che a estinguerle, è stata: «Siamo in nove»[31].

C'è un consiglio che può riuscire utile a chiunque ambisca per caso a incontrarlo – il che non è facile, sia detto per inciso –: non usi mai nei suoi riguardi la parola «mago», e tanto meno un'altra che oltre tutto sarebbe inappropriata: «medium». L'uomo ha le sue idiosincrasie, e conviene rispettarle[32]. La sua personalità ha molti versanti, oltre quello che attiene alla *supercoscienza* e che attira di più l'attenzione. Le sue doti creative si estrinsecano non solo nei tranelli inesauribili che tende alle leggi del caso e della probabilità, ma anche in campo artistico. Credo che abbia già abbandonato da tempo il violino[33], ma i suoi quadri – ne fa di continuo – hanno un ottimo mercato a Parigi, e i reperti di antiquariato di cui fa collezione sono a dir poco pregevoli e rari: come le sue stupende statuine muliebri in ceramica – simili eppure diverse – che stanno in bella mostra in una delle stanze e che forse non saranno *fenicie*, come dice lui, ma certo sono di fattura antichissima; e da cui emana un fascino strano e sottile, che non è solo di natura estetica. Se provate a chiedergli dei ragguagli più precisi sulla loro provenienza, vi risponde enigmaticamente in questi termini: «La prima *ad arrivare* fu questa di sinistra, poi a distanza di tempo *giunse* anche l'altra. Che festa di profumi, quando si ritrovarono insieme in questa stanza!».
Una uscita tipica del personaggio, nel senso che si è liberi di interpretarla nel modo più ovvio, pensando cioè a uno scherzo; al tempo stesso ci senti però la provocazione, un accenno larvato che forse allude a un certo ordine di misteri, a proposito dei quali non gli conviene scoprirsi troppo[34]. Da dove vengono, in realtà, quelle statuine muliebri? Dalle lontananze del tempo, senza dubbio; in qual modo, non si sa[35]. Invece i sette tamburi da reggimento che si trovano allineati nell'angolo opposto della stessa stanza, con tanto di bacchette sopra, hanno una provenienza precisa e dichiarata:

---

[31] Risposta in linea con quella data a Pitigrilli sul presunto Polacco. Dei "Nove" ho parlato ne *Il simbolismo di Rol*.
[32] Consiglio praticamente mai seguito, anche da autori-testimoni che hanno scritto di Rol. A un certo punto, ha prevalso «sensitivo», che è tanto quanto sbagliato. Queste definizioni errate indicano il grado di comprensione, o meglio *incomprensione*, di chi le ha riferite.
[33] Qui Talamonti si sbaglia. Ha continuato a suonarlo fino all'ultimo anno di vita, come mi ha confermato anche Silvia Dotti, che l'ha visto suonare «moltissime volte. Il violino era nella sua custodia, su una *console* nella stanza in cui riceveva (il salotto) e lo usava spesso».
[34] Precisamente ciò che vale anche per altri racconti di Rol, che si trovano all'intersezione di realtà, simbolismo e allusioni assortite.
[35] Nel 2021 ho pubblicato in rete, per la prima volta, la spiegazione precisa data da Rol, tratta dai suoi libri inventari, dove descrive caratteristiche e provenienza delle statuette, che riproduco anche qui nel capitolo seguente.

Austerlitz, Jena, Wagram, Waterloo... Sono reliquie delle battaglie napoleoniche; e qui affiora la passione segreta, ma non troppo, del personaggio di cui si parla per tutto ciò che attiene a Napoleone e alla sua epopea. Le opache tendine degli armadi occultano molti reperti di epoca napoleonica, ma pochi sono ammessi a contemplarli. Un busto di Joséphine Beauharnais gareggia con i tamburi e le due ceramiche per accaparrarsi l'attenzione del visitatore, in quella stessa stanza per il resto quansi disadorna. In un'altra, una sorta di edicola in legno, con piccoli battenti simili a porticine di un tabernacolo, racchiude un'antica stampa firmata da un prestigioso incisore del diciottesimo secolo. È un ritratto di Napoleone: ma si tratta di un Primo Console imborghesito e grassoccio, ben lungi dallo sguardo d'aquila e dal profilo scarno, volitivo, che l'iconografia posteriore gli ha attribuito. Come mai? (Questione di funzionalità epatica, evidentemente; anche il fegato ha i suoi cicli).

Eppure non si ha difficoltà a intuire che quella immagine rappresenta quasi qualcosa di sacro, per il dottor Rol; e qui stiamo sfiorando un certo ordine di enigmi a proposito dei quali può forse esercitarsi utilmente l'immaginazione, ma che non è bene affrontare armati di puro intelletto logico e discorsivo. Come l'altro mistero del *verde*, che è il punto di partenza per tutte le sue magie, presente com'è invariabilmente nell'ambiente dov'egli le opera: nella tappezzeria delle pareti, nella tovaglia che copre il grande tavolo, nelle evocazioni verbali che l'operatore impone agli astanti, ai quali fa spesso ripetere, appunto, la parola «verde». Non crediamo affatto che si tratti di un volgare espediente da messa in scena; pensiamo invece che il suo condizionamento psicofisiologico – per quanto attiene al raggiungimento dei livelli supercoscienti della mente – sia realmente subordinato alla liturgia del verde. Di «verde» pare soprattutto che abbia bisogno prima di costringere alla pronta obbedienza i piccoli oggetti inanimati: sia che si tratti di obbligare qualche grumo di grafite a depositarsi su una lontana carta da gioco racchiusa, tra molte, all'interno di un involucro, o di trasformare un'altra carta stretta nella mano di uno spettatore; o anche di asportare, senza muovere neppure un dito, degli oggetti riposti nelle tasche altrui, com'era accaduto al mio direttore.

L'episodio, come il lettore ricorderà, si verificò nel corso di un pranzo, proprio come quest'altro che mi è stato narrato dal suo stesso protagonista, il quale ne fu, in un certo senso benevolo, anche la vittima. Si tratta di un avvocato torinese che frequenta Rol da vent'anni, durante i quali ha seguito passo passo le fiabesche e sempre rinnovate vicende delle sue magie. Vent'anni fa, appunto, stava partecipando a un pranzo di nozze, quando gli scomparve misteriosamente dal dito un anello di corniola: un attimo prima c'era, l'attimo dopo non c'era più. Lo cercò inutilmente sul tavolo, poi si chinò per vedere se fosse caduto lì sotto: niente. Non gli restò che rassegnarsi – quanto meno sul momento – per non recare disturbo in un'ora così lieta e solenne. Ma la sua attenzione, intanto, era stata attirata da uno sconosciuto signore che sedeva a qualche distanza e che lo guardava con un certo sorriso. Non gli parve una cosa ben fatta, questo palese divertirsi per un imbarazzo altrui; ma fece finta di niente. Il pranzo, intanto, seguiva il suo corso a base di portate vistose, di brindisi e di evviva gli sposi.

Al momento della torta nuziale, tutti gli sguardi si appuntarono su quel monumentale, elaborato edificio di pan di Spagna a tre piani. Con aria solenne e quasi ieratica, il cameriere di turno impugnò il coltello seghettato e lentamente, con movimenti sicuri e sapienti, lo affondò nella torta: una volta, e due, e tre, fin quando lo si vide chinarsi, guardare da vicino e subito dopo estrarre da quelle succose profondità un bell'anello di corniola. «È il mio» esclamò il commensale che l'aveva smarrito poc'anzi, cioé l'avvocato. Fu allora che Rol si fece avanti e rivendicò la responsabilità di quello scherzo. E fu anche allora che ricevette in regalo quell'anello dal suo proprietario, in segno di ammirato stupore. Lo porta ancora al dito[36].

Rol alla sua scrivania nel marzo 1962

---

[36] Questo episodio è controverso: l'anello di corniola che Rol portava al dito è associato a un episodio simile eppure diverso, raccontatomi da Silvia Dotti (cfr. vol. III, XXXIV-115), amica per molti anni di Rol: l'avvocato che glielo donò, questo è certo, era Giacinto Pinna, che non era uno sconosciuto ma che Rol già conosceva, e l'anello non era ricomparso in una torta ma in una pagnotta. Siccome però né Talamonti, né Dotti sono stati testimoni diretti di questo episodio, è possibile che siano stati trasmessi non solo dei ricordi sbagliati, ma forse sovrapposti con altri episodi analoghi. L'ipotesi più probabile è che – siccome Rol aveva anche altri anelli e un altro di corniola, anche se non lo usava – si sia di fronte a due episodi simili che riguardano due anelli diversi, con elementi comunque "mescolati" o confusi. Ho analizzato il caso nel vol. III, pp. 438-439 nota 115.

Le due statuette "magiche"

Talamonti è stato il primo a menzionare queste statuette, che testimoni hanno visto muoversi da sole. Rimando al cap. XI del primo volume.
Circa le loro caratteristiche e la loro origine, ecco cosa Rol scrisse nei libri o registri inventari da lui compilati negli anni '80:

> 2 <u>Statuette di marmo policromo</u> – testa, braccia e piedi in marmo roseo d'Africa. Straordinariamente interessanti. Terzo o quarto secolo dopo Cristo. Colonia Romana in Africa. Rarissime! Queste due statue vennero da me acquistate separatamente, a distanza di anni; la prima dall'antiquario Bianchi, l'altra dallo antiquario Massimo Novarese. Formano "pendants". La più sorridente (col nasino un po' rotto – antiq. Novarese), mi pervenne in condizioni straordinarie, poco normali. <u>Non vanno più separate</u>. Posso affermare che <u>vollero essere riunite</u>. Mi è assai difficile stabilirne il valore commerciale. La presente valutazione[1] è veramente irrisoria!
>
> [*lateralmente*]
> * Chi volesse insinuare che sono tarde di epoca, mente spudoratamente. Sono talmente rare, di quest'epoca, che è difficilissimo riconoscerle. Posso affermare che sono realmente del III o IV secolo dopo Cristo!

Maria Luisa Giordano aveva affermato che «Rol possedeva due statue molto antiche che risalivano a circa tremila anni fa, probabilmente di origine fenicia»[2]. Come si vede esse avrebbero invece circa 1700 anni e non sono fenicie, ma romane. La Giordano potrebbe aver preso da Talamonti – purtroppo questa autrice ha spesso preso da molte fonti senza citarle e dando l'impressione di essere la fonte primaria mentre così non era, in alcuni casi ripetendo errori e/o causando errori di prospettiva – e poi ipotizzato una cronologia compatibile.
Talamonti scrive che era stato Rol a dirgli che erano fenicie e allora le possibilità sono due: o Talamonti ha capito male e ha fatto una associazione tra l'immagine di «colonia romana in Africa» di cui Rol deve avergli accennato e la costa tunisino-libica che era colonia fenicia con capitale Cartagine, ma che nel III e IV secolo dopo Cristo non lo era ormai da secoli ed era provincia romana; oppure, ma mi parrebbe strano, quando Rol parlò delle statuette a Talamonti – presumo gli anni '60 – credeva che fossero più antiche, e in seguito negli anni '80 aveva stabilito essere più tarde. Un altro che parla di queste statuette, ma in maniera del

---

[1] 25 milioni di lire (del 1985 c.ca) corrispondenti – tenendo conto della sola rivalutazione monetaria – a circa 35.000 euro nel 2022.
[2] Giordano, M.L., *Gustavo Rol. Una vita per immagini*, L'Età dell'Acquario, Torino, 2005, p. 87. Cfr. XI-1.

tutto inattendibile, è Mario Pincherle, nel suo libro su Rol pubblicato nel giugno 2005, che io considero una specie di romanzo pieno di plagi senza fonti e con molta inventiva dell'autore – col quale parlai al telefono sia prima che dopo la pubblicazione e al quale concessi alcune foto proprio delle statuette, che non avrei concesso se avessi letto il libro prima – dedica un paio di pagine *sui generis*, e che non occorre citare, all'idea che lui si era fatto di esse. Afferma tra l'altro che, in quello che è stato l'unico incontro avvenuto nel 1982, «Rol ne parlava come di "statuette fenicie" del XV° secolo A.C.»[3], ciò che io ritengo inventato di sana pianta e probabile riciclo di ciò che doveva aver letto da Talamonti e/o sentito dire dalla stessa Giordano, la quale aveva pubblicato il suo libro, da cui la citazione di cui sopra, nell'aprile 2005, due mesi prima, e con la quale so che Pincherle aveva parlato in precedenza. Vediamo quindi che da un probabile errore di Talamonti negli anni '70, due autori che non hanno dato importanza alle fonti e hanno spesso preso da altri senza citarli lo hanno reiterato e aumentato, ciò che è piuttosto fastidioso (anche perché non è un caso isolato).

---

[3] Pincherle, M., *Il segreto di Rol*, EIFIS Editore, Forlì, 2005, p. 113.

Rol mentre mostra le due statuette, spiegandone forse la provenienza o raccontando qualche aneddoto, al giornalista della *Domenica del Corriere* Luigi Bazzoli (a sinistra) e al dott. Alfredo Gaito (foto di Gabriele Milani, pubblicata nel gennaio 1979 – © Archivio Franco Rol. Uno scatto appartenente allo stesso momento l'ho pubblicato al fondo del vol. III. Gli originali sono a colori).
Nella pagina precedente, lo scritto originale di Rol sulle statuette, l'unico che fa testo, tratto dai libri inventari degli anni '80.

Lettere di Leo Talamonti
1962-1963

Leo Talamonti
Via Gaetano Sacchi, 76
Roma – Tel. 585.227

Bologna, 18/III/62

Caro e gentile Dr. Rol,

 non Le dispiacerà se Le do del «caro»? Glielo chiedo, perché ho visto che si è dispiaciuta quando le ho detto «sissignori»: una parola che spesso e spontaneamente fiorisce sulle bocche dei nostri contadini, e da me pronunciata con la stessa spontanea semplicità.
 Dunque, caro Dr. Rol: desidero dirLe che il bilancio della mia "avventura" presso di Lei (perché tale è stata, in effetti: una deliziosa avventura) è altamente positivo. Non soltanto perché ho avuto la fortuna di incontrare e conoscere una persona come Lei, moralmente e intellettualmente superiore – a parte tutto il resto –; ma perché ne ho ritratto un reale e durevole giovamento, di cui mi vado man mano accorgendo e convincendo sempre di più. Poi Le dirò in che consiste questo vantaggio che secondo me ne ho tratto; per il momento mi lasci scaricare la coscienza, che mi rimprovera di essere penetrato nella Sua vita all'improvviso, <u>con un bagaglio di pretese</u>[1] che ora soltanto (dopo 24 ore di calma meditazione) mi appaiono per quello che sono: <u>egoistiche</u>, irragionevoli e <u>vessatorie</u>. Umilmente glie ne chiedo scusa, e in particolare per averLe potuto dire che «avrebbe potuto essere più generoso con me», non si ha assolutamente il diritto di pretendere della generosità in eccesso da chi è già stato ~~generoso~~[2] signorilmente largo con noi, ed io avrei dovuto saperlo; io, anzi, <u>lo sapevo</u>; ma il fatto è che il mio temperamento

---

[1] Sottolineature come nell'originale. Le «pretese» riguardavano probabilmente l'assistere ad esperimenti o prodigi di grado superiore e la richiesta di risposte a una serie di domande, da usare nel servizio; alcune magari invadenti (come termine di paragone si possono vedere gli approcci dei vari studiosi – nelle pagine di questo volume – che negli anni successivi entrarono in contatto con Rol; e il modo in cui Rol trattava, *iniziaticamente*, i suoi interlocutori nei primi incontri, ad es. si veda la mia *postfazione* del 2009 al libro di Giorgio di Simone su Rol o le pagine sull'incontro con Renzo Allegri nel cap. I de *Il simbolismo di Rol*).
[2] Qui e in altri casi analoghi, si tratta di parole scritte e poi cancellate, con una riga sopra.

mi induce, alcune volte, a dimenticare ciò che so. Chiedo scusa anche per questo.

E così come accetta – spero – l'espressione del mio rincrescimento, accolga anche il mio sincero ringraziamento per la benevolenza che mi ha dimostrata, per i giudizi in gran parte lusinghieri che ha formulato a mio riguardo, e infine per avermi condotto – <u>come Lei solo poteva fare</u> – sulle soglie del Mistero. Non avevo mai visto l'Ignoto così da presso, e con volto così amabile ed intelligente! Grazie anche di questo.

Sono, io credo, una delle poche persone che potrebbero parlare di Lei (in sede giornalistica, intendo) con profondità di pensiero e acutezza di persuasione[3]; ma rispetterò rigorosamente il Suo divieto e <u>sappia che non pubblicherò né il Suo nome né, naturalmente, alcuna foto che La riguardi</u>[4]. Di ciò deve essere certo, Dr. Rol; ed io credo che lo sia.

Ed ora desidero parlarLe del beneficio molteplice che io ho ritratto, a mio avviso, dal ~~mio~~ triplice incontro con Lei[5]. Avrei dovuto dire: "del beneficio che vado ritraendo o che ritrarrò", perché Lei ha messo in moto un meccanismo che non si arresterà.

A parte la precisa diagnosi che Lei ha fatto della mia personalità morale, e la strabiliante esattezza con cui ha fatto "il punto" della mia salute corporea (nessun medico avrebbe potuto tracciare un quadro così

---

[3] E infatti Talamonti è stato uno di quelli che – pur nello spazio limitato che ha dedicato a Rol nei suoi libri – ha mostrato maggiore serietà e comprensione, soprattutto in un'epoca, gli anni '60 e '70, in cui su Rol si sapeva ancora molto poco.
[4] La precisazione giustifica il fatto che Talamonti attese il 1973, undici anni dopo questa lettera, per pubblicare le sole tre foto, mediocri, viste in precedenza (sulla rivista *Scienza e ignoto*). Non è dato sapere se alla fine Rol lo autorizzò, incluso il fare il suo nome (questo probabilmente sì) oppure se lui decise di pubblicarle comunque. Credo che l'unica foto che Rol avrebbe autorizzato sarebbe stata quella alla scrivania. Il fatto comunque che Talamonti si soffermi, anche sottolineandoli, su questi due aspetti, rivela ancora una volta quanto Rol desiderasse stare lontano dai riflettori e non volesse apparire, opponendo il suo «divieto». Viene confermata la supposizione che feci nel 2008 ne *Il simbolismo di Rol* (p. 22 della 3ª ed., nota 9), quando non ero a conoscenza di questa lettera: «nonostante egli [Talamonti] abbia condotto due lunghe inchieste sulla parapsicologia sul periodico *La Settimana Incom* (nell'estate 1962 e nell'inverno 1963-1964)... il nome di Rol, stranamente, non compare (ma forse perché Rol aveva chiesto a Talamonti di non citarlo, visto che l'inchiesta era sulla "parapsicologia", dalla quale egli ha sempre preso le distanze)».
[5] Sulla base di questo possiamo stabilire che l'incontro si dispiegò su tre giorni, e per essere precisi, basandomi su quanto Talamonti afferma in *Universo proibito*, ovvero che incontrò Rol un giovedì e furono fatte le foto il venerdì, essendo questa lettera stata scritta domenica 18 marzo («dopo 24 ore di calma meditazione»), ne consegue che i tre giorni del primo incontro furono il 15-16-17 marzo 1962, da giovedì a sabato.

esauriente e sicuro); a parte anche l'ottima medicina che mi ha dato, e che io <u>sto già prendendo</u> e prenderò con la regolarità da Lei raccomandata[6], <u>Lei mi ha insegnato alcune cose che daranno dei frutti, nel mio spirito</u>[7]. Una preghiera bellissima e magica; un concetto – quello della "coscienza sublime" – che è pieno di significato profondo ed è ricco di importanti conseguenze[8]; infine Lei ha dato un esempio destinato ad operare in me con incoercibile forza suggestiva: l'<u>esempio di un uomo largo o generoso, ricco di grandi risorse e tuttavia fraterno con tutti,</u> che <u>potrebbe occuparsi soltanto dei propri desideri e bisogni,</u> e <u>invece si prodiga disinteressatamente per gli altri</u>. Chi riceve un esempio come questo, e non ne trae profitto, tradisce il disegno della Provvidenza, che gli aveva mandato quell'esempio per un Suo segno. Io spero di trarne profitto!

Ecco dunque che io cercavo il piccolo successo giornalistico, e ho trovato di meglio[9]: come successe ai figli di quel tale contadino, che disse, morendo, di aver lasciato loro un tesoro sepolto nel campicello; e quelli tanto scavarono e dissodarono, per la ricerca dei presunti "marenghi", che la terra, rinvigorita, produsse ottima messe: e <u>allora si accorsero che il tesoro c'era, ma non era quello da loro pensato</u>! Forse, in un certo senso, Lei ha "dissodato" il mio spirito; chi lo sa. Ecco il quadro dei benefici morali che ho ricevuti.

Ma ho anche imparato un'altra cosa, a casa Sua; questa, però, deve restare tra noi due. Ho imparato, o meglio ho avuto la conferma che esistono due tipi di bontà: quella naturale e sentita (che scaturisce, per così dire, dall'<u>io profondo,</u> e risponde ad una struttura essenzialmente buona della personalità) e la bontà di maniera, che <u>consiste soltanto in un modo di comportarsi basato, sì, sulla fredda convinzion di dover fare a quel modo,</u> ma che in effetti non corrisponde alla inclinazione naturale del proprio "io". In un testo teologico (ma non ricordo quale) io ho letto che la bontà che salva è la prima, quella che io chiamo la <u>bontà inconsapevole</u>. Pare che la generosità esercitata senza amore genuino non basti, invece, per la salvezza. Lei è naturalmente buono, Dr. Rol, anche se deve

---

[6] Questa di prescrivere medicine e trattamenti doveva essere abbastanza una consuetudine di Rol, anche se ad oggi è emersa ancora poco. Si veda per esempio la prescrizione medico-dietetica ad Angelo Celeste Vicario (vol. III, XLV-9ª, pp. 275-277 e tav. XVI) e quella a Donato Piantanida (*infra,* p. 125).
[7] È una frase che molti testimoni, conoscenti e amici possono sottoscrivere, io incluso.
[8] Altro passaggio importante: si vede come Rol, sin dal primo incontro – come aveva fatto anche con Furio Fasolo nel 1951 – ci tenesse a illustrare la nozione di *coscienza sublime*, pilastro di tutta la "sua" filosofia. Quella di *spirito intelligente* invece non era ancora stata creata.
[9] Ciò che è accaduto anche a molti altri che avvicinarono Rol.

combattere le sue battaglie contro l'orgoglio; ma l'altro? That's the question![10]

Una stretta di mano dal Suo

Leo Talamonti

(foto © Franco Rol – Archivio Storico del Comune di Torino)

---

[10] "Questa è la domanda". L'«altro» sarebbe l'altro modo, ovvero quello di maniera, essenzialmente falso e conformista. Ma potrebbe anche intendere più generalmente "gli altri" o persino l'*ospite ignoto* presente, in vario grado, in tutti noi. Certo è che una pre-condizione per l'accesso alla *coscienza sublime* è proprio lo bontà inconsapevole di cui parla Talamonti, che scaturisce spontaneamente soltanto dai *puri di cuore* (o almeno: da *momenti di purezza di cuore*).

(foto © Franco Rol – Archivio Storico del Comune di Torino)

(foto © Franco Rol – Archivio Storico del Comune di Torino)

LEO TALAMONTI
~~giornalista~~

Roma, 16/VII/962

Caro Dr. Rol,

spero non Le dispiaccia se, una volta ogni tanto, io mi permetto di scriverLe. Lo faccio in primo luogo perché desidero che Lei si ricordi di me; poi per il vivo bisogno che ho di manifestarle i miei sentimenti di ammirazione e riconoscenza; infine perché, avendo avuto le prove della sua sincera disposizione a beneficiare chi ne ha bisogno, io mi troverò qualche volta (come ora trovo) nella necessità di chiedere il Suo aiuto. Per questo, dunque, io Le scrivo e Le scriverò ancora. Non ho bisogno che Lei mi risponda; so che starebbe fresco, a rispondere a tutti coloro che si rivolgono a Lei. Mi basterà che Lei legga le mie lettere con immutate disposizioni di spirito a mio riguardo: vale a dire con quella stessa benevolenza e simpatia che ebbe a dimostrarmi in occasione del nostro incontro, e di cui mi ha dato prove concrete e indubitabili. E sono per me tanto più preziosi, questi Suoi sentimenti, in quanto non ho fatto alcunché per meritarli.

Vengo al dunque. Lei fece una diagnosi precisa, quando ebbe a constatare che il mio morale era depresso; ma la mia depressione di allora era quella abituale e costituzionale, mentre ora mi trovo veramente in fondo all'onda, e dispero di risalire. La colpa (se così possiamo chiamarla) è di quel "bonario" signore da Lei intravisto in una certa occasione, il quale allora dirigeva soltanto "La Settimana Incom Illustrata", e attualmente dirige anche "Oggi"[11]. Mi ha fatto lavorare come un dannato per preparare quella serie di articoli di cui Lei ha letto, se non erro, i primi due[12]; avrebbero dovuto essere pubblicati da un pezzo, e invece con

---

[11] Si riferisce a Lamberto Sechi (1922-2011), già visto nel primo capitolo. Cfr. vol. III, I-155 e nota relativa p. 360, e 155bis.

[12] Uno di questi due articoli, che venne poi pubblicato nella prima puntata dell'inchiesta, è stato il protagonista del primo incontro con Rol, come Talamonti aveva raccontato sia in *Universo proibito* (*infra*, pp. 119-120) che in *Gente di frontiera* (*supra*, p. 16) lo aveva nella borsa chiusa, Rol lo aveva "letto a distanza" riscontrando delle inesattezze nell'episodio riguardante Napoleone; nel vol. III ho riferito quanto mi aveva detto in proposito Pierangela Garzia (3-I-155, p. 57) e ho riportato il brano su Napoleone (nota 155 p. 360) così come venne pubblicato in *Universo proibito*; qui riproduco invece la versione così come si trova nell'articolo, un po' più estesa: «Non meno puntuale fu il messaggio che giunse a Napoleone all'Isola d'Elba, dieci giorni dopo il suo arrivo a Portoferraio. Stava discutendo con il maresciallo Bertrand, quando un nodo di pianto gli alterò improvvisamente la voce e le lagrime gli inondarono il viso. Erano le undici precise del 13 marzo 1814. Il fatto meravigliò tutti quanti, a cominciare dallo

pretesti vari la pubblicazione viene rimandata "sine die"[13]. Ne soffro non solo per il "lucro cessante" (che sarebbe il danno minore, anche se non trascurabile) ma perché una somma infinita di lavoro, di pazienza, di capacità specifiche pratiche e teoriche minaccia di essere frustrata da un capriccio dispotico, immotivato, che per il momento si manifesta come semplice dilazione, ma che potrebbe avere una conclusione anche più amara. Non esagero se Le dico che quella serie di articoli rappresenta il frutto più cospicuo delle mie conoscenze (non superficiali) in materia, e delle mie capacità giornalistiche. Tre o quattro volte la pubblicazione è stata rinviata per far posto ai memoriali di Ghibaudi sui dischi volanti, ove si dicono sempre le stesse cose (e siamo già al quinto memoriale, se non erro); tuttavia non è la politica editoriale seguita dal Direttore, che io voglio mettere in discussione; la mia lagnanza si basa sul mancato rispetto di accordi precisi e confermati anche per lettera. Noti che il Direttore mi ha espresso più di una volta il suo gradimento per il mio lavoro, e penso che fosse sincero: il che rende il suo atteggiamento ancor più incomprensibile.

Non Le dico quanta amarezza abbia dovuto ingoiare in questi ultimi mesi; e siccome sono piuttosto fragile, la mia salute ne risente parecchio. Lei mi dirà: "ma che c'entro io, e cosa potrei fare, per Lei?". Caro Dr. Rol: può darsi che io sia un ingenuo, ma io credo che sia nell'ordine trascendente delle Sue possibilità di aiutarmi in qualche modo: non foss'altro che... risollevando e tonificando il mio morale con azione a

---

stesso imperatore che non seppe spiegarsi, né allora né poi, il motivo di quel suo improvviso e cocente dolore. Solo qualche giorno dopo, quando giunse a Portoferraio la signora Bertrand, moglie del maresciallo, se ne capì la ragione. Alle undici precise del 13 marzo 1814, alla Malmaison, sulle rive della Senna, si era spenta Giuseppina Beauharnais» (Talamonti, L., *Attraverso la città di Boston guidato da un radar telepatico,* La Settimana Incom Illustrata, n. 30, 29/07/1962, p. 18). L'altro articolo, poi pubblicato nella seconda puntata, di cui Rol era anche di esso a conoscenza del contenuto mentre era ancora nella borsa di Talamonti, era: *Il monaco trasmise un ordine col pensiero: al di là delle montagne il suo servo obbedì,* La Settimana Incom Illustrata, n. 31, 05/08/1962, pp. 28-31.
[13] Talamonti non dovette aspettare molto dopo questa lettera, il primo articolo, come visto nella nota precedente venne pubblicato sul n. 30 del 29 luglio, meno di due settimane dopo da quando l'aveva scritta, prima puntata di nove che si sarebbero concluse col n. 38 del 23 settembre (più un articolo su Teresa Neumann, mancata il 18 settembre, nel n. 39 del 30/09). Considerando che il direttore Sechi aveva conosciuto Rol, ne era stato impressionato e lui stesso aveva sollecitato Talamonti ad incontrarlo, è probabile che Rol gli abbia telefonato dopo aver ricevuto la lettera di Talamonti per intercedere in suo favore e per chiedere di procedere con la pubblicazione dei suoi articoli senza più ritardi. Sul numero del 22 luglio non era più possibile, ormai forse già in stampa, quindi la pubblicazione – che solo pochi giorni prima era «sine die» – avvenne sul numero successivo, in pratica immediatamente.

distanza. Se sono in errore, Le chiedo scusa; prenda in tal caso questa mia lettera come il semplice sfogo di una persona che, per essere stata beneficata da Lei, nutre verso il suo benefattore una fiducia pressoché illimitata.

Io non so se Le ho detto che Fellini si è fatto vivo, mi ha invitato due volte a casa sua, ha simpatizzato con me e mi ha fatto balenare qualche prospettiva per il futuro, alla fine del Suo attuale ciclo di lavorazione[14]. Ecco un primo beneficio fuori discussione; poi ce ne sono degli altri nell'ordine mentale, spirituale e pratico. Grazie infinite di tutto, Dr. Rol, e si ricordi ancora qualche volta di me.

                    Suo obbligatissimo

                            Leo Talamonti

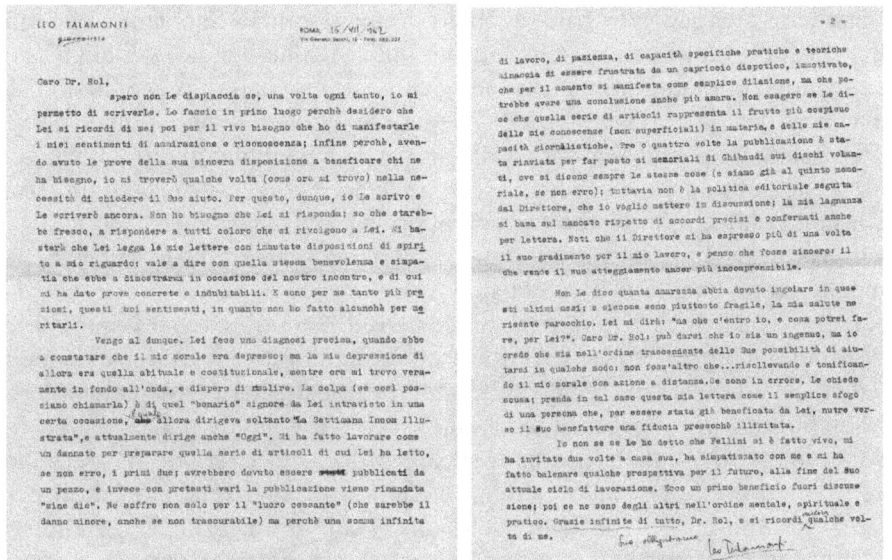

(foto © Franco Rol – Archivio Storico del Comune di Torino)

---

[14] Quando ho scritto *Fellini & Rol*, pubblicato a marzo 2022, non si sapeva, o almeno io non lo avevo trovato, quando Fellini e Talamonti si fossero conosciuti (cfr. *F&R*, nota 49 p. 40) e non ero a conoscenza di questa lettera. Essa attesta che si sarebbero conosciuti in quel 1962, forse a giugno, quando Fellini stava girando *8 ½* (le riprese furono da maggio ad ottobre). La «prospettiva per il futuro» fatta balenare a Talamonti si sarebbe concretizzata nel 1963-1964 in un approfondimento sulle tematiche parapsicologiche/paranormali in vista del nuovo film di Fellini *Giulietta degli spiriti*. Come dalla lettera di Donato Piantanida (*infra,* p. 126), il primo incontro "ufficiale" tra Rol e Fellini, per il tramite e con la presenza di Talamonti, avvenne il 26 maggio 1963.

*Presentazione dell'inchiesta di Talamonti del **1962***
(non firmato, probabilmente da parte del direttore Lamberto Sechi)

«Iniziamo da questo numero, affidandola a un giornalista ben noto nel campo della divulgazione scientifica, un'approfondita inchiesta sui fenomeni meno conosciuti e più straordinari della mente umana, quali la telepatia, la chiaroveggenza, la precognizione, le stupefacenti capacità dei calcolatori mentali e le prestazioni incredibili degli animali-prodigio. Non vi è alcuna branca scientifica che se ne occupi; eppure essi esistono, e per il fatto stesso di esistere costituiscono uno "scandalo", in quanto sfidano ogni spiegazione nei termini usuali della scienza ufficiale. La psicologia, a esempio, ci insegna che la percezione è sempre l'effetto di una sensazione; eppure vi sono forme di percezione che fanno assolutamente a meno dei sensi: la telepatia è una di esse. Vi sono dei problemi di alta matematica che solo uno specialista sa risolvere; eppure il belga Oscar Veraege, un "ritardato mentale", li risolve con estrema facilità. Sappiamo che gli avvenimenti futuri non esistono ancora; ma si danno dei casi nei quali essi vengono conosciuti prima che accadano: effetto della "precognizione", che tra i fenomeni paranormali soggettivi è forse il più inquietante e misterioso, in quanto sembra far dipendere un avvenimento presente da un altro che deve ancora accadere. È possibile accettare l'esistenza di un fatto che contraddice in modo così aperto al principio di causalità?
Chi vorrà seguirci in questo viaggio di ricognizione alle frontiere della mente saprà quanti e quali misteri restino ancora da risolvere, che la scienza accademica ignora per non correre il rischio di veder demolite le basi del sapere ufficiale; e vedrà a che punto sono gli sforzi di quegli autentici "studiosi dell'ignoto" che sono i parapsicologi. Dobbiamo a loro se un po' di luce comincia a farsi – appena ora – in un mondo di fenomeni straordinari che è stato, per tanti secoli, il dominio riservato di credenze superstiziose e talora balorde. Ci mettiamo a disposizione dei lettori per ogni quesito che vorranno sottoporci sui problemi che andremo esaminando. Saremo molto grati a quanti vorranno segnalarci fatti paranormali da loro stessi accertati e corrispondenti al genere di fenomeni che sono oggetto dell'inchiesta. Daremo volentieri notizia dei fatti più interessanti che ci verranno segnalati, riservandoci anche di chiedere, a riguardo, il parere di autorevoli studiosi della materia»[15].

---

[15] *La Settimana Incom Illustrata*, n. 30, 29/07/1962, p. 16.

1°/XI/963

Dr. Rol,

come Lei ha appreso dalla Sua gentile Signora, sono di passaggio a Torino e conto di ripartire verso il 3 o il 4, non so bene.
Dopo le due telefonate che ho fatto alla signora, avrei dovuto logicamente dare un seguito alla mia inziativa e telefonare anche a Lei, sentire se mi avrebbe ricevuto, o no. Ebbene: <u>non ho potuto</u>; <u>una strana sensazione, come l'insorgere confuso di scrupoli inespressi</u>, mi ha impedito di farlo.
Ho pensato, fra l'altro, ma che diritto ho, io, di riapparire ciclicamente nel suo orizzonte, e di infliggergli la mia presenza? E chi sa come la pensa nei miei riguardi, attualmente? Non dimentico, infatti, che nel corso dell'ultimo incontro[16] Lei mi ha punzecchiato in più di una maniera, senza mai dipartirsi, si capisce, dalla Sua "linea" signorilmente irreprensibile. Mi pare che mi abbia anche attribuito delle convinzioni spiritiche[17] che in effetti non ho mai avuto, ed ho sempre avversato.

È in questo quadro generale che bisogna collocare i miei attuali dubbi sulla opportunità di farmi vivo per diretta iniziativa; ma qualora Lei abbia piacere di vedermi, e voglia portare a compimento l'idea di farmi scrivere un articolo su di Lei[18], potrà telefonarmi, se vuole, al DOCK (512622) e mi troverà pronto ai suoi cenni[19].

Esprimo alla Signora ed a Lei i sensi della mia più amichevole simpatia.

Leo Talamonti

---

[16] Potrebbe essere quello del 26 maggio 1963 con Fellini e Piantanida.
[17] Ritengo più plausibile che Rol volesse solo prevenire qualche possibile, eventuale, fraintendimento di Talamonti e puntualizzare che le sue manifestazioni così come le spiegazioni che forniva fossero ben lontane dallo spiritismo, sia nella teoria che nella pratica (cfr. su questo *Il simbolismo di Rol*).
[18] Dopo 1 anno e 8 mesi da quando Talamonti aveva incontrato Rol la prima volta (marzo 1962), ancora non aveva scritto nessun articolo su di lui e a quanto pare mai lo scrisse, attendendo di parlarne solo nel 1966 in *Universo proibito*. Riferendosi al «portare a compimento l'idea», penso si possa dire che Rol lo tenesse in "aspettativa" e non fosse comunque contrario alla possibilità di un articolo su di lui. Evidentemente, oltre a non aver fretta in tale senso (ennesimo elemento *contro gli scettici*, visto che un mistificatore avrebbe un comportamento diametralmente opposto), non giudicava il momento opportuno, per le ragioni più varie (attirare i riflettori su di sé, dopo l'esperienza deludente di *Epoca* dodici anni prima; Talamonti non ancora pronto a una divulgazione nei termini ideali per Rol; ecc.).
[19] Dalla lettera che segue veniamo a sapere che nei giorni seguenti si incontrarono.

P.S. – La serie dei miei nuovi articoli sulla *Incom* (*Viaggio nella Dimensione Proibita dell'Universo*) dovrebbe avere inizio, salvo imprevisti, a partire dal N° 47[20] (attualmente nelle edicole c'è il N° 44, se non erro). Ciò per il caso che Ella abbia voglia di seguire le tappe di questa nuova avventura, per me assai più appassionante della prima[21].

       Suo
        Leo Talamonti

***

---

[20] Iniziò infatti col n. 47 del 24/11/1963, prima di sedici puntate; l'ultima sul n. 10 del 08/03/1964. Il titolo venne cambiato: «ignorata» al posto di «proibita», probabile decisione di Lamberto Sechi. Talamonti ribadirà però l'aggettivo nel suo libro del 1966, *Universo proibito*.
[21] L'inchiesta in nove puntate dell'estate 1962, dal 29/07 al 23/09.

Talamonti
Albergo Dock (512622)   1°/XI/1963

Dr. Rol,

come Lei ha appreso dalla
fra gentile Signora, sono di passaggio a Torino e conto di ripartirne
verso il 3 o il 4, non so bene.

Dopo le due telefonate che ho
fatto alla Signora, avrei dovuto logicamente dare un seguito alla mia
iniziativa, e telefonarLe anche Lei, sentire se mi avrebbe ricevuto, o no. Ebbene:
non ho potuto; una strana sensazione,
come l'insorgere confuso di scrupoli
inespressi, mi ha impedito di farlo.
                 tra l'altro:
Ho pensato, una che diritto ho,

(foto © Franco Rol – Archivio Storico del Comune di Torino)

(foto © Franco Rol – Archivio Storico del Comune di Torino)

*Presentazione dell'inchiesta di Talamonti del **1963***
(non firmato, probabilmente da parte del direttore Lamberto Sechi)

«Iniziamo da questo numero, affidandola ad un giornalista molto noto nel campo della divulgazione scientifica, una approfondita inchiesta su alcuni fenomeni eccezionali, sorprendenti, ancora avvolti nel mistero. Sono fenomeni noti da tempo immemorabile e che la scienza ufficiale non ha saputo ancora spiegare o che, talvolta, ha addirittura voluto deliberatamente ignorare, come fatti non degni della verità scientifica. Ma ciò non toglie che su di essi esista una vastissima letteratura con una imponente documentazione e che costituiscano, d'altra parte, un campo quanto mai affascinante di indagine e di interesse. Come spiegare infatti, ad esempio, lo sdoppiamento e la bilocazione delle persone viventi, che danno luogo ai «fantasmi dei vivi»; l'apparizione dei «fantasmi dei defunti»; le intestazioni da «poltergeist» dovute alla medianità inconsapevole di adolescenti dal carattere inquieto; le materializzazioni che si verificano nelle sedute spiritiche e, infine, le strane capacità scientifiche e artistiche acquisite da certe persone sotto la presunta guida di entità disincarnate? È chiaro che tutti questi fenomeni non possono essere compresi con i metodi attuali della scienza ufficiale, perché rari, non riproducibili a piacere in laboratorio e quindi difficilmente investigabili: ma possono essere spiegati con una ipotesi quanto mai affascinante e meravigliosa e che, tuttavia, non ha niente di fantastico, ammettendo cioè l'esistenza di una dimensione ignorata dell'universo. Che cosa significa questo aggettivo ignorata? Significa che tale «dimensione» è sì inaccessibile ai sensi normali dell'uomo, ma non a quelli speciali delle persone dotate di medianità. Giacché noi crediamo che la curiosità legittima di sapere e di conoscere dello spirito umano debba essere appagata anche nei casi in cui essa si trova il cammino sbarrato da preconcetti e da dinieghi assurdi della cosiddetta scienza ufficiale, invitiamo il lettore a seguirci in questo viaggio quasi incredibile nella dimensione ignorata dell'universo»[22].

---

[22] *La Settimana Incom Illustrata*, n. 47, 24/11/1963, p. 42. Nella pagina seguente il dettaglio della copertina della rivista.

ANNO XVI - N. 47 - 24 NOVEMBRE 1963

nell'interno

UN VIAGGIO ALLUCINANTE NELLA DIMENSIONE IGNORATA DELL'UNIVERSO

la prima puntata di un'inchiesta sensazionale

Torino, 4 nov. '63

Caro Dr. Rol,

nel lasciare la Sua città, desidero farLe pervenire l'espressione sincera della mia riconoscenza per tutte le cortesie che anche in questa occasione, come nelle precedenti, ha voluto prodigarmi.

In modo particolare tengo a ringraziarLa per le preghiere che ha fatte per me; e non occorre ch'io Le dica quanto bisogno ancora ne abbia: sono certo che Lei lo sa benissimo.

Mi aiuti, La prego, a liberarmi di due persone: di una su Suo espresso consiglio (ne parlammo nel locale "Due Lampioni", e le Sue considerazioni colpirono nel segno); dell'altra, di cui si parlò nella gelateria, per <u>mia urgente necessità</u>. L'una e l'altro mi tengono prigioniero con una rete fatta di moine e lusinghe; ma forse la seconda impresa è più difficile della prima, perché l'uomo è troppo abile. Mi permetto di chiedere il Suo aiuto; <u>ma naturalmente non sul piano degli interventi comuni, materiali</u>. "Libertà vo cercando!"

Le nostre conversazioni hanno lumeggiato aspetti interessanti della Sua personalità, ma si tratta di un'esperienza che intendo tenere per me, e solo per me; non ne farò mai oggetto di imprese giornalistiche, glielo assicuro. Non mi sento all'altezza di affrontare certi problemi. Finché si tratta di materie opinabili, io mi lancio a tutta forza; ma quando si sfiora l'Assoluto, macchina indietro! Purtroppo «la ricerca della verità è un'avventura personale e solitaria», come dice Tucidide, e c'è chi è costretto a seguire una strada contorta e serpeggiante. Io sono uno di quelli.

Le rinnovo i miei più sinceri ringraziamenti, anche a nome di mia moglie.

Suo dev.mo
Leo Talamonti[23]

---

[23] Con questa lettera si conclude, forse, il primo ciclo di incontri tra Rol e Talamonti: stando ai dati che abbiamo messo insieme e senza escludere altri incontri di cui non si ha notizia, sarebbero stati due nel 1962 (15-16-17 marzo; settembre) e due nel 1963 (26 maggio; 2 o 3 novembre). La lettera successiva conservata in Archivio, che vedremo più avanti, è del 20/03/1970.

Torino, 4 nov. '53

Caro Dr. Rol,

nel lasciare la Sua città, desidero farle pervenire l'espressione sincera della mia riconoscenza per tutte le cortesie che anche in questa occasione, come nelle precedenti, ha voluto prodigarmi.

In modo particolare tengo a ringraziarla per le preghiere che ha fatto per me; e non occorre ch'io le dica quanto bisogno ancora ne abbia; sono certo che Lei lo sa benissimo.

Mi aiuti, La prego, a liberarmi di due persone: di una su Suo espresso consiglio (ne parlammo nel locale "Due Lampioni", e le Sue considerazioni colpirono nel segno); dell'altra, di cui ti parlò nella gelateria, per una urgente necessità. L'una e l'altra mi tengono prigioniero con una rete fatta

(foto © Franco Rol – Archivio Storico del Comune di Torino)

di uomini e lusinghe; ma forse la seconda impresa è più difficile della prima, perché l'uomo è troppo debole. Mi permetto di chiedere il Suo aiuto; ma naturalmente non sul piano degli interventi comuni, materiali. "Libertà vo' cercando!"

Le nostre conversazioni hanno lumeggiato aspetti interessanti della Sua personalità, ma si tratta di un'esperienza che intendo tenere per me, e solo per me; non ne farò mai oggetto di imprese giornalistiche, Glielo assicuro. Non mi sento all'altezza di affrontare certi problemi e finché si tratta di materie opinabili, io mi lancio a tutta forza; ma quando si sfiora l'Assoluto, macchina indietro! Purtroppo la ricerca della verità è un'avventura personale e solitaria, come dice Tudor Sole, e c'è chi è costretto a seguire una strada contorta e serpeggiante. Io sono uno di quelli.

Le rinnovo i miei più sinceri ringraziamenti, anche a nome di mia moglie.
Suo dev.mo   Leo Talamonti

(foto © Franco Rol – Archivio Storico del Comune di Torino)

Lettere di Nino Rota
1948/1961

Roma-Bari 15 V 1948

Caro Dott. Rol,

questo tempo è volato per me come per incanto e mi sembra siano solo pochi giorni che ci siamo lasciati a Trani![1]

Io ho molte difficoltà a scrivere; per di più ho passato e passo un periodo di eccessivo lavoro, e di molta scontentezza intima.

Ma la verità è che non so che cosa, né come scriverLe; ho sentito in Lei una corrente così spontanea di simpatia, che qualsiasi parola di ammirazione o di riconoscenza mi sembra povera e inadeguata. Dal nostro incontro a Trani Lei ha occupato spesso e profondamente il mio pensiero e il mio sentimento. Quanto Lei mi ha prodigato è per me inestimabilmente fecondo.

Non so che altro dire... Mi auguro molto di ritrovarmi con Lei, e presto: anche se non ne vedo ancora l'occasione prossima.
Invidio gli amici Pinna[2]. Me li saluti. Dica a Maria Teresa che, la sera che sono partiti, sono andato alla stazione (volevo darle una cravatta color turchese, che avevo trovato a Roma, come la mia che le piaceva). Ma come perdo i miei treni, così ho perduto anche il loro!

Mi creda Suo
Nino R.

---

[1] Non è dato sapere a quando esattamente, forse qualche settimana, risalga l'incontro, che da tono e contenuti della lettera dovrebbe essere il primo tra Rota e Rol. Si erano trovati a Trani a casa dei comuni amici Pinna (non è dato sapere chi fosse presente di preciso: sicuramente Maria Teresa Pinna citata più sotto; probabilmente il fratello Giacinto Pinna con la moglie Maria Serena Gossi (nella prima edizione di *Fellini & Rol* ho scritto per errore in appendice, p. 442, che la moglie di Giacinto era Maria Teresa, mentre invece era Maria Serena, come poi ho anche scritto nel vol. III de *L'Uomo dell'Impossibile*, 2022, pp. 410; 438); Franco Pinna, fratello di Giacinto e Maria Teresa, con la moglie Raffaella Venier; e l'altra sorella Anna Pinna). Giacinto e Franco erano avvocati, Rol era molto amico in particolare di Giacinto, alcune lettere a lui sono state in parte pubblicate in *"Io sono la grondaia"* (p. 128 e p. 155, 1ª ed. 2000). I Pinna avevano casa anche a Torino, Rota stava da loro quando andava nel capoluogo piemontese; Giacinto probabilmente fu il tramite dell'incontro tra Rol e Rota.
[2] Che potevano frequentare spesso Rol.

Roma-Bari 15 V. 1948

Caro Dott. Rol,

questo tempo è volato per me come per incanto e mi sembra siano solo pochi giorni che ci siamo lasciati a Trani!

Io ho molta difficoltà a scrivere; per di più ho passato e passo un periodo di eccessivo lavoro, e di molta scontentezza intima.

Ma la verità è che non so che cosa, nè come scriverLe; ho sentito in Lei una corrente così spontanea di simpatia, che qualsiasi parola di ammirazione o di riconoscenza mi sembra povera e inadeguata. Dal nostro incontro a Trani Lei ha occupato spesso e profondamente il mio pensiero e il mio sentimento. Quanto Lei mi ha prodigato è per me inestimabilmente fecondo.

Non so che altro dire..... Mi auguro molto di ritrovarmi con Lei, e presto: anche se non ne vedo ancora l'occasione prossima.

Invidio gli amici Pinna. Me li saluti. Dica

a Maria Serena che, la sera che sono partiti,
sono andato alla stazione (volevo darle una cravatta
color turchese, che avevo trovato a Roma, come la mia
che le piaceva). Ma come perdo i miei treni; così
ho perduto anche il loro!

Mi creda Suo

Nino R.

(foto © Franco Rol – Archivio Storico del Comune di Torino)

Bari 29 VI, 61

Caro Gustavo,

    ti accludo questo scarabocchio, che doveva essere una lettera per te – e che mi accompagna da circa un mese nella mia cartella – perché tu possa ridere della mia sciaguratezza epistolare e, soprattutto, perché mi possa perdonare!
Continuo a star bene. Sono in pieni esami. Appena finiti, tra qualche giorno, dovrò musicare un grosso film, che andrà a Venezia (proprio di Castellani)[3].
Ho saputo che la Cineriz ha venduto tutta la "Venere Imperiale" a un altro produttore (credo Ponti) e che il film si farà. Naturalmente né Castellani né la Cineriz hanno più diritti né ingerenze nel film. Quando a Roma cercherò di sapere qual è il regista e questo sarà il film. Per la musica non sono stato interpellato.
Ho saputo però, sia dallo stesso Castellani che da altre persone <u>ipercritiche</u> e mai indulgenti che il lavoro, da te fatto, di ricerca e di inquadramento storico, è originalissimo e di eccezionale interesse: oltre che di notevole impegno. Non sarebbe il caso di pubblicarlo?[4]
Grazie, grazie ancora del Tuo pensiero per me. Spero poterti vedere presto! Ti mando il mio saluto più affettuoso

                              Nino

---

[3] "*Il brigante*" (1961) prodotto dalla Cineriz di Angelo Rizzoli, che consta anche come co-produttore di *Venere Imperiale* (1962), citato di seguito, e diretto da Jean Delannoy.

[4] Come ho scritto in *Fellini & Rol*, p. 443, «Rol dovette essere interpellato come esperto di Napoleone, della sua famiglia e dell'epoca napoleonica, visto che il film è incentrato sulla figura di Paolina Bonaparte, sorella dell'Imperatore. Venne interpretato da Gina Lollobrigida che poi vinse nel 1963 il David di Donatello e il Nastro d'argento come miglior attrice protagonista. Non è dato sapere se il "lavoro" di Rol sia stato conservato, chissà che non possa essere ritrovato in futuro negli archivi della Rizzoli».

(foto © Franco Rol – Archivio Storico del Comune di Torino)

produttore (credo Ponti) e che il film
si farà. Naturalmente né Castellani né
la Cineriz hanno più diritti né ingerenze
nel film. Tornando a Roma cercherò di sapere
qual è il regista e quando sarà il film. Per
la musica non sono stato interpellato.
Ho saputo però, sia dallo stesso Castellani che
da altre persone ipercritiche e mai indulgenti,
che il lavoro, da te fatto, di ricerca e di inqua=
dramento storico, è originalissimo e di eccezionale
interesse: oltre che di notevole impegno. Non
sarebbe il caso di pubblicarlo?
Grazie, grazie ancora del tuo pensiero per
me. Spero poterti vedere presto! Ti mando
il mio saluto più affettuoso
Nino

(foto © Franco Rol – Archivio Storico del Comune di Torino)

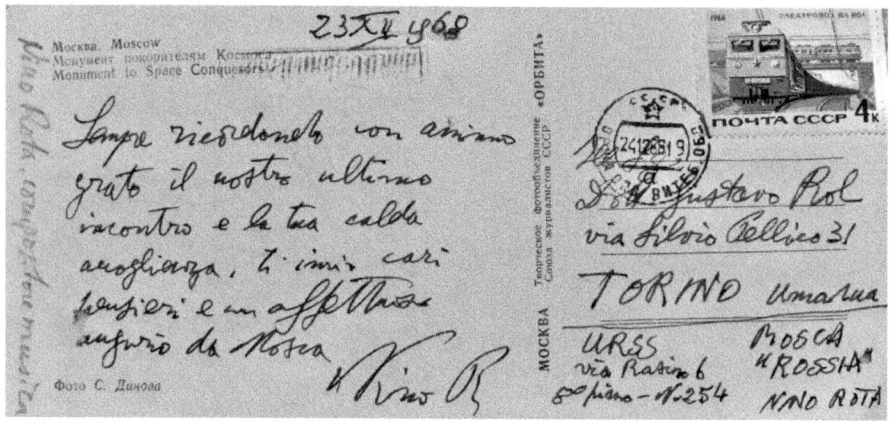

(foto © Franco Rol – Archivio Storico del Comune di Torino)

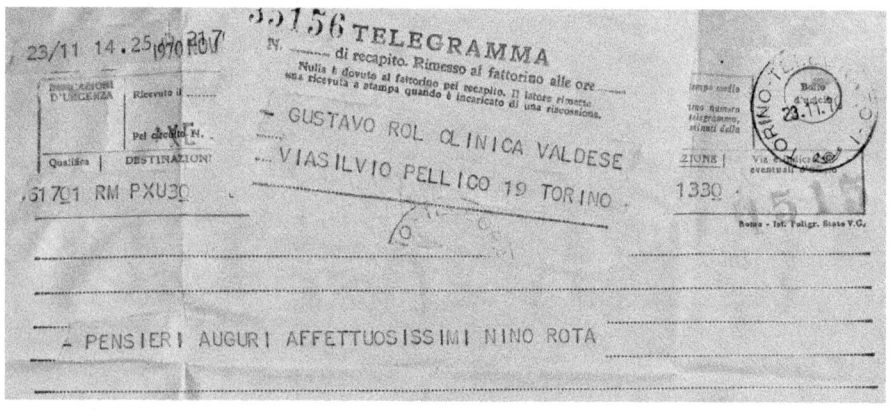

(foto © Franco Rol – Archivio Storico del Comune di Torino)

Una cartolina di Fellini 59

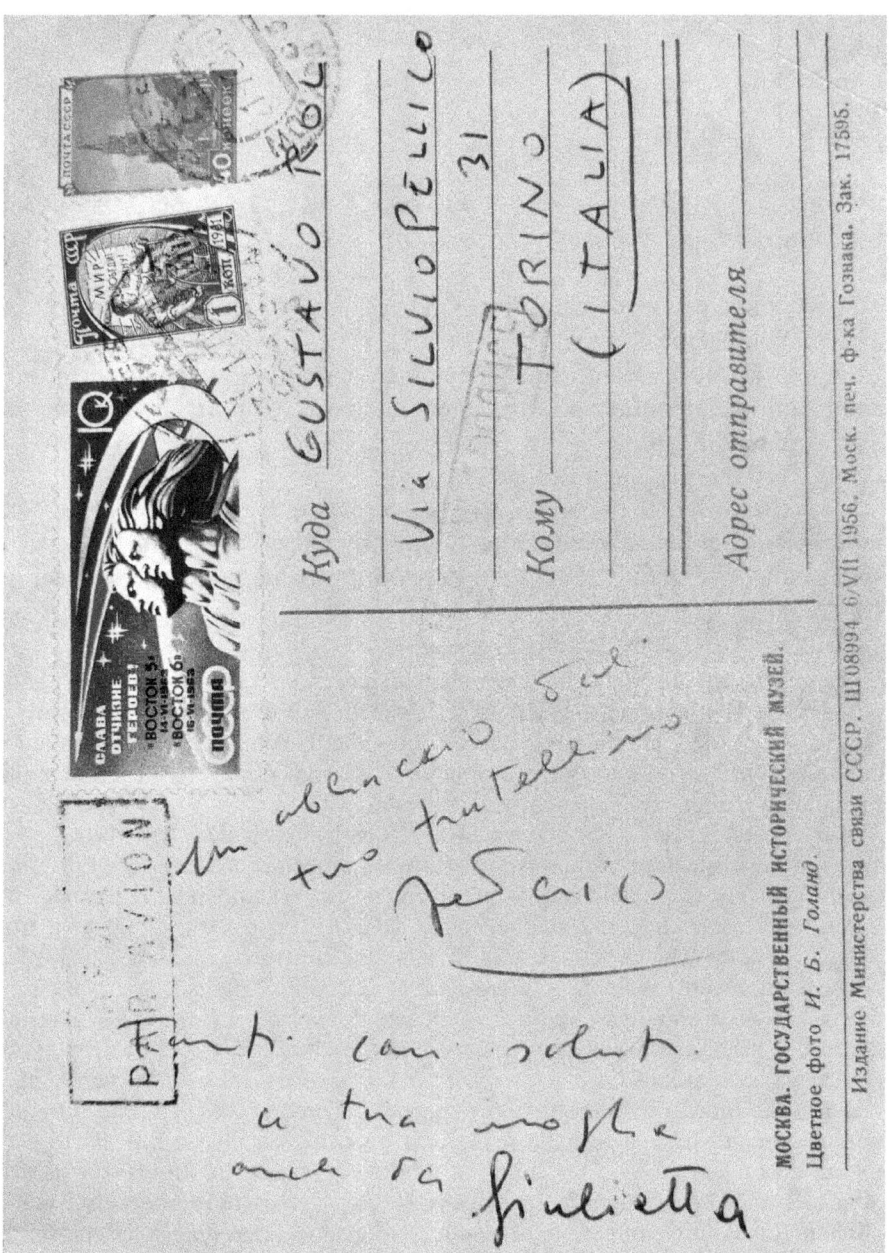

Cartolina con timbro del 21 luglio 1963, inviata da Fellini a Rol da Mosca, dove il regista aveva presentato il film *8 ½* al Festival, il 18 luglio. Proprio il 21 aveva ottenuto il primo premio.
Si tratta del primo documento di corrispondenza tra di loro pervenuto. Fellini scrive: «Un abbraccio dal tuo fratellino Federico». Sotto: «Tanti cari saluti a tua moglie anche da Giulietta» (Archivio Storico del Comune di Torino).

Lettere di Fellini[1]
1963-1964

FEDERICO FELLINI   Via Archimede, 141 - a - Roma

Roma 21/9/1963[2]

Caro Gustavo,

grazie per le tue cartoline[3]. Che voglia di vederti! Ti penso spesso e mi fai compagnia.

Il lavoro va avanti sgangheratamente, ma spero di essere presto in condizioni di raccontarti o farti leggere qualcosa[4], sempre che tu ne abbia voglia, naturalmente.

E il tuo viaggio a Roma?[5]

Che sostanza devo prendere per verniciare leggermente, come dici tu, la tela di Ravier? Finora i colori non hanno perso la loro lucentezza, il loro smalto, ma se tu credi che sia necessario ripassarci questa vernice, lo farò[6].

---

[1] Questa e altre delle lettere che pubblico qui, sono già state pubblicate in anteprima, solo in originale e senza trascrizione, in *Fellini & Rol*.
[2] È questa la prima lettera al momento conosciuta di Fellini a Rol, quattro mesi dopo il (forse) primo incontro avvenuto il 26 maggio all'Hotel Principi di Piemonte a Torino, con Talamonti e Piantanida.
[3] Probabilmente dalla Costa Azzurra, dove Rol andava d'estate.
[4] Fellini era nella fase preliminare di studio e progettazione del film *Giulietta degli spiriti*, che avrebbe iniziato a girare, con un certo ritardo, nel luglio 1964.
[5] Penso sia da intendere: quando vieni a Roma? e non: come è andato il tuo viaggio a Roma? In un'altra lettera di quindici mesi dopo, Fellini gli chiede: «Davvero non verrai a Roma?» (più avanti, p. 72).
[6] Non ci sono al momento altre testimonianze di questo genere, dove si accenni alla necessità di passare una «vernice» su un dipinto di Rol o di quelli che lui otteneva grazie all'ausilio di uno *spirito intelligente*. Ho chiesto un parere alla persona che meglio avrebbe potuto rispondere, Lorenzo Rappelli, che oltre ad aver conosciuto bene Rol, nella seconda parte della sua vita si è dedicato alla pittura ed è ancora oggi, nel 2022, un pittore paesaggista prolifico ed esperto, nonché autore di monografie specialistiche: «Non mi ricordo che Gustavo mi abbia mai parlato di mettere delle vernici sui quadri, e non mi risulta che lui le mettesse ai suoi, salvo che lo facesse, ma io non l'ho mai visto fare e non mi ha mai suggerito di mettere della vernice sul Ravier che noi abbiamo avuto da lui quando aveva fatto un esperimento in casa nostra. Allora, a che cosa servono le vernici: ce ne sono diversi tipi: c'è la vernice che si chiama in francese *vernis à retoucher*, cioè la vernice per i ritocchi, che serve soltanto per proteggere il colore e puoi metterla una settimana/dieci giorni dopo che hai finito il quadro all'olio, e lo protegge dalla polvere e nello stesso tempo gli dà una specie di smalto, una specie di colore più brillante, ravviva i colori; ci sono poi le vernici definitive, che

Carissimo, meraviglioso amico, ti abbraccio, ricordami a ta moglie.

Tuo,

Federico

FEDERICO FELLINI   Via Archimede, 141-a-Roma

Roma 21/9/1963

Caro Gustavo,

grazie per le tue cartoline. Che voglia di vederti! Ti penso spesso e mi fai compagnia.

Il lavoro va avanti sgangheratamente, ma spero di essere presto in condizioni di raccontarti o farti leggere qualcosa, sempre che tu ne abbia voglia, naturalmente.

E il tuo viaggio a Roma?

Che sostanza devo prendere per verniciare leggermente, come dici tu, la tela di Xavier? Finora i colori non hanno perso la loro lucentezza, il loro smalto, ma se tu credi che sia necessario ripassarci questa vernice, lo farò.

Carissimo, meraviglioso amico, ti abbraccio, ricordami a tua moglie.

Tuo,

(foto © Franco Rol – Archivio Storico del Comune di Torino)

possono essere brillanti o semibrillanti, ma quelle puoi metterle soltanto 6 mesi o magari un anno dopo quando sei sicuro che il colore sia completamente secco, perché sulla *vernis à retoucher* tu puoi ridipingere, invece sulle vernici definitive no, quindi non puoi mettere la vernice definitiva, perché se no il colore se non è in profondità, ben secco, non seccherà mai e quindi si scaglia, si rompe, fa dei danni». Nel caso di Fellini, doveva trattarsi di *vernice da ritocco*, per la composizione si veda per es.: *artenet.it/vernice-da-ritocco*

Roma 19/10/63

Carissimo Gustavo,
la tua lettera mi ha dato energia, mi è arrivata come una carica nutriente, perché ti ho sentito improvvisamente vicino come una figura materna dispensatrice di amorosa forza.

Ti son proprio tanto grato del sentimento di amicizia che sai esprimere e vivere con tanta intensità, e vorrei riuscire a dirti o a farti sentire senza equivoco quanto anch'io ti voglio bene e quanto bene mi fai.

Il lavoro va avanti ancora confusamente; è un film così difficile quello che mi ostino a voler fare![7] Ma lo devo fare. E poi adesso mi sembra di intravedere un lumicino più distinto e che testimonia la presenza di un traguardo.

Forse verrò a Torino prima che tu parta per Parigi e mi auguro di essere finalmente nelle condizioni di raccontarti con più chiarezza la storia del mio film.

E tu stai bene? La tua calligrafia sprizza cariche di forza e solo a guardarla fa venire voglia di fare subito qualcosa.

Ti abbraccio, Gustavone potente[8], e arrivederci presto.

Federico

PS: grazie tanto del ritaglio di giornale che mi hai mandato[9]. Allora, sei contento del tuo sprovveduto allievo? Del tuo incespicante apprendista-stregone?[10] Ancora un abbraccio. A presto.

---

[7] *Giulietta degli spiriti.*
[8] Fellini era solito usare accrescitivi con amici e collaboratori (cfr. *Fellini & Rol*, pp. 100-101), prima di scoprire questa e altre lettere dove chiama Rol così non si sapeva che li usasse anche con lui.
[9] Non è dato sapere su che cosa. Dal seguito si potrebbe dedurre che si tratti di un articolo su Fellini dove il regista potrebbe accennare a Rol oppure ad argomenti metafisici o esoterici, oppure dove adotta qualche comportamento "iniziatico". Siccome Rol leggeva *La Stampa*, ho supposto che poteva esserci un articolo del genere in quel periodo. L'unico che ho trovato, del 4 settembre (*Ha ordinato alla moglie di dimagrire «kg. 8 ½»*, Stampa Sera, p. 10), è una simpatica intervista a Giulietta Masina, che parla soprattutto di Fellini, in occasione della preparazione del nuovo film.
[10] Queste auto-qualifiche di Fellini sono molto interessanti e rivelatrici del rapporto che già si era instaurato con Rol: *tuo sprovveduto allievo, tuo incespicante apprendista-stregone.*

FEDERICO FELLINI   Via Archimede, 141-A - Roma

Roma 19/10/63

Carissimo Gustavo,

         la tua lettera mi ha dato energia, mi è arrivata come una carica nutriente, perchè ti ho sentito improvvisamente vicino come una figura materna dispensatrice di amorosa forza.

         Ti son proprio tanto grato del sentimento di amicizia che sai esprimere e vivere con tanta intensità, e vorrei riuscire a dirti o a farti sentire senza equivoco quanto anch'io ti voglia bene e quanto bene mi fai.

         Il lavoro va avanti ancora confusamente; è un film così difficile quello che mi ostino a voler fare! Ma lo devo fare. E poi adesso mi sembra di intravedere un lumicino più distinto e che testimonia la presenza di un traguardo.

         Forse verrò a Torino prima che tu parta per Parigi e mi auguro di essere finalmente nelle condizioni di raccontarti con più chiarezza la storia del mio film.

         E tu stai bene? La tua calligrafia sprizza cariche di forza e solo a guardarla fa venire voglia di far subito qualcosa.

         Ti abbraccio, Gustavone potente, e arrivederci presto.

PS: grazie tanto del ritaglio di giornale che mi hai mandato. Allora, sei contento del tuo sprovveduto allievo? Del tuo incespicante apprendista - stregone? Ancora un abbraccio. A presto.

(foto © Franco Rol – Archivio Storico del Comune di Torino)

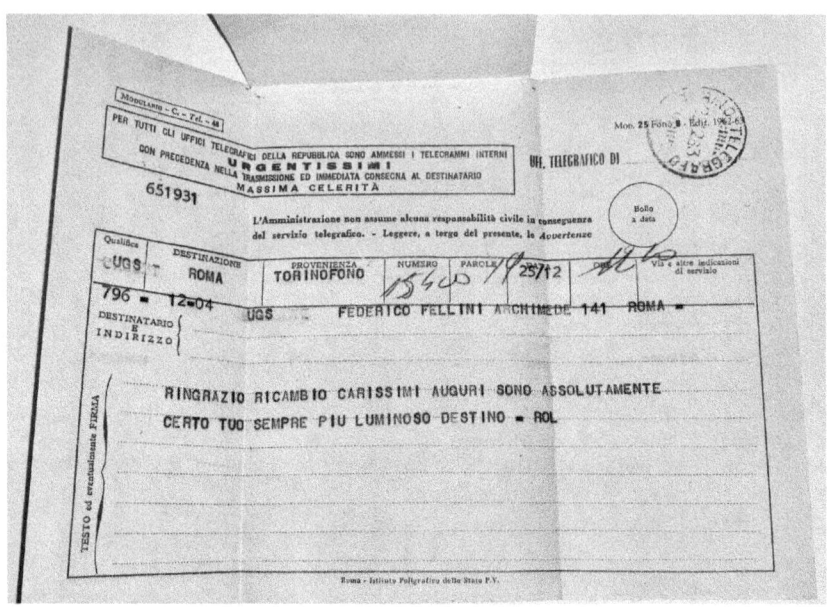

Telegramma di Rol a Fellini del 27 dicembre 1963

Ringrazio Ricambio carissimi auguri Sono assolutamente certo tuo sempre più luminoso destino – Rol

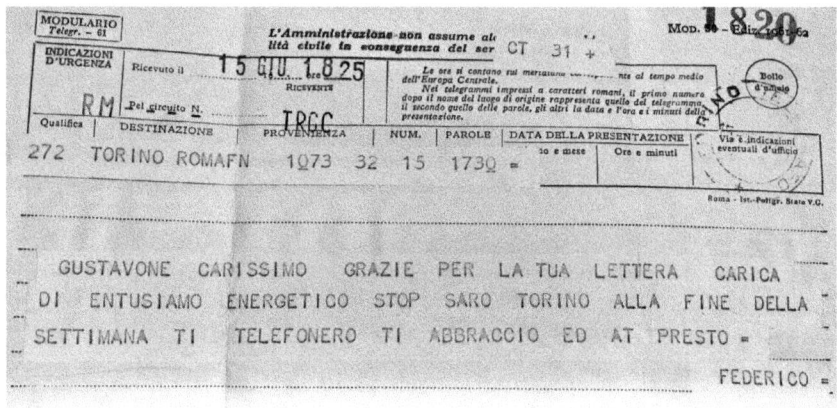

Telegramma di Fellini a Rol del 15 giugno 1964

«Gustavone carissimo Grazie per la tua lettera carica di entusiasmo energetico Sarò Torino alla fine della settimana Ti telefonerò Ti abbraccio ed a presto – Federico

(foto © Franco Rol – Archivio Storico del Comune di Torino)

Buzzati e Fellini
1964

Titolo e occhiello dell'articolo di Dino Buzzati del 2 agosto 1964, di cui ho già dato trascrizione integrale nell'appendice I del vol. I (poi vol. II, p. 650) sull'incidente aereo di Giorgio Cini.

I SEGRETI DELL'HOTEL DU CAP D'ANTIBES

L'albergo salvato dal mago

« Quell'uomo - disse l'enigmatico dottor Rol - ha la morte molto vicina ». E il signor André Sella trovò un pretesto per non partire sull'aereo privato di Giorgio Cini

L'intervista sul periodico *Planète* – fatta dalla redazione – a Federico Fellini pubblicata prima in francese nel numero di novembre-dicembre 1964, poi in italiano su *Pianeta* nel numero di dicembre 1964-gennaio 1965.

Je suis voluptueusement ouvert à tout
Federico Fellini

Je crois que le cinéma est un art très particulièrement capable d'évoquer des panoramas métaphysiques et ultra-sensibles.
F.F.

Io sono aperto voluttuosamente a tutto
Federico Fellini

Io credo che il cinema sia un'arte particolarmente capace di evocare panorami metafisici e ultra-sensibili.
F.F.

Gli bastò — un gesto delle mani — per fulminare — un calabrone

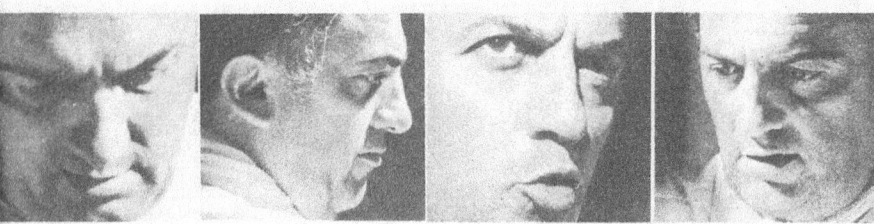

a qualche dozzina di metri — di distanza. — Ne ho avuto — la pelle d'oca.

Fu la prima volta che Fellini menzionò pubblicamente Rol. Questo l'estratto che lo riguarda:

«Io ammiro in modo particolare il dottor Rol di Torino, per lo sforzo eroico che sostiene nel salvaguardare il proprio ego individuale dall'assalto di queste misteriose forze. Sul piano psicologico, il fatto che lui creda in Dio, e si appoggi con tutte le sue forze alla Divinità, mi appare come un tentativo salutare per non sprofondare nell'angoscia, per non restare distrutto da questo magma sconosciuto. Certo è l'uomo più sconcertante che io abbia incontrato. Sono talmente enormi, le sue possibilità, da superare anche l'altrui facoltà di stupirsene. C'è un limite anche alla meraviglia. Una volta eravamo nel parco del Valentino, e a qualche dozzina di metri da noi c'era un bimbetto in culla. La sua nurse si era addormentata. Ad un certo momento indicai a Rol, con apprensione, un calabrone che si avvicinava al bambino, e forse stava per pungerlo. Gli bastò un gesto delle mani per fulminare l'insetto da quella distanza. A ripensarci, mi viene ancora oggi la pelle d'oca. Ecco perché il caso di Rol mi commuove: nonostante la potenza delle sue facoltà, riesce a tenere a bada l'orgoglio, e si rifugia in una zona di religiosa consapevolezza che ha del meraviglioso. So di dargli un dispiacere nel riferire cose come queste; ma non mi sento di negare la mia testimonianza ad una realtà sconosciuta e di tanta importanza. Una volta stavamo al ristorante[1], e mi chiese un numero; poi prese la matita, e fece l'atto di disegnarlo nell'aria. Subito dopo io l'ho ritrovato scritto nel tovagliolo che tenevo sulle ginocchia»[2].

Da un articolo su *L'Espresso* del 10 gennaio 1965, dove si capisce che le fonti principali sono *Planète-Pianeta* e gli articoli di Buzzati (più avanti):

«Mai, tuttavia, un mago torinese era riuscito ad assumere un prestigio internazionale come accade in questi anni per l'antiquario noto negli ambienti occultisti con il nome di Rol, uno dei principali consulenti degli ultimi film di Fellini, che sulla magia sono interamente imperniati, un mago famoso per i suoi interventi benefici di cui si sono occupate a più riprese molte riviste straniere[3] e che può, secondo quanto è stato scritto e raccontato di lui, non solo indovinare tutto (naturalmente), ma anche scrivere numeri a distanza, crescere o diminuire di statura, folgorare con lo sguardo insetti nocivi»[4].

---

[1] Nella versione francese è così: « La première fois que je l'ai rencontré, c'était au restaurant » («La prima volta che l'ho incontrato, è stato al ristorante»).
[2] Fellini, F., *Io sono aperto voluttuosamente a tutto*, Pianeta n. 5, dic.1964-gen.1965, pp. 103-104.
[3] Al momento si conoscono, precedenti a questo articolo, solo *La Razón* (Argentina, 1952) e *Planète* (1964).
[4] *300 maghi d'azienda*, L'Espresso, 10/01/1965, p. 14.

◆ **Un uomo sconcertante: il dottor Gustavo Adolfo Rol**

Il dottor Rol è un compìto gentiluomo torinese che ha vissuto parecchio in Francia, e che ora se ne sta a Torino. Come tanti altri italiani, è laureato in giurisprudenza; e come parecchi altri, è un pittore di talento; tuttavia, la sua notorietà, che in questi ultimi tempi va rapidamente crescendo, è legata ad altre sue capacità inconsuete, le quali, in linguaggio corrente, non potrebbero essere definite se non con la parola « magiche ». Non è un termine di suo gusto; ma noi non sapremmo come qualificare diversamente le facoltà d'un uomo che può captare tranquillamente il pensiero altrui; che legge a distanza nei libri chiusi, come faceva Alexis Didier nel secolo scorso; che fa muovere oggetti a distanza, e che può dipingere, al buio, nello stile di certi grandi maestri del passato. È probabile che un giorno si parlerà di lui in un alone di leggenda; ma per il momento noi possediamo, a suo riguardo, informazioni precise da varie fonti, e documentazioni inattaccabili. C'è la testimonianza di Fellini; c'è quella dello scrittore Umberto Segre (Pitigrilli) e c'è quella di varie personalità del mondo culturale italiano e francese, tra cui il Prof. Beonio Brocchieri, dell'Università di Padova. Il dottor Rol è nemico di ogni pubblicità, e conduce una vita assai ritirata; siamo dunque certi che egli non gradirà affatto di vedere attirata su di lui l'attenzione del pubblico; ma non possiamo farne a meno. Egli è la prova vivente dell'esistenza di facoltà e poteri che la scienza accademica nega, e che il gran pubblico ignora; abbiamo dunque il dovere di contribuire, da parte nostra, ad intaccare questa ignoranza perniciosa.

Il riquadro su Rol pubblicato nello stesso numero di *Pianeta* (p. 103), ad opera della redazione, a margine dell'intervista a Federico Fellini. Lo stesso riquadro, in francese, era stato pubblicato in precedenza nell'edizione francese (*Planète* n. 19, nov.-dic. 1964, p. 77) col titolo: *L'étrange Rol* (Lo strano Rol). Cfr. anche *Fellini & Rol*, pp. 27-28.

Giulietta degli spiriti
di Federico Fellini

di Tullio Kezich[5]

Quando stavi preparando il film avevamo parlato, se ricordi, di fare insieme un viaggio in Italia alla ricerca dei maghi. Si parlò anche di ricavarne un libro, una specie di itinerario misterioso, di baedecker esoterico, poi non ne abbiamo fatto niente. Se devo dirti la verità, e tu lo avrai capito, io ero un po' perplesso ad assumermi il rischio di un simile viaggio senza una conveniente preparazione, senza essere corazzato contro le sorprese che i diversi incontri mi avrebbero procurato. Non ho la tua stessa capacità di abbandono nei riguardi dell'ignoto che ci circonda né sono difeso da convinzioni metafisiche. D'altra parte anche un'angolazione puramente sperimentale, neopositivistica, di questo problema mi appare insufficiente. In ogni caso tu il viaggio, sia pure a tappe e a frammenti, l'hai fatto e rifatto più volte, come attesta l'intervista di Planète. *Nella quale riferisci, fra l'altro, sui tuoi incontri con la veggente Pasqualina Pezzola, con il «mago» torinese G.A. Rol. Mi puoi dire che cosa cerchi concretamente in questi incontri? Una prova tangibile dell'esistenza del mondo magico?*

Ho conosciuto molte persone più o meno dotate, mi sono trovato di fronte a dei «medium» intesa questa parola nel senso letterale di «mezzo». Si trattava di persone talmente investite da forze sconosciute da annullare ogni loro capacità di difesa. Il dialogo con questi tipi non era molto interessante: cessata l'esaltazione, ti trovi di fronte a un essere vuoto, a un vestito. Ciò che dovrebbe veramente interessare è vedere come alcune di queste creature riescono a salvare la loro individualità. Ciò che fa Rol è talmente meraviglioso che diventa normale: insomma, c'è anche un limite allo stupore. Infatti le cose che fa, lui le chiama «giochi»[6], nel momento in

---

[5] Cappelli Editore, Bologna, 1965, pp. 38-41. Tullio Kezich (1928-2009) critico cinematografico, sceneggiatore, drammaturgo, è stato uno dei principali biografi di Fellini. Il suo *Federico. Fellini, la vita e i film,* è ancora la biografia di riferimento (anche se per alcuni versi datata e che non tiene conto, tra le altre cose, dell'importanza di Rol nella vita del regista, come ho mostrato in *Fellini & Rol*). Anche lui incontrò Rol, ma qualche anno dopo, nel 1970 (si veda p. 137).
Le domande di Kezich sono in corsivo come nell'originale. Il libro è stato pubblicato a maggio 1965, ma l'intervista dovrebbe risalire più o meno intorno a novembre 1964, perché Kezich cita *Planète* in francese (nov.-dic. 1964) invece di *Pianeta* in italiano uscito dopo (dic. 1964-gen.1965).
[6] In realtà li ha chiamati così, confidenzialmente, con uno come Fellini, col quale ha più volte fatto eccezioni (come alla lunga tollerare che lo qualificasse di

cui le vedi per tua fortuna non ti stupiscono. Soltanto nel ricordo assumono una dimensione eccezionale[7].

Da come ne parli mi pare che consideri Rol un vero mago.

La parola ha un timbro medioevale e oscurantista che non si addice al personaggio. Prima ancora di essere un mago è un uomo meraviglioso, un'anima bella. Ha una sua consistenza umana molto semplice, addirittura provinciale: fa l'antiquario[8], parla con una forte venatura dialettale, vive umilmente la vita di tutti. Un uomo così mi appare a tratti come uno strumento della provvidenza, dovrebbero farlo conoscere, mostrarlo alla TV. Quando si fanno «giochi» come i suoi, la tentazione dell'orgoglio, di una certa misteriosa onnipotenza, deve essere fortissima. Eppure Rol sa respingerla, si ridimensiona quotidianamente in una misura umana accettabile.

Di qualche tua esperienza negli incontri con Rol hai parlato su Planète:
«*Nous étions dans le parc de Turin. Il y avait un bebé, et la nurse s'etait endormie. Un frelon noir s'est approché. J'ai pensé qu'il allait piquer l'enfant. Je l'ai dit a Rol. A quarante mètres de distance, d'un seul geste des mains, il a foudroyè le frelon. Je l'ai vu. J'en ai eu la chair de poule*»[9].

"mago", nonostante in questa intervista Fellini riconosca limiti e stereotipi associati al termine). Il dialogo e il rapporto con Fellini era su piani piuttosto elevati, per cui Rol poteva anche aver minimizzato – anche per sdrammatizzare – gli esperimenti e averli chiamati «giochi». Se la prendeva però se chiunque altro, tranne Fellini, li chiamava così e puntualizzava: «I miei non sono giochi, sono esperimenti» (forse anche perché, proprio al seguito delle dichiarazioni di Fellini, molti si baseranno su di esse, al di là che poi le carte favoriscano questa impressione superficiale, che però evapora quando si leggano i resoconti degli esperimenti Poutet-Stasia). Cfr. anche *Fellini & Rol*, p. 76 e sgg..

[7] Dipendeva però da quali esperimenti e in che quantità. Potevano benissimo stupire nel momento stesso in cui venivano visti, però è vero che in molti casi, proprio a causa della naturalezza e spontaneità con le quali Rol li faceva, potevano apparire "normali", facili, naturali. Ripensandoci però "a mente fredda" in seguito, «assumono una dimensione eccezionale», tanto che alcuni poi si rifiutarono di credere a ciò che loro stessi avevano visto. Testimonianze in questo senso sono moltissime.

[8] Poco più di quattro anni dopo sottolineerà ancora che Rol «non è un mago, ma un antiquario torinese» (Fellini, F., *"Ho udito la voce di vecchi amici"*, Domenica del Corriere, n. 14, 08/04/1969, p. 39, più avanti a p. 132).

[9] La traduzione in italiano, non esattamente letterale, su *Pianeta, supra* p. 67. Qui (in *Planète* francese) specifica anche a quale distanza approssimativa Rol e Fellini si trovavano dalla culla: quaranta metri.

Com'è che Rol riesce a salvarsi? Forse perché ha la fede, crede in Dio. Ti assicuro che è commovente il suo tentativo disperato di stabilire un rapporto individuale con la notte tempestosa da cui viene abitato.

Leggo ancora su Planète: « *La première fois que je l'ai rencontré, c'était au restaurant. Il m' a demandé un numéro. Il a dessiné les chiffres dans l'air, avec la pointe d'un crayon. Et j'ai retrouvé ce chiffre écrit sur la serviette que j'avais sur les genoux. Il fait des centaines de choses comme cela, devant des gens qui ne sont pas des naïfs* »[10].

I «giochi» di Rol sono uno spettacolo tonificante, confortante per chiunque lo accosti con una vera disponibilità. Cioè con l'innocenza di un bambino o con il sostegno di una scienza non rigida, aperta, che non si metta in conflitto con le forme inattese della verità[11].

È sulla strada di quella saggezza di cui mi hai parlato?

La indica agli altri. Il che è anche più bello, certo più generoso. Ci sono situazioni nelle quali la vita ti può cacciare, fatti che ti indurrebbero a piegare la testa. E allora ti può arrivare un aiuto, da una forza misteriosa che ha trovato un equilibrio con se stessa: proprio così, irrazionalmente. (…) Mi rendo conto che la conversazione su questi temi, benchè io sia dispostissimo a parlarne fra persone che sanno interpretare un discorso nei limiti e nel verso più pertinenti, rischia di scivolare nell'incomprensione e addirittura nel ridicolo. Posso confermarti, tuttavia, che Rol è un personaggio fuori della misura abituale di coloro che operano nel campo della parapsicologia.

---

[10] *Idem*. Nella versione italiana non c'è l'ultima frase, la cui traduzione è: «Fa centinaia di cose del genere, davanti a persone che non sono ingenue».
[11] Frase meravigliosa che centra perfettamente il punto: è *con l'innocenza di un bambino o con il sostegno di una scienza non rigida* che è possibile penetrare, gradualmente, nelle *scienza sacra* di Rol. Aggiungerei solo (ciò che in Fellini era già implicito): *e con la sensibilità dell'artista*.

Lettere di Fellini
1965

Roma 21/1/1965

Caro Rol,

Che voglia ho di vederti. Questa dovrebbe essere l'ultima settimana di riprese e la gran fatica del film sarà finita[1]. Poi avrò un paio di mesetti di doppiaggio e montaggio che però non mi assorbiranno così totalmente com'è accaduto fino adesso. Mi spiace se qualche volta avrai il fastidio di leggere il tuo nome sui giornali legato a quello del mio film[2], ma, credimi, nella maggior parte dei casi non l'ho autorizzato io, ma sono invenzioni dei giornalisti.

Davvero non verrai a Roma? In ogni caso a metà Febbraio conto proprio di venirti a trovare[3].

Ti abbraccio forte ed a presto.

Federico

---

[1] Fellini stava terminando di girare *Giulietta degli spiriti*. Ho corretto qui il refuso «dei» con «del».
[2] Fellini aveva per la prima volta parlato pubblicamente di Rol nell'intervista di *Planète* pubblicata due mesi prima e il titolo del suo film avrebbe facilmente indotto i giornalisti a citare anche Rol.
[3] Non è dato sapere se poi sia andato in quel mese, ma a giudicare dalla lettera seguente del 22 febbraio parrebbe di no.

FEDERICO FELLINI   Via Archimede, 141 - A - Roma

Roma 2I/I/I965

Caro Rol,

che voglia ho di vederti. Questa dovrebbe essere l'ultima settimana di riprese e la gran fatica dei film sarà finita. Poi avrò un paio di mesetti di doppiaggio e montaggio che però non mi assorbiranno così totalmente com'è accaduto fino adesso. Mi spiace se qualche volta avrai il fastidio di leggere il tuo nome sui giornali legato a quello del mio film, ma, credimi, nella maggior parte dei casi non l'ho autorizzato io, ma sono invenzioni dei giornalisti.

Davvero non verrai a Roma? In ogni caso a metà Febbraio conto proprio di venirti a trovare.

Ti abbraccio forte ed a presto.

(foto © Franco Rol – Archivio Storico del Comune di Torino)

Roma 22/2/1965

Caro Rol,

    Ti ringrazio del panettone che mi hai mandato.
    Ho saputo che mi avevi telefonato da Parigi; io ti ho subito chiamato a Torino ma non ti ho trovato. Cosa volevi dirmi?
    Il montaggio del film è quasi finito e può darsi che durante la pausa tra il montaggio il doppiaggio faccio un salto a trovarti[4]. Ho tanta voglia di vederti.
    Ti saluto con l'amicizia di sempre e ti abbraccio forte. Saluti cordiali a tua moglie, ed a presto.

                                                Federico

---

[4] L'incontro avverrà probabilmente solo all'inizio di maggio, presente anche Buzzati con l'allora fidanzata Almerina (si veda più avanti, p. 102).

FEDERICO FELLINI   Via Archimede, 141 - A - Roma

Roma 22/2/1965

Caro Rol,

       ti ringrazio del panettone che mi hai mandato.

       Ho saputo che mi avevi telefonato da Parigi; io ti ho subito chiamato a Torino ma non ti ho trovato. Cosa volevi dirmi?

       Il montaggio del film è quasi finito e può darsi che durante la pausa tra il montaggio e il doppiaggio faccia un salto a trovarti. Ho tanta voglia di vederti.

       Ti saluto con l'amicizia di sempre e ti abbraccio forte. Saluti cordiali a tua moglie, ed a presto.

Buzzati e Fellini
1965

Un paio di mesi dopo l'uscita del libro curato da Kezich, il 6 agosto 1965 Dino Buzzati intervistò per il *Corriere della Sera* Federico Fellini. Nel sommario si legge: «esiste un personaggio favoloso che riesce a superare di gran lunga tutti gli altri maghi», ovvero Rol.

CORRIERE DELLA SERA

IN CERCA DELL'ITALIA MISTERIOSA

FELLINI PER IL NUOVO FILM HA FATTO INCONTRI PAUROSI

Uno strano pellegrinaggio come preparazione psicologica a «Giulietta degli spiriti» - La donna che vede nelle viscere e il vecchio che si trasforma in cavallo - Ma esiste un personaggio favoloso che riesce a superare di gran lunga tutti gli altri maghi

Qui l'estratto che lo riguarda:

« «Ma il personaggio di gran lunga più interessante» racconta Fellini «che sta a sé, completamente fuori di questa galleria di fenomeni più o meno patologici, il personaggio più portentoso è il dottor Gustavo Rol, di Torino. Anche lei certo ne ha già sentito parlare. Non si tratta di un "mago" più dotato degli altri[1]. È un signore civilissimo, colto, spiritualmente raffinato, che ha fatto l'università, dipinge, si è dedicato per anni all'antiquariato. Ma dispone di tali poteri che non si capisce come non sia famoso in tutto il mondo. Chissà, forse non è ancora venuto il suo momento.

«Quel che Rol sa fare è pauroso. Chi assiste prova la sensazione di uno che sprofonda in un abisso marino senza scafandro. È la testimonianza fascinosa e provocatoria di una trascendenza. Se non si resta terrorizzati è soltanto per il suo modo gioviale e scherzoso un po' da Fra Ginepro, per l'atmosfera salutare che si sprigiona da lui. Del resto egli stesso, prima degli esperimenti, cerca, con opportuni avvertimenti, di creare un limite alla meraviglia, altrimenti si potrebbe rimanerne schiantati».

---

[1] Su questa frase, cfr. *Fellini & Rol*, p. 25 nota 25.

Del prodigioso mondo in cui vive Gustavo Rol, Fellini mi ha parlato a lungo, senza un dubbio, senza una riserva². Ecco quattro episodi esemplari.
Erano seduti, Fellini e Rol, in una sala dell'albergo Principe di Piemonte, a Torino. Accato a loro un tavolino con sopra un grosso calamaio d'argento. «Adesso provo un esperimento» disse Rol. «Guarda però che non mi riesce sempre. Vedi quel calamaio? Ti prego tienilo d'occhio». Fellini fissò il calamaio. Subito ebbe la sensazione che "qualcosa succedesse dentro di lui, qualcosa di obliquo, come un malessere lucido". A un tratto, mentre continuava a fissare il calamaio gli "venne a fuoco" il piano del tavolino, con eccezionale evidenza, ma senza più il calamaio. Sotto i suoi occhi il calamaio era sparito. E Rol non si era mosso dalla poltrona, non aveva mosso le mani.
«Il calamaio era sparito» spiega Fellini. «Si trattava però come di un'eco. L'operazione, come dire?, era avvenuta su di un'altro piano, io ne percepivo soltanto una rifrazione». Rol era sudatissimo, quasi uscisse da un lungo e spossante sforzo³. Ma scherzava: «Adesso mi arresteranno come ladro. Adesso come facciamo? Riuscirò a far tornare il calamaio? Quel signore laggiù ci sta guardando. Lo conosci tu quel signore laggiù in fondo?». Fellini si voltò a guardare. Non c'era nessun signore. Riportò gli sguardi al tavolino. Il calamaio era tornato⁴.
«Come può fare cose simili? Da quello che ho vagamente intuito, Rol deve compiere una serie di operazioni mentali in cui crea un certo ordine che si traduce in realtà fisica. Chissà, si direbbe che conosca la famosa

---

² L'idea circolata che fosse stato Buzzati a far incontrare Rol e Fellini è priva di fondamento, come si comprende da questa frase (e da quella precedente di Fellini: «Anche lei certo ne ha già sentito parlare») e come sarà chiarito e confermato da Buzzati nell'articolo di cinque giorni dopo (più avanti, p. 80).
³ Per coloro che vorrebbero prendere in considerazione l'ipnosi – che chi scrive ha più volte escluso nel caso di Rol – questo, per esempio, è un dettaglio incompatibile con tale ipotesi.
⁴ Sarà facile per lo scettico sostenere che nel momento in cui Fellini è stato distratto, Rol abbia rimesso a posto il calamaio. Il fatto è, che è la spiegazione più ovvia e banale. Ma Fellini era là, lo scettico invece non c'era. E come illustro in *Fellini & Rol*, il regista non era affatto ingenuo né stupido. L'amico pittore Riccardo Geleng aveva poi riferito: «Una sera [Fellini] mi raccontò che, mentre erano seduti nella sala di un albergo, a Torino, Rol fece sparire, da un tavolino che era a pochi metri da loro, un grosso calamaio d'argento. Fellini giurava che Rol non si era mai mosso dalla propria sedia e che nessuno si era avvicinato a quel tavolino. Poi, dopo alcuni minuti, Rol disse: "Adesso il calamaio tornerà al proprio posto". Ed ecco, come nelle fiabe, il calamaio comparire dove si trovava prima» (Allegri, R., *Fellini parlava con Casanova*, rivista 'Chi' n. 42, 17/10/2001, p. 106). Per sapere che questo era un fenomeno autentico, è poi sufficiente confrontarlo con altri analoghi, dove gli oggetti vengono fatti sparire e ricomparire anche a, e da, chilometri di distanza.

legge di Einstein per cui la materia può trasformarsi in energia e viceversa; solo che lui la realizza sul piano mentale».

Un altro prodigio avvenne in un ristorante, pure a Torino. Avevano finito di pranzare, era già stato pagato il conto. «Andiamo?» propose Fellini. «Andiamo pure» rispose Rol. Fellini fece per avviarsi all'uscita ma si accorse che Rol stava seduto. «Non ti alzi» gli chiese. «Ma io sono già alzato» fece Rol. «Io sono in piedi». Fellini guardò meglio: Rol era alzato, infatti, ma aveva la statura di un nano. Il dottor Gustavo Rol, che sfiora il metro e ottanta[5], non era più alto di un bambino di dieci anni. Qualcosa di folle, di allucinante: come *Alice nel paese delle meraviglie*. «Su, andiamo, andiamo» fece Rol a Fellini annichilito. Ma a Fellini mancò di nuovo il fiato; senza che egli avesse potuto percepire il mutamento, Rol di colpo si era trasformato in un gigante, stava accanto a lui come un cipresso, lo sovrastava di almeno una spanna.

Ed eccoli al parco del Valentino, Rol e Fellini, in un pomeriggio sonnolento. Contrariamente al solito, Rol è malinconico, parla poco, insegue certi suoi sconosciuti pensieri. Si siedono in silenzio su una panchina. Più in là, seduta a un'altra panchina, una *nurse* dormicchia con dinanzi la carrozzella del bambino. Sopra la carrozzella si mette a girare un grosso calabrone. «Guarda là» dice Fellini «bisogna andare a cacciare via quella bestiaccia». «No, non occorre» risponde Rol, e tende la mano destra in direzione dell'insetto. Uno schiocco di dita, e il calabrone cade a piombo, fulminato secco. «Ah, mi dispiace», deplora l'uomo misterioso e affascinante. «Mi dispiace. Questo non dovevo fartelo vedere!».

Quarto caso. Per aver disobbedito, Fellini stette male, per due giorni non riuscì né a mangiare né a dormire.

«Mi fa scegliere una carta da un mazzo. Era, mi ricordo, il 6 di fiori. Prendila in mano, mi dice, tienila stretta sul tuo petto e non guardarla: ora in che carta vuoi che la trasformi? Io scelgo a caso. Nel 10 di cuori gli dico.

Mi raccomando, ripete lui tienila bene stretta e non guardarla. Lo vedo concentrarsi, fissare con intensità spasmodica la mia mano che tiene la carta. Intanto io penso: perché mai non devo guardare? Sì, me lo ha proibito, ma il tono non era tanto severo. Che me lo abbia detto apposta per indurmi a trasgredire? Insomma, non resisto alla tentazione. Stacco un po' la carta dal petto e guardo. E allora ho visto... ho visto una cosa orrenda che le parole non possono dire... la materia che si disgregava, una poltiglia giallastra e acquosa che si decomponeva palpitando, un amalgama ributtante in cui i segni neri dei fiori si disfacevano e venivano su delle venature rosse... A questo punto ho sentito una mano che mi

---

[5] Era alto 1,85.

prendeva lo stomaco e me lo rovesciava come un guanto. Una inesprimibile nausea... E poi mi sono trovato nella mano il 10 di cuori».»[6].

Cinque giorni dopo questo articolo, Buzzati ne dedicherà uno solamente a Rol, che intanto aveva conosciuto, e che riproduco nelle pagine seguenti.

---

[6] Tutti questi episodi sono già stati riprodotti, con altri, nei volumi precedenti e nei rispettivi capitoli di pertinenza.

Un pittore morto da 70 anni ha dipinto un paesaggio a Torino

di Dino Buzzati

11/08/1965[1]

Occhiello
Impressionante esperimento di pittura al buio eseguito dal favoloso dottor Rol – Una personalità d'eccezione che può ricordare certi 'gurù' indiani – Fenomeni che sfidano le classiche leggi fisiche.

La luce è stata spenta. La sala resta buia tranne il rettangolo di una porta di vetro smerigliato da cui filtra il riflesso di una lontana stanza. Siamo in un grande appartamento in via Galileo Ferraris, a Torino[2].
La luce è stata spenta, su ordine di Rol. Adesso il mago, ma non è un mago, come possiamo definirlo? il Maestro? l'Illuminato? il Sapiente? il Superuomo? adesso il potente e irraggiungibile Rol farà un esperimento di pittura al buio, con la partecipazione di un pittore francese, François-Auguste Ravier.
Dipingere al buio un quadro sensato non è cosa facilissima. L'operazione diventa anche più incerta se a dipingere è un uomo morto settant'anni fa. Infatti François-Auguste Ravier, maestro del nostro Fontanesi, nacque a Lione nel 1814, morì nel 1895.
(Due settimane fa, quando venni a Torino per incontrare per la prima volta il dottor Gustavo A. C. Rol[3], restai stupito. Non già della sua casa che mi

---

[1] Buzzati, D., *Un pittore morto da 70 anni ha dipinto un paesaggio a Torino*, Corriere della Sera, 11/08/1965, p. 3; riprodotto poi ne *I misteri d'Italia*, Milano, Mondadori, 1978, pp. 51-60. L'immagine dell'articolo l'ho già pubblicata ne *Il simbolismo di Rol*, tav. XXIII.
[2] Era l'appartamento di Franca Allasia, vedova Pinto (1923-2011), citata in seguito come «Franca P.», amica di Rol negli anni '60, in Corso Galileo Ferraris n. 61, quinto piano.
[3] Sulla base di questa indicazione e per comodità prendendola alla lettera, in *Fellini & Rol* avevo indicato il 28 luglio 1965 come data del primo incontro; tuttavia, una cartolina di Buzzati da Positano del 9 agosto (*infra*, p. 88) che pubblico qui per la prima volta mi impone di precisare e ipotizzare una data anteriore, ovvero (giorno più o giorno meno) il 25 luglio, una volta che si ipotizzi che l'incontro di "pittura al buio" sia avvenuto al più tardi il 7 agosto (Buzzati era tornato a Milano la sera stessa, potrebbe aver scritto l'articolo la mattina dell'8 – e questo sarebbe il punto da cui calcolare la cronologia – e la sera aver preso il treno in vagone letto per Napoli, per giungervi il mattino del 9 e quindi un po' più tardi a Positano, da dove ha scritto la cartolina). Sempre sulla base delle indicazioni dell'articolo, si può stabilire che il 7 agosto (giorno più o giorno

avevano descritto molto bella, con preziosi mobili, oggetti e quadri antichi, ricca di cimeli napoleonici. Ma di lui. Da quanto avevo letto e sentito dire, dal ritratto a matita pubblicato dalla rivista «Planète»[4], mi aspettavo un uomo freddo, ermetico, reticente, chiuso nel giro dei suoi fantastici segreti, perciò inquietante e indecifrabile, da avere disagio o paura.
Colpisce invece in Rol, che a sessantadue anni ne dimostra almeno dieci di meno, una vitalità straordinaria e gioiosa. Insisto sulla serenità e l'allegrezza che ne emanano. Qualcosa di benefico che si irraggia sugli altri. È questa la caratteristica immancabile, almeno secondo la mia esperienza dei rari uomini arrivati, col superamento di se stessi, a un alto livello spirituale, e di conseguenza all'autentica bontà.
In quanto alla faccia, descriverla è difficile. Qualcuno l'ha definita da «bon vivant». Non è vero. Potrebbe essere quella di un «gurù» indiano. Ma potrebbe anche appartenere ad un chirurgo, a un vescovo, a un tenero bambino. Ci si aspetta una maschera impressionante e magnetica. Niente di questo. Ciò che sta dietro a quella fronte, almeno a prima vista, non traspare).
Nella sua casa al quarto piano di via Silvio Pellico 31, un'ora fa, Rol ci ha parlato a lungo – c'erano la signora Franca P., giovane vedova di un

---

meno) fu il terzo incontro tra Buzzati e Rol, quello appunto della "pittura al buio"; e che il secondo fu il 1° agosto, dove Buzzati assistette, sempre a casa di Franca Pinto, ad esperimenti con le carte (nel seguito dell'articolo, dopo la menzione dell'incontro di «una settimana fa» dove «Rol si diverte anche a fare il burlone», scrive che invece «stasera la burla sicuramente non c'è», con questo facendo capire che sono due incontri diversi, il secondo e il terzo, laddove il primo è quello di «due settimane fa»). L'affermazione di Buzzati di aver incontrato Rol per la prima volta a fine luglio 1965 smentisce, come già ho segnalato in *Fellini & Rol*, che sia stato Buzzati a presentare Rol a Fellini (o viceversa) che invece si conoscevano già, come minimo, da più di due anni. Le lettere «A.C.» stanno per Adolfo Cornelio. All'anagrafe Rol constava come Gustavo Adolfo Cornelio Mario, dove però Gustavo Adolfo è un nome solo composto, gli altri sono secondo e terzo nome. Cornelio era il nome di suo nonno paterno. Buzzati credo sia l'unico che abbia mai citato anche la "C", peraltro mai usata da Rol (in mie citazioni precedenti, per un errore di trascrizione iniziale mio, l'ho sempre omessa). Nell'atto di nascita fu commesso comunque un errore perché invece che come Gustavo Adolfo venne registrato solo come Gustavo.
[4] Si veda il vol. IV, pp. 148-149, il brutto ritratto fatto dal pittore e incisore francese Pierre Lafillé, pubblicato tre mesi prima (mag-giu 1965) nella edizione originale francese (poi anche spagnola e tedesca) dell'articolo di Pitigrilli *L'incroyable mage Gustave Rol*, da me tradotto e commentato a pp. 133-147 dello stesso volume. Un ritratto invece a parole *Planète-Pianeta* lo aveva dedicato a Rol l'anno precedente, come abbiamo visto a p. 68.

industriale torinese di cui ora dirige intrepidamente la azienda[5], sua figlia Lucia quattordicenne eppure già assennatissima, il giovane editore F[6]. e il sottoscritto – ha parlato a lungo spiegandoci in che modo, secondo lui, il fu François-Auguste Ravier interverrà all'esperimento. Rol dichiara di non essere un medium. Rol, cattolico convinto, non crede che l'anima dei morti possa tornare fra noi e manifestarsi[7]. Crede che, all'atto della morte, l'anima torni alle origini, ma sulla terra possa restare un quid, chiamiamolo pure «spirito», cioè la carica di vitalità e di intelligenza che

---

[5] Franca Pinto conobbe Rol nel 1962 quando aveva 37 anni, poco dopo la morte del marito Mario Pinto, fondatore nel 1922 dell'azienda omonima (nel campo dei sistemi di bloccaggio per macchine utensili). Aveva visto su un giornale, in una rubrica dedicata ai lettori, che si parlava di un "vero mago" che abitava a Torino, e c'era anche il suo numero di telefono (non so di quale giornale si trattasse, il numero probabilmente era stato trovato dal commentatore sull'elenco telefonico). Poiché stava passando un periodo di sconforto e difficoltà, lo aveva chiamato. Dopo una prima chiacchierata telefonica, qualche giorno più tardi Rol la richiamò e la invitò a casa sua. Si frequentarono per qualche anno. Nel 1965-1966 lei gli comprò due dipinti di rose e Rol fece anche un ritratto del marito basandosi su una fotografia (*Ritratto del Commendatore Mario Pinto*, catalogo *Gustavo Adolfo Rol – Dipinti*, della mostra tenutasi al Sermig nel 2000, pp. 26-27, che riproduco a p. 93). Per un certo tempo Rol divenne anche collaboratore, remunerato, nella ditta lasciata dal marito, per effettuare traduzioni in inglese e francese della corrispondenza e di documenti. La Pinto mi disse che era bravo e professionale, e conosceva molto bene entrambe le lingue (infatti aveva soggiornato a lungo in Francia, Inghilterra e Scozia). Ne *Il simbolismo di Rol* ho pubblicato una foto (tav. XXVIII), che lei mi diede, dove Rol è con lei alla fiera di macchine industriali del 1965 a Torino.

[6] Piero Femore (1936-2007) noto libraio ed editore torinese che pubblicò anni dopo l'articolo di Buzzati, nel 1978, un suo articolo dal titolo infelice (*Il dottor Rol, mago dei maghi che riuscì a strabiliare Fellini*) e pieno di plagi, dove menzionava la serata. Anche se in parte ripetitivo, ho deciso di riprodurlo (a p. 114), sia perché non tutto è plagio – che comunque è importante evidenziare – ma c'è anche qualche frase "utile", sia per mostrare come il 1978 sarà un anno cominciato male per Rol, che dovette sicuramente bocciare il pezzo. Quanto agli incontri nei quali era presente Franca Pinto, lei mi disse che partecipava spesso anche il segretario di Umberto II, il conte Villiani (*sic*).

[7] Questa non è una "credenza", per di più che, così come scritto, sarebbe tale per il fatto che Rol fosse cattolico. Una tale prospettiva andrebbe bene per una persona "normale", non certo per un *Illuminato*, che non ha "credenze" e tantomeno idee per il fatto di seguire una religione piuttosto che un'altra, ma eventualmente aderisce ad alcune idee sulla base della propria *esperienza*. Un *Illuminato* è come uno scienziato che non "crede" che esiste la forza di gravità – per fare un esempio banale – ma *sa* che esiste e l'ha *verificato*. Per questo una metafisica "adulta" dovrebbe passare *dal credere allo sperimentare*, unica maniera per giungere, o tornare, a quella *scienza sacra* che Rol era arrivato a penetrare e padroneggiare.

l'uomo trasmise alle sue opere. Questo «spirito» può, in determinate circostanze, ripetere cose che aveva fatto durante la vita, non mai creare qualcosa di nuovo o rivelare i segreti dell'aldilà. Il Ravier che tra poco dovrebbe dipingere al buio non è l'anima del defunto pittore bensì quella parte spirituale di lui che fu spesa su questa terra e che qui continuerà a esistere anche fra cento milioni di anni[8].

In quanto al legame fra Rol e Ravier, non esiste spiegazione, Rol dice che Ravier è venuto a lui spontaneamente e da allora gli è rimasto fedele, prendendo parte a una numerosa serie di esperimenti[9].

(Come Rol mi vide per la prima volta, due settimane fa, e seduto di fronte a me, mi osservò sorridendo, subito mi puntò l'indice al fianco destro. «Eh, là. Bisogna fare attenzione. Stomaco e fegato... Lei li maltratta, vero? (era vero)... In passato lei ha avuto una piccola ulcerazione al duodeno, ora cicatrizzata... Una periduodenite è in atto... Nel complesso però la vedo bene. La sua aureola è chiara, di un bel colore verde, solo ai margini un poco grigia... No, non mi guardi così. Non sono un mago. Non credo nella magia... Tutto quello che io sono e io faccio viene di là (e indicava il cielo), noi tutti siamo una parte di Dio... E a chi mi domanda perché faccio certi esperimenti rispondo: li faccio proprio a confermare la presenza di Dio...»).

Seduti intorno al tavolo rotondo della sala da pranzo. Due sontuose «consoles» dorate Luigi XIV, vasi primo impero, un nudo canoviano di marmo, le pareti tappezzate da uno stupendo «papier peint» del primo Ottocento, con rupestri romantici paesaggi. «Hai sentito poco fa quello scricchiolio là a sinistra? No, non era uno scricchiolio, era qualcosa di più. Mi sono subito accorto che lui era qui. Lui Ravier...». Prende una matita, ne poggia la punta su un foglio bianco. «No, non sono in *trance*...». La matita si muove, traccia alcuni segni. «Ecco la firma» dice Rol. «Allora vediamo... Io sono pronto a scrivere ma la mia mano non va...». La matita però si muove nuovamente[10]: « *Je veux bien peindre mais pas ici, pas*

---

[8] Da un punto di vista cronologico, questa è la prima formulazione abbastanza completa, sia pure tramite Buzzati, dell'idea di *spirito intelligente* – «la carica di vitalità e di intelligenza che l'uomo trasmise alle sue opere», e non solo – anche se forse Rol ancora non aveva coniato l'espressione, altrimenti Buzzati l'avrebbe, credo, riferita. Riguardo al periodo di persistenza di questo spirito sulla Terra, cfr. quanto Rol dice nella registrazione degli anni '70 che ho trascritta nell'appendice II de *Il simbolismo di Rol*, p. 492 e sgg..

[9] Sul rapporto tra Rol e Ravier, si veda il sotto-capitolo relativo ne *Il simbolismo di Rol*, p. 211 e sgg., ad oggi l'unico approfondimento fatto al riguardo. Qui vorrei aggiungere e sottolineare un passaggio: «gli è rimasto fedele», un po' come il Genio con Aladino (cfr. il cap. *Il Genio*, in *Fellini & Rol*, p. 254 e sgg.).

[10] In questo caso, la matita viene mossa per *scrittura automatica* dalla mano di Rol. L'importante testimonianza di Rosina Goffi (3-XVII-25) mostra che Rol poteva fare la stessa cosa senza l'uso della mano, la matita muovendosi da sola

dans cette maison ». La signora Franca P. propone: «Andiamo a casa mia?».

Il fu François-Auguste Ravier approva sempre in francese: «Mi piace il quadro (si tratta di un quadro di fiori dipinto da Rol) che la signorina si è portato a casa. Voglio dipingere guardandolo. Presto, presto, partite... Dipingerò a olio. Prendete il necessario, a suo tempo vi dirò i colori che intendo adoperare. Il signore più giovane mi piace molto. L'altro (che sarei poi io) mi fa pena a motivo della sua solitudine. Entrambi sono dei veri amici. Grazie. Le signore le conosco da parecchio tempo. Presto, presto, partite». Così ha scritto, per mano di Rol, il pittore morto settant'anni fa.

(La seconda volta che incontrai Rol, mi fece vedere alcuni esperimenti. I più semplici, mi disse, l'ABC, proprio le aste che fanno i bambini dell'asilo. C'erano sul tavolo nove mazzi di carte, a cui fece fare, senza toccarle mai, cose semplicemente folli. Non so più quanti esperimenti, per oltre tre ore filate. Rol usa volentieri le carte da gioco perché sono maneggevoli, si distinguono facilmente, si prestano a un controllo perfetto e offrono una infinita varietà di combinazioni. Qualche esempio: in piena luce, sopra un mazzo scelto a caso da me, da me controllato e lungamente mescolato, veniva messo un vaso del peso di circa due chili. Quindi da un altro mazzo Rol mi faceva scegliere una carta, mettiamo fosse l'asso di fiori. Rol, concentrandosi ma non cadendo affatto in trance, tendeva le mani verso il vaso; dopodiché, tolto il peso, nel mazzo si trovava l'asso di fiori rovesciato.

Altro gioco, se si può dire gioco, che a raccontarlo forse non sembra gran cosa eppure a pensarci fa venire i brividi nella schiena perché implica una trasformazione istantanea della materia o comunque un fenomeno altrettanto contrario alle leggi fisiche: Rol mi faceva scegliere un mazzo, quindi mescolarlo, quindi dividerlo in quattro mucchietti non importa se disuguali, quindi mi chiedeva: Che seme preferisci? I cuori, io dicevo. Allora lui: e quale dei tre mucchietti preferisci? Quello là, indicavo io. Rol rovesciava il mucchietto e nel mucchietto, misteriosamente, si erano concentrati tutti i cuori del mazzo.

Un altro ancora: Rol mi fece scegliere uno dei mazzi e mi invitò a infilarmelo nella tasca interna della giacca. Da un altro mazzo mi fece scegliere una carta, era il quattro di cuori. Allora Rol prese un mozzicone di matita e con arguta intensa espressione da folletto punzecchiò l'aria, in direzione del mio petto. Dopodiché, nel mazzo che avevo messo in tasca, trovai il quattro di cuori traforato da tredici piccoli buchi).

Trasferitici, a mezzanotte e mezzo, in casa della signora Franca P., Rol ci fa sedere tutti su un lato, prepara la cassetta coi colori su una sedia, fa

---

come mossa da una mano invisibile, esattamente come negli esperimenti nei quali i pennelli dipingono da soli.

firmare da tutti, per garanzia, il retro di un piccolo cartone telato, consegna a ciascuno un foglio di carta, da scuotere, se lui lo chiederà, perché quel rumore – spiega – promuove la concentrazione mentale[11]. Ha fatto spegnere la luce, si toglie la giacca, nel buio si distingue la sagoma della camicia bianca. A voce alta invoca: « *François-Auguste Ravier, peintre à Lyon. Je demande François Auguste Ravier, peintre à Lyon. Je suis Rol a Turin...* » [*F-A Ravier, pittore a Lione. Chiamo F-A Ravier, pittore a Lione. Sono Rol a Torino*]. Silenzio.

« *François-Auguste Ravier, peintre à Lyon!* » ripete. «...Ma guarda se si fa sentire!... Forse sono troppo distaccato da voi, e non vi capto».

Evidentemente la nostra assistenza gli è necessaria[12]. Riaccesa la luce, Rol ci fa cambiare di posto, alza un lembo del tappeto, distende sul pavimento un giornale, vi depone tavolozza e pennelli. «Sono proprio scalognato» mormora intanto fra sé. «Magari adesso quello mi fa il bello sherzo di lasciare il cartone bianco e di firmarlo... Come sono nervoso!».

Ma nel frattempo, sopra un foglio steso sul tavolo, la destra di Rol ricomincia a tracciare parole. È Ravier che sceglie colori e attrezzi: «Biacca, giallo, vermiglione, un verde qualsiasi, bruno Van Dyck, blu cobalto, un pennello grande e uno piccolo, una paletta, un coltellino, un tampone, e buona volontà».

Con parsimonia estrema Rol, rifatta luce, dispone sulla tavolozza i colori richiesti, sembra impossibile che possano bastare per un quadro, per piccolo che sia. Poi ci chiede di scegliere il soggetto. Uno dice: una campagna al mattino. Uno dice: un fiume. Uno dice: un tramonto in montagna. Uno dice: un paesaggio di foreste.

Al nostro primo incontro Rol aveva accennato a questi esperimenti di pittura come a prove di grado avanzato, a cui io non potevo ancora assistere. Il motivo? Stasera lo capisco, il perché. Perché qualcuno potrebbe anche prendersi una paura maledetta.

Ecco di nuovo il buio e nel buio la sagoma fantomatica di Rol che si mette a vagolare su e giù per la stanza assumendo un passo sempre più pesante e stentato. E intanto si curva, come carico di migliaia di anni. Ed emette voci impressionanti, raschiamenti di gola, gemiti di caverna, lamentose invocazioni: «Non riesce, non riesce, ci sono troppe luci!... No, no, adesso non andate di là a spegnere, sarebbe peggio...[13] Oh questi capelli che mi

---

[11] Cfr. più avanti Nicola Riccardi, p. 217.

[12] Il «voi» è da intedersi riferito a Ravier. In *Fellini & Rol* (p. 171 nota 295) ho commentato: «Questo è sicuramente vero, ma qui Buzzati ha probabilmente frainteso. Rol stava parlando in francese con Ravier, e per farlo usava normalmente il "voi", quindi si sta riferendo a lui, non ai presenti, ed è la logica conseguenza di quanto precede».

[13] Frase rilevante e indicativa: 1) la luce interferisce, perché ostacola la concentrazione (come ostacolerebbe il sonno), è un fattore di distrazione; 2) Rol, se fosse stato un mistificatore – visto che gli scettici sostengono, banalmente e

vanno negli occhi che cosa tremenda (si tratta della lunga capigliatura di Ravier) ... Dov'è questa paletta? ... Il colmo dei colmi... Eccola qua... *Ah mais c'est lourd ça, Monsieur Ravier*... [*Ah ma è pesante questo, signor Ravier*] Voi, sentite: se diventassi piccolo o altissimo non prendete paura... ».

Una parola! Proprio questo avvertimento aggrava l'incubo. Perché dovrei aver paura di vedere un uomo accorciarsi o allungarsi? (questa è appunto una specialità di Rol). Il motivo non lo so, ma sono sicuro che avrei uno spavento mostruoso.

Solo per pochi secondi, e a intermittenza, Rol si siede dinanzi al cartone da dipingere. Lo intravvediamo invece che si trascina per la sala come ubriaco, curvo a guisa di uncino, mugolando. E intanto, a tre metri di distanza, si ode là sul pavimento un nervoso tramestio di pennelli e palette. «Ho ottant'anni...» è un soffio da moribondo. «...Ottant'anni!... *C'est fatigant*... [*È faticoso*]

Non mi era mai successo di essere così maltrattato...». Ansima enormemente. All'improvviso si batte con gioia le coscie. «Ah, che buono!... Ah, che luce, che grande luce!». Silenzio. «Non ho mai faticato tanto... Queste luci in sala sono mortali...[14] La luce! Accendete quella lampada in angolo».

Si accascia su una poltrona, ansimando come dopo una corsa disperata. Tiene con la destra il cartone telato che non è più bianco come prima. Lo depone al suo fianco su di un tavolino. Chiede un asciugamani per tergersi il sudore. La allucinante scena non sarà durata più di venti minuti nel complesso, la fase vera e propria di pittura al buio non più di dieci. E nel frattempo il dipinto è stato fatto.

(Qualche volta Rol si diverte anche a fare il burlone, a prendersi gioco degli amici, quasi per spronarli a maggiore scaltrezza. Come quando, una settimana fa, annunciò a chiusura della seduta: Adesso tenterò un esperimento che fa paura perfino a me: cambierò il colore al dorso delle carte. Prese uno dei mazzi, era il più usato di tutti, fece scegliere tre carte da noi. Chissà come, risultarono un otto, un nove e un dieci. Mi disse: scegli un colore. Risposi: Rosso. Disse: il dorso di queste carte è blu, blu più rosso fa viola, adesso tutti gli otto, i nove e i dieci diventeranno viola.

---

senza alcun approfondimento, che l'oscurità doveva servire per truccare – perché mai avrebbe chiesto invece di lasciar perdere e non spegnere le luci residue?

[14] Anche qui, frase rilevante: prima abbiamo l'entusiasmo per una «grande luce», che soltanto Rol vede e che fa parte di una dimensione diversa, non percepibile dai sensi comuni; quindi il disappunto, quasi il dolore, per le luci in sala, percepite come «mortali», e che appunto interferiscono con *una percezione di grado superiore*, quella della *coscienza sublime*. Tale interferenza tuttavia pare significativa o comunque fastidiosa solo in determinati esperimenti/prodigi come questo, una minoranza. Nella maggior parte della fenomenologia di Rol la luce non pare costituire un ostacolo.

La signora Franca P. pose una mano sul mazzo. Rol vi appoggiò sopra le sue. Dopo qualche secondo si controllò. Sul dorso, gli otto, i nove e i dieci avevano innegabilmente un colore diverso, più intenso, di intonazione violacea. Era sconvolgente. Soltanto più tardi, sulla via del ritorno a Milano, mi resi conto dello scherzo. Infatti gli otto, i nove e i dieci, cioé i cosiddetti scartini, sono in genere adoperati molto meno. Logico che non fossero sbiaditi come le altre carte del mazzo, che la tinta fosse più viva[15]).

Ma stasera la burla sicuramente non c'è. Immaginare o semplicemente sospettare un trucco è di gran lunga più difficile e assurdo che ammettere il prodigio. Qualcuno, o qualcosa, ha dipinto sul cartone telato un grazioso paesaggio di gusto ottocentesco, alquanto di maniera: si vedono un fiume, o un laghetto, recinto da ripe boscose, una montagna sullo sfondo, il sole che balena attraverso una striscia di nuvole. La tecnica è da maestro. I colori, assai diluiti (ce n'era tanto poco) si accordano in amabile armonia. Si constata al tatto che sono freschissimi[16]. Un pittore provetto, che avesse già eseguito lo stesso quadro cento volte e lo sapesse ripetere a memoria, non potrebbe impiegare meno di due o tre ore, per veloce che sia.

Strano: quanto più li osservo, tanto più mi sembra che disegno e colori si definiscano, si rassodino, prendano consistenza. «Naturale – fa Rol. – Mentre noi qui esaminiamo il dipinto, Ravier sta dando gli ultimi tocchi. Una volta, in uno dei suoi quadri, è comparsa una piccola figura, una specie di fantasma, parecchi minuti dopo che l'esperimento era finito»[17].

Sono le tre di notte. Il paesaggio non si muove più, dopo l'ultimo rimescolio i colori hanno cessato di palpitare. Monsieur Ravier apparentemente ha preso congedo. Adesso dove sarà? Lo incontrerò sull'autostrada di Milano?

---

[15] Sicuramente Rol poteva mettere alla prova la scaltrezza dei presenti e certamente era anche un burlone. Tuttavia non è chiaro come sia andato esattamente questo esperimento. Dobbiamo limitarci a fidarci del giudizio di Buzzati, perché le informazioni che fornisce sono insufficienti. Ad esempio, in che modo Rol fece scegliere le tre carte? I dorsi non li avevano già visti prima, constatando che erano blu? La mancanza di dettagli come questi impedisce una ricostruzione precisa, in un senso o nell'altro (per quanto se ne sa, il colore dei dorsi delle carte potrebbe benissimo essere diventato viola, visto che Rol poteva tranquillamente fare un esperimento del genere).

[16] Dettaglio importante. È ciò che avveniva anche negli esperimenti di materializzazione di acquerelli nelle tasche delle giacche (o nello scollo) dei presenti.

[17] In *Fellini & Rol* (p. 173 nota 297) ho commentato: «Potrebbe essere, o comunque un analogo, la figura apparsa in un dipinto dopo un esperimento simile a quello descritto da Buzzati, ma senza trasfigurazione e con la differenza che c'era più luce e i pennelli si muovevano da soli nell'aria, cfr. XVII-11 in *L'Uomo dell'Impossibile*».

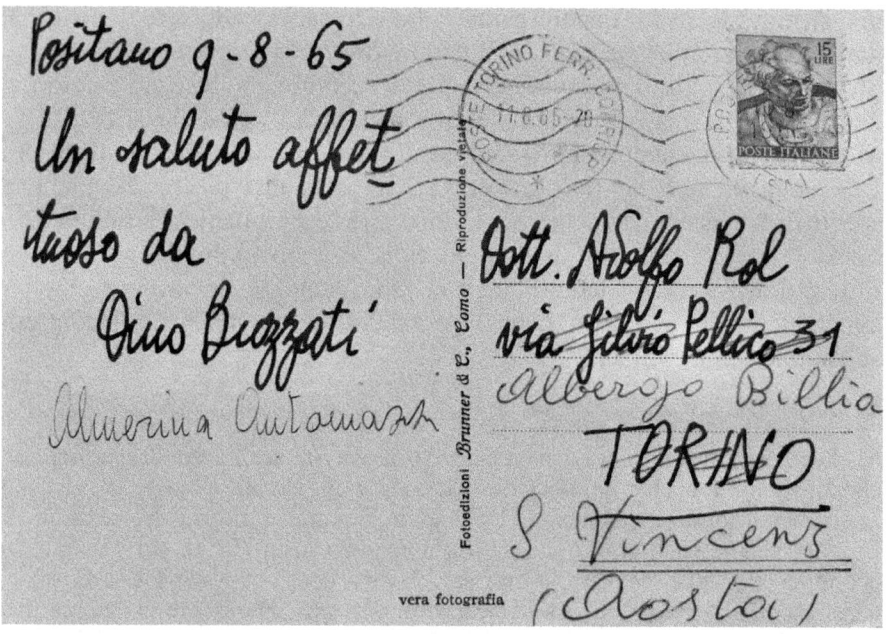

Cartolina di Buzzati a Rol scritta due giorni prima della pubblicazione dell'articolo. Co-firmata da Almerina Antoniazzi, con la quale lo scrittore si sposerà l'anno successivo e che diverrà Almerina Buzzati. La cartolina, con timbro di Torino dello stesso giorno dell'articolo, è stata poi reindirizzata a S. Vincent, al Grand Hôtel Billia, dove Rol spesso andava (cfr. nota a VI-8, vol. I, p. 381-382) (foto © Franco Rol – Archivio Storico del Comune di Torino)

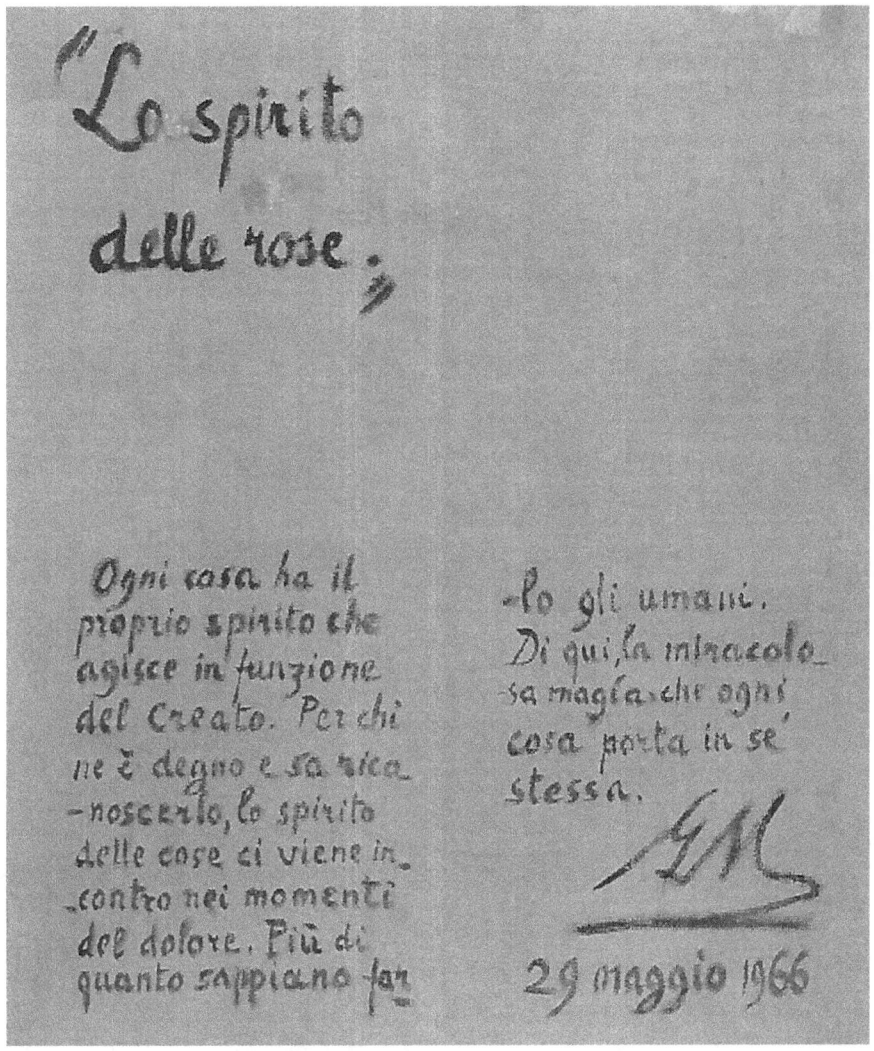

Retro del dipinto *Lo spirito delle rose*, 1965, venduto da Rol a Franca Pinto.
Lo scritto è stato aggiunto l'anno successivo.

«*"Lo spirito delle rose"*[18]
Ogni cosa ha il proprio spirito che agisce in funzione del Creato. Per chi ne è degno e sa riconoscerlo, lo spirito delle cose ci viene incontro nei momenti del dolore. Più di quanto sappiano farlo gli umani. Di qui, la miracolosa magia che ogni cosa porta in sé stessa.
GAR
29 maggio 1966»

---

[18] Rol pare aver volutamente giocato con le parole «rose/cose», che potrebbero essere interscambiabili.

Lo spirito delle rose, 1965, olio su tela, 88 x 70 cm

MARIO PINTO

Dedica di Rol sul retro della foto di Mario Pinto pubblicata nella pagina precedente.

«Ad un anno e mezzo di distanza, alla mia devozione per la Sig.ra Pinto ed all'affetto per i suoi figli, aggiungo una particolare deferenza per il Comm. Pinto che ho conosciuto ed apprezzato al suo tavolo da lavoro –   GAR 1966»

Ritratto del Commendatore Mario Pinto, 1965, olio su tela, 80 x 60 cm

Pubblicato a colori sul catalogo della prima mostra di dipinti di Rol al Sermig, 2000, p. 27.

Ingrandimento della dedica di Rol

«Alla Signora Maria Franca moglie del Commendatore Mario Pinto ed ai loro figli Lucia e Massimo»

Un pittore morto da 70 anni ha dipinto un paesaggio a Torino (Buzzati)

Ritratto di Massimo Pinto, figlio di Franca e Mario, all'epoca dodicenne, sul fondo di un plateau di pasticcini che Rol e Franca avevamo consumato da Pfatish, storica pasticceria di Torino.

«Ritratto di Digoletti – domenica 30 gennaio 66 – GAR»

Dedica sul retro del plateau. "Digoletti" era come Rol chiamava Massimo da bambino, il quale mi ha detto di non conoscerne la ragione, né il significato.

Un pittore morto da 70 anni ha dipinto un paesaggio a Torino (Buzzati)

Ritratto a matita di Lucia Pinto eseguito da Rol nel 1966 in una decina di minuti, sul retro di un menu di ristorante dove erano andati a mangiare con la madre Franca.

«a Ticchiolina, perché è brava e brava rimanga   GR   10.2.66.» - Bozzetto a penna ispirato a o che prende spunto dal dipinto "Lo spirito delle rose". "Ticchiolina" era il soprannome dato a Lucia Pinto dalla madre Franca.

Torino misteriosa

di Almerina Buzzati[1]

Nel 1965, ho accompagnato Dino in giro per l'Italia, alla ricerca di case stregate, spettri e spiriti, fenomeni soprannaturali, maghi, streghe, indovini, apparizioni di mostri, casi impressionanti di premonizioni e di telepatie, personaggi strani o dotati di facoltà supernormali, in genere tutto ciò che appare insieme meraviglioso ed inseplicabile. Abbiamo cominciato la peregrinazione da Torino con un personaggio strabiliante, il dottor Gustavo Rol. Era atteso solo Dino, per cui dopo averlo lasciato sotto casa, proseguo per il bellissimo caffè Torino[2], dove Dino finito il suo impegno, mi avrebbe raggiunto. Infatti, dopo circa tre ore arriva e, con l'aria più normale di questo mondo mi dice: "Sono venuto a prenderti per portarti da Rol. Lo stai disturbando, non gli riesce l'esperimento".
"Ma cosa stai dicendo?".
"Vedi, Rol continua a dire: non riesce, sono disturbato, non riesce, c'è una persona seduta al Caffè che mi disturba. Così, ho finito per dirgli che una ragazza mi aspettava al Caffè, e lui mi ha mandato a prenderti".
Appena sono entrata nella sua bellissima casa piena di oggetti d'arte e di cimeli napoleonici, mi ha puntato un dito dicendomi: "È lei". E subito dopo: "Ora andrà tutto bene". Così è stato.
Ha fatto quasi esclusivamente degli esperimenti con le carte[3]. Tranne uno forse per divertirmi, mi ha chiesto se avevo un fazzoletto. Alla mia risposta affermativa me lo ha fatto prendere e appallottolare, ha preso una penna, l'ha messa dentro al fazzoletto, mi ha stretto le mani che stringevano il fazzoletto dicendomi:
"Ora pensi una parola".
"Pensata", dico io.

---

[1] in: Buzzati, D., *Ironia e mistero*, pubblicazione per la mostra celebrativa di Dino Buzzati della Galleria Arx, Torino, 1991, pp. 6-7.
[2] Storico locale nel centro di Torino, in Piazza San Carlo (cfr. *caffetorino.lu/storia*).
[3] Questo permette di stabilire che si trattava non del primo ma del secondo incontro tra Rol e Buzzati, avvenuto (giorno più o giorno meno) il 1° agosto 1965. Buzzati aveva infatti scritto: «La seconda volta che incontrai Rol, mi fece vedere alcuni esperimenti. I più semplici, mi disse, l'ABC, proprio le aste che fanno i bambini dell'asilo. C'erano sul tavolo nove mazzi di carte...» (*supra,* p. 84). Consta che fosse presente anche Franca Pinto (o che li raggiunse più tardi), che sarà presente anche al terzo incontro a casa di Rol invitando poi i presenti a casa sua dove si tenne la "pittura al buio". Buzzati al primo incontro dovette invece andare da solo, ed era abbastanza usuale che Rol al primo incontro non facesse esperimenti.

"Bene: ora metta il fazzoletto, così com'è, nel frigorifero, di là in cucina".
Dopo una ventina di minuti, mi manda a prendere il fazzoletto. L'apro. Sbalordita, vedo scritta nitida la parola che avevo pensato.
Definire Rol un mago è poco. Comunque, nell'aspetto non ha proprio niente del mago, anzi è un uomo vivacissimo e allegro. Dopo qualche minuto che si è con lui si ha la sensazione, perlomeno l'ho avuta io, che da lui emani un flusso benefico.

***

Undici anni dopo questo scritto diretto della testimone, Renzo Allegri la intervistò per una rivista e lei parlò anche e di nuovo di Rol. Ne riproduco qui di seguito l'estratto relativo.
Vi è qualche punto di divergenza (per cui ha precedenza quanto Almerina ha scritto direttamente[4]) ma anche qualche elemento in più, che completa la testimonianza.

«Quell'inchiesta per il *Corriere* ci portò a fare un po' il giro d'Italia, incontrando personaggi di ogni tipo, alcuni fasulli, negativi, altri strepitosi. Alla fine andammo a Torino[5], dove abbiamo conosciuto il famoso dottor Rol. (…)
Dino lo conosceva di fama. Aveva già scritto un articolo su di lui, riportando un fatto accaduto nel 1949. Glielo aveva raccontato André Sella, il proprietario di uno dei più famosi alberghi del mondo, il Grand Hotel du Cap, a Cap d'Antibes, sulla Costa Azzurra. Rol era un suo amico. (...). Quell'articolo era stato pubblicato sul *Corriere* con il titolo "L'albergo salvato dal mago" e Rol era andato su tutte le furie per quella parola "mago". Così, nel 1965, quando si doveva andare a Torino per incontrarlo a proposito dell'inchiesta, Dino era preoccupato e lo ero anch'io. Infatti accompagnai con la macchina Dino sotto casa di Rol[6] e gli dissi che lo avrei aspettato in un bar del centro. Dopo due ore Dino mi raggiunge in taxi. Mi disse che Rol voleva vedermi. Mi raccontò che in quelle due ore Rol non era riuscito a concludere nessuno dei suoi

---

[4] Purtroppo non è la prima volta che i resoconti di Allegri non sono del tutto attendibili. Va comunque detto che possono sommarsi alla trascrizione approssimativa del cronista anche i difetti della memoria della testimone (tantopiù nel caso di un racconto orale) che non è mai fedele al 100%, soprattutto nei dettagli secondari.
[5] Nel suo pezzo, Almerina ha scritto l'esatto contrario: «Abbiamo cominciato la peregrinazione da Torino».
[6] Da questo passaggio, sembrerebbe che si stia parlando del primo incontro, ma ho mostrato in precedenza che deve trattarsi invece del secondo, quello del 1° agosto 1965 (giorno più o giorno meno).

esperimenti e continuava a ripetere: "C'è una persona seduta in un bar, che mi impedisce di agire". E a un certo momento aveva chiesto a Dino: "Ma è venuto solo a Torino o è venuto accompagnato?".
"Sono accompagnato", aveva risposto Dino. "C'è mia moglie[7] con me che mi aspetta in centro".
"Deve andare a prenderla", aveva detto Rol e Dino era venuto.
Mi aveva trovata seduta al bar, come aveva detto Rol. Salimmo nel [suo] appartamento e, come mi vide, Rol mi venne incontro sorridente, scrutandomi con i suoi occhi di fuoco. Mi prese la mano e la osservò. "Ora capisco", e mi indicò il palmo facendomi notare che avevo un segno in più. "Sono rare le persone che hanno questo segno", disse. La serata continuò. Rol volle che gli stessi vicino e da quel momento tutti i suoi esperimenti andarono a gonfie vele, ci fece vedere fenomeni strabilianti e clamorosi. Diventammo amici. Ma non ebbi mai il coraggio di chiedergli che significato avesse quel segno sulla mia mano. (...)
Tornammo da Rol molte altre volte. Poi Dino cominciò a lavorare alla sceneggiatura di un film che Fellini voleva girare, *Il Viaggio di G. Mastorna*[8]. Quando fu terminata la prima stesura, Fellini venne a

---

[7] All'epoca era ancora la sua fidanzata e si chiamava Almerina Antoniazzi, come si può vedere anche dalla cartolina che ho pubblicato a p. 88. Si sarebbero sposati sedici mesi dopo, l'8 dicembre 1966.

[8] Stando a Tullio Kezich, l'inizio della stesura delle sceneggiatura risalirebbe all'estate 1965, quando Fellini si era traferito nella nuova casa di Fregene, in via Volosca; nella cronologia al fondo alla sua biografia afferma: «Estate (...) Scrive con Buzzati *Il viaggio di G. Mastorna*» (Kezich, T., *Federico. Fellini, la vita e i film*, Feltrinelli, Milano, 2002, p. 394); forse non casuale che consti, sempre stando a Kezich, una lettera dell'11 agosto – stesso giorno dell'articolo di Buzzati su Rol – «a De Laurentiis in cui prevede l'inizio di *Il viaggio di G. Mastorna* fra febbraio e marzo» 1966 (*ib.*), da parte di «un Federico molto ottimista», come scrive Alessandro Casanova, mentre «all'inizio del 1966, un'altra che contiene il racconto del film» (Casanova, A., *Scritti e immaginati*, Guaraldi, Rimini, 2005, p. 55); «Brunello Rondi racconta che il primo trattamento nasce nel settembre del 1965 passeggiando nella pineta di Fregene … la focalizzazione dei punti più importanti e poi la stesura separata dei vari episodi (...). Ed ecco pronta la letterona da inviare a De Laurentiis; tutto coincide quasi perfettamente con la sceneggiatura definitiva» (Casanova, A., *Scritti e immaginati*, cit., p. 71). Non è però chiaro in che fase esattamente Buzzati partecipi, o meglio: sin dalla primavera 1965 – quando Buzzati e Fellini si incontrarono a Milano la prima volta, per parlare proprio del *Mastorna* – sia Buzzati che Rondi partecipano con scambi di idee e suggerimenti, sicuramente; ma la prima bozza di sceneggiatura pare che nel corso del 1965 e all'inizio del 1966 la scrivesse solo Fellini. Ancora in una intervista di Dario Zanelli del 9 marzo 1966, Fellini gli disse: «sento qui l'esigenza di una paternità e maternità completa e totale... Perciò comincio a scrivere per conto mio: consulterò Buzzati e Brunello più tardi» (Zanelli, D., *L'inferno immaginario di Federico Fellini*, Guaraldi, Rimini, 1995, p. 59). Sempre Zanelli riferisce: «La sceneggiatura del 1° tempo del *Mastorna* venne

prenderci e andammo insieme da Rol⁹. C'era anche Giulietta Masina. Appena ci vide, Rol, che non sapeva niente della sceneggiatura e della nostra visita, disse rivolto a Fellini: "No, quel film non lo devi mai fare, assolutamente. Guai a te se continui a lavorare a quel progetto".
L'ammonimento di Rol non venne preso in considerazione. Dino finì la sceneggiatura¹⁰. Fellini aveva fatto i contratti con De Laurentiis, con gli attori, tutto era pronto per le riprese¹¹. Ma Fellini volle tornare da Rol. E questa volta lui fu terribile. Disse che avevamo fatto male a continuare in quel progetto e che ne avremmo pagato le conseguenze. Fu durissimo, tanto che la Masina, poverina, piangeva. Nelle settimane successive Giulietta Masina si ammalò e venne ricoverata in Svizzera¹². Poi stette

---

consegnata a De Laurentiis ai primi d'aprile [1966]. "Io e Buzzati – mi disse allora Brunello Rondi – abbiamo dato a Fellini blocchi di cose, dopo aver lavorato ciascuno per conto suo (…). Lui ha riscritto tutto: per la prima volta, credo, nella sua vita. Ha dettato alla segretaria l'intera stesura definitiva, in due o tre giorni. Poi ce l'ha data da leggere, noi abbiamo fatto le nostre osservazioni, lui ha corretto alcune cose. Dopo i sopralluoghi che sta ora facendo a Milano (…) ci ritroveremo… per un'ulteriore messa a punto; ma il copione resta quello già consegnato al produttore"» (*ibidem*, p. 67).

⁹ Il termine della «prima stesura» dovrebbe corrispondere, come visto nella nota precedente, ai primi di aprile 1966. Il 2 maggio risulta che «i Fellini e i Buzzati, intervengono al Piccolo Teatro di Milano all'anteprima del dramma di Salvato Cappelli… regia di Giorgio Strehler» (Kezich, *cit.*, p. 395). Penso sia molto probabile che la visita a Rol a Torino sia avvenuta il giorno seguente, quindi il 3 maggio 1966 (o anche il 4, giorno più giorno meno).

¹⁰ Tra la visita a Rol e la fine della sceneggiatura, consterebbero, sempre seguendo Kezich, le seguenti tappe: «21 maggio [1966] – Lettera [di Fellini] a De Laurentiis in cui "frena" il contratto con Mastroianni non essendo convinto della scelta»; «25 maggio – Lettera di Buzzati con le impressioni sul copione di Mastorna»; «Luglio – Buzzati consegna i rifacimenti dei dialoghi» (Kezich, p. 395). La spia che l'incontro con Rol potrebbe già aver avuto una qualche influenza ci potrebbe essere con la "frenata" su Mastroianni poco più di due settimane dopo. Kezich dice anche che «in questo periodo l'umore del maestro è pessimo, a tutti ripete che non ha più voglia di fare il film» (p. 263).

¹¹ «Estate [1966] – Sorgono a Dinocittà le costruzioni di *Mastorna*» (Kezich, p. 395); «Durante il mese di agosto il malumore di Federico degenera in una vera e propria insofferenza per Dinocittà. Nel frattempo è tornato in ballo Mastroianni (…). Trinceratosi a Fregene, Fellini comunica solo con l'aiuto regista Liliana Betti e con Pizzi, sempre più preoccupati per l'andamento delle cose. Ai due raccomanda: "Prendiamoci un po' di tempo, il film lo faremo altrove". Qualcuno sussurra che il mago Rol ha fatto trovare in tasca al regista un biglietto con scritto: "Non fare questo film"» (p. 264; su questo aneddoto si veda il mio approfondimento in *Fellini & Rol*, p. 382 e sgg.).

¹² Non ho al momento trovato dettagli su questo ricovero; in un articolo del 21 ottobre 1965, cronologicamente poco compatibile ma che comunque segnalo, troviamo che Giulietta stette male, a Fregene, nei due giorni precedenti, al seguito

male anche Fellini[13]. E allora Federico si spaventò e mandò a monte il film[14]. Dino aveva finito il suo lavoro, ma mi disse che, per come si mettevano le cose, De Laurentiis non lo avrebbe mai pagato. E aggiunse: "Se riesci a farti dare i soldi, sono tuoi". Io mi diedi da fare e in poco ottenni il pagamento. Ma poi me ne pentii amaramente. Stetti malissimo. Imparai così a mie spese che i fenomeni paranormali possono essere divertenti, stupefacenti, ma anche molto pericolosi. Aveva ragione Dino a guardarli con rispetto e molto distacco. Ma, per favore, non parliamo più di questo argomento, mi vengono ancora i brividi pensando a quello che ho passato in quell'occasione»[15].

---

della puntura di un'agave nel giardino della loro villa: «Ho chiamato il medico, mi ha fatto l'antitetanica ed eccomi qua, dopo cinque o sei giorni, con la febbre a quaranta, gonfia di orticaria, malattia da siero, minaccia di *choc* anafilattico. Una cosa abbastanza grave» (a.c., *Giulietta Masina ci parla del film girato con suo marito*, La Stampa, 21/10/1965, p. 5); questo articolo merita di essere citato anche perché Giulietta dice alcune cose che potrebbero essere rilevanti: l'infortunio le è capitato in concomitanza con la prima di *Giulietta degli spiriti* a Parigi: «Mi capita sempre così – dice la Masina – anche quando c'è stata a Parigi la prima de "La Strada". Avevamo scelto una sala enorme, perché c'era molta attesa: sarà stata l'emozione, o il freddo, o la cena in un *bistrot* delle *Halles*, il fatto è che la sera avevo la febbre a quaranta». La «sala enorme» era la Salle Pleyel, non lontano dall'Arco di Trionfo, e il giorno era, per quanto ho potuto stabilire, l'11 marzo 1955. Siccome Rol aveva detto di aver conosciuto Fellini «a Parigi, era l'epoca della *Strada*» e Fellini aveva dichiarato che «la prima volta che l'ho incontrato, è stato al ristorante» (*supra*, p. 67 nota 1), ecco che potremmo avere finalmente una concreta ipotesi sia sul quando che sul dove di questo primo, probabilmente fugace, incontro, ovvero a «cena in un *bistrot* delle *Halles*» venerdì 11 marzo 1955. In *Fellini & Rol* (pp. 19-20) avevo fatto altre valutazioni preliminari, tenendo conto di un'altra affermazione di Rol, riferita da Nevio Boni, oltre a quella appena citata, ovvero «conosco Federico dai tempi de *I vitelloni*» che avevo tentato di conciliare con la precedente, ipotizzando l'incontro ad ottobre 1953 o ad aprile 1954. Dando però maggior peso alla versione de *La strada*, ci sono buone probabilità di aver trovato la data e il luogo corretti (sempre che non emerga che anche l'anno precedente Fellini era stato a Parigi, per il lancio dei *Vitelloni*). Questo significherebbe che dovettero poi passare 8 anni fino all'incontro successivo, "ufficiale", del 26 maggio 1963, presenti anche Leo Talamonti e Donato Piantanida (*infra*, p. 121).

[13] Non ho al momento stabilito quando questo sia accaduto.
[14] Settembre 1966
[15] Allegri, R., *Il mio Buzzati degli spiriti*, rivista "Chi", n. 4, 30/01/2002, p. 103 e sgg..

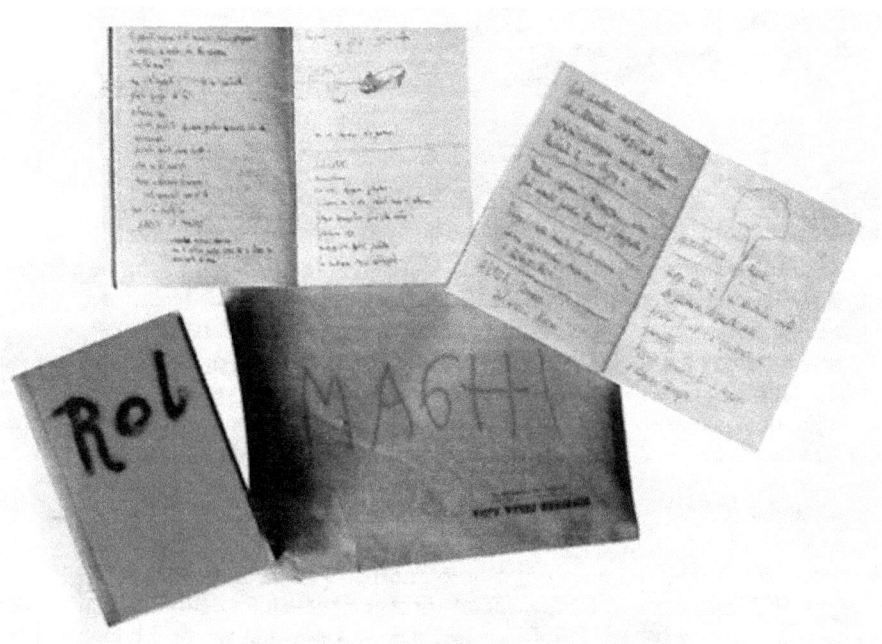

I quaderni di appunti di Buzzati per la sua inchiesta sul paranormale, con la busta intestata del *Corriere della Sera*, e quello specifico su Rol, al momento irreperibile.

Telegrammi di Fellini
1965

9 ottobre 1965

Carissimo Gustavo Desiderando essere presente all'incontro tra te DeLaurentis et regista americano Huston ho chiesto a DeLaurentis di spostare la data del nostro appuntamento alla metà di novembre perché fino a quel giorno sarò in America[1] · DeLaurentis et Huston sono entusiasti all'idea che tu possa accettare di collaborare al loro film[2] · Ti telefonerò al mio ritorno et ci incontreremo tutti e quattro a Torino[3]
Ti abbraccio con profondo affetto – Tuo Federico

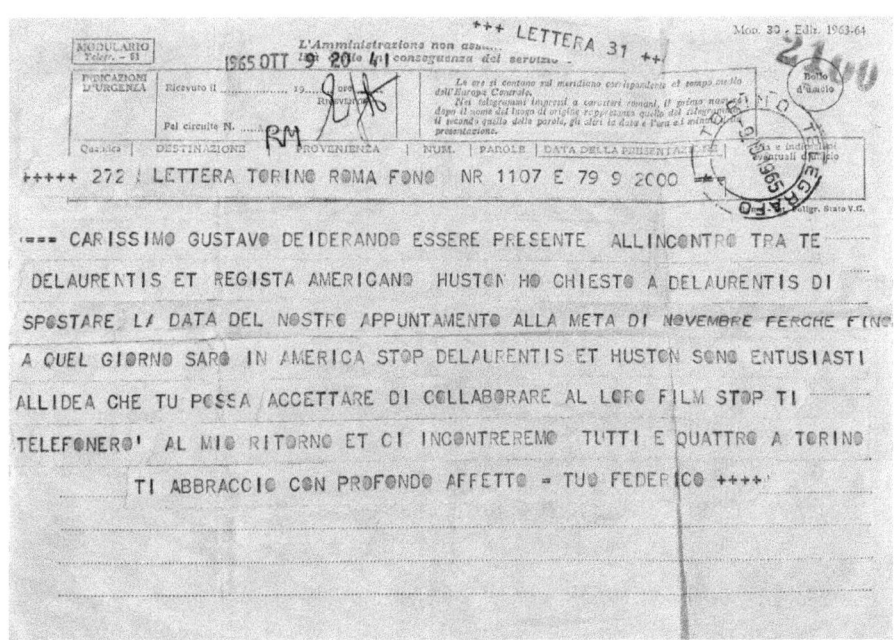

(foto © Franco Rol – Archivio Storico del Comune di Torino)

---

[1] Per il lancio in USA di *Giulietta degli spiriti*; la «prima» fu il 3 novembre a New York, dove Jacqueline Kennedy diede anche un party nel suo appartamento in onore di Federico e Giulietta.

[2] *La Bibbia*, diretto da John Huston e prodotto da Dino De Laurentiis, che sarebbe uscito nel 1966. Prima di Huston, che prese in mano il progetto nel 1964, De Laurentiis pensava di far girare episodi specifici a registi diversi, tra cui Fellini. Probabilmente deve essere stato Fellini a chiedere di coinvolgere Rol, quale esperto in materia.

[3] Non è dato sapere se e quando poi si incontrarono.

31 dicembre 1965

Caro Gustavo ti vogliamo bene et ti auguriamo insieme a tua moglie et a tutte le persone che ti sono care un anno sereno et fortunato · Arrivederci presto
Tuoi Giulietta et Federico Fellini

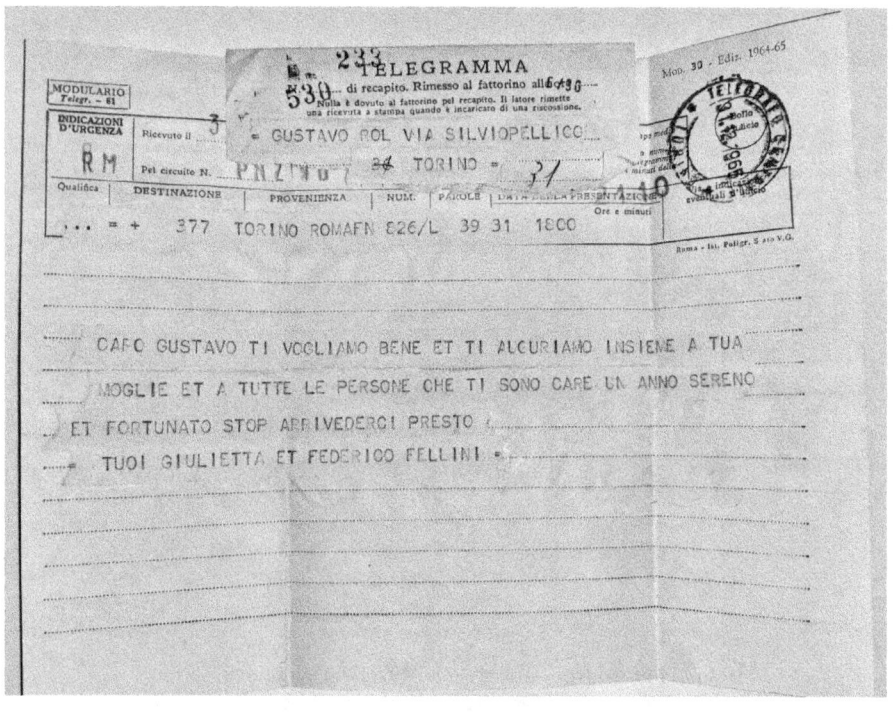

(foto © Franco Rol – Archivio Storico del Comune di Torino)

Articolo sul *Corriere della Sera*, non firmato, del 2 dicembre 1965 (p. 8, sezione di Milano), che riferisce di un intervento di Buzzati al Rotary.

Alla ricerca dei misteri d'Italia

Relazione di Buzzati sugli sconcertanti fenomeni di natura soprannaturale

Qui un estratto:

«Al Rotary di Milano ovest Dino Buzzati ha raccontato ieri qualcosa dei suoi pellegrinaggi alla ricerca dei «Misteri d'Italia», fra case stregate e fenomeni soprannaturali, fra indovini, medium, fattucchiere e maghi e casi impressionanti di premonizione e di telepatia. (...) Buzzati si è detto convinto che certe facoltà sinora misteriose – il preannuncio del futuro, il parlare in lingue che nessuno dei presenti conosce, eccetera – non hanno attinenza con gli spiriti dei trapassati e verrà il giorno in cui saranno decifrate scientificamente[1] così da poterle dominare. «Impareremo a coltivarle e svilupparle, e chissà che un giorno non ci sia più bisogno del maledetto telefono». (...) [Buzzati] si è soffermato sul personaggio di gran lunga il più strabiliante fra quanti ne ha incontrati: è Gustavo Rol, ha 62 anni, colto, simpaticissimo, che vive a Torino.
Buzzati ha assistito personalmente alla nascita di un quadro ottocentesco, un paesaggio, tecnica da maestro: fiume, bosco, montagne, tramonto, come l'avevano chiesto gli astanti. Dipinto in 15 minuti dai pennelli che «da soli, si agitavano balzando dalla tavolozza al cartone telato e viceversa, con misteriosi sbattimenti». I colori erano ancora freschissimi. Rol durante la «seduta di pittura», girava per la sala, lamentandosi penosamente: «Ho ottant'anni... *C'est fatgant...*». Egli è in rapporto, per così dire, con un pittore francese dell'ottocento: François Auguste Ravier».

---

[1] Mi pare che qui ci sia un chiaro influsso della posizione di Rol al riguardo.

Qualche mese più tardi, Buzzati recensirà sempre sul *Corriere della Sera* (11/09/1966, p. 3) il libro di Leo Talamonti appena uscito.

LUNGO SGUARDO ALL'«UNIVERSO PROIBITO»

MA LA SCIENZA DICE DI NO

Gli enigmi dei sogni, la chiaroveggenza, le precognizioni, i messaggi del passato, gli sdoppiamenti, i fantasmi, la magia: tutto un mondo reale che aspetta di essere decifrato

Vale la pena riprodurlo integralmente[2].

«Apro a caso il libro di 465 pagine intitolato «Universo proibito», di Leo Talamonti pubblicato da Sugar.
Pagina 114. È l'inizio del capitolo. Il dialogo segreto con l'io profondo. Si racconta come Maeterlinck avesse rimarcato che «nelle grandi catastrofi si contino di solito assai meno vittime di quanto si sarebbe potuto temere in base a ragionevoli considerazioni basate sulla probabilità. All'ultimo momento, una circostanza fortuita ed eccezionale ha quasi sempre allontanato la metà, e qualche volta i due terzi, delle persone minacciate dal pericolo tuttora invisibile. Un bastimento che affonda ha generalmente meno passeggeri di quanti ne avrebbe avuti se non fosse dovuto affondare...».
Apro ancora a caso. Pagina 190. «Goethe, Shelley, De Musset – si legge – incontrarono a più riprese se stessi, riportandone impressioni assai strane. Addirittura traumatizzante fu l'esperienza di Shelley, quale ci è stata narrata da Byron. Era notte inoltrata e il poeta se ne stava tranquillamente a letto, leggendo un dramma di Calderón, quando si vide accanto un uomo intabarrato e dal viso coperto di un cappuccio, che gli faceva imperiosamente cenno di alzarsi e di seguirlo. Giunti entrambi nell'anticamera, il misterioso individuo sollevò il cappuccio e si rivelò: il suo viso era quello stesso del poeta...».
Ancora a caso. Pagina 300. «Un giorno padre Trilles, quando era ancora missionario presso i Pigmei dell'Africa Equatoriale, riferì, allo stregone della tribù, di essere stato derubato. Quello andò a prendere uno specchio, e gli disse: – Vuoi vedere il ladro? Guarda qui dentro. –. Il missionario guardò nello specchio e con sua grande sorpresa vide il viso di colui che egli stesso presumeva fosse il ladro».

---

[2] Buzzati ha adattato alcune frasi di Talamonti.

Dovunque apriate libro, ecco un episodio, un circostanziato resoconto, una testimonianza che fanno senso. Non so se esistono altre opere che contengono un così sterminato numero di fatti strani, inquietanti, meravigliosi. Leo Talamonti da molti anni si appassiona e indaga il vastissimo ma estremamente problematico campo dei cosiddetti eventi paranormali, e ne espone qui un impressionante campionario, sempre con riferimenti precisi e note bibliografiche. Una inchiesta – lui stesso lo dice – sui molti fenomeni che la scienza non spiega e ai quali vuol vietarci di credere: dalla veggenza alla precognizione, dagli sdoppiamenti ai fantasmi, dalle esperienze spiritiche alla magia.
Ma non si tratta di una semplice enumerazione. Una idea base, che personalmente condivido, guida il lungo e svariatissimo racconto. Talamonti crede che l'universo cosiddetto «sensibile» del quale si occupano le varie scienze a cominciare dalla fisica non rappresenti che una parte della realtà; «forse neppure la più importante». Egli crede che esista una dimensione ignorata di questa realtà, dove hanno libero gioco le forze psichiche. Le quali «hanno possibilità superiori a quelle fisiche e possono anche interferire in diversa maniera con la realtà ordinaria». Talamonti si ribella insomma all'atteggiamento davvero antiscientifico, assunto dalla generalità della scienza ufficiale[3].
Questo atteggiamento è molto curioso. Esiste un mondo ancora inesplorato dove agiscono delle energie, dei flussi, delle corrispondenze che sfuggono quasi sempre alle nostre possibilità di controllo. Si direbbe che una invisibile barriera lo circondi separandolo da noi. Attraverso questa ermetica frontiera echi e messaggi arrivano però fino a noi con tale evidenza, anche fisica, che dubitarne non è più possibile. Là sono nascosti dei segreti che senza alcun dubbio verranno decifrati nel futuro, di tale portata da eclissare tutte le grandi scoperte di questo secolo.
Eppure la scienza va avanti come se quel mondo fosse una pura favola.
E i casi sono due: o se ne disinteressa completamente, contestandone appunto l'interesse scientifico, o addirittura ne nega l'esistenza attribuendovi le innumerevoli testimonianze a suggestione, a superstizione, a fantasie o a veri e propri imbrogli. È come se i primissimi studiosi della natura avessero negato la realtà dei fulmini perché non riuscivano a spiegarli, pur se i fulmini incenerivano le loro case.
Io per esempio conosco intimamente un noto biologo, di mentalità modernissima e di intelligenza superiore, il quale appunto nega che un

---

[3] Ciò che oggi non è ancora cambiato sostanzialmente. Il paradigma è troppo grande e perché prevalga occorrono dimostrazioni e individui di levatura e caratura molto al di sopra di quelli finora occupatisi di questi fenomeni. Da un punto di vista teorico, Talamonti è stato in Italia uno degli studiosi migliori, insieme ad Ernesto Bozzano. Ma la teoria non è sufficiente. Quanto a Rol, ha potuto svolgere il ruolo di *Grande Precursore*, premessa e anticipazione di ciò che dovrà venire e avvenire.

massiccio tavolo possa sollevarsi da solo, che un uomo possa leggere – come ho visto fare al dottor Gustavo Rol di Torino – un libro che si trova in un'altra stanza, o che una donna – come Pasqualina Pezzola di Civitanova Marche – sia capace di diagnosticare con esattezza paurosa i mali più subdoli pur non avendo mai letto un libro di medicina. «Tutte balle» lui dice, e procede a cuor tranquillo nelle sue ricerche, senza il più lontano dubbio di venir meno al primo dovere dello scienziato moderno che non è far mai prevalere l'opinione sull'esperienza.

Servirà il libro di Talamonti a scuotere, sia pur in minima parte, questa accademica apatia? Ne dubitiamo. Esistono sì degli scienziati seri che riconoscono la realtà dell'«universo proibito» e alcuni anzi tentano di avventurarvisi con metodi moderni. Ma la quasi totalità ritiene l'argomento tabù. E teme, immischiandosene, di perdere la faccia.

Di là di ogni opinione, tuttavia, il lavoro di Talamonti, che non ha mai ombre di partito preso o peggio di fanatismo offre – oggi che il brivido e la suspense sono merce quotata – una lettura assai stimolante. E tanto più serio appare il libro in quanto non si azzarda mai in interpretazioni cervellotiche o fideistiche, riconoscendo ad esempio in pieno la realtà dei fenomeni spiritici ma guardandosi bene dal dedurne un intervento cosciente di creature trapassate.

Non so quanti anni abbia Talamonti[4]. Gli auguro di averne abbastanza pochi da poter assistere alle prime massicce esplorazioni nell'universo proibito che la scienza si deciderà a intraprendere sicuramente nel giro di qualche decennio. Io non me ne intendo ma il semplice buon senso lascia presumere che la via d'accesso a tanti misteri sarà lo studio della mente umana[5]. Settore questo nel quale molti specialisti prevedono scoperte rivoluzionarie nello spazio di venti o trent'anni.

Trent'anni o cento non importa. Certo, quando la porta del misterioso regno verrà completamente spalancata, la conquista della Luna o di Marte risulterà, al confronto, un superfluo giochetto da bambini».

---

[4] Nato il 31/07/1914, morto il 05/08/1998. Aveva quindi 52 anni quando Buzzati scriveva l'articolo.
[5] Indubbiamente, ciò che vale anche e ancora oggi.

Lettera di Dino Buzzati
1968

Milano, 16 febbraio 1968

Caro Rol,

    Che vergogna, non essermi mai fatto vivo. Ma la vita delle città è così.
    E adesso come mai ti scrivo?
    Ti scrivo perché il collega Miniaci[1] mi ha pregato di dirti come lui sia una persona seria e attendibile, come infatti lo è.
    Avrebbe bisogno del tuo autorevole parere, m'ha detto, circa certe ricerche di carattere archeologico, sulle quali scrisse anni or sono un articolo che feci pubblicare sulla "Domenica del Corriere"[2].

---

[1] Mario Miniaci (1913-2009), giornalista del *Corriere della Sera*.
[2] *Il rabdomante elettronico!*, Domenica del Corriere, n. 16, 21/04/1963, pp. 30-31. Il reportage era presentato a tutta pagina, con un disegno sulla copertina con questa descrizione: «Un ingegnere milanese [Alessandro Porro] ha realizzato un sorprendente dispositivo che consente di scoprire e di localizzare sottoterra, anche a profondità di oltre mille metri, giacimenti minerari, monumenti sepolti, reconditi tesori». In precedenza, Miniaci aveva trattato dello stesso argomento nell'articolo: *Più bravo del rabdomante l'apparecchio d'un ingegnere*, Corriere della Sera, 25/03/1963, p. 4 (Corriere milanese); in seguito in: *Forse svelato il segreto del «tesoro» dei Farnese*, Corriere della Sera, 30/03/1965, p. 4 e *Il tesoro dei Farnese c'è: l'ha visto il rabdomante elettronico*, Domenica del Corriere, n. 24, 13/06/1965, pp. 24-25. Non è dato sapere se poi Miniaci e Rol si sentirono o incontrarono. Vi è però una vicenda collegata a Miniaci e a questo soggetto, piuttosto strana e affascinante – l'esistenza in un remoto passato di una civiltà le cui vestigia si troverebbero ancora sotto terra a grande profondità – e di cui è difficile stabilire il grado di attendibilità, trovandosi mescolati elementi autentici dell'esoterismo e di archeologia/archeoastronomia con altri di un certo occultismo/complottismo che io considero poco attendibile. Si vedano: Rabdo Team, *Il risveglio degli Antichi: Rapporto su una civiltà dimenticata dal tempo*, Graal Edizioni, 2018; Marin, D., *Il diario degli Antichi*, SoleBlu Edizioni, 2022. Ho chiesto agli autori, che conobbero Miniaci e che hanno avuto accesso al suo diario, se avesse per caso menzionato Rol. Marco Zagni ha comunicato di non aver «trovato alcun riferimento diretto a Rol, nei documenti visionati sino ad ora; generalmente Porro in alcuni passaggi si dice contro la Parapsicologia, poi a un certo punto dice che nessuno potrebbe essere più parapsicologo di lui con tutto quello che ha scoperto, e visto che lui non ci crede, allora la Parapsicologia non esiste. Allo stesso tempo, in data 30 settembre 1968 Porro rivela a Miniaci che è andato a parlare con un mago, ma non rivela chi sia, dicendo solo che il mago gli conferma l'esistenza del popolo sotterraneo dicendo che sono dei *Titanidi*. Ma che questo mago sia Rol o qualcun altro non c'è nome né menzione». Il momento

Insomma, penso che tu ti possa fidare. Tanto più che mi ha garantito che, di quanto tu possa dire o fare, egli non farà alcun uso giornalistico.

Spero di rivederti presto. Ti confesso che qualche volta, venuto a Torino, mi sarei fatto vivo se non avessi avuto paura di disturbarti. So quanta gente ti assilla.

Certo, il ricordo delle serate passate con te è una cosa bellissima. L'Almerina – te la ricordi? – che ho sposato un anno fa, condivide la mia grande simpatia e ammirazione.

Insieme a lei ti mando i più affettuosi saluti.

tuo Dino Buzzati

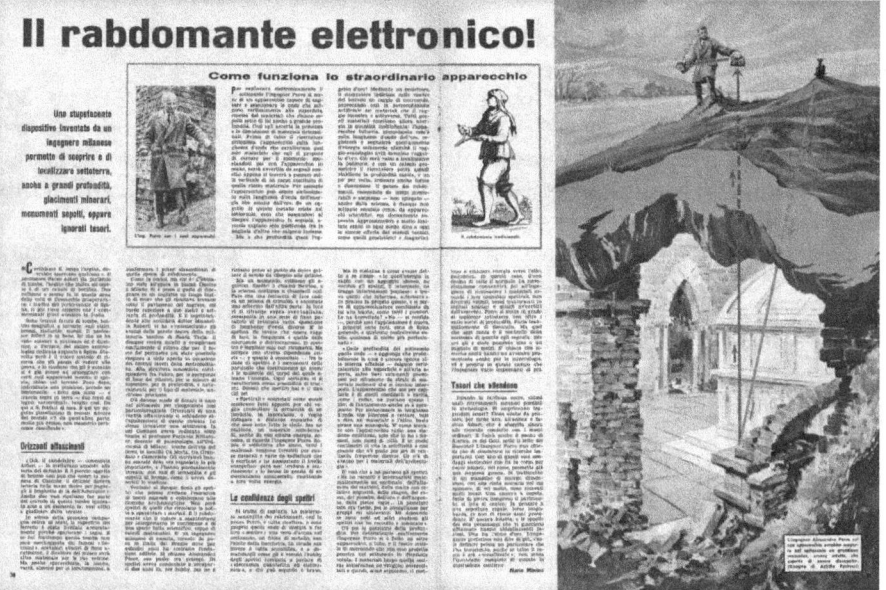

L'articolo di Mario Miniaci sulla *Domenica del Corriere* del 21 aprile 1963.

cronologico di questo incontro può essere indicativo. La lettera di Buzzati è di 7 mesi prima. Certo se il "mago" fosse stato Rol, il peso da dare alla sua risposta è ben diverso che non se fosse stato chiunque altro. In mancanza di prove e conferme, tutto questo va comunque preso col beneficio di inventario. Aggiungo solo un passaggio da *La chiave perduta* di Piantanida – morto a gennaio 1968 –, dove in un presunto manoscritto viene detto, tra le altre cose: «Io ho visto gli Spiriti dei Titani, immersi nelle Tenebre sotterranee, nell'attitudine di sostenere la Terra, come un uomo regge un fardello sulle proprie spalle» (*cit.*, p. 200).

Milano, 16 febbraio 1968

Caro Rol,

che vergogna, non essermi mai fatto vivo. Ma la vita delle città è così.

E adesso come mai ti scrivo?

Ti scrivo perchè il collega Miniaci mi ha pregato di dirti come lui sia una persona seria e attendibile, come infatti lo è.

Avrebbe bisogno del tuo autorevole parere, mi ha detto, circa certe ricerche di carattere archeologico, sulle quali scrisse anni or sono un articolo che feci pubblicare sulla " Domenica del Corriere "

Insomma, penso che tu ti possa fidare. Tanto più che mi ha garantito che , di quanto tu possa dire o fare, egli non farà alcun uso giornalistico.

Spero di rivederti presto. Ti confesso che qualche volta, venuto a Torino, mi sarei fatto vivo se non avessi avuto paura di disturbarti. So quanta gente ti assilla.

Certo, il ricordo delle serate passate con te è una cosa bellissima. L'Almerina – te la ricordi? – che ho sposata un anno fa, condivide la mia grande simpatia e ammirazione.

Insieme a lei ti mando i più affettuosi saluti

tuo Dino Buzzati

Dino Buzzati, viale Vittorio Veneto 24, 20124 Milano.

(foto © Franco Rol – Archivio Storico del Comune di Torino)

Il dottor Rol,
mago dei maghi che riuscì a strabiliare Fellini
– Oggi è inavvicinabile –

di Piero Femore[1]

Ci confessava, una di queste sere, un esponente di un centro di ricerche esoteriche torinese (il gruppo è serio, uno dei pochi, vogliono l'anonimato, si riuniscono per studiare, hanno recentemente pubblicato un libro *Il pane dei Cherubini* per raccontare quello che hanno imparato) di aver mandato la documentazione delle loro ricerche a poche persone; fra queste al dottor Gustavo A. Rol, «*uno degli uomini più interessanti che vivono a Torino, un vero Illuminato*»[2]. Rol ha sbalordito con i suoi «esperimenti» Buzzati, Talamonti, Fellini, Ottieri[3] e chissà quanti altri.

---

[1] *Stampa Sera*, 13/03/1978, p. 7. Come ho anticipato in precedenza, questo articolo, tranne l'inizio e poco altro, plagia abbondantemente quello di Buzzati del 1965. La cosa mi ha un po' stupito perché Femore non era un giornalista qualunque (la ragione potrebbe essere stata in parte per pigrizia e in parte perché i suoi ricordi omai erano sfumati, ed era più facile appoggiarsi al resoconto di Buzzati, redatto nei giorni immediatamente successivi all'incontro con Rol). In quel 1978 Femore pubblicò il volume *Torino oggi. Guida alla città*, con la prefazione del sindaco Diego Novelli; e un altro volume, *Torino era così*, come co-autore. Nel 1971 aveva aperto una libreria, *Campus*, che anni dopo in una sede più ampia diverrà punto di riferimento in città. Scrive Piero Bianucci, giornalista de *La Stampa*: «Grazie a Piero Femore, questa fu per me e tanti altri molto più di una libreria. Fu un crocevia di persone intelligenti e curiose. Non un salotto, che sarebbe parola offensiva. Con una superficie su tre piani che ne faceva la libreria più grande d'Italia, per vari anni con un ampio reparto di dischi ad anticipare il concetto di multimedialità oggi così comune, la libreria di via Rattazzi era un posto per dibattere idee nuove, discutere libri, ospitare concerti jazz e piccole mostre fotografiche, organizzare seminari, incontrare editori, autori, giornalisti. È superfluo dire che ci sono passati tutti quelli che contavano (e contano), da Umberto Eco ad Antonio Tabucchi, da Giovanni Arpino a Franco Lucentini e Carlo Fruttero, da Piero Chiara a Claudio Magris, fino a Renzo Arbore e Forattini, per citare con la casualità erratica della memoria. Con ragione Piero aveva chiamato "Campus" la sua libreria. Era davvero una sorta di campus universitario che aveva attratto nell'orbita della sua clientela quasi tutti i docenti del nostro ateneo e un grande numero di studenti» (*pierobianucci.it/cose_scritte/Piero_Femore.pdf*)

[2] Corsivi dell'autore, come anche in seguito. Da un punto di vista cronologico, questa risulta essere la prima volta che Rol viene definito esplicitamente in questo modo, anche se in precedenza, in maniera meno netta, il termine era stato usato già da Pitigrilli e Buzzati. Cfr. vol. IV, p. 107, nota 4.

[3] Ottiero Ottieri (1924-2002) sociologo e scrittore; al momento non ho ancora reperito dove parla di Rol.

Fellini ne parla come dell'«uomo più sconcertante mai incontrato»[4]. Degli studiosi di parapsicologia sono arrivati a indire un convegno speciale[5] per fare il punto sui reali poteri dell'elegante ed eccentrico «*signore di Torino*». È il caso di dire che non sono approdati a nulla? Non c'è studioso o appassionato di magia che non ambisca conoscerlo; impresa, peraltro, difficilissima. Eppure se c'è una cosa che fa irritare Rol è parlargli di magia o di maghi o di medium[6].
Quando l'abbiamo conosciuto nella sua casa bellissima, con oggetti e quadri antichi, ricca di *consolles* dorate Luigi XIV, cimeli napoleonici, vasi primo impero, pareti tapezzate da splendide carte primo Ottocento, ci aspettavamo un uomo reticente e scostante, geloso dei suoi segreti fantastici, ermetico e gelido, un uomo da aver paura. Ci trovammo invece di fronte a un uomo sereno che emanava una incredibile gioia. Ci aspettavamo un mago e trovammo un saggio. Oppure, come definirlo?, un Maestro, un Iniziato. Sicuramente un uomo che comunica un senso di protezione e di bontà. Dicono che l'autentica bontà sia una caratteristica immancabile degli uomini diversi, di coloro che sanno e sono arrivati ad un alto livello spirituale. Anche la sua faccia da santone indiano, ma potrebbe essere di un bambino, emana dolcezza. Chi si aspetta una maschera impressionante rimane deluso. Solo gli occhi, chiarissimi e vivaci, possono mettere a disagio. In quanto all'età, difficile dire. Potrebbe avere ottant'anni o cinquanta, non importa. Colpisce la sua gioiosa vitalità.

---

[4] Su *Pianeta-Planète*, 1964 (*supra,* p. 67).
[5] Si tratta delle riunioni del 1969 e 1970 a Milano, organizzate dall'A.I.S.M. (Associazione Italiana Scientifica di Metapsichica). Resoconto dettagliato a partire da p. 248.
[6] Viene allora da chiedersi: ha deciso scientemente di irritarlo intitolando – o lasciando che la redazione del quotidiano intitolasse – l'articolo in quel modo? Per rafforzare lo stereotipo ci pensava poi anche l'ambito in cui l'articolo veniva pubblicato, perche si trattava di una di moltissime puntate, la tredicesima, dedicate alla (presunta) "Torino magica" con articoli firmati anche da altri che in seguito parleranno di Rol, come Giuditta Dembech e Nevio Boni. La prima puntata era firmata sempre da Femore (*Torino, la città più magica*, Stampa Sera, 13/02/1978, p. 7), il quale dopo una panoramica "classica" sui punti forti della città a questo riguardo (tra cui la Sindone e il Museo Egizio) verso il fondo scriveva che «questo mondo... per fumoso che sia, favorisce la credenza che a Torino qualcosa di magico c'è. Questa "Torino diversa" sarà forse non palpabile, si presterà anche alla mistificazione e all'inganno. Eppure si ha netta la sensazione che accanto ai giocolieri e ai funamboli, vivano gli iniziati e i sensitivi. Era il sospetto stimolante che provammo anni fa, quando, con Dino Buzzati, in una notte d'estate, uscivamo finalmente all'aperto dopo un esperimento impressionante, che racconteremo, vissuto con Gustavo Rol, uno dei personaggi più enigmatici e più interessanti della Torino di oggi».

Rol è cattolico convinto: «I miei segreti? Sono tutti nella Bibbia»[7]. Non crede che i morti ritornino, crede che l'anima, nel momento della morte, torni alle sue origine. Può rimanere un «qualche cosa» sulla terra (intelligenza, vitalità, spirito?[8]) che è in grado di ripetere cose e gesti già fatti. Mai cercare qualcosa di nuovo e, tanto meno, rivelare i segreti dell'aldilà. C'è una parte spirituale dell'uomo consumata su questa terra e questa rimarrà per sempre, anche fra mille anni[9].

Una sera, tempo fa, ci trovammo seduti in un appartamento di Torino in corso Galileo Ferraris a casa di amici di Rol che ci aveva promesso un esperimento di pittura al buio. Un quadro di François Auguste Ravier, pittore morto nel 1895, si sarebbe dipinto sotto i nostri occhi. Rol considera questi esperimenti di pittura prove molto avanzate. Qualcuno potrebbe prendersi uno spavento maledetto.

Siamo in cinque, tutti seduti su un lato, mentre Rol prepara la cassetta dei colori e dei pennelli. Firmiamo il retro della tela, per garanzia, e ci viene consegnato un foglietto di carta, per scuoterlo, se Rol lo richiederà, perché quel fruscio, dice, può favorire la concentrazione. La luce è stata spenta, rimane però una fonte di chiarore da una porta con un vetro smerigliato dietro la quale una lampada è accesa. Rol si toglie la giacca e, nella semioscurità, la sua camicia bianca e i pantaloni scuri sono perfettamente visibili. Invoca: «*Je suis Rol à Turin... Je demande Ravier, peintre à Lion..., ecco, non si fa ancora sentire, forse non verrà, bello scherzo,*

---

[7] Difficile stabilire se questa affermazione risalga al 1965 oppure al 1978, quando Femore potrebbe aver parlato con Rol per telefono.

[8] Se Buzzati, nel 1965, non avrebbe potuto parlare di *spirito intelligente*, perché Rol ancora non pare avesse coniato la definizione (si veda p. 83), nel 1978 Femore, se si fosse informato e aggiornato invece di plagiare Buzzati, ne avrebbe potuto parlare tranquillamente. Proprio nel «convegno speciale» da lui citato in precedenza, la nozione emerge per la prima volta il 16 novembre 1969 tramite l'esposizione di Lorenzo Rappelli (*infra*, p. 262); quindi in un articolo di Remo Lugli, sullo stesso quotidiano dove scriveva Femore, nel 1972 (*Il prodigioso "viaggio nel tempo" vissuto come in un sogno colorato*, La Stampa, 24/09/1972, p. 3) e, nello stesso anno, su *Grazia* (Jorio, L., *Viaggia nel passato e vede nel futuro*, 10/12/1972, p. 31); poi ancora Lugli sempre su *La Stampa* nel 1973 (*Il mago di Torino*, 08/07/1973, p. 3) in maniera esauriente (questo solo articolo sarebbe stato sufficiente); Jacopo Comin lo stesso anno (*Il favoloso dottor Rol*, Scienza e ignoto, settembre 1973, pp. 54-55; ottobre/novembre 1973, p. 49) così come Ugo Dèttore (*ROL, Gustavo Adolfo*, in: *L'altro Regno*, Bompiani, Milano, 1973, p. 490), Inardi nel 1975 (*Dimensioni Sconosciute*, SugarCo, Milano, 1975 ,p. 164 e sgg.) ma soprattutto le puntate su *Gente* nel marzo-aprile 1977, firmate da Allegri e scritte/riscritte da Rol, impossibili da ignorare sia per la visibilità che diedero a Rol sia perché pubblicate appena l'anno precedente all'articolo di Femore. Lo *spirito intelligente* compare in tutte.

[9] Buzzati aveva scritto invece che «continuerà a esistere anche fra cento milioni di anni», ma non aveva scritto «per sempre», ciò che è sbagliato. Si veda p. 83.

magari lascia la tela bianca...». Riaccende la luce e cambiamo posti. Dice: «*Se diventassi più piccolo non impressionatevi*». Come fosse facile! Intanto su un foglio di carta traccia delle parole; sono le istruzioni per i colori e gli arnesi: «*Giallo, blu, un verde qualunque, due pennelli, uno grande e uno piccolo, un coltellino, una spatola*».
Con molta diligenza Rol dispone i colori e i pennelli e il resto sotto la tela. Siamo a meno di due metri dal cavalletto e Rol ci chiede di indicare un paesaggio. Viene fuori un lago, un fiume, una montagna al tramonto e una serie di boschi. Si rispegne la luce e Rol emette voci gravi, impressionanti, invocazioni e suoni gutturali. Cammina per la stanza curvo, come stanco e carico di anni. Dice che soffre, di avere dei lunghi capelli sugli occhi: «*È come avere ottant'anni... È molto faticoso... Mi maltratta, molto, troppo...*». E intanto suda abbondantemente, in modo impressionante. Ci pare più piccolo, così curvo e grave e rattrappito. Intanto sulla tela si sentono rumori di spatole, fruscio di pennelli. Solo per pochi istanti si avvicina, come ubriaco, alla tela e si allontana girando per la stanza parlando, piegato su se stesso, come se un peso enorme, insopportabile, fosse sulle sue spalle. Poi il silenzio. Accasciato su una poltrona, ansima come dopo una corsa estenuante, con la sua voce tornata normale e bassa: «*Accendete la luce, quella là, nell'angolo... La luce subito, la luce...*».
Vuole asciugarsi il sudore, la camicia è bagnata e ha molta sete. Nella mano tiene la tela, dipinta. Un paesaggio grazioso di gusto ottocentesco, con i colori sfumati e armoniosi, un fiume o un lago contornato da monti boscosi con un sole che tramonta dietro una striscia di nuvole bianche. Il quadro è bellissimo, i colori sono ancora freschi, la tecnica pittorica ineccepibile. Se anche uno sapesse a memoria quel quadro lo dipingerebbe, a dir poco, in due ore. Da quando la luce era stata spenta per la prima volta erano trascorsi non più di quindici minuti. Durante tutto l'esperimento un profumo, violentissimo e nauseante, di violette si era diffuso per la stanza. Ora stava scemando[10].
Altre volte Rol aveva eseguito esperimenti con le carte, moltissimi esperimenti, alcuni assurdi, da far impazzire, senza mai toccare un mazzo. Usa le carte perché si distinguono facilmente e si prestano a un controllo immediato e facile. Ti fa prendere una carta, per esempio, come l'asso di cuori e poi, in piena luce, senza toccare nulla e senza cadere in trance ti fa trovare in un altro mazzo di carte messo sotto un paralume pesantissimo l'asso di cuori rovesciato. Oppure ti fa mescolare e rimescolare le carte fino alla noia e poi le fa tagliare una, due, tre volte e poi dice: «*Fiori*». E tutti i fiori sono insieme rovesciati.
Ti metti un mazzo di carte in tasca, un mazzo di carte appena comprato e ancora sigillato, e poi dici, mettiamo, «*donna di picche*»; con una matita e

---

[10] Questo è un dettaglio interessante che Buzzati non aveva menzionato. Sui profumi, si veda il cap. XLII voll. I/II e III.

con la faccia arguta e irridente Rol buca l'aria in direzione della tua tasca. Nel mazzo che avevi in tasca la «*donna di picche*» ha cinque piccoli buchi di matita.

Dopo un po' va bene tutto, anche se dalla finestra entra un cavallo bianco o se riuscirai a leggere una carta che hai in tasca. Non ci si chiese nemmeno più se c'è un motivo comprensibile per cui un mazzo di carte scelte a caso debba mettersi a obbedire a certi ritmi di colore e di logica e di armonia. Perché non c'è un motivo, così come non c'è casualità, c'è la vittoria della volontà sull'imprevisto[11]. Così come non ci si domanda come quest'uomo, irraggiungibile e potente, riesca a mantenere un'invidiabile equilibrio psichico, come non ceda all'orgoglio, alla superbia e all'illusione dell'onnipotenza. Perché il suo prodigioso modo di essere è qui, nel suo restare attaccato alla vita normale di tutti i giorni, nel suo esistere come uomo semplice e sereno[12].

---

[11] Qui Femore sta plagiando invece Talamonti, cfr. *supra,* pp. 16-17.
[12] E qui intravedo un po' di Fellini (*supra,* p. 70 e *infra,* p. 135), al quale Femore aveva già fatto cenno e al quale rimanda il titolo dell'articolo (la cui foto era stata scattata da Remo Lugli nel 1973 e pubblicata nell'articolo di Lugli dello stesso anno già menzionato in precedenza). Tra l'altro, curioso quel «oggi è inavvicinabile» nell'occhiello: forse Femore chiese un nuovo incontro ma non riuscì a farsi ricevere.

estratti da
Universo Proibito

di Leo Talamonti

Gennaio 1966[1]

L'uomo che legge nei libri chiusi

Fu nel marzo 1961[2] che incontrai per la prima volta il dottor Gustavo Adolfo Rol: un colto e compìto signore di Torino che si interessa prevalentemente di pittura e di cimeli napoleonici, dei quali possiede un'interessante raccolta. Gli avevo telefonato da Milano un pomeriggio di un mercoledì, e si era rimasti d'accordo che ci saremmo incontrati in casa sua due giorni dopo, cioè il venerdì successivo, alle 21,30. Ma io anticipai la partenza e giunsi a Torino nelle prime ore pomeridiane del giovedì[3]. Ero appena sceso in un alberghetto scelto a caso tra i numerosi della zona di Porta Susa, quando fui raggiunto da una sua telefonata assolutamente inattesa:
– Ho cambiato idea: venga pure questa sera, alla stessa ora che avevamo fissato per domani.
– Ma lei come fa a sapere che sono già arrivato e che mi trovo in questo albergo?
– Stavo disegnando a carboncino e la mano ha scritto automaticamente il suo nome, aggiungendo l'indicazione: albergo P.[4], stanza 91.
Fu la prima prova che io ebbi delle sue straordinarie qualità di chiaroveggente; ma ne seguirono altre ancor più stupefacenti.
Quando mi presentai a casa sua, alle 21,30 di quel giovedì, avevo con me una delle solite cartelle di cuoio con vari incartamenti. Dopo avermi fatto accomodare nel suo studio, mi apostrofò con queste parole:
– Vedo che la sua cartella contiene due articoli sulla telepatia, già pronti ma non ancora pubblicati[5]. Argomento interessante.
– Era vero, ma come faceva a saperlo? Senza darmi il tempo di proseguire, disse:

---

[1] SugarCo, Milano, 1966. Nello specifico: *L'uomo che legge nei libri chiusi*, pp. 129-131; *Gli oggetti che obbediscono*, pp. 352-354; *Una testimonianza di Federico Fellini*, pp. 369-370; previsione su Cuba, p. 108.
[2] Come si evince dalla lettera del 18 marzo 1962 (p. 33), Talamonti ha qui ricordato male, scrivendo 1961 invece di 1962.
[3] 15 marzo 1962.
[4] *Patria*, ora *Hotel Diplomatic*, in via Cernaia 42 vicino alla stazione di Porta Susa.
[5] Cfr. nota 12 p. 39.

– L'avverto però che l'episodio riguardante Napoleone, di cui lei parla nel secondo articolo, contiene una inesattezza. Posso dargliene la prova. – E infatti me la dette, dopo aver frugato a lungo tra i numerosi testi racchiusi in un certo scaffale della sua grande biblioteca, molti dei quali attinenti alla storia del periodo napoleonico[6].

Per il momento devo sorvolare sulle prove ancor più sbalorditive che il dottor Rol mi ha dato – in quella ed in altre occasioni – a proposito di molte sue capacità che sfidano ogni spiegazione in termini noti; ne parleremo a tempo debito. La predizione sugli eventi di Cuba, a cui ho accennato nel capitolo IV, mi è stata fatta da lui[7], nel corso di uno dei numerosi incontri successivi. Se la sua notorietà non è pari alle incredibili facoltà che possiede, ciò si deve al fatto che egli fa pochissime eccezioni alla regola – che si è imposta da tempo – di non offrire alcun pretesto alla curiosità futile e superficiale, e di non aprire il varco a interpretazioni che non condivide[8]. Devo confessare che io stesso mi sarei ben difficilmente deciso a parlare di tali esperienze, senza l'avallo, sia pure indiretto, di altre autorevoli testimonianze, quali quelle di Dino Buzzati, del prof. Beonio Brocchieri, di Pitigrilli, che in tempi diversi si sono occupati del medesimo soggetto.

La mattina dopo (venerdì) mi recai da lui assieme ad un giovane fotografo di una certa agenzia; e furono ore indimenticabili.

Di fotografie ne facemmo poche; di esperimenti molti. Senza mai dipartirsi dal suo garbo signorile, il dottor Rol si divertì un po' a sconcertare il giovanotto – che egli incontrava per la prima volta

---

[6] Si cfr. la testimonianza di Pierangelo Garzia, che aveva intervistato Talamonti, nel vol. III (I-155, p. 55-57 e nota relativa, p. 360).

[7] La riferisce a p. 108: «Ricordo un pomeriggio di settembre [1962] nel quale mi trovavo, con mia moglie e mio figlio, in casa di un gentilissimo signore di Torino che dovrà essere spesso ricordato, in queste pagine. L'orizzonte internazionale era relativamente calmo; non vi era nulla, comunque, che potesse far presagire qualche riacutizzazione improvvisa dei cronici antagonismi latenti in questo mondo senza pace. Il mio ospite portò improvvisamente il discorso *sui reali pericoli di guerra che si sarebbero delineati da lì a un mese*, e che avrebbero condotto il mondo sull'orlo della catastrofe. Manifestai il mio scetticismo; ma l'altro, con voce *realmente angosciata*, insistette: – *Si ricordi: tra un mese preciso, e si tratterà di Cuba!* – Un mese dopo, il mondo intero restò col fiato sospeso, per l'ultimatum improvviso di Kennedy a Kruscev: qualcosa che sorprese tutti, a cominciare dai sovietici. È stata una semplice coincidenza? Si potrebbe anche supporlo, se non si avessero prove certissime delle doti chiaroveggenti dell'uomo».

[8] Una frase che andrebbe ben memorizzata da tutti coloro che hanno preteso che Rol avrebbe dovuto sottoporsi ai loro voleri o desideri, o da quelli che non comprendono il principio, evangelico, iniziatico ma anche di puro e semplice apprendimento generale, di non – per citare Pitigrilli – «proicere margaritas» ai «porcos».

dimostrandosi al corrente di numerosi particolari della sua vita privatissima[9]; dopo di che ci condusse entrambi nella sua ben fornita biblioteca, e ci pregò di scegliere a nostro piacere quanti libri volessimo, per un certo esperimento.

Prendemmo a caso dei volumi in varie lingue, poi lo seguimmo in una stanza più grande, dove il nostro ospite si pose a sette-otto metri da noi; e qui si verificarono alcune cose che nessuno spirito positivista potrà mai credere.

Io indicavo a caso – col dito, senza precisare il titolo – qualcuno dei libri che il giovanotto reggeva ben chiusi sotto il braccio, pregando al tempo stesso il nostro ospite di "leggere" alla tale pagina e al tal rigo; e la stessa cosa faceva a suo turno il fotografo, nei riguardi dei libri che avevo portato con me. Ad ogni richiesta, il dottor Rol, con sicurezza e precisione, leggeva nel punto indicato del libro ben chiuso, e subito dopo noi controllavamo l'esattezza della lettura. Non riuscimmo mai a prenderlo in fallo. Per evitare la possibilità che egli ci imponesse mentalmente la scelta delle pagine, ne stabilimmo i numeri sulla base del valore di certe carte scelte a caso da mazzi ben mescolati. Ci alternammo nella scelta dei testi; ripetemmo l'esperienza fino a stancarci; infine ci arrendemmo all'evidenza[10].

Gli oggetti che obbediscono

Il dottor Gustavo Adolfo Rol arrivò puntualissimo alle quindici e trenta, e sedette sulla poltrona di cuoio accanto a noi. Eravamo nella vasta sala a pianterreno di un albergo centrale di Torino. Vicino a lui, sul divano, c'era il regista Federico Fellini, e via via gli altri: il prof. P., di Arco; il dottor M.[11], medico e primario di una clinica della stessa città. Io stavo sulla poltrona dirimpetto a quella di Rol. In mezzo, l'immancabile tavolino da salotto. Guardavamo tutti Rol che parlava con animazione trascinante del film *8 e mezzo*. Alla fine del discorso, cambiò improvvisamente tono e

---

[9] Particolari che abbiamo già visti e che darà nove anni dopo, nel 1975, in *Gente di frontiera* (*supra*, pp. 18-19).

[10] Una testimonianza del genere, da sola, sgombra il campo da qualsiasi possibilità di trucco. Gli scettici naturalmente fanno finta di essere analfabeti e perdono qui la capacità di leggere, producendosi poi in una "lettura tra le righe" che è pura fantasia. La cosa più semplice è, ovviamente, non credere a una sola parola di quello che scrive Talamonti. Caso risolto.

[11] Il prof. Donato Piantanida e il dott. Bruno Mancusi. Sul racconto che segue si veda *Fellini & Rol*, p. 32 e sgg. Il giorno di questo incontro è il 26 maggio 1963, come è stato possibile stabilire grazie alla lettera di Piantanida che qui pubblico a p. 125.

chiese a Fellini il permesso di fargli uno scherzo: a patto però – aggiunse – che avesse un paio di scarpe di ricambio.
Per fortuna le aveva, altrimenti non sarebbe accaduto nulla ed io non potrei fare il resoconto semplice e fedele di un raro episodio di psicocinèsi, che è quanto dire di magia cosciente e senza rituali. Eravamo tutti attentissimi. A un certo punto, l'amico regista fu pregato dal dottor Rol di alzarsi e di fare qualche passo nella vasta sala; e obbedì senza chiedere spiegazioni. – Va tutto bene? – gli chiese il distinto signore di Torino. – Sì: perché? – rispose Fellini, disponendosi a tornare sul divano; ma proprio allora cominciò a camminare piuttosto male. Sedette, si sfilò il mocassino di destra e lo guardò: mancava un pezzetto di tacco, quello stesso che il dottor Rol reggeva, sorridendo, nella sua mano.
– Una cosetta da niente, un asporto, – disse; e ne pareva convinto.
Alcune ore dopo, nella bella casa di due gentili signorine – le cugine del dottor Rol[12] – questi acconsentì gentilmente a mostrarci parecchie altre "cosette da niente"; e la dimostrazione durò alcune ore. Protagonisti di quelle avventure magiche erano dei nuovissimi mazzi di carte francesi che a volte obbedivano ai suoi cenni lontani e distaccati, altre volte si comportavano come se avessero discernimento, volontà, gusti estetici propri. Per lo più il nostro ospite preferiva che a manipolare i mazzi fosse qualcuno di noi: di solito il regista Fellini, a volte il dottor M., o qualcun altro dei presenti (eravamo in undici).
Uno degli esperimenti più belli ebbe luogo quando Rol – che sedeva a qualche metro di distanza da me, all'estremità opposta del grande tavolo – mi invitò ad allargare a ventaglio uno di quei mazzi: e potemmo vedere chiaramente che le carte erano tutte disposte a dorso in su. Dopo di che fui pregato di ricomporre il mazzo e poi di allargarlo ancora come prima: e in tutto saranno trascorsi appena tre secondi. Questa volta, le 52 carte francesi non erano più tutte col dorso in su; risultavano invece disposte – regolarmente – una col dorso in su, e l'altra in maniera opposta: una sistemazione che avrebbe richiesto parecchi minuti, ad eseguirla manualmente. Queste cose il dottor Rol le chiama modestamente "esperimenti".
Ed ecco qualche altro "esperimento". Il dottor M. viene pregato di recarsi in uno stanzino contiguo, dove se ne sta qualche tempo intento a mescolare con cura un mazzo di carte. A un certo momento il direttore delle operazioni lo richiama indietro e lo prega di disporre sul tavolo l'una dopo l'altra le prime carte del mazzo col dorso in su, in modo che nessuno possa vederle, sistemandole qua e là a caso. Nonostante la casualità insuperabile di tale procedimento, quando andiamo a scoprire quelle carte ci accorgiamo ogni volta che alcune figure "privilegiate" – le stesse che

---

[12] Mia nonna Elda Rol e mia mamma Raffaella Rol.

erano state protagoniste di precedenti – si trovano immancabilmente in certe posizioni particolari previste, o forse volute, dal dottor Rol.

Il particolare interessante è che tale operazione è avvenuta senza che il suddetto signore si sia degnato di sfiorare le carte neppure con un dito: a differenza di quanto avviene in quel ramo dell'illusionismo noto come "magia da salotto", nel quale le dita del prestigiatore compiono piacevoli ma illusori prodigi. Ci troviamo – come si vede – nel campo della magia autentica, anche se operata in piena coscienza e senza rituali di sorta (neppure medianici)[13]; e lo dimostra il fatto che il nostro gentilissimo ospite, mentre va conducendo i suoi esperimenti, conversa, come d'abitudine, con l'animazione ed il brio che gli sono propri.

Ed eccoci ancora una volta a dover considerare la fondamentale unità dei fenomeni paranormali: agli effetti pratici, infatti, non vi è alcuna sostanziale differenza tra gli esperimenti del dottor Rol e i giochi ricreativi dell'entità Stasia, di cui s'è parlato nel capitolo antecedente[14]. Ciò che lì era opera di uno psichismo inconscio di carattere collettivo, qui si svolge sotto il controllo lucido e cosciente dell'operatore; ma a me pare di avere buone ragioni per ritenere che anche in questo caso l'operatore attinga alle risorse psichiche del gruppo, e ne disponga; particolarmente a quelle di persone con cui egli si trova più frequentemente a contatto[15].

Una testimonianza di Federico Fellini

... ci sono dei fatti che non possono essere taciuti in nome di un'opportunistica prudenza, anche se si trovano evidentemente spaesati in quest'epoca e in questo ambiente. Con ogni probabilità, essi non saranno creduti; ma potrebbero essere discussi, ed è già qualcosa. L'episodio al quale ci riferiamo è avvenuto di recente, e riguarda quello stesso personaggio del quale ci siamo occupati più di una volta, e anche all'inizio del capitolo: il dottor Gustavo Adolfo Rol.

L'altro protagonista è Federico Fellini, che ha narrato la vicenda a Simone di San Clemente[16] e a me.

---

[13] *in piena coscienza e senza rituali di sorta (neppure medianici)*, frase che da sola già spiega il «né medium né mago» più volte ribadito da Rol, e senza ancora considerare l'aspetto teorico.

[14] Riprodotto in parte nell'introduzione del volume I (pp. 22-25 3ª ed.).

[15] Talamonti non solo faceva un corretto accostamento con gli esperimenti Poutet-Stasia, da me commentati e riuniti nelle appendici II-III-IV del volume I (e vol. II della 3ª ed.), ma esprimeva una opinione corretta sulla loro natura (e che mi riprometto di illustrare con precisione in studi futuri).

[16] Il Duca Simone Velluti Zati di San Clemente (1926-2012) faceva parte del comitato di redazione di *Pianeta*, edizione italiana della rivista *Planète*, e scrisse numerosi articoli sui numeri 3-4-5-6 della rivista (anni 1964-1965). Fu

Il regista stava passeggiando con il dottor Rol nel parco del Valentino, quando il suo occhio inquadrò una delle tipiche scene dell'ambiente: un bimbetto di pochi mesi addormentato pacificamente nel suo carrozzino e la bambinaia che sonnecchiava anche lei sulla panchina accanto. A un tratto un grosso calabrone ronzante si avvicinò alla culla, e Fellini temette che l'insetto potesse pungere il bambino. Dato che la donna seguitava a dormire placidamente, stava per muoversi lui stesso, quando il dottor Rol lo precedette con una iniziativa imprevedibile: alzò la mano in un gesto imperioso verso l'importuno calabrone, e questi cadde fulminato.

Tra i tanti fatti 'spaesati', evidentemente questo lo è più degli altri; non c'è dubbio. E quanto al commento, lo lasciamo alle parole stesse del regista, che centrano molto bene la questione principale: «Forse non avrei dovuto fare questa indiscrezione; ma bisogna pur decidersi una buona volta a rendere testimonianza agli aspetti inconsueti della realtà. La vita è piena di cose misteriose; ma la maggior parte della gente è disposta a credere solo ai misteri noti, e non anche a quelli che si manifestano di rado. Non è la mancanza di testimonianze a determinare tale situazione, quanto l'inesistenza di una certa 'disponibilità' nei confronti della realtà imprevista ed imprevedibile. Siamo degli idolatri della scienza, dei prigionieri della dea Ragione. Tutto ciò ci ha fatto dimenticare l'esistenza di facoltà che stanno al di sopra della stessa ragione».

---

probabilmente lui – anche se il nome non compare – a raccogliere anche l'intervista a Fellini poi pubblicata alla fine del 1964 (*supra*, p. 66), dove infatti il regista accennava all'episodio del calabrone riferito anche qui.

Lettera di Donato Piantanida[1]
1963

Donato Piantanida
via Capitelli 10
ARCO (Trento)

Arco li 20 giugno 1963
telefono 56583

Illustre e caro Amico,
tutto si svolse in modo così irreale e precipitoso durante la mia breve permanenza a Torino[2] che solo al ritorno ad Arco mi

---

[1] Ho già anticipato, in *Fellini & Rol*, la riproduzione di questa lettera in originale, ma non avevo avuto spazio per trascrizione e commento.
Donato Piantanida (1908-1968) prima di conoscere Rol aveva pubblicato, tra gli altri, il volume *La chiave perduta. La magia degli antichi Egizi, Templari e Rosa Croce* (1959) espressione delle sue buone conoscenze esoteriche ed iniziatiche (anche se con qualche sporadico fraintendimento) e dei suoi studi sulla civiltà egizia, la tradizione ebraica e quella ermetica. In quel libro, costituito da racconti romanzati, riferiva per esempio dell'incontro con un certo barone Elio Siriso, da lui chiamato Maestro, pseudonimo di un personaggio forse fittizio (come lo è il Don Juan di Castaneda, *basato su fatti e personaggi reali*) dove Elio allude al culto del Sole (Helios/Atum/Ra), alla città di Eliopoli e alla dottrina eliopolitana, mentre Siriso non è altri che, per metatesi, Osiris, che gli avrebbe mostrato due sorprendenti prodigi di "magia" che descrive con dovizia di particolari. Uno di essi è particolarmente interessante in relazione alla biografia di Rol, perché si tratta di un "viaggio nel tempo" che con quelli di Rol ha molto in comune, sia nella pratica che nella teoria; inoltre, potrebbe gettare una nuova luce – anche solo con intento allusivo – su un esperimento del 1975 di cui aveva riferito Remo Lugli, *Il messaggio del faraone* (in *Gustavo Rol. Una vita di prodigi*, 2008, pp. 80-81) dove si era presentato lo *spirito intelligente* di un certo «Amenemhet» per «lasciare un messaggio a mio figlio». Mario Tosi, noto egittologo presente alla seduta, lo aveva identificato – ma non è dato sapere se Rol lo avesse confermato – come «un faraone dell'inizio della XII dinastia» (Amenemhat I, morto intorno al 1964 a.C.) presente anche nel *Papiro dei Re* conservato al Museo Egizio di Torino; Piantanida invece ci racconta – *come presunto testimone oculare del suo viaggio nel tempo* – dell'incontro tra un «Amenehem» – «Sommo/Gran Sacerdote del culto di Amon», «il Sommo Gerofante, il Gran Veggente, il Maestro della Verità-Giustizia» – e il faraone Ekhnaton (Akhenaton) della XVIII dinastia, morto intorno al 1334 a.C., soffermandosi su un lungo dialogo/controversia sapienziale tra i due. Di Amenehem il presunto Elio Siriso era venuto in possesso di un papiro e di una bacchetta magica che aveva tramutato in serpente, come già aveva fatto Mosè al cospetto del faraone (l'altro prodigio di cui aveva riferito Piantanida).

resi conto che non conoscevo il tuo indirizzo. Era mia intenzione chiederlo a Federico ma poi, riflettendo, pensai che se non mi era stato dato era perché, come norma, si poteva evitare di importunarti. Invece ieri, conversando con Federico telefonicamente, spontaneamente si scusò per la dimenticanza e mi diede il tuo recapito. Per strana coincidenza in pari data mi è giunta una lettera da Talamonti con la stessa comunicazione.

Questa premessa era necessaria per scusare la mia involontaria scorrettezza nei tuoi confronti.
Ovviamente, la data del 26 maggio rimarrà indelebilmente incisa nel mio cuore[3]. Quella che per il tuo intervento ho sperimentata è stata per me un'esperienza sconvolgente poiché "a chiarezza di me" (direbbe d'Annunzio) hai detto cosa che io stesso non avrei voluto, né saputo esprimere[4]. Inoltre, mi ha profondamente commosso e indicibilmente confuso il modo in cui mi hai presentato a tua Moglie. Sono esperienze queste che non possono certamente ripetersi nel corso di una esistenza.

Altro non posso dirti poiché ogni commento sarebbe superfluo e soprattutto inadeguato.

Mi attengo scrupolosamente alla cura che mi hai prescritta (Caved S[5] e assoluto riposo), però il mio stato mi sembra che permanga stazionario.

La scorsa settimana ho fatto una breve scappata in Svizzera a trovare l'amico che si cela sotto lo pseudonimo di Enel[6], gravemente malato. Enel, che a 82 anni, è l'ultimo discepolo ancora

---

[2] Quando il mese precedente, 26 maggio, conobbe Rol nell'incontro con Talamonti e Fellini.

[3] Data che, curiosamente, era anche l'anniversario (158°) dell'incoronazione di Napoleone a Re d'Italia, 26 maggio 1805.

[4] Non è dato sapere a cosa di preciso si stia riferendo. Probabilmente, come capitava spesso con Rol nei primi incontri, Piantanida dovette essere "radiografato" e Rol dovette dirgli molte cose personali sul suo presente-passato-futuro, incluso sulla sua salute, come si capisce dalle righe seguenti.

[5] «Caved S» erano pastiglie per problemi digestivi reperibili in Svizzera. In quel 1963 Rol le prescriveva anche ad altri (si veda la testimonianza di Angelo Celeste Vicario, vol. III p. 275 e sgg.).

[6] Enel, pseudonimo di Michel Vladimirovich Skariatin (1883-1963). In *La Chiave perduta* Piantanida scrive: «Come riferisce il suo attuale editore [di *La Langue Sacrée*, 1934]... il grande iniziato che si cela sotto questo pseudonimo «operò con Papus, Saint Yves d'Alveyndre ed il colonnello de Rochas. Fu pure in amichevole rapporto con Lancelin e Philippe de Lyon, nomi ben noti agli ermetisti ed ebbe per Maestro d'egittologia il grande Maspero. Frequentò inoltre eminenti rabbini, iniziati Tibetani ed Indù, mai stancandosi di ricercare alle diverse fonti il più possibile dei luminosi insegnamenti della filosofia perenne, dispersi nelle varie parti del mondo».

vivente del grande Maspero[7], per oltre un ventennio diresse l'Istituto Orientale di Francia al Cairo. Egittologo di fama mondiale, profondo conoscitore della Kabbala ebraica ha operato con il colonnello de Rochas e Philippe de Lyon che ha conosciuto alla corte dello Zar. Integrando e completando i sistemi di cura di Paracelso ha effettuato delle "cure magiche"[8] con risultati sorprendenti in taluni casi.

Così riflettendo a quanto tu hai predetto all'amico dott. Bruno Mancusi nella riunione durante la serata che concluse il nostro incontro (riunione alla quale non ho partecipato, come ben sai) mi feci raggiungere da Bruno a Glions/Montreaux e lo presentai a Enel, poiché solo dalla sua esperienza di oltre mezzo secolo poteva apprendere il 'sistema' – se così possiamo chiamarlo – per intraprendere cure miracolose, come quella del cancro[9].

La mia aspettativa non è andata delusa e, per quanto menomato fisicamente, Enel ha subito riconosciuto nel dott. Mancusi il degno continuatore della sua opera e ha immediatamente iniziato a confidargli quanto ritiene necessario per la continuità della sua missione, regalandogli tutti gli strumenti che egli stesso aveva costruiti.

Ciò chiaramente dimostra l'intervento della Provvidenza Divina che illuminandoci – con il tuo intervento a Torino – ci ha portati a Glion per offrire a Bruno la possibilità 'tecnica' per effettuare quanto tu gli hai predetto e alleviare così molti mali che affliggono l'umanità.

Ti accludo l'ultimo libro che ho scritto, recentemente edito[10] che ti offro con profondo affetto e gratitudine.

Spero non dimenticherai la promessa di venirmi a trovare, anche perché mia moglie vivamente desidera conoscere te e la tua Signora. Comunque sono certo che Dio mi concederà ancora la gioia di rivederti.

Ora che la causa della mia involontaria negligenza è stata chiarita, sono certo che mi scuserai.

Federico, mi ha annunciato che sarà assente per una decina di giorni, probabilmente andrà a New York per impegni di lavoro[11], dopo spero rivederlo.

Ti prego porgere alla Signora, anche a nome di mia moglie, i nostri rispettosi omaggi.

A te, Amico carissimo, con animo grato invio affettuosi saluti.

---

[7] Gaston Maspero (1846-1916) considerato uno dei padri dell'egittologia moderna. Suo figlio Henri Maspero fu un noto orientalista.
[8] Cfr. Enel, *Cures magiques au XXe siècle*, Omnium Littéraire, Paris, 1959 (2ª ed.).
[9] Cfr. Enel, *Radiations des formes et cancer*, Editions Al-Maaref, Le Caire, 1951.
[10] *Racconti dell'al di là*, Associazione Internazionale di Cultura, Foggia, 1963.
[11] Fellini giunse a New York forse lo stesso giorno in cui Piantanida scrisse questa lettera, il 20 giugno (compleanno tra l'altro di Rol), come consta da una foto pubblicata sul *Corriere della Sera* quel giorno, insieme a Giulietta Masina e Marcello Mastroianni, per lanciare *8 ½*.

tuo affezionatissimo

Donato[12]

P.S. Tanti cordiali saluti del dott. Bruno Mancusi -

---

[12] Se si legge questa lettera dopo aver letto *La chiave perduta*, si rimane un po' stupefatti delle reverenza e attestazione di stima che Piantanida dimostra per Rol, perché in quel libro, pubblicato 4 anni prima di conoscerlo, l'autore *pareva* già pienamente in possesso di molte conoscenze iniziatiche e *pareva* avesse anche assistito a grandi prodigi che andassero oltre quelli, eventualmente, delle sedute medianiche. Il tono di questa lettera mi fa pensare che prima di Rol non avesse incontrato nessuno di simile – come il presunto barone Siriso – e che le sue conoscenze di certi misteri erano soprattutto teoriche.

per intraprendere cure miracolose, come quella del cancro.

La mia aspettativa non è andata delusa e, per quanto menomato fisicamente, Enel ha subito riconosciuto nel dott. Mancusi il degno continuatore della sua opera e ha immediatamente iniziato a confidargli quanto ritiene necessario per la continuità della sua missione, regalandogli tutti gli strumenti che egli stesso aveva costruiti.

Ciò chiaramente dimostra l'intervento della Provvidenza Divina che illuminandoci - con il tuo intervento a Torino - ci ha portati a Glion per offrire a Bruno la possibilità 'tecnica' per effettuare quanto tu gli hai predetto e alleviare così molti mali che affliggono l'umanità.

Ti accludo l'ultimo libro che ho scritto, recentemente edito che ti offro con profondo affetto e gratitudine.

Spero non dimenticherai la promessa di venirmi a trovare, anche perché mia moglie vivamente desidera conoscere te e la tua Signora. Comunque sono certo che Dio mi concederà ancora la gioia di rivederti.

Ora che la causa della mia involontaria negligenza és stata chiarita, sono certo che mi scuserai.

Federico, mi ha annunciato che sarà assente per una decina di giorni, probabilmente andrà a New York per impegni di lavoro, dopo spero rivederlo.

Ti prego porgere alla Signora, anche a nome di mia moglie, i nostri rispettosi omaggi.

A te, Amico carissimo, con animo grato invio affettuosi saluti.

P.S. Tanti cordiali saluti dal dott. Bruno Mancusi-

(foto © Franco Rol – Archivio Storico del Comune di Torino)

Lettere di Fellini
1967

Roma 15/4/1967

Caro Gustavo,

Anche a me è dispiaciuto moltissimo non incontrarti durante i due giorni che sei stato a Roma[1]. Ma stavo poco bene e tuttora sono a letto alla clinica Salvator Mundi.

Hanno diagnosticato una pleurite e ne avrò per un mesetto tra malattie e convalescenza[2]; il che significa, probabilmente, rimandare ancora la data di inizio del film[3] sul quale, io ti confesso, comincio a nutrire degli allarmanti sospetti, dopo tutte le opposizioni, ostacoli, incidenti che si sono verificati e che continuano.

Ti ringrazio delle espressioni di affetto con le quali confermi la nostra amicizia e che ricambio con cuore sincero. Quando ci vedremo?

Ti abbraccio, caro Gustavo, e salutami tanto tua moglie.

Federico

---

[1] Rol ci era andato in treno con l'ing. Luigi Fresia, si vedano i dettagli a p. 182.
[2] Cfr. *Fellini & Rol*, pp. 54-55.
[3] Era *Il viaggio di G. Mastorna*, al cui progetto Fellini stava lavorando ormai da due anni e che non sarebbe mai stato girato.

FEDERICO FELLINI   Via Archimede, 141-a-Roma

Roma 15/4/1967

Caro Gustavo,

anche a me è dispiaciuto moltissimo non incontrarti durante i due giorni che sei stato a Roma. Ma stavo poco bene e tuttora sono a letto alla Clinica Salvator Mundi.
Hanno diagnosticato una pleurite e ne avrò per un mesetto tra malattia e convalescenza; il che significa, probabilmente, rimandare ancora la data d'inizio del film sul quale, io ti confesso, comincio a nutrire degli allarmanti sospetti, dopo tutte le opposizioni, ostacoli, incidenti che si sono verificati e che continuano.
Ti ringrazio delle espressioni di affetto con le quali confermi la nostra amicizia e che ricambio con cuore sincero. Quando ci vedremo?
Ti abbraccio, caro Gustavo, e salutami tanto tua moglie.

(foto © Franco Rol – Archivio Storico del Comune di Torino)

"Ho udito la voce di vecchi amici"
– Federico Fellini racconta –

1969[1]

«Non sono un apprendista stregone, un mitomane, un fissato. Ma il "mondo magico" ha sempre suscitato su di me un fascino inconfondibile e ha stuzzicato morbosamente la mia personalità. Quante persone ho incontrate investite di poteri sconosciuti? Molte, ma solo una mi ha dato veramente qualcosa in senso culturale, spirituale, conoscitivo. Si chiama Gustavo Rol, non è un mago, ma un antiquario torinese. Sono restio a parlare di lui perché siamo diventati grandi amici, perché il dialogo esoterico che c'è tra noi non è mai stato investito da inutile pubblicità o superficiale curiosità. Rol è un personaggio che bisogna conoscere, non si può descrivere così come è estremamente arduo definire "le cose" che lui fa. L'ho conosciuto per caso durante un viaggio che andavo facendo per l'Italia alla scoperta dei maghi[2] durante il quale avevo avvicinato ciarlatani e medium, aspiranti veggenti e stregoni di tutte le fatte. Nelle sedute con lui scienza e magia si sono perfettamente combinate[3] e il mio

---

[1] *Domenica del Corriere*, n. 14, 08/04/1969, p. 39. Riprodotto quasi indentico, senza fonte (quindi plagiato) su *Astra*, 01/06/1987, p. 221, col titolo: *Ho udito voci di amici lontani*. Prima del 2022, quando ho scoperto l'articolo, ho sempre creduto che Fellini avesse fatto le affermazioni che vi sono contenute nel 1987, mentre invece le aveva fatte nel 1969. È chiaro come i plagi siano sempre dannosi – perché sono decontestualizzati e possono determinare distorsioni di prospettiva – sfortunatamente nel "caso Rol" se ne trovano molti, come ho spesso segnalato quando trovati, ad opera sia di giornalisti che di testimoni poco seri, superficiali o non in buona fede.

[2] Questa versione non è credibile, e ritengo sia ad uso e consumo del pubblico, così come per semplificare. Ho ampiamente analizzato le fasi conosciute e alternative o possibili del loro incontro in *Fellini & Rol*, e in questo volume ho aggiunto un tassello a p. 102 nota 12. Già solo il fatto che Nino Rota, il rinomato compositore delle musiche di gran parte dei film di Fellini (da *Lo sceicco bianco* nel 1952 a *Prova d'orchestra* del 1978), premio Oscar per *Il padrino - Parte II* nel 1975, conobbe Rol nel 1948 – l'anno dopo aver conosciuto Fellini – e ne parlasse con grande stima e deferenza non rende plausibile che Fellini avesse «conosciuto per caso» Rol quindici anni dopo, nel 1963, quando aveva iniziato le sue perlustrazioni a tappe e a distanza l'una dall'altra (non cioè un «viaggio» come dichiara qui) per raccogliere idee per il suo film *Giulietta degli spiriti* (girato poi solo l'anno successivo, tra luglio 1964 e gennaio 1965, e uscito ad ottobre 1965).

[3] *Scienza e magia si sono perfettamente combinate*: è appunto così che è la *Scienza Sacra*, naturalmente con uno sfondo eminentemente *spirituale* (a scanso di equivoci). Questa descrizione di Fellini rende conto sia dell'aspetto "magico" –

inconscio ha trovato una strada. Rol non è uno spiritista qualunque[4]: i suoi fenomeni, le sue "cose" sono di varia natura. E non è certo nemmeno un "naif" perché la sua cultura, il suo gusto sono raffinati, educati. Una volta si era in un ristorante: mi chiese un numero, lo disegnò nell'aria con una matita e io ritrovai il medesimo numero disegnato sulla salvietta che avevo sulle ginocchia. Un'altra volta si parlava di colori, di fiori e, di colpo, il mazzo di garofani che c'era nella stanza perse i colori, si spense completamente diventando grigio[5]. Non è un illusionista o un diagnostico: è tante cose insieme. Ricordo nel parco di Torino: andavamo a spasso e guardavamo gli uccelli, gli insetti, le persone. Vedemmo tra i rami un pappagallino sfuggito a chissà quale gabbia. Rol lo chiamò e il giorno dopo consegnò il volatile alla sua proprietaria in lacrime, che prima d'allora non aveva mai visto né conosciuto[6].

---

comunque inevitabile per l'impressione e l'impatto psicologici – che di quello razionale degli esperimenti di Rol, inseparabili.

[4] Il senso è che non va cioè confuso con gli spiritisti "convenzionali". A Buzzati nel 1965 aveva detto qualcosa il cui senso secondo me era analogo, anche se espresso o riportato approssimato: «Non si tratta di un "mago" più dotato degli altri» (*supra*, p. 76).

[5] Questo episodio risulta raccontato solo qui. Si veda per analogia «il fico seccato fin dalle radici» da Gesù (Mc 11, 20).

[6] Anche questo episodio risulta raccontato solo qui. Si veda per esempio San Francesco: «veniano a lui uccelli di diverse maniere e dimesticamente si posavano sopra le sue spalle e sopra il capo e in sulle mani, e cantavano meravigliosamente» (Anonimo, *I fioretti di San Francesco*, cap. XLVII). Di esempi analoghi, nella storia delle religioni, ve ne sono molti altri. Mistici, santi e Maestri hanno un rapporto speciale con gli animali. E possono compiere anche atti letali nei loro confronti se necessario, come nell'esempio del calabrone, che Fellini ripete più avanti per l'ennesima volta, indice di quanto dovette impressionarlo; infatti «i santi agiscono in maniera diversa a seconda delle situazioni: pur amando tutte le creature, arrivano a cacciar via o perfino a uccidere gli animali che causano stenti o sofferenza all'uomo» (Bormolini, G., *I santi e gli animali*, Libreria Editrice Fiorentina, Firenze, 2014, p. 231). Per esempio, lo stesso San Francesco «maledisse una scrofa violenta per aver divorato un agnellino che il santo aveva paragonato a Cristo. La scrofa si ammalò all'istante e morì, e la sua carcassa venne gettata in un fosso cui nemmeno gli animali selvatici osavano avvicinarsi» (*ibidem*, p. 118); San Colombano «si imbatté in un cinghiale pronto a caricarlo. Il santo cominciò a pregare a voce alta, comandando al cinghiale di non "avvicinarsi ulteriormente" e di morire sul posto. Così accadde!» (*ib.*, p. 139); «il monaco Joannikios visitò l'isola di Thasos, infestata da serpenti velenosi. La gente dell'isola lo implorò di salvarli da questa calamità: lui pregò, e immediatamente i serpenti uscirono dalle loro tane, si diressero verso il mare e vi si gettarono dentro, annegando» (*ib.*, p. 232), sorte analoga a quella di alcuni maiali che oltretutto non avevano colpe, nel noto passo evangelico: «...c'era là, sul monte, un numeroso branco di porci al pascolo. E gli spiriti ... scongiurarono [Gesù]: "Mandaci da quei porci, perché entriamo in

E ancora: nel suo studio, con la porta chiusa, chiacchieravamo. "Adesso entrerà la cameriera", disse e, nella penombra, mi trovai di fronte la cameriera. La porta della stanza era rimasta chiusa; le chiesi com'era entrata. Lei non mi seppe rispondere; Rol mi guardò sorridendo. E poi una volta accadde che io, distratto per natura, dimenticassi in una cabina telefonica una mia piccola agendina. La cercai ovunque, ma non mi fu possibile ritrovarla. Rol me ne scrisse una nuova e nessun numero era sbagliato.

Per non parlare del giorno in cui, seduti su una panchina del Valentino, ci stavamo godendo il sole. Accanto a noi un neonato in una carrozzella dormiva e, assopita dal calore e dalla dolcezza della giornata di sole, anche la balia dormiva. Un calabrone si avvicinò alla carrozzina e Rol, a venti metri[7] di distanza, senza aprire bocca decretò la morte dell'insetto, che cadde sulla ghiaia nello stesso momento in cui il mio amico pronunciava il suo necrologio. Le sedute di spiritismo[8] con Rol non hanno mai avuto sapore di polvere, di stantio. Persino Giulietta Masina, che di fronte a tutti i fenomeni parapsicologici o di illusionismo è sempre stata piuttosto scettica, ha perso con Rol qualsiasi riserva. Durante le sedute Rol raccomandava a Giulietta di essere disponibile psicologicamente, con innocenza infantile.

Le cose che accaddero in quelle serate furono meravigliose. Il senso magico e misterioso della vita e degli incontri riportò in quelle ore torinesi persone perdute, incontri casuali, confidenze di altri tempi. Riudimmo la voce di conoscenti ormai lontani nel tempo[9], nei luoghi e nell'affetto;

---

essi". Glielo permise. E gli spiriti immondi uscirono ed entrarono nei porci e il branco si precipitò dal burrone nel mare; erano circa duemila e affogarono uno dopo l'altro nel mare» (Mc 5, 11-13). A chi rimanga perplesso per questa presunta insensibilità di Gesù, al netto di altri significati di questo episodio, rimando al noto passo coranico della sûra XVIII âlKahf (La grotta), vv. 65-82, dove il Maestro impartisce a Mosè una serie di lezioni sul non giudicare dalle apparenze e sul modo di agire diverso di chi, come un *Illuminato*, ha piena coscienza e responsabilità di quello che fa e delle sue conseguenze.

[7] Cinque anni prima su *Planète* aveva detto quaranta. Probabilmente dovette accorgersi in seguito di aver fatto una valutazione eccessiva (di sicuro non era andato a misurare col metro, ciò che magari qualche scettico avrebbe preteso).

[8] Non so bene come giudicare questa frase di Fellini. Mi pare l'ennesima semplificazione per non dover dire che quelle di Rol erano sedute ma non spiritiche ed essere costretto a dare molte spiegazioni. Come per la questione del "mago", Fellini, tranne i primissimi tempi, non stava troppo a sottilizzare e gli piaceva comunque usare il termine. Ma a Rol l'affermazione non deve certo essere piaciuta (rimane il dubbio che possa anche essere stata adattata da chi ha raccolto il racconto di Fellini, che non è dato sapere se fosse scritto o orale).

[9] Rol potrebbe avere parlato – tramite la presa di contatto con il relativo *spirito intelligente* – con la voce di qualche persona conosciuta in passato da Fellini e già deceduta. Esiste anche la possibilità che la stessa voce sia udita nell'ambiente,

ristabilimmo l'amicizia con amici che per circostanze equivoche erano diventati un giorno nostri nemici.

Ma sarà bene chiudere qui le mie confidenze su Rol: è un uomo che non vuole, che non cerca la notorietà. Ciò che fa lo fa per se stesso e per chi gli vuole bene o è da lui amato[10]. A Torino vive umilmente la vita di tutti; non ha mai confuso la sua misteriosa onnipotenza con l'esaltazione di chi perde la propria e l'altrui dimensione perché dotato di poteri e intuizioni soprannaturali. E anche in questa sua umiltà sta la sua forza.

---

proveniente da un qualunque punto indefinito e non dalla bocca di Rol. È anche questo un fenomeno ben conosciuto nella storia delle religioni, già nelle tradizioni sciamaniche. Non ci sono dettagli per sapere di quale dei due casi qui si tratti.

[10] Detto in questi termini potrebbero sorgere degli equivoci o delle valutazioni non corrette. La parte preminente è soprattutto l'ultima, perché rivolta di fatto a tutti coloro verso i quali Rol sentiva, o si sentiva in dovere, di agire a fin di bene, migliaia di persone nel corso della sua vita. Che, con il suo esempio e la sua "semina", diverranno milioni dopo la sua morte.

Lettere di Fellini
1969

Roma, 16 dicembre 1969

Caro Gustavo,

mi hanno incaricato di inoltrarti questa lettera[1] e lo faccio volentieri perché è un pretesto per mandarti un saluto.
Come stai Gustavone? E io come sto? Ogni tanto ti penso con grande amicizia.
Ti abbraccio caro Gustavo, salutami anche tua moglie, buon Natale e speriamo di vederci presto

tuo Federico

(foto © Franco Rol – Archivio Storico del Comune di Torino)

---

[1] Che doveva essere allegata.

Quella sera a Torino con il mago di Fellini

di Tullio Kezich[1]

Giuro di dire la verità e nient'altro che la verità sull'unica visita che feci a Gustavo Adolfo Rol in compagnia di un comune amico, l'editore Giuseppe Sormani. Altri frequentatori assidui del mago appena scomparso, inclusi non pochi nomi illustri, potrebbero raccontare ben di più; ma riferendo in maniera notarile la mia piccola esperienza vorrei essere creduto. Correva l'anno 1970, lo ricostruisco dal fatto che Dino De Laurentiis stava allestendo il film «Waterloo», e Rol si doleva che il produttore non l'avesse chiamato come consulente[2]. Di quella battaglia affermava, infatti, di sapere tutto in qualità di «testimone oculare»[3]; e quasi a comprovarlo appena entrati nella sua casa torinese, dopo una cena a tre in un ristorantino, ci accolse un'alzata di tamburi napoleonici che sembravano ancora ricoperti dalla polvere dell'epoca[4].
Ormai tutti e due verso la settantina[5], Sormani e Rol avevano fatto il militare insieme nel primo dopoguerra eppur essendosi persi di vista nel corso della serata ripresero un rapporto cameratesco intessuto di vecchi

---

[1] *Corriere della Sera*, 24/09/1994, p. 17. Articolo scritto per ricordare Rol, morto due giorni prima.
[2] Ciò che invece, forse, era accaduto cinque anni prima, come dimostra il telegramma di Fellini a Rol del 9 ottobre 1965 (*supra*, p. 105), dove il regista gli aveva comunicato che «De Laurentiis et Huston sono entusiasti all'idea che tu possa accettare di collaborare al loro film», *La Bibbia*, diretto da John Huston e prodotto da Dino De Laurentiis. Mi chiedo se quella collaborazione, sempre che poi ci sia stata, non abbia causato qualche attrito (la conoscenza della Bibbia di Rol doveva essere molte spanne più in alto di quella dei suoi interlocutori) che potrebbe essere all'origine del fatto che in seguito De Laurentiis non lo interpellò per *Waterloo*, altro soggetto su cui Rol forse non ammetteva contraddittorio, essendo indubbiamente esperto (e senza contare il *bonus* come "testimone oculare"). De Laurentiis non voleva probabilmente scomode intromissioni o diktat sul suo progetto.
[3] Cfr. il racconto di Franca Pinto, 1-XXV-4ª.
[4] Luciana Jorio nel 1972 aveva scritto: «Lo seguo in un salone immerso nella penombra. Appesi alle pareti, intravvedo alcuni tamburi. Essi vibrano, fremono, emettono quel rullio cupo senza che nessuno li tocchi» (Jorio, L., *Viaggia nel passato e vede nel futuro*, Grazia, 10/12/1972, p. 29).
[5] Nati entrambi nel 1903, morti entrambi nel 1994 (Sormani prima di Rol, il 14 gennaio). All'epoca dell'incontro, nel 1970, Sormani era direttore responsabile dell'opera enciclopedica *Il Milione*, dell'Istituto Geografico De Agostini, iniziata nel 1959 come «*enciclopedia di geografia, usi e costumi, belle arti, storia, cultura*», in 15 volumi, e continuata come «*libro dell'anno*» fino al 1987; in precedenza aveva anche curato, tra gli altri, un *Dizionario delle Arti*, 1950. Per un profilo biografico si veda: *gramscitorino.it/premi-sormani.html*

scherzi da caserma. Ogni tanto Rol si alzava e andava alla porta della camera accanto, parlando ad alta voce alla moglie che (se n'era scusato) non poteva fare gli onori di casa in quanto ammalata, e le offriva inutilmente un marron glacé. Durante uno di questi spostamenti dell'ospite, Sormani mi sussurrò sogghignando: «Non c'è». E al mio sguardo interrogativo, insistette: «La moglie, di là, se la sta inventando»[6].
Arrivò invece una scolorita condomina del piano di sopra che aveva insistito per assistere ai «giochi»[7]. Nel frattempo avevamo fatto una fugace visita allo studio di pittura, dove Rol esercitava il suo mestiere di restauratore di quadri antichi[8]. Non mancò di precisarci, con ineffabile tono sornione, che di solito lavorava al buio, limitandosi con la mano a reggere il pennello e lasciandolo «correre da solo». Lì per lì mi parve una vanteria metafisica, ma sospesi il giudizio ricordando i racconti straordinari che su Rol mi aveva fatto Federico Fellini[9]. E feci bene perché una volta seduti intorno a un tavolinetto quadrato, maneggiando due

---

[6] In *Fellini & Rol* (p. 148 nota 263) ho commentato: «Battuta un po' idiota, anche perché Elna Resch-Knudsen, norvegese, con cui Rol si era sposato nel 1930, nel 1970 aveva 66 anni e certo di sera se ne stava in casa. Non era del resto persona che uscisse molto. Sormani non è stato comunque l'unico a sospettare, in altre occasioni, che lei in casa non ci fosse. Alcuni sono arrivati addirittura a ipotizzare che non fosse mai esistita, solo perché se ne stava molto appartata e negli anni della vecchiaia non era interessata a partecipare alle serate del marito, i cui esperimenti aveva visto nella giovinezza fino a saturazione. Tra le eccezioni, partecipava però volentieri quando c'era Fellini». Può darsi che in quella occasione fosse effettivamente malata, oppure semplicemente era una scusa per non dover partecipare all'incontro.

[7] Al piano di sopra, il quinto, abitavano Isabella Vogliotti e Clara Giacosa, quindi doveva essere una delle due.

[8] Al momento non sono ancora riuscito a stabilire a quale locale si riferisca. L'appartamento in Via Baretti, parallela di Via Pellico che Rol usava anche come studio, lo avrebbe comprato anni dopo, nel 1977.

[9] Questo passaggio è importante per vari aspetti: anche altre volte Rol, con altre persone, ha affermato di poter fare un qualche tipo di esperimento che all'interlocutore neofita ovviamente non pareva possibile, e che poteva facilmente considerare mera affabulazione. Nel caso specifico, sappiamo bene che Rol stava dicendo la precisa verità; inoltre, afferma che «di solito lavorava al buio» ciò che mostra – per quel genere di *possibilità* – che non era appena una preferenza in funzione di persone presenti per non traumatizzarle (e che per gli scettici era solo un espediente per poter truccare), ma anche una effettiva preferenza per se stesso, per le ragioni già segnalate in precedenza di favorire la concentrazione e ridurre le interferenze visive (e forse anche elettriche) della luce. Quanto ai racconti di Fellini, non consta al momento che il regista abbia assistito a questo tipo di prodigio, ma sicuramente Buzzati (e forse anche altri che lo avevano visto) dovette parlargliene a sufficienza. Fu testimone però di uno molto simile, anche se non afferma di aver visto i pennelli nuoversi da soli, cfr. 3-XXXIII-37 e nota al fondo p. 436.

mazzi di carte con virtuosistica abilità[10], il mago ci fece assistere a una serie velocissima, prolungata ed elegantissima di trasformazioni a vista: ora il mazzo era tutto di assi di cuori, ora erano tutti re o fanti o dame. Non avevi il tempo di stupirti che già stavi dentro a un'altra mutazione. Quando attaccò il gioco di mettere una carta coperta sul tavolo e farti scegliere mentalmente una carta qualsiasi, per poi coprirla e sorprenderti con l'apparizione di quella che avevi pensato, mi tornò in mente un incidente capitato a Fellini. Curioso come sempre, il regista aveva allungato la manina per sbirciare la carta in via di trasformazione intravedendo così un magma indefinibile in atto di scomporsi e ricomporsi, un'immagine da dissolvenza incrociata che gli aveva provocato seduta stante un urto di vomito[11]. Stavo appunto meditando di imitare Fellini, per decidere una volta per tutte quanta retta si dovesse dare a lui e a Rol, quando il cartaio avendomi letto nel pensiero mi pervenne: «Non vorrà mica fare come il suo amico...».
Provai un brivido e da quel momento non riuscii più a pensare che a una sola cosa, tagliare la corda[12]. L'anfitrione locale capì al volo e, congedandoci poco dopo, mi disse: «Avrei voluto farle vedere qualche altro gioco, per esempio trasferire un oggetto da una stanza all'altra, ma lei ha troppa paura». Allontanandomi dall'antro dello stregone per le vie notturne di Torino, città magica, conclusi che come visita al pianeta dell'irrazionale l'esperienza mi sarebbe bastata a lungo[13]. E sull'argomento, da allora, penso più che mai che abbia ragione il prestigiatore in frac di «8 ½» quando alla domanda di Mastroianni-Fellini sull'esistenza del soprannaturale, risponde enigmatico: «Qualcosa c'è».

---

[10] Detto così pare stia proprio descrivendo un illusionista – che manipola il/i mazzi a volontà – e io credo che non sia attendibile, perché Rol gli esperimenti non li conduceva affatto in questo modo. Penso che Kezich abbia semplificato, sintetizzato e distorto quella che era la "procedura" degli esperimenti di Rol, chiarissima in tutti i cronisti che si sono soffermati a descriverla nei dettagli e senza problemi di spazio, come forse era il caso dell'articolo sul Corriere. Io stesso – a chi voglia credermi – sono testimone che i mazzi non li toccò nemmeno una volta. Va sottolineato in ogni caso che la co-partecipazione dei presenti, ai quali Rol delegava le manipolazioni, era proprio un elemento importante per creare le condizioni di un elevato *tasso di aleatorietà*, ingrediente essenziale alla riuscita degli esperimenti.
[11] Insieme all'episodio del calabrone, questo della carta era quello che Fellini ricordava più spesso. Filippo Ascione mi aveva detto che anche negli anni '80 il regista volle vedere la trasformazione mentre avveniva (cfr. 3-XXXVI-13).
[12] Su questo aspetto rimando a quanto ho scritto in *Fellini & Rol*, pp. 149-150.
[13] Quanti, a causa della paura, rinunciarono ad approfondire la conoscenza di Rol? Chissà che Kezich, se avesse avuto il coraggio di andare oltre le sue barriere psicologiche, intellettuali ed emotive, non avrebbe potuto consegnarci una testimonianza più netta e interessante. Peccato.

SABATO 24 SETTEMBRE 1994 17

La scomparsa di Gustavo Rol

Quella sera a Torino con il mago di Fellini

E' morto mercoledì a Torino Gustavo Adolfo Rol, il mago torinese: aveva 91 anni. Rol era noto a livello internazionale, i funerali si svolgeranno stamane nella parrocchia di San Pietro e Paolo.

di **TULLIO KEZICH**

Lettere di Fellini
1973-1974

Roma 9/2/1973

Caro Gustavo,

scusami se forse ti do una piccola noia, ma mi è comunque gradita quest'occasione per salutarti. Ti unisco la letterina di una signora che pare abbia bisogno del tuo aiuto[1].

Ti abbraccio, caro Gustavone, spero di vederti presto, io ho cominciato il film[2], fammi gli auguri. Buona fortuna a tutti e due, vostro

Federico

---

[1] Anche nella lettera del 1969 vista in precedenza e in quella del 1974 che segue, Fellini si fa portavoce di persone che desiderano entrare in contatto con Rol. Indice sia del fatto che il regista avesse a cuore le richieste della gente "comune", sia del fatto che sapesse che Rol poteva fare qualcosa. Certo, è anche l'occasione, come lui stesso dice, per fargli un saluto; conferma comunque della considerazione continua nei suoi confronti, tanto da porsi quasi nella funzione di suo "segretario".

[2] Aveva cominciato le riprese di *Amarcord*.

FEDERICO FELLINI

Roma 9/2/1973

Caro Gustavo,

scusami se forse ti do una piccola noia, ma mi è comunque gradita quest'occasione per salutarti. Ti unisco la letterina di una signora che pare abbia bisogno del tuo aiuto.

Ti abbraccio, caro Gustavone, spero di vederti presto, io ho cominciato il film, fammi gli auguri. Buona fortuna a tutti e due, vostro

(Federico)

(foto © Franco Rol – Archivio Storico del Comune di Torino)

Caro Gustavo

anche a me spiace tanto non poterti abbracciare prima di andare via[3].
Caro carissimo meraviglioso amico, dolce padre, compagno insostituibile ti voglio un gran bene e sapere che anche tu me ne vuoi mi dà forza e salute e voglia di star bene per meritarmelo.
Spero di non deluderti mai.

>A presto con tutto il mio amore
>Federico

P.S.   La seduta di ieri sera non solo non mi ha stancato ma mi ha fatto un gran bene in tutti i sensi[4].

>Ti abbraccio a presto.
>F

Salutami tanto tua moglie e arrivederci a Saint-Vincent[5]

---

[3] La lettera non è datata. Fellini, come si evince dal post scriptum, aveva incontrato Rol il giorno prima, quindi doveva essere in partenza da Torino.
[4] Rol deve avergli chiesto, forse telefonicamente, se la seduta lo avesse stancato.
[5] A Saint Vincent si è tenuto dal 1953 al 1994 la "Grolla d'oro" (in seguito fino al 2006 col nome *Premio Saint-Vincent per il cinema italiano*). Fellini è stato candidato molte volte, prima di frequentare Rol lo aveva vinto con *La Dolce vita*, nel 1960. Le candidature successive alla frequentazione con Rol, le cui date ci interessano per rintracciare l'anno probabile di questa lettera, sono: 06/07/1963 (*8 ½*, vinto); 11/07/1970 (*Satyricon*); 06/07/1974 (*Amarcord*, vinto); 02/07/1977 (*Casanova*); 27/06/1980 (*La città delle donne*, vinto). Fu presente anche il 16/07/1964 non come candidato ma per premiare Pasolini. Potrebbe esser stato presente altre volte solo come ospite ma non ho indagato così a fondo. Siccome tutte le lettere di Fellini fino a quella del 9 febbraio 1973 sono dattiloscritte, mentre quella del 21 novembre 1974, che pubblico di seguito, è scritta a mano, si potrebbe provvisoriamente collocare anche questa lettera nel 1974 (quando *Amarcord* vinse a Sain Vincent), forse nella primavera (nella seconda settimana di maggio Fellini era andato a Cannes per la presentazione fuori concorso sempre di *Amarcord*, potrebbe essere andato (prima o dopo) a trovare Rol). Dopo il 1974 non constano altre lettere.

(foto © Franco Rol – Archivio Storico del Comune di Torino)

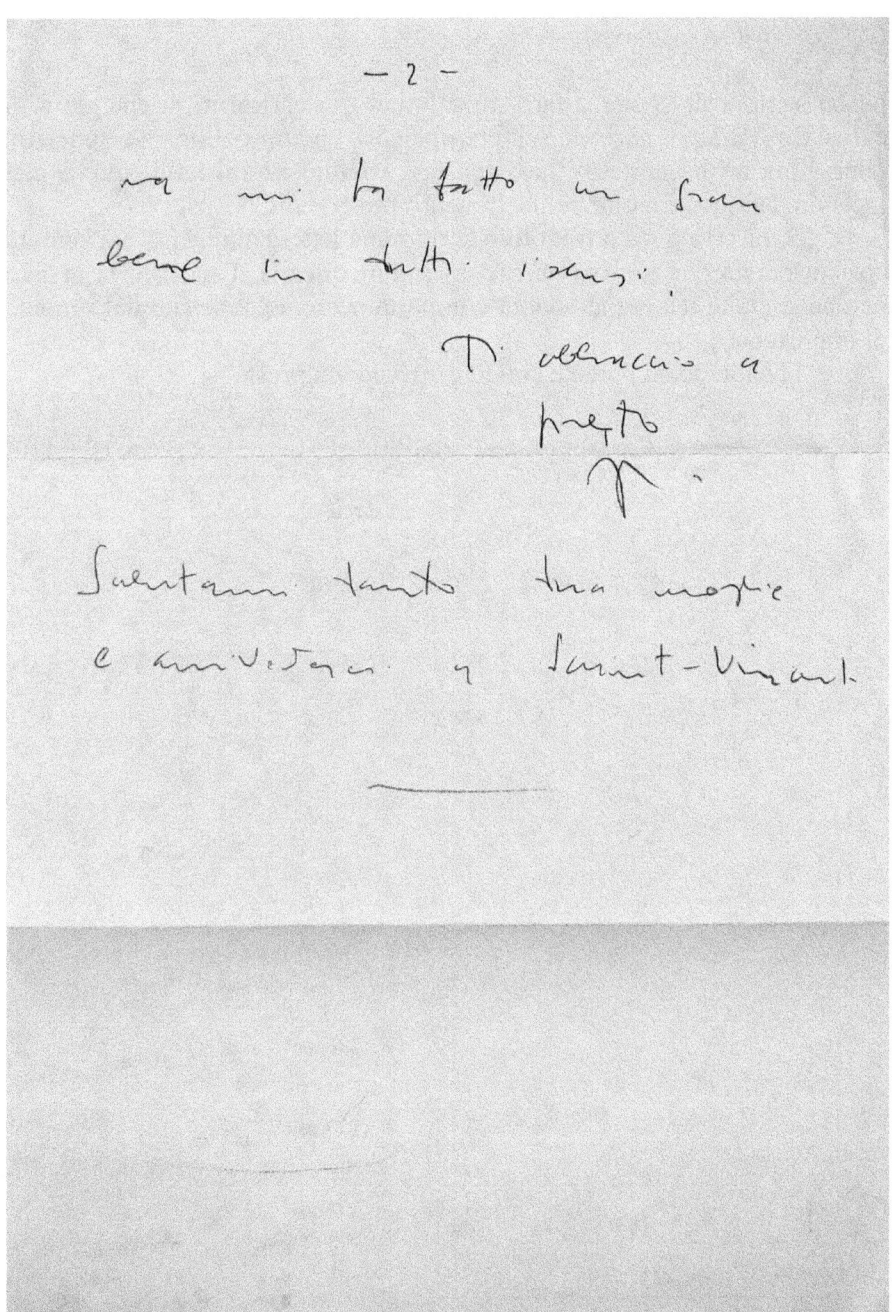

(foto © Franco Rol – Archivio Storico del Comune di Torino)

Roma · 21 · 11 · 74

Gustavone carissimo

penso sempre di venire a farti un salutino e a caricarmi di energia e di entusiasmo ma poi succede sempre qualcosa che mi obbliga a rinunciare. Nino Rota mi ha portato i tuoi pensieri affettuosi e mi ha detto che stai facendo dei quadri molto belli[6]. Li vedrò prestissimo.

Unisco a questo frettoloso scritto una lettera di una povera signora così disperata che non so decidermi a dimenticarla. E così te la mando perché so della tua grande bontà e in parte mi sento sollevato dal rimorso di importunarti.

Ti abbraccio potente amico e arrivederci presto

tuo

Federico

---

[6] Da questo si evince che Rota in quel 1974 (ottobre o novembre) era andato a trovare Rol a Torino. Tre settimane dopo questa lettera ci fu la prima a New York de *Il Padrino – Parte II* per il quale qualche mese dopo, l'8 aprile 1975, Rota vinse (insieme a Carmine Coppola) l'Oscar per la miglior colonna sonora. Le riprese del film erano state dall'ottobre 1973 al giugno 1974.

(foto © Franco Rol – Archivio Storico del Comune di Torino)

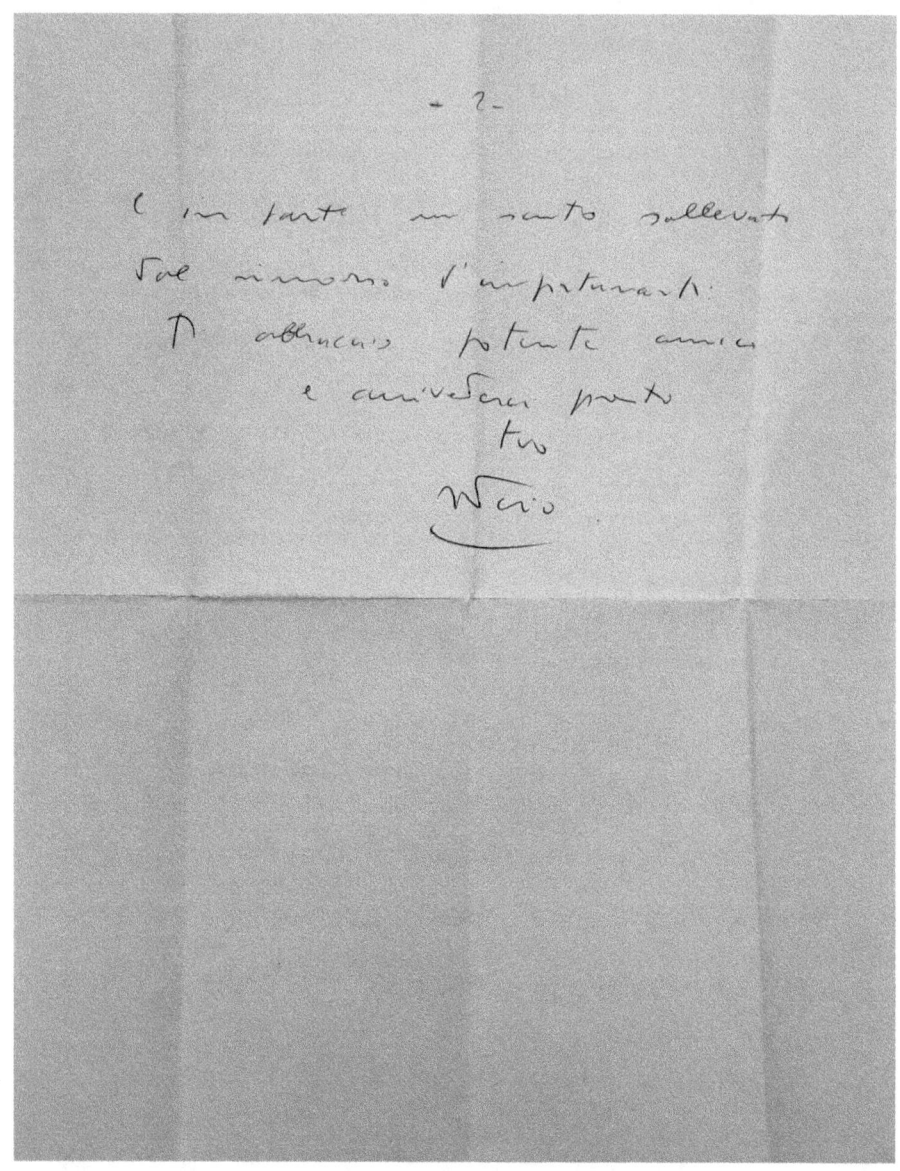

(foto © Franco Rol – Archivio Storico del Comune di Torino)

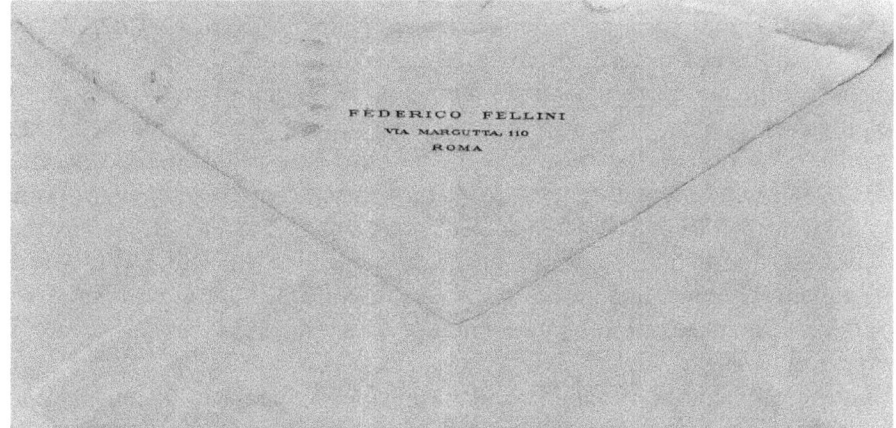

(foto © Franco Rol – Archivio Storico del Comune di Torino)

Le non-iniziazioni di Rol
(intermezzo)

C'è chi vuole credere ad ogni costo che Rol abbia avuto una effettiva iniziazione, ciò che io ho sempre escluso. Ad alcuni pare impossibile che fosse giunto dove era giunto con le sue sole forze. Altri poi, tranquillizzano se stessi illudendosi che la "spiegazione" del "mistero Rol" stia in una conoscenza "segreta" trasmessa da altri, non accorgendosi di spostare solo più lontano la soluzione della questione.
Io direi invece che proprio perché non fece parte di alcuna organizzazione o lignaggio tradizionale o presunto tale – ammesso che in Occidente ancora sopravviva qualcosa del genere, che sia *davvero efficace* – che giunse dove giunse. Il vero genio non deve quasi niente a nessuno (salvo naturalmente essere riconoscente a quelli che lui identifica come suoi Maestri, vissuti magari secoli addietro o prendere esempio – che non è ricevere una iniziazione – da persone conosciute durante la sua vita). Se le *iniziazioni* conferissero davvero uno status come quello di Rol, allora di figure come Rol nella storia non ce ne sarebbero una manciata, ma migliaia. Ciò che non è per niente il caso. Tutto quello che una organizzazione seria al massimo può fare è fornire delle indicazioni, dei cartelli stradali. Oggi però quei cartelli sono ormai più che abbondanti, a vista e non occulti, vi sono "guide turistiche" reperibili più che dettagliate e semmai ciò che mancano sono *veri Maestri*, ovvero persone che non solo abbiano una conoscenza di simboli e rituali assortiti, ma che abbiano soprattutto *realizzato* quella conoscenza, il che corrisponde ad aver raggiunto l'*illuminazione* (la quale si può raggiungere, benché molto raramente, anche a prescindere dalla conoscenza di simboli e rituali).
Ora, essendo Rol qualcuno che l'*illuminazione* la raggiunse *da solo* nel 1927, a 24 anni (e il fatto di non avere avuto un *vero Maestro* al suo fianco che sapesse cosa gli fosse accaduto fu causa di molti problemi psicofisiologici ed esistenziali per anni, fino al raggiungimento di un certo equilibrio) qualsiasi ipotesi che, in seguito, potesse affiliarsi a una qualsivoglia organizzazione – ciò che peraltro ha esplicitamente smentito nel 1956 nella lettera al Questore di Torino che ho pubblicato nel volume precedente («Mai appartenni a società segrete», vol. IV, p. 158) – sarebbe a dir poco ridicola, come se il vincitore di una medaglia d'oro alle olimpiadi, poniamo nel nuoto, decidesse di entrare in un circolo sportivo per farsi spiegare come si fa a nuotare e fare una prima lezione con i braccioli...
In quest'ottica, si potrà meglio collocare anche il lapidario commento che Rol annotò su una lettera ricevuta dal Gran Oriente d'Italia che reca il timbro postale del 2 settembre 1965, con la quale lo si invitava di fatto ad entrare nell'organizzazione: «Non ho risposto perché non li conosco e poi

non amo ciò che è occulto». Inoltre, annotava «perché?» a margine del termine «perorato» nella frase di incipit della lettera: «Un nostro Fratello, persona a Lei ben nota, ha perorato la Sua candidatura all'Iniziazione Massonica». Non è dato sapere chi fosse questa persona. Potrebbe non essere una coincidenza il fatto che la lettera giunse tre settimane dopo l'articolo di Buzzati sul *Corriere della Sera*. Rol doveva chiedersi perché mai qualcuno dovesse «perorare» la sua candidatura, e al tempo stesso penso anche che dovette considerarla, come minimo, una iniziativa piuttosto ingenua, implicante che il proponente avesse capito ancora troppo poco di lui.
Riproduco qui sotto gli estratti con le annotazioni di Rol.

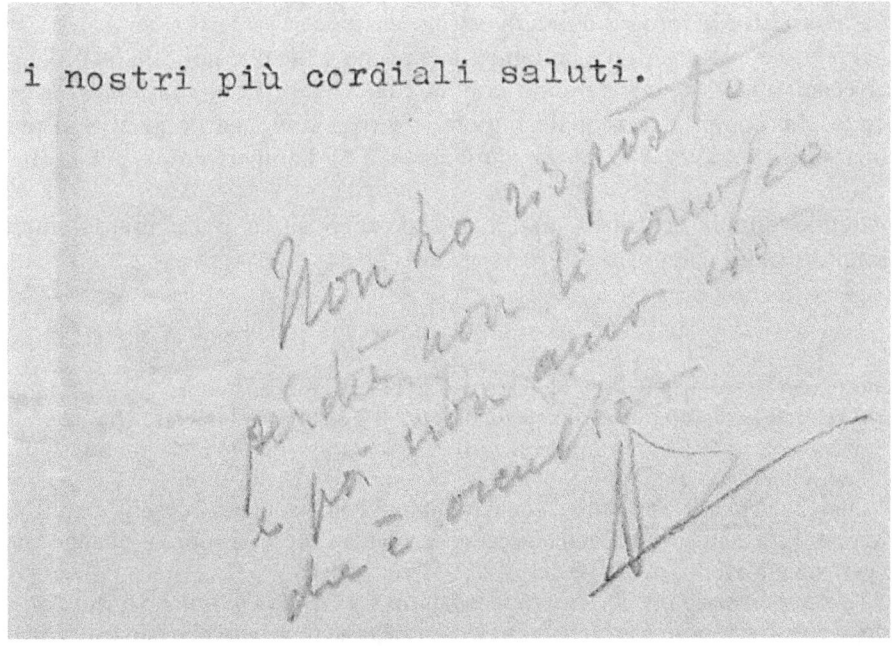

(foto © Franco Rol – Archivio Storico del Comune di Torino)

Lettere di Giorgio di Simone[1]
1966

CENTRO ITALIANO DI PARAPSICOLOGIA
studi ed esperimenti nel campo della psiche
viale Calascione 5/a   napoli

Napoli, 8 aprile 1966

Egregio Dottor Rol,

È da tempo che conosco il Suo nome, quale quello di una persona dotata di facoltà paranormali di rilevante consistenza e di ampio raggio d'azione, sia attraverso conversazioni avute con studiosi della materia, sia attraverso pubblicazioni come ad esempio la Rivista "Pianeta" e "Universo proibito" di Leo Talamonti[2].

Come dirigente di un centro studi PP [*parapsicologia*], è quindi più che naturale, e direi anzi doveroso, che io mi interessi in modo particolare del Suo caso.

Desidererei incontrarmi con Lei ma, essendo ciò per ora molto difficile per me, vorrei soltanto chiederLe di "intervistarla" per lettera, sottoponendoLe eventualmente un questionario riguardante la Sue facoltà paranormali e le loro modalità di estrinsecazione[3].

Mi rendo conto che non è certamente la prima volta che tali Sue facoltà Le arrecano fastidio, interferendo con la Sua vita privata, ma sono anche certo che comprenderà quale importanza rivestano casi come il Suo per una scienza giovane e senza aiuti quale è la Parapsicologia nel nostro Paese.

Attendo quindi fiducioso una Sua risposta positiva e Le invio i miei migliori saluti e auguri.

---

[1] Architetto e studioso di parapsicologia, presidente del Centro Italiano di Parapsicologia di Napoli, morto nel 2018. Per un profilo sintetico fino al 2008, cfr. *Il simbolismo di Rol*, p. 77 (3ª ed.).

[2] Libro che era appena uscito e che deve essere stato lo spunto per scrivere a Rol. Ma per i tre anni seguenti nulla accadde. La lettera successiva di Di Simone che vedremo più avanti (p. 244) è del 26/05/1969.

[3] Tale questionario dovette essere mandato in seguito da Di Simone a Rol, forse dopo che Rol rispose o anche senza una sua risposta (che potrebbe non essere mai arrivata o essersi fatta attendere molto, e che non ci è comunque pervenuta). Esso era composto di cinque quesiti – Di Simone non ha pubblicato quali fossero – ai quali negli anni successivi si farà spesso riferimento, e ai quali Rol comunque non rispose mai.

Suo
IL PRESIDENTE
(Prof, Arch. Giorgio di Simone)

PS– Le faccio inviare a parte l'ultimo numero del nostro Bollettino "Informazioni di PP".

CENTRO ITALIANO DI PARAPSICOLOGIA
studi ed esperimenti nel campo della psiche
viale Calascione 5/a   napoli

Il Presidente

Napoli, 8 aprile 1966

Egregio Dottor Rol,

E' da tempo che conosco il Suo nome, quale quello di una persona dotata di facoltà paranormali di rilevante consistenza e di ampio raggio d'azione, sia attraverso conversazioni avute con studiosi della materia, sia attraverso pubblicazioni come ad esempio la Rivista "Pianeta" e "Universo proibito" di Leo Talamonti.
Come dirigente di un centro di studi PP, è quindi più che naturale, e direi anzi doveroso, che io mi interessi in modo particolare del Suo caso.
Desidererei incontrarmi con Lei ma, essendo ciò per ora molto difficile per me, vorrei soltanto chiederLe di "intervistarLa" per lettera, sottoponendoLe eventualmente un questionario riguardante le Sue facoltà paranormali e le loro modalità di estrinsecazione.
Mi rendo conto che non è certamente la prima volta che tali Sue facoltà Le arrecano fastidio, interferendo con la Sua vita privata, ma sono anche certo che comprenderà quale importanza rivestano casi come il Suo per una scienza giovane e senza aiuti quale è la Parapsicologia nel nostro Paese.
Attendo quindi fiducioso una Sua risposta positiva e Le invio i miei migliori saluti e auguri.

Suo
IL PRESIDENTE
(Prof. A.J. Giorgio di Simone)

PS- Le faccio inviare a parte l'ultimo numero del nostro Bollettino "Informazioni di PP".

Preg.Dott.Gustavo A.Rol
via Silvio Pellico 31
TORINO

(foto © Franco Rol – Archivio Storico del Comune di Torino)

Gustavo Adolfo Rol

di Nicola Riccardi

Aprile 1966[1]

Da oltre 30 anni Rol dà dimostrazioni nelle quali manifesta facoltà inabituali che sbalordirebbero congressi di prestigiatori o di ricercatori psichici, cosa finora purtroppo mai avvenuta, come riescono a turbare gli esigui gruppi di dilettanti che formano il suo pubblico abituale. C'è una dialettica forzante fra le premesse salottiere di quello che si propone come divertimento di una piccola società[2] e le implicazioni profonde dei risultati evidenti ma incredibili raggiunti dagli esperimenti di potestà fisica su futili cose[3] che costituiscono tutta la problematica apparente di Gustavo Adolfo Rol.

---

[1] In: *Metapsichica. Rivista italiana di parapsicologia*, Casa Editrice Ceschina, Milano, luglio-dicembre 1966, pp. 73-87. Nicola Riccardi (1906-1985) fu un comandante di Marina e dopo la Seconda Guerra Mondiale si occupò di parapsicologia; per un profilo dettagliato, si veda più avanti, p. 233. Ho ipotizzato che l'articolo sia stato scritto al massimo ad aprile, anteriormente alla seduta del 30 aprile di cui Riccardi riferirà l'anno successivo, nel 1967 (*infra*, p. 220). Qui non indica la data dell'incontro di cui parla, ma nel suo libro di quattro anni dopo, *Operazioni psichiche sulla materia* (*infra*, p. 345) specifica che si tratta del 3 giugno 1965. Anche se non dice esplicitamente che questa fu la prima volta in cui incontrò Rol, più di un elemento indica che fu così. E nel momento in cui scriveva l'articolo – una decina di mesi dopo – forse non aveva ancora incontrato Rol una seconda volta, che fu quella del 30 aprile 1966. Il che è importante anche per valutare l'attendibilità di quello che afferma, frutto di un solo incontro, forse di qualche telefonata e di qualche chiacchierata con amici di Rol (e come Riccardi scrisse un articolo-relazione basandosi su un solo incontro e su una scarsa conoscenza di Rol, come si vedrà, così farà Mario Pincherle nel 2005 scrivendo un libro su Rol basandosi su un solo incontro avenuto nel 1982, libro che infatti è poco attendibile e molto romanzato).
[2] Non si propone proprio per niente come «divertimento»!
[3] Come si vedrà, e come già ho evidenziato ne *Il simbolismo di Rol* (p. 117 e sgg., dove si troveranno dettagliati commenti complementari a quelli che aggiungo qui) Riccardi ha modi di esprimersi abbastanza *sui generis*, uno stile piuttosto contorto e una comprensione molto superficiale di chi era e cosa poteva fare Rol. Interessante come testimonianza, ed emblematico come punto di vista di quella corrente di studiosi che avrebbe voluto sottoporre Rol a qualsiasi test da laboratorio, trasformandolo nella proverbiale "cavia". Quelli che lui chiama *esperimenti di potestà fisica su futili cose*, sono soprattutto quelli di base con le carte da gioco, oltre alla proiezione di scritte a distanza. Nel momento in cui le carte acquisiscono lo *status* di strumento sperimentale testimone di una

È Rol un distinto signore torinese di circa 60 anni, alto ed eretto nella persona, dottore commercialista attivo[4], che mette ogni tanto a frutto la sua esperienza di antiquariato, pittore ancorato a Parigi, cattolico e sposato con una protestante straniera. Peccato che Federico Fellini non sia uno di quei giornalisti dall'intervista acuta e irresistibile, perché dai suoi contatti con Rol durante l'ampio giro di ricerche preparatorie per il suo ultimo lavoro di regista[5] è emerso, almeno per il pubblico, solo un elenco di esperienze sconvolgenti, senza un barlume sulle tecniche prestigiatorie e parapsicologiche[6], distinte o associate, coscienti o inconscie, che consentono a Rol di meravigliarci continuamente. Il mago, nelle nostre riunioni, ha mostrato una pista interessante. La sua arte ebbe inizio al tempo del servizio militare: per ottenere al suo gruppetto di torinesi i benefici di frequenti permessi fu spinto ben presto al centro dell'attenzione e della curiosità dei superiori che apprezzarono i suoi giochi con le carte[7]. Li ha poi praticati per tutto il tempo successivo,

---

meccanica combinatoria da fantascienza, esse possono essere definite in qualunque modo, tranne che «futili»...

[4] Già il fatto che gli attribuisce tale professione – che non esercitava – indica quanto poco Riccardi lo conoscesse. Dovette forse fare una associazione col fatto che Rol diceva di aver studiato anche economia e commercio (a Londra) e che era in effetti «dottore» in Legge/Giurisprudenza (tanto che alcuni si riferivano a lui col titolo di «avvocato»). Si veda più avanti p. 187 e nota 15.

[5] Per il film *Giulietta degli spiriti* (1964-1965).

[6] Posso solo immaginare Gustavo mettersi le mani sulla testa e pentirsi di avere accettato la presenza di Riccardi. Durante la lettura di questo ed altri scritti, lo avrà fatto molte altre volte.

[7] Quello che scrive Riccardi è un *non sense*, mai riferito né prima né dopo da nessun'altro – incluse le decine di persone che lo hanno frequentato e con le quali io ho parlato – e deve aver frainteso alcune affermazioni di Rol. A meno che Rol – come con la storia del Polacco con Pitigrilli, cronologicamente anteriore – non abbia voluto fornire una falsa (o mezzo-falsa) pista, facile da accettare per i presenti e per non dovere fornire ulteriori spiegazioni che non intendeva dare, soprattutto ai neofiti come Riccardi. Comunque, Rol aveva prestato il servizio di leva obbligatorio tra il 01/09/1923 e il 09/11/1924, ovvero dai 20 ai 21 anni. Certo è possibile che a quell'età si divertisse a fare dei "giochetti" di carte ma è qualcosa che ad oggi nessuno ha riferito, quindi è mera speculazione. Anche quanto riportato dal giornalista Maurizio Ternavasio nel 2002, ovvero che Rol «già da ragazzo... mostrava una innata propensione per i giochi di prestigio» come avrebbe riferito Umberta Rol, figlia del fratello di Gustavo, Carlo, che viveva in Argentina, è frutto di un fraintendimento che ho potuto direttamente verificare alla fonte e smentire in maniera dettagliata (si veda il mio scritto del 2007, *Rol da ragazzo si dilettava in giochi di prestigio?*). Sul periodo in cui Rol si è "esercitato" con le carte è stato sempre molto chiaro, e io stesso l'ho mostrato molte volte: gli anni sono il 1925-1926-1927, nei suoi soggiorni a Marsiglia e Parigi, *dopo* il servizio militare. In seguito, Rol venne richiamato alle armi il 20 agosto 1939, arrivò in territorio dichiarato in stato di guerra il 18/03/1941

tentando complessità crescenti la cui riuscita lo inorgogliva come frutto di sue singolari doti intrinseche[8]. Il bisogno di introspezione, afferma il Rol di oggi, è sorto solo pochi anni fa, quando con grave travaglio interiore si è costretto ad umiliarsi dinanzi ai suoi poteri di comando sulle carte da gioco[9]. Lo sbocco della sua logica è ora quello di attribuire globalmente la misteriosa collaborazione concessa solo a lui, in nome di una scelta non analizzabile, al Dio della sua religione[10].

---

prestando servizio presso il quartier generale dell'Intendenza della 4ª Armata il 28/04 fino al 23/09, quando è messo in congedo. Se c'è un periodo in cui possa aver fatto con i suoi commilitoni quelli che già erano i suoi veri e propri esperimenti con le carte, e non «giochi», questo mi sembra quello più plausibile. È certo possibile che se ne servisse *anche* per ottenere, per il suo gruppo, «permessi» – per ragioni sicuramente non futili – così come in seguito, a San Secondo di Pinerolo, se ne sarebbe servito per far liberare dei prigionieri (*supra*, p. 22; lo stesso Riccardi ricorderà questo aspetto in una lettera del 1970, *infra*, p. 360). Siccome a 20-21 anni Rol però non li faceva ancora, è abbastanza improbabile l'ipotesi che potesse ottenere permessi dai superiori militari facendo quelli che solo avrebbero potuto essere giochi di prestigio. Davvero qualcuno può pensare che le Forze Armate, ancor più in quegli anni, avessero un tale livello di leggerezza? A conferma che Riccardi dovette prendere lucciole per lanterne ci sarebbe anche il fatto che in *Operazioni psichiche sulla materia* del 1970, dove riprende quasi identiche parti di questo scritto, tali presunti "inizi" di Rol non sono più menzionati.
[8] Questa fase corrisponde al 1927, fino al momento in cui mercoledì 27 luglio Rol riuscì ad indovinare tutte le carte di un mazzo (il giorno dopo scrisse sulla sua agenda la "tremenda legge"). Fu il momento di massima esaltazione, come risulta ben chiaro da quanto lui stesso ha raccontato più volte: «guardavo tutto, dicevo: "Sono il padrone, fra poco avrò tutto quello che voglio. Tutto! Perché se faccio questa cosa qua, svilupperò, l'applicherò a chissà che cosa. Tutto quel che c'è di più bello sulla Terra, avrò la potenza, una cosa meravigliosa". E camminavo, guardavo le vetrine, automobili, dicevo: "Ah! adesso avrò tutto quello che voglio, non più lavorare", eccetera... » (vol. IV, p. 389).
[9] Anche qui, cronologicamente tutto distorto. A parte che l'introspezione Rol ce l'aveva *in abbondanza* sin da bambino e che ha continuato ad avere da adolescente e giovane adulto molto prima del 1927, come emerge chiaro dai suoi scritti pubblicati in "*Io sono la grondaia*", l'«umiliazione» è arrivata veloce come un boomerang nelle stesse 24 ore iniziate con l'«esaltazione», dopo aver incontrato un cieco: «Ho incominciato a pensare: "Cieco... e allora posso diventare malato, cosa me ne faccio di tutta questa roba che possiederò?", ero un po' ridimensionato nel mio entusiasmo, mi ha fatto un po' effetto questo cieco e sono andato a prendermi il metrò, sono andato a casa subito. Son tornato a casa triste e dicevo: "Tutto quello che avrò... tanto devi lasciar tutto, devi morire, devi morire, devi morire, diventare cieco, puoi ammalarti, è una cosa momentanea". Ero triste, tristissimo! È stato un dramma, un dramma» (vol. IV, p. 389).
[10] Lo «sbocco» non di una «logica», ma della sua crisi esistenziale fu quello di ritirarsi qualche mese dopo, nel 1928, presso l'istituto religioso Santa Croce, a San Mauro vicino a Torino e poi uscirne decidendo di vivere una vita laica e di

Come conseguenza di questa spiegazione soggettiva Rol afferma sovente, e con convinzione, che quando verrà il trapasso e la presentazione sua al Signore, teme di non sapere esprimere la piena della sua gratitudine per la predilezione elargitagli[11].

Quando se ne presenta incidentalmente l'occasione, Rol dichiara con naturalezza di disporre in permanenza della facoltà di visualizzare l'aura delle persone presenti, come un casco luminescente che a mo' di capigliatura sovrabbondante incornicia la testa e sembra poggiare sulle spalle, dove cessa. A giudicare da quello che è successo con me, la prima volta che l'ho incontrato[12] entrando nel suo campo di osservazione visuale o non visuale, dovrei arguire che si tratta di vera percezione sensoriale legata alle limitazioni della normale vista. Venuti in argomento, Rol afferma, volgendo lo sguardo vivido tutto in giro, che rivede volentieri le aure dei vecchi amici che lo circondano, come a dire che è lieto di verificare che hanno buona cera ed eccellenti disposizioni per la serata, ma nessuno, tranne il nuovo venuto, mostra curiosità di maggiori

---

usare le sue *possibilità*, nei limiti del possibile, per aiutare gli altri. È probabile che inizialmente ne attribuisse l'origine più a se stesso che a Dio (o, se si preferisce il termine, al Tutto), e che in seguito abbia oscillato "avanti e indietro" a seconda del momento, fino ad arrivare a un giusto equilibrio (50 e 50?). Quel che è certo, è che né in un senso né nell'altro si può ipotizzare un 100%. Non sono cioè "doni di Dio" al 100%, così come non sono prerogative strettamente "umane" al 100%. È piuttosto una *associazione* (o una «collaborazione» come scrive Riccardi, anche se non «concessa solo a lui» ma anche a pochi altri in tutte le religioni o vie spirituali) la quale è possibile solo e quando l'essere umano si distacca dal proprio ego, dal suo essere *individuo*.

[11] Questa è l'umiltà di chi si rende conto che *da solo* non sarebbe in grado di compiere nulla, ovvero: solo in associazione con il Tutto, condizione raggiungibile a prezzo di una "spersonalizzazione", di una dis-individuazione, che è possibile farsi *grondaia*, via di passaggio, "portale" tramite il quale il Tutto agisce nel particolare. Come si potrebbe, quindi, dirsi autori di una qualunque cosa? Al massimo, possiamo essere solo quelli che hanno trovato – o a cui è stata fatta trovare – la chiave giusta per aprire una porta, spalancata la quale non saremo che osservatori del flusso di luce sonora intelligente che la attraverserà.

[12] Probabilmente lo stesso 3 giugno, data in cui avvengono, a casa quasi certamente di Lia Bertelè Colombo in Via Verdi – come si evincerebbe da un articolo di Remo Lugli (*Il prodigioso "viaggio nel tempo" vissuto come in un sogno colorato*, La Stampa, 24/09/1972, p. 3) –, gli esperimenti della "N" di Napoleone e del 10 di picche descritti in questo articolo (come specificato nel 1970 in *Operazioni psichiche sulla materia, infra*, p. 322) e dove è dato meglio di capire che questa prima volta non fu a casa di Rol né Riccardi era solo con lui, ma si trattava di una effettiva serata di esperimenti alla quale Riccardi era stato invitato a partecipare, e Rol era arrivato solo in seguito: «Eravamo seduti in giro in un salotto e il sensitivo appena entrato ha affermato, volgendo il vivido sguardo tutt'intorno, che rivedeva volentieri le aure di questi vecchi amici» (*infra*, p. 340).

particolari personali. A me i problemi connessi con le aure, cioè le mie dilette aureole vitali di molte precedenti pagine[13], sembrano alquanto importanti e dal fondo del divano sul quale sono seduto non mi lascio sfuggire l'occasione di chiedere qualche ragguaglio sull'aspetto della mia. Risponde Rol che non riesce a distinguerla bene perché io sono illuminato a perpendicolo dalla luce di un paralume retrostante e che per piacere mi chinassi un poco in avanti, uscendo dal cono luminoso[14]. Ho saputo così di possedere un'aura verde di normale luminosità ed estensione e dopo un poco siamo passati alle esperienze, con distribuzione preliminare dell'ordine dei posti intorno al tavolo stabiliti da Rol con meticolosità[15], come di rito molto propiziatorio.

Per la maggior parte del tempo gli esperimenti consistono nel sovvertire spettacolarmente la distribuzione casuale di carte da gioco in diversi mazzi, senza alcun toccamento manuale[16]. Sono in ballo molti mazzi di canasta, di 54 carte ciascuno, posti coperti in lunga riga davanti a Rol dopo che i presenti li hanno ripetutamente mescolati. Poi comincia la magia dei giochi, che vorremmo chiamare di prestigio se alla fine di ciascun tempo non ci venissero presentati i mazzi che nessuno ha più toccato, con certe determinate carte in certi determinati posti secondo un'unica regoletta uguale per tutti i pacchetti, i quali in quella parte da scoprire sono ora diventati tutti identici. Solo una squadra di prestigiatori affiatatissimi potrebbe offrire una soluzione così straordinaria per via di abilità manuale. Il mondo è pieno di zii che imbrogliano i nipotini con un singolo mazzo di carte e Rol, visto che è destinato da decenni a operare con le carte, sa tanto bene che la eccezionalità dipende dal forte numero dei mazzi da esigerne sempre non meno di 10 o 12[17].

---

[13] Riccardi aveva trattato l'argomento, in modo piuttosto originale, in tre lunghe puntate (*Riflessione sulle aureole vitali*) nel 1962 e 1963 sulla rivista *Luce e Ombra* (6/1962, pp. 420-441; 1/1963, pp. 41-73; 2/1963, pp. 121-146).

[14] Ecco un altro elemento che mostra come la luce, in certe situazioni e per certe percezioni, possa essere di ostacolo. Avevamo visto, nell'episodio di Buzzati (p. 85) come ostacolasse la concentrazione. Qui ostacola la percezione. Rol poteva ogni tanto chiedere a qualcuno di spostarsi, di mettersi in controluce o appoggiato al muro, o farlo girare su stesso, per fargli la "radiografia", per poter percepire correttamente il suo stato di salute tramite i diversi colori e gradazioni di luminosità emananti da quella persona.

[15] Di modo da avere una distribuzione armonica, equilibrata, delle "energie" e degli psichismi dei presenti.

[16] Vale la pena sottolineare il passaggio: *sovvertire... la distribuzione casuale... senza alcun toccamento manuale*.

[17] La quantità dei mazzi è certo fattore importante per sottolineare la complessità delle operazioni ed escludere ulteriormente la manipolazione. Tuttavia, bastano anche solo due mazzi, o persino uno, quando Rol non tocca nulla. Neanche cento prestigiatori insieme, tenuti a distanza, potrebbero fare alcunché. Quando alcuni di loro affermano che potrebbero rifare col trucco gli esperimenti di Rol, stanno

Nel tentativo di mettere un po' d'ordine nell'intrico degli eventi assurdi collegati con le facoltà di Rol, vorrei soffermarmi sul materiale, sulla fenomenologia, sulla durata della preparazione e sull'affaticamento del sensitivo.

Le trasfigurazioni, le sostituzioni e gli spostamenti di cui ho memoria o notizia di prima mano riguardano oggetti che provo a elencare: normali carte da gioco, soprammobili, vaschette piene di colori diversi per pittura, grafite di matita, libri, busti marmorei, bottoni napoleonici. La massima frequenza, e forse predilezione, è assegnata da Rol alle carte, e sarebbe ben superficiale chi volesse abbassare il grado dell'equazione metapsichica rolliana per questa scelta di un mezzo così frivolo[18]. Si pensi alla sua antichissima importanza nelle arti divinatorie e alla possibile iniziazione cartomantica di Rol[19], per concludere che nella sua sfera le carte da canasta sono una cosa molto seria[20].

Il massimo numero di carte trasmutate in una singola dimostrazione corrisponde alle 54 di un mazzo completo[21]. Molti suoi amici hanno controllato il magico riordinamento di un mazzo mescolato e rimescolato che viene rimesso nella precisa successione di quando era nuovo e impacchettato, un seme dopo l'altro e le carte in scala dall'asso al re. Ho visto anche ottenere, tenendo il mazzo avvolto in un fazzoletto trasparente, l'inversione di metà carte, mostrate in esatta alternanza dorso faccia dorso faccia da cima a fondo, partendo dalla normale giacitura

---

già facendo un gioco di prestigio, stanno già ingannando, dal momento che, *nelle condizioni di Rol* nulla potrebbero fare.

[18] Avrei condiviso la frase se almeno avesse aggiunto «apparentemente» frivolo. Penso che già solo un giocatore di *bridge* non sarebbe d'accordo. Se poi andiamo a vedere qual è il significato originale, antico, dei simboli e del numero delle carte – lo stesso Riccardi lo intuisce, seppur non precisamente, subito dopo – potremmo scoprire che di frivolo non c'è davvero nulla.

[19] Rol non ha avuto alcuna «iniziazione cartomantica» e questo anche ammettessimo la realtà dell'incontro col "Polacco". Inoltre, gli esperimenti con le carte anche se condividono alcuni principi della divinazione, non hanno nulla a che vedere con la cartomanzia (volgarmente: leggere il futuro tramite le carte, di norma gli Arcani Maggiori o Tarocchi).

[20] Per lo meno, Riccardi sottolinea che per Rol le carte *sono una cosa molto seria*, ciò che purtroppo molti ancora non hanno compreso.

[21] Questo vale solo per l'esperienza di Riccardi e del suo gruppo. Ad esempio, Gianluigi Marianini mi aveva detto che Rol aveva trasformato *due* mazzi interi (1-V-69) e Giorgio di Simone aveva sentito dire che «furono addirittura 111 (centoundici!) i mazzi di carte che si ritrovarono alla fine con la stessa prima carta» (1-V-102), il che coriponde più o meno a due mazzi interi (contando una carta trasformata per mazzo). Credo però che tali limiti siano del tutto relativi, e che in realtà non vi siano limiti. Chissà se magari tra un secolo ci saranno competizioni per entrare nel Guinness dei primati tra chi abbia trasformato più carte in una sola volta...

uniforme che hanno tutti i mazzi di questo mondo. Accadde questa volta un significativo contrattempo perché le prime due carte apparvero di faccia e Rol si soffermò su questa eccezione dimostrando una certa contrarietà, come di chi non sia stato obbedito a puntino. La regia di Rol tende a convincerci che la sua inventiva escogiti estemporaneamente gli esperimenti, i quali hanno sovente una prima fase un po'nebulosa e manchevole di dichiarazioni sullo scopo, riempita però dal flusso della sua conversazione, ma a un certo momento appare in lui uno stato di viva padronanza e quell'episodietto indica la sua convinzione di poter diventare molto esigente.

Avrei una curiosità di tipo sperimentale quantitativo. A proposito della facoltà di ordinare come nuovo un mazzo usato qualsiasi, vorrei sapere cosa accadrebbe se cominciassimo col raddoppiare i mazzi, due, quattro, otto e così via. La fonte dell'energia occorrente, di qualunque tipo essa sia, dovrebbe allora sborsarne quantità crescenti in proporzioni geometriche, e, giunta al suo limite, abbandonare i successivi mazzi al loro ordine naturale. Dov'è questo limite quando l'operatore è Rol? E se ripetessimo, lui consenziente ed entusiasta, questo tipo di misurazione molte e molte volte, quali saranno i valori oscillanti del fronte di separazione dove la catena delle carte ordinate si interrompe? Quali variabili possono essersi introdotte nelle oscillazioni dei risultati, nel caso che risultino piuttosto ampie? C'è nessun altro che sia in grado di ottenere successi simili a quelli di Rol?[22]

È agevole vedere che quando gli eventi, anche i più misteriosi e magici, hanno un supporto nel mondo delle cose omogenee che si possono contare, non può mancare la maniera di avviare la ricerca valutativa e comparata, per quanto arbitrarie siano le unità di misura assunte. Non sarà invece per niente agevole ottenere un Rol consenziente a esperienze suggerite, programmate e sistematiche. Come vedremo fra poco, credo che i suoi fermi rifiuti a proposte e richieste siano in gran parte protezione e difesa di un bene che solo lui sa quanto sia labile[23]. Il giudizio globale del sensitivo che si è liberato dalla dipendenza insita nello stato di trance, non può coincidere con quello del ricercatore psichico in fatto di fattibilità e di ripetibilità[24].

---

[22] Riccardi non dovette prestare attenzione all'indicazione di Talamonti (né nel 1966 né in seguito) circa le analogie con gli esperimenti Poutet-Stasia (analogie con l'ABC di Rol – che era quello che Riccardi conosceva – non con tutta la sua fenomenologia). Del resto, io stesso vi ho prestato attenzione per la prima volta solo nel 2012, dopo avere letto il resoconto di René Sudre nel suo *Trattato di parapsicologia* (che tra l'altro uscì nel giugno 1966, quasi in concomitanza con l'articolo di Riccardi).
[23] Questa è senz'altro una delle ragioni.
[24] Frase abbastanza incomprensibile.

Dalle carte Rol riesce a ottenere, con comandi soltanto mentali[25], ordinamenti prestabiliti delle singole unità già esistente: raggruppamenti risolutorii di problemi aritmetici con trasmutazione di quei simboli che occorrono ma non sono nel mazzo, come sarebbe un lungo numero con sei 2: inversione ritmica della giacitura e inversione della carta prefissata nel punto dove il mazzo viene tagliato; sostituzione di un disegno ben osservato con un altro stabilito al momento; migrazione di una carta precisata da un mazzo a un mobile o a un libro; comparsa di lettere e firme su una determinata carta; apporto di una carta sostitutiva di altra palesemente tracciata pochi istanti prima. Con questa impressionante docilità scoperta nelle normali carte da gioco non fa meraviglia vedere che Rol gli consegna con compiacimento la parte più importante nei suoi spettacoli in circoli ristretti[26]; dispiace invece notare che finora non abbia desiderato adottare cartoncini sempre più piccoli o sempre più grandi degli usuali, e magari rettangoli di materiale magnetico verniciati come le carte e capaci di aderire a una lastra calamitata di grandi dimensioni. Io penso a mazzi di carte grandi come giornali sui quali Rol dovrebbe concentrare la sua sensibilità per stabilire in quali modi la variante sperimentale può costringerlo ad alterare i limiti delle prestazioni, augurandomi che l'auto-consulto autorizzi a organizzare le prove pratiche. Immagino invece, forse sbagliando nel reputare che anche in campo paranormale con effetti fisici i pesi abbiano l'importanza riconosciutagli nella meccanica, carte da gioco tanto piccole da doverle osservare con la lente d'ingrandimento, per domandare a Rol cosa reputa di poter fare di diverso con questo ipotetico mezzo[27]. Se si potesse avere già con questo salto una consistente estensione quantitativa delle trasmutazioni ottenibili, per esempio non sei 2 ma centomila 2, la fantasia non vedrebbe impossibile sostituire alle microscopiche cartine altrettante molecole, mettiamo di potassio o di mica che lo contiene, e suggerire a Rol di trasmutarle in calcio, come sperimentò Louis Kervan con le galline da uova nella natia Bretagna. Guardo inoltre all'idea delle carte magnetiche per trovare un notevole ampliamento alle manifestazioni rolliane, anfiteatro universitario, ampia parte metallica che sostiene dieci pile delle nuove carte, reti dei controlli dietro alla parete e Rol, confinato palesemente fuori da ogni immaginabile frode, che mostra lucidamente quali poteri può ancora esercitare a distanza sui pesanti rettangoli[28].

---

[25] Direi che non sono né «comandi» né tantomeno «soltanto mentali». Spiegherò nel dettaglio il mio punto di vista al riguardo in uno studio futuro.
[26] Non erano «spettacoli»…
[27] E qui siamo al punto dove Rol, leggendo quanto scrive Riccardi, per l'ennesima volta scuote la testa… Riassumerei la sua proposta con il classico "ufficio complicazioni affari semplici" (si fa per dire).
[28] Della serie "topo da laboratorio"…

Abbiamo elencato i soprammobili. Qualcuno degno di fede ha assistito alla sparizione e successiva riapparizione di un oggetto che gli era stato indicato da Rol[29].

Abbiamo accennato ai colori. Esistono quadri che Rol, al buio e in presenza di amici, ha dipinto senza avvicinarsi alla tela, dopo aver disposto alla sua base colori e pennelli[30].

Un poco di grafite ricavato strofinando i polpastrelli sulla punta di una matita è il materiale che Rol riesce a spedire con intensa concentrazione su una carta, su una parete, sulla pagina di un libro, dichiarando prima qual'è la carta, quale è la parete, che numero ha la pagina.

I suoi amici giurano che un busto marmoreo di Napoleone molto caro a Rol insigne ornamento dell'ingresso di casa sua in Torino, una volta fu asportato dal suo piedistallo e fatto volteggiare per l'appartamento[31].

---

[29] Molto probabilmente si tratta del calamaio di Fellini menzionato da Buzzati sul *Corriere della Sera* qualche mese prima (*supra,* p. 77).

[30] Il riferimento è ancora a Buzzati e al suo articolo successivo sulla "pittura al buio" ad opera di Ravier-Rol. Qui Riccardi contribuisce a una distorsione prospettica in merito a questo tipo di *possibilità* di Rol: non citando Buzzati, fa credere ci sia un'ampia casistica al riguardo e che quanto raccontato da Buzzati sia lo standard. A rafforzare la distorsione ci penserà Piero Femore nel 1978 (*supra,* p. 116), citando anche lui la stessa seduta con Buzzati senza dire che era quella, dando la falsa impressione che questo era uno degli esperimenti consueti di Rol e *in quelle condizioni di oscurità*. La realtà casistica raccolta nel corso degli anni racconta invece una storia diversa: lo standard dell'ambiente era, sia per quanto riguarda quella che io ho chamato *telecinesi di pennelli*, sia per la materializzazione di acquerelli, la luce normale o la penombra, mentre il buio era l'eccezione. Ovvero, il contrario di quanto alcuni hanno in seguito creduto (e sostenuto, come gli scettici che in materia di *fact checking* ad oggi vanno tutti rigorosamente bocciati). E tale eccezione doveva accadere solo con i neofiti – come erano Buzzati o Femore – che potevano impressionarsi troppo a vedere i pennelli muoversi da soli nell'aria (e Rol non desiderava comunque che il primo venuto, per quanto illustre, andasse in giro a raccontare queste cose e farsi inoltre ridere dietro; al principio della *gradualità* non si poteva derogare). Ecco quindi una terza spiegazione (dopo la necessità di concentrazione e l'opportuna condizione di percezione) del fatto che, talvolta e solo per limitate e minoritarie categorie di esperimenti, Rol preferisse il buio o la penombra. Va però considerato e precisato anche quanto segue: il buio probabilmente è scelta imprescindibile e senza eccezioni quando, oltre alla *telecinesi di pennelli*, vi è anche la *trasfigurazione* di Rol, che sarebbe troppo traumatico vedere in piena luce per chiunque (se Fellini stette male per una carta, figurarsi chi dovesse assistere a una metamorfosi di un essere umano!).

[31] Questo episodio potrebbe essere lo stesso di cui aveva parlato Rappelli (XVI-1 e 1bis), ma ricordato male (la casa era quella di Rappelli e non di Rol, il busto si era «trasportato dalla consolle sulla quale si trovava, sulla tavola, facendo un metro e mezzo di "salto"» e non «fatto volteggiare per l'appartamento»); oppure potrebbe essere un altro, ciò che sarebbe ben possibile, sia perché Rol faceva cose

Alla stessa epoca storica appartengono dei bottoni di uniformi militari che Rol dice di procurarsi per apporto medianico[32] nel momento in cui cadono in grembo a qualche signora presente. Ne ho fatto esaminare uno da altri sensitivi e i referti sulla provenienza paranormale sono stati piuttosto dubbi[33].

Durante le dimostrazioni ho notato che sopraggiunge sempre un momento di sospensione, una fase d'attesa. Non parlo delle operazioni preliminari, che spesso sono studiatamente diluite e dilatate: finché si tratta di far determinare dai presenti la figura che di poi alta meraviglia genererà per la sua assurda dislocazione, Rol si comporta proprio come un abile prestigiatore che sa come rafforzare la suspense[34]. La fase di attesa inizia nel momento in cui Rol dichiara il suo scopo. Per esempio dice: «Lei ha scelto il numero 2 e lei la Donna di Picche che tutti vedono. Riporrò allora questa carta nel suo mazzo dopo averne sollevate due. Ecco fatto. Qui ci sono gli altri nove mazzi coperti: li avvicinerò tra loro per coprirli con un lembo del tappeto. Se mi riesce farò in modo che la terza carta di ciascun mazzo diventi la Donna di Picche». Ed ecco scorrere lentissimi i secondi quindici venti Rol è diventato teso e sorvola con le mani sul mucchietto. Improvvisa mi balena un'idea: anche Rol, su un piano diverso dal nostro, è in attesa perché il gioco non è ancora fatto. C'è stato infatti una volta da parte di qualcuno un gesto intempestivo per sollevare la copertura ma Rol

---

simili sia perché sia Rol che Rappelli avevano a casa loro busti di Napoleone. Inoltre, Rappelli aveva conosciuto Gustavo solo l'anno precedente, e mi pare strano che in così poco tempo avesse già assistito a un fenomeno di grado superiore come questo. Ancora nel settembre 2022 gli ho chiesto se ricordava l'anno, ma ormai era passato troppo tempo (e in precedenza non ho mai pensato di chiederglielo: certe domande emergono solo quando occorrono delle risposte!). Mi ha però detto che quel tipo di esperimento, almeno in sua presenza, lo fece una sola volta.

[32] Le materializzazioni sono nel gergo della "ricerca pichica" chiamate *apporti* (e *asporti* le smaterializzazioni). Dubito però che Rol li chiamasse «medianici».

[33] Altra affermazione da far scuotere la testa… Chi sarebbero tali innominati "sensitivi" che per di più avrebbero sia competenze che *possibilità* superiori a Rol, dato che lo contesterebbero? Stendiamo anche qui il proverbiale velo pietoso.

[34] Pare che gli unici termini di paragone nel repertorio mentale/culturale di Riccardi siano gli illusionisti. A questo purtroppo conduce l'utilizzo del mezzo delle carte! Se Rol non avesse mai usato carte nei suoi esperimenti, sono pronto a scommettere che tali associazioni mentali non emergerebbero, o comunque non sarebbero le prime a venire in mente. Ammesso, e non concesso, che Rol intendesse «rafforzare la suspense», gli ambiti dove questo avviene non sono certamente limitati all'illusionismo, ma si riscontrano anche in altri contesti creativi (teatro, musica, cinema, ecc.). Nel caso di Rol tuttavia, non di «suspense» si trattava, ma di *soglia psichica*, qualcosa di analogo, per esempio, al momento in cui l'acqua si trasforma in vapore (o in ghiaccio). Su questo sarà necessario tornare in altro studio.

ha fatto cenno che il processo non era finito[35]. Quando torna a sorridere amabile e rilassato, dicendo che l'esperimento è riuscito, grazie a Dio, e scopre i 10 mazzi, e scarta le prime due carte da ciascuno, ci sono veramente in vista 10 Donne di Picche.

Ho provato a radunare 10 mazzi di carte e a prepararli il più velocemente possibile con tutte le donne di picche in terza posizione: mi ci sono voluti più di cento secondi e ho dovuto inforcare gli occhiali, cosa che deve fare anche Rol[36] quando si avvicina a un mazzo scoperto e disteso a fisarmonica per leggere quale carta si trova in un punto prefissato.

Un tempo ancora più lungo è stato necessario per compiere un'altra dimostrazione, questa volta senza carte, che si può classificare come un apporto paranormale di materia inerte, ottenuto senza trance apparente. In chiusura di serata Rol ha espresso il proposito di fare un dono alla cortese padrona di casa[37] e dalle domande che ha formulato mi ha dato l'impressione di aver deciso là per là. Ha chiesto alla signora dove era la sua camera da letto, che è risultata adiacente al salotto degli esperimenti, dove eravamo in otto seduti intorno a due tavolini affiancati. Si è poi fatto indicare in che direzione avrebbe dovuto guardare per individuare la testata del letto. Ha chiesto quindi se la parete sovrastante era libera ad altezza d'uomo. La risposta è stata: «Sì, in corrispondenza di quel quadretto di Delleani il muro è sgombro». Si è allora fatto dare una matita, rifiutando una biro, si è alzato e ha pregato uno dei presenti di mettersi

---

[35] Come in tutti i processi della natura (φύσις), *esistono tempi appropriati di maturazione*. Lo stesso Riccardi, circa tre anni dopo, scriverà in merito alla «fase di attesa» che è «come accade in provetta per ogni combinazione chimica che impieghi un tempo finito per compiersi» (*infra*, p. 341).

[36] Dettaglio importante che occorre sempre tenere presente, e che diventa via via più significativo con l'avanzare dell'età per Rol, che ancora a 90 anni faceva i suoi esperimenti. Inoltre, oltre alla vista, a quell'età lucidità e destrezza sono molto più limitate. Naturalmente gli scettici si guardano bene dal considerare questo elemento nelle loro pseudo-analisi, e quando pretendono giudicare Rol sembra che stiano parlando di un trentenne lesto di mano.

[37] In base all'articolo di Remo Lugli del 24/09/1972 su *La Stampa* è possibile stabilire che si tratta di Lia Bertelè Colombo, come ho già segnalato in una nota precedente. Intanto, giusto per ribadire un punto regolarmente deformato dai soliti scettici disinformati e/o disinformatori, non siamo, qui, a casa di Rol, come non lo siamo nella maggior parte dei resoconti dei suoi esperimenti e prodigi (lo scettico vorrebbe far credere che Rol facesse i suoi esperimenti sempre e solo a casa sua, dove avrebbe potuto "montare lo spettacolo", ovvero predisporre e controllare l'ambiente nel modo a lui più congeniale. Naturalmente, una volta che sarà chiaro che la maggior parte delle testimonianze non riguardano casa sua, la narrazione si sposterà ai possibili complici, ovvero gli amici presso le case dei quali avvenivano la maggior parte degli incontri. Così illuderanno e tranquillizzeranno se stessi arrampicandosi su un altro specchio, in attesa di quello successivo).

dritto, vicino e con le spalle al quadretto, gli occhi fissi su di lui e il braccio destro teso, mano aperta a palma in avanti. Ha spiegato cosa si proponeva di fare[38], ricavando lo spunto dal suo antico e profondo entusiasmo per tutto ciò che si riferisce a Napoleone; di questo grande defunto sente aleggiare molto spesso lo spirito intorno a sé: non si tratta dell'anima la quale vaga in altre sfere ma proprio dello spirito[39].
Avrebbe ora tentato con l'aiuto di Dio di disegnare a distanza sulla parete della stanza accanto, nello spazio in direzione del signore in piedi, la celebre N della firma Napoleonica. Prima di impugnare la matita ha strofinato la punta di grafite fra pollice e indice. Si è quindi concentrato in silenzio e poi, con uno scatto energico, ha tracciato nell'aria con la matita in mano un ghirigoro, ponendosi subito a sedere. Ho notato che il segno aereo si è svolto dalla sua sinistra alla sua destra cioè nel modo per noi abituale. C'è stato anche questa volta un tempo d'attesa e quando ha detto di andare a vedere abbiamo visto tutti un segno grafitico contorto e ridondante che aveva l'andamento di una N normale e non speculare. Dirò per chiarire che se la parete fosse stata trasparente guardando il disegno avremmo visto Rol di fronte e quindi la N trasmessa si era nel tragitto invertita di 180 gradi.
Prima di ritirarsi perché si era molto affaticato[40] ha risposto ad alcune nostre domande così:
– che effettivamente era implicito che i segni si invertissero, se no nessuno avrebbe potuto riconoscere il disegno apportato per una N, come era nelle sue intenzioni;
– che il signore posto da lui sul tragitto pensato per la dimostrazione costituiva un relais intermedio, e la mano aperta un'antenna ricevente[41];
– che la materia depositata sulla parete era nient'altro che la grafite sottratta alla matita[42].

---

[38] Ritengo che tutta questa procedura, incluso il seguito, descritta nel dettaglio da Riccardi, fosse soprattutto a uso e consumo del cronista-studioso e anche per fornire qualche indizio ai presenti. Era cioè fatto a loro beneficio e non perché Rol ne avesse bisogno per realizzare l'esperimento, visto che poteva far comparire scritte seduta stante dovunque e senza preparazione visibile.
[39] Anche qui ancora non emerge la definizione di *spirito intelligente*, anche se come nozione è già presente ma solo con «*spirito*», così come è presente la dicotomia anima-spirito (intelligente). Qui vuole dire: lo *spirito intelligente* di Napoleone – non la sua anima – «aleggia» intorno a Rol. Il che, come già osservavo ne *Il simbolismo di Rol*, significa che, come minimo, l'idea che lui potesse essere la reincarnazione di Napoleone è un *non sense*.
[40] Uno degli elementi frequenti dopo molti esperimenti. Come una pila scarica.
[41] Ecco la spiegazione, che non avrebbe potuto dare e illustrare senza quella procedura.
[42] Ci sono casi, pochi, in cui Rol fa questi esperimenti anche con una biro. La preferenza per la grafite non credo abbia a che vedere con il tipo di materiale in se stesso, ma potrebbe essere dovuta a due fattori: 1) essa si può cancellare più

Ho netta l'impressione che questo fenomeno si sia svolto con fasi ben diverse dall'unicità e dall'immediatezza del girare un interruttore e illuminare una stanza. Per diversi secondi si è notata la tensione sul viso di Rol, come se fosse stato intento a un invisibile monitor sul quale passavano le complesse operazioni scatenate dalla sua centrale di comando interiore. Un'ultima visione della corretta esecuzione del progetto gli ha consentito di riprendere la sua bella sicurezza. Anche quando opera con le carte si possono osservare dei lunghi momenti in cui il disinvolto personaggio del prestigiatore[43] cede il posto a una pattuglia aerea che non può lanciarsi in acrobazie di gruppo senza accordi e senza segnali. Un semplice calcolo ci mostra che in un secondo l'elettrone imprigionato in un acceleratore di particelle può fare 1 mezzo miliardo di giri intorno alla mia testa.

A mio giudizio le fasi e le durate esecutive dei progetti magici di Rol sono elementi molto importanti per chiunque voglia accostarsi alla fenomenologia rolliana guidato dal desiderio di scorgervi qualche barlume di nessi teorici[44].

Io distinguerei tre momenti contrassegnati da un diverso potere esercitato dalla personalità visibile di Rol. C'è la fase preparatoria durante la quale il repertorio delle magie possibili e desiderabili viene velocemente confrontato con il potenziale psichico dei presenti e selezionato con scelte che dipendono tanto da Rol quanto dai suoi genii invisibili. C'è il momento dell'impulso esecutivo, pienamente in potere di Rol che ha raggiunto il dominio della sua lampada di Aladino[45]. C'è infine il tempo dell'esecuzione, la cui durata non fa parte dell'accorta regia ma dell'intima struttura del fenomeno; in quanto esso non è un semplice

---

facilmente, dandogli maggiore libertà di scrivere dove voleva, senza fare danni alle superfici altrui; 2) per escludere l'ipotesi degli "inchiostri simpatici": spesso infatti le scritte su fogli e carte mantenevano un leggero strato di grafite "fresco" (come i colori negli esperimenti di materializzazione di acquerelli), in sospensione sulla superficie, tanto che con un soffio si poteva rimuovere (cfr. per es. Talamonti: «Mi chiese: "Lei crede che quella frase sia scritta, non è vero? Provi un po' a soffiare". Bastò un soffio leggerissimo, e la polvere di grafite con cui la frase era stata tracciata si disperse subito nell'aria» (*supra*, p. 18).

[43] Altra assurda qualificazione: non si capisce perché parlarne in questi termini se lo stesso Riccardi riconosceva che tali esperimenti erano ben al di là di giochi di prestigio né lui peraltro ha mai affermato di aver scoperto Rol fare un qualche tipo di trucco.

[44] «le fasi e le durate esecutive» sono importanti come tutto il resto. Riccardi nel seguito – al di là del suo solito stile – fornisce indicazioni importanti.

[45] Qui, e anche di seguito, Riccardi fa una associazione pertinente che anche io, senza prendere spunto da lui, ho fatta a mia volta in maniera più dettagliata e con riferimenti precisi, in *Fellini & Rol*, cap. *Il Genio*. Sia qui che in altri suoi scritti, Riccardi parla, oltre che di *genii*, anche di: *aiutanti, coadiutori, potenze, spiritelli, compagni, ausilii, complementi, entità cibernetiche – invisibili*.

gioco di prestigio[46], la parte di Rol è ora alquanto ridotta, come un cibernetico che è riuscito a costruirsi dei robot capaci di operare nel microcosmo e per microtempi preclusi alla sua struttura senso-motoria ma non alla sua immaginazione.
L'affaticamento di Rol appare molto variabile da prova a prova. Non si tratta però di quell'esaurimento che prende i nostri simili dediti alla trance medianica e che il moderatore tronca sospendendo la seduta. Rol è sempre presente a se stesso e conduce instancabile la conversazione, o meglio il monologo, tanto più regista e moderatore dei suoi spettacoli quanto meno il loro sottofondo paranormale gli consente di esserne diretto operatore. Sovente non fa in apparenza nessuno sforzo, forse in diretto rapporto con la raggiunta armonia dell'ambiente psichico, e alla fine si dichiara freschissimo («farei volentieri una bella cavalcata» ha detto una volta alle 3 di notte), quando gli astanti sono press'a poco inebetiti dalla girandola delle meraviglie. A volte però traspare, da piccoli segni di tentennamento e di esplorazione interrogativa, un corso un po'accidentato delle consultazioni con i suoi genii, – scrivo così chiedendomi se la lampada di Aladino è solo una fiaba per ragazzi[47] – quasi non gli riuscisse di ottenere l'acquiescenza immediata al progetto di manipolazione metapsichica formatosi nella sua mente. Poiché Rol accenna qualche volta a gradi minori e maggiori (di difficoltà, di armonia, di grazia divina?) che separano in classi i suoi copioni tipici, sembra probabile che attraverso quegli esami collettivi il piano si adegui alle possibilità del momento e del luogo[48].
Talvolta il sensitivo si alza e si trasfigura, non più mondanamente estraneo agli eventi che sta scatenando, e si comporta come se un suo doppio stesse compiendo un atto di imperio sulle potenze invisibili, deciso a imporre ad ogni costo una prestazione più gravosa. Naturalmente noi vediamo soltanto lo stress di una concentrazione mentale intensa, che nobilita la prova in corso, ma nulla trapela dall'intimo dibattito. Un caso di particolare impegno, con parziale evaporazione di un'aura e spavento del sensitivo, si ebbe una notte che era stata dedicata alle conversazioni e non alle manifestazioni. In seguito Rol l'ha citato diverse volte. Un architetto comunista non cedeva all'incalzare di Rol che attaccava il suo ateismo,

---

[46] Ecco appunto l'ossimoro: non è un gioco di prestigio, ma Rol si comporterebbe come un prestigiatore (tra l'altro, tutti gli esperti di illusionismo che lo hanno conosciuto e quelli che lo hanno analizzato senza pregiudizi hanno affermato che non solo i suoi esperimenti, ma anche il suo comportamento è incompatibile con quello degli illusionisti e dei mentalisti; rispetto a questi esperti – come poi altri dopo di lui – Riccardi ne sapeva nulla ed è quindi ancor più ingiustificata la sua terminologia).
[47] Infatti non lo è per niente, se non in superficie.
[48] Rol ebbe a dire efficacemente una volta: «io armonizzo le possibilità» (Lugli, R., *Gustavo Rol. Una vita di prodigi*, Mediterranee, Roma, 2008, p. 110).

finché con improvvisa ispirazione il difensore della fede pensò di dedicare un esperimento di grado superiore al tentativo di convincere il reprobo circa l'esistenza di Dio. Fatto nascondere un mazzo, Rol fece scegliere una carta nell'altro con la solita tecnica di una persona invitata a dire «alt» mentre il suo dito scorreva lungo l'allineamento scoperto. C'era ora una carta sul tavolo e un mazzo nascosto e intero. Rol ha pregato una signora di tenersi pronta e ha preso a parlare intensamente con Dio, supplicandolo di aiutarlo nella difficile prova. Quando si è sentito sicuro ha mandato la signora a prendere un libro qualsiasi, secondo il suo estro. Dentro c'era la carta campione, ma prelevata dal mazzo nascosto, come tutti hanno verificato. A questo punto Rol ha visto impallidire l'aura dell'uomo e si è sentito gelare per il timore che la vita l'abbandonasse[49].

Per quali procedimenti una carta viene trasformata in un'altra? Il prestigiatore si serve o di una ricognizione o di una sostituzione: con la prima si accerta dove si trova una determinata carta e poi fa armeggiare il suo pubblico con la carta nota e col mazzo finché può scoprire decentemente la sostituta; per la seconda si affida alla sua abilità manuale e alle operazioni diversive dell'attenzione. Nelle circostanze magiche delle dimostrazioni di Rol e compagni invisibili sembrerebbe a noi che il metodo più parsimonioso di mandare la Donna di Picche da dove si trova nel mazzo alla terza posizione dall'alto sia quello di sfruttare l'enorme privilegio che hanno questi geni di usare, essi soli, di una quarta dimensione, perpendicolare Dio sa come alle altre tre che riempiono la nostra modesta geometria solida euclidea. Tutti dicono che le tre dimensioni viste dalla quarta son così piccola cosa come le due dimensioni, cioè il mondo confinato su un piano, viste dalla terza.

Abbiamo invece relazioni di processi assai più complessi. Riferisce Pitigrilli (Planète, n. 22): ... «ora, continuò Rol, raccolga una carta qualsiasi. Che cosa è?» «Il 10 di Picche» «In quale carta vuole che la trasformi?» «Nell'Asso di cuori» «La fissi e ripeta la formula» (Hemma Hanna iagei). Enrico Gec ripeté la formula, impallidì; si dovette sedere. La carta che teneva con le due mani si colorò, divenne grigia, un leggero disegno roseo sbocciò al centro, divenne rosso, si disegnò un cuore.

---

[49] Tutto questo farà forse ridere di incredulità lo scettico di turno, ma è un elemento essenziale che già ho messo in evidenza molte volte: l'impatto psicologico di certi esperimenti – e questo è ancora uno di quelli di minor grado – può avere conseguenze pericolose su chi non sia stato preparato gradualmente. Di qui *una delle numerose ragioni* dell'assurdità delle pretese di chi voleva "controllare" Rol alle sue condizioni, senza alcun riguardo per le sue spiegazioni e precauzioni. L'episodio – me ne sono accorto solo mentre preparavo questo volume – è lo stesso riferito l'anno successivo da Dino Biondi (*infra*, p. 183), che però non lo prese da Riccardi, essendovi sia particolari in più, che altri non coincidenti, ma probabilmente lo raccolse dalla fonte o da altre persone presenti.

Riferisce Buzzati secondo il racconto di Fellini (Corriere della Sera, 6 agosto 1965): ...[50]
Si dice nei trattati di parapsicologia: «Non c'è fenomeno parapsicologico genuino senza un reale stato di trance nel medium». E in Rol non si nota nessuno dei comuni caratteri della trance[51]. Fresco, pronto, conversativo, regista e ospite amabile, se in lui c'è durante le esperienze uno stato psichico speciale, non si tratta certo della trance medianica. Di questa condizione aveva bisogno l'insuperata medianità a effetti fisici di Eusapia Paladino per manifestarsi, ma Rol è forse l'avanguardia di una nuova generazione di sensitivi che per la loro compiuta personalità scoprono di poter strutturare le loro attitudini in modo autonomo e in stato di coscienza lucida[52].
Si dice: «Un vero fenomeno della categoria parapsicologica non può essere che saltuario, imprevedibile, irripetibile a volontà. Diversamente, è frutto di qualche abile trucco»[53]. E si vede che Rol consente alla sua presenza con buona continuità, in vari gruppi, amministrandosi saggiamente dentro i limiti e tipi di esperienze che trae da un repertorio non molto vasto[54] e specializzato secondo le sue attitudini e per sua personale soddisfazione.
Inoltre, a completare il disinvolto nonconformismo del caso Rol, ci sono il tipo e il materiale delle sedute. Quando anni di verbali vengono destinati in soffitta, dopo aver fatto un enorme chiasso, per la mancanza di qualche controllo che oggi sembra indispensabile, e la memoria di certi medium viene giubilata di colpo per la scoperta di qualche frode, il tono delle sedute con Rol è tale che se i controlli non vengono suggeriti da lui, gli altri finora non hanno nemmeno immaginato quali potrebbero essere. E le carte da gioco? Il mondo è pieno di formidabili prestigiatori specialisti di

---

[50] Non occorre riportare di nuovo l'episodio della carta che Fellini ha visto trasformarsi (*supra*, p. 78). L'episodio di Gec, qui abbreviato, è secondo la traduzione dal francese di Riccardi, leggermente diversa dalla mia (vol. IV, p. 142).

[51] Il che dimostra l'incompletezza dei trattati di parapsicologia. E Rol non era «medium».

[52] Se Riccardi avesse esplorato la storia delle religioni, in particolare le tradizioni orientali (sufismo, taoismo, zen, tantrismo, ecc.) avrebbe scoperto che Rol, ben lungi dal far parte di «una nuova generazione di sensitivi», faceva invece parte di *un'antica generazione di Maestri illuminati detentori di una scienza sacra*. Siamo, cioè, su un piano e una prospettiva del tutto diversi da quelli da lui creduti.

[53] Questa sarà una delle idee sostenute vent'anni dopo dal dott. Piero Cassoli (in: La «medianità» di G.A. Rol: fatti e commenti da un libro di Renzo Allegri, in *Quaderni di Parapsicologia*, Atti della 5° "Giornata Parapsicologica Bolognese", 9-10 Maggio 1987, Vol. 19, 1988, pp. 9-19) per la quale vale di nuovo quanto ho scritto alla nota 51.

[54] Limitato al grado al quale Rol rese partecipe Riccardi.

carte da gioco e il diletto che offrono non è molto minore di quello che viene o meglio verrebbe da Rol se non ci fosse quello strafare sovrabbondante con tutte le sue tragiche implicazioni metapsichiche[55].
Per tutto quello che non è riuscirebbe difficile inventare qualche cosa più ingenua, inutile, disarmata, transeunte e criticabile delle serate passate con Rol[56]. Esse sono soltanto indelebili e un ragionatore di me più sottile potrebbe convogliare tanti aspetti negativi in una guida d'onda capace di rinvigorire inaspettatamente le aspirazioni della ricerca psichica. Vorrei proprio che questo ragionatore fosse Rol in persona. Bisognerebbe chiedergli se nella sua scrivania conserva delle carte segrete nelle quali ha provato a indagare teoricamente le modalità e i limiti dei fenomeni che produce da tanti anni. Solo un sensitivo che ama la sua eccezionalità può prevedere quali precauzioni deve adottare nel proprio sviluppo come ricercatore per non ritrovarsi amputato delle facoltà inabituali. Il problema di un siffatto ampliamento di interessi è piuttosto complesso: come si può diventare indagatori di se stessi?[57] Davanti allo specchio, da soli, non credo proprio, perché quando si è veramente sensitivi infinite volte ci si

---

[55] Lo «strafare sovrabbondante» è sicuramente un elemento caratteristico. Ce ne sono tanti altri, ma forse quello preminente è il fatto che, di norma, Rol non toccasse le carte. Nel mio caso, e fino all'età dei suoi 89 anni quando vidi i suoi ultimi esperimenti, *non le ha MAI toccate una sola volta* (ero io di fatto che li facevo). Se c'è una cosa che mi dà la certezza assoluta della sua autenticità, prima di tutte le altre, è questa.

[56] Frase abbastanza incomprensibile e che può facilmente essere fraintesa, proprio come quando Riccardi dice che Rol si comporta come un prestigiatore ma poi non fa giochi di prestigio. Qui sembra dire che la tipica serata con Rol poteva apparire «ingenua, inutile, disarmata, transeunte e criticabile» se non avesse premesso: «per tutto quello che non è». Ma che significa? Che fosse eccezionale per gli esperimenti ma che per il resto fosse «ingenua», ecc.? Quale che sia il senso, l'impressione è comunque che Riccardi fosse una specie di orso, una personalità grigia, rigida, schematica, cerebrale e forse anche noiosa, non in grado di apprezzare il lato fanciullesco, scherzoso, simpatico di Rol (che quindi "alleggeriva" le serate) e che tra un esperimento sconvolgente e l'altro poteva, alternativamente, parlare di Platone, Mozart, Dante o Gandhi, oppure raccontare barzellette anche abbastanza scurrili (con scandalo di qualche ingessato ben pensante) un po' alla Drukpa Kunley. Io penso che il serioso Riccardi facesse fatica a comprendere un *briccone divino*... A detta della stripante maggioranza dei testimoni, le serate con Rol erano invece indimenticabili o comunque molto piacevoli e interessanti, e io concordo con loro. In ogni caso, l'opinione di uno che giudicava sulla base di un probabile solo incontro fa davvero poco testo.

[57] La pre-condizione dell'illuminazione è l'aver indagato se stessi *molto profondamente*. Ergo quanto scrive Riccardi è completamente fuori quadro.

spaventa delle folgorazioni interne[58]. È meglio pensare a un istituto psicologicamente adattato e delicatamente gradualista[59].
Ampliamento di orizzonti, cambiamento, trasformazione, evoluzione sono piuttosto l'eccezione che la regola aurea nell'insieme costituito da tutti i sensitivi. Ciascuno conduce nel suo intimo un culto indirizzato verso le energie esterne con le quali sente di potersi alleare e costruisce ad iceberg, cioé fra conscio e inconscio, la scena tipica dove rapporti metapsichici e interazioni materializzabili combaciano al meglio con la sua interpretazione di se stesso. Maturarsi e cristallizzarsi sono perciò sovente un unico processo, destinato purtroppo a far recitare ogni sensitivo, sui palcoscenici del suo mondo e per i medesimi tipi di spettatori, nella stessa sostanziale azione drammatica a sfondo magico per anni e anni, con qualche abbellimento secondario per l'eccitazione del momento e con progressi quasi nulli ai fini della teoria generale della sensibilità paranormale.
Da intuizioni originariamente tenui e nebulose i drammi magici dei grandi sensitivi creano gradualmente se stessi, in una loro consistenza autonoma capace, perché dotata di lineamenti logici in un contesto generale piuttosto illogico e assurdo, di dare forma e sostanza continuativa a quelle che è necessario chiamare rappresentazioni.
Pensiero fisso, capacità di concentrazione e di autocontrollo, volontà di riuscire e di primeggiare, facoltà paranormali esplosive, ambienti favorevoli ed entusiastici fin dal principio, possono dunque creare un consistente mondo come quello del Rol magico, dotato di una reale forza esecutiva e persuasiva dentro il cerchio delle sue limitazioni, vale a dire anche se si pervenisse a definire fallace quel che lascia intendere della sua posizione filosofica e teistica. Ripetuti abbastanza a lungo e percorsi da robuste convinzioni i rituali più strani di chi vi è ammesso per le prime volte rischiano di essere travolti dalle premesse culturali. L'indipendenza di giudizio e il raziocinio di chi vi è ammesso per le prime volte rischiando di essere travolti dall'occultamento dei legami intercorrenti fra i fenomeni, non meno concreti per quanto magici, e le loro cause primordiali[60].
Si potrebbe sperare in una modesta illuminazione se si riuscisse a indurre Rol ad una amichevole indagine psicologica e psicanalitica sulle tappe della sua strutturazione mentale con costruzione del suo mondo magico piuttosto originale, popolato di genii cibernetici che folleggiano giocondamente nel continuo quadridimensionale per sostenere i suoi desideri dall'apparenza banale in una baraonda di carte da gioco. È scontato che in fatto di architetture paranormali Rol potrebbe rispondere

---

[58] Anche se mal formulato, ciò ha un grado di verità che trova riscontro nella *tremenda* legge e nella potenza che *fa paura*.
[59] Ancora per la serie: "topo da laboratorio".
[60] Come dicevo, *Riccardi style* (mi verrebbe voglia di citare *Amici miei*...).

come tanti altri sensitivi, veggenti, psicometri, e cioé che nella sua parte cosciente si limita a formulare volta per volta i problemi che desidera veder risolti per la meraviglia dei presenti, sapendo che di solito, diversamente da me o da voi, riceverà una sorta di avvertimento o impulso profondo che lo avverte ancora una volta del funzionamento positivo di meccanismi che non sa descrivere.

Un primo successo dell'indagine si avrebbe se durante alcune prove tipiche il sensitivo consentisse alla descrizione dei trucchi e giochi di prestigio coi quali non è da escludere che condisca qua e là le manifestazioni, perché sarebbe una importante decantazione fra l'ordine umano e l'ordine paranormale, quest'ultimo risultandone alla fine assai più attendibile[61]. Per molti celebri prestigiatori è stato quasi un punto d'onore confessare un certo giorno i propri procedimenti[62]. Non si è data troppa importanza alle strane indicazioni che alcuni hanno dato di improvvise facilitazioni intervenute fuori dei loro metodi abituali e che gli consegnavano il successo bell'è pronto, piovuto dall'alto con loro estrema meraviglia. Mentre per gli altri tutto finì lì, con Rol deve essere successo proprio l'inverso. Fin dagli inizi prestigiatorii[63] dovette accorgersi di essere bersagliato da ausilii di un tipo diverso dalla abilità manuale. Con benedetta pigrizia, decisa forse perché come prestigiatore non valeva molto, tralasciò la manualità e coltivò a modo suo il terreno fatato che aveva scoperto, per i suoi fini pratici[64].

Questa ricostruzione del cominciamento è una mia supposizione[65] e tale è anche il motivo di fondo col quale spiegherei perchè il dottor Rol, raro sensitivo di provenienza universitaria e di interessi enciclopedici, non ha finora contribuito come potrebbe a dissodare l'immenso campo di ricerca e di informazione aperto dalle sue facoltà straordinarie[66]: questo motivo risiede, secondo me, nella intima convinzione che il prezzo richiesto per conservare il più a lungo possibile la disponibilità di quelle doti

---

[61] Qui Riccardi lascia aperta la possibilità – a mio avviso più per timore di essere sbugiardato in futuro che altro – che Rol possa usare dei "trucchi", pur lui mai avendoli visti né sospettati. Come a dire: io non l'ho escluso, quindi il mio senso critico è salvo.

[62] A quasi trent'anni dalla morte di Rol, da nessuna parte è venuto fuori un qualche tipo di "confessione", né si sono fatti avanti ipotetici "complici". E questo perché le sue *possibilità* erano autentiche.

[63] Qui invece dà per implicito che Rol abbia iniziato come prestigiatore, e questo perché? Per quel fraintendimento che avevamo trovato ad inizio articolo, i presunti «giochi con le carte» con cui avrebbe intrattenuto i superiori durante il servizio militare. Quando si parte da assunti sbagliati, si finisce al polo opposto della verità.

[64] Pura fantasia, pura speculazione.

[65] Ce ne siamo accorti, e completamente sbagliata.

[66] Vi è qui un altro degli elementi che, ricorrentemente, si sono imputati a Rol: non aver contribuito alla Ricerca "per il bene dell'umanità", *et similia*.

incomparabili sia appunto quello di non compararle con nessuna altra cosa al mondo, come un diamante incantato che si dissolve se tenti di pesarlo.
Io penso fermamente che sia ormai giunto il momento di tentare dovunque è possibile l'innesto del parapsicologo sull'albero del sensitivo. Il contributo che i due rami hanno dato alla conoscienza della natura spirituale dell'uomo, con i vari gradi di alleanza diffidente posti in essere dalle diverse società, si può considerare grandioso ma in via di esaurimento. La psicanalisi ha assorbito molti studiosi e la miniera dei grandi medium si è inaridita. Quando il medico geniale decide di sperimentare su se stesso e di analizzare fino allo spasimo la struttura del suo comportamento come paziente, possiamo essere sicuri di due cose: 1) che i rischi vengono affrontati perché questa forma di indagine appare veramente necessaria; 2) che la convinzione di agire per un bene generale fortifica le facoltà osservative e descrittive intorno alle quali la psiche crea un'isola di resistenza investita invano dalle ondate della malattia. Con il Rol che conosciamo, e la stampa lo ha brillantemente descritto a tutta Italia, siamo più prossimi di quanto lui stesso non creda alla confluenza della medesima personalità dello studioso in col sensitivo, dell'operatore psicofisico eccezionale in un con il docente[67].
Da parte del personaggio da nominare a una cattedra universitaria non dovrebbero esserci opposizioni insormontabili. Intendiamoci: Rol non ne sa assolutamente nulla e forse ignora anche l'esistenza di normali corsi di parapsicologia nelle università di Rosario e di Rajasthan, di Durham e di Utrecht[68]. La sua è l'età della saggezza e ha una salute eccellente, anche perché la sorveglia con grande cura. Non mi risulta che abbia impegni di particolare importanza da accampare e conosco reggitori di santuari che lo appoggerebbero caldamente[69]. La notorietà è ben lungi dal dispiacergli[70], ma la ricerca con cautela per via delle fluide facoltà paranormali che è ansioso di non veder affievolire. Gli illustri esempi dei medici auto-sperimentatori possono indirizzarlo verso un nuovo impegno psichico e volitivo che si formula all'incirca così: «Io posso d'ora in poi compiere i miei esperimenti in una pubblica scuola, e descrivere piamente tutti i

---

[67] C'è del vero in quello che dice, ma al solito formulato male e ignorando sempre l'orizzonte spirituale-iniziatico (soprattutto orientale) al quale mi sono spesso riferito.
[68] Qui invece è di una ingenuità assoluta.
[69] Il mondo non era e non sarebbe ancora pronto per una *Hogwarts*. Troppi *babbani* in giro.
[70] Ciò non corrisponde per niente a verità: nel 1966, a 63 anni, era pressoché sconosciuto al grande pubblico – nonostante fosse da più di trent'anni che dava dimostrazioni delle sue *possibilità* – e aveva accettato pochissimi giornalisti. Poteva però sicuramente apprezzare quando qualcuno scriveva bene di lui, più per la soddisfazione di veicolare la sua filosofia e le sue scoperte, che per un profano auto-compiacimento.

come, i perché e i limiti che riesco a dipanare dal groviglio di ciò che mi si muove dentro, ed esso è così raro e importante che accoglierò suggerimenti, critiche e controlli per ridurre infaticabilmente le sue immense zone scure, e mi sarà genuino conforto la scoperta di allievi dotati come e più di me, e saprò farne degli assistenti secondo la loro struttura umana così come ho costruito l'officina dei miei aiutanti invisibili, e che Dio mi conservi la sua protezione»[71].

Per quanto possa sembrare paradossale, neppure un battaglione di formidabili Rol potrebbe affrontare in un singolo istituto le 74 categorie di fenomeni paranormali che quel funambolo del dott. Bret è riuscito a elencare saccheggiando un intero dizionario greco. Un prudente cominciamento richiede che il campo della sperimentazione e della ricerca sia definito dentro la zona dei fenomeni abituali di Rol, cioé nel settore degli effetti fisici non causati da azioni fisiche note. Alla disciplina che ne risulta andrebbe bene il nome *psicofisica*, liberi i responsabili di questa innovazione culturale di studiarne un altro. L'importante è che l'inquadramento suo avvenga nella famiglia delle scienze fisiche, a causa dei controlli strumentali su ogni elemento delle esperienze e delle successive elaborazioni teoriche che potrebbero contenere vivaci verifiche relativistiche ripetibili senza scomodare il cosmo[72].

---

[71] Riccardi, un bambino di prima elementare in confronto a Rol, che era, in proporzione, al livello di "professore universitario premio Nobel", pretendeva di spiegare a lui cosa avrebbe dovuto fare e come. È chiaro che non avesse la minima idea di chi si trovava di fronte (e così molti altri dopo di lui, e ancora oggi, anche solo in certi commenti nelle reti sociali dove si leggono cose del tipo "se io fossi stato Rol, avrei fatto questo e quello", ecc., ragionando con i limitati parametri della propria conoscenza e coscienza comune, non avendo la benché minima idea delle altezze da cui osservava e ragionava un Maestro come Rol: chi si trova alle pendici di una montagna ha un orizzonte del tutto diverso da quello di chi si trova in cima).
[72] Amen.

ANNO XXI LUGLIO-DICEMBRE 1966 FASC. III-IV

METAPSICHICA

RIVISTA ITALIANA DI PARAPSICOLOGIA
Organo ufficiale dell'A. I. S. M. e del C. S. P.

Gustavo Adolfo Rol

Com.te NICOLA RICCARDI

Da oltre 30 anni Rol dà dimostrazioni nelle quali manifesta facoltà inabituali che sbalordirebbero congressi di prestigiatori o di ricercatori psichici, cosa finora purtroppo mai avvenuta, come riescono a turbare gli esigui gruppi di dilettanti che formano il suo pubblico abituale. C'è una dialettica forzante fra le premesse salottiere di quello che si propone come divertimento di una piccola società e le implicazioni profonde dei risultati evidenti ma incredibili raggiunti dagli esperimenti di potestà fisica su futili cose che costituiscono tutta la problematica apparente di Gustavo Adolfo Rol.

E' Rol un distinto signore torinese di circa 60 anni, alto ed eretto nella persona, dottore commercialista attivo, che mette ogni tanto a frutto la sua esperienza di antiquariato, pittore ancorato a Parigi, cattolico e sposato con una protestante straniera. Peccato che Federico Fellini non sia uno di quei giornalisti dall'intervista acuta e irresistibile, perchè dai suoi contatti con Rol durante l'ampio giro di ricerche preparatorie per il suo ultimo lavoro di regista è emerso, almeno per il pubblico, solo un elenco di esperienze sconvolgenti, senza un barlume sulle tecniche prestigiatorie e parapsicologiche, distinte o associate, coscienti o inconscie, che consentono a Rol di meravigliarci continuamente. Il mago, nelle nostre riunioni, ha mostrato una pista interessante. La sua arte ebbe inizio al tempo del servizio militare: per ottenere al suo gruppetto di torinesi i benefici di frequenti permessi fu spinto ben presto al centro dell'attenzione e della curiosità dei superiori che apprezzarono i suoi giochi con le carte. Li ha poi praticati per tutto il tempo successivo, tentando complessità crescenti la cui riuscita lo inorgogliva come frutto di sue singolari doti intrinseche. Il bisogno di introspezione, afferma il Rol di oggi, è sorto solo pochi anni fa, quando con grave travaglio interiore si è costretto ad umiliarsi dinanzi ai suoi poteri di comando sulle

La prima pagina dell'articolo di Riccardi sulla rivista *Metapsichica*.

Due articoli di Dino Biondi su *Il Resto del Carlino*

Rol: il gentiluomo superuomo

di Dino Biondi

Ottobre 1966[1]

Occhiello
Una serie di «esperimenti» stupefacenti – Leggere nei libri chiusi e comandare alle carte quasi per giuoco – «Lei non vede l'aureola?»

Sembrava che si fossero messi d'accordo. «Non pretenderai – mi dicevano a Padova, a Roma, a Modena e a Milano – di fare un'inchiesta nel mondo dell'occulto senza prima conoscere Rol?». «Rol è un vero mago, di quelli di una volta». «Rol è un veggente senza rivali». «Rol è un mistico che conosce tutti i segreti dei santoni indiani». «Rol è un uomo che fa paura». «Rol smentisce tutte le leggi della fisica»[2].
«Bisogna dunque che veda Rol», dicevo a mia volta. Ma tutti aggiungevano: «Se non riesci a penetrare nella cerchia dei suoi amici, non ti riceverà. Rol non si lascia avvicinare dai giornalisti. Rol è intimidito dalle virtù che possiede e non le esibisce che ai propri intimi[3]».
Adesso che ho visto Rol posso dire che i miei consiglieri avevano ragione e torto nello stesso tempo. Rol è davvero l'uomo eccezionale che tutti mi hanno decantato, ma è anche un gentiluomo che non riesce a lasciare fuori

---

[1] *Il Resto del Carlino*, 14/10/1966, p. 3. Dino Biondi (1927-2015), giornalista, scrittore e critico cinematografico, «una lunga carriera di successo, contraddistinta da rigore, misura e pudore» come lo ricordò la redazione in occasione della morte, oltre a diventare caporedattore del *Carlino*, fu anche direttore de *Il Giornale d'Italia* (dal 1969 al 1971) e di *Stadio* (dal 1971 al 1975); nel 1996 gli venne conferita una medaglia d'oro dall'Ordine dei Giornalisti. Per un profilo biografico si veda anche: minervaedizioni.com/autori/dino-biondi.html
[2] Interessante rassegna di giudizi, in particolare: *un mistico che conosce tutti i segreti dei santoni indiani*.
[3] Anche quest'ultima è una affermazione interessante: la ragione per cui mostrerebbe i suoi esperimenti solo ai «propri intimi», anche se non è corretto, starebbe nel fatto che «è intimidito dalle virtù che possiede». Mi viene in mente l'immagine di un bambino al livello del "genio", un "superdotato", che frequenti una scuola normale invece che una speciale e che si vergogni o preferisca non mettere in mostra la sua intelligenza superiore per paura di umiliare i compagni (col risultato prevedibile di essere alla lunga anche detestato da alcuni di loro).

dall'uscio uno che s'è mosso da Bologna per andare a fargli visita. Ha tentato, per telefono, di sottrarsi alla mia invadenza. «Ma perché vuole perdere tempo con me? Ma perché vuole andare incontro a una delusione? Rinunzi, la prego, non parli di Rol. Le dico tutto in due parole: sono alto un metro e ottantacinque, ho sessant'anni, non faccio l'antiquario come tutti credono e non desidero rubare spazio ai giornali»[4].

Ma poiché insisto, si arrende e mi fissa un appuntamento: «Però, la prego sia puntuale perché non posso concederle più di mezz'ora». Nell'attesa di recarmi a casa sua tento di immaginare il colpo di scena che mi attende. Tutti quelli che lo hanno conosciuto ne hanno uno da raccontare. Leo Talamonti, ad esempio, riferisce nel volume *Universo proibito* questo stupefacente episodio[5]: doveva incontrarsi con il dottor Gustavo Adolfo Rol ma arrivò a Torino con ventiquattro ore d'anticipo: «Ero appena sceso in un alberghetto scelto a caso tra i numerosi della zona di Porta Susa, quando fui raggiunto da una sua telefonata assolutamente inattesa: – Ho cambiato idea: venga pure questa sera, alla stessa ora che avevamo fissato per domani.

– Ma lei come fa a sapere che sono già arrivato e che mi trovo in questo albergo?

– Stavo disegnando a carboncino e la mano ha scritto automaticamente il suo nome, aggiungendo l'indicazione: albergo P., stanza 91».

Fu quella la prima testimonianza che Talamonti ebbe della chiaroveggenza di Rol; ma ne seguirono altre ancora più sconvolgenti: «Quando mi presentai a casa sua avevo con me una delle solite cartelle di cuoio con vari incartamenti. Dopo avermi fatto accomodare nel suo studio, mi apostrofò con queste parole: – Vedo che la sua cartella contiene due articoli sulla telepatia, già pronti ma non ancora pubblicati». Era vero. Ma il dottor Rol fu ancora più preciso: «L'avverto, disse, che l'episodio riguardante Napoleone, di cui lei parla nel secondo articolo, contiene una

---

[4] Poco più di dieci anni dopo, nel gennaio 1977, tenterà di sottrarsi anche al giornalista Renzo Allegri: «Ma è sicuro che io sia importante per la sua inchiesta? Io sono una persona qualsiasi. Non ho niente a che vedere con i medium, i guaritori, gli spiritisti che lei intervista. Quello è un mondo lontano dalla mia mentalità. I miei modesti esperimenti fanno parte della scienza. Sono cose che in un futuro tutti gli uomini potranno realizzare. Non vedo come possa inserirmi nella sua inchiesta. Quando si parla di me, non voglio che si adoperino mai termini come mago, medium, sedute spiritiche, aldilà e cose del genere» (Allegri, R., *Rol l'incredibile*, Musumeci Editore, Quart (Aosta), 1986, p. 18). Quanto all'affermazione «non faccio l'antiquario come tutti credono» può essere intesa sia letteralmente (aveva venduto il suo ultimo negozio a Torino, in Piazza Paleocapa, nel 1962) sia con il sottinteso che si occupava di cose molto più importanti (anche se in quel periodo comincerà a dire che era solo un «pittore»).

[5] Siccome questo episodio e il seguente sono brevi, ho optato per non ometterli, anche se li abbiamo già letti più volte in precedenza, per mantenere l'integrità dell'articolo e avere lo stesso quadro di riferimento che aveva Biondi nel 1966.

inesattezza». E gliene diede la prova dopo aver frugato a lungo fra i libri della sua ricchissima biblioteca.

Attendevo, dunque, che anche a me accadesse qualcosa di simile. Aspettavo una telefonata, un invito ad andare dal dottor Rol magari con un mazzo di carte nuove, com'è capitato a Pontecorvo. Il regista sta preparando un film sulla magia e quando si è presentato nel suo studio con il mazzo di carte in tasca ancora «intonso», il dott. Rol gli ha chiesto il nome della moglie. Saputolo, ha tracciato un segno nell'aria ed ha invitato Pontecorvo a lacerare il cellophane che conteneva le carte da giuoco e a controllare il tre di cuori. Pontecorvo ha ubbidito e, con sbalordimento, ha visto il nome della moglie scritto a carboncino sulla carta indicata[6].

Ma si fece l'ora del mio appuntamento senza che ricevessi alcun «messaggio». Il dottor Rol venne a ricevermi sull'uscio della sua casa ricca di cimeli napoleonici e di mobili di antiquariato che testimoniano del suo buon gusto e della sua solida cultura. Stringendomi la mano mi fissò con due occhi che non dimenticherò più. Infatti quelli del dottor Rol non sono due occhi come i miei e come i vostri. Sono due zaffiri azzurri, senza sfondo bianco e leggono, ne sono certo, attraverso i muri, scandagliano

---

[6] Gillo Pontecorvo (1919-2006), regista e sceneggiatore, proprio in quel 1966, il mese precedente all'articolo, vinse il Leone d'Oro a Venezia con *La battaglia di Algeri* per il quale ottenne in seguito anche una *nomination* all'Oscar nel 1967 (come film straniero) e altre due nel 1969 (per regia e sceneggiatura). Nel 1969 diresse Marlon Brando in *Queimada*. Fu direttore della Mostra del Cinema di Venezia dal 1992 al 1996. Dell'episodio raccontato da Biondi, Anita Pensotti aveva fornito l'anno precedente altri dettagli, alcuni meno attendibili e mal riferiti (ho mostrato in *Fellini & Rol*, pp. 35-36, che questa giornalista è stata anche in un altro caso, nel medesimo articolo, approssimativa): «A Gillo Pontecorvo, Rol chiese come si chiamasse sua moglie. "Pici", rispose Pontecorvo. Allora Rol disegnò nell'aria, con un dito, quel nome. Poi gli diede un mazzo di carte, gliene fece scegliere una. La rimise nel mazzo, mescolò a lungo, ripescò "quella" carta: sopra di essa (ho potuto vederla, perché Pontecorvo l'ha conservata) era scritto in rosso, in alto e ben chiaro, "Pici", il nome che il "mago" aveva disegnato prima nell'aria» (Pensotti, A., *Pasqualina va all'estero stando a casa*, Oggi, 01/04/1965, p. 79). Come si vede, c'è una essenziale e fondamentale differenza: Biondi, al quale do maggior credito, scrive che Pontecorvo «si è presentato... con il mazzo di carte in tasca ancora "intonso"» ciò che era frequente con Rol ed è probabile che in quell'occasione – si pensi per un confronto all'episodio di Marianini (1-V-69) – non sfiorò nemmeno il mazzo e anzi nessuno dei due lo mescolò (magari, Pontecorvo lo mescolò poi in seguito per qualche altro esperimento). Quando riportai la versione della Pensotti nel 2012 nel primo volume dell'antologia (XXXV-4), non mi ero accorto che si trattava dello stesso episodio riferito di Biondi (V-33), e solo ora che li ho messi a confronto mi sono accorto anche delle incongruenze. A dimostrazione che talvolta possono volerci anni, se non decenni, per mettere a fuoco correttamente tutti i fatti.

l'anima. E non si può guardarli a lungo, senza restare affascinati[7]. Quando ho visto quegli occhi ho creduto a Talamonti che nel suo libro assicura che Rol riesce a leggere dentro a qualsiasi volume tenuto chiuso davanti a lui; ho creduto a Ettore della Giovanna che ha testimoniato lo stesso prodigio[8].

«Sono venuto da lei – dissi – per verificare l'autenticità della leggenda che lo circonda; o, se è il caso, per ridimensionarla». Non fu, il mio, un esordio elegante[9]. Ma il dott. Rol mi perdonò quell'impaccio. Attese che mi sentissi a mio agio prima di confermarmi l'esattezza degli episodi che mi erano stati riferiti. «Ma non le salti in mente di gridare al prodigio soltanto per questo».

Come sarebbe a dire soltanto? «Dico soltanto – spiegò – perché quello che faccio io potrebbe farlo anche lei: le basterebbe una grande fede, una grande modestia e un assoluto disinteresse. Sono queste le mie sole virtù. Dal privilegio che Dio mi ha concesso non ho mai tratto nessun vantaggio. Ho cercato sempre di utilizzarlo per il bene degli altri»[10].

Il dottor G.A. Rol non fa il mago, né il veggente, né il cartomante. Egli fa soltanto del bene ogni volta che può[11]. Durante la guerra convinse un comandante tedesco a rilasciare alcuni partigiani arrestati e a non infierire

---

[7] Si veda la lunga rassegna di commenti sugli occhi di Rol che ho riunito alle pp. 613-626 del vol II.

[8] Di Ettore della Giovanna aveva scritto Pitigrilli nel 1952. Da come Biondi ne parla qui non sembra basarsi però su Pitigrilli (il quale aveva riferito che «quindici giorni dopo mi scriveva un'altra lettera, per dirmi che ci aveva pensato meglio e che si rifiutava di credere», cfr. vol. IV p. 111) ma su una testimonianza diretta. Forse Biondi parlò direttamente con lui, nel qual caso a discapito dello scetticismo della "seconda fase", mostrerebbe che in una "terza fase" Della Giovanna ne parlò positivamente con altri o forse anche si ricredette.

[9] Ma testimonia che non fosse uno disposto a credere a qualunque cosa e che fosse dotato di senso critico.

[10] Brano che andrebbe letto e riletto, nella sua semplicità, sincerità ed esattezza. *Una grande fede, una grande modestia e un assoluto disinteresse*, questo, prima di qualunque altra cosa, dovrebbero tenere a mente coloro che cercano di capire il "segreto" di Rol basandosi solo sullo specchietto per le allodole della *tremenda legge* (vera, ma da sola insufficiente), perdendosi in fumose speculazioni pseudo occultistiche o pseudo esoteriche. In altra occasione successiva Rol dirà: «Alla base delle mie facoltà c'è la rinuncia all'orgoglio, al denaro e all'ambizione» (Lugli, R., *Strabilianti esperimenti d'un uomo che dissolve e ricompone la materia*, La Stampa, 23/09/1972, p. 3). Come ho spesso sottolineato in passato, la *rinuncia al denaro* non significa vivere da poveri o in una brutta casa (ciò che in nessun modo è garanzia di spiritualità) ma solo non essere *attaccati* al denaro e non averlo come obbiettivo di vita.

[11] Un *Illuminato* autentico, un Buddha, un Santo, non potrebbe fare altrimenti, sarebbe semplicemente impensabile per lui non comportarsi così, spontaneamente e felicemente.

sulla popolazione del Pinerolese conquistandolo con i suoi esperimenti. Esperimenti che egli definisce «coscienza sublime».
Mentre il dott. Rol mi parla, io cerco di scoprire il segreto di quegli occhi azzurri: ma non ne vengo a capo. Sono occhi abituati a un mondo che mi è precluso. Sono occhi che vedono «l'aureola» delle persone. «Quale aureola?» chiedo timidamente. Ma come – mi replica il dott. Rol – lei non vede l'aureola che circonda ciascuno di noi? Io la sua la vedo benissimo. Vedo le malattie che la minacciano, e quelle che l'hanno minacciata. Anche lei potrebbe vedere la mia aureola se sapesse guardare»[12].
Una nube cala sugli occhi di Gustavo Adolfo Rol quando la conversazione lo porta a rievocare il terribile avvertimento che diede a Giorgio Cini nell'estate del 1949: «Rinunzi al suo viaggio – gli dissi prima che salisse sul tragico aereo. Purtroppo non mi ascoltò. Ma anche se mi avesse ascoltato non si sarebbe salvato. Doveva morire. Era scritto»[13]. Rol, se potesse, darebbe la sua vita per salvare quella degli altri. Taluni casi clamorosi di guarigione egli li attribuisce proprio a questa offerta incondizionatamente cristiana della sua vita. Non posa a eroe, per questo, e neppure a santo[14]. Ciò che dice e ciò che fa rientrano in una misura interiore che è tutta sua[15] e che lo fanno vivere in un mondo rarefatto e prodigioso.
Io aspetto sempre che il dott. Rol regali anche a me una testimonianza delle sue facoltà paranormali. Crede, gli chiedo, nell'esistenza di un mondo occulto? «Certo che ci credo: solo che non si tratta di un mondo occulto, ma di un mondo aperto nel quale tutti potrebbero vedere quello che vedo io»[16]. Ma, insisto, gli altri non possiedono due occhi come i suoi. «Gli occhi non c'entrano»[17].

---

[12] Rol come sappiamo mise altri in condizione di vederla, si veda in particolare il prof. Luigi Giordano (1-X-1, 1bis, 1ter). Anche Lorenzo Rappelli, più avanti a p. 260.
[13] Cfr. una mia analisi nel vol. II, pp. 671-672. Aggiungo qui: se Rol era giunto a questa conclusione, significa anche che aveva finito per considerare la sua stessa azione, ovvero il suo fallito *tentativo di interferire nel destino* di Cini, come già «scritta». Da cui ne conseguirebbe anche che: quando il tentativo riesce (perché sia a Rol che ad altri, in altri casi è riuscito) anche quello stesso tentativo sarebbe «scritto», ovvero farebbe parte di uno «scritto» più ampio di quello anteriore. Qui si entra però in ben noti paradossi che per ora mi astengo dall'analizzare.
[14] Nessun Santo «posa a santo». Sono gli altri, durante la sua vita e dopo, a considerarlo tale.
[15] Ma che è analoga a quella di altri mistici, Santi e Maestri.
[16] Cfr. quanto scrisse l'anno precedente: «non amo ciò che è occulto» (*supra,*, p. 151).
[17] Infatti, ciò che c'entra è l'«anima» di cui gli occhi, come dice il proverbio, sono solo lo specchio. In termini più concreti, nel 2015 (vol. II, p. 625) avevo scritto a scanso di equivoci: «Non sono occhi da ipnosi, ma sono gli occhi di un risvegliato, di un illuminato, e di un illuminato in senso proprio letterale, ovvero

È trascorsa ormai da un pezzo la mezz'ora che il dott. Rol mi aveva destinata. Sono trascorse, anzi, due ore, e mi vedo costretto, per dovere di cortesia, ad alzarmi in piedi e a interrompere quella conversazione affascinante. Ma il dott. Rol, smentendo una volta di più quanti me lo avevano descritto «selvatico» e inaccostabile, mi dà appuntamento per la sera stessa: «Farò una serie di esperimenti solo per lei: ma ci limiteremo alle aste, all'abc, per evitare che lei si impressioni. Non si impressionerà, spero».

Non mi impressionai, infatti, nel senso di star male o di svenire come era accaduto a Fellini in un'occasione analoga, ma l'incredibile serie di prodigi ai quali mi fu dato poco più tardi di assistere turbarono la mia fantasia. Vidi carte trasformarsi sotto i miei occhi, accoppiarsi nei modi più innaturali; lessi in libri, aperti alla pagina indicata dalle stesse carte, la risposta ai quesiti che io avevo proposto. Ebbi la certezza, insomma, delle straordinarie virtù di G.A. Rol.

Avevano ragione i miei amici. Senza di lui la mia inchiesta nel mondo dell'occulto non avrebbe avuto senso. Anche perché Rol, pur elevando la propria chiaroveggenza fino all'esasperazione, sa rimanere uomo. Un uomo coltissimo, di una gentilezza estrema. Un gentiluomo, insomma, come se ne incontrano sempre più raramente. Anche per questo le sue virtù meritano di essere definite paranormali.

Resto del Carlino 3

Viaggio nel mondo dell'occulto

ROL: IL GENTILUOMO SUPERUOMO

Una serie di «esperimenti» stupefacenti - Leggere nei libri chiusi e comandare alle carte quasi per giuoco - «Lei non vede l'aureola?»

---

di chi ha fatto luce dentro di sé attraverso l'espansione delle sinapsi neuronali (una tomografia rivelerebbe probabilmente tutte le aree del cervello "accese" nello stesso momento, come una città illuminata a festa), espansione causata dal risveglio di *kundalini* [kuṇḍalinī], il serpente simbolico rappresentante l'energia profonda nell'essere umano e presente in tutto l'universo con il nome di *shakti* [śakti] dato dalla tradizione indù».

Rol: sono un uomo come gli altri

di Dino Biondi

Aprile 1967[1]

Occhiello
Ma poi compie prodigi che sorprendono e sgomentano – Rametto di fiori che passa attraverso il muro – Un campionario di dolori, speranze e angosce nelle lettere che gli giungono da ogni parte del mondo

Telefono al dottor Rol in albergo, senza declinare il mio nome al centralinista. Ma Rol sa che sono io a telefonargli. Infatti, solleva il cornetto e dice: «Buongiorno, Biondi, come sta?» Come sto? Sto male. Avevo preparato il discorso da fargli: «Io sono quel giornalista che l'intervistò a Torino più di sei mesi fa; so che si incontrerà a Roma con un asceta indiano e mi piacerebbe assistere al vostro colloquio»[2]. Ora invece scopro che Rol *sa* tutto[3]. E sto male; perché questa sua, chiamiamola così, «veggenza», contraddice tutte le belle regole che governano la nostra vita, turba la nostra ragione, insidia la nostra cieca fiducia in un razionalismo che dovrebbe dare una risposta a tutto e ripropone l'attualità dell'avvertimento scespiriano: «Vi sono più cose sotto il cielo, Orazio, di quante non ne immagini la nostra filosofia».

---

[1] *Il Resto del Carlino*, 15/04/1967, p. 3. Il titolo ripropone una affermazione di Rol al fondo dell'articolo, e potrebbe riflettere una sua esigenza di stemperare l'aura di *superuomo* dell'articolo precedente.
[2] L'asceta indiano era Jiddu Krishnamurti, che Rol aveva già incontrato nel 1930. Krishnamurti forse fece solo una breve tappa privata a Roma quell'anno, perché non constano sue conferenze (l'anno precedente invece ne tenne cinque, il 31 marzo e il 3, 7, 10, 14 aprile, mentre nel 1968 ne terrà tre, il 10, 12 e 17 marzo, fonte *krishnamurti.org*). Il 16 aprile 1967, ovvero il giorno successivo all'articolo di Biondi, inizierà il suo ciclo di conferenze europee a Parigi, a maggio sarà ad Amsterdam e ad ottobre a Londra. Cfr. anche vol. IV, p. 55, nota 2 e più avanti nota 14 p. 185.
[3] Nell'articolo precedente Biondi citava quanto capitato a Talamonti, che Rol chiamò inaspettatamente non appena il giornalista era arrivato a Torino, e sperava gli capitasse qualcosa del genere: «Attendevo, dunque, che anche a me accadesse qualcosa di simile. Aspettavo una telefonata… Ma si fece l'ora del mio appuntamento senza che ricevessi alcun "messaggio"». Questa volta invece pare volesse accontentarlo, anche se in una situazione invertita, dove Rol è in albergo e a chiamare è il giornalista, che evidentemente non aveva avvertito Rol della sua intenzione di incontrarlo una volta a Roma. Non è dato sapere chi lo abbia informato che Rol sarebbe stato lì.

Rol è uno di quei personaggi che sfugge all'immaginazione della «nostra filosofia». Non parlerò del suo incontro con l'asceta indiano, perché mentre questi si muove in una sfera eminentemente spirituale e trasmette a chi gli sta vicino un po' della sua rassicurante serenità, Rol agisce prodigiosamente sulla materia suscitando, in chi gli sta intorno, prima la sorpresa e lo sbalordimento, poi il dubbio e infine la certezza che il materialismo scientifico non basta a spiegare il miracolo della vita umana[4]. Ripeterò che la mia testimonianza non vuol essere e non può essere una prova dei poteri paranormali del dottor Rol, preciserò tuttavia che ciò che racconto è accaduto sotto i miei occhi o sotto gli occhi di persone della massima attendibilità, come l'ing. Luigi Fresia, noto imprenditore della Val d'Aosta, che conosce Rol da più di trent'anni[5] e che gli resta fedele con la sua stima e la sua amicizia, pur avendo rinunziato da tempo a «comprenderlo» e a spiegarlo.

Dicevo dei dubbi e delle certezze che Rol suscita in chi assiste ai suoi esperimenti, da lui definiti di «coscienza sublime»: ebbene il caso più clamoroso è accaduto ad un architetto che, arroccandosi nel suo ateismo, rifiutava tutte le dimostrazioni dell'esistenza di Dio enunciategli da Rol con la sua eloquenza calda, elegante, colte e trascinatrice[6]. A un tratto questo eccezionale «defensor fidei» ha una illuminazione: «Prenda un mazzo di carte, dice all'architetto, controlli che sia completo e vada a nasconderlo in una stanza di questo appartamento». Mentre l'architetto va a nascondere le sue carte, Rol si rivolge a Dio supplicandolo di aiutarlo nella difficile prova. Quindi, tornato l'architetto, gli dice di scegliere da un secondo mazzo di carte una carta qualsiasi. L'architetto la sceglie: è un cinque di cuori. «Bene, dice Rol. Prenda adesso da quella libreria un volume, quello che lei preferisce e lo apra». L'architetto si alza, sceglie un libro a caso[7], lo apre e ci trova dentro un cinque di cuori. Va poi a

---

[4] La differenza tra Krishnamurti e Rol è data dall'*Illuminazione*. Abbiamo qui un caso più unico che raro dove ad essere *Illuminato* non è l'Indiano, per quanto filosoficamente elevato, ma l'Occidentale. Solo l'Illuminato è in grado di «agire prodigiosamente sulla materia» perché non vive appena nella sfera del pensiero e nel mondo speculativo (raffinato, poetico o logico quanto si voglia), ma ha penetrato a 360° la realtà che lo circonda e può agire su di essa: «La coscienza sublime non è un'arma a doppio taglio, perché esclude nella sua essenza ogni speculazione metafisica» (Rol, G.A, *"Io sono la grondaia"*, 2000, pp. 128-129).
[5] Per essere precisi, da 25 anni (dal 1942).
[6] È questo l'episodio che già Riccardi aveva raccontato l'anno precedente (*supra*, p. 167). Qui è più completo.
[7] In Riccardi invece, Rol ha mandato una «signora a prendere un libro qualsiasi», non l'architetto. Quale delle due versioni è quella corretta? Non lo possiamo sapere. Riccardi non è esplicito nel dire che era presente, e per quanto ne sappiamo anche lui potrebbe averlo sentito riferire senza averlo testimoniato direttamente. Naturalmente gli scettici si attaccheranno a queste incongruenze per tentare di squalificare l'attendibilità delle testimonianze, ma solo altri superficiali

riprendere il mazzo che aveva nascosto e constata, impallidendo, che il cinque di cuori non c'è più.

Non so se sarà bastato questo episodio a restituirgli la fede perduta. Di sicuro c'è che Rol attribuisce sempre a Dio il merito dei suoi prodigi. E non mi servo a caso della parola prodigi. In che altro modo si potrebbe definire quest'altro esperimento compiuto da Rol nella casa di un professore di università?[8] Egli è riunito intorno a un tavolo con i padroni di casa e alcuni ospiti di riguardo, quando afferra da un vaso un ramo fiorito e lo lancia contro il muro: il rametto non cade sul pavimento, come avrebbe dovuto: ma attraversa il muro e ricade nella stanza accanto, intatto, come tutti si affrettano a constatare. Lo stupore, e forse l'angoscia, è tale che Rol riprende in mano il ramo fiorito e lo lancia di nuovo attraverso il muro facendolo tornare nella stanza da cui l'aveva poco prima raccolto.

Io immagino, ora, lo scetticismo del lettore e immagino anche che la prima spiegazione che egli dà di questi fenomeni è una sola: l'ipnotismo. Anch'io ho creduto a suo tempo di risolvere l'enigma con la stessa interpretazione. Ma poi assistendo alle sedute di Rol, mi sono convinto che l'ipnotismo non c'entra. Me ne sono convinto dopo questo episodio: da un mazzo di carte appena acquistato da uno degli ospiti, Rol ha fatto estrarre una carta, un asso di cuori: l'ha fatta lacerare e gettare dalla finestra. Poi ha fatto aprire un secondo mazzo di carte nuove e tutti hanno potuto constatare che stavolta gli assi di cuori erano due. Ipnotismo? No, perché quando siamo usciti da quella casa abbiamo trovato per strada, sotto la finestra i ritagli della carta che era stata stracciata poche ore prima[9].

Ma perché Rol si serve tanto spesso di carte da giuoco per i suoi esperimenti, favorendo così il dubbio, nei più scettici, di un suo possibile ricorso ai trucchi della cartomanzia?[10] «Mi servo di carte, risponde, perché esse ubbidiscono già ad alcune regole fisse, perché c'è tra esse un'armonia

---

come loro potrebbero dargli retta. Il fatto che la testimonianza umana non sia una registrazione perfetta degli eventi, soprattutto quando si tratta di cose non sperimentate personalmente ma riferite da terzi, non la invalida automaticamente. Qualsiasi investigatore di polizia, per non fare che un esempio, non avrebbe dubbi al riguardo.

[8] Dovrebbe trattarsi del prof. Ferruccio Fin, cfr. 1-XX-1.

[9] L'esperimento al quale Biondi ha assistito, la sua conclusione e i dubbi circa la possibilità dell'ipnosi, sono elementi analoghi a quelli dell'esperienza di Pitigrilli relativa all'incontro del 1942 con Luisa Ferida e Osvaldo Valenti, dove un nove di fiori veniva fatto a pezzi e questi gettati dalla finestra (vol. IV, p. 117); Pitigrilli commentava: «Si tratta di fenomeni di suggestione collettiva, mi scrivono. Rispondo: no, signori. I risultati non furono osservati solamente dalle persone che assistevano agli esperimenti, ma da estranei i quali ignoravano che cosa "avrebbero dovuto vedere", e vedevano con occhi indifferenti» (*ib.*, p. 122).

[10] Corretto sarebbe stato scrivere "cartomagia".

naturale, ma soprattutto perché chiunque può comprarne quanti mazzetti vuole da un qualunque rivenditore, eliminando così il pericolo di una mia preliminare manipolazione delle carte»[11]. Ma, come si è visto prima con l'episodio dei fiori, Rol comanda non solo alle carte da giuoco. Il suo «repertorio» è vasto e mutevole come la realtà che ci circonda[12]. L'altro ieri, a Roma, hanno chiesto di lui due studentesse, laureande in psicologia, accompagnate da un loro insegnate, un sacerdote, che portava sotto il braccio un volume con le sue lezioni rilegate. Dopo i soliti convenevoli, Rol, leggendo forse sul volto del prete un vago sorriso di incredulità, ha fissato i suoi occhi vivacissimi e penetranti sul volume che egli portava con sé e ne ha letto, senza toccarlo e senza aprirlo, alcuni brani, scelti a caso qua e là[13].

Non vi dico, poi, quello che è accaduto durante il viaggio in treno. Rol vuole fumare e i suoi amici non hanno sigarette. Egli solleva allora una mano e muovendola nell'aria la ritrae colma di mercedes. Lo stesso accade per i fiammiferi. Ma come se questo non bastasse, quando il treno passa nella zona di Migliarino, Rol esclama: «Ah, quanto vorrei che il treno si fermasse qui anche soltanto per un minuto!». Detto fatto, il treno si arresta, in aperta campagna, senza una ragione plausibile: vien trovata sui binari una bandiera rossa e il conduttore del treno deve prima constatare che la bandiera si trova lì solo per caso prima di far ripartire il convoglio[14].

---

[11] L'efficacia di questo mezzo *matematico*, semplice e complesso al tempo stesso, da chiunque reperibile e che più o meno chiunque ha già in casa, è confermata dagli esperimenti Poutet-Stasia.

[12] E ciò è stato confermato dalle centinaia di testimonianze emerse nei decenni successivi, di cui questa antologia costituisce la più straordinaria evidenza.

[13] Nel 2000 una di queste due studentesse, Renata Fabriziani, ormai signora di mezz'età, mi contattò per confermare l'incontro e fornirmi ulteriori dettagli. Si veda 1-IV-7bis

[14] Il viaggio in treno sarebbe quello da Torino a Roma di qualche giorno prima, del quale aveva parlato anche Laura Chioccarello (1-XII-2), presente con Rol e Fresia. Tuttavia nel libro di Luciana Frassati *L'impronta di Rol* è stato pubblicato uno scritto di Rol, che riproduco a p. 189, dove lui scrive: «Non dirò mai più che alla forza del pensiero tutto è possibile, perché qui a Migliarino non sono riuscito a fermare il tempo. 29 marzo 1967». Rol era stato ospite della famiglia Salviati nella loro villa del paese. Luciana Frassati commenta: «Floriana Salviati (...) amava ricordare l'ospite da lei stessa invitato a Migliarino in occasione della Pasqua (1967) e con il quale, da Torino, via Firenze, era partita su una Mercedes bianca guidata dallo stesso Rol. Gustavo concluse il suo soggiorno a Roma nella villa dei Salviati Forese in Lungotevere. Rol mi parlava spesso con piacere di quella sua breve vacanza» (Frassati, L., *cit.*, Daniela Piazza Editore, Torino, 1996, p. 12). Floriana Salviati (1924-1993) figlia del Duca Averardo Salviati (1896-1973) era sorella di Forese Salviati che nel 1956 sposò Maria Grazia Gawronska, figlia di Luciana Frassati. La Pasqua nel 1967 cadeva il 26 marzo; al fondo dello scritto di Rol si trova anche: «Floriana dal 24 al 30», e

È inutile chiedere spiegazioni a Rol: egli dice che chiunque potrebbe fare ciò che fa lui, solo che lo volesse. Ma sa benissimo che non è vero. Ciò che egli fa esula dalle nostre possibilità e dalla nostra immaginazione: a volte sembra egli stesso sorpreso di ciò che gli accade. Si direbbe che si limiti ad esprimere un desiderio o un ordine e ad attenderne l'esecuzione, in tutta tranquillità, senza sforzo apparente. Ogni volta che gli è possibile, Rol mette al servizio del prossimo le sue facoltà, col più completo disinteresse. Benché biologo, benché laureato in legge e diplomato in

---

presumibilmente è il periodo in cui Rol si fermò a Migliarino. Ma come si colloca invece il viaggio in treno? Frassati dice che Rol poi andò a Roma, forse il 30 marzo. L'impressione però è che siano due viaggi diversi: uno di Rol e Floriana in macchina da Torino a Migliarino, forse il 24 marzo 1967; e un altro di Rol con Fresia e Chioccarello in treno da Torino a Roma «nei primi di aprile 1967», se stiamo a Pericle Assennato che nella sua relazione riprodotta più avanti (p. 271) afferma che fu «presente, a Roma, nei primi dell'aprile 1967, per tre sere consecutive, a sedute che il dott. G.A. Rol... aveva tenuto in casa di una famiglia romana... [una] casa gentilizia», che doveva essere la «villa dei Salviati Forese in Lungotevere» menzionata da Frassati. Biondi però ci dà altri due elementi diversi: che Rol era in albergo quando lui lo chiamò; e che «l'altro ieri», quindi il 12 o 13 aprile, aveva incontrato le due studentesse. Rol era allora rimasto a Roma due settimane? Prima dai Salviati e poi in albergo? Sarebbe plausibile se non fosse che sono riferiti i due viaggi diversi in macchina e in treno e con persone diverse. Sembra quindi più probabile che fosse tornato a Torino il 30 marzo e qualche giorno dopo fosse ripartito in treno con Fresia e Chioccarello; la fermata del treno in piena campagna proprio a Migliarino potrebbe non essere casuale, ma una specie di "omaggio". Nel racconto della Frassati mancherebbe il ritorno a Torino, ma è qualcosa che potrebbe semplicemente non essere stato ricordato. Arrivato a Roma, Rol potrebbe essere stato parte del soggiorno dai Salviati e parte in albergo, a meno che dai Salviati non andasse solo durante il giorno e la sera e pernottasse invece, con Fresia, in albergo. Questa mia ipotesi aggiornata è alternativa a quella che formulai in un primo tempo, nel 2012 (si veda nota a XII-2bis, vol. I, p. 397 della 3a ed.), dove avevo ipotizzato che il viaggio in treno potesse essere anteriore a quello in macchina, o che Rol fosse tornato in treno, ciò che ora mi pare incompatibile con i dati a disposizione. Quanto all'affermazione di Rol che «a Migliarino non sono riuscito a fermare il tempo» sembra legata, allusiva, al fatto del treno: a Migliarino era riuscito a fermare il treno, ma non il tempo! E l'affermazione: «Non dirò mai più che alla forza del pensiero tutto è possibile» sembra quasi qualcosa che lui potrebbe aver detto a Fresia e Chioccarello quando riuscì a fermare il treno, e che se così fosse sarebbe anteriore al soggiorno a Migliarino (per questo avevo infatti ipotizzato che il viaggio in treno potesse essere precedente a quello in macchina). Occorrerebbero altri dati aggiuntivi per arrivare a conclusioni più sicure. Comunque, la testimonianza di Fellini di una lettera scritta lo stesso giorno dell'articolo di Biondi (*supra*, p. 130) menzionava il soggiorno di Rol a Roma, che diceva essere stato di «due giorni», probabilmente due giorni e tre notti; ciò che confermerebbe che Rol fece due viaggi ravvicinati e non andò a Roma direttamente da Migliarino né si fermò un paio di settimane.

Inghilterra in economia e commercio[15], egli vive esclusivamente del ricavato delle sue pitture. E chi va da lui convinto di dovergli un «onorario», torna spesso a casa con un «onorario» di Rol in tasca. Ricevendomi a Roma mi mostra le lettere, un centinaio, ricevute in questi ultimi giorni[16]. Me ne fa leggere alcuni brani.

Uno gli chiede di «far agire il suo fluido» sul ministro tal dei tali per accelerare una pratica; un altro gli chiede di poter parlare con lui prima di morire di un male incurabile; una signora gli scrive per dirgli che la sua diagnosi è risultata perfetta; una società di parapsicologia lo prega di partecipare a una riunione, «anche senza dire e fare nulla»; una donna gli dice: «Tenere un suo scritto sopra di me mi dà una grande forza che solleva lo spirito e rinforza il corpo»; un giovane gli chiede aiuto per sopportare le fatiche e le umiliazioni della naja; un altro, un contadino delle Langhe, lo ringrazia per averlo liberato, con un lungo, affettuoso abbraccio, di un dolore lancinante che gli feriva le orbite ormai private degli occhi; dall'Argentina, dalla Nuova Zelanda, dall'Inghilterra, dalla Francia gli chiedono aiuto, consiglio, protezione. Quasi tutte le buste sono indirizzate al «dottor G.A. Rol, Torino». Le poste ormai sanno dove recapitarle[17].

Non sempre Rol può rispondere a tutti; non sempre è in grado di offrire l'aiuto che gli chiedono: ma egli è felice solo quando è in grado di esprimere tangibilmente il suo amore e la sua carità cristiana. Non lo toccano gli elogi e i consensi dei «grandi» che lo assillano coi loro inviti: lo toccano le espressioni di gratitudine di quanti, dopo un colloquio con lui, dopo una sua telefonata e magari dopo un suo esperimento, gli dicono di sentirsi migliori[18]. «Rol è un mistico» mi diceva Gillo Pontecorvo dopo

---

[15] È la prima volta che si menziona questo diploma. È assai probabile che Rol abbia voluto puntualizzare dopo quello che aveva scritto erroneamente l'anno precedente Nicola Riccardi, ovvero che fosse «dottore commercialista attivo». Su questi titoli si veda anche p. 349 e la nota 8.

[16] Una affermazione curiosa: Rol si era portato dietro da Torino un centinaio di lettere? Per quale ragione? Per mostrarle ai Salviati? O forse, più probabilmente, per leggerle e commentarle in treno con Fresia? Che non le avesse ricevute a Roma – cosa che avrebbe anche poco senso – è confermato più avanti quando Biondi informa che «le buste sono indirizzate al "dottor G.A. Rol, Torino"».

[17] Paola Giovetti nel 2021-2022 ha fatto una prima esplorazione di questo aspetto della biografia rolliana grazie alla documentazione lasciata nel 2019 al Comune di Torino da Catterina Ferrari. Si veda il cap. *Le lettere di ringraziamento*, in: *Gustavo Adolfo Rol. L'uomo oltre l'uomo*, Edizioni Mediterranee, Roma, 2022, pp. 115-120.

[18] Ecco il principale "tornaconto" di Rol. Quale distanza siderale dall'ipotesi degli scettici – che quando la formulano si stanno guardando allo specchio – che Rol faceva quel che faceva per circondarsi di gente bene o famosa! È facilmente dimostrabile come invece tenesse alla porta anche i "famosi", se non meritevoli

un lungo colloquio con lui. Ma è un «mistico» che partecipa della vita del prossimo, delle sue passioni, anche, e magari delle sue intemperanze. «Dopotutto, dice, non sono anch'io un uomo come tutti gli altri?»[19].

---

dal punto di vista di una minima "sensibilità", concedendogli magari un paio di volte per dar loro la possibilità di qualche passo "evolutivo".

[19] Da questa affermazione finale prende spunto come anticipato il titolo dell'articolo. Ho come l'impressione che dopo il primo articolo di Biondi, intitolato «il gentiluomo superuomo», Rol abbia voluto – come spesso era solito fare – "ridursi", controbilanciare l'immagine di "superuomo" con una di "normaluomo" e penso anche che possa aver detto a Biondi qualcosa del tipo: "Mi raccomando però, mettete un titolo più sobrio, non sono un superuomo" o simili. L'affermazione che fosse «un uomo come tutti gli altri» è vera e falsa al tempo stesso, a seconda del punto di vista da cui ci si pone: è vera perché Rol non si riteneva un "superuomo", ma solo un uomo in anticipo sul futuro, quando, stando a quanto lui stesso ha affermato, tutti saranno "normali" come lui; è falso, naturalmente, perché collocato nella sua epoca, e ancora nella nostra, poteva fare cose che nessun altro può fare (per estensione, potenza e varietà, con cadenza quotidiana e in condizioni di apparente coscienza normale). Analogo discorso si potrebbe fare sulla "santità" di Rol: gli elementi sul piatto della bilancia per considerarlo *Santo* – non limitandomi qui alla tradizione cattolica ma secondo la prospettiva un po' più "elastica" della storia delle religioni, dove Santi sono considerati molti Maestri e mistici senza che ci sia una qualche istituzionalizzazione – sono molti e di peso e non è certo il fatto che lui si schermisse dicendo di non essere santo e di essere un uomo come tutti gli altri, con i loro pregi e difetti, che allora dobbiamo prenderlo alla lettera e non giudicarlo obbiettivamente, senza farci sviare dalle sue dichiarazioni di umiltà; umiltà che è poi, ulteriore conferma, una delle caratteristiche principali, imprescindibili, della santità, sotto qualunque cielo. Come già ho scritto in precedenza, *nessun santo posa a santo* e allontana invece da sé quanto più possibile qualsiasi elevazione su un piedistallo (si veda a complemento di questa nota il mio post *In Hoc (Signo) Vinces* del 14 luglio 2022, su *facebook.com/FrancoRolAutore*). Ciò che però vale solo durante la sua vita. Quando non è più fisicamente sulla Terra, metterlo su un piedistallo è non solo un rendergli merito, ma farne un esempio ben visibile da non dimenticare, considerato quanto sia corta la memoria degli esseri umani. L'umiltà del *Santo* in vita è preziosa tanto quanto la sua esaltazione (non idolatria) da parte dei vivi dopo la sua morte. Un atto dovuto e giusto. Un Maestro Illuminato è poi intrinsecamente santo, non potendo esistere illuminazione senza santità – ovvero purezza di cuore – che ne è la pre-condizione. Non è vero invece il contrario, perlomeno in alcune tradizioni: il santo può non essere necessariamente *illuminato*, può cioè essere una persona pura di cuore, dedita al prossimo, ma non manifestare alcuna *possibilità* supernormale, ciò che è indice del fatto che non ha raggiunto uno stato di coscienza sufficientemente *diverso* da quello comune (stati mistici elevati – come del resto anche la *trance* medianica – possono essere forieri di un ristretto numero di *possibilità* ma non corrispondono comunque all'illuminazione, che è una unione non saltuaria con l'Assoluto mantenendo però ancora "i piedi sulla Terra").

Annotazione di Rol sul suo soggiorno nel 1967 presso la villa dei Salviati (sopra) a Migliarino (da: Luciana Frassati, *L'impronta di Rol*, Daniela Piazza Editore, Torino, 1996, per gentile concessione).

Un nuovo incontro con il «gentiluomo superuomo»

Rol: sono un uomo come gli altri

Ma poi compie prodigi che sorprendono e sgomentano - Rametto di fiori che passa attraverso il muro
Un campionario di dolori, speranze e angosce nelle lettere che gli giungono da ogni parte del mondo

Gustavo Adolfo Rol
(Nota preliminare)

di Piero Cassoli
(e Massimo Inardi)

Gennaio 1970[1]

Premesse.
Negli ultimi anni si è parlato e scritto molto su Gustavo Adolfo Rol di Torino. Se ne è scritto sui giornali di vario tipo e qualcosa è stato scritto anche su Riviste specializzate. Purtroppo non ci consta che, finora, qualche persona qualificata abbia potuto esaminare questo soggetto in condizioni sperimentali soddisfacenti. Con "persona qualificata" intendiamo studiosi in parapsicologia che siano "qualificati" con loro precedenti indagini e lavori[2], o competenti in illusionismo che si siano avvicinati a lui con l'intendimento di smascherare eventuali "trucchi", nel senso più lato del termine[3].

---

[1] *Quaderni di Parapsicologia*, n° 1, 26 Gennaio 1970, pp. 16-26. Piero Cassoli (1918-2005), medico e psicoterapeuta, fu tra i fondatori del C.S.P. (*Centro Studi Parapsicologici*) di Bologna, di cui fu presidente e direttore scientifico; fu anche vicepresidente dell'A.I.S.M. (*Associazione Italiana Scientifica di Metapsichica*), direttore delle riviste *ESP* e *Quaderni di Parapsicologia*, autore di monografie e articoli sulla parapsicologia. Massimo Inardi (1927-1993), medico del lavoro presso le *Ferrovie dello Stato*, anche lui tra i fondatori del C.S.P. di cui fu vicepresidente e presidente, condirettore di *Quaderni di Parapsicologia*, autore di libri e articoli sulla parapsicologia. Divenne famoso come concorrente del telequiz di Mike Bongiorno *Rischiatutto* nei mesi di dicembre 1971 - gennaio 1972, dove partecipò come esperto di musica classica e in particolare di Brahms. Raggiunse il picco di popolarità nella superfinale del giugno 1972, quando divenne supercampione. L'incontro di cui si riferisce qui è avvenuto ad aprile 1967, probabilmente il giorno 19 (cfr. *infra*, p. 206). Anche se la relazione è "controfirmata" da Inardi, la redazione è di Cassoli e va considerata soprattutto come sua.
[2] L'unico "parapsicologo" ad aver incontrato Rol prima dell'aprile 1967, anno a cui risale l'incontro di Cassoli e Inardi con Rol, era stato Nicola Riccardi, mentre in seguito, prima di questa relazione del gennaio 1970, lo incontrarono anche Gastone De Boni (11/07/1967), Giorgio Alberti e Hans Bender (1968). Nessuno di loro "qualificato" stando ai criteri degli autori, o comunque, di questo si può dare atto, con troppo poche sedute di osservazione.
[3] Gli autori non lo sapevano, ma proprio in quegli anni c'era chi corrispondeva a questo profilo, l'allora giovane Carlo Buffa di Perrero con l'*hobby* dei giochi di prestigio, che cercava di cogliere in fallo Rol.

Pertanto, anche se lo abbiamo esaminato una sola volta, crediamo doveroso di riferire ciò che abbiamo visto e le nostre prime impressioni. Naturalmente avremmo preferito esaminare il Dr. Rol altre volte e in condizioni sperimentali migliori e avremmo preferito parlarne con maggiore cognizione: ma purtroppo sembra che il Dr. Rol rifiuti una sperimentazione in tal senso. È bene pertanto da qualche parte (e "qualificata") si facciano note le perplessità e i dubbi che su tale soggetto gravitano[4]. E soprattutto sia detto che quello che finora è stato fatto è assolutamente insufficiente per inserire a qualsiasi titolo il Dr. Rol fra soggetti paranormalmente dotati. (Anche se c'è l'eventualità che il Rol sia uno dei più formidabili medium della storia della PP).

Anamnesi Parapsicologica
La prima volta che sentimmo parlare del Dott. Rol fu molti anni or sono (10, 15 almeno), quando il Dr. Luciano Carpi, recentemente ed immaturamente scomparso, ci riferì brevemente su esperienze cui aveva assistito a Bologna, in casa di un suo amico. Di quella breve relazione non ricordo alcun dettaglio[5].

In seguito ne sentimmo parlare, sia in privato che pubblicamente, durante una delle sue conferenze, dal Prof. Beonio-Brocchieri che ci riferì dettagliatamente sugli esperimenti con le carte e su fatti che avvennero durante la sua permanenza in casa del Dott. Rol[6].

Sentimmo poi parlare personalmente di lui dal Dott. Leo Talamonti, che in seguito lo fece oggetto di esposizioni e commenti nel suo libro "Universo Proibito" (ed. Sugar 1966), ed infine recentissimamente avemmo notizie direttamente dal Com.te Nicola Riccardi che ne scrisse su "Metapsichica" (Luglio-Dicembre 1966 XXI).

Altre cose apprendemmo sul Dott. Rol da due articoli di terza pagina del "Il Resto del Carlino", quotidiano di Bologna, a firma Dino Biondi, il quale descrisse fatti e fenomeni cui aveva personalmente e ripetutamente presenziato.

---

[4] Ovvero: «le perplessità e i dubbi» non sono dovuti a qualche fondato sospetto sulla base di quanto osservato direttamente o raccontato da altri, ma al solo fatto che Rol non si era sottoposto ai criteri di controllo e sperimentazione *nei termini prettamenti materialistici* dei suoi candidati "esaminatori". Quando dico «materialistici» non intendo riferirmi alla "fede" o simili. Non è *mai* – in casi come quello di Rol – una questione di *credenza*, ma di un *complesso di fattori* attinenti molti livelli relazionali, su cui mi sono già fermato introduttivamente in altri scritti, e su cui tornerò in futuro in modo approfondito.

[5] Luciano Carpi, chimico, è stato uno dei soci fondatori del C.S.P. nel 1954. Non ho trovato alcuna informazione su di lui, neanche al C.S.P., tranne brevi quanto scarni cenni nel libro *Il sole nascosto* (Phoenix Editrice, 1999) né sue relazioni o articoli nei quali parli di Rol, che stando a Cassoli incontrò nella seconda metà degli anni '50 a Bologna.

[6] Cfr. il suo scritto pubblicato nel 1964, pp. 321-325 del vol. IV.

Partendo dai vari tipi di fenomeni riferiti da queste fonti così eterogenee avevo cercato di costituire, nella mia mente, una specie di classificazione dei fenomeni presentati dal Rol.

Mi sembrava che la fenomenologia fosse prevalentemente del tipo "telecinetico" (o di azione a distanza di oggetti), frammista talora a straordinari fenomeni di E.S.P. (chiaroveggenza, come la lettura in libri chiusi o telepatia, come la conoscenza di improvvisi arrivi a Torino di persone a lui ignote il cui nome ed indirizzo balenavano improvvisamente alla sua mente). Fenomeni di questo tipo li abbiamo letti in resoconti del giornalista Dino Biondi e del Dott. Leo Talamonti, quando in diverse occasioni, la loro presenza in una certa città o la loro intenzione di mettersi in rapporto con Rol, sono state prevenute da una telefonata di Rol stesso che dimostrava di essere in tal modo a perfetta conoscenza delle loro intenzioni.

Fenomeni sempre eccezionali di telecinesia sono quelli riferiti dal fratello[7] del Dott. Franco Bona di Torino, il quale ha assistito a sedute durante le quali Rol poneva pennelli e colori ai piedi di una tavolozza o di una tela e, nell'oscurità, attendeva. Quando Rol chiedeva la luce sulla tela erano comparse pitture, che mi si dice anche molto belle, riferite ad un pittore francese, il Ravier.

Diciamo che fa parte di queste "premesse anamnestiche" anche ciò che ci è stato raccontato prima e dopo la nostra seduta in casa del Dott. F.B., a Torino, durante la quale conoscemmo il Dott. Rol. Erano presenti il Dott. B., sua moglie, suo fratello ed una Signora, di nome R.[8]. Inoltre eravamo presenti il Dott. Massimo Inardi, mia moglie Brunilde Cassoli ed io.

Eravamo partiti da Bologna nel pomeriggio in macchina, dopo che accordi telefonici con il Dott. Bona avevano portato alla quasi certezza che la riunione avrebbe potuto aver luogo; ma fino al nostro arrivo a Torino c'era un poco di incertezza, in quanto non avevamo avuto assicurazione che il nostro viaggio avrebbe sortito l'effetto sperato.

Quando noi arrivammmo, verso le ore 21,30, la conversazione era già avviata ed il Dr. Franco Bona interrogava ogni tanto il Dr. Rol su fatti paranormali già noti. Ad un certo momento chiedemmo notizie a Rol del fatto raccontato dal giornalista Dino Biondi: del treno cioé che si era fermato... Rol prese la cosa un po' scherzosamente e disse che in effetti ad un tratto espresse il desiderio che il treno si fermasse a Migliarino (la

---

[7] Gian Piero Bona (1926-2020), poeta, scrittore, sceneggiatore, traduttore (per la traduzione dell'opera omnia di Arthur Rimbaud ricevette nel 2000 il *Premio Grinzane Cavour*). Il fratello, dott. Franco Valerio Bona (1922-2014), era docente di *Parassitologia* presso il Dipartimento di Biologia Animale e dell'Uomo dell'Università di Torino.

[8] Franco Bona con la moglie, Gian Piero Bona, e Rosalba, probabilmente Gossi. Cfr. *infra,* p. 206. In tutto lo scritto Cassoli lascia solo le inziali, io qui metterò i nomi completi per una comprensione migliore.

stazione prima di Pisa, provenendo da Viareggio), così, per gioco, davanti ai suoi amici. Proprio in quel momento il treno si fermò e la causa della improvvisa fermata era una bandiera rossa piantata in mezzo ai binari, senza che se ne potesse spiegare la provenienza. Tolta la bandiera e fatti gli accertamenti del caso, il treno ripartì pochi minuti dopo[9].
In quella occasione non ricordo bene chi menzionò dinanzi a Rol l'episodio della bandiera del Reggimento di Napoleone che mancava alla raccolta di tutte le bandiere conservate a... . Sembra che in quell'occasione Rol avrebbe avuto una specie di rapimento, nel corso del quale cadde a terra rotolandosi più volte. Mentre si rotolava per terra, tutto ad un tratto, si ricoprì del vecchio stendardo napoleonico (Necessiterebbe qui fare menzione dell'interesse che da moltissimi anni ha Rol per tutto ciò che è napoleonico e sembra che i più significativi episodi paranormali siano accaduti proprio in riferimento ed in relazione a questa sua passione che, a quanto ci dicono, rappresenta un vero e proprio culto).
Mentre Rol parlava e chiacchierava amabilmente rispondendo alle domande ed ai commenti dei presenti, ogni tanto improvvisamente si rivolgeva a qualcuno di noi, facendo osservazioni sul carattere, sullo stato di salute, sulla personalità di questo o di quello. Tralasciando ciò che ha detto ad altri, ricordo che a mia moglie egli disse: "Signora, Lei è sensibile, estroversa; è stanca, dorme poco ed è insoddisfatta. È strano come due caratteri diversi come quello suo e di suo marito possano così bene accordarsi". Poi, di tanto in tanto, ritornava meglio sul discorso, definendo e rifinendo quanto già esposto[10]. Fece anche un'osservazione circa una "debolezza" del suo sistema venoso, rivolgendosi ad una delle Signore. Nel corso della conversazione il fratello del dr. Bona [Gian Piero Bona][11] ricordò a Rol i bei quadri dipinti durante le sedute di cui si è fatto cenno sopra. Egli confermò chiaramente i fatti quando dichiarò che tali quadri sono talmente fedeli come stile ed impronta a quelli del pittore Ravier vivo che egli si sente sempre in dovere di firmarli con la dizione *hommage a Ravier, séance du...* (data e firma).
Rol ci ha anche raccontato, nel corso della stessa conversazione, di sedute durante le quali si è assistito alla lotta di un uomo di Neandertal con uno scimmione[12] e ci ha parlato di altre sedute in cui certi fenomeni (cui

---

[9] Si veda quanto riferito da Dino Biondi (*supra*, p. 185) e da Laura Chioccarello (vol. 2, XII-2, 2bis e nota relativa al fondo).

[10] Questa *messa a fuoco progressiva* era abbastanza usuale in Rol, quasi che un individuo fosse un dipinto molto dettagliato che egli osservava e commentava prima nel suo insieme e poi via via nei particolari.

[11] In tutto lo scritto Cassoli non fa mai il suo nome, è sempre «il fratello del dott. B.» forse perché chiese di non essere nominato.

[12] Due fatti analoghi, sempre che uno non sia o entrambi non siano gli stessi (nel qual caso i particolari secondari differiscono, come spesso capita), sono stati riferiti da Maria Luisa Giordano e Giuditta Dembech. Giordano scrive: «Una

avremmo poi assistito anche noi, sia pure in scala minore) sono avvenuti con 111 mazzi di carte contemporaneamente[13].
Dopo la seduta ed il congedo di Rol dalla Padrona di casa siamo rimasti ancora un poco a parlare ed il fratello del dr. Bona [Gian Piero Bona] ci ha raccontato di aver assistito a fatti sconcertanti come questo: "Poiché doveva tirare fuori da ogni mazzo una carta di un certo valore e seme (non ricordo più quale), fra il mio stupore e smarrimento vidi che le carte saltellavano da sole fuori dal mazzo, così (fa il gesto) una dietro l'altra e naturalmente si muovevano solo quelle ricercate e richieste e si disponevano come desiderato da Rol!!!".
Verso le ore 23 Rol ci chiese di passare in un'altra sala e ci sedemmo così attorno ad un grande tavolo rotondo ricoperto da un tappeto di velluto. Fu Rol stesso ad assegnare i posti a Sn. [sinistra] del Dr. Rol la G.R[14]. e proseguendo nel senso della lancetta dell'orologio Dr. Cassoli, Dott. Franco Bona, Sig.ra Cassoli, Dr. Inardi, il fratello del Dr. Bona [Gian

---

sera, mostrandoci il suo prezioso Piffetti, ci fece notare la vetrina in cui erano conservate due armi di pietra. Queste armi avevano una storia. Gustavo ci spiegò che molti anni prima, durante un esperimento, si presentarono due uomini di Neanderthal giganteschi: i presenti erano atterriti, le signore, gridando, si ripararono sotto il tavolo. I due uomini lottarono un po', poi, come erano venuti, scomparvero, lasciando però le due armi di pietra» (1-XXIX-12^b); Dembech: «Restando nell'ambito dei viaggi del tempo, in un'altra occasione Rol mi fece notare nel suo salotto, una vetrinetta che aveva uno spigolo spaccato. "Vedi questo" mi disse, "dietro c'è una storia straordinaria. Su questo mobile, tempo fa, c'era posato un oggetto che avevo acquistato da un antiquario di Parigi: una piccola scultura ricavata da un osso intagliato, sapevo che era molto antico, ma non immaginavo quanto… Una sera eravamo qui, forse otto, dieci persone, e uno di loro prese la scultura in mano e mi chiese da dove provenisse. Dissi che non lo sapevo ma che potevamo chiederlo direttamente all'oggetto. Tutti insieme ci trovammo a compiere un viaggio a ritroso nel tempo, in un luogo all'aperto, in epoca preistorica. La temperatura del salotto si era molto abbassata e stavamo assistendo ad una scena estremamente violenta. Un uomo e un orso lottavano strenuamente. Era un duello mortale, nessuno dei due voleva mollare la presa, entrambi lottavano per la propria sopravvivenza. L'uomo impugnava una sorta di fiocina con cui colpiva l'orso. Tutti noi eravamo schiacciati contro le pareti della stanza per evitare di trovarci coinvolti. L'uomo tentò di colpire l'orso alla testa, ma questo si mosse e così l'arma colpì la vetrinetta e rimase questo segno che tu vedi… Poi la scena s'interruppe e tutti noi, allibiti, comprendemmo da dove arrivava quell'osso. Il cacciatore aveva vinto, l'orso era stato ucciso, mangiato, e l'uomo si era anche potuto permettere, come passatempo, di intagliarne una costola"» (1-XXV-7^a).
[13] In seguito ne parlarono anche Di Simone e Riccardi, si veda p. 428 nota 29 Cassoli è il primo a parlarne, quindi questo episodio deve essere accaduto anteriormente al 1967.
[14] Non è dato capire di chi si tratti.

Piero Bona], la Sig.ra Bona: 8 persone attorno a un tavolo di circa 1,80 di diametro rotondo.

Fenomenologia spontanea od incontrollata
1) Verso le 23,20, dopo aver racimolato alcuni mazzi di carte già usate (per l'esattezza cinque) e due mazzi di carte nuovi ed averli diligentemente "sgranati" (ho compreso solo dopo il significato di questa insistenza di Rol perché le carte venissero "sgranate": desiderava cioè che le carte potessero, con rapido movimento, essere distese sul tavolo orizzonatalmente in modo che ogni carta si potesse vederne una parte e riconoscerne il valore ed il seme), Rol ha chiesto ad uno di noi un numero. Ha preso un mazzo, indicatogli da uno di noi, e ha tolto dal mazzo stesso un numero di carte corrispondente al numero indicato (il mazzo aveva le carte coi dorsi in alto). Fatto questo ha ordinato a qualcuno di disporre le restanti carte del mazzo in mazzetti a scelta. Ad un altro ha fatto scegliere uno dei mazzetti e ad un altro ancora ha chiesto di tagliare il mazzetto scelto. Fatto ciò ha sollevato[15] la prima carta del mazzetto: il 4 di fiori. Gli altri mazzi rimasti sul tavolo di fronte a lui venivano quindi dati ad ognuno dei presenti per essere mescolati e tagliati a piacimento. Ridisposti i mazzi di fronte a lui, Rol ha lavorato su essi variamente: chiedendo un numero ad uno, facendo fare mazzetti ad un altro, facendosi indicare una certa posizione di carta da un terzo ecc.. Tutto questo lavorio, apparentemente confuso e poco ordinato si concludeva con un solo risultato: quando su ogni mazzo il lavoro per Rol era terminato (mazzo sempre a carte coperte) la prima carta del mazzo, una volta rovesciata, era sempre il QUATTRO DI FIORI[16]. Alla fine dell'esperimento avevamo cioè sette mazzi di carte, ognuno dei quali aveva come sua prima carta il 4 di Fiori!!!
Dopo questo introduttivo, i "giochi" (non saprei quale altro termine usare, se non vogliamo chiamarli addirittura esperimenti[17]) si sono seguiti

---

[15] Come si vede in questa fase iniziale dell'incontro, di fronte ai nuovi ospiti, Rol tocca alcune volte le carte. Si tratta però di momenti non risolutivi, per partecipare con gli altri alla procedura di "riscaldamento".
[16] I maiuscoli, qui e di seguito, sono come nell'originale.
[17] Come tutti i neofiti, Cassoli non è in grado di inquadrare ciò a cui sta assistendo. È abbastanza ovvio che, essendoci delle carte *da gioco*, per automatismo si tenda a chiamarli "giochi"; è però significativo che dopo un solo incontro riconosca di non sapere «quale altro termine usare» e che forse si potrebbe «chiamarli addirittura esperimenti»; se fosse stato il decimo incontro, non avrebbe avuto dubbi a chiamarli *esperimenti* e avrebbe considerato inappropriato chiamarli *giochi*. Dal mio punto di vista, se quelli erano "giochi", allora dovremmo chiamare "giochi" anche le collisioni di particelle negli acceleratori.

ininterrottamente per 3 ore con variazioni di ogni genere[18]. È impossibile ricordarli tutti, ma il tema più comune era questo: Un mazzo (N.1) veniva mescolato e tagliato. Questo mazzo sarebbe stato poi quello su cui si sarebbe svolta l'opera a distanza di Rol. Un altro mazzo (N.2) serviva a Rol per stabilire la carta o le carte che avrebbero dovuto nel primo mazzo essere sottoposte ai mutamenti richiesti. Un sistema tra gli altri tipico e caratteristico di ricerca sul secondo mazzo era questo: Rol sgranava tutte le carte dinanzi a sé, in modo che fossero tutte visibili con i semi in alto. Iniziava quindi dalla sua sinistra un movimento orizzontale di traslazione della sua mano destra con l'indice teso; il movimento era lento e costante fino alla fine del mazzo. Uno di noi, durante tale movimento doveva dire "Alt!" a proprio piacimento, prima che il dito avesse percorso tutto il mazzo. All'alt Rol si fermava immediatamente e faceva cadere il dito sulla carta sottostante. D'altra parte è anche facile obbiettare che dove veniva fermato il dito poteva esservi una scelta di tre o quattro carte e non di più e che la carta che sarebbe stata poi, in un altro mazzo (N.1), testimone della opera di Rol, poteva essere ben lontana da dove veniva fatto fermare il dito esplorante![19]

Resta comunque positivo il fatto che tutti i sistemi complessi ed involuti con cui Rol procede per la individuazione della carta testimone sono inutili per noi, come garanzia di mancanza di trucco. Debbono rimanere immutati per Rol che forse con tale sistema entra, diciamo pure, "in fase". Sono inutili perché il mazzo, su cui si svolgeranno poi i fatti che vi diremo, è mescolato, scelto, tagliato da uno di noi; poi tenuto dinanzi a noi e mai toccato da Rol durante le manovre sull'altro mazzo[20]. Ed ora cercheremo di ricordare alcuni dei "giochi" cui fummo testimoni[21].

La Sig.ra Cassoli mescola e taglia un mazzo. Rol invita un'altro a dire un numero. Per esempio 8. La Signora viene invitata a prendere dal mazzo da lei trattato le prime otto carte. Rol la invita a disporle in un disegno "armonico" e simmetrico davanti a sè. La disposizione data è quella di un

---

[18] Vorrei sottolineare questo aspetto, che poi era la cosuetudine: 8 persone intorno a un tavolo, di mente razionale e anche critica, in casa altrui, in piena luce, a distanza ravvicinata, ininterrottamente per tre ore. Sono forse queste le condizioni ideali per un illusionista? O comunque per un ipotetico mistificatore che non può permettersi di essere colto in flagrante? Sono certo che le persone *davvero razionali* sappiano dare la risposta corretta.

[19] Rol poteva fare scorrere il suo dito, tanto quanto farlo fare ad altri, la cosa era indifferente. Nel mio caso lo ha fatto fare sempre a me.

[20] Infatti poco prima Cassoli aveva scritto «a distanza», ciò che era la regola, e non l'eccezione.

[21] Il resoconto che segue, di molti esperimenti, è uno dei migliori che abbiamo per quanto concerne le carte. È questa una delle ragioni per cui ogni tanto valeva la pena fare assistere anche persone fredde e puntigliose: sono poi precise quando ce n'è bisogno. I testimoni "normali" non si mettevano a fare i ragionieri e trascrivere tutti i passaggi.

cerchio con una carta al centro. Rol allora elabora il mazzo N. 2 e dalla elaborazione, cui partecipiamo tutti, viene fuori il RE DI QUADRI. Rol allora chiede alla Signora: "Indichi la carta del suo disegno che le sembri il centro armonico del disegno stesso". La Signora indica una carta dalla quale tutti noi dissentiamo, indicando tutti concordemente la carta nel mezzo. Rol allora getta il Re di Quadri sulla carta nel mezzo, invita la Signora a mettervi la mano sopra e le fa pronunciare le parole "Hamma Hemma". La Signora Cassoli allora alza la mano e scopre la carta coperta che è il Re di quadri!

2) Rol mi fa scegliere, mescolare e tagliare un mazzo che rimane davanti a me. Egli è distante da me più di un metro; fa prendere da un mazzo una carta al fratello del Dr. Bona [Gian Piero Bona] "La getti in aria e la lasci cadere!" gli dice. La carta cade con la faccia coperta. "La metta sul tavolo come sta" "Ne prenda un'altra e la getti in aria". Questa ricade a terra con il seme visibile: è il DIECI DI CUORI. Rol a me: "Getti le sue carte sul tavolo, forza, via, come stanno!" Le getto facendole scorrere una sull'altra.

Tutte sono coperte. Nel bel mezzo del mazzo una carta sola appare scoperta e visibile: il DIECI DI CUORI.

3) Un mazzo è scelto, mescolato e tagliato da uno di noi con la solita tecnica. Qualcuno viene invitato a suggerire un numero: 8, il mazzo viene poi girato con i semi in alto e vengono poi tolte le prime sette carte: l'ottava è il TRE DI CUORI.

Viene fatto designare dal Dott. Inardi un altro dei mazzi disposti di fronte a Rol; questi dà con la punta delle dita un colpo al mazzo scelto che si spande sul tavolo con tutte le carte col dorso in alto meno una: il TRE DI CUORI.

4) Rol si fa indicare due mazzi, li sgrana entrambi davanti a sè uno sopra e uno sotto, paralleli. Tutte le carte hanno semi e figure visibili e tutte vengono esaminate dai presenti: ciò per stabilire che non c'è nessuna carta che abbia la sua corrispondente, nell'altro mazzo parallelo, allo stesso posto. Rol allora prende il lembo del velluto che copre il tavolo e lo rovescia sulle carte, cosicché la parte chiusa del velluto è rivolta verso di lui. Fatto questo si procede alla individuazione della carta testimone col solito metodo variato e sempre colla collaborazione di alcuni di noi. Viene fuori la DONNA DI QUADRI.

Rol fa quindi dei passi con una mano sul tappeto rovesciato sulle carte e con l'altra mano sotto, tra il tappeto poi lo alza dal tavolo; scoprendo quindi le carte. Nel mezzo dei due mazzi le due DONNE DI QUADRI sono una sopra all'altra perfettamente allineate, ognuna nel proprio mazzo.

5) Rol dispone i sette mazzi tutti davanti a sé, dopo averli dati a noi uno per ciascuno, da mescolare e tagliare. Ne prende uno e sceglie con la solita tecnica la carta testimone che è l'ASSO DI CUORI. Dispone l'asso

di cuori a faccia scoperta sul mazzo a cui esso appartiene e pone il mazzo alla sua sinistra, allineato con gli altri sei che hanno tutte le carte coperte. Rovescia il lembo del plaid. Si concentra più a lungo e più visibilmente del solito. Scopre quindi i mazzi che sono ancora tutti allineati, ognuno ha come prima carta il suo ASSO DI CUORI, rovesciato e scoperto.
6) Rol mi dà un mazzo da mescolare e tagliare. Lo pongo davanti a me. Con altro mazzo e con tecnica varia viene indicato il QUATTRO DI CUORI. Rol mi dice di porre la mia mano sul mio mazzo, di chiudere gli occhi, di cercare di vedere, di visualizzare un quattro verde e di pronunciare "Hamma Hemma"[22]. Fatto ciò mi dice: "Tagli il mazzo". Apro gli occhi e taglio. Taglio proprio esattamente dove c'è il QUATTRO DI CUORI rovesciato, cioè con la carta a seme visibile, mentre tutte le altre sono regolarmente volte con la faccia in basso.
La cosa ha talmente del demoniaco, del magico, che quasi "per scaricarmi" faccio scongiuri con le dita atteggiate a corna. Rol allora mi rimprovera serenamente e mi invita a "non fare gesti del genere infatti

---

[22] Su funzione e possibile significato di queste parole qualcosa già ho accennato ne *Il simbolismo di Rol* (p. 317, nota 383, 3ª. ed) e nel vol. IV, p. 142 nota 27, comunque al di là che significhino o meno qualcosa, o che alludano o meno foneticamente a qualcosa, hanno la stessa funzione di un *mantra*. Si veda anche quanto scrive Gustav Meyrink: «...le dottrine Yoga dell'India, antiche molte migliaia di anni, offrono, in termini asettici e serrati, apparenti spiegazioni sui metodi da usare per far proprie le straordinarie forze dei fachiri ... "Vivi in solitudine. Mangia solo cinque bocconi al giorno. Assumi determinate posizioni con il corpo, posizioni che riescono solo ad un uomo-serpente. Trattieni il respiro, prima per cinque minuti, poi per dieci, venti, trenta e così via sino a due ore; quando avrai imparato tutto questo e anche a concentrare i tuoi pensieri sulle parole magiche *Bhur* e *Hamsa,* sino al punto in cui ogni cellula del tuo corpo urlerà, riuscirai, dopo altri esercizi speciali, ad ottenere il dominio sulle *siddhi* (energie miracolose)"» (Meyrink, G., *Alle frontiere dell'occulto. Scritti esoterici (1907-1952)*, a cura di G. de Turris e A. Scarabelli, Edizioni Arktos, Carmagnola, 2018, p. 60). Meyrink non dice la fonte della citazione, ma dubito che *siddhi* possa essere tradotto con «energie miracolose» se non come significato derivato; la traduzione corretta è *perfezioni, compimenti, realizzazioni,* ed indicano i "poteri" ottenuti dallo *yogin* sia lungo la strada dell'illuminazione (minori) che dopo che essa è stata raggiunta (maggiori). Più che «il dominio sulle *siddhi*», corretto dovrebbe essere «la padronanza / l'ottenimento delle *siddhi*», che sanciscono, "certificano" il successo della pratica (altrimenti sarebbe solo tempo perso, un mero esercizio psicofisico fine a se stesso). In un altro articolo (*ibidem*, p. 48) descrive la *siddhi* come «la potente forza yogica che può venir destata dall'innervazione dei centri psicomotori dell'uomo»; vi è mi pare una confusione di termini: la forza in questione è *kuṇḍalinī*, e le *siddhi* si manifestano con il suo risveglio. Non biasimo però Meyrink, che nel 1907, anno dello scritto, non aveva probabilmente a disposizione nessun testo preciso sull'argomento.

dove (lui pensa)[23] interviene semmai la divinità, per dare prova semplice e convincente dell'esistenza dei poteri dello spirito". Mi scuso.

7) Rol chiede un comune piatto da tavola. Fa scegliere un mazzo e capita che chi sceglie il mazzo, scelga appositamente uno dei nuovi (siamo all'inizio della serata), (ancora incartato nel cellophane); il mazzo scartato, mischiato e tagliato viene posto sotto il piatto rovesciato, in mezzo alla tavola. Viene scelta la carta testimone col sistema della traslazione del dito e ne esce il QUATTRO DI PICCHE. Siamo tutti concordi – e Rol ci chiede di controllare – che il suo dito è fermo proprio sul quattro di picche. Alla Signora Bona Rol chiede di cancellare eventualmente le picche che vuole, ponendo la punta delle dita sulle picche non desiderate. Vengono coperte due delle quattro picche.

Rol chiede alla signora di chiudere gli occhi e di visualizzare il quattro ma di colore verde, poi di visualizzare il due.

Fatto questo Rol prende una matita e la impugna come un pugnale con la grafite verso il dorso del piatto sotto il quale sta il mazzo di carte nuovo (che non è stato nel frattempo toccato da alcuno). Si protende in questo atteggiamento e fa ripetutamente l'atto di trafiggere qualcosa, visibilmente come con grande sforzo, e mentre si concentra dice due volte testualmente: "È molto duro... è molto duro!". Fa poi togliere il piatto mentre si rilassa e fa cercare il due di picche. Proprio su uno dei due semi, vediamo UN FORO FRASTAGLIATO COME SE FOSSE STATO TRAFITTO DA UNA PUNTA SMUSSA E VICINO UN SEGNO DI GRAFITE, come se, prima di forare, la punta della matita avesse scivolato un po'. La carta viene firmata da Rol che la lascia alla padrona di casa come omaggio a ricordo della serata.

Dopo questo esperimento ricordo che si passò ad un'altra serie di prove che furono introdotte da un ragionamento di Rol, così concepito in linea di massima. "Quando uno ha visto una carta – affermava Rol – e l'ha ben fissata in mente, se viene richiesto di fare un pensiero, anche il più lontano possibile da idee di carte, numeri, giochi e simboli, involontariamente dirà delle cose che, interpretate debitamente, metteranno sulla strada esatta per arrivare al valore e seme della carta stessa". Proviamo su questa strada quattro o cinque volte e la cosa riesce in una percentuale che – se ben ricordo – è stata di quattro su cinque o tre su quattro.

8) Una di queste prove si svolge così: Scelto un mazzo, che è stato mescolato e tagliato nel solito modo da uno di noi, venne data la prima carta coperta a mia moglie. Essa – dopo averla guardata – fu pregata di tenerla sotto la mano e di dire una frase che non avesse attinenza alcuna con la carta stessa. La frase fu "La prossima estate farò un viaggio in Turchia". Rol allora chiese alla Signora Bona: "Ha detto 'la prossima estate', quindi: quante estati ci sono?" Sig. Bona: "Questa (siamo alla fine

---

[23] Come se si fosse detto degli esperimenti di Galileo: «dove (lui pensa) interviene semmai la gravità» ... "*lui pensa*"...

di aprile) e la prossima" – Rol: "Quindi due". Rol alla Signora Cassoli: "Come sarà il viaggio?". "Di piacere", risponde mia moglie. Rol: e il piacere secondo lei di che colore è" – "Rosso" – "Ed al piacere Lei che seme associerebbe?" – "Cuori" – "Bene, sollevi la mano e ci faccia vedere la carta" - LA CARTA È IL DUE DI CUORI.

Altri tipi di esperimenti furono i seguenti:

9) Mi fa scegliere un mazzo di carte, me lo fa mescolare e tagliare, poi mi fa dire un numero, per esempio 20. Mi fa togliere 20 carte dall'alto del mazzo, poi mi fa fare alcuni mazzetti colle carte rimanenti. Fa scegliere ad un altro uno dei mazzetti (lui non tocca mai le carte, che d'altra parte sono lontane da lui). Mi dice: "Dica un numero!" "Dico 8" – "scelga le prime otto carte del mazzetto indicato" – Eseguo – "Ora disponga una carta nel centro e quattro attorno"– Eseguo – "Metta una mano sulla carta di centro" – Eseguo – "Chiuda gli occhi e pensi intensamente al verde... Dica con me Hamma Hemma (ed altre parole che non ricordo)... Raccolga ora le quattro carte in cerchio" – Raccolgo – "Ora le faccia vedere". Sono UN BELLISSIMO POKER D'ASSI.

10) Fa scegliere il solito mazzo, che fa mescolare e tagliare da uno di noi e che fa porre al centro della tavola, un po' alla sua destra, davanti alla Signora Bona. Prende un altro mazzo e con un sistema che non ricordo si trova che la carta prescelta è il RE DI QUADRI. Fa eseguire diverse manipolazioni col mazzo N.1 senza mai toccare le carte di persona. Fa fare poi dei mazzetti e ne fa scegliere uno. Invita poi qualcuno a ricomporre il mazzo partendo dal mazzetto scelto, poi volta le prime 13 carte: SONO 13 QUADRI TUTTI IN FILA, DALL'ASSO AL RE.

11) Al volgere del termine della seduta mi invita a prendere un mazzo, a mescolarlo e a tagliarlo; poi mi fa disporre alcune carte sul tavolo, quante voglio, nella disposizione che voglio, una staccata dall'altra, naturalmente coperte. Io ne dispongo una dozzina e Rol si rivolge al Dott. Bona e, dopo le solite elaborazioni, su un altro mazzo, risulta che il Dott. Bona ha in mano il DUE DI PICCHE. Rol lo invita a lanciare la carta sulle carte che io avevo disposto sul tavolo, dopo avermi invitato a pensare intensamente ad un due di picche verde (mi sembra anche, ma non ne sono sicuro, che nel disporre le mie carte sul tavolo io dovevo avere gli occhi chiusi e dovevo già pensare ad una radiazione luminosa verde). Il Dott. B getta la carta che va a finire su una carta coperta: su invito di Rol la scopro: è il fante di picche. Rol seccato dice che con me è difficile lavorare perchè non sono concentrato ..... io, comunque, guardo la carta immediatamente vicina al fante di picche: è il DUE DI PICCHE. A questo punto Rol, quasi scontento, che io gli sfugga un po' (non c'è certamente da parte mia, né tentativo di sfuggire, né deconcentrazione: anzi!), che con me insomma certi esperimenti non riescano appieno[24], mi invita in una camera attigua.

---

[24] La ragione sta appunto in una certa freddezza ed eccessivo senso critico, che toglie spazio alla spontaneità, e quindi alla *fluidità*.

Sono davanti a lui e la stanza è al buio, però la porta è aperta e l'illuminazione che proviene dalla stanza attigua è più che sufficiente. Mi invita a prendere una carta da un mazzo che tiene in mano lui. Prendo la carta coperta. Mi dice allora di guardarla ed io la guardo sollevandola appena: è il DUE DI QUADRI. La tengo stretta tra le mani. Dopo aver posto le sue mani sopra le mie, Rol mi invita a riguardarla. Io eseguo e constato che ho in mano il NOVE DI PICCHE.... Mi dice di mettere il nove di picche nel mazzo, dove voglio io, mentre lui tiene il mazzo nella sua mano. Metto il nove a metà mazzo e la carta rimane leggermente in fuori, visibile seppure coperta. Fatto ciò Rol mi invita a sollevare la prima carta del mazzo che lui tiene sempre fra le sue mani, ma che non ha mai manipolato in alcun modo. Siamo in piedi, uno di fronte all'altro. Sollevo la prima carta del mazzo: è il NOVE DI PICCHE! Per mia sfortuna non ho la presenza di spirito di chiedergli di vedere che carta era quella che avevo messo in mezzo al mazzo e che si vedeva ancora sporgere un po'...[25]

13) Rol comincia a chiedere a tutti dei numeri e lo fa in modo tale che ad un certo punto la somma dei numeri sia del tutto indipendente dalla sua volontà[26]. Essa risulta 110. La cosa d'altra parte ha come al solito poca importanza perché in precedenza un mazzo era stato scelto e tagliato da me, mescolato e posto davanti a me, e Rol non lo aveva toccato.

Ottenuta la somma dei numeri fa manipolare un altro mazzo e risulta ad un certo punto che la carta prescelta è il DIECI DI CUORI.

Allora Rol mi dice: "Cominci dal di sotto del suo mazzo e sommi i valori delle carte, dando alle figure il valore di zero". Io comincio e quando arrivo a 109 c'è il DIECI DI CUORI. Rol fa un segno di disappunto. Per quanto per noi parapsicologi la cosa sia di un estremo interesse, debbo aggiungere che all'esame delle carte o dei conti fatti in precedenza, c'era stato un qualcosa – non ricordo più cosa – che poteva giustificare il piccolo errore.

14) Altro esperimento veramente sensazionale è questo. Rol fa scegliere un mazzo dalla signora Bona. Ella lo mischia e lo fa tagliare alla sua destra. La signora viene quindi invitata a gettare una carta in alto. Essa ricade a terra col dorso in alto. Rol allora dice: "Ne getti un'altra in alto e la disponga come ricade vicino all'altra". La signora esegue e la carta ricade a terra col seme visibile: è il DIECI DI CUORI. "La disponga come vuole vicino all'altra". Le carte vengono disposte parallele di fronte alla

---

[25] Esperimenti analoghi li ha fatti anche ad altri, cfr. il cap. XXXVI *Carte che si trasformano*, vol. II e III. Il fatto che Rol abbia fatto questa parentesi solo per Cassoli indica che volesse agire sulla sua psiche, attivarne altre aree inibite dall'eccesso di senso critico, e armonizzarla meglio con il resto del gruppo.

[26] Una delle ragioni principali di coinvolgere tutti i presenti è proprio quella di creare le condizioni ottimali dove non sussista più la *volontà* dell'esecutore degli esperimenti, ovvero Rol.

Signora in modo che il dieci di cuori si trova alla sinitra della carta coperta, dalla parte di Rol.
Un secondo mazzo viene scelto, mescolato e tagliato e viene dato alla Signora che lo tiene tra le sue mani mentre Rol mette le sue mani sopra quelle della Signora senza toccarle. Dopo qualche istante di concentrazione Rol si fa dare il mazzo, lo rovescia coi semi visibili e lo sgrana sul tavolo, parallelo alle due carte già disposte. FINO AL DIECI DI CUORI LE CARTE SONO TUTTE coperte. DOPO IL DIECI DI CUORI LA PRIMA CARTA È COPERTA, LA SECONDA SCOPERTA, LA TERZA COPERTA, E COSÌ VIA FINO ALLA FINE DEL MAZZO ALTERNATIVAMENTE (circa dalla 15° alla 52° carta)!

Gli ultimi due esperimenti coronano veramente l'eccezionale serata:

15) Rol chiede due libri alla padrona di casa a sua scelta. Gli vengono portati: "Cesare Pavese: Lettere 1924-1944" e, sempre dello stesso autore: "La bella estate" Edizioni Einaudi. Dapprima egli sembra poco convinto della possibile riuscita dell'esperimento; sfoglia un libro, il primo, come per prenderne "possesso", il tutto per pochissimi minuti; poi mi chiede di esprimere un pensiero, quello che voglio, o un desiderio. Io dico ad alta voce "Desidererei di tornare a Torino". Rol allora prende un mazzo, lo distende sul tavolo sgranato coi semi delle carte in alto, ben visibili. Poi da sinistra coll'indice teso comincia a scorrere verso destra abbastanza celermente, dopo aver chiesto alla signora Bona di fermarlo quando ella vorrà. Per tre volte si ripete la corsa del dito sulle carte e per tre volte l'alt della signora fa fermare il dito sulle carte QUATTRO, OTTO, QUATTRO. Rol allora dice: "Guardate a pagina 484". Io eseguo e leggo ad alta voce la prima pagina indicata: "Voi abbiate desiderio di tornare a Torino"!! (la frase completa, dalla pagina precedente era: "Mi meraviglia molto, mi stupisce che voi abbiate desiderio di tornare a Torino!".
16) Poco dopo, si stava chiacchierando, durante una brevissima pausa e il Dott. Inardi stava dicendo "Sono le tre ed io devo partire per Bologna alle sei, è inutile che io vada a dormire, altrimenti non riuscirò a svegliarmi in tempo per la partenza. Preferisco passare tre ore in stazione". Rol dice: "Proviamo con una parola detta ora, per esempio "dormire". "Vediamo se questa parola c'è nell'altro libro di Pavese (ed indica il secondo, "La bella estate"). Solita tecnica come per l'esperimento precedente, con cifre uscite dal mazzo nell'ordine ASSO, DUE, ASSO (1 - 2 - 1). A pagina 121 del libro, prima riga si leggeva: "-tevano dormire" (nella pagina precedente vi era "non potevano dormire".

Fenomenologia provocata o controllata a richiesta:
Ripensando a mente fredda e distaccata alla fenomenologia cui abbiamo assistito viene da dire che di fenomenologia apparentemente controllata o

provocata ce n'è stata in abbondanza. Purtroppo però e la nostra precedente esperienza in campo 11[27], e le implicazioni di ordine conoscitivo cui si arriverebbe se si ammettessero come sufficientemente provati i fatti ora descritti sono tali, che ci inducono a mantenere un atteggiamento estremamente riservato nel giudicare la sperimentazione descritta come provocata e controllata – "Provocata a richiesta" comunque, no certo. Con questa doverosa premessa, che la serietà scientifica richiede, possiamo senz'altro passare alla ultima parte della nostra relazione:

Proposte di ulteriori metodologie di sperimentazione:

È sufficiente ben poco a nostro parere per portare la sperimentazione, così come Rol la effettua, con semplicità e col pensiero sempre rivolto ai dubbi di chi lo segue, a un punto tale da dichiararsi soddisfatti delle cosiddette "Condizioni Sperimentali" e per dichiararle sufficienti.
Basta che Rol effettui l'esperimento della carta trafitta sotto il piatto, quello delle carte alternativamente rovesciate, col mazzo in mano a uno di noi, quello del libro e pochi altri:
a) dichiarando precedentemente che cosa si ripropone di far accadere e di far vedere;
b) che accetti di non toccare il mazzo su cui si svolge in genere l'accadimento paranormale;
c) che accetti che due macchine cinematografiche riprendano da due posizioni l'esperimento;
d) e se vorrà aiutarci veramente, che accetti di sperimentare con mazzi nuovi ed intonsi, procurati da noi e con libri procurati da noi.
Siamo del parere che tutta la fenomenologia debba svolgersi senza grandi mutamenti, così, come Rol si è abituato. Crediamo cioé che debba svolgersi uno speciale rituale, durante il quale Rol entra in sintonia con l'ambiente e con le carte... Bisogna che l'esperimento gli prenda la mano, che lo guidi "lui" ("lui", l'esperimento). Quindi possiamo persino pensare che Rol neppure possa preannunziare quello che avverrà. Possiamo quindi rinunciare, almeno in principio, alla prima richiesta. Restano però, irrinunciabili, le altre 3[28].

A questo punto qualcuno potrebbe aspettarsi, da parte nostra, una qualche enunciazione interpretativa del fenomeno Rol.
Noi abbiamo troppe volte dissentito da quelli che, con poca esperienza, spesso persino con scarse letture, si avventurano nel mare magnum delle interpretazioni e delle teorizzazioni, spesso più per accontentare un loro

---

[27] Non so a cosa si riferisca.
[28] Sia Giorgio di Simone che io abbiamo già commentato queste righe, si veda *Il simbolismo di Rol*, p. 100 e sgg..

inconscio bisogno di "spiegare" fatti che li turbano che per vero amore del "sapere". Siamo del parere che bisogna innanzitutto accertare i fatti e con Laplace vorremmo dire che, più grande è l'assunto, maggiori debbono essere le garanzie e le prove. Discutere su fatti, inquadrarli, interpretarli prima che siano accertati potrebbe davvero portarci ad incappare in errori madornali e squalificanti. Vorremmo che questo nostro atteggiamento di modestia e di paziente attesa – da umili "servi della Scienza" – fosse più spesso adottato da chi scrive o lavora in parapsicologia e in questo nostro assunto potrebbe condensarsi anche una promessa e una "intenzione programmatica" per questi nostri "Quaderni"[29].

```
                        C. S. P.
              CENTRO STUDI PARAPSICOLOGICI
                        BOLOGNA

              QUADERNI DI PARAPSICOLOGIA
      Direttore      : Dott. PIERO CASSOLI
      Condirettore:  Dott. MASSIMO INARDI
              COMITATO DI REDAZIONE
  Redattore capo        : Prof. Dott. ALBERTO GLARINO
  Segretario di redazione: Sig. ALBERTO MACCHIAVELLI

  Membri                : Dott. GIORGIO GIORGI
                         Dott. OTTONE SACHELLAROPULOS
                         Dott. GABRIELE BALDI
                         Signora BRUNILDE MIGNANI CASSOLI
                         Sig. ANGELO LI CAUSI

  Traduttrice           : Signa ISA CARPI

                        SOMMARIO:

  Presentazione        Prof. Dott. EMILIO SERVADIO        Pag. 3
  "Non è vero ma ci credo" Prof. GIUSEPPE ANDREA BUSCAINO  "   5
  "Gustavo Adolfo Rol - Nota preliminare" - Dott. PIERO CASSOLI  "  16
                         e Dott. MASSIMO INARDI

              ANNO I - N° 1 - 26 GENNAIO 1970
```

Il sommario del primo numero di *Quaderni di parapsicologia*, con la relazione di Cassoli e Inardi.

---

[29] In linea teorica generale non posso che concordare. Non però nel caso specifico e nei termini esposti: pensare di avventurarsi in *qualunque* interpretazione *dopo un solo incontro* è qualcosa nemmeno da considerare; pretendere fatti e verifiche *dall'alto in basso*, e, lo ripeto, *dopo un solo incontro*, è altrettanto inopportuno e non può che avere come reazione una "chiusura a riccio" della candidata cavia da laboratorio. Non era questo l'approccio relazionale e psicologico corretto ("O fai come vogliamo noi, oppure non ti crediamo") e infatti Cassoli non avrebbe mai più reincontrato Rol. Inardi invece sì, e basta leggere i suoi scritti degli anni successivi, che riunirò nel prossimo volume, per capire il perché.

Due lettere del dr. Franco Bona[1]

Torino, 20/4/1967

Caro Dott. Rol,

La ringrazio, anche a nome di mia moglie, per il tempo, lo spazio e la meravigliosa serata che ci ha dedicato. Mi spiace solo che gli amici bolognesi[2] non abbiano potuto contenere la loro stupefazione prima ed il loro entusiasmo poi[3], creando così un intralcio al suo operare[4]. Le assicuro però che si tratta di persone in buona fede, senza preconcetti, serie e con uno sconfinato interesse per tutta questa categoria di fenomeni eccezionali. E poi Lei non ha bisogno di informazioni per giudicare delle persone!

Usciti Lei e Rosalba[5], ci siamo ancora intrattenuti sulle vicende della serata e ho potuto constatare quanto profonda sia stata l'impronta da Lei lasciata in tutti noi[6].

---

[1] «Franco Bona (1922-2014) fu ricercatore universitario, industriale tessile, professore di parassitologia all'Università di Torino, esploratore in Sudamerica, alpinista e maestro del metodo Tomasetti. Conobbe Enrico Tomasetti, allora noto guaritore torinese, a diciassette anni, quando la famiglia ricorse a lui per un problema di asma acuta davanti al quale i medici si erano dichiarati impotenti. Divenne suo allievo, e con costanza e determinazione praticò per il resto della sua vita le tecniche di respirazione e di movimento spontaneo. Già ottantenne, donati il suo microscopio e la sua collezione parassitologica al Museo delle scienze di Ginevra, si dedicò a insegnare il metodo Tomasetti a un folto gruppo di allievi» (macrolibrarsi.it/autori/_franco-bona.php). Bona è autore anche di articoli scientifici nel suo ambito di studi.
[2] Massimo Inardi, Piero e Brunilde Cassoli.
[3] Molto importante questa descrizione del loro stato d'animo *a caldo*, a differenza di quello *a freddo* – che pur tradisce in alcuni punti una certa esaltazione – della relazione scritta quasi tre anni dopo. Cassoli e la moglie confermeranno comunque queste impressioni nel 1999: «Era mattina, ormai, quando lasciammo la casa del dottor Franco Bona e salutammo Rol. La nostra ammirazione era palese, qualunque fosse stata la natura di ciò che avevamo visto per quattro ore consecutive» (Cassoli, B. e Righettini, P., *Un sole nascosto*, Phoenix Editrice, Roma, 1999, p. 135).
[4] Si riferisce probabilmente, e forse non esclusivamente, al momento del quale Cassoli scrive: «La cosa ha talmente del demoniaco, del magico, che quasi "per scaricarmi" faccio scongiuri con le dita atteggiate a corna. Rol allora mi rimprovera serenamente e mi invita a 'non fare gesti del genere...; dove (lui pensa) interviene semmai la divinità, per dare prova semplice e convincente dell'esistenza dei poteri dello spirito'. Mi scuso» (*supra*, pp. 199-200).
[5] Si tratta quasi certamente di Rosalba Gossi, cognata di Giacinto Pinna, amico di Gustavo. Giacinto era sposato con Maria Serena Gossi, sorella di Rosalba, che

Per quanto mi concerne, ogni volta che ci troviamo si approfondisce il mistero, e penso sempre di potermi un giorno addentrare in questo campo di studio e di azione. Spero che i nostri itinerari un giorno si incontrino nuovamente.

Ancora un grazie sincero e meravigliato

F. Bona

---

poi prese anche il cognome del marito Lino Donvito, industriale ed alpinista. Silvia Dotti mi aveva scritto nel maggio 2022: «Rosalba era sorella di Maria Serena, la moglie di Giacinto Pinna. Erano il gruppo che frequentava Gustavo inizio anni '50 con Nino Rota e i miei genitori che hanno assistito a esperimenti che poi Gustavo non faceva più, perché una volta quando c'erano gli "spiritelli" che "volavano", lo zio Giacinto ne aveva preso uno e Gustavo oltre a stare male si era arrabbiato molto». Silvia chiamava Giacinto e Maria Serena "zii" perché erano di famiglia. Su questa storia degli "spiritelli" (sarebbe piaciuta molto a Riccardi) ho chiesto a Silvia qualche dettaglio in più: «Durante un esperimento c'erano degli "spiritelli verdastri" che svolazzavano e lo zio Giacinto ne ha preso uno con la mano, questo me lo ha raccontato mia mamma. Gustavo si era lamentato come se si fosse trattato di un dolore fisico (tipo "ahi ahi"), si è arrabbiato molto con lui e non li ha più fatti venire». Per inquadrare questi «spiritelli», si consideri per esempio quanto aveva raccontato Carlo Rol, fratello di Gustavo: «Un punto luminoso, come fluorescente, appare in alto a notevole distanza (...). Quel punto si abbassa, si ingrandisce, assume forma di una figura geometrica, di una stella, di un volto o di un busto umano, s'avvicina alla tua testa ed al contatto tu strilli più acutamente e lì l'apparizione scompare. Questo è ciò che ho visto io. L'ultima volta, nel 1949, l'ho toccato uno di quei volti e ne ho chiaramente percepito, con la palma della mano, il rilievo» (1-XXIX-1). Si vedano anche nello stesso capitolo e volume i casi 7, 8, 8bis, 10, 11, 11bis, 12^d.

[6] Altra importante impressione che sconfessa la relazione, non più solo fredda, ma proprio scettica, fatta da Cassoli vent'anni dopo, nel 1987, e che riprodurrò in un prossimo volume.

(foto © Franco Rol – Archivio Storico del Comune di Torino)

Dr. Franco Bona
C. Re Umberto 79

Torino 3/3/1969

Caro Rol,

Preso nella smania del lavoro (un po' disordinato, a dire il vero) non ho potuto ringraziarti prima per la serata, come al solito affascinante e interessantissima, passata in casa Vitale[7]. Ho capito che mi hai dedicato in modo particolare molti esperimenti, e te ne sono grato. Non potresti fare altrettanto con gli amici di Bologna?[8] Sono certamente in buona fede e penso siano anche abbastanza solidi di carattere per fare un passo avanti. Forse non sono sufficientemente iniziati al tuo stile che è personalissimo, imprevedibile, sconcertante, prepotente[9] e che dimostra una padronanza delle situazioni e delle forze in gioco che mozza il fiato; forse rimangono sconvolti dal tuo fare e da quel pizzico di ironia che ogni tanto affiora, ma dopo tutto li credo abbastanza preparati.

Anche se oggi non riesco ancora ad abbandonare l'impostazione razionale dell'osservazione, per qualsiasi fenomeno si tratti – perché è il presupposto di ogni ricerca, che non sia, come non lo è ancora, anche attenzione – spero vorrai conservarmi la tua amicizia e concedermi di inoltrarmi ancora nel tuo meraviglioso mondo.
Ti telefonerò nel corso della prossima settimana, essendo in questa assente. Ancora grazie

molto cordialmente
Franco Bona

---

[7] Nell'articolo su *Grazia* del 1972, che riprodurrò nel prossimo volume, si menziona una signora Gabriella Vitale.
[8] Quasi due anni dopo l'incontro a casa Bona, né Cassoli né Inardi avevano rivisto Rol. Per Cassoli, come detto, non ci sarebbe stata una seconda volta, mentre per Inardi sarebbero passati ancora più di sei anni dalla data di questa lettera, quando incontrò Rol per tre sere a fine maggio-inizio di giugno 1975.
[9] Penso si riferisca a situazioni del tipo seguente: «Il Rol sul lavoro, chiamiamolo così, è un diabolico dittatore perché in ogni istante è padrone di tutti i dettagli. La signora poggia un momento la mano un poco avanti sul tavolo? Dice: "Si ritiri". La luce deve essere proprio come dice lui, e basta con le divagazioni. Insomma, è intensamente padrone della situazione, come si legge degli astronauti all'allunaggio» (più avanti, pp. 297-298). Anche Bona subito dopo parla di «padronanza delle situazioni».

Dr. FRANCO BONA
CARIGNANO (TORINO)
C.so Umberto 79

Torino 3/3/1969

Caro Rol,

Preso nella morsa del lavoro (un po' disordinato, a dir il vero) non ho potuto ringraziarti prima per la serata, come al solito affascinante e interessantissima, passata in casa Vorhle. Ho capito che mi hai dedicato in modo particolare molti esperimenti, e te ne sono grato. Non potresti fare altrettanto con gli amici di Bologna? Sono certamente in buona fede e sento siano anche abbastanza solidi di carattere per fare un passo avanti. Fare un po' sufficientemente eccitati il tuo Rôle che è personalissimo, imprevedibile, sconcertante, prepotente e che dimostra una padronanza delle situazioni e delle forze in gioco che mostrano il fondo; forse rimangono sconvolti dal tuo fare e da quel pizzico di ironia che ogni tanto affiora, ma dopo tutto li credo abbastanza preparati.

Anche se oggi uno riesce ancora ad abbandonare l'impostazione razionale dell'osservazione, per qualsiasi fenomeno si tratti — perché è il presupposto di ogni ricerca, che non sia, come non lo è ancora, anche istituzionale — spero vorrai conservarmi la tua amicizia e concedermi di sconvolgermi ancora nel tuo meraviglioso mondo. Ti telefonerò nel corso della prossima settimana, essendo in questi momenti assente. Ancora grazie
                                 molto cordialmente Franco Bona

(foto © Franco Rol – Archivio Storico del Comune di Torino)

Da una conversazione con Franco Bona[10]

«Io sono naturalista... – son stato all'università – in Scienze Naturali, e ho insegnato "Parassitologia" (non "Para*p*sicologia"). E allora Cassoli e amici erano venuti due volte a casa mia qui a Torino[11], a vedere Rol, e Rol era venuto qui proprio per... parlare con loro, e ha fatto un po' gli esperimenti qua. Lui l'ha conosciuto a casa nostra ... Cassoli. E qui mi ricordo ancora lui e Inardi... erano sconvolti... E poi dopo... stravolti e commossi addirittura. Per cui ho l'impressione che sia puramente una reazione così, un po' di rabbia, però un uomo del genere non dovrebbe lasciarsi prendere dalla rabbia. Che sia stato escluso qualche volta, non lo so. Perché quando sono venuti da me erano... estremamente entusiasti. Rol lo avevamo già conosciuto prima, da [*Giacinto*] Pinna. E poi c'era già mio padre che vedeva Rol e mi ha raccontato alcune storie di Rol veramente [*incredibili*]... era uno molto positivo, era un industriale, uno che insomma non è che stesse lì [*a vaneggiare*][12].
Rol lo avrò visto tre volte in tutto, tre/quattro volte al massimo.
Non l'ho frequentato, ogni tanto [*ci siamo incontrati*]. Due volte è venuto a casa nostra, e poi da Pinna un paio di volte[13]. Rol lo conoscevamo molto tempo prima, lo conoscevamo chissà da quali anni, perché se mio padre mi parlava già di Rol sarà stato nel dopoguerra.
Il punto più difficile di Rol era capire il suo carattere e la sua personalità. Era un uomo difficilissimo da capire, difficilissimo».

---

[10] Telefonai a Franco Bona il 20/05/2002. All'epoca mi interessava sapere solo qualcosa di più sull'incontro con Cassoli e Inardi di 35 anni prima – e Bona mi disse comunque ben poco, non ricordava molto – e capire quali furono le impressioni di Cassoli (ancora non conoscevo quanto scritto nel libro *Il sole nascosto*, né queste lettere di Bona). Purtroppo persi l'occasione di andare più in profondità sul suo rapporto con Rol, in particolare su ciò che gli aveva raccontato suo padre. Questa è la trascrizione dei passaggi significativi di quella telefonata, che ho pubblicato su *youtube* nel 2014 (*youtu.be/d9bz8C4BuKc*).

[11] Con «due volte» includeva, senza essere preciso, l'altro incontro con studiosi di parapsicologia avvenuto sempre a casa sua, l'anno successivo a quello con Cassoli e Inardi, ovvero il 14 dicembre 1968, con i dottori Giorgio Alberti e Giuseppe Crosa (più avanti, p. 238). Cassoli e Inardi non erano presenti, né Cassoli come già detto avrebbe incontrato Rol una seconda volta.

[12] Lorenzo Valerio Bona (1894-1971) è stato un industriale nel settore della lana, in gioventù calciatore della Juventus; umanista e cultore delle arti e delle lettere, fu pluridecorato per meriti bellici e civili.

[13] Quindi non andò mai a casa di Rol. Nella lettera del 1969 consta che l'incontro avvenne a casa di Gabriella Vitale, non dei Bona né dei Pinna. Quindi forse incontrò Rol cinque volte. Non è dato sapere se Rol incontrò il fratello Gian Piero solo nelle stesse occasioni in cui c'era Franco, o anche in altre occasioni.

Pittura spiritica

di Nicola Riccardi

Novembre 1967[1]

Un pregevole trattatello del Prof. Francesco Egidi[2], uscito anche in volume, aveva messo al corrente nel 1953 lettori e cultori italiani sui vari gradi e tipi di operazioni psichiche inconsce che potevano dirigere la mano di viventi nel foggiare comuni materiali da pittura e da disegno con espressioni finali abbastanza intendibili e coerenti. Da quello che è stato il risultato della mia esperienza appare ora non impossibile affermare che anche il salto dall'operatore vivente all'operatore disincarnato può essere oggetto di descrizione e di esame.

Perfino in un evento così eccezionale non manca qualche meccanismo logico che ne difende la credibilità e la verificabilità. Esso vuole che non sia frutto di assoluto anonimato ciò che apparirà alla fine della seduta e verrà conservato.

---

[1] in: *Metapsichica,* Casa Editrice Ceschina, Milano, gen.-giu. 1968, pp. 21-27. Memoria presentata il 12 novembre 1967, alla XXVI riunione dell'A.I.S.M. L'articolo sarà poi riprodotto identico, come capitolo, nel libro di Riccardi *Operazioni psichiche sulla materia* (Editrice Luce e Ombra, Verona, 1970, pp. 61-69). Se Rol non dovette essere contento del primo articolo di Riccardi, qui i motivi di contrarietà iniziavano già dal titolo. Per quanto l'esperimento cui assistette poteva avere punti di contatto, nelle apparenze, con una certa fenomenologia "spiritica", definirla tale era comunque sbagliato e mi chiedo se Rol avesse tralasciato di puntualizzare con lui che l'esperimento non doveva essere confuso con lo spiritismo; corretto, o comunque non sbagliato, sarebbe stato se l'avesse chiamata «pittura *spiritualistica*», definizione che può essere usata con riferimento implicito allo *spirito intelligente*. Sul retro di un dipinto di Ravier ottenuto negli anni '50 in modo analogo all'esperimento cui assistette Riccardi, Rol specificava, sottolineandolo: «Seduta di pittura al buio, dedicata al mio illustre Maestro, il pittore François Auguste Ravier (…). Durante la seduta suddetta (seduta spiritualistica e <u>non</u> spiritica) si ottennero i seguenti versi...» (pubblicato per la prima volta nel 1995 in Giordano, M.L., *Rol oltre il prodigio,* tav. VII e p. 82; poi riprodotto anche in libri successivi dell'autrice). Uno zoom di questa essenziale puntualizzazione lo pubblico a p. 222. Lorenzo Rappelli contesterà a Riccardi la sua definizione, preferendo parlare di *pittura al buio,* su cui io però ho messo dei paletti, come si vedrà più avanti (p. 262, nota 47).

[2] *Pittura e disegni metapsichici,* Luce e Ombra, 1953, 6 puntate (1/gen-feb, pp. 1-21; 2/mar-apr, pp. 65-74; 3/mag-giu, pp. 154-167; 4/lug-ago, pp. 204-233; 5/set-ott, pp. 257-277; 6/nov-dic, pp. 321-355) e in volume per Fratelli Bocca Editori, Milano 1954.

A cercare nell'Enciclopedia Treccani, come ho dovuto fare io nei giorni seguenti, si trova una voce su François Auguste Ravier, pittore in Lione deceduto alla fine dello scorso secolo. La breve biografia mostra che, se non fu ritenuto un sommo, ha però un discreto posticino nella storia dell'arte francese di quel periodo (seconda meta del diciannovesimo secolo). Non ho la minima idea del perché proprio F. A. Ravier sia frequentemente coinvolto post-mortem nella produzione di quadri nati in questi anni recenti a Torino[3]. La sua maniera delicata, minuziosa, particolarmente compiaciuta di bellissimi giochi di luce che impreziosiscono i paesaggi, non è poi un'invenzione esclusiva sua. Bisognerebbe che la genesi di questo sodalizio potesse venire illustrata dall'altro operatore, il sensitivo Gustavo Adolfo Rol, dottore in legge e antiquario nella vita pratica, del quale ho trattato in altro lavoro[4] che vide la luce senza alcuna sua partecipazione, del che, come è risultato dopo, conviene che io mi scusi[5].

Anche in occasione della nascita del quadro alla maniera di Ravier era prevista, come propedeutica eccellente per la formazione di un ambiente psichico adatto e risonante[6], dalla nostra eccezionale guida, una prima fase di operazioni psichiche sulle carte da giuoco, per le quali era stata predisposta la solita abbondanza di mazzi. Per la più complessa fase successiva i materiali che risultarono approntati in precedenza furono:

    – un pacco di fogli di carta nuovi;
    – molte matite nuove e appuntite;
    – otto fra tele e cartoni preparati con tecniche differenti, affinché non ci si sentisse obbligati a designare un unico tipo di pittura;

---

[3] Su questo si veda il cap. *Rol e Ravier* ne *Il simbolismo di Rol*, p. 211 e sgg..
[4] Su *Metapsichica* nel 1966, *supra*, p. 154.
[5] Affermazione che fa supporre come Rol dovette criticare l'articolo. Intanto qui Riccardi scrive correttamente «dottore in legge», correggendo l'errore del «commercialista attivo» e precisando che «nella vita pratica» Rol era «antiquario». Ma pare non abbia letto l'articolo di Biondi di sette mesi prima (aprile 1967), dove si diceva che Rol era «biologo,...laureato in legge e diplomato in Inghilterra in economia e commercio». L'impressione è che le informazioni fornite da Riccardi si riferiscano ancora ai primi incontri, forse solo due, e che dopo la pubblicazione del primo articolo (luglio 1966) non abbia, almeno fino alla memoria presentata a novembre 1967, più frequentato Rol. La seduta di cui riferisce in questo nuovo articolo è del 30/04/1966, un anno e mezzo prima. L'incontro successivo potrebbe essere avvenuto molto tempo dopo, il 29/01/1970, come emerge dalla conferenza-dibattito del 01/02/1970 (pp. 278-279). Non sarebbe strano: Massimo Inardi dovette aspettare otto anni per reincontrare Rol (dal 1967 al 1975).
[6] «*come propedeutica eccellente per la formazione di un ambiente psichico adatto e risonante*» mi pare un ottimo inquadramento.

– vasta cassetta di colori in tanti gruppi adatti alle diverse tele e tavolozze relative.

Da parte di Rol ci fu un momento di disappunto per l'assenza di uno degli invitati, a motivo del disturbo che avrebbe potuto arrecare più tardi[7], e la serata non appariva troppo propizia quando i primi due tentativi di dare alle carte un certo ordine risolutivo non riuscirono[8]. Per ottenere paranormalmente questo ordine Rol e la sua vicina si scambiavano una lunga stretta di mano mentre tutti intensificavano la concentrazione sull'esperienza progettata. Con grande prontezza il sensitivo scopre che radicali squilibri provenivano da anelli metallici nelle loro dita; così levano gli anelli e si riprende da capo[9]. Il primo esperimento si svolge così: uno di noi è invitato a scegliere a caso due carte in un mazzo ed estrae prima un 5 e poi un 4. Rol avvicina le due carte e dice che in tal modo è stabilito il numero base 54. Le restanti carte vengono aperte sulla tavola e da lontano un altro indica una posizione che risulta occupata dal 9 di quadri. Si noti che con Rol il numero pari di mazzi non può avere sui dorsi disegni scompagnati: occorre che a coppie abbiano disegno eguale e colore diverso e le esperienze che utilizzano due mazzi vanno condotte esclusivamente con i due omologhi[10], quasi si influenzassero l'un l'altro mentre i rimanenti restano inerti.

---

[7] E perturbare l'«ambiente psichico adatto e risonante» di cui sopra, come un cellulare che squillasse durante un concerto di musica classica, o qualcuno che parlasse a voce alta al cinema o in una aula di yoga durante la meditazione.

[8] Anche se raramente, talvolta la seduta "non ingranava". Nel mio archivio audio, nella parte ancora inedita, in un paio di occasioni (nel 1975 e 1977) a Rol non riescono alcuni esperimenti con le carte e si colpevolizza per aver voluto «strafare», ma in seguito riprende il "ritmo" e gli altri esperimenti vanno a buon fine.

[9] Non ricordo altri esperimenti dove Rol abbia avuto tale necessità, si tratta quindi di una eccezione più unica che rara. In altre due occasioni è lui a togliersi l'anello, come ha riferito Pietro Vercelli (1-XVI-15): «ha posto le mani su questa zuppiera, si è tolto l'anello che aveva, poi s'è concentrato»; lo stesso ha rifatto anni dopo in un esperimento analogo (1-XVI-16). Dire che questi anelli dovevano creare una interferenza è quasi banale, bisognerebbe invece spiegare perché in tutti gli altri casi, ovvero praticamente sempre, questo non avveniva. C'era sempre "armonia"? Non credo. L'impressione è che, come altre volte con Rol, l'operazione sia solo ad uso e consumo delle riflessioni dei presenti, un indizio per indicare uno degli elementi che fanno parte della spiegazione dei processi coinvolti, ma non una effettiva necessità (al limite, una preferenza dovuta al momentaneo stato d'animo di Rol). Lo stesso Riccardi due anni dopo dichiarò di aver scoperto che «le strette di mano e l'abolizione degli anelli non sono necessari» (*infra*, p. 251).

[10] Nessun altro, che io ricordi, ha mai menzionato questo dettaglio, e come nel caso precedente in seguito Riccardi ha dichiarato non essere necessario (*infra*, p. 251).

Ora il mazzo omologo di quello da cui son state prelevate le 3 carte vien sollevato e posto al centro senza alcun mescolamento, mentre è la volta delle due mani nude di intrecciarsi per alcuni secondi. Da notare che non sappiamo cosa si vuol ottenere finché Rol, dopo la stretta, dichiara di aver probabilmente ottenuto con quel processo un nuovo ordine nelle prime carte del mazzo completo, sì che se ora rovescierà una carta dopo l'altra e sommeremo i successivi valori numerici, con l'accortezza che ogni figura vale 10, vedremo che l'ultimo totale sarà 54 e l'ultima carta sarà il 9 di quadri. E questa successione ben poco elastica doveva trovarsi in un mazzo che nessuno aveva visibilmente toccato! Beh, Rol comincia a scoprire, tutti contano, si arriva a 45, gira ancora una carta di questo paradossale sette e mezzo ed è appunto il 9 di quadri che corona di pieno successo le predizioni del sensitivo[11].

Voi capite che questa mia esposizione è completamente insoddisfacente perché ignora molte dimensioni dell'evento. È come se ci imbattessimo in un trattato di meccanica irrazionale pubblicato a dispense: la dispensa 10 elenca dei problemi fantastici, la dispensa 11 indica le equazioni risolutive e i procedimenti per ottenerle, la dispensa 12 reca unicamente le radici di quelle equazioni. Il nostro guaio gnoseologico è che l'undicesima dispensa è completamente introvabile, quasi appartenesse a un universo differente dal nostro. Vorrei ora azzardarmi ad esporre il secondo esperimento con le carte intromettendomi ipoteticamente nella fantastica undicesima dispensa.

Mi vien dato un altro mazzo con l'invito a mescolarlo. In apparenza sono libero di agire con due o tre movimenti, come a bridge, e poi fermarmi guardando Rol interrogativamente. In realtà il processo potrebbe servire ad allentare un poco i legami spaziali fra i cartoncini, sì che nell'altro universo avrei il compito di facilitare la sistemazione delle carte tutte scoperte su di un prato che lì è bidimensionale, ben in vista degli operatori invisibili destinati a eseguire le intenzioni del sensitivo. Sul prato essi hanno precognitivamente disegnato una distribuzione finale che coincide con il successo dell'esperienza, anche se essa non è stata descritta con la voce. Se col mio rimescolare non sono ancora arrivato al giusto disegno, occorre, da parte loro, un cenno di diniego a Rol, che lo traduce nell'ordine a me di continuare. Quando mi dice, in apparenza, di fermarmi è perché ormai l'ordine delle carte necessarie corrisponde ai futuri eventi[12]. E quando mi chiede a bruciapelo un numero, più che rispondere con i soliti 3 o 7 dico uno strano 22, e credo di essere libero ma in realtà ho prestato la voce mia, come ipnotizzato, a una volontà diversa

---

[11] Naturalmente non concordo su questa definizione, ma sarebbe noioso ripeterlo ogni volta che Riccardi lo scrive. La sostituirei sempre con *Illuminato*.

[12] Immagine curiosa e forse anche utile, anche se dubito che il mescolare serva ad «allentare un poco i legami spaziali fra i cartoncini»; penso invece che aumenti il grado di aleatorietà e di *indipendenza* dall'influsso conscio dell'operatore.

dalla mia[13]. Essa potrebbe avere bisogno della personalità inconscia del sensitivo o anche adire a un diretto contatto con le mie corde sonore. Dopo essere stato autorizzato a posare coperto questo mio mazzo sul tavolo la mia partecipazione attiva sembra ultimata. Rol prende il mazzo omologo, non uno qualunque, e questa che sembra un'eleganza formale potrebbe essere invece una necessità, perché se occorrevano manipolazioni invisibili nel mondo dei coadiutori, esse sarebbero state più economiche se concentrate su un solo e certo obiettivo, quel mazzo ausiliario ben riconoscibile. Questo mazzo viene rovesciato da Rol e aperto in fila molto densa sul tavolo; poi fa correre il dito lungo la sequenza avendo incaricato uno di noi di dire stop prima che la corsa finisca. È una procedura classica e frequente con Rol[14].

Lui è del tutto estraneo all'esame delle carte, perché se vuol riconoscerle deve mettersi gli occhiali[15]. Sembra in apparenza una scelta di tipo casuale ma in realtà c'è nel mazzo poco più di una sola carta adatta alla giusta chiave del gioco. Col nostro metro temporale passano poche frazioni di secondo prima dello stop, ma su quell'altro piano potrebbero disporre, essi, di un rallentamento di parecchi ordini di grandezza. Un impulso telepatico emesso intelligentemente dal mondo invisibile provoca ora sia lo stop, che l'ordine di fermarsi al dito di Rol e il dito indica il 2 di fiori fra le carte distese. Quando subito dopo Rol mi chiede di guardare l'ultima carta del mazzo affidatomi, vediamo tutti che è ancora il 2 di fiori. Così con nostra grande meraviglia il primitivo numero 22, che sembrava un piccolo fiato inconsulto, è stato magicamente ricostruito e materializzato per mezzo di due carte identiche[16].

---

[13] È questo probabilmente un indizio che potrebbe essere in azione la *possibilità* che ho chiamato *trasferimento di coscienza*, dove la «volontà diversa» è quella di Rol, nelle vesti del suo *spirito intelligente*; non si tratta sicuramente di ipnosi e basterebbe ad escluderla già solo il fatto che Riccardi ne faccia una relazione precisa e affermi «*come* ipnotizzato». Sensazione analoga la sperimenterà Maria Rosa di Simone, moglie di Giorgio (*infra*, p. 403).

[14] Che ha spesso fatto fare anche a me (ero io cioè a fare scorrere il dito e a decidere autonomamente dove fermarmi).

[15] Si veda *supra*, p. 164, nota 36.

[16] Cinque anni dopo riassumerà così l'esperimento: «Dio ha deciso quella sera che Rol ottenga con i mazzi di carte A e B il solito successo. Sicché Egli con tenuissimi tocchi ha posto un 2 di fiori in fondo al mazzo A, e un 2 di fiori sul luogo dello stop al dito che scorreva lungo il mazzo B. In quanto al Riccardi, è stato quasi niente fargli dire 22 al momento opportuno. Un minuscolo impiego delle armonie superiori alle quali i parapsicologi da strapazzo non sono sensibili» (*infra*, p. 432).

Dopo i due successi viene l'ora della pittura spiritica. Ci ritroviamo adesso nel buio più completo[17], seduti intorno al tavolo coperto da un bel tappeto verdolino, ciascuno con un foglio e una matita davanti. Nella assegnazione dei posti non c'era nulla che dipendesse dal caso: Rol vi impiega molto tempo e ci disloca uno per uno, ogni volta si sofferma come per una misteriosa verifica delle forze del campo, sembra insoddisfatto come se apparisse necessaria la materiale occupazione dei posti per giudicare della armonia dell'insieme e continua a scambiarci fra noi. Ciascuno si porta dietro foglio e matita, benché saremmo pronti a giurare che sono tutti eguali e che i fogli sono usciti immacolati dal pacco. Le chiamate o invocazioni a Auguste François Ravier in francese e in italiano vengono ripetute a lungo dal sensitivo. Inoltre ci guida in un accompagnamento sonoro di sfondo prodotto all'unisono strofinandosi le mani o spiegazzando i fogli di carta, secondo i comandi alternati. Siamo anche stati invitati a riempire la nostra mente con il colore verde del tappeto. Dopo un bel po' si sente Rol dichiarare che ritiene essere stato raggiunto l'effetto evocatorio, di cui l'ambiente è pronto a ricevere una prova tangibile. Senza tentennamenti egli sa adesso che il tramite del fenomeno della risposta spiritica sarò proprio io. Siamo seduti entrambi agli estremi del tavolo e sono io il più vicino all'interruttore che giro secondo i comandi. Mi dice di avvolgere il mio foglio di carta attorno alla matita e di porre il cilindretto a contatto con il mio petto, sotto agli indumenti. Eseguo con poca destrezza per via del buio e quando la cosa viene a contatto della pelle sto bene attento a vibrazioni, moti, riscaldamenti, ignorando quali eventi dovranno seguire. Non percepisco proprio niente durante i secondi di attesa, ma Rol dispone di informazioni da un altro mondo se a un tratto può esclamare che il segno dovrebbe essere arrivato. Che radicale differenza fra lui e noi! Mentre le nostre percezioni sensoriali non servono a nulla egli dispone di un periscopio spirituale nell'altro universo e nelle nostre medesime strutture profonde. Segni e tracce di fenomeni inerenti alla rappresentazione desiderata sono captati unicamente dalle sue antenne e guidano la straordinaria regia.

Fatta la luce svolgo il gualcito foglio e con un po' di attenzione trovo scritto in piccoli caratteri a matita: «Je suis ici avec vous F. Auguste Ravier». Ho esaminato in seguito con una lente questo scritto. Si vede ben marcata solo la prima lettera, mentre le successive sono gradualmente più sbiadite e la firma sembra un soffio. Esperti potrebbero analizzare punto per punto questo leggero deposito di grafite che costituisce il messaggio dello spirito di Ravier.

Con palese rispetto della nostra libertà di scelta si passò, dopo questa tappa importante della seduta, a fissare il soggetto del futuro quadro.

---

[17] Dopo la seduta raccontata da Buzzati l'anno precedente, e ricordata da Femore nel 1978, questa è la seconda (e ultima) volta che viene *descritto* un esperimento al buio di questo tipo.

Sempre al buio Rol prega R. di designare un altro dei presenti: tocca a B.[18] che chiede un paesaggio collinare, in un mattino di primavera, con note di tristezza e alberi in fiore.

Quale esperto della pittura di Ravier, e pittore lui stesso, Rol discute il tema e fa presente con finezza che se Ravier non ha dipinto alberi in fiore quando era vivo, non potrà cominciare a farlo dopo morto[19]. Il suo parlare non si arresta ed ora avvia un discorso che ci presenta come la traduzione in italiano di quanto lo spirito sta comunicando a lui in francese. Sono pensieri pacati e profondi che lì per lì fanno grande impressione per il tono di saggia bontà, ma poi mi è risultato che molto stranamente subito dopo sono stati dimenticati da tutti, come se non fossero stati espressi per mettere radici nei nostri intelletti[20]. Di carattere concreto segue invece l'elenco preciso dei colori e degli accessori da preparare per la pittura spiritica, ripetuto da Rol e trascritto al buio.

Queste istruzioni dimostrerebbero che lo spirito ha ormai avuto il tempo di progettare nei dettagli il quadro sul proposto argomento e quindi, memore dei limiti motorii connessi col suo attuale stato di disincarnato[21], predispone nel modo più economico gli strumenti necessari, tenendo conto che forse non gli è dato di poter estrarre altri colori dai tubetti.

La compagnia si sposta nell'ampio salone e per prima cosa qui avviene, affidata alla pura sorte, la designazione all'ultimo minuto di uno fra gli otto cartoni e tele preparati in precedenza. Sapendo ora quale sarà il cartone, Rol appronta sulla tavolozza i colori a olio corrispondenti all'elenco e sistema una sedia a mo' di cavalletto. Mi chiama al suo fianco mentre con la matita comincia a schizzare febbrilmente da sinistra a destra una successione di segni accidentati e continui sul cartone che ha messo in posizione. Vedrò poi che questa opera velocissima del pittore vivente sarà la linea dell'orizzonte del paesaggio finale.

Mi siedo a meno di un metro di fronte a lui, alle spalle del cartone, e faccio il buio nella sala. Si sente il sensitivo ansare mentre nomina ancora

---

[18] Dovrebbe trattarsi della «vedova B.» di cui parla Jacopo Comin (più avanti p. 306) e che non sono riuscito a identificare; R. è probabile che sia Lorenzo Rappelli.

[19] Conferma e precisa quanto già Buzzati aveva scritto l'anno precedente a questa seduta: «Questo "spirito" può, in determinate circostanze, ripetere cose che aveva fatto durante la vita, non mai creare qualcosa di nuovo».

[20] La ragione starebbe nel fatto che il gruppo si trovava in uno stato di coscienza diverso (ma non *trance* o suggestione collettiva). Il processo parrebbe simile a quello dei sogni che al mattino non si ricordano più, o a quei momenti in cui di notte ci si sveglia, si compiono determinate azioni o si dicono determinate cose in maniera anche cosciente e normale, ma al mattino non si ricorda che questo sia avvenuto. Nella fenomenologia di Rol c'è qualche altro episodio di amnesia, pochi in verità, cfr. per es. Anne Andronikof e Nuccia Visca (1-XXIV-1 e 2).

[21] Il fatto che Riccardi si esprimesse così indica che non fosse a conoscenza delle idee precise di Rol sulla natura di questo "spirito".

Ravier, ci chiede ancora rumori di carta gualcita e aggiunge richiesta di partecipazione spirituale dai presenti, insieme con una invocazione a Dio affinché i prossimi avvenimenti non portino nocumento a nessuno, né ora né in futuro. Mentre armeggia con frequenti sospiri e per molti minuti, mi accade, data la mia ignoranza, di non poter evitare il pensiero che se non succede altro sarà facile alla critica sostenere che è stato lui da solo a produrre il quadro in stato di possessione e assenza di coscienza vigile, come fanno tanti pittori metapsichici. Anche così l'opera potrebbe risultare sorprendente ma nei giorni successivi mi ha assicurato che in questi minuti si è limitato a distribuire inconsciamente macchie di marrone e di blu sulla tela.

Ogni tanto, forse per servirsi correttamente di colore, chiedeva un po' di luce. Potevo allora osservare l'operatore e avevo l'impressione che fosse molto alterato nei lineamenti del volto. Chiedeva insistentemente di rompere il silenzio facendoci spiegazzare i soliti fogli. Silenzio invece s'è fatto quando si è allontanato dal cavalletto portandosi in fondo al salone. Con lo scambio di alcune frasi ci ha rassicurati che ora nessun vivente era presso al quadro. Breve pausa e poi, dal mio posto assai ravvicinato, ho seguito in piena lucidità la inconfondibile ripresa dell'impiego di pennelli e spatola lì vicino a me, in direzione della sedia-cavalletto, per una durata che ho giudicato di un centinaio di secondi. Il buio era sempre completo. Gli strumenti venivano adoperati vigorosamente e ricadevano con chiaro suono sul pavimento di legno, come lasciati cadere quando non servivano più. Era anche udibile il caratteristico strofinio dei pennelli sul cartone. Temevo, ora che la fattura del quadro promesso era sicura, che saremmo stati costretti a ipocrite congratulazioni di fronte a un risultato scarsamente caratterizzato e significativo, ma non conoscevo affatto Ravier e assai poco Rol[22]. Il quale al cessare di ogni segno di operosità ha chiesto dal fondo la luce, si è avvicinato a gran passi, indubbiamente trionfante, ha preso il quadro e l'ha quasi gettato sul tappeto al centro del salone. Nessun pericolo per la fama di Ravier: il lavoro è apparso subito di eccellente fattura, minuzioso e delicato, con magistrali effetti di luce insieme a un velo di nebbia diffuso sul paesaggio. Buona è stata giudicata l'aderenza al tema estemporaneo.

Anche il giorno dopo Rol non si stancava di ammirare questa creatura del sensitivo che è in lui, non del pittore. Con molta cortesia ha voluto anche farmi conoscere la sua raccolta intitolata a Ravier. Avviandomi ad esaminarla mi son ricordato che nella fase per lui più impegnata avevo notato un ispessimento e rigonfiamento della sua testa, che per natura ha regolare e ben proporzionata. Mi è venuto naturale di chiedergli se Ravier possedeva per caso una testa molto grossa e se poteva mostrarmela in fotografia o ritratto. Nello sfogliare l'album ho trovato due ritratti del

---

[22] Importante ammissione, cartina al tornasole su come valutare la testimonianza di Riccardi e certe sue "uscite": «conoscevo...assai poco Rol».

pittore lionese in età diverse. Quello più tardo, a parte un gran cespuglio di capelli intorno al capo che il vivo non ha, mi ha fatto esclamare spontaneamente: «Ma questa è proprio la faccia che ho visto ieri sera china sulla tavolozza!»[23].

Nell'album ho anche ritrovato diversi particolari del quadretto metapsichico, specie il motivo di due torri lontane che dovevano essere care al defunto perché le ha inserite in varie opere[24], e che era sorto ai miei occhi nella fase del correre convulso della matita di Rol, che in quel momento non disegnava certo per conto suo ma inseguiva brani staccati di un'invenzione che si era formata altrove e alla quale prestava la mano per le parti non eseguibili spiritualmente[25]. Qualora fosse fotografato e stampato in seppia, il nuovo quadro del 1966 (30 aprile) non si sarebbe distinto dagli altri della raccolta.

Sulla probabile trasfigurazione il sensitivo è stato piuttosto sommario: ha detto solo che la esigenza del buio non è condizione necessaria ma solo ripiego prudente, perché sa benissimo che si danno in questi casi varie materializzazioni e non vuole far correre alle brave persone della sua cerchia abituale i pericoli di contraccolpi psichici troppo violenti[26].

Questa mia diretta testimonianza di un eccezionale evento non si presta a conclusioni per due ordini di motivi. Primo: bisognerebbe confrontarla con relazioni tratte dalla memoria di tutti coloro che hanno partecipato alle sedute di pittura spiritica in questi anni, principalmente lo stesso dott. Rol al quale ogni rivista a diffusione internazionale offrirebbe tutto lo spazio occorrente. Sono certo che le note e gli appunti di tutti gli interessati sarebbero accolti con gratitudine[27]. Ancora più obiettivo sarebbe uno studio di tecnici e di critici d'arte sull'insieme dei quadri nati in questa specialissima maniera e quindi probabilmente diversi in qualche manualità dalle opere dei pittori vivi. Secondo: non sono affatto sicuro che la mia facoltà sensoriale, ridotta per quasi tutta la seduta al solo ausilio dell'udito, mi abbia consentito di fissare nella memoria proprio i capisaldi fondamentali della esperienza. Naturalmente anche se avessi avuto a periodi la mente obnubilata da influssi ipnotici crederei lo stesso di essere

---

[23] Si veda sempre il cap. *Rol e Ravier* ne *Il simbolismo di Rol*, in particolare p. 218.
[24] Si tratta di due torri – una medievale del XIII° secolo e l'altra gotica del XV° sec. della chiesa Saint-Symphorien poco distante – che sono gli edifici preminenti di Morestel, piccolo borgo dell'Isère dove Ravier visse gli anni della vecchiaia e dove morì, e dove si trova un museo a lui dedicato. Ravier le ha dipinte più volte.
[25] Per lo stesso principio della *scrittura automatica*.
[26] Ecco che Rol conferma direttamente una delle ragioni del buio per questo genere di esperimento: *non è condizione necessaria ma solo ripiego prudente.*
[27] Questo è qualcosa che avrebbe dovuto fare proprio uno come Riccardi: chiedere agli altri testimoni di quella come di altre sedute un resoconto dettagliato, possibilmente scritto. Perché non lo ha fatto?

stato di continuo vigile e sveglio: solo una strumentazione adeguata posta sulla mia persona avrebbe potuto indicare con le sue registrazioni il permanere del consueto grado di ricettività[28]. Si deve ritenere come certo che la cecità prodotta dal buio assoluto ha eliminato dal rapporto elementi di completezza e di classificazione molto importanti, ma almeno di questa carenza non è impossibile che in sede e compagnia più specializzate si possa ottenere il superamento ripetendo analoga esperienza in piena luce. Infine c'è la manchevolezza del conteggio del tempo, che ho cercato di giudicare con la consuetudine di un vecchio marinaio, ma che sarebbe stato assai più denso di informazioni se ora disponessimo di una registrazione al magnetofono della intera seduta[29].

Il dipinto di F.A. Ravier (su cartone, 39,5 x 29,5 cm) ottenuto durante la seduta *spiritualistica* del 30 aprile 1966, qui pubblicato per la prima volta.

---

[28] Il raffronto con il resto della fenomenologia, così come l'opinione di esperti di ipnosi che assistettero a vari tipi di esperimenti, la escludono.

[29] È possibile comunque avere un'idea delle tempistiche di altri tipi di esperimenti con procedure diverse ma che portano a risultati simili, come le materializzazioni di acquerelli, in alcuni dei video che ho montato con registrazioni sonore di sedute sperimentali di Rol negli anni '70, visionabili sui miei canali *youtube* e *facebook*. Alle carenze sottolineate da Riccardi, oggi possono supplire anche, almeno in parte, le altre testimonianze su esperimenti analoghi, inclusi quelli alla luce o con sufficiente illuminazione dove i pennelli sono stati visti chiaramente muoversi da soli nell'aria nell'atto di dipingere.

Due dettagli dal dipinto di Ravier: sopra (a destra in basso nel dipinto) la data con la dicitura *Hommage à Ravier* e la sigla di Rol; sotto (a sinistra in basso nel dipinto): *Proprietà della Sig.ra Franca Pinto*.

Dettaglio dal resoconto-dedica fatto da Rol sul retro di un dipinto realizzato dallo *spirito intelligente* di Ravier e donato al marchese Gian Felice Ponti di Varese.

Comunicazioni di Barbara Riccardi[1]

Per quanto riguarda il rapporto tra mio padre e Rol ne ho parlato spesso con lui e so che c'è stata stima reciproca e un'attiva collaborazione fino a quando, negli anni '70, le loro vite hanno preso due strade diverse e Rol chiese di non pubblicare il libro che mio padre aveva scritto e di comune accordo hanno interrotto il loro rapporto[2].

Qualche anno dopo l'interesse di mio padre per la parapsicologia si è esaurito perché, dopo lunghi anni di ricerche era arrivato alla conclusione che: pur riconoscendo l'esistenza dei fenomeni *Esp* questi sono al 90% inseribili in tre grandi famiglie fenomenologiche:

1 – I fenomeni inattesi, spontanei, sporadici;
2 – Gli esperimenti quantitativi;
3 – Le manifestazioni paranormali innescate mediante rituali;

---

[1] Del 25-26/05/2022. La seconda comunicazione è complemento e integrazione della prima. Barbara Riccardi è figlia di Nicola Riccardi.

[2] Ho dei dubbi che le cose siano andate così, questa mi pare più che altro la versione edulcorata che suo padre ha voluto raccontare. Ritengo che Rol fosse deluso dall'approccio di Riccardi e di quanto aveva pubblicato fino ad allora – tanto che negli articoli su *Gente* del 1977 Rol citava, tra i parapsicologi, Bender, Inardi e Di Simone, omettendo, non a caso, Cassoli e Riccardi, cfr. *Il simbolismo di Rol*, pp. 87-88 – e che Riccardi, peraltro, avesse preso atto che era inutile insistere a voler sottoporre Rol a esperimenti di laboratorio. In questo senso, sicuramente, entrambe avevano motivo di non desiderare di proseguire con la frequentazione. Quanto al libro, non è dato sapere a quale esattamente si riferisca. L'ultimo e secondo che Riccardi pubblicò, a novembre 1972, è stato *L'occulto in laboratorio*. Considerando che Rol non dovette essere contento di quello precedente, non mi stupirei se avesse sconsigliato Riccardi di pubblicare il secondo. Però nell'aletta interna si afferma che l'autore aveva già in quel 1972 in preparazione altri due volumi, dal titolo: *Entità cibernetiche create dalla psiche* e *L'immenso silenzio dei morti*, ma essi non furono mai pubblicati nei successivi 13 anni, fino alla morte di Riccardi nel 1985 (né altri libri, ma solo due articoli sulla rivista *Luce e Ombra*: *Le proiezioni psichiche*, n. 3, 1979, pp. 197-208; *Inconscio ed ectoplasmi*, n. 1, 1980, pp. 53-63). Per questo, dopo non poche difficoltà sono riuscito a rintracciare i figli nella speranza che avessero ancora i manoscritti, così come il quaderno dove Riccardi aveva annotato gli incontri con Rol. Barbara era l'unica a saperne qualcosa, mi ha detto che purtroppo era andato tutto perso, come specifica nella comunicazione. L'unico indizio sui contenuti sono dati dai titoli, il primo essendo un chiaro sviluppo delle teorie che già si ritrovano nei volumi precedenti, il secondo una probabile conclusione pessimistica e scettica sull'aldilà – idee anche qui espresse in precedenza – forse portando alle estreme conseguenze la nozione di *spirito intelligente* di Rol, che non essendo il defunto ed essendo ciò che partecipa anche delle sedute medianiche, "zittisce" di fatto l'aldilà, da dove non arriverebbe, nonostante le apparenze, alcuna comunicazione.

4 – Il rimanente 10% di inconoscibile è Gustavo Rol e le sue incredibili capacità, mai messe in dubbio.

L'approccio di Nicola Riccardi allo studio della parapsicologia è sempre stato di carattere rigorosamente scientifico e si basa sul presupposto che tutti i fenomeni *Esp* abbiano una spiegazione che escluda qualsiasi intervento divino, extrasensoriale o ultraterreno per cui devono poter essere seguiti da gruppi di ricerca dotati di apparecchiature per l'analisi dei sensitivi mentre sono in attività paranormale. Non è mai riuscito a convincere Rol a sottoporsi a simili controlli anche se in alcune sedute sono state utilizzate cineprese e macchine fotografiche[3].

Nei primi anni '80 il giornalista Renzo Allegri si accinse a scrivere un libro su Gustavo Rol e, credo su segnalazione dello stesso, prese contatto con mio padre per avere notizie di prima mano che ha poi utilizzato citandone la fonte[4].

Il manoscritto originale[5] come gli appunti e i suoi diari di guerra non erano tra le sue carte che ho avuto in custodia e ritengo, conoscendo mio padre, che tutto sia stato distrutto da lui per non lasciare in giro materiale

---

[3] Barbara Riccardi non ha saputo dirmi di più. Le uniche fotografie durante gli esperimenti, che io sappia, le ha scattate nel 1978 Gabriele Milani della *Domenica del Corriere*, archivio e diritti che io ho rilevato nel 2001. Molte sono ancora inedite, ma nessuna serve per "svelare" qualcosa: sono analoghe a quelle che già ho pubblicato o concesso agli editori. Quanto ai filmati, l'unico di cui si è spesso detto è quello che sarebbe stato girato dalla troupe di Piero Angela negli anni '70 – non è dato sapere in che anno di preciso – e che il giornalista avrebbe "insabbiato". Questo commento di Barbara Riccardi lo considero una ennesima conferma di questa ipotesi, visto che non ho mai sentito di altri filmati.

[4] In realtà Riccardi è menzionato pochissimo nel libro di Allegri, *Rol l'incredibile*, pubblicato nel 1986 (idem nei successivi, dove ripete le stesse cose); a p. 20 scrive: «Conobbi il comandante Nicola Riccardi, un ex militare, serio studioso di parapsicologia, autore di alcuni libri importanti in cui riferiva anche i suoi incontri con Rol. In quelle pagine c'erano degli ottimi episodi, e il comandante era dispostissimo a raccontarmeli con tutti i particolari. (...) Andai a casa del comandante Riccardi a raccogliere il racconto degli esperimenti fatti da Rol ai quali il comandante aveva assistito»; a p. 21 già chiude l'incontro senza dire quasi nulla, e a p. 33 cita un solo esperimento (nemmeno mezza pagina) come se glielo avesse raccontato Riccardi («mi disse il comandante Riccardi»), che però appare come un plagio dall'articolo di *Metapsichica* del 1966, questo essendo consuetudine con Allegri, che pescò in articoli e libri precedenti facendoli precedere da: Tizio mi raccontò, Caio mi disse, mentre invece non era così (o se lo era, forse lo era a braccio ma poi Allegri prendeva dagli scritti, senza citare la fonte – già nel 2008 segnalavo questo "metodo" ne *Il simbolismo di Rol* – cosa che io considero molto scorretta, non foss'altro perché non permette di contestualizzare né di approfondire quanto si afferma *in extenso* nella fonte stessa, né si sospetta che tale fonte possa esistere).

[5] Intende entrambi i libri *Operazioni psichiche* e *L'occulto in laboratorio*.

che non voleva fosse pubblicato. C'era il manoscritto sulle entità cibernetiche che è andato perso nei miei spostamenti (ma non credo che il mondo lo rimpiangerà) mentre l'altro titolo[6] mi giunge sconosciuto.
Nicola Riccardi nasce a Roma nel 1906, giovanissimo entra all'Accademia Navale e percorre la carriera militare fino al grado di capitano di vascello partecipando alla Seconda Guerra Mondiale e ricevendo la medaglia d'argento e altri riconoscimenti. Nel 1949 lascia la Marina Militare e si trasferisce con la famiglia a Torino dove vivrà fino al 1985, anno della sua morte. Si avvicina alla Parapsicologia indagando sui fenomeni extrasensoriali con spirito scientifico.

*

Per le *Entità cibernetiche* ho poche informazioni: all'epoca ho tentato di leggerlo ma l'ho trovato contorto e noiossimo (opinione condivisa da mio padre per questo non lo ha mai voluto pubblicare) e l'ho abbandonato. Devo dire che alla luce delle scoperte di oggi la teoria invece potrebbe reggere: si ipotizzava che in natura potessero esistere delle forze psichiche in grado di piegare la materia ai "voleri" di chi ne è dotato. Come poi fosse sviluppato l'argomento non lo so.

Note biografiche
Premetto che nessuno di noi ha mai avuto modo di leggere i suoi diari per cui quello che so è per notizie avute direttamente da lui.
Nicola Riccardi è stato un ottimo ufficiale di Marina come attestano i riconoscimenti ottenuti, in particolare la medaglia d'argento per il salvataggio dei naufraghi operato dalla Corvetta Cigno di cui era il comandate. I suoi diari di guerra sarebbero stati particolarmente interessanti per le critiche alla gestione della guerra di *Supermarina*[7]. Ha sempre avuto l'impressione che gli inglesi conoscessero tutti gli spostamenti della nostra flotta per cui quando era possibile modificava la propria rotta. Inoltre ha sempre evitato di imbarcarsi sui sottomarini. La storia gli ha dato ragione. L'abbandono della Marina, a quanto diceva nostra madre, è stato in parte dovuto alla delusione di aver perso la guerra e in parte alle sue idee poco ortodosse.
Nel 1949, dopo una breve esperienza nella Marina Mercantile ha trovato lavoro a Torino e così ci siamo trasferiti.
L'interesse per la parapsicologia nasce dalle sedute spiritiche che venivano organizzate nei salotti "bene" a cui nostra madre amava partecipare. Alla mente curiosa e indagatrice di nostro padre non bastavano le performance salottiere e ha cominciato a volerne sapere di

---

[6] *L'immenso silenzio dei morti*, che le ho segnalato.
[7] Così si chiamava lo Stato Maggiore della *Regia Marina* durante la seconda guerra mondiale, entrata in funzione il 1° giugno 1940.

più leggendo libri sull'argomento, poi si avventurò sul campo andando a conoscere i sensitivi più discussi. Tra gli altri incontrò il giovanissimo israeliano che piegava i cucchiai [*Uri Geller*]. Non so chi gli abbia presentato Gustavo Rol anche perché mi ero già trasferita a Roma.

Nicola Riccardi

Lettera di Hans Bender[1]
1968

Institut für Grenzgebiete der Psychologie und Psychogiene[2]

27 settembre 1968

Signore,

    Il Sig. Giorgio Alberti di Milano, un giovane collaboratore del mio istituto, mi ha incoraggiato a scriverLe. Desidero da molto tempo fare la Sua conoscenza, e sono stato informato che desiderava ricevermi.
    Sono a Forio d'Ischia in vacanza e al ritorno a Friburgo potrei passare da Torino. Pensa sia possibile ricevermi insieme al sig. Alberti Sabato 5 ottobre in serata? Arriverei a Torino in macchina nel corso del pomeriggio e vi passerei la notte[3].
    Posso chiederLe la gentilezza di scrivermi se questa data vi va bene? Ho visto che la posta è molto lenta a Ischia e partendo già giovedì mattina, Le sarei molto grato se volesse inviarmi qualche riga per espresso o farmi sapere con un colpo di telefono se posso verderLa sabato sera. Sono alla pensione fino alle 9 del mattino e a partire dalle 7 di sera.
    Ho sentito molto parlare di Lei e non ho altra intenzione che di fare la Sua conoscenza.
    Le interesserà forse sapere che mi occupo del "miracolo di San Gennaro" e che faccio parte di una commissione internazionale che prepara una documentazione scientifica di questo fenomeno secolare che ha il vantaggio di ripetersi.
    Sembra che il 'Corriere della Sera' del 17 settembre abbia pubblicato un articolo del sig. Altavilla sull'istituto di Friburgo. Se l'avessi in mano glielo vorrei inviare per darLe una informazione ma,

---

[1] Tradotta dal francese.
[2] «*L'Istituto per i Territori di Confine della Psicologia e dell'Igiene Mentale* (IGPP) fondato dal medico e psicologo Hans Bender nel 1950 si è concentrato sulla ricerca sistematica e interdisciplinare di fenomeni e anomalie finora insufficientemente compresi alle frontiere della nostra conoscenza. Questi includono condizioni di stati alterati di coscienza, esperienze umane straordinarie, interazioni mente-materia così come il loro contesto sociale, culturale e storico nelle discipline umane, sociali e naturali» (tratto dal sito dell'Istituto: *igpp.de*).
[3] L'incontro poi avvenne – anche se non è dato sapere se effettivamente quel giorno – come testimoniato dal dott. Alberti nella lettera del 29 ottobre (più avanti, p. 235).

sfortunatamente, la copia che mi è stata promessa non mi è ancora arrivata[4].

Nell'attesa di Sue notizie, La prego di accettare l'espressione dei miei più distinti sentimenti.

Prof. Hans Bender

Busta contenente la lettera di Bender inviata da Ischia
(foto © Franco Rol – Archivio Storico del Comune di Torino)

---

[4] Ho recuperato l'articolo e lo propongo di seguito a p. 230, utile a illustrare e contestualizzare l'attività di ricerca di Bender così come l'approccio al paranormale nel 1968 su uno dei principali quotidiani italiani.

INSTITUT FÜR GRENZGEBIETE DER PSYCHOLOGIE UND PSYCHOHYGIENE
Leiter: Prof. Dr. Hans Bender

78 FREIBURG I. BR., den 27 septembre 1968
Eichhalde 12 · Tel. 5 5035

Forio d'Ischia
Pensione Albatros, Via Citara
Tel. 89 73 59

Monsieur,

    M. Giorgio Alberti de Milano, un jeune collaborateur de mon institut, m'a encouragé de vous écrire. Je désire depuis longtemps faire votre connaissance, et j'ai été informé que vous vouliez bien me recevoir.
    Je suis à Forio d'Ischia en vacances et en retournant à Freiburg je pourrais passer par Torino. Voyez-vous une possibilité de me recevoir ainsi que M. Alberti Samedi, le 5 octobre dans la soirée? J'arriverai en voiture à Torino au cours de l'après-midi et j'y passerai la nuit.
    Puis-je vou demander la gentillesse de m'écrire si cette date vous convient? Vu que la poste est assez lente à Ischia et partant déjà jeudi matin, je vous serais très obligé si vous vouliez m'envoyer quelques ligne par exprès ou me faire savoir par un coup de téléphone si je peux vous voir samedi soir. Je suis à la pension jusqu'à 9 heures du matin et à partir de 7 heures du soir.
    J'ai beaucoup entendu parler de vous et je n'ai d'autre intention que de faire votre connaissance.
    Il vous intéressera peut-être que je m'occupe du 'miracolo de San Gennaro' et que je fais partie d'une commission internationale qui prépare une documentation scientifique de ce phénomène séculaire qui a l'avantage de se répéter.

    Il paraît que le 'Corriere della Sera' du 17 septembre a publié un article de M. Altavilla sur l'institut de Freiburg. Si je l'avais en main je voudrais vous l'envoyer pour vous donner une information mais, malheureusement, la copie qu'on m'a promise, ne m'a pas encore atteint.

    En attendant de vos nouvelles, je vous prie d'agréer l'expression de mes sentiments les plus distingués

Prof. Hans Bender

(foto © Franco Rol – Archivio Storico del Comune di Torino)

Gli spettri in laboratorio

di Enrico Altavilla[1]

Friburgo, settembre.

In Europa vi sono tre istituti universitari di parapsicologia: a Leningrado, a Utrecht e a Friburgo. Ai direttori di questi ultimi due istituti, l'olandese Wilhelm Tenhaeff e il tedesco Hans Bender, si può chiedere se abbiano mai avuto, personalmente, prove sicure di fenomeni di precognizione, di chiaroveggenza e di telecinesi, cioè della possibilità di far muovere gli oggetti adoperando la sola forza della volontà. Ecco le risposte.
Parla il professor Tenhaeff: «In una delle ultime giornate dell'ottobre 1937 accompagnai un 'sensitivo', E. Benedict, nell'ospedale 'Burgerziekenhuis' di Amsterdam per farlo sottoporre ad alcuni controlli medici. Parlando con il direttore dell'ospedale, dottor Spoor, e con il dottor Haye che lo stava esaminando, il 'sensitivo' disse, in mia presenza: 'Entro un mese riceverete la visita di personaggi molto importanti. La regina Guglielmina, la principessa Giuliana e il principe Bernardo verranno ad abitare nel vostro ospedale'.
'Vuole intendere che verranno a visitare l'ospedale?' domandò il dottor Haye.
'No, resteranno tutti e tre da voi per alcuni giorni', rispose il 'sensitivo'.
«Nel pomeriggio del 27 novembre mi arrivò una lettera, scritta da un'altra 'sensitiva', che diceva: 'Stanotte ho sognato che il principe Bernardo restava ucciso in un incidente automobilistico, avvenuto presso un passaggio a livello a causa dello scoppio d'una gomma che scaraventava la sua macchina contro un grande autocarro addetto ai lavori per la riparazione delle strade'. Fin qui la lettera. Due giorni dopo, alle 9,45 del 29 novembre, la radio annunciò che il principe Bernardo era rimasto gravemente ferito in un incidente d'automobile e trasportato nell'ospedale 'Burgerziekenhuis' dove, data la gravità delle sue condizioni, vollero pernottare per un'intera settimana la regina Guglielmina e la principessa Giuliana. Dai giornali della sera appresi che l'incidente era avvenuto nelle vicinanze del viadotto ferroviario della linea Amsterdam-Hilversum e che la macchina sportiva del principe era andata a cozzare contro un autocarro della ditta De Baat, un'impresa specializzata in riparazioni stradali».
Due fenomeni di precognizione, dunque, per lo stesso avvenimento. E con previsioni piuttosto accurate, salvo qualche particolare. I fenomeni

---

[1] *Corriere della Sera*, 17/09/1968, p. 3. Ho mantenuto le virgolette come nell'originale. Altavilla (1915-1993) è stato giornalista e scrittore, corrispondente dall'estero di grandi quotidiani come *La Stampa* e *Corriere della Sera*.

vengono riferiti dal titolare d'una cattedra universitaria. Diremo che essi provano senza dubbio la possibilità di prevedere il futuro? Sarà meglio non mettere le mani nel fuoco. Ma potrà interessare l'interpretazione psicologica che Wilhelm Tenhaeff fa seguire al suo racconto: «La donna che scrisse la lettera – egli dice – era stata maltrattata dal padre, da bambina, e spesso sognava che il padre voleva ancora picchiarla. Di conseguenza lo odiava, fino a desiderarne la morte. Ora, come noi psicologi ben sappiamo, i regnanti rappresentano per molte persone una 'immagine del padre'; e questo fatto potrebbe aver indotto la donna a trasportare sul principe Bernardo, solo uomo della famiglia reale olandese, il desiderio di morte concepito per il proprio padre».

Mi parla adesso Hans Bender, titolare della cattedra di parapsicologia nell'università di Friburgo: «Pochi anni fa, mentre viaggiavo in macchina sull'autostrada, un soldato americano mi chiese un passaggio. Era un negro, alto, robusto, con grandi mani nodose. Sembrava nervoso e, non so perché, mi convinsi che volesse aggredirmi. 'Io sono uno studioso – gli dissi –, noi professori siamo pagati male, non abbiamo molti soldi'. Ma i timori si mostrarono infondati; il negro scese alla periferia di Friburgo, ringraziando. Quando arrivai in ufficio, una mia collaboratrice mi disse: 'Professor Bender, ho avuto una visione. Lei veniva aggredito da un negro, dalle mani gigantesche, e strillava: Non ho soldi con me. Ma il negro le stringeva il collo e la scaraventava fuori dalla macchina'. Nel messaggio telepatico che avevo inconsciamente lanciato nel mio stato di ansia era quindi contenuta non soltanto la visione del fatto realmente accaduto, ma anche la scena che probabilmente (anche se io non potei ricordarmene) la paura mi aveva fatto immaginare».

Passiamo ora alla telecinesi, entrando nel mondo degli «spiriti». E diamo ancora una volta la parola al professor Bender: «Nel novembre dello scorso anno accaddero strani fenomeni nell'ufficio dell'avvocato Adam a Rosenheim, in Baviera. I quattro telefoni squillavano tutti insieme, le lampadine scoppiavano l'una dopo l'altra, i quadri ruotavano sulle pareti o venivano proiettati in aria[2], un grande armadio si allontanava dalla parete come se volesse raggiungere il centro della stanza[3]. Poi si ebbero alcuni corti circuiti senza che saltassero le valvole di sicurezza[4]; e gli impiegati videro muoversi le lancette dell'orologio di controllo collegato ai telefoni (lo strumento adoperato per controllare la lunghezza e il costo delle chiamate in teleselezione) senza che gli apparecchi venissero adoperati.

«L'avvocato Adam presentò denuncia contro ignoti, e alcuni funzionari della polizia criminale furono incaricati di sorvegliare, giorno e notte, i locali. Ma i fenomeni continuarono e nel febbraio di quest'anno venne

---

[2] Si veda per confronto, a titolo di esempio, l'episodio raccontato da Aldo Provera, 2-XXXVIII-1.
[3] Cfr. l'episodio raccontato da Cesare De Rossi, 3-XVI-44.
[4] Cfr. Masoero e Depréde, 3-XLIX-52 e 53.

chiesto il mio intervento. A mia volta volli l'appoggio d'una squadra di tecnici telefonici della Siemens e del professor Karger, che dirige un Istituto Max Planck. Fu facile accertare che i fenomeni non potevano esser provocati da un burlone e che non erano spiegabili con le leggi di natura a noi conosciute. 'I principi della fisica non mi sono di aiuto' ammise il professor Karger. E alla stessa conclusione arrivò un gesuita, padre P. Büchel, insegnante di fisica.

«Eravamo di fronte a un classico fenomeno di 'Poltergeist' o – come dicono i profani – di 'spiriti folletti'. Sapendo che questi fenomeni vengono provocati (ma non so come) da ragazzi e ragazze che attraversano il periodo della pubertà o da soggetti isterici, concentrai la mia attenzione su una delle segretarie dell'avvocato, Annemarie S., di diciott'anni, accertando che i fenomeni accadevano soltanto quando la fanciulla si trovava nell'ufficio. Potemmo riprendere con le macchine della televisione, registrandoli su apparecchi 'ampex', alcuni di questi fenomeni: cassetti che si aprivano da soli[5], quadri che ruotavano di 320 gradi, l'armadio che si muoveva. E vedemmo scoppiare, durante una crisi isterica della ragazza, diverse lampadine. Più tardi abbiamo sottoposto la signorina S. a una serie di prove in laboratorio delle quali non posso parlare – io sono anche medico, non lo dimentichi, e sono vincolato dal segreto d'ufficio specialmente quando si tratta della personalità intima d'una paziente –; ma posso dire che, per la prima volta, è stata raggiunta la prova scientifica della telecinesi. Consapevolmente o inconsciamente[6], alcuni individui possono dare ordini alla materia. Aggiungerò che la quiete è ritornata nell'ufficio dell'avvocato Adam da quando Annemarie S. è stata licenziata[7]».

Un commento? Ma no, io posso soltanto dire che a parlarmi è un professore universitario. E posso ricordare che in altre occasioni il professor Bender ha smascherato i trucchi «spiritistici» dei medium. Servendosi di un apparecchio con raggi all'infrarosso, in modo da poter vedere al buio, egli ha accertato che fantasmi ed ectoplasmi venivano inventati dal medium con l'aiuto dell'oscurità e di qualche complice.

Visitando altre case «intestate», il professor Bender aveva sempre accertato che i fenomeni erano provocati da persone malintenzionate o in vena di scherzi. Ma sugli episodi di Rosenheim Bender non ha dubbi: si è trattato di fenomeni telecinetici che egli spera adesso di poter fare ripetere in laboratorio (Aggiungerò che a queste conclusioni Hans Bender è giunto

---

[5] Cfr. Elena Ghy: «...Liliana e anche Caterina mi raccontarono che più volte di sera i cassetti in camera da letto si aprivano e chiudevano e così anche le porte degli armadi; poi lui telefonava e diceva "hai visto?"» (vol. III, p. 322).

[6] Precisamente: nei casi qui menzionati non c'è consapevolezza, mentre in quelli dovuti a Rol c'è (e senza esserci alcuna *trance*, ciò che sancisce una differenza sostanziale tra un Maestro, come Rol, e "soggetti" medianici spontanei o meno).

[7] La casistica con conclusioni simili, sin dal XIX secolo, è vastissima.

in una relazione scientifica, non ancora pubblicata, che verrà presentata al prossimo congresso mondiale di parapsicologia. Aggiungerò anche che fra pochi giorni il professor Bender partirà per Napoli, dove spera di ottenere dalle autorità ecclesiastiche l'autorizzazione di studiare il miracolo di San Gennaro che, a suo parere, potrebbe essere attribuito a un fenomeno di telecinesi di massa. Lo scioglimento del sangue, cioè, sarebbe provocato dal desiderio espresso dai sacerdoti, dai fedeli e, con particolare suggestione mentale, da certe isteriche «parenti» del Santo. È un argomento questo, sul quale spero di potere ritornare).

Spesso gli assistenti universitari dell'istituto parapsicologico di Friburgo si recano in missione all'estero per accertare l'autenticità d'un fenomeno o per controllare la serietà di un esperimento scientifico. Vi sono antiche leggende che meriterebbero di essere verificate. Uno studioso indiano – anche l'India possiede un istituto di parapsicologia – ha detto al professor Bender che per tenersi in comunicazione i monaci tibetani si servirebbero di messaggi telepatici, inviati da un convento all'altro. E io stesso ricordo di aver sentito affermare dal Dalai Lama, quando andai a visitarlo, qualche anno fa nel suo rifugio sulle montagne fra l'India e il Tibet, che la trasmissione del pensiero gli permetteva di conservare i contatti con alcuni sacerdoti rimasti nel Tibet anche dopo l'invasone cinese. Ma poi il Dalai Lama mutò argomento, forse perché aveva letto nei miei occhi lo scetticismo: uno scetticismo di cui oggi non mi sentirei capace. Se gli scienziati sovietici hanno potuto trasmettere messaggi telepatici a duemila chilometri di distanza, perché dubitare che la stessa impresa possa riuscire ai sacerdoti tibetani che certamente conoscono meglio degli studiosi europei i poteri misteriosi della nostra psiche? E perché dovrei sorridere quando sento dire, qui a Friburgo, che anche i cammellieri del Sahara adopererebbero la telepatia per tenersi in comunicazione?

«Immaginiamo – dice un parapsicologo francese, il dottor Kherumian – che gli scienziati finora vissuti fossero stati tutti sordi e avessero negato l'esistenza dei suoni. Quali lacune non presenterebbe oggi l'insegnamento scientifico?». Commentando queste parole il professor Bender mi dice: «Ci sono altre lacune da colmare: quelle nate dalla scarsa conoscenza dei fenomeni che sembrano superare la normale capacità d'intendere della mente e la normale forza di azione dell'organismo umano. Noi dobbiamo combattere su due fronti: contro chi crede nella magia o nello spiritismo e condanna i parapsicologi che vogliono controllare i cosiddetti fenomeni soprannaturali servendosi dei metodi razionali della scienza. E dobbiamo combattere contro gli scettici che considerano la parapsicologia come una forma pseudo scientifica della superstizione».

Gli scienziati riconoscono che lo studio della materia può riservare sorprese, ma non ammettono che la psiche possa offrire sorprese: forse perché alla materia si comanda e dalla psiche si viene comandati. Questo scetticismo è nato dal fatto che un tempo nella parapsicologia veniva cercata la conferma per alcuni fenomeni mistici, religiosi o pseudoreligiosi. Ma oggi, abbandonato ogni romanticismo mistico, i parapsicologi portano la superstizione in laboratorio e non temono di spingersi nelle zone inesplorate ai limiti della ragione. Troviamo fra i parapsicologi medici e filosofi, fisici e teologi, biologi e studiosi di matematica. E anche psichiatri come il professor Urban che nel manicomio di Innsbrück ha eseguito esperimenti di telepatia con i dementi, ottenendo i risultati migliori subito dopo l'elettroshoc. «Attenzione – dice però il professor Urban –. È vero che i pazzi, come gli isterici, possono essere ottimi 'riceventi' negli esperimenti di parapsicologia. Ma è anche possibile che un eccessivo sforzo telepatico possa condurre una persona sana alla follia».

Lettera di Giorgio Alberti[1]
1968

Milano, 29.10.68

Caro dott. Rol,

Le scrivo in ritardo, ma forse ancora in tempo per ringraziarla della avvincente serata che ha voluto offrire al prof. Bender e a me.
Non credo di aver visto il professore così colpito e trascinato come lo è stato in Sua presenza mai prima di quella volta, il che è un avallo di eccezionalità di notevole valore, poiché proveniente da un uomo che da decenni si occupa dell'eccezionalità come un altro può occuparsi della più pedestre normalità.

Per me, che sapevo di Lei dai giornali e dalle altre pubblicazioni, è stata una serata interessante e soprattutto emozionante, di grande conferma.
Una serata di stimolo e di spinta: perché non ha voluto farci vedere di più?[2] Non pensa che la ricerca dell'eccezionale, che stimola sia Bender che me, non funga da corazza psicologica? Lei sa che mi piacerebbe vedere di più. Mi è rimasto come un chiodo fisso: quanto ancora mi piacerebbe vedere!

Per questo, tra l'altro, anche Le scrivo: pensa che ci possiamo rivedere? Addirittura, potrebbe Lei dirmi una sera, verso la metà di novembre se possibile, in cui io possa venire a Torino? Vorrebbe anche conoscerLa il dott. Crosa di Genova, psichiatra, conoscente di Bender, e mio buon amico[3].

---

[1] Giorgio Gabriele Alberti (n. 1945), all'epoca giovane medico, poi specializzato in psichiatria, si interessava in quegli anni di parapsicologia, e ha continuato a farlo negli anni '70, curando testi specifici e traduzioni. In seguito si è dedicato solo più alla psichiatria e alla psicoterapia, pubblicando articoli e monografie. Nel 2021 quando l'ho contattato esercitava ancora. Di sé ha scritto che «è inoltre specializzato in psicoterapia cognitivo-comportamentale e psicoterapia dinamico-esperienziale. È stato primario psichiatra e poi direttore del Dipartimento di Salute Mentale dell'Ospedale San Carlo Borromeo di Milano, e docente presso la Scuola di Specializzazione in Psicologia Clinica dell'Università di Milano» (*studiomedicodipsicoterapia.eu*).
[2] Perché questa era la prassi, per chiunque. Alla prima immersione con le bombole non si va subito a 40 metri di profondità, ma si resta a 2.
[3] L'incontro sarebbe poi avvenuto il 14 dicembre, Alberti ne diede un resoconto dettagliato nella relazione presentata al convegno su Rol tenutosi a Milano l'anno seguente, il 16 novembre 1969; partecipò poi alla riunione successiva del 1° febbraio 1970 (si veda più avanti, pp. 238 e 294).

Spero, dottore, di non arrecarLe eccessivo disturbo con queste mie richieste. La ringrazio ancora sentitamente per quello che Lei ha già fatto per me per il prof. Bender, e spero realmente di poterla rivedere ben presto.

Giorgio Alberti

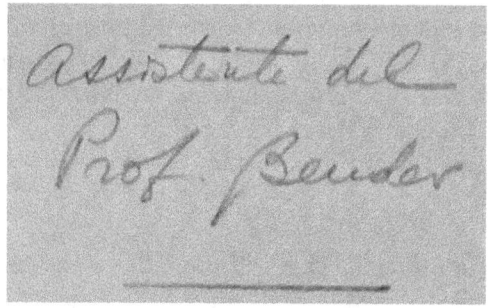

Annotazione di Rol sulla busta contente la lettera di Alberti
(foto © Franco Rol – Archivio Storico del Comune di Torino)

***

Di questo incontro tra Bender e Rol, Paola Giovetti nel 2022 ha riferito:

«Dell'entusiasmante serata ho avuto conferma anche da Elmar Gruber, che conosco da lungo tempo e che per anni è stato il più importante collaboratore del professor Bender. (…) Gli ho chiesto se il professore gli avesse parlato di Rol e la risposta è stata questa:
"Sì, Bender mi ha parlato di un incontro con Rol avvenuto nel periodo precedente la nostra collaborazione. Rol gli aveva mostrato dei giochi con le carte, come faceva spesso. Se ricordo bene, disse che erano fenomeni molto impressionanti. Per esempio Bender fu invitato scegliere una carta qualsiasi da un mazzo di carte da gioco. Poi Bender mise sul tavolo un altro mazzo che aveva portato lui stesso che era ancora nella sua confezione originale di cellofane. Rol ci pose sopra il tappeto verde che copriva il tavolo e, senza contatto con la tovaglia, vi passò sopra con la mano. Poi mise l'altra mano sotto al tavolo e tirò fuori la carta che Bender aveva scelto. Rol disse allora a Bender di aprire il mazzo che aveva portato e di contare le carte. Bender lo fece, constatando che mancava una carta: quella che aveva scelto e che Rol aveva tirato fuori da sotto il tavolo. Bender era rimasto molto colpito…"»[4].

---

[4] Giovetti, P., *Gustavo Adolfo Rol. L'uomo oltre l'uomo*, Edizioni Mediterranee, Roma, 2022, p. 109.

Lettera di Giorgio Alberti (1968)

Milano, 29.10.68

Caro Dott. Rol,

Le scrivo in ritardo, ma forse ancora in tempo per ringraziarla della avvincente serata che ha voluto offrire al prof. Buder e a me.

Non credo di aver visto il professore così colpito e sconcertato come lo è stato in sua presenza mai prima di quella volta, il che è un avallo di eccezionalità di notevole valore poiché proveniente da un uomo che da decenni si occupa dell'eccezionalità come un altro può occuparsi delle più pedestre normalità.

Per me, che sapevo di lei dai giornali e dalle altre pubblicazioni, è stata una serata interessante e soprattutto emozionante, di grande conferma.

(foto © Franco Rol – Archivio Storico del Comune di Torino)

Una serata di stimolo e di spinta. Perché non ha voluto farci vedere di più? Non pensa che la ricerca dell'eccezionale, che stimola sia Buder che me, non frutta da conseguenza psicologica? Lei sa che mi piacerebbe vedere di più. Mi è rimasto come un diodo fisso: quanto ancora mi piacerebbe vedere!

Per questo, fra l'altro, anche le scrivo: pensa che ci potremo rivedere? Addirittura potrebbe lei dirmi una sera, verso la metà di novembre se possibile, in cui io posso venire a Torino? Vorrebbe anche consentire il Dott. Croso di Genova, psichiatra, conoscente di Buder, e mio buon amico.

Spero, dottore, di non arrecarle eccessivo disturbo con queste mie richieste. La ringrazio ancora sentitamente per quello che lei ha già fatto per me per il prof. Buder, e spero realmente di poterla rivedere presto.

Giorgio Alberti

«Esperimenti» eseguiti dal dott. G.A. Rol a Torino
(il 14 dicembre 1968)

di Giorgio Alberti[1]

– Primo «esperimento» –

Presenti: Dott. Rol, fratello dott. B., Alberti, Dott. B., Prof. Università di Torino, e Dott. Crosa[2].
Posizione dei presenti: seduti intorno a un tavolo di circa m. 1,60 di diametro, su cui è stesa una coperta da tavolo. Le posizioni relative sono nell'ordine indicato sopra. Davanti al Dott. Rol erano il mazzo blu, il mazzo rosso ed una scodella.
Tipo di «esperimento»: Si tratta apparentemente del trasferimento di una carta da un mazzo ad un altro senza evidente azioni di forza meccanica.
Conduzione dell'esperimento: Interpretiamo retrospettivamente le basi dell'«esperimento»: scelta di seme e numero della carta da trasferire, mescolamento del mazzo «ricevente», mescolamento del mazzo «emittente», azione di Rol, rinvenimento della carta «parassita» nel mazzo «ricevente». Descriviamolo in esteso:
1) Scelta di seme e colore della carta: si è utilizzato a questo scopo un terzo mazzo, che chiameremo *verde*, toccato e manipolato solo da due dei presenti (Dott. Crosa e prof. Università di Torino): non sono in grado di descrivere dettagliatamente la tecnica usata; il dott. Rol indicava quali fossero le operazioni che i due presenti dovevano eseguire sul mazzo (tagliarlo, mischiarlo, prendere quante carte si vuole, ecc.): risultato di queste operazioni è stata la determinazione di una carta di seme x e numero y. Tale carta è stata messa da parte da Rol, il quale fino a quel momento non aveva toccato il mazzo in questione. Essa non è entrata nel «trasferimento» ma ha avuto la mera funzione di «richiamo».
2) Mescolamento da parte dei presenti di un mazzo che non è stato toccato da Rol e che è stato posto poi davanti a lui. Lo chiameremo mazzo rosso.

---

[1] Relazione presentata il 16 novembre 1969 al convegno dedicato a Rol a Milano, pubblicata poi su: *Metapsichica,* Ceschina, Milano, fasc. I-II, gen.-giu. 1970, pp. 10-14.
[2] L'incontro, il secondo per Alberti, avvenne a casa di Franco Bona, presenti il fratello Gian Piero, un professore dell'Università di Torino che non ho identifcato e il dott. Giuseppe Crosa (1917-1974), neuropsichiatra dell'Ospedale Psichiatrico Provinciale di Genova e poi direttore nella stessa città della casa di cura "Villa Salus", esperto di ipnosi e training autogeno. Alberti lo aveva menzionato nella lettera a Rol del 29/10/1968 dicendo che Crosa avrebbe voluto conoscerlo, ciò che si realizza in questo incontro.

3) Mescolamento di un mazzo, *blu*, sempre da parte dei presenti, che è stato posto a circa 30 cm. dal mazzo *rosso*, in una posizione ancora raggiungibile dalla mano di Rol.
4) Il mazzo *rosso* viene coperto con una scodella messa a disposizione dal padrone di casa.
5) La carta di seme x e numero y viene appoggiata da Rol sul fondo della scodella rovesciata.
6) Rol assume un'espressione imperiosa cui seguono alcuni gesti; appoggia poi una mano sulla scodella e comincia a girarla; continua questo movimento fino a che le carte del mazzo *rosso* sotto la scodella si sparpagliano e spuntano di sotto.
7) Rol ripone il piatto da un lato.
8) I presenti riconoscono dal dorso una carta del mazzo *blu* che si trova nel mucchio sparpagliato delle carte *rosse*.
9) Questa carta viene alzata e rivela seme x e numero y^3.
Nonostante non abbia cronometrato la durata dell'esperimento questa non può essere stata superiore ai 4-5 minuti.
Commento: Tengo a notare che quanto riferito sopra deriva da osservazioni e annotazioni strettamente mie, che non ho confrontato con quelle di nessun altro tra i presenti. Riconosco inoltre che vi sono numerose lacune osservative che purtroppo, nonostante i miei sforzi, non sono riuscito a colmare. Come capita spesso a chi in precedenza non ha mai visto un certo «esperimento» di Rol, l'osservatore non sapeva esattamente quale ne fosse lo scopo né quali ne fossero le fasi[4]. Naturalmente ne soffre l'osservazione che – non essendo preavvertita – si disperde e non fissa, trovandosi piuttosto davanti ad uno spettacolo teatrale che ad un esperimento scientifico, del quale, come è noto, si devono in anticipo conoscere e le fasi successive e i possibili risultati[5].
Tutto ciò manca nella conduzione degli «esperimenti» del dott. Rol. Può essere che sue esigenze psicologiche gli impediscano tali precisazioni. In

---

[3] A questo esperimento ho assistito anche io, con due differenze: 1) a fare *tutte* le operazioni ero io; 2) la carta *target* invece di essere identificata dopo aver alzato la scodella (nel mio caso un coperchio di ceramica di una zuppiera), era schizzata fuori da sola, da sotto il coperchio, mentre io lo facevo ruotare (descrizione completa in 1-XVI-12).

[4] Tutto ciò, oggi, non si rivela un problema: il confronto con testimonianze analoghe permette di comprendere bene la procedura.

[5] Ma questo solo perché Alberti era un neofita: chi aveva partecipato a molti incontri aveva ben chiaro cosa Rol intendesse fare e quali sarebbero state «le fasi successive e i possibili risultati»; si trattava di una *aspettativa spontanea basata sull'esperienza*, senza che fossero necessarie "dichiarazioni" previe di Rol, per quanto ci fossero anche quelle nel senso dell'obbiettivo da raggiungere (per esempio, trovare nel mazzo B la stessa carta scelta aleatoriamente nel mazzo A).

tal caso, senza disconoscere l'eccezionalità dei risultati, non vedo comunque come si possano denominare esperimenti tali performances[6].

– Secondo «esperimento» –

Presenti: Madre della signora B., signora B., moglie del professore dell'Università di Torino[7], Dott. B., fratello del Dott. B., Dott. Crosa, professore dell'Università di Torino, Alberti, Dott. Rol.
Posizione dei presenti: Seduti approssimativamente in cerchio nel salotto di casa B. Non ricordo le posizioni relative.
Tipo di esperimento: Si tratta apparentemente dell'alterazione della posizione di metà delle carte di un mazzo, in conseguenza della quale le carte si sono presentate nella successione: coperta-scoperta-coperta-scoperta ecc.
Conduzione dell'«esperimento»: Uno dei presenti mischia un mazzo di carte e lo posa sul tappeto davanti a Rol, che non lo tocca. (In esso le carte sono in posizione normale). Rol assume nuovamente un atteggiamento imperioso e ripete i gesti eseguiti nel primo esperimento. Non si constata in un primo momento alcun mutamento nel mazzo che è sempre sul tappeto davanti a Rol. Infine Rol lo prende in mano e una dopo l'altra appoggia le carte sul tappeto: queste sono alternatamente coperte-scoperte per tutta la lunghezza del mazzo eccetto che in un punto, in cui una scoperta viene seguita da un'altra scoperta.
Commento: In ambedue gli «esperimenti» descritti che si avvalevano di carte da gioco di tipo francese non ne ho accertato la provenienza; in apparenza si trattava di carte del tutto comuni, e chi tra i presenti le ha più toccate e manipolate non ne ha denunciato anomalie o difetti.

---

[6] Per Alberti la seduta era piú «uno spettacolo teatrale» che «un esperimento scientifico». È quello che si dice *giudicare dalle apparenze* e non dalla sostanza. È appunto il solito problema dei neofiti – come lo era Alberti – che sono condizionati psicologicamente dal pregiudizio delle carte da "gioco" o dai protocolli standard di cosa sia e di come dovrebbe essere un "esperimento scientifico" (anche nel titolo della relazione, *esperimenti* è virgolettato, e così nei titoli interni e nel corpo del testo). Nessun frequentatore di Rol giudicherebbe però in questo modo, e non per fede o perché "seguace" – come puntualizzerebbe il solito superficiale di turno – ma per spontanea constatazione (si veda anche soltanto il diverso giudizio del prof. Carlo Castagnoli, scienziato ormai non più neofita, nel mio video: *youtu.be/orBtP_Foark*, di cui darò trascrizione nel prossimo volume). Io stesso che li ho visti più volte non potrei assolutamente giudicarli «uno spettacolo teatrale», non foss'altro perché l'unico attore sul "palco" ero io – Gustavo le carte non le toccava mai – e sinceramente non mi ero "preparato la parte". Rol li ha definiti esperimenti perché lo sono *de facto*, e intendo mostrarlo nel dettaglio in altro studio futuro.
[7] In questo secondo esperimento si sono aggiunte la moglie di Franco Bona con la madre, e la moglie del professore.

– Terzo «esperimento» –

Più che di un «esperimento» si tratta di un certo numero di prove di quella che chiamerei chiaroveggenza: Rol ha pronunciato nel corso della seconda parte della serata delle parole simili a quelle che su sua indicazione venivano poi trovate in un libro che il sottoscritto aveva portato con sè da Milano, e che Rol per tutta la serata non toccò (con una sola eccezione che riferirò più avanti).
Presenti: Le stesse persone del secondo «esperimento», nelle stesse posizioni.
Oggetto della «lettura» di Rol: una copia dell'edizione tascabile Mondadori delle «Pensées» di Pascal, che io avevo aquistato, senza nessun riferimento alla seduta di alcune ore dopo, alla Stazione Centrale di Milano poco prima di partire per Torino.
Conduzione degli «esperimenti»: In pieno discorso Rol si interrompeva e ad alta voce si chiedeva cosa avesse scritto Pascal dell'argomento che lui stava discutendo, o se anche Pascal fosse della sua opinione riguardo una certa disputa in atto tra i presenti ecc.
Faceva allora scegliere tre carte ai presenti da un mazzo mischiato sempre dai presenti e non toccato da lui, e dopo aver chiarito che da queste tre carte sarebbe risultato il numero della pagina su cui si trovava quanto egli desiderava da Pascal (che il numero delle carte corrispondeva ad unità, decine e centinaia, a seconda dell'ordine di estrazione delle carte stesse, e che tutte le figure erano uguali al numero zero) mi pregava di aprire il libro, che io avevo sempre in mano o sulle ginocchia, e di leggere ad alta voce la prima riga della pagina estratta. Dopo ogni prova io facevo vedere la pagina e la riga ai presenti che lo desideravano; senza però che esso arrivasse mai in mano a Rol (che peraltro non chiedeva minimamente di toccarlo).
Anche se non esattamente le righe leggibili nel libro corrispondevano a quanto Rol aveva poco prima affermato; mi ricordo con precisione solo uno di questi casi (tre o quattro in tutto): egli disse, poco prima che io aprissi il libro, «i meschini che mi circondano», e sulla prima riga della pagina stava scritto «meschini che lo circondano». Le altre due o tre «letture» erano dello stesso ordine di precisione e comunque l'aderenza al senso era molto grande.
Un'unica volta Rol prese in mano il libro. Dopo che si era determinato con il solito metodo dell'estrazione delle carte il numero della pagina Rol prese il libro in mano, tenendolo chiuso, e dopo alcuni attimi di concentrazione egli pronunciò il numero della pensée, tracciò sul terzo inferiore della copertina una riga verticale di circa 2 cm, di lunghezza con l'unghia del pollice destro e disse di aver lasciato una sorta di graffio verticale sul margine a fianco della pagina di cui precedentemente era stato estratto il numero.

Personalmente ho potuto osservare un'impressione che direi lasciata da un'unghia, della lunghezza di 1,3-1,5 cm., curvilinea con concavità verso destra, essendo una pagina di destra a libro aperto, che si imprime in quattro fogli successivi, e che nei fogli precedenti non è presente. Ritengo utile notare che tale impronta non è per nulla sovrapponibile a quell'altra eseguita da Rol sulla copertina, né per lunghezza, né per profondità, né per curvatura. Tutto fa pensare che si tratti di impronte diverse, e che effettivamente quella visibile sulla copertina sia stata fatta da Rol esclusivamente allo scopo di indicare la posizione approssimativa dell'altra[8].

Commento: Quanto è già stato detto a proposito del primo «esperimento» vale qui maggiormente: la completa imprevedibilità degli eventi si traduce in notevoli carenze dell'osservazione. In particolare tengo a notare che né io né gli altri dei presenti aveva controllato in precedenza né la pagina in questione né la copertina, in maniera tale che permettesse di escludere la preesistenza di tali impronte.

D'altro canto l'unica pagina del libro in cui si trovi un'impronta di quel tipo (prodotta apparentemente da un'unghia) è quella determinata in base all'estrazione.

---

[8] Sul libro di Pascal, Alberti mi ha poi detto: «Confermo che lo comprai in stazione per poter leggere in treno, e che fu sempre in mano mia, eccetto che nell'ultimissima fase dello "esperimento" [*sic*, di nuovo tra virgolette!]. Restò poi a me e lo ebbi per diversi anni, durante i quali qualche volta lo mostrai, con le relative "unghiatine", a dei conoscenti o amici». Ha aggiunto che lo ha sicuramente ancora, ma ha troppi libri per avere il tempo di cercarlo.

Seconda lettera di Giorgio Alberti

Milano
16.12.1968

Caro Dott. Rol,

ancora grazie per la rinnovata, stupefacente serata, e, nella speranza che l'apprendistato non duri ancora molto, La saluto cordialmente,

Giorgio Alberti

(foto © Franco Rol – Archivio Storico del Comune di Torino)

Lettere di Giorgio di Simone
1969*a*

Preg. Dott. Gustavo A. Rol
Via Silvio Pellico 31
TORINO

Napoli, 26.5.1969

Egregio Dottor Rol,

Malgrado le Sue promesse[1], non ci sono ancora pervenute le Sue risposte alla nostra inchiesta sui fenomeni paranormali.
Questo mi dà la misura di quanto Lei sia restio a mettersi, come si dice, in "mostra", anche nei ristretti limiti di una pubblicazione come la nostra, che tenta di farsi strada faticosamente...

Questa mia lettera assume pertanto un carattere assolutamente privato e personale, nel riconoscimento della Sua più che legittima tendenza a difendere la Sua "privacy".

Il fatto è che personalmente ho un grande desiderio di avere con Lei scambi d'idee che possano recarmi gran beneficio. D'altra parte penso che il configurarsi delle mie idee e del mio interesse circa i problemi della vita e della morte (tanto per essere espliciti!) e dei fenomeni ad essi connessi, non Le siano ignoti, se debbo credere a quanto vien detto (e non ho ragione di dubitarne) sulle Sue eccezionali facoltà paranormali. Lei può quindi benissimo e con tutta facilità interpretare esattamente il contenuto di questa lettera: anche quello non materialmente espresso...

Rimango in fiduciosa attesa di una Sua lettera, e Le invio i miei più cordiali saluti.

Suo

prof. G. Di Simone

via Belvedere, 87
80127   NAPOLI

---

[1] Questo fa supporre che dopo la prima lettera di Di Simone del 1966 Rol abbia dato una risposta preliminare, forse di cortesia – che non ci è pervenuta – senza però rispondere ai quesiti di Di Simone, il quale ha continuato a lamentarsene nei mesi successivi (si vedano pp. 266 e p. 348).

CENTRO ITALIANO DI PARAPSICOLOGIA
studi ed esperimenti nel campo della psiche
viale colascione 5/a   80132 napoli

Napoli, 26.5.1969

Egregio Dottor Rol,
            malgrado le Sue promesse, non ci sono ancora pervenute le Sue risposte alla nostra inchiesta sui fenomeni paranormali. Questo mi dà la misura di quanto Lei sia restìo a mettersi, come si dice, in "mostra", anche nei ristretti limiti di una pubblicazione come la nostra, che tenta di farsi strada faticosamente...
    Questa mia lettera assume pertanto un carattere assolutamente privato e personale, nel riconoscimento della Sua più che legittima tendenza a difendere la Sua "privacy".
    Il fatto è che personalmente ho un grande desiderio di avere con Lei scambi d'idee che possono recarmi gran beneficio. D'altra parte penso che il configurarsi delle mie idee e del mio interesse circa i problemi della vita e della morte (tanto per essere espliciti!) e dei fenomeni ad essi connessi, non Le siano ignoti, se debbo credere a quanto vien detto (e non ho ragione di dubitarne) sulle Sue eccezionali facoltà paranormali. Lei può quindi benissimo e con tutta facilità interpretare esattamente il contenuto di questa lettera: anche quello non materialmente espresso...
    Rimango in fiduciosa attesa di una Sua lettera, e Le invio i miei più cordiali saluti.

                                Suo
                                    prof. G. Di Simone
                                    via Belvedere, 87
                                    80127   NAPOLI

(foto © Franco Rol – Archivio Storico del Comune di Torino)

Lettera di Rol a Giorgio di Simone
1969 – giugno?[1]

Faccio seguito alla mia lettera del 5 cm.[2], mentre La ringrazio per il primo fascicolo della *Nuova Serie di Informazioni di Parapsicologia*, che ho letto con interesse.
Lei lamenta che io sono restio ad espormi, in sede di studio dei fenomeni paranormali, a circostanziate osservazioni.
È, invece, piuttosto che io non vedo come i miei esperimenti di *coscienza sublime* possano interessare la materia che tanto degnamente occupa le ricerche di codesto centro di parapsicologia. I cinque quesiti che Ella mi pone esulano talmente dalla mia conoscenza dei fenomeni ai quali alludono, che mi trovo nell'impossibilità di rispondere adeguatamente.
Mi rendo perfettamente conto del Suo desiderio e sinceramente mi rammarico di non essere in grado di soddisfarLa e di contribuire, così, alla fatica del Centro che Ella presiede.
In tutta franchezza io non mi ritengo dotato di qualità paranormali od almeno di prerogative che possano farmi includere nei soggetti che offrono motivo di studio. Né posso affermare di aver avuto particolari contatti col PN [*paranormale*], dal momento che tutta la mia vita si è

---

[1] Questa lettera senza data né destinatario, è stata pubblicata in *"Io sono la grondaia"*, 2000, pp. 268-270. Ho potuto stabilire che: 1) è indirizzata a Giorgio di Simone; 2) è stata scritta probabilmente nel giugno 1969; 3) non è stata inviata; 4) è stata letta parzialmente da Lorenzo Rappelli nella conferenza-dibattito del 16 novembre 1969. Tale conclusione è stata possibile incrociando tutti i dati disponibili, ovvero: 1) nella lettera a Rol del 26 maggio 1969, Di Simone scriveva che «non ci sono ancora pervenute le Sue risposte alla nostra inchiesta sui fenomeni paranormali. Questo mi dà la misura di quanto Lei sia restio a mettersi, come si dice, in "mostra" (…)»; quanto scrive qui Rol pare una risposta a quella lettera del 26 maggio, comunque una continuazione, mancando la lettera del 5 (giugno?) precedente (cfr. nota seguente); 2) si comprende che Rol e Di Simone ancora non si erano incontrati (la prima volta sarà il 25 marzo 1970) e ci sono tra giugno 1969 e marzo 1970 varie lettere di entrambe che fanno supporre che questa sia anteriore; 3) ma soprattutto, nel numero di gennaio 1970 del periodico *Informazioni di parapsicologia* (*infra*, p. 348) Di Simone trascrive alcune frasi, registrate in audio su una bobina che gli era stata mandata, lette da Rappelli alla conferenza-dibattito del 16/11/1969, e che si trovano in questa lettera pubblicata in *"Io sono la grondaia"*, che fu quindi quella letta parzialmente nel dibattito, ciò che non era indicato da nessuna parte.
[2] Non pervenuta. Le lettere di Rol inviate a Di Simone e menzionate nel suo libro *Oltre l'umano* hanno le seguenti date: 1) 09/04/1970; 2) inizio giugno 1970; 3) 06/03/1975; 4) più una annotazione di poche righe sul retro di una lettera del 17/03/1970 di Nicola Riccardi a Di Simone.

sempre svolta in una naturale atmosfera di costanti "possibilità" ove non sarebbe difficile stabilire quali siano le più notevoli.

Fin da giovanissimo mi sentii portato ad un'osservazione profonda di ogni cosa, anche delle più insignificanti, trovandomi così a meditare su di esse, forse nell'istintiva ricerca del rapporto tra gli avvenimenti ed i fattori che li compongono e dei legami che intercorrono fra cosa e cosa proprio come le fibre dello stesso tessuto.

Mi trovai così a conseguire un'abitudine mentale ove l'intuizione ed il ragionamento collaborano in stretta armonia nella ricerca di quella verità Unitaria alla quale mi sembrano tendere, in nobilissima gara, l'Etica, la Politica, le Arti e tutte le scienze in genere.

Era quindi inevitabile che io mi spingessi oltre le norme consuetudinarie del vivere e mi adoprassi per una necessità inderogabile ad agevolare il mio cammino con mezzi che Lei definirebbe paranormali, mentre io li considero di natura strettamente ortodossa.

Non esiste quindi un mio "incontro" col PN, termine che mi suona estraneo, in quanto io ritengo che a chiunque segue la strada da me percorsa vengano offerte le mie stesse possibilità.

Prevedo il di Lei legittimo dubbio ed anche la Sua incredulità di fronte a spiegazioni così semplicistiche; mi affretto allora a precisarLe che l'"osservazione profonda di ogni cosa" comporta l'inserimento di una determinata cosa nella visione di un Sistema Universale in rapporto al valore ed alla funzione della cosa stessa.

Accedendo quindi a questa forma di "conoscenza" il pensiero viene a trovarsi necessariamente ad essere intinto di quelle particolari essenzialità per le quali acquisisce le "possibilità" cui sopra accennavo e che autorizzerebbero ad ammettere l'esistenza di un PN, mentre invece è la più legittima "normalità" che si manifesta.

Di qui il sorgere di facoltà delle quali mi è dato disporre solamente quando pervengo a riconoscerne la reale natura, per accoglierle allora con responsabile consapevolezza e coscienza.

A questo punto Lei potrà obiettare che è proprio attraverso lo studio del PN che tale meta è raggiungibile, ma io non esito ad affermare, almeno per quanto riguarda i miei esperimenti di *coscienza sublime*, che ogni ricerca in quella direzione si troverebbe in antitesi con la sorgente spontanea di una conoscenza giustificata dalla natura divina ed eterna dell'uomo. Il di Lei Centro si muove verso un proprio obiettivo e, per realizzarlo, si appoggia alla ricerca scientifica ed allo studio. Io mi chiedo, però, come sarebbe possibile applicare queste ricerche ai miei esperimenti di CS, alla base dei quali a Voi interesserebbe conoscere l'origine... meccanica degli stessi.

Dibattito sui fenomeni provocati dal Dr. Rol

Dalle conferenze-dibattito tenutesi a Milano
il 16 novembre 1969 e 1° febbraio 1970[1]

(I)

Relazione del presidente dell'A.I.S.M[2].
(Ettore Mengoli)

Nei giorni 16 novembre 1969 e 1° febbraio 1970 hanno avuto luogo a Milano, in via Meravigli 7 (Famiglia Meneghina), due «Conferenze-Dibattito» aventi per oggetto, in generale, le *«facoltà P.K. ed E.S.P.»*, nell'intesa di chiedere ai presenti di raccoglierne la documentazione, e proporne i necessari controlli. Ma in particolare, considerato che erano da tempo ben note ai soci dell'AISM e del CSP[3] le eccezionali facoltà del dott. G.A. Rol di Torino, persona notoriamente conosciuta e stimata per la cultura, per il prestigio e la posizione sociale di cui gode, abbiamo voluto proporre per il dibattito di dedicare particolare attenzione solo a quest'eccezionale soggetto, raccogliendo per ora la viva testimonianza dei convenuti, documentazione che si potrà meglio orientare, se egli vorrà prestarsi, ad uno studio su basi scientifiche.
Tre relazioni furono presentate, già redatte in forma di articolo, all'inizio della Riunione, e vengono pubblicate integralmente[4]. Il testo del dibattito, registrato su bobina, si è rivelato talmente lungo che, allo scopo di poter pubblicare tutto in un solo fascicolo, è stato necessario riassumerlo. I sunti però sono stati fatti dagli oratori stessi, ai quali è stato inviato il testo della registrazione[5]. Elencati in ordine alfabetico, hanno partecipato al dibattito

---

[1] Pubblicato su: *Metapsichica*, Ceschina, Milano, fasc. I-II, gen-giu. 1970, pp. 1-2; 16-55. Lo scrivente ha acquistato nel 2006 i diritti esclusivi di riproduzione integrale del materiale qui pubblicato così come degli altri contributi su G.A. Rol pubblicati su detta rivista tra il 1966 e il 1970 pubblicati in precedenza. Sono state qui omesse, all'occorrenza, solo brevi parti di divagazioni superflue e non relative a Rol.
[2] *Associazione Italiana Scientifica di Metapsichica*, fondata dal prof. Ferdinando Cazzamalli nel 1937. L'ing. Ettore Mengoli ne è stato presidente dal 1963 al 1974, e direttore della rivista *Metapsichica* (condirettore era Massimo Inardi).
[3] *Centro Studi Parapsicologici* di Bologna, del quale facevano parte anche Piero Cassoli e Massimo Inardi.
[4] Due di Pericle Assennato (*infra*, p. 269) e una di Giorgio Alberti (*supra*, p. 238).
[5] Ebbi occasione di chiedere all'AISM, già nei primi anni 2000, se per caso avessero ancora la registrazione originaria, che sarebbe stata di un certo interesse, sia come documento in se stesso sia perché la trascrizione qui fornita ne è una riduzione, quindi ci sono parti mancanti e commenti forse rilevanti che si sono

i soci: Alberti, Assennato, Cassoli, De Boni, De Carli, Gabricci, Galateri, Inardi, Occhipinti, Racanelli, Rappelli, Riccardi, Zeglio.

Il presidente, nell'iniziare i lavori, ha espresso la sua gratitudine al dott. Rol per avere accettato tante volte di ricevere chi era desideroso di assistere alle sue esperienze. Ha poi pregato il com.te Riccardi di voler fare il moderatore del dibattito. Il comandante Riccardi, infatti, presentò già due studi sulle facoltà del dott. Rol[6] ed è stato in contatto con lui, e col gruppo di studiosi torinesi che sono ammessi frequentemente in casa del dott. Rol.

***

Dibattito sui fenomeni provocati dal Dr. Rol

(I)

[*16 novembre 1969*[7]]

RICCARDI – Alcuni fra i presenti conoscono il dott. Rol ed hanno assistito – per una o più volte – ai suoi esperimenti. Noi ci avviciniamo a questo eminente caso nazionale con molto rispetto. Già nella lettera di convocazione il Presidente ha voluto ricordare che si tratta di persona notoriamente stimata per il prestigio, la cultura e la posizione sociale. Riteniamo anche che questo sia il soggetto più interessante per noi italiani, lieti se di qui prenderà quota una nuova affluenza di segnalazioni e di richieste di studi per altri casi.

Per familiarizzarvi con l'argomento domando se c'è qualcuno che abbia qui una fotografia del dott. Rol. (Uno fra i presenti tira fuori una

---

persi (alcuni non presenti qui li hanno per fortuna recuperati e aggiunti Giorgio di Simone e Jacopo Comin, come vedremo). Purtroppo la risposta fu negativa. In seguito non smisi di cercare chi potesse avere la bobina o sue copie, perché pare che più di un relatore ne abbia avuta una per le mani. L'ultimo tentativo l'ho fatto nell'estate 2022 dopo aver rintracciato il geometra Lamberto Sèlleri che avevo scoperto essere colui che aveva registrato il dibattito. Dopo una ricerca tra sue vecchie bobine e la riparazione di un registratore per poterle nuovamente ascoltare, purtroppo non ha trovato quella del dibattito. Può darsi che sia rimasta a qualcuno dei relatori, tra le mani l'hanno avuta anche Mengoli, Riccardi (la figlia Barbara mi ha detto che non è pervenuta) e Di Simone (la figlia Gloria mi ha detto che non ricorda di aver visto qualcosa del genere, né consta presso la Fondazione Bozzano-De Boni alla quale ha lasciato la documentazione del padre, tranne le lettere di Rol a lui). Neanche Rappelli ce l'ha o l'ha mai avuta.

[6] I due articoli su *Metapsichica* del 1966 e 1968, visti in precedenza.

[7] Ho aggiunto qui e in seguito, per delimitarle, le due date delle conferenze, non specificate nel testo.

fotografia di gran formato che viene fatta circolare). Due volte, in riunioni precedenti, la nostra associazione ha ascoltato relazioni su Rol fatte da me... Esami della sua persona e delle sue esperienze si trovano in libri di Beonio-Brocchieri («Camminare sul fuoco»), di Pitigrilli («Il gusto del mistero») e di Talamonti («Universo proibito»).
Fra le suddette letture e gli esperimenti visti si resta sbalorditi dall'enorme spazio occupato dalla casistica rolliana. La zona nella quale io mi sono trovato più spesso è quella delle carte da gioco. Secondo i suoi amici questa facoltà di meravigliarci è in lui da oltre quarant'anni[8]. Non c'è stoffa di ricercatore psichico, per quanto freddo e altero, che non esca sbalestrato da queste prove: ma i pochi che vi sono arrivati sono stati trattati come comuni visitatori, e quindi non hanno potuto svolgere il minimo tentativo di applicare alle manifestazioni i controlli dittatoriali consentiti dai medium professionali e in trance[9]. Sotto la guida di Rol le carte da gioco diventano strumenti potenti di un messaggio parapsichico che credo giaccia su diversi piani, e sembra ineguagliato. Che ne pensa l'operatore? Dopo molte battaglie intime, per imbavagliare gli sprazzi di orgoglio, la sua filosofia si è distesa nella gloria di Dio per le capacità concesse a questo suo figlio, il quale ogni tanto gode nel perfezionare il discorsetto di ringraziamento che vorrebbe rivolgergli il giorno dell'incontro[10]. Le esperienze di Rol con le carte, in una serie infinita di riarrangiamenti dei cartoncini appartenenti a molti mazzi, avvengono unicamente attraverso l'impiego della sua mente[11].

---

[8] Nel 1966 Riccardi aveva scritto «da oltre 30 anni», ora nel 1969 dice «da oltre quarant'anni» ciò che è più preciso e conferma l'inizio delle *possibilità* di Rol nel 1927, 42 anni prima. Già nel 1949, in uno dei primi articoli dove si parlava di Rol, si diceva che «il signor Rol si dedica da una ventina d'anni allo studio delle forze naturali sconosciute ed ha realizzato in parecchie occasioni risultati sbalorditivi» (A.A., *La mia vita è finita*, Settimo giorno, 15/09/1949, p. 14).
[9] Controlli che sono forse serviti a qualcosa al fine di dimostrare scientificamente una certa realtà? Non mi pare proprio. Ne consegue che Rol ha fatto benissimo a continuare con la sua linea di comportamento, ben conoscendo il valore di ciò che sapeva e mostrava, ma anche consapevole che ciò che seminava a un certo punto avrebbe dato frutto (come tutti i semi autentici). Su Rol sono state pubblicate migliaia di pagine e ancora è solo l'inizio. Sui «medium professionali» è già calata la cortina del tempo e al massimo verranno citati in note a margine negli studi scientifici futuri.
[10] Idee che Riccardi aveva già espresso nei suoi scritti precedenti e che non occorre ancora commentare.
[11] Rispondo all'imprecisione di Riccardi con le parole di Rol: «i miei esperimenti non hanno alcun rapporto con la psiche... debbono considerarsi una manifestazione dello spirito che è definito 'intelligente'» (tratto dalla lettera pubblicata su *La Stampa* il 03/09/1978, p. 3, col titolo *La Scienza non può ancora analizzare lo Spirito*); circa quattro mesi dopo a Roberto Gervaso che gli chiedeva se «i suoi esperimenti sono solo una manifestazione psichica» Rol

Benché la via più semplice, cioè quella di presentarvi il personaggio, sia anche la meno attuabile, io spero che – nel corso di questo dibattito – vi potrete formare la convinzione della assoluta genuinità dei fenomeni. Eccone alcuni:

A – *Il numero 54 e il nove di quadri*. Il signor A è invitato a scegliere 2 carte nel mazzo M; siccome esse sono prima un 5 e poi un 4 Rol ci informa che il numero base sarà 54. Il signor B. dice "stop" quando l'indice di Rol deve fermarsi sul mazzo M, ora aperto sulla tavola in lunga fila di carte leggibili: sotto al dito viene estratto il 9 di quadri. Il mazzo M viene ora abbandonato e quello N viene posto così com'è al centro della tavola. La luce è piena, Rol si concentra un momento e quindi chiede alla sua vicina di scambiare con lui una stretta di mano. Provano due volte ma sembra che ci sia un intoppo nel proseguire. Subito il regista scopre dov'è: debbono solo togliersi dalle dita tutti gli anelli metallici[12]. Eseguono, riallacciano le mani ed – essendo tutto propizio – Rol ci spiega finalmente il suo scopo: ora comincerà a scoprire una ad una le carte di N, e ne sommerà con noi i valori (J. Q. K sono figure che contano tutte 10). Egli prevede che il numero base 54 verrà raggiunto esattamente e l'ultima carta utile sarà il 9 di quadri. S'incomincia. Carta dopo carta si perviene ad un totale parziale 45. La prossima carta è esattamente il 9 di quadri. Perfetto. In seguito ho scoperto che le strette di mano e l'abolizione degli anelli non sono necessari. Anche la finezza di operare con mazzi omologhi (cioé con due dorsi identici ma di colori differenti) non è risultata necessaria.

B – *Costruzione mentale del numero 22*. Rol dà a me il mazzo A affinché io lo mescoli fermandomi quando dirà stop. Poso quindi A sul tavolo e Rol, che mi ha fermato, domanda a bruciapelo un numero. Mentre dico 22 mi meraviglio dentro di me per una scelta così inconsueta[13]. Il mazzo B è

---

rispondeva che «nei miei esperimenti è la psiche a far da "grondaia" allo spirito» (Gervaso, R., *Rol: «I miracoli? Ci credo e ne vedo»*, Corriere della Sera, 31/12/1978, p. 8; riprodotto nel *prologo* del vol. I); vale a dire: con una mente che si sia fatta *vuoto*, ciò che non è quanto Riccardi ha compreso e inteso comunicare. Va da sé che occorre anche una "mente", intesa come psiche-sistema nervoso, ma non è essa a realizzare i fenomeni, così come non è la grondaia a creare l'acqua che vi passa attraverso. Non si può poi dimenticare che, *post mortem*, un Maestro non ha più il suo supporto neurofisiologico, eppure è ancora in grado di manifestare le sue *possibilità*.

[12] Cfr. p. 214.

[13] Su questo ho già commentato a p. 216 nota 13. Aggiungo che si può anche confrontare questa sensazione di Riccardi con quanto Rol disse a me all'epoca del primo esperimento (1-IX-5): «Io non so se prevedo quello che tu dirai oppure sono io, con il mio pensiero, ad influire sulla tua scelta». Qui pare trattarsi del secondo caso. Non sono però sicuro che Gustavo non lo sapesse, l'impressione è che fosse una affermazione da un lato per non dover fornire la spiegazione precisa, dall'altro per lasciarmi, ovvero lasciare all'interlocutore, un po' di *food for thought*.

ora posto con le facce visibili sul tavolo nel solito modo e il dito di Rol viene fermato da lontano allo "stop" di uno dei presenti. La carta sottostante è il 2 di fiori. Rol mi dice di riprendere in mano il pacco A e di mostrare a tutti l'ultima carta. È il 2 di fiori.

C – *Tutte e nove le donne di picche.* Dice Rol: nel mazzo campione il signor A ha pescato un due e il signor B, alla fine di un lungo spareggio, ha estratto la donna di picche. Questa manipolazione, se Dio mi aiuta, dovrebbe ripetersi in tutti gli altri 9 mazzi a disposizione. Li riunisco e li copro con un lembo del tappeto. Sul mucchietto questa volta Rol passò orizzontalmente le sue mani e non escluderei che pronunciasse qualche parola magica[14]. Il "trattamento" durò alcuni secondi. Rol bloccò la mano di una signora tendente a scoprire i mazzi, esclamando: Non è ancora pronto![15] Poi venne – da chissà dove – il segnale per lui[16], e pian piano, quasi assaporandoselo, prese a scoprire una e due carte dal primo mazzo, ed ecco come promesso la donna di picche, e poi il secondo, il terzo... fino a nove. Alla fine c'erano in vista 9 donne di picche e un coro di esclamazioni.

D – *Una di faccia e una di dorso.* Ogni singola carta di un mazzo venne controllata e il mazzo coperto con il fazzoletto del taschino di Rol, il quale si alzò, e – con la sinistra – tenne l'involto su in alto per pochi secondi. La sua destra nel frattempo influiva magicamente dal di sotto, senza toccamenti. Non disse nulla ma quando si sedette distese il mazzo sulla tavola, come per leggere ogni carta. Sennonché esse erano ora leggibili solo per metà, in quanto le prime erano tutte e due di faccia. A voi non sarebbe importato troppo, ma il nostro non nascose il suo disappunto verso l'invisibile che aveva sbagliato[17].

Non lasciatevi addormentare, cari amici. Relazioni brevi, e semplificate all'osso, come quelle che ho presentato, sono soltanto relazioni sbagliate.

---

[14] È questa una ipotesi fatta o una impressione avuta anche da altri (Gastone De Boni lo dirà poco innanzi) ma solo perché è una spiegazione comoda che non spiega in realtà nulla; in qualche caso Rol mormorava parole che non avevano necessariamente – anche quando si capivano – alcun significato *effettivo*, ciò che è frequente anche nella pratica dei *mantra*, cui è opportuno riferirsi per capire queste presunte "formule magiche". Non sono che *ancore* mentali per attivare/entrare in un certo stato di coscienza e/o per svincolarsi da uno stato di coscienza "normale". Si veda la nota 22 p. 199 e relativi rimandi.

[15] Se li avesse scoperti anzitempo avrebbe probabilmente visto quanto testimoniato da Fellini («ho visto una cosa orrenda che le parole non possono dire... la materia che si disgregava», ecc., cfr. p. 78). Rimando a quanto già detto sulla *soglia psichica* e sui *tempi appropriati di maturazione*, nota 34 p. 163 e nota 35 p. 164

[16] Questo è il momento in cui Rol, in molti esperimenti di *grado superiore*, come la materializzazione di oggetti, acquerelli, ecc., dichiarava trionfante: «È fatto!». Non sarebbe sbagliato fare una analogia con il *parto*.

[17] Cfr. p. 299, nota 73.

Non basta che le testimonianze vengano ricavate da osservatori che sanno mantenersi freddi, e notano i meno appariscenti dettagli, gesti, segni ed atteggiamenti. Le loro menti debbono continuare – anche dopo – a rimuginare l'andamento degli esperimenti per pervenire a due conquiste: formazione di un modello completo dei processi ipoteci avvenuti in ciascuna prova, e significato trascendentale del complesso delle esperienze. Per queste riflessioni non occorre affatto essere un assiduo frequentatore dei gruppi che le vedono fare, col grave pericolo dato dalla assuefazione superficiale[18].

Secondo le mie osservazioni ci sono tre tempi distinti nel comportamento di Rol, quando tratta paranormalmente le carte. Il *primo tempo* (o fase preparatoria) ci mostra un gradevole signore, socialmente perfetto, il quale non dà il minimo segno di esaminare gli ospiti con il fine di scegliere il repertorio adatto per il livello di consuetudine e di psichismo espresso dal gruppo. È il momento di una decisione qualitativa, e, subito dopo, le esperienze – che a noi sembrano inventate lì per lì – sono forse solo libere varianti su uno schema di fondo solidamente programmato[19]. Segue – in *secondo tempo* – il momento dell'impulso esecutivo. Esso sembra completamente sotto il suo dominio, di tipo eccezionale anche per la capacità di potersi ripetere a volontà. C'è poi il *terzo tempo* in cui le cose vanno finalmente ai nuovi posti e aspetti, con il sensitivo[20] immobile e in attesa. Questa fase ha durate variabili, come se fosse una funzione delle strutture interne delle operazioni invisibili dipendenti almeno in parte dai fenomeni, e non soltanto dalla volontà dell'operatore[21]. La sua direzione degli eventi è qui alquanto ristretta, come se anche lui fosse un utente del computer che sta risolvendo il problema, con la differenza, rispetto a noi, che è il solo a vedere lo schermo su cui apparirà il segnale di approntamento della soluzione.

I Dottori MASSIMO INARDI e PIERO CASSOLI (rispettivamente Presidente e Vice-Presidente del Centro Studi Parapsicologici di Bologna) hanno riferito in una nota preliminare su una loro visita al dott. Rol a Torino, compiuta nell'aprile 1967: poichè questo lavoro è pubblicato «in

---

[18] L'assidua frequentazione era il modo migliore per poter verificare fino a saturazione *autenticità e dinamica* degli esperimenti. È però vero che esisteva a un certo punto il rischio di assuefazione. Ed è per questo che raramente Rol ha frequentato o sperimentato con le stesse persone e gruppi di persone per più di un decennio (tranne che con amici di lunga data come Aldo Provera e pochi altri).

[19] Assolutamente sì: *libere varianti su uno schema di fondo*, anche se più che solidamente *programmato*, io direi *ricreato* (anche: *sperimentato*, *collaudato*, *verificato*, *riprodotto*, *eseguito*, cui aggiungerei: *padroneggiato*).

[20] Ricordo di sostituire il termine con *Illuminato*.

[21] È infatti proprio cosí. È un processo che non dipende solo dalla volontà – che poi è una volontà anche *sui generis* – di Rol (da cui *una* delle ragioni della difficoltà di una sperimentazione nei termini semplicistici voluti dai "controllori").

extenso» sul primo numero dei «Quaderni di Parapsicologia»[22] del Centro di Bologna (pubblicazione che ha recentemente visto la luce nello scorso mese di gennaio) si riporta un sunto.

Nella sua introduzione il dott. INARDI ha affermato che il «caso Rol» non è stato ancora mai controllato ed osservato *con metodologia scientifica* da alcuna «persona qualificata» (e con persona qualificata si vuole intendere studiosi di parapsicologia distintisi per loro seri lavori o indagini nel campo, o competenti di illusionismo che si siano avvicinati a Rol con l'intendimento di smascherare eventuali «trucchi»[23] nel senso più lato del termine). Egli ha rilevato con vivo dispiacere che anche l'osservazione da lui compiuta insieme al dott. Cassoli non ha potuto effettuarsi come il metodo scientifico avrebbe richiesto, sia per ragioni di luogo, e soprattutto per l'atteggiamento francamente e persistentemente negativo del «soggetto» nei riguardi della sperimentazione[24], per cui si esprime in termini francamente dubitativi circa le «facoltà» e le possibilità del soggetto stesso, negando ogni valore ai contributi che sul caso sono stati finora portati, contributi che sarebbero, a suo dire, non solo non probanti, ma addirittura negativi per poter inserire Rol nel novero dei soggetti paranormalmente dotati[25].

---

[22] *Supra,* p. 191.

[23] Il partire da un presupposto negativo, di sfiducia, non favorisce nessun tipo di relazione. Per fare una di molte possibili analogie, si immagini una donna sollecitata a sottoporsi a una indagine psicologica e ginecologica atta a stabilire se sia o meno una prostituta, da parte di chi vorrebbe proporsi come suo fidanzato (per il bene della prole e del loro futuro=per il bene del mondo).
L'atteggiamento corretto è invece quello di moderata fiducia, tutt'al più di neutralità. La frequentazione assidua conduce poi ad abbandonare spontaneamente, naturalmente qualsiasi scetticismo, e a convincersi dell'inesistenza di qualunque trucco.

[24] No, di *quel tipo di sperimentazione e in quei termini*. Per usare l'analogia precedente, la «soggetta» presunta prostituta mostra un «atteggiamento francamente e persistentemente negativo» all'idea di un esame ginecologico del team del suo aspirante fidanzato (mi scuseranno le prostitute per questa analogia, qui approfitto per dire che Gustavo una volta mi disse – dopo aver elogiato La Donna in tutte le sue sfumature – che anche una prostituta è persona che merita rispetto come ogni altra donna, senza pregiudizi).

[25] L'articolo di Cassoli e Inardi in *Quaderni di parapsicologia* non permetteva di estrapolare quale fosse esattamente la posizione di Inardi, essendo stato scritto essenzialmente da Cassoli. Qui Riccardi, riferendo dell'intervento di Inardi in conferenza, ci permetterebbe di capire meglio quella posizione, che pare analoga a quella di Cassoli, ma che in seguito sarebbe stata divergente in maniera sostanziale. Non si può però escludere che Inardi si sia limitato a leggere l'articolo, o parte di esso, all'uditorio, infatti quello che dice Riccardi corrisponde, anche in certe espressioni, all'inizio dell'articolo. Ecco un'altra ragione per cui sarebbe stato utile avere la registrazione originale.

Il dott. CASSOLI successivamente ha preso la parola per illustrare ciò che sul dott. Rol si era scritto in passato su giornali, libri o riviste e ciò che nel corso della visita al soggetto a Torino si era potuto osservare, proiettando altresì e commentando una serie di diapositive che lui ed il dott. Inardi avevano «ricostruito», per mostrare all'uditorio alcuni degli esperimenti eseguiti dal dott. Rol con vari mazzi di carte durante la seduta alla quale i due studiosi avevano preso parte. Non è possibile per ragioni di brevità riferire sui singoli esperimenti, e perciò si rimanda il lettore all'articolo pubblicato sui «Quaderni di Parupsicologia» del CSP.

Al termine della sua esposizione il dott. Cassoli ha fatto una serie di considerazioni sul caso, e di proposte sulla metodologia da usare nei futuri esperimenti sul soggetto (se futuri esperimenti – date le premesse fatte – vi saranno)[26].

Dopo aver sostenuto che tutta la fenomenologia prodotta da Rol era del tipo non espressamente richiesto o comunque non controllato, e soprattutto dopo aver espresso il suo estremo riserbo nel giudicare la sperimentazione descritta come provocata e controllata, riserbo che è dettato dalla sua precedente esperienza nel campo, e dalle implicazioni di ordine conoscitivo cui si arriverebbe se si ammettesse come sufficientemente provati i fatti descritti, Cassoli ha fatto presente che, per poter veramente «veder chiaro» dal punto di vista scientifico su Rol, sarebbe necessaria una metodologia che potesse tener conto di tutti i mezzi per escludere trucchi, o manifestazioni di illusionismo, da parte del soggetto.

Tale metodologia, secondo Cassoli, sarebbe estremamente semplice a realizzarsi, solo che il soggetto si sottoponesse ad essa con la spontaneità e la collaborazione che dovrebbero richiedersi da chi avesse una certa disposizione positiva nei riguardi della scienza, e fosse convinto e sicuro sulla effettività delle proprie capacità[27]. Le condizioni sperimentali, giudicate da Cassoli necessarie, sarebbero essenzialmente di quattro ordini:

1) che Rol dichiari esplicitamente che cosa si riproponga di far accadere e di far vedere;

---

[26] Che sono le stesse dell'articolo.
[27] Questi elementi non sono sufficienti. Le cose non sono così semplici. E le regole non le dettano i bambini (gli autoeletti "controllori"), ma gli adulti (il Maestro). In nessuna disciplina l'apprendista stabilisce i criteri e le condizioni dell'apprendimento. Ne ho già parlato e quindi qui non mi ripeto. Quanto a «una certa disposizione positiva nei riguardi della scienza», quella certo a Rol non mancava e anzi l'ha avuta tutta la vita, cercando a più riprese un collaboratore adatto (con tempo, pazienza, disinteresse personale, apertura mentale, maturità emotiva ed intellettuale, ecc.) purtroppo mai trovato.

2) che egli accetti di non toccare il mazzo di carte su cui in genere si svolge l'accadimento paranormale;
3) che il soggetto accetti che due o tre macchine cinematografiche riprendano l'esperimento da varie posizioni e contemporaneamente;
4) che egli accetti infine di lavorare con mazzi di carte intonsi e forniti dagli sperimentatori, o con libri o altri oggetti procurati da essi.

Tutte queste condizioni potrebbero essere messe in opera anche senza che Rol debba essere costretto a cambiare il proprio «rituale» che Cassoli ed Inardi sono convinti si renda necessario al soggetto per entrare in sintonia con l'ambiente e con le carte, e per guidare lui stesso l'esperimento, condizione quest'ultima che potrebbe persino far rinunciare gli studiosi a richiedere il primo dei quattro punti enunciati, restando comunque irrinunciabili gli altri tre.

Al termine della loro enunciazione gli oratori hanno dichiarato di essere del parere che si debba, come prima cosa, accertare i fatti e poi descriverli, discuterli e teorizzare su di essi, per evitare errori madornali[28] squalificanti per chiunque scrive o lavora in parapsicologia, e citano la frase di Laplace secondo cui «piú grande è l'assunto, maggiori debbono essere le garanzie e le prove».

DE BONI[29] – Il giorno 11 luglio 1967 potei presenziare ad una esibizione[30] del dott. Rol. Iniziò in questo modo: disse ad uno di noi (eravamo 5 in tutto, Rol compreso) di scegliere una carta, e fu scelta la donna di fiori, indi Rol disse a tutti noi di mescolare le carte, lui compreso, finché fossimo stanchi; ed uno alla volta smettemmo. Rovesciata la carta superiore dei 5 mazzi, fu trovata la donna di fiori.

---

[28] Perfettamente d'accordo. Ma qui non abbiamo a che fare con un grave che si lasci cadere dalla Torre di Pisa o un microorganismo su un vetrino da analizzare al microscopio. Di nuovo, le cose non sono così semplici. E tra i «fatti», non pare che questi ricercatori avessero la pazienza e l'umiltà di stare ad ascoltare quello che Rol aveva da dire loro. La frase corretta è quindi: «si debba, come prima cosa, accertare *la globalità dei* fatti», non solo i fatti che fanno comodo. Ciò che vale anche per quegli scettici e illusionisti che scelgono arbitrariamente, *ad libitum*, i «fatti» da mettere nel loro carrello di supermercato.

[29] Gastone De Boni (1908-1986), medico chirurgo, scrittore ed editore, all'epoca direttore della rivista *Luce e Ombra* (dal 1947 al 1986) continuatore e curatore dell'opera di Ernesto Bozzano.

[30] Anche questo è un termine inappropriato spesso usato dai neofiti, condizionato inevitabilmente dalla sperimentazione con le carte da gioco. Di uno scienziato diremmo che sta *illustrando, di/mostrando* o *eseguendo* alcuni suoi esperimenti, non che si stia esibendo; «esibizione» deve essere sostituito con *dimostrazione*. In futuro, sono certo che la comunità scientifica saprà descrivere in questo modo questi esperimenti, una volta che si saranno compresi e ci saranno le condizioni adatte per una loro riproduzione.

L'esperienza venne ripetuta un numero indefinito di volte e riuscì sempre. Indi Rol mi invitò ad andare con lui nel salotto attiguo. «Scelga una carta», mi disse, e dal mazzo ne estrassi una. Il sette di fiori. Mi raccomandò di tenerla stretta nel cavo della mano. Pronunciò parole magiche e poi mi disse di guardare: la carta si era trasformata in una donna di fiori!
Il caso Rol è di sommo interesse parapsicologico: io spero di poter continuare con lui le esperienze.

RICCARDI – Un ulteriore aspetto della fenomenologia rolliana è quello della «*pittura spiritica*»[31], alla quale ho assistito una sola volta...
Fu nel 1966, a Torino, che mi fu consentito di scoprire la possibilità di una efficacia colleganza fra un sensitivo vivente e un pittore morto: fino a quel momento conoscevo solo il libro di Egidi intitolato «Pittura e disegni metapsichici». Il nome del pittore è François Auguste Ravier e compare nelle pagine della Enciclopedia Italiana. Ho letto dunque le date principali e assodato che quando Rol è nato Ravier era già morto: non sono in grado di precisare se il pittore Rol si è avvicinato al lionese per motivi artistici soltanto, o se sono accaduti anche richiami parapsicologici fra loro.
Son tanti gli ingredienti per una seduta di pittura che occorre prepararla in anticipo, molte tele, molti colori, tavolozze e pennelli. Al momento giusto, cioé dopo un periodo di affiatamento con esperimenti di carte, i sette partecipanti ricevettero un foglio bianco, una matita e un posto attorno a una tavola coperta da un tappeto verde. Per diversi minuti Rol provò l'efficienza del circuito psichico con il semplice provvedimento di scambiarci ripetutamente di posto[32]. Poi iniziò, nel buio più profondo, a chiamare Auguste François[33] Ravier, pittore di Lione, ordinando una serie di rumori di fondo fatti di fogli spiegazzati e di mani soffreganti, all'unisono e in alternanza, mentre suggeriva che le nostre menti si focalizzassero sull'immagine del «*colore verde*». Dopo un poco disse con sicurezza che le chiamate erano state esaudite e che era probabile l'arrivo di una prova concreta. Essa spettava a me: avrei solo dovuto arrotolare il

---

[31] Che come già abbiamo visto, deve invece essere definita *spiritualistica*, non avendo nulla a che vedere con lo spiritismo. Quanto segue corrisponde nei contenuti a quanto Riccardi aveva già scritto nell'articolo pubblicato su *Metapsichica* nel 1968.
[32] Ogni cosa ha un "quoziente di energia" cui si aggiunge, o che include, l'elemento psichico nel caso di esseri viventi e in particolare di esseri umani, che varia da un individuo a un altro. Una distribuzione ideale delle persone risponde a un'esigenza di equilibrio e uniformità del gruppo come *insieme*. In una orchestra la disposizione degli strumentisti coi rispettivi strumenti non è lasciata al caso; e il direttore può cambiare la disposizione dei posti. Questa è molto più che una analogia.
[33] François Auguste. È un errore di inversione che capita di trovare anche con Gustavo Adolfo, talvolta scritto erroneamente Adolfo Gustavo.

mio foglio attorno alla matita distribuitami, e infilare il cilindretto sotto ai vestiti, appoggiandomelo sul petto: mentre eseguivo e aspettavo feci molta attenzione, ma non sentii nulla. All'ordine poi accesi la luce e mi misi ad esplorare il foglio che avevo srotolato: lessi «*Je suis ici avec vous F.A. Ravier*» scritto a matita.

Ci venne allora significato che avremmo dovuto scegliere l'argomento del prossimo quadro. Nacque l'idea di un paesaggio ondulato, atmosfera triste, mattino di primavera, alberi in fiore. L'artista Rol abolì gentilmente il capitolo dei fiori sugli alberi, perché Ravier quando era in vita non aveva dipinto fiori, e quindi nell'al di là[34] non poteva trarli dalla memoria. A nome di Ravier ci venne quindi offerto un fine discorso morale ed estetico, di cui però parole e significato risultarono subito dimenticati. Io penso oggi che l'intervallo fosse destinato a trovare il tempo di elaborare in qualche posto lo schema del prossimo quadro, in ispirito ma tutto completo. Capii che la creatività aveva avuto il suo tempo quando Rol passò a ripetere e a scrivere la esatta lista dei colori necessari.

La designazione all'ultimo minuto della tela da usare fu fatta nel salone per mezzo di numeri casuali. Ora Rol, con la lista e il tipo di lavoro scelto, può disporre i colori sulla tavolozza e sistemare una sedia come cavalletto. Nel buio ripetiamo la visione del verde, le chiamate a Ravier, le mani e i fogli in rumori, oltre a una solenne invocazione di Rol a Dio per evitare ogni conseguenza perniciosa[35]. Io siedo proprio in vicinanza del cavalletto, e continua a essere il mio compito dar luce all'ambiente. Un convulso segno a matita vien fatto da Rol che mi chiama al suo fianco per un momento, a luce accesa, poi ritorna il buio e lo sento ansare, chiedere il concorso di pensieri favorevoli, ed essere così attivo con i pennelli, ch'io temetti di vedermi sfuggire gli aiuti paranormali. Di tempo in tempo egli chiedeva uno sprazzo di luce ed io, non potendo sbirciare la tela, gettavo sguardi attenti alla sua figura, ricavando l'impressione che gli si fosse assai gonfiata la testa. Quando Rol si alzò, per allontanarsi e andare sulla più lontana poltrona, lo fece parlando e agitandosi, quasi per rassicurarci che nei successivi minuti nessun vivente sarebbe stato davanti al cavalletto. Buio e silenzio completi. Avevamo solo la disponibilità del senso dell'udito e io avevo imparato allora a cosa rassomigliava in cotesta occasione il rumore dei pennelli e delle spatole. Essi ripresero ad andare vigorosamente, ed io potrei giurare che colui che aveva preso il posto di Rol operava diversamente da lui, perché lasciava andare ogni strumento, forse perché con esso aveva finito, e potevo sentire il rumore dell'urto sull'impiantito di legno.

---

[34] Lo *spirito intelligente* di Ravier, in realtà, è ancora nell'"aldiqua", *rimasto operante*, come direbbe Rol.
[35] Si veda a titolo comparativo 3-XXV-12 (*Un esperimento di viaggio nel tempo*), dove Rol prima dell'esperimento fa una "invocazione" (una preghiera, una richiesta) di questo genere.

I miei nervi erano tranquilli. Dovevo solo stare attento. Mentre la pittura parapsichica era in costruzione io mi chiesi cosa mai di grazioso poteva sortire da tanto buio, e mi riproposi di offrire espressioni congratulatorie qualunque cosa avessi visto. Ma non conoscevo Ravier. Quando ogni suono venne a cessare riempii la sala di luce, e Rol si approssimò da fondo a grandi passi, sollevò trionfalmente il quadro e lo scaraventò al centro del tappeto per ammirarlo e farlo ammirare. Chi se ne intendeva disse che era certo un Ravier, e dei migliori. Rimasi zitto fino al giorno successivo, quando potei confrontare questo lavoro con un album del Ravier vivo, in seppia: due lontane torri che avevo visto schizzate sulla bianca tela appaiono in diversi punti della raccolta. Scommetterei che ridotto in seppia il nostro quadro non si sarebbe distinto dagli altri.
Poiché ricordavo che all'apice dell'impegno Rol mi aveva mostrato una strana testa, chiesi con innocenza di vedere la figura di Ravier. Nell'album ce n'erano due e la più anziana era marcatamente la stessa testa ch'io avevo vista sul cavalletto, a parte la capigliatura che era fortissima solo nell'immagine di Ravier.

AVV. RAPPELLI (Condensato) – A differenza dei precedenti interventi desidero dare un quadro più esteso della personalità del dott. Gustavo Adolfo Rol perché da alcuni anni lo frequento quasi quotidianamente, e mi trovo verso di lui in posizione di fratello minore e di assistente[36]. Dati i rari contatti avuti dagli altri oratori con Rol non si poteva ottenere da loro notizie in un raggio più vasto della fenomenologia[37], il che è quello che invece tenterò di fare io.
Rol riceve ogni giorno una valanga di lettere di ogni tipo, domande su comportamenti morali e famigliari, malattie disperate, delitti impuniti, ecc. Egli però scarta rigorosamente tutte quelle richieste che tenderebbero a farlo intervenire a scopi meramente speculativi. Quando risponde fornisce aiuti di cui spesso si sente confermare l'efficacia, ed agisce, quando lo può, anche a scapito delle sue già brevi notti. Dico questo perché è difficile vedere qualcuno che si occupi con tanto fervore e altrettanto disinteresse per il prossimo[38]. Fervente credente com è, in ogni momento si sente al servizio di Dio[39]. Gli è utile avere per condizione umana una solida cultura in biologia, in economia e commercio, ed in legge. Con estrema modestia egli considera ben poco le formidabili

---

[36] Rappelli conobbe Rol nel 1965 e lo frequentò assiduamente per una decina di anni. È l'unico testimone non "parapsicologo" né scrittore, prima di me, ad aver fatto un minimo di approfondimento teorico e aver compreso alcune cose essenziali di Rol. È quanto di più vicino a un "collaboratore" Rol riuscì a trovare nella sua vita.
[37] E comunque un raggio molto limitato anche di quella.
[38] Si veda quanto già detto a p. 188, nota 19.
[39] Io puntualizzerei: più perché "crede", perché *sente, vede* e *sa*.

qualità diagnostiche e guaritive che possiede, tanto che, se vien chiamato nel campo di problemi di salute, interviene solamente con l'assistenza di un medico[40].

Egli è potentemente aiutato dalla facoltà che ha di vedere intorno a ognuno di noi un'aureola che parte da una spalla, gira al sommo del capo ed arriva all'altra spalla. Dall'aspetto di quest'aura sintetizza l'ubicazione e l'importanza delle malattie, ma anche il costrutto morale dell'individuo. Spesso, quando mi trovo con lui, mi aiuta, mettendo anche me in grado di vedere e giudicare queste aureole, e posso assicurare che la cosa è davvero sorprendente[41].

Mi sembra però giunto il momento di indicare quanto Rol si ritenga estraneo a ciò che viene definito «paranormale». Ieri sera mi trovavo nella sua biblioteca: sul suo tavolo di lavoro riuscii a prendere visione di alcuni appunti che aveva gettato giù dopo aver ricevuto un questionario inviatogli dal Centro Italiano di Parapsicologia di Napoli. Non sarei certamente autorizzato a rivelare il contenuto di quelle semplici "note", senza dubbio incomplete, e, facendovene parte, vorrei che venissero, come tali, giudicate, e non facessero testo assoluto del dott. Rol. Egli mi disse che si trovava in forse sul modo di rispondere al dott. *Di Simone*, il valoroso animatore del suddetto Centro napoletano, un po' perché gli ripugna parlare di sé e poi perché lui stesso, per quanto gli è dato di comprendere, si giudica al di fuori da tale materia[42].

Io comprendo benissimo come tutti gli esperimenti compiuti da Rol contengano una carica che interessa enormemente Istituti e studiosi di parapsicologia, ma si tratta di potenzialità che neppure io stesso, che gli sono più di ogni altro vicino, sono in grado di spiegare, anche se, posso dirlo con tutta franchezza, incomincio appena a comprendere. Dice Rol, il quale anche nell'appunto sopra accennato non ha purtroppo introdotti chiarimenti ai mille dubbi che ognuno di noi ha in questo campo, che non

---

[40] Rol diede sempre priorità alla medicina ufficiale, complementandola solo in quei casi dove essa non arrivava o non era sufficientemente efficace. Si potrebbe quasi dire che lasciasse fare all'esercito regolare, intervenendo solo quando era necessario un "reparto speciale". Jacopo Comin menziona un passaggio dalla relazione di Rappelli che qui non è stato riportato, e che rappresenta un altro aspetto: «il dottor Rol non esercita assolutamente la medicina; benchè laureato in biologia medica, non ha voluto dare l'abilitazione in Italia... per evitare di mettere queste sue facoltà in concorrenza con professionisti nel campo medico» (Comin, J., *Il favoloso Dottor Rol*, Scienza e Ignoto, Faenza Editrice, Faenza, anno II, n. 9, settembre 1973, p. 51).

[41] Cfr. Biondi a p. 180.

[42] Gli appunti di cui parla Rappelli sembrano corrispondere in parte alla lettera forse del giugno 1969 che ho pubblicato in precedenza (p. 246), e cronologicamente pare plausibile (se però erano sul tavolo da lavoro di Rol, vuol dire che quella lettera non la spedì, ciò che confermerebbe il fatto che Di Simone non la menzioni).

v'è segreto da insegnare né tramandare perché è questa una verità che bisogna intuire da soli.

(N.d.R[43]. – *Il dott. Rol, nei termini con cui me lo ha confermato, ritiene che l'uomo è dotato delle facoltà necessarie per giungere a comprendere tutto ciò che forma l'Universo, la verità essendo il fine supremo cui tende, per inderogabile diritto, ogni individuo*).

Egli asserisce di fare esperimenti di «*coscienza sublime*» ed aggiunge che la «coscienza sublime» è una tappa avanzata sulla strada della conoscenza dell'anima, oltre quella sfera dell'istinto esplorata da Freud. Noi assistiamo alla estrinsecazione di facoltà che già attingono all'anima, riverbero di quella onnipotenza che l'uomo possiede in quanto creatura di Dio, e quindi parte di Dio stesso. Così affrontata, la materia, o l'energia a cui essa si può far equivalere, di fronte alla potenza dell'anima si presenta docilissima purché in qualsiasi prova non venga meno la fiducia in noi e quindi l'ispirazione di Dio.

Altro punto fermo di Rol è un amplissimo intervento di effetti armoniosi in una comunione di vari elementi e disposizioni, proprio come avviene per il musicista il quale, attraverso una serie di note, compone il tessuto di una propria sinfonia. Forse è questo il motivo per cui Rol non desidera sottoporsi a quelle prove scientifiche con le quali si vorrebbe mettere a nudo il suo modo di operare, poiché egli – più di una volta – ha dichiarato che per tutto ciò che compie gli occorre un'ispirazione diretta e improvvisa[44]. Soddisfacendo invece ad una richiesta precisa di realizzare un determinato esperimento, egli non si ritroverebbe più in armonia con se stesso, e quasi gli parrebbe di agire arbitrariamente, come se fosse capace

---

[43] Qui e di seguito ci sono alcuni inserti «N.d.R.», senza però sia specificato chi ne sia l'autore. Dovrebbero essere di Nicola Riccardi, che era sia il relatore che il moderatore delle riunioni, come confermerebbe anche Jacopo Comin nella sua analisi del 1973 («Il Comandante Riccardi, estensore del dibattito, nota ...», *cit.,* p. 55).

[44] Ciò è perfettamente vero anche se rappresenta metà della questione. L'altra metà – sto comunque semplificando – riguarda i principi *iniziatici* ai quali non è possibile rinunciare (Rappelli brevemente vi allude poco dopo) e che impediscono, per loro stessa natura, una comunicazione esplicita e diretta a tutti indiscriminatamente, e questo perché, essenzialmente: 1) non tutti hanno il medesimo livello di comprensione; 2) non tutti hanno il medesimo grado di maturità e responsabilità; 3) non tutti meritano di accedere, se non sono pronti (anche moralmente) a quella che anticamente era chiamata *scienza sacra*, correndo il rischio di renderla *profana* (quindi "profanarla") ovvero snaturarla sia con altri che con se stessi, ciò che si trasformerebbe in un impedimento che potrebbe diventare insormontabile lungo il cammino spirituale che è necessario percorrere, e che non ha scorciatoie, così come il neonato non può diventare all'istante adulto.

di compiere – a volontà – qualsiasi prodigio[45]. Tutto ciò appare assurdo perché altrimenti Rol sarebbe Dio. Così io ritengo, e credo, essere questo il pensiero di Rol.

Un mezzo usato da Rol nei primi contatti con quanti l'avvicinano per conoscere i suoi esperimenti, consiste nelle *carte da gioco*. Egli le considera alla stregua di un elemento di facile ed immediata comunicazione, perché agevolmente identificabile, in quanto – offrendo numeri, colori e forme – si stabiliscono facilmente rapporti infiniti di armonia.

Di esperimenti con le carte se ne può fare un numero illimitato: quelli esposti per primi Rol non esita a chiamarli «le aste». Essi, per quanto già impressionanti, nella loro evoluzione assurgono ad una importanza tale da offrire i caratteri di una vera e propria drammaticità.

Un senso morale altissimo impone a Rol di non mostrare se non esperimenti adeguati alla ricettività e alla preparazione di chi lo avvicina. Per noi che lo frequentiamo, è già un gradino più avanzato essere ammessi ad altri esperimenti, come il passaggio di corpi solidi attraverso la materia[46], e come anche la «*pittura al buio*» così come noi preferiamo chiamarla in luogo di «pittura spiritica» come invece la definì il comandante Nicola Riccardi nel descrivere uno di questi esperimenti ai quali ha assistito[47].

Ritengo ora di fornirvi un gruppo di notizie di particolare interesse, dandovi qualche informazione circa gli esperimenti, che potremo definire «*viaggi nel passato e nel futuro*». Debbo però precisare che il fondamento di queste straordinarie «*escursioni*» ha un preciso riscontro nella teoria rolliana dello «*spirito intelligente*».

Ogni oggetto, ogni cosa ha sempre una storia in rapporto alla propria funzione. Prendiamo un bicchiere: anche dopo che sarà andato in frantumi

---

[45] Da tenere sempre presente quel semplice quanto esatto principio di sapore taoista enunciato da Rol: «quando si vuole... nulla si ottiene», che fa il paio con quell'altro, «non sbaglio perché non gioco» (o «vinco se non gioco»).

[46] Ciò che io ho chiamato *tunnelling*, prendendolo in prestito dal fenomeno corrispondente nella meccanica quantistica. Da un punto di vista cronologico, la testimonianza di Rappelli su questa *possibilità* è la seconda del genere (Biondi era stato il primo a riferirla nel 1967, per quanto consta allo stato attuale).

[47] Questa definizione è secondo me applicabile soltanto a quei rari esperimenti dove avvengono sia *telecinesi di pennelli* che *trasfigurazione*, per i quali il buio è imprescindibile principalmente per il trauma che si avrebbe a vedere da un lato la metamorfosi di Rol e dall'altro i pennelli muoversi da soli nell'aria.
Non l'applicherei invece in assenza di *trasfigurazione*, dal momento che la maggioranza delle testimonianze di *telecinesi di pennelli* sono in condizione di luce e visibilità. Tutt'al più, basandosi sulla distinzione fatta dallo stesso Rol tra seduta *spiritica* e *spiritualistica*, si potrebbe parlare di *pittura spiritualistica*, come già detto in precedenza, che prescinde dalle condizioni di luce. Cfr. anche la nota 1 a p. 212.

e distrutto, la funzione che detto bicchiere esercitò è un fatto storico che permane. La funzione è, in fondo, l'essere stesso dell'oggetto e noi possiamo, a tutto questo, attribuire una denominazione di «*spirito*» con accezione equivalente a funzione, ed a esistenza. Quando poi si passa dalle cose inanimate e dagli animali all'uomo si può, necessariamente, introdurre un altro attributo e prendere così a considerare lo «*spirito intelligente*» dell'uomo. Per noi, lo «spirito intelligente» non è l'anima – soffio divino che alla morte si libera dal corpo e torna a Dio – ma quel «qualcosa» di particolare, come detto sopra, che rimane sulla Terra a prova e riprova dell'esistenza e dell'inconsumabilità di Dio. Lo «spirito intelligente», complesso di funzioni e di pensiero, rimane quasi come la fotocopia, la scheda segnaletica personale di un individuo. Ogni nostro antenato ha lasciato sulla Terra il proprio «spirito intelligente», e non c'è da stupirsi se – nella nostra scala biogenetica – si può trovare un antico gradino che ci sia particolarmente affine.

Rol definisce quello stadio quale «*cellula biologica trascendentale prevalente*». Gli «spiriti intelligenti» sono in grado di memorizzare la vita che hanno vissuto, densa quindi di avvenimenti e di fenomeni, sia in proprio, sia per trascendenza, costituendo così una catena ininterrotta che giunge sino a noi.

Viaggi nel passato sono quindi consentiti, se non agevolati, da questo stato di fatto e l'aiuto che Rol ci offre per realizzare questo esperimento si appoggia certamente ai suddetti elementi che ho cercato di esprimere, per quanto in maniera molto superficiale[48].

Per i «*viaggi nel futuro*» Rol si avvale di questa formula: «Il futuro altro non è che la conseguenza logica del passato attraverso il presente»[49]. (N.d.R. – *Ho udito Rol affermare più volte: «noi siamo ciò che fummo e ciò che saremo». L'idea è così bella che anche altri debbono averla espressa*).

Più di una volta ho preso parte a questo straordinario trasporto nello spazio (che può avvenire in un arco di tempo che va dal 4000 a.C. al prossimo 2500): mi sarebbe troppo difficile dettagliare qui il meccanismo, che d'altronde non credo di conoscere a fondo. Posso dire però che nessuno dei presenti va in *trance* e, quando è fissata la data da raggiungere

---

[48] Questa parte di esposizione di Rappelli è molto importante, perché fornisce indicazioni precise sia sulla natura dello *spirito intelligente*, definizione qui riferita per la prima volta e nozione esposta per la prima volta non sommariamente, sia quale sia l'ambito effettivo, *operativo e filosofico*, nel quale si muove Rol, un ambito inquadrabile come *terreno* in senso lato, dal momento che non attiene all'anima e alla dimensione nella quale essa andrebbe e si stabilirebbe – qualunque essa sia – bensí alla Terra dove lo *spirito intelligente* rimane operante; infine è importante perché indica dove guardare per comprendere i *viaggi nel tempo* e quali sono le loro basi.

[49] Come la pianta è *conseguenza logica* del seme.

(luogo, anno, mese, giorno, ora), si compiono varie operazioni mentali alla base delle quali c'è uno sforzo di penetrazione nel colore verde, immaginato nella sua espressione la più pura, quale si riscontra nell'arcobaleno, e che sta nel mezzo della sequenza dei sette colori che formano l'iride: è un colore quindi che, sotto un certo aspetto, ha una funzione di equilibrio, quindi di forza[50].

Rol, nel dirigere l'esperimento, opera molto minuziosamente conducendo il soggetto (o i soggetti) a piccole tappe, sino a quel punto di rottura del diaframma mentale che può far temere di dover tutto all'immaginazione, rottura che poi si rivela come un vero e proprio accedere alla realtà. Una realtà stupenda, allucinante. Si rivela allora possibile descrivere il mondo così come ci scorrerebbe davanti nel tempo, proprio come in un film, ma un film assolutamente reale ove si percepisce il caldo, il freddo, i rumori, gli odori e lo stesso eloquio della gente.

(N.d.R. – *Da indagine svolta presso il gruppo si è appreso che hanno "spedito" nel medesimo posto e data due soggetti, A nel luogo L e nel giorno G, B nel luogo L' e nel giorno G', con sensazioni e visioni così similari che hanno potuto continuare all'unisono le descrizioni senza alcuna deviazione, dando a tutti la impressione di una esperienza concreta*).

Anche in questa famiglia di esperienze Rol agisce molto prudentemente. Egli non si presta a viaggi verso zone ed epoche così ravvicinate all'attuale esistenza del soggetto, da far temere che si sfiori l'ambiente dei suoi giorni finali[51].

(N.d.R. – *ho voluto interrogare il dott. Rol ponendogli questa domanda: «Non vede lei un parallelismo fra gli esperimenti ove si rivelano gli "spiriti intelligenti" e gli indiscutibili risultati ottenuti nelle sedute medianiche?». Egli mi rispose: «Non ho dimestichezza con quella dottrina e riterrei ingiusto esprimere un giudizio sulle sedute medianiche. Sovente mi è accaduto di venire in rapporto con "spiriti intelligenti" di persone viventi. Non so se ciò avvenga anche nelle sedute medianiche»*).

Mi riprometto di fornire altri dettagli sul dott. Rol, e sulla sua attività, che non è quella dell'antiquario[52], anche se svolse codesto lavoro nell'ultimo periodo della guerra, quando si giovava di tale paravento per venire in

---

[50] È precisamente quanto dice Rol in quella registrazione del 1975 che ho trascritto e riprodotto nel mio articolo *Rol, un Buddha occidentale del XX secolo* (cfr. vol. IV, p. 386).

[51] Sui *viaggi*, si veda il capitolo XXV nei voll. I o II, e III.

[52] Non lo era più nel 1969, avendo venduto il suo ultimo ufficio-negozio in Piazza Paleocapa nel 1962, prima ancora di conoscere Rappelli. Da quanto segue sembrerebbe quasi che l'attività di antiquario fosse solo un «paravento», ciò che è in parte vero, ma anche in parte sbagliato, perché Rol ha proprio esercitato quel mestiere per più di due decadi e gli piaceva farlo.

soccorso di tanti giovani che il comando tedesco delle sue parti aveva condannati a morte.

(N.d.R. – *Per esplicito mio desiderio ho preso visione in casa Rol di un documento, rilasciatogli il 3 maggio 1945, con il quale un sindaco, a nome del Comitato di Liberazione Nazionale, attesta che il coraggio da lui dimostrato in circostanze difficilissime, che interessavano la vita e l'interesse altrui e della generalità degli abitanti... verso chi di ragione, valsero a salvare la vita e i beni dei singoli e di intere comunità*[53].
D'altra parte il dott. Rol non vuole assolutamente che si intessa sulla sua persona qualsiasi lode, proprio per la ragione che alla base dei suoi esperimenti c'è l'abbandono di ogni forma di orgoglio. Su di una copia del libro «L'homme et sa destinée» (di Lecomte du Noüy)[54], *tutto postillato, il prof. Vittorio Valletta mise questa dedica: «Al dottor Rol... per il suo lavoro ultraumanitario». V. Valletta).*

***

ANNO XXV   GENNAIO-GIUGNO 1970   FASC. I-II

METAPSICHICA
RIVISTA ITALIANA DI PARAPSICOLOGIA
Organo ufficiale dell'A. I. S. M. e del C. S. P.

Riunioni 30ma e 31ma dell'A.I.S.M. dedicate ad una Conferenza - Dibattito sul dott. Gustavo Adolfo Rol di Torino

---

[53] Si veda 1-I-78qui e la lettera originale che ho pubblicato nel vol. IV, p. 399.
[54] *L'uomo e il suo destino* (prima edizione italiana: Bompiani, 1949).

Lettere di Giorgio di Simone
1969*b*

Napoli, 26.11.1969

Preg.mo Dr. G.A. Rol
via Silvio Pellico, 31
TORINO

Per puro caso, e grazie ad un nostro collaboratore che ha assistito alla recente Riunione Scientifica dell'AISM[1] in cui è stato discusso il Suo caso e messo in rilievo la Sua personalità di uomo e di sensitivo, ho appreso che Lei ha risposto ai cinque quesiti della ns inchiesta sui fenomeni paranormali. Ma di tale risposta non ci è giunto nulla[2], al CIP, tanto che ormai avevo dato per scontato il Suo silenzio e concluso la inchiesta sull'ultimo fascicolo della ns Rivista che Le invio a parte per conoscenza.

La prego quindi di farmi giungere tempestivamente tali Sue risposte (visto che ormai si è preso il disturbo di compilarle) da pubblicare sull'appendice all'inchiesta che verrà pubblicata nel numero di gennaio della ns Rivista.

In attesa, Le invio i miei più cordiali saluti e auguri[3].

[firma]

---

[1] Quella del 16 novembre 1969 (dieci giorni prima) vista nelle pagine precedenti.

[2] In realtà, Rol aveva messo giù solo qualche appunto, come aveva raccontato Rappelli: «sul suo tavolo di lavoro riuscii a prendere visione di alcuni appunti che aveva gettato giù dopo aver ricevuto un questionario inviatogli dal Centro Italiano di Parapsicologia di Napoli. ... semplici "note", senza dubbio incomplete ... Egli mi disse che si trovava in forse sul modo di rispondere al dott. *Di Simone* ...» (*supra*, p. 260 e nota 42). Riccardi in una lettera del 17 marzo 1970 comunicherà a Di Simone la «decisione di Rol di non mandarle, nonostante le sollecitazioni, nemmeno il suddetto discorso» (*infra*, p. 360), che doveva far parte della «lettera parzialmente letta dall'Avv. Rappelli» alla conferenza (*infra*, p. 348), che è quella che ho stabilito essere stata scritta da Rol nel giugno 1969 (*supra*, p. 246); cfr. anche p. 152, nota 3 e p. 244 nota 1.

[3] Rol risponderà solo quasi quattro mesi dopo, con poche righe aggiunte nel retro della lettera di Riccardi a Di Simone del 17 marzo 1970: «Egregio dottor Di Simone, non avevo affatto messo a punto il questionario da Lei inviatomi. Sono veramente spiacente di tutto quanto è successo. Il bravo Rappelli ha detto troppo o troppo poco... In ogni modo io spero di vederla a Torino per quella dimostrazione che tanto desidera. Suo dev.mo G.A. Rol» (*infra*, p. 359).

ps– Non ho neanche ricevuto risposta ad una mia lettera strettamente personale inviataLe tempo addietro[4].

INFORMAZIONI DI PARAPSICOLOGIA
del centro italiano di parapsicologia
direzione: via belvedere 87 - tel. 647343   80127 napoli

Napoli, 26.II.1969

Preg.mo Dr. G.A.Rol
via S.Pellico, 31
TORINO

Per puro caso, e grazie ad un nostro collaboratore che ha assistito alla recente Riunione Scientifica dell'AISM in cui è stato discusso il Suo caso e messo in rilievo la Sua personalità di uomo e di sensitivo, ho appreso che Lei ha risposto ai cinque quesiti della ns inchiesta sui fenomeni paranormali. Ma di tale risposta non ci è giunto nulla, al CIP, tanto che ormai avevo dato per scontato il Suo silenzio e concluso la inchiesta sull'ultima fascicolo della ns Rivista che Le invio a parte per conoscenza.
La prego quindi di farmi giungere tempestivamente tali Sue risposte (visto che ormai si è preso il disturbo di compilarle) da pubblicare sull'appendice all'inchiesta che verrà pubblicata nel numero di gennaio della ns Rivista.
In attesa, Le invio i miei più cordiali saluti e auguri.

ps– Non ho neanche ricevuto risposta ad una mia lettera strettamente personale inviataLe tempo addietro.

(foto © Franco Rol – Archivio Storico del Comune di Torino)

---

[4] Quella del 26/05/1969 vista in precedenza.

Dibattito sui fenomeni provocati dal Dr. Rol

(II)

Continua qui di seguito lo scritto pubblicato su Metapsichica *nel 1970, che ho diviso in due parti corrispondenti alle conferenze-dibattito del 16 novembre 1969 e 1° febbraio 1970, divisione non specificata sulla rivista e che ho stabilito sulla base di alcuni elementi*[1].
Ciò è importante anche per citazioni future, permettendo di collocare le affermazioni dei relatori nella loro precisa collocazione cronologica. Prima di proseguire, riporto anche una breve comunicazione di Ettore Mengoli sulla riunione precedente – pubblicata nel numero anteriore della rivista[2] *– che spiega anche perché fu necessario organizzarne una seconda:*

Resoconto della XXX Riunione Scientifica dell'A.I.S.M.[3] *–* Il 16 novembre a Milano, nella sede della «Famiglia Meneghina» in via Meravigli n. 7, ha avuto luogo la XXX Riunione scientifica dell'A.I.S.M. avente il programma di discutere il seguente argomento: *Falcoltà P.S. ed E.S.P.: si chiede di raccogliere documentazioni su casi verificatisi in questi ultimi tempi, proponendo l'organizzazione di controlli atti a documentare questi fenomeni in modo valido.*
Eccezionale affluenza (sui 200 presenti), ed argomento molto valido e gradito, hanno suggerito di affrontare l'argomento mettendolo a fuoco su un caso particolare, intendendo che si potrà proseguire considerando altri casi. Nel corso della XXX Riunione, iniziata alle 10 e terminata alle 13, è stato esaminato il noto e stimato dottor «*Rol*» di Torino. Dopo un brevissimo saluto del *Presidente*, il com.te *Riccardi* ha esposto le proprie esperienze personali, sunteggiando una comunicazione del dott. *Comin*. Il

---

[1] Ovvero: 1) dell'ordine di trascrizione degli interventi; 2) della lettera di Riccardi a Giorgio di Simone del 7 marzo 1970 (p. 358), dalla quale si evince che Rappelli, Inardi e Cassoli non c'erano nel secondo incontro, mentre c'erano Assennato, Occhipinti, De Carli e Alberti; 3) della breve comunicazione della riunione del 16/11/1969 in *Metapsichica*, lug-dic 1969, p. 149; 4) dell'elenco dei relatori fatto da Mengoli a inizio riunioni (pp. 248-249), che io divido, in ordine di primo intervento, come segue:
– 16/11/1969: Mengoli, Riccardi (moderatore), Inardi, Cassoli, De Boni, Rappelli.
– 01/02/1970: Assennato, Riccardi, Zeglio, De Carli Valerio, Occhipinti, Gabricci, Galateri, Alberti, Mengoli.
[2] Su *Metapsichica* del luglio-dicembre 1969, p. 149.
[3] I corsivi in questo brano sostituiscono i maiuscoli dell'originale.

dott. *Inardi* ha esposto i vari giochi con le carte, seguito dal dott. *Cassoli* che ha meglio dettagliato i particolari con diapositive. Il com. *Riccardi* ha poi esposto la «ptttura spiritica», seguito dal dottor *De Boni* che ha riassunto varie sue esperienze. Infine l'avvocato *Rappelli* ha chiuso la seduta con una lunga, completa, descrizione sia del soggetto che delle più inconsuete esperienze fatte. Giunti alle ore 13, vedendo che l'argomento era appena stato sfiorato, e considerato che altri oratori non hanno potuto prender la parola, è stato deciso di indire una successiva Riunione, avente lo stesso *ordine del giorno*, e possibilmente avendo la sala disponibìle anche per il pomeriggio. Comunicazioni del dottor *Assennato*, del dott. *Bona*, e del collaboratore esterno del prof. Bender *Alberti*, sono perciò rinviate alla successiva Riunione, alle quali farà seguito un dibattito. Si prevede che altri oratori si iscriveranno, o quanto meno parteciperanno al dibattito[4]. Se sarà possibile fissare domenica 1° febbraio, ne sarà dato avviso.

***

[*1° febbraio 1970*]

ASSENNATO – Ha presentato quanto è esposto nell'articolo pubblicato in esteso.

Tale articolo è una delle relazioni di cui ha parlato Mengoli (supra, p. 248), che era stata pubblicata prima della trascrizione del dibattito. Io la inserisco qui nel contesto cronologico originale.

*

Testimonianza e considerazioni sui fenomeni Rol[5]

di Pericle Assennato
(gennaio 1970)

Si può essere non conformisti, sentirsi liberi quanto mai nell'animo e nel giudizio, ma... quando si è invitati a fare testimonianza – perché ne siamo stati *testimoni* – di un fenomeno paranormale di eccezionale interesse, si parte sconfortati, nonostante il più sincero desiderio di testimoniare la verità dei fenomeni cui si è assistito. In questa occasione si constata la più

---

[4] Altri oratori infatti parteciparono, come si vedrà, ma non Bona (presumibilmente Franco) che non campare negli interventi.
[5] in: *Metapsichica*, gen.-giu 1970, pp. 2-6. L'autore era medico, docente presso l'Accademia Tiberina.

autentica, la più frequente e totale espressione di incomunicabilità fra gli interlocutori, siano essi studiosi o soltanto curiosi del fenomeno paranormale.
Riferite di aver visto? Risponde l'eco: «Il signore o i signori dicono di aver visto». Riferite di aver udito? Risponde l'eco: «Il signore o i signori dicono di avere udito». E l'eco, nel campo scientifico, perde, ad ogni riflessione, potenza; la comunicazione si affievolisce, muore. Silenzio. Poi un altro ricomincia: altra comunicazione e testimonianza: stessa fine. Ed è – si badi – testimonianza di un fenomeno, non si tratta di una opinione filosofica o di un sentimento. Si può allegare alla testimonianza la partecipazione di dieci o più testimoni, di registrazioni, di films; la risposta giunge – nel tempo – come l'eco: il signore o i signori dicono di aver registrato, di aver filmato il tal giorno, nel tal paese... Segue una pausa; poi – dopo qualche eco sempre più debole – silenzio.
Bisogna prendere atto cosciente di tale fenomeno culturale che – ai fini pratici di uno studio valido e proficuo – ha forse altrettanta importanza dello stesso fenomeno paranormale. Avviene certamente in ogni campo di ricerca scientifica: le «resistenze» ad ogni innovazione culturale non sono certo una novità, anche prescindendo da eventuali resistenze economico-sociali. Il fatto stesso che la percezione di un fenomeno nuovo crea immediatamente una corollaria presa di coscienza di esso e di noi stessi percipienti, che pertanto ce ne arricchiamo, giustifica una perplessità, una latenza psichica, una inconscia resistenza. Ma nel nostro caso le resistenze inconsce sono eccezionalmente forti e numerose; e precludono la via della coscienza per un tempo eccezionalmente lungo. E, se è da convenire che conoscere le facoltà latenti dell'uomo può – ai fini del progresso scientifico e sociale e ai fini della felicità umana – risultare più proficuo che giungere in altri pianeti..., si riconoscerà che occorre correggere con energia, in noi e in chi ci ascolta o legge, tale atteggiamento inconsciamente ma pervicacemente negativistico.
E tale correzione dobbiamo richiedere e imporre, noi studiosi dei fenomeni paranormali, con particolare costanza. Dobbiamo ricordare e renderci conto che un fenomeno paranormale deve, non soltanto essere controllato con ogni crisma classico ed esauriente ai limiti della tecnica moderna e della più distaccata logica, ma deve essere accettato soprattutto da noi, accettato, «accolto» intendo dire, *nella preaccettata possibilità di avvenimento*: così come fu preaccettata da ogni scopritore e da ogni inventore *la possibilità* di scoprire l'ignoto. Se ricorderemo che l'ignoto finché è tale non può essere delimitato da confini noti, quindi né dalle nostre conoscenze di oggi né dalla nostra logica né dalla nostra coscienza di oggi, saremo più liberi per percepire il messaggio recatoci da un fenomeno paranormale. Messaggio, nel nostro caso, recatoci dal nostro simile, da noi stessi così simili e pur così diversi l'uno dall'altro: che

soltanto un infinito amore comune può aiutare a progredire di fuori e di dentro.
Fui presente, a Roma, nei primi dell'aprile 1967, per tre sere consecutive, a sedute che il dott. G.A. Rol con gentile condiscendenza, aveva tenuto in casa di una famiglia romana[6], invitato da conoscenti.
Alto, alquanto magro, occhi chiari con sguardo luminoso e attento, portamento eretto, atteggiamento condiscendente simil diplomatico, cortese. A prima vista spiccava, nell'insieme della persona dai movimenti lenti e distaccati, il capo: che fece nel sottoscritto l'immediata impressione di essere trasparente, e come illuminato di dentro da un chiarore diffuso. Un'impressione strana: come un lampioncino cinese illuminato, posto sul collo. E uno sguardo che traspariva da dentro come luce diretta, e più forte dagli occhi[7]. Fu subito pronto, con estrema comprensione per la curiosità dei presenti, una quindicina di persone, e verso me medico, al quale volle dimostrare in seguito una cordiale simpatia. Tra i presenti, tutti seduti a un enorme tavolo, in un salone di casa gentilizia, erano un avvocato, due ingegneri[8], un ufficiale di marina e signore e signori e giovani, di età fra i venti e i sessanta anni circa, di attività ed interessi culturali vari e comunque di ottima educazione e buona cultura: e tutti nuovi al tipo di fenomeni paranormali. Questi furono *eseguiti in piena luce*, sotto il plurimo controllo visivo, ripetuti, più volte, lentamente. Nel gruppo notavo – perché particolarmente scettici e pronti ad ogni rifiuto – un giovane ingegnere e l'ufficiale di marina. Ma fu per essi alla fine – come per tutti – una testimonianza, non un rifiuto; una accettazione stupita, quasi desolata, un sincero *rifiuto al rifiuto*.
Con mazzi di carte, comperati nella giornata dai padroni di casa, il dott. Rol dimostrò, per più ore, l'imprevedibile e l'assurdo. Le carte, spezzate, mescolate e rimescolate, separate e congiunte, successivamente e sempre da più persone, obbedivano – sempre – a quanto veniva ad esse richiesto dal dott. Rol anche su preventiva indicazione precisa di altra persona fra i presenti. Dopo plurime evidenti controllate obiettivate spezzature e

---

[6] Dovrebbe trattarsi della «villa dei Salviati Forese in Lungotevere» menzionata da Luciana Frassati (cfr. p. 185 nota 14).
[7] Una descrizione efficace e *molto significativa*: penso che Rol abbia facilitato a lui queste impressioni, mostrandosi esattamente per quello che era: un *Illuminato*, la cui *illuminazione*, come già ho avuto occasione di scrivere, corrisponde a «una effettiva condizione neurologica», «una reale trasformazione psicofisica, un rivolgimento neurologico che crea molteplici nuove connessioni sinaptiche e attiva aree cerebrali prima inattive o non attive» (*Rol, un Buddha occidentale del XX secolo*, 2021, in vol. IV, p. 389). Tutto ruota intorno alla *luce*: «sguardo luminoso», «come illuminato di dentro da un chiarore diffuso», «come un lampioncino cinese illuminato», «uno sguardo che traspariva da dentro come luce diretta, e più forte dagli occhi». Sugli occhi ho già fatto un'ampia rassegna nel vol. II (pp. 613-625), si veda anche p. 178 in questo volume.
[8] Uno dei quali doveva essere Luigi Fresia, che era andato a Roma con Rol.

mescolature, il mazzo di carte, posto intero sul tavolo e quindi sospinto da un lieve ma deciso colpo col taglio di una mano dal dott. Rol, si spargeva sul tavolo... e lasciava *rovesciata* e leggibile un'unica carta: quella già richiesta, in presenza di tutti, da uno o più presenti.

In generale la carta prescelta, in questa o altra sperimentazione, veniva indicata per le sue caratteristiche (numero-colore-seme-valore) da diverse persone; sì da essere prescelta da una somma di scelte, spontanee quanto immediate e impreviste[9]. Ogni dimostrazione – in quelle ore – variava, per assumere successivamente una sempre maggiore testimonianza di assoluta imprevedibilità. Le carte erano qualcosa in cui si manifestava un fenomeno vitale: qualcosa sembrava muoversi, invisibile a tutti, per far rovesciare sotto gli occhi di tutti una... due... tre, fin sette carte nella successione di numero o di colore o di valori, secondo la richiesta dichiarata.

Le carte erano qualcosa in cui – più agevolmente e più semplicemente che con altro mezzo – qualcosa interveniva, determinando istantanei dislocamenti e varianti, al di fuori, (tanto al di fuori!) di ogni spiegazione e di ogni pur timida ipotesi scientifica. Con esse avvenne persino che una Signora, prescelta con un gioco casuale da più presenti e invitata dal Rol, reperisse con sorpresa *scritto* su una precisa carta del mazzo il nome del proprio genitore di recente defunto: carte, al solito, già spezzate e rimescolate da me, dall'ingegnere e da altri!

I fenomeni cui il sottoscritto e altre numerose persone assistemmo in quelle tre sere, lasciavano realmente «a terra». Il dottor Rol sorrideva soddisfatto, pago e – mi parve – come riconoscente a qualcosa o qualcuno che – da un altro mondo – lo avesse, ancora una volta, esaudito a compiere quelle dimostrazioni[10]. Un'impressione personale, certo, è un'impressione gratuita. Questi fenomeni – questo era chiaro – erano la riprova – anche a chi non avesse assistito ad altre più sciocanti dimostrazioni del Rol, veri pugni nello stomaco all'osservatore più obiettivo – che *esiste* il fenomeno surreale o paranormale[11] che dir si voglia.

---

[9] Lo sottolineo: *una somma di scelte, spontanee quanto immediate e impreviste.*

[10] Questo «qualcosa o qualcuno» effettivamente esisteva: era quello che Rol aveva chiamato «Lui» e che Pitigrilli aveva interpretato come lo "spirito" del presunto Polacco che Rol avrebbe incontrato a Marsiglia. In realtà – come ho spiegato in passato – si trattava del "doppio" di Rol, ovvero del suo proprio *spirito intelligente,* che può anche essere raffigurato come un *genio della lampada*: tutte immagini di comodo, antropomorfizzate, che rimandano a una più astratta *Intelligenza Divina* senza forma, che per Rol era reale, *presente*, anche solamente sul piano psicologico, perché non era lui *da solo* a compiere gli esperimenti, ma era "aiutato" da questa *forza impersonale* che acquisiva lo status di soggetto separato. Cui rendere grazie.

[11] Sottolineo anche qui: *surreale o paranormale.* Gli esperimenti di Rol, in molte descrizioni, non sono "semplicemente" paranormali, ma paiono, nella loro

Perché – prescindendo dall'accostamento culturale con l'arte pittorica omonima – qui si assiste a fenomeni veramente surreali, come in un teatro dell'assurdo: al di sopra e al di fuori della realtà che conosciamo. Non si badi della realtà in cui viviamo: ovviamente viviamo di chissà quale realtà. Forse preferiamo qualificare questi fenomeni come paranormali per avvicinarli – inconsciamente – alla nostra attuale scala di normalità: e così sia, se preferiamo. Tuttavia sarà forse utile tener presente – per un'impostazione basale di ricerca e di studio – che una cosa è la facoltà *normale* di attività umane, e altra cosa ancora è la *patologia* delle attività umane, che si esplica in ammalati, bisognosi di soccorso terapeutico.

È evidente come non sia – tanto per fare un esempio – patologia (o... parapatologia) la facoltà, in alcune (o tante!) persone, di un'attività telepatica. In altre parole: paranormale non può significare parapatologia, cioè ciò che è alle soglie del patologico: *ma soltanto facoltà non usuale, facoltà statisticamente rara*. Chiameremo quindi facoltà normali le facoltà statisticamente preminenti. Una tale schematizzazione, non certo nuova, è necessaria e deve essere presente alla memoria degli studiosi del paranormale. Partire col piede giusto... è il primo compito.

Si vuol qui dire che ricercare e studiare il paranormale non è ricercare e studiare... gli ammalati. È un equivoco che spesso si rivela nei ricercatori novizi, entusiasti e avidi di patologia. Può essere ammalato (e tanto e come!) qualsiasi uomo che abbia le facoltà normali, e può essere spesso un grande artista e grande scienziato: è ovvio che le loro attività coincidano più o meno, qualche volta, con le loro malattie: ma esse non sono il frutto di queste malattie: queste ultime – se mai – sono la causa della dissoluzione progressiva delle loro attività. All'altro estremo: la patologia dei drogati – patologia fisica mentale e psichica – sfiora e provoca talvolta, accessualmente, involontariamente, fenomeni paranormali: come il delirio di una febbre elevata, un avvelenamento che stimola e devasta centri nervosi e con essi tutto il soma. Ma qui la personalità è *patologica dal momento dell'assunzione della droga* e i fenomeni conseguenti sono patologici.

È evidente che – nella patologia umana – i misteri (e lo diceva Paracelso!) sono almeno due: lo stato di malattia e la medicina (o la droga). Il mistero è certamente nell'ammalato, ma anche in ciò che lo guarisce (o lo droga).

Noi ci acconsentiamo – per così dire – di studiare uomini normali con fenomeni di facoltà paranormali, e studiare solo eccezionalmente ed occasionalmente ammalati che presentano fenomeni paranormali: perché è evidente che, ove questi ultimi siano inquinati da palese patologia, i fenomeni paranormali perdono in buona parte le loro fondamentali peculiarità. Che sono: finalità predeterminata, coscienza integra del

---

dinamica e facilità di estrinsecazione – e Assennato subito dopo lo sottolinea – davvero surreali, assurdi, incomprensibili, inconcepibili. Questo suo articolo è molto ben scritto e preciso da un punto di vista descrittivo.

soggetto sperimentante, possibilità massima di oggettivazione e di soggezione al controllo del fenomeno stesso.

Il dott. Rol ha presentato e presenta queste qualità, necessarie e utili alla nostra ricerca e al nostro studio interpretativo. A lui il nostro ringraziamento per il paziente consenso agli esperimenti. A noi il buon lavoro[12].

*

Critica e ragionevolezza nella parapsicologia[13]
(Commento ai fenomeni Rol dell'aprile 1967)
(febbraio 1970)

(…) Rileggevo ancora in un lavoro del prof. F. Granone (*Metapsichica*, 1968, pag. 104): «I fenomeni parapsicologici richiedono per la loro esplicazione l'esistenza di una trance, di soggetti sensitivi per la metapsichica subbiettiva e di soggetti cosiddetti medium per la metapsichica obiettiva, la quale come sapete comporta la materializzazione di fenomeni obiettivabili. Esaminando queste trance dal lato neuropsichiatrico, vi si ravvisano chiaramente le condizioni di una ipnosi spontanea, cioè autoindotta ecc.». L'A. stesso tuttavia, nella stessa comunicazione conclude che «l'ipnosi non crea facoltà parapsicologiche ma tutt'al più le potenzia là dove preesistano».

Della trance ipnotica – etero o autoindotta – Granone (*Ipnotismo*, ed. Boringhieri, 1962) conferma la non identificabilità clinica ed elettroencefalografica col sonno: elettroencefalograficamente la persona indotta non si differenzia dalla persona sveglia (ed è un dato spesso dimenticato). Egli, come altri autori, conferma che lo stato ipnotico attualmente è uno stato d'essere di natura non definita. Afferma poi che – nei fenomeni parapsicologici esiste sempre uno stato di trance d'autoipnosi del soggetto operante. E questa affermazione – di natura clinica – è azzardata. Per citare soltanto un esempio: non risulta – dalle comunicazioni – che qualcuno sia andato in trance negli esperimenti di psicocinesi fito-biologica compiuti, anche, dai professori Mino, Granone e Armani. Né in quelli compiuti da altri[14].

Bisogna tenere conto che le grandi trance dei medium, particolarmente numerose e studiate quando uno studio dell'ipnosi non era stato ancora seriamente impostato, avevano tratto in facili generalizzazioni e

---

[12] Lavoro che, almeno per il "caso Rol", si era praticamente concluso già con questo dibattito. Rol non era propriamente un «uomo normale»…
[13] *Metapsichica*, pp. 6-10. Relazione aggiunta del dr. Assennato.
[14] Il prof. Franco Granone interverrà nel "caso Rol" qualche anno più tardi, nel 1978 e nel 1986. Ne parlerò in un prossimo volume.

commistioni e conclusioni, che ancora oggi molti studiosi ripetono. Se lo spiritismo e i classici fenomeni medianici hanno portato alla ribalta le trance più o meno drammatiche, lo studio odierno dei fenomeni parapsicologici ha voluto – con chiara finalità scientifica – studiare ogni singolo fenomeno parapsicologico nella sua espressione possibilmente più pura, non influenzato da altri fenomeni parapsicologici o paranormali o da ipnosi o altro. Così: si è studiato e si studia più fruttuosamente la telepatia; così la telecinesi e le sue varianti.

È anche per tale motivo che sono molto più interessanti – ai fini di uno studio proficuo – i fenomeni che il Rol compie alla luce, senza trance grande o piccola, piuttosto che quelli che egli compie – in evidente trance – al buio o quasi, anche se più drammatici[15]. (...).

Ora, della *«piccola trance»* si è detto e scritto tanto, e – fra noi – dal Cazzamalli, il quale si è particolarmente soffermato sulle *«piccole trance autoindotte»*. Ma bisognava concludere che queste piccole trance, per quanto piccole, per quanto brevi, comportavano sempre chiaramente un obnubilamento dell'io cosciente: altrimenti non erano trance. E allora, cos'erano? Di fatto, la felice definizione del Cazzamalli di *«attenzione – aspettante»* si riferiva – più appropriatamente e chiaramente – a un particolare stato psicologico: ad una prospezione psicologica, una versione dei sensi del soggetto (vista – udito, particolarmente) verso ciò che poteva venire ad essi. Così come – in analoga *«attenzione – aspettante»* si pone una qualsiasi persona quando si volge o si pone a vedere o sentire qualcosa che la propria esperienza o d'altri prevede probabile che lui possa vedere o udire, da un momento all'altro. Di questa *«attenzione – aspettante»* se ne possono portare tanti esempi, tratti dal comune vivere quotidiano. Ritengo che lo stato di *«attenzione – aspettante»* si presenta a noi stessi anche quando cerchiamo di ricordare qualcosa che stenta a tornare alla nostra memoria: il nostro io volge tutto se stesso – anche fisicamente – in un silenzio attento d'attesa per richiamare quel nome quel viso quella data che non si fa viva: e che, poi, là entra di un tratto in noi e sembra un miracolo. Di trance, di obnubilamento di coscienza non vi è la minima traccia; si potrebbe anzi forse affermare una maggiore lucidità di coscienza, una coscienza più

---

[15] Gli esperimenti al buio o penombra sono soprattutto quelli di *pittura al buio*, dove compaiono i fenomeni di *trasfigurazione* e *telecinesi di pennelli*. Come ho già scritto, *quando c'è trasfigurazione* Rol entra in uno stato di coscienza *simile* alla *trance*, anche se, per il fatto di essere nell'oscurità, non ci sono evidenze precise al riguardo ma solo supposizioni. E poi, trasfigurazione e *trance* sono la stessa cosa? Non credo, ma su questo occorrerà tornare in futuro. In ogni caso, giova ricordare che questa fenomenologia rappresenta appena lo 0,4% (al 2022) di tutta la fenomenologia di Rol. Ecco una buona ragione per fare statistiche: a leggere Assennato si potrebbe pensare che siamo di fronte a una suddivisione in parti uguali, ciò che non corrisponde minimamente alla realtà.

serena più vigile e più integra: è un soggetto che sa chi è, dove è, e cosa vuole.
Noi riteniamo che sono invece... le distrazioni, caso mai, che sono più vicine alla trance, non le illuminanti attenzioni-aspettanti. Sta di fatto, pertanto, che certi fenomeni parapsicologici eseguiti in piena luce, serenamente, sotto il controllo visivo tattile uditivo, come certi fenomeni del dott. Rol sono chiaramente eseguiti senza la minima traccia di trance e di ipnosi: né in lui né nei presenti, intendo[16]. Perché – se può essere vero che la vita è un sogno – non è detto che noi tutti – che poi ci picchiamo di ricerca – si sogni di sognare, come dolci fanciulle! Almeno... fino a prova contraria.
Ma riprendiamo il discorso. Comunemente, quando ci si impegna in un'azione in un'impresa, si chiede a se stessi e agli altri qualcosa: ogni azione, ogni operazione, richiede e presuppone dei parametri, dei particolari soggettivi rapporti umani materiali ambientali di tempo e di spazio. Così, un matematico vorrà piuttosto silenzio e solitudine durante i suoi studi e calcoli, il pittore qualche volta congeniale compagnia oppure solitudine, lo scienziato soprattutto silenzio e spesso collaborazione, ecc.
A prescindere che – naturalmente, direi – tutti non vogliono essere «scocciati», è evidente che spetti a loro fissare e prescegliere i parametri che la loro esperienza il loro temperamento le loro abitudini suggeriscono più atti a facilitare l'operazione che si accingono a compiere[17]. E questo vieppiù quando quello che essi stessi hanno prescelto di fare, ad altrui richiesta, richiede ovviamente un particolare impegno. Una cosa è fumare una sigaretta intera, o quasi, senza far cadere la cenere, altra cosa è scrivere a distanza, con soli cenni della mano. Eppure... si è forse più propensi a rispettare lo scommettitore della sigaretta-record e le sue pretese (raccoglimento, silenzio assoluto ecc.) piuttosto che un altro soggetto che ci promette e ci dà un'uguale sigaretta... ma come "apporto"! E non chiede che le stesse cose. Stesse cose che poi pretendiamo noi tutti per molto meno (ed è spesso solo posa...).
Come si può pretendere che un nostro soggetto lavori – e per quel lavoro e con quell'impegno a ciò necessario – senza rispettare in alcun modo le sue richieste (silenzio, attenzione, armonia ambientale)? Anzi persino irridendole? Rileggendo (*Metapsichica*, 1968, pag. 13 comunicazione Riccardi)[18], ho notato l'invito a «portare i soggetti sotto un ampio

---

[16] Ciò che è precisamente quanto anche altri, esperti di ipnosi, hanno detto, come il dott. P. che ha scritto per me la *Discussione sull'eventuale uso di tecniche ipnotiche da parte del Dott. Gustavo Adolfo Rol* (vol. II, Appendice VI).
[17] Ecco qualcuno che mostrava un approccio corretto, il "minimo sindacale", *conditio sine qua non* per qualsiasi ulteriore sviluppo, senza partire subito con imposizioni di qualche tipo.
[18] Si tratta dell'articolo di Riccardi *Un metodo per interpretare il paranormale*, Metapsichica, lug-dic. 1968, pp. 130-136 (la cit. è a p. 133, non 13).

controllo strumentale invece di dover cercare la salvaguardia della genuinità delle pratiche vessatorie del passato...». Bene. E allora non esageriamo con le nostre richieste, non tutte sempre utili ai fini della ricerca scientifica e qualche volta soltanto divertissement scientifico, che non diverte nessuno. E le nostre richieste vanno poste e discusse *prima* dell'esperimento non dopo l'esperimento, quasi per creare pretesti a una facile critica che ci esima da ogni opinione. (...)

***

RICCARDI – Il prof. *Zeglio* di Torino è un neofita delle esperienze di Rol, ed è capitato in queste esperienze in un periodo nel quale il sensitivo era a conoscenza che si sarebbe svolta questa riunione, ed ha perciò eseguito prove delle quali è sicuramente lieto che si parli in questa sede. In alcune buste che il prof. Zeglio ha portato con sé ci sono pure delle testimonianze quanto mai significative.

ZEGLIO[19] – Ho avuto il privilegio di assistere, insieme con mia moglie che è qui presente, a tre riunioni con esperimenti effettuati dal dott. Rol. Ritengo innanzitutto opportuno che venga data una descrizione di come si svolgono abitualmente queste riunioni. L'inizio è di solito verso le 21,30, in una elegante sala di casa Rappelli, dove, insieme con i sigg. Rappelli ed il dott. Rol partecipano persone amiche, come in una comune riunione da salotto. In tali riunioni il vero protagonista è il dott. Rol, perché è la persona che conduce l'argomento della serata, orientato com'è nei più diversi settori della conoscenza (storica, medico-biologica, religiosa), e quasi sempre il dottor Rol tende a confermare la sua dedizione fondamentale al beneficio del prossimo. Egli, che si denuncia apertamente «il più grande peccatore» di questo mondo, ammette di essere particolarmente favorito da Dio, perché attraverso alle sue particolari possibilità, possa recare vantaggio, sia materiale sia spirituale, agli altri uomini.

La «*prima parte*» di ciascuna seduta dura in media fino verso le ore 23, dopo di che, improvvisamente, come se ad un certo momento intervenisse un nuovo impulso, il dott. Rol si alza e dice: «passiamo dall'altra parte». L'«*altra parte*» è un salotto dominato da un busto di Napoleone, dove c'è un grande tavolo ovale, con un piano di spesso marmo, che viene rivestito al momento dell'esperimento da un panno color verde.

---

[19] Cito dalla mia nota a 1-V-63: «Il prof. Pietro Zeglio (1911-1993) è stato un medico libero docente di Medicina e Igiene del Lavoro all'Università di Torino, autore di varie pubblicazioni specialistiche, fondatore dell'associazione STAM (Servizio Tecnico alle Missioni)».

Il dott. Rol predilige il verde, anzi *opera soltanto quando esiste il panno verde*: se ci sono fogli bianchi sulla tavola prega di portarli via perché gli danno fastidio[20].

Assistere ai cosiddetti «esperimenti» di Rol è sconcertante, innanzitutto per un vero fuoco di «fila» di iniziative – una più sbalorditiva dell'altra – che si susseguono ininterrottamente, con una briosità di fantasia che non si sa comprendere quanto sia personale o quanto proveniente da suggerimenti, impulsi, energie estranee. Gli esperimenti si svolgono abitualmente con le carte da gioco, come ha già ampiamente riferito il comandante Riccardi. Naturalmente succede che, ad ogni esperimento riuscito – e riescono proprio tutti – i presenti commentino con le espressioni di «meraviglioso», «incomprensibile» e così via; poi, quando si giunge a casa e si cerca di ricordare, alle due dopo mezzanotte, quanto è stato osservato e commentato, ci si accorge che molti dettagli non tornano più alla mente[21]. Ho voluto raccogliere, per poterli esporre in dettaglio, alcuni esperimenti, con l'ausilio di qualche appunto preso nel corso dei medesimi:

Vediamo *un primo esperimento* (data 29 gennaio[22], ore 22,55, piena luce): sul tavolo sono allineati sei mazzi di carte, nuovi, che ognuno dei presenti è pregato di esaminare nella loro integrità. Nella sala sono presenti, oltre al dott. Rol, i coniugi Rappelli, il comandante Riccardi, mia moglie ed io. uno di questi mazzi, dietro invito di Rol, viene mescolato da uno dei presenti, e rimesso sul tavolo davanti allo stesso Rol. Questi si rivolge a me e mi invita a dire un numero. Io dico «15» e Rol dice «va bene»: dato però che il numero è piuttosto grande, e non entra nell'ambito di nessuna delle carte da gioco, prendiamo in considerazione la seconda cifra ossia il

---

[20] Vero, ma solo in parte: se fosse così, Rol non avrebbe dimostrato di poter fare i suoi esperimenti dovunque, con o senza panni verdi. I fogli bianchi che gli danno fastidio – e che "perturbano" l'uniformità del verde – sarebbero come i due jolly che spesso, ma non sempre, faceva togliere dai mazzi; e così era per gli anelli o la luce: interferenze, fastidi che Rol deve comunque superare, e la cui assenza gli rende l'operato più agevole, *limpido*, come chi nel cercare di udire una voce lontana chieda a chi gli sta intorno di far silenzio per udire meglio. Sono però anche "indizi" ad uso e consumo dei presenti, come ho già detto in precedenza, non una condizione vincolante alla riuscita degli esperimenti, per quanto ne possa essere facilitata.

[21] I "passaggi" sono sempre molti ed è difficile ricordare questi esperimenti nei dettagli, tantomeno riferirli a terzi. Tantopiù che avvengono quando il gruppo ha una coscienza leggermente diversa, influenzata da quella di Rol, che provoca una sorta di blando "effetto sogno", vale a dire che, come quando ci si sveglia al mattino senza ricordarsi dei sogni fatti, così *poteva* avvenire in questi incontri con Rol. Ma non si tratta né di *trance* né di ipnosi collettiva.

[22] Si noti che l'incontro è avvenuto appena tre giorni prima della conferenza (giovedì sera, la conferenza era domenica), ciò spiega anche la precisione e freschezza della testimonianza.

«cinque». Prende quindi il mazzo di carte che era stato mescolato, lo depone davanti a sè con le figure in alto, ci posa la mano e lo distende orizzontalmente in maniera di avere dinanzi a sè una fila di carte imbricate l'una sull'altra, tutte con numeri e figure in alto. Poi chiede a me da che parte deve cominciare a contare: dico «la destra». Rol conta 15 carte partendo da destra: la quindicesima risulta un «5» di picche. Gli altri 5 mazzi, a loro volta tutti controllati e mescolati, sono posti dall'avv. Rappelli davanti a sè: l'avv. Rappelli a sua volta è disposto di fronte a Rol, all'estremo opposto del grande tavolo. A questo punto il dott. Rol pone la mano sul cinque di picche che ha davanti a sé, sta qualche secondo con la mano su questa carta, un po' tremolante come sotto una forte tensione, poi dice: «fatto»! L'avv. Rappelli è invitato a rovesciare la prima carta di ognuno dei 5 mazzi: tutte risultano «cinque di picche». Un pieno sorriso di soddisfazione di Rol e questo esperimento è finito. Ed ecco le sei carte che, dietro consenso di Rol, mi sono portato via per presentarle a questa riunione.

Un *secondo esperimento*: la sera stessa, il dott. Rol chiede una comune matita di grafite, che viene reperita dall'avv. Rappelli e posta sul tavolo davanti a sé medesimo, con la punta rivolta verso Rol. Un «cinque di fiori», estratto da un'altra persona da un mazzo di carte, viene posto davanti a me col dorso in alto; un altro cinque di fiori viene cercato in un secondo mazzo e collocato, sempre col dorso in su, davanti a Rol. A questo punto il dott. Rol mi dice: «dica una parola». Io dico «rosa», che mi è venuta spontanea perché, nella sala grande di casa Rappelli avevo notato una bellissima rosa in un vaso. Il dott. Rol pone la mano a distanza di 5-6 cm. sopra la carta posta davanti a sé e la tiene per una decina di secondi, in espressione di forte concentrazione mentale, durante la quale i suoi lineamenti subiscono una qualche trasformazione[23], dopo di che dice: «fatto!» volta la carta e me la porge. La prendo e vedo che c'è scritta la parola «rosa». Ho portato la carta con me, e la faccio passare fra di voi, pregandovi di non strisciare con la mano sopra lo scritto perché, da quanto ha affermato Rol, la grafite è spruzzata e si asporta facilmente.

Un *terzo esperimento*, veramente impressionante è stato il seguente: il dott. Rol fa scegliere due mazzi di carte, uno con il dorso azzurro, l'altro con il dorso rosso, e fa controllare la perfetta integrità dei due mazzi. Quindi chiede ai sigg. Rappelli di avere a disposizione due piatti da minestra, che ben tosto gli vengono portati. Il dott. Rol fa porre il mazzo col dorso azzurro sopra il tavolo e lo fa coprire con uno dei piatti (è da notare che quasi mai Rol tocca le carte o gli oggetti per i propri esperimenti): fa quindi sistemare il secondo mazzo, quello col dorso rosso, sopra questo piatto e lo fa ricoprire con il secondo piatto. L'insieme offre l'immagine di una piccola pagoda cinese. Da uno dei presenti viene

---

[23] Si veda la didascalia alla foto pubblicata su *Epoca* nel 1951, vol. IV, p. 100.

estratto da un terzo mazzo una carta: vedi caso, anche quella un cinque (è la sera dei cinque) di fiori. Questa carta viene sistemata sopra il piatto superiore, con i fiori rivolti in alto. La preparazione è fatta: a questo punto Rol allunga una mano sotto il tavolo di spesso marmo fino a portarla a livello del sistema carte/piatti, pone l'altra mano sopra al cinque di fiori alla distanza di circa 15 cm, senza toccare minimamente la carta; si concentra fortemente con evidente tremore delle mani. L'operazione dura una decina di secondi, ed – a metà di questo intervallo – tutti i presenti odono un «clic» come di ceramica screpolata. Quando Rol dice: «fatto»! togliamo il piatto superiore e vediamo che una carta del mazzo azzurro si trova sopra al mazzo di carte col dorso rosso: voltiamo questa carta dal dorso azzurro e constatiamo che è un «cinque di fiori». Tolta questa carta risvoltiamo la prima carta col dorso rosso e rileviamo che anche questa è un «cinque di fiori». Se ne deduce che è avvenuta una triplice operazione: 1) selezione dal mazzo azzurro del cinque di fiori; 2) passaggio del medesimo attraverso al piatto di ceramica e collocamento sopra all'altro mazzo; 3) selezione del cinque di fiori dal mazzo col dorso rosso e sistemazione della carta al di sotto del precedente. È da notare che questi esperimenti sono da Rol definiti «fra i più semplici».

Un *ultimo esperimento*, fra i molti e sbalorditivi cui ho assistito, è proprio della notte scorsa[24]: fra i convenuti era presente un alto prelato, ed occorre mettere in risalto che ad un certo punto, nel corso dei colloqui, precedenti la fase degli esperimenti, era sorta una divergenza di interpretazione tra l'alto prelato e Rol sul significato della «Resurrezione» nel giorno del giudizio. Questo argomento è ritornato a galla nella seconda parte della serata, ed il dott. Rol ha detto: chiediamo la risposta allo Spirito Intelligente.

Ha fatto prendere un mazzo di carte, mescolarle con cura, lo ha fatto sistemare in un punto dove nessuno restando seduto al tavolo potesse toccarlo: precisamente sulla testa del busto di Napoleone[25]. Ha fatto quindi estrarre da un altro mazzo una carta qualunque, un quattro di cuori, che ha fatto porre davanti a sé. Ha quindi ordinato il buio, ed il buio è stato ottenuto mediante un interruttore a portata di mano dell'avv. Rappelli senza che questi dovesse alzarsi da seduto. Dopo qualche secondo di silenzio pieno di attesa tensione di tutti è giunto l'ordine: «fatto!, accendete». Accesa la luce Rappelli si è alzato per prendere il mazzo dal capo di Napoleone e dietro invito di Rol è andato alla ricerca in un tale mazzo del quattro di cuori. Si è vista allora scritta con la matita

---

[24] Quindi sabato 31 gennaio. Non è dato capire se anche questo incontro avvenne a casa dei Rappelli oppure a casa di Rol.
[25] Sia Rol che Rappelli avevano in casa busti di Napoleone.

questa frase: «*fusione delle due*», intendendosi con questo la fusione delle due tesi contrastanti, e Rol ha dichiarato che quella era la sua calligrafia[26]. Subito dopo *una seconda prova sperimentale* è stata fatta, infilando un altro quattro di cuori nel contesto di un mazzo di carte eterogeneo e facendo sistemare il tutto nella tasca interna della giacca del citato sacerdote. Era nuovamente in corso un dettaglio interpretativo sulla Resurrezione, e, ordinato il buio, il dott. Rol dopo un momento di tensione disse: «fatto!, andiamo a cercare». È stata estratta la carta estranea al mazzo che è risultata tale e quale come era stata introdotta; si è cercato allora il quattro di cuori appartenente al mazzo ed in questa è apparsa scritta la seconda risposta a matita: «*I corpi riprendono le sembianze*», volendosi con questo interpretare che i corpi riprendono le sembianze come quando erano viventi.

RICCARDI – A proposito della carta sulla quale è apparsa la prima risposta teologica cattolica, cioè la scritta «fusione delle due», posso dire che avevo giustamente intuito che qualche cosa doveva succedere di sensorialmente indicativo dalle parti del busto di Napoleone sulla cui testa impassibile avevamo posto un mazzo di carte e perciò mi sono girato ostentatamente a guardare da quel lato, ma non ho visto niente perché sono vecchietto. Però i giovinotti presenti hanno detto subito: «Si è visto sopra al busto un globo di una discreta luminescenza». Una delle signore ha aggiunto: «L'ho vista anch'io».
Per quanto riguarda l'ultima esperienza esposta dal professor Zeglio aggiungerò che al primo vedere la carta tirata fuori dal mazzo che era nella tasca del sacerdote tutti hanno detto: «È scrittura di un inconscio qualsiasi». Il reverendo si è però ostinato ad esaminarla ed ha detto: «Un momento, guardate, scrivo io ora quello che c'è scritto sulla carta». Ecco ora che ho scritto: «I corpi riprendono le sembianze come quando erano

---

[26] Tale conclusione suggerisce interessanti considerazioni che qui mi limito a segnalare. La divergenza di interpretazione tra Rol e il prelato è risolta da un terzo soggetto: *lo spirito intelligente di Rol*. Vale a dire, è risolta dalla *coscienza sublime* di Rol, che ha una comprensione superiore e più esatta rispetto alla sua coscienza normale. Il che ci rammenta che Rol, nella prima modalità, poteva essere infallibile (negli esperimenti, nelle percezioni, nelle azioni), mentre nella seconda no. Spesso si nota nel suo comportamento un *cambio di fase*, un passaggio dalla modalità *normale* a quella *paranormale*, quasi come la proverbiale marcia in più, o le 4 ruote motrici, o il turbo o, vista la grande differenza, la *velocità warp* di Star Trek. E questo è un elemento importante per capire la ragione, talvolta, di certe sue esitazioni o approssimazioni iniziali (o anche solo di domande banali che non ci si aspetterebbe che facesse ad un interlocutore, dal momento che siamo indotti a presumere che lui, come *Illuminato*, dovrebbe sapere tutto o quasi tutto, *subito*) che poi vengono superate nel momento in cui avviene il cambio di fase.

viventi». «Secondo me è la mia calligrafia»[27]. Certo c'erano una decina di parole scritte due volte e un confronto era possibile. Sulla sostanza della sentenza per scrittura diretta non posso pronunciarmi perché era un discorso fra esperti di teologia.

ZEGLIO – Ritengo comunque di aver detto cose abbastanza importanti per quanto riguarda quelle facoltà che Rol dichiara «*elementari*». Con mia moglie e con me non ha derogato alla norma di procedere per gradi[28], ed in effetti così ha fatto nelle recenti tre sedute alle quali abbiamo assistito[29]. La promessa è di arrivare anche con noi a manifestazioni che – secondo il suo modo di vedere – sono di importanza superiore.

Dottoressa DE CARLI VALERIO[30] –
(...) Il motivo dominante del mio intervento è il medesimo che dovrebbe regolare tutta la nostra attività scientifica di parapsicologi, e cioè ribadire la necessità di evitare di usare termini astratti, o, se non se ne può fare a meno, interpretarli in termini di dati osservabili mediante le conoscenze già acquisite sperimentalmente, per cui, come è stato giustamente detto anche questa mattina, non si può fare a meno di ricorrere volta a volta alle differenti branche scientifiche. Tra queste, due sono assolutamente indispensabili per interpretare i fenomeni parapsicologici: la «*fisiologia*» e la «*psicologia del profondo*». La cosa può apparire ovvia, ma sono

---

[27] Questa conclusione è simmetrica rispetto a quella precedente. In una è lo *spirito intelligente* di Rol a dare la risposta, nell'altra è lo *spirito intelligente* di Zeglio, e si direbbe che Rol lo abbia fatto di proposito. Naturalmente, questo si è reso possibile solo grazie alla presenza di Rol, Zeglio da solo non avrebbe potuto ottenere nulla. Degna di nota anche l'affermazione iniziale di «tutti»: «È scrittura di un inconscio qualsiasi». Ciò che indica non solo che i presenti possedevano criteri per identificare la genesi di quello scritto, ma anche che lo identificassero con l'*inconscio*, il che ha un suo grado di verità.
[28] *Procedere per gradi*, ciò che è appunto uno dei principi di *qualsiasi* iniziazione, foss'anche solo quella di imparare a nuotare.
[29] Zeglio ha fatto riferimento al 29 e 31 gennaio. La terza si è forse tenuta il 30 gennaio, o prima del 29. Non è dato sapere se e quando abbia nuovamente incontrato Rol.
[30] Jolanda Valerio de Carli (1922-2010), pediatra e psicologa specializzata in ipnosi medica, moglie del dott. Franco de Carli (1920-1995), medico e scrittore. Il suo intervento, come si vedrà, è un tipico esempio di quell'approccio parapsicologico che Rol non condivideva e dal quale si teneva a debita distanza, di chi crede già di sapere tutto e costringe i fatti nelle spiegazioni cui è abituato, senza avere visto i fenomeni in oggetto, senza avere conosciuto Rol e infischiandosene delle sue spiegazioni. C'è qui una certa presunzione scientista incompatibile con l'atteggiamento corretto per avvicinarsi a Rol e alla sua fenomenologia di grado superiore ben lontana da medianità, ipnosi e simili, senza con questo disconoscere i saltuari contatti con questi inferiori stati di coscienza.

costretta a ripeterla per ribattere a tutte le interpretazioni che sono state fatte, le quali saltavano a piè pari le conoscenze che la scienza faticosamente acquisisce. Se esaminiamo le relazioni su Rol, vediamo che abbiamo a disposizione conoscenze sufficienti per ritenere che i fenomeni da lui prodotti rientrino nell'ambito di quelli che la psiche umana può produrre, e che è arbitrario servirsi di interpretazioni extra-scientifiche di tipo fideistico-miracolistico, introducendo terminologie fantasiose, e postulando interventi soprannaturali. Il ricercatore scientifico deve sempre stare all'erta nel riconoscere le proprie proiezioni, e non cercare fuori quello che invece è in lui[31]. Lo sviluppo della scienza è la storia del ritiro delle proiezioni interpretative: Giove Pluvio e Giove Tonante sono stati sostituiti da opportune conoscenze scientifiche[32].

I dati a nostra disposizione per quanto riguarda i fenomeni parapsicologici sono i seguenti: L'energia psichica originaria ha una sua caratteristica di funzionamento, quella di «tendere alla rappresentazione» e nello stesso tempo di adeguare la propria attività alla rappresentazione, il che costituisce, per dirla in termini noti, la «suggestione». Questo modo di funzionare si definisce anche «*Ideoplastia*» e la forza raggiunta dall'immagine è tale da agire anche al di fuori di noi e, ai limiti, produrre delle obbiettivizzazioni di vario tipo, visive, olfattive o di pura energia meccanica, termica, elettrica o magnetica. (...)

[I] fenomeni rolliani..., tutti, rientrano in quelli conosciuti: «*metagnomia*»[33] (e non «informazioni dall'altro mondo»), «*prosopopesi o personalità dissociata*» (e non incarnazione dello spirito di Ravier) e, per quanto riguarda la relazione Rappelli, ancora prosopopesi con metagnomia e telepatia nei viaggi e nella srittura automatica, talvolta telergia, teleplastia (profumo di ambrosia, apporti e asporti). Abbiamo quindi constatato che la fenomenologia rolliana è nota, ancorché vasta e di notevole forza: dobbiamo esaminare se si è stabilita anche la condizione di inibizione corticale, indispensabile per l'estrensicarsi dei fenomeni

---

[31] Il problema è che talvolta in lui vi sia troppa ignoranza e presunzione su argomenti che crede di conoscere e ricondurre al suo limitato sapere, come è qui bene il caso.

[32] Capisco cosa abbia voluto dire e in linea generale si può concordare; è comunque una semplificazione e una prospettiva superficiale: infatti, nell'esempio specifico, la conoscenza che si aveva di *chi o cosa* fosse "Giove" era quella popolare ed exoterica, che aveva ed ha ancora la caratteristica di rappresentare simbolicamente o allegoricamente qualcosa di ben diverso di un barbuto che scaglia saette o un pianeta divinizzato. "Giove" rientrava invece in una conoscenza *esoterica* persino più scientifica di una meccanica newtoniana e che gente come De Carli, pronta a degradarla a banali superstizioni o spiegazioni primitive del mondo, ignorava e ignora.

[33] Termine che significa "oltre la conoscenza", che era usato per indicare i fenomeni di telepatia, chiaroveggenza, precognizione e retrocognizione, al quale in seguito si preferì «percezione extrasensoriale», o ESP.

stessi (essendo il tipo di sistema nervoso una condizione biologica pressoché immodificabile). Non trattandosi di un funzionamento mentale primitivo, in un plurilaureato del ventesimo secolo, non trattandosi di sonno, perché i fenomeni non avvengono in questo periodo, né di azioni di droghe ecc., deve quindi trattarsi di ipnosi[34].
Ce lo chiarisce l'accuratezza delle osservazioni di Riccardi:
1) egli considera una prima fase che precede sempre i fenomeni più impegnativi come una «propedeutica eccellente per la formazione di un ambiente psichico adatto e risonante» (tale propedeutica prepara la psiche dei presenti all'induzione di un lieve stato di trance che pare sia necessario a molti soggetti a effetti fisici);
2) egli sottolinea un'altra prassi di Rol, lo scambio di «una lunga stretta di mano fra Rol e una partner» (questo è il «rapporto» atto a favorire la trance del soggetto stesso)[35];
3) «chiamate o invocazioni a A.F. Ravier vengono ripetute a lungo dal sensitivo (p. 24) (si tratta di autosuggestioni atte a raggiungere lo stato dissociativo);
4) accompagnamento sonoro di sfondo ecc. (pag. 24) (si tratta di una stimolazione monotona dell'analizzatore uditivo atto a ottenere la trance sia di Rol che dei presenti);
5) «siamo stati invitati a riempire la nostra mente con il colore verde del tappeto» (pag. 24) (si tratta qui della stimolazione dell'analizzatore visivo utile a ottenere il medesimo risultato)[36];
6) amnesia del discorso di Ravier da parte dei presenti (pagina 25) (lungi dall'essere «prova del carattere supernormale» come afferma il Riccardi, è invece la prova dello stato di trance raggiunta dai presenti, il che d'altronde è intuito dal Riccardi stesso quando afferma (pag. 23) «ho

---

[34] Uno scettico illusionista avrebbe usato altri elementi per dimostrare – autosuggestionandosi, è il caso di dire, proprio come fa qui De Carli – che «deve quindi trattarsi di *mentalismo*». Io non mi soffermerò a contestare quasi ogni singola riga di quanto afferma questa relatrice, perché ne verrebbero fuori decine di pagine. Una critica sarà inserita in uno studio futuro *ad hoc*, dove l'ipotesi dell'ipnosi – quella di fatto più banale che *chiunque* potrebbe fare dopo quella illusionistica – così come le presunte *trance*, saranno scandagliate nei minimi dettagli per mostrare che la *coscienza sublime* è una condizione diversa che ha poco a che spartire con questi quadri neuropsicologici. Non basta qualche blando punto di contatto – e quale stato della psiche non ce l'ha con un altro? – per dimostrare che si tratta della stesso tipo di coscienza.
[35] Del tutto contingente e per niente di prassi. Un piccolo esempio di come un relatore incompetente come Riccardi, che aveva incontrato Rol poche volte, fornisse un elemento ad un'altra relatrice incompetente, che vi speculava ancora sopra. È chiaro, al solito, che la mancanza di una conoscenza precisa e *globale* dei *fatti*, porta poi a spiegazioni e speculazioni lontanissime dalla realtà.
[36] Dicendo «stimolazione dell'analizzatore visivo» ci si illude, con parole altisonanti, di dare una qualche spiegazione, che invece non si dà.

prestato la mia voce, come ipnotizzato» o quando dice (pag. 27) «non sono affatto sicuro che la mia facoltà sensoriale, ridotta per quasi tutta la seduta al solo ausilio dell'udito, ecc.»).
Per quanto riguarda le affermazioni di Rappelli, che si riferiscono principalmente ai «viaggi», dobbiamo notare:
1) egli afferma di «non sapere che cosa sia la trance» in quanto «sente tutto» e «è sempre cosciente» (come è noto tutti gli ipnotizzati hanno sovente l'impressione di non essere stati in trance dopo una seduta di ipnosi e li si deve convincere che in realtà lo sono stati, per evitare dannose delusioni che influirebbero negativamente sulla terapia: d'altronde sovente si usa l'ipnosi terapeutica, senza soverchie spiegazioni per evitare ansietà e dopo parecchie sedute ci si sente chiedere dal soggetto «e allora, dottore, quando cominceremo l'ipnosi?»):
2) egli descrive i sintomi subbiettivi che avverte durante il viaggio e ci conferma in questo modo lo stato di trance, (parestesie alle tempie ed agli arti, catalessi agli arti, necessità di uno stimolo brusco, quale un soffio d'aria fresca, per il risveglio):
3) inoltre anche nei viaggi continuano le tecniche adatte a condurre uno stato ipnotico: ordini e programmi preipnotici, enumerazioni per facilitare il raggiungimento di una meta ecc.
4) l'affermazione che «Rol effettua tutto in perfetta lucidità e non in trance» è se mai controprova di una trance profondissima raggiunta dal soggetto (per le particolari caratteristiche del suo sistema nervoso e per il lungo allenamento) con grande facilità. Mi pare inutile aggiungere che credo alle affermazioni del Rappelli che in buona fede afferma di non conoscere che cosa sia la trance e che neanche Rol sia consapevole del fatto che i suoi fenomeni avvengano in stato di trance, in quanto le propedeutiche usate sono sicuramente state trovate in modo spontaneo e perfezionate con l'esperienza: tanto più interessante è quindi la coincidenza con le tecniche che noi usiamo ormai in modo scientifico dopo le scoperte della fisiologia (Pavlov)[37].

---

[37] Se tutto fosse davvero così semplice, ovvero se il "caso Rol" si risolvesse con la parolina magica "trance" che tutto saprebbe spiegare, com'è che questi sapientoni "esperti" di ipnosi – e che non hanno conosciuto Rol, a differenza di altri esperti che lo hanno conosciuto e che guarda caso la pensano in modo diverso – non sono mai stati in grado di fare le stesse cose di Rol? A sentire De Carli, è tutto chiaro, ovvio, c'è «coincidenza con le tecniche che noi usiamo», ecc., dal che ne dovrebbe conseguire che basterebbero tali tecniche per fare quello che faceva Rol. Naturalmente, ciò non è per niente il caso. E una delle ragioni è che le presunte spiegazioni di De Carli sono sbagliate. Trance e ipnosi si conoscono benissimo da più di due secoli (anche prima, ma un approccio scientifico è iniziato solo nell'800), e non occorre essere *Illuminati* per potersene servire; molti medium se ne sono serviti, qualcuno anche con risultati notevoli, ma nessuno con l'estensione e l'*apparente normalità* di Rol, che invece si ritrova in pochi altri Maestri come lui nella storia delle religioni – quindi del misticismo,

RICCARDI – Giunti a questo punto potremmo fare un tentativo di referendum, visto che il pubblico in sala è alquanto numeroso. C'è nessuno qui che crede che i fenomeni rolliani, di cui abbiamo parlato così ampiamente, siano tutto un trucco? (Tutti i presenti manifestano col silenzio e più ancora con i volti la loro convinzione che i fenomeni siano reali e la loro dipendenza da trucchi e frodi sia da escludere).
Prendiamo nota dunque che siamo un numero considerevole il quale è unanime sulla impostazione della realtà e la accetta come sostanza dei fenomeni. Noi pensiamo di condurre il dibattito con ordine e prendiamo nota che la dottoressa De Carli ha testé esposto una sua interpretazione impostata su sorgenti animiche ed umane delle prove. C'è nessuno disposto a contestarla?

OCCHIPINTI[38] – Non avevo progettato di prendere la parola ma quanto ha detto la dottoressa mi trova pienamente consenziente. Mi rammarico di non aver mai assistito agli esperimenti di Rol ma ho eccellenti motivi per crederli veritieri. (...)
Secondo le più diffuse opinioni degli sperimentatori, lo stato di trance si può presentare con intensità assai variabili, fra cui spesso non si arriva affatto al completo annullamento della personalità. Da stati leggeri e quasi impercettibili si può arrivare a condizioni di catalessi. Secondo la mia opinione i sensitivi a effetti fisici... cadono anche loro in trance leggera, con la possibilità di entrarvi ed uscirne rapidamente, secondo quella gradazione di trance che il prof. Cazzamalli chiamava «*attenzione aspettante*». Definizione molto precisa perché la espressione tipica assunta in tali condizioni è lo sguardo assente, sperduto in lontananze infinite, alternando immediati rapporti e appropriati discorsi con i presenti: in quei momenti evidentemente guardando dentro di sè, stanno facendo appello ad energie intime.
In quanto al grosso problema dell'interpretazione teorica dei fenomeni sono del parere che essi vadano accolti e registrati con la massima completezza, mentre vorrei invitare tutti ad una grande prudenza per quanto riguarda le ipotesi esplicative. Se ci si orienta per parlare di fenomeni spiritici, di interventi di anime disincarnate, ci si inibisce a priori una larga possibilità di indagini, perché saremmo di fronte a misteri che nessuno ha mai risolto[39].

---

della spiritualità, delle tecniche yoga – e non in quella della medianità, dove la *trance* è cifra caratteristica.
[38] Luigi Occhipinti, avvocato milanese, presidente dell'A.I.S.M. dal 1958 al 1961, poi Vice-Presidente, autore di articoli e co-autore del libro *La telescrittura: dialoghi con l'inconscio*, 1974.
[39] Se fosse così, non esisterebbe una tradizione esoterica molto antica, espressa da simboli che la racchiudono, che quei *Misteri* ha compreso e risolto già dalla notte

Vorrei quindi invitare tutti gli amici a studiare accuratamente il personaggio, in modo da avere dei punti di appoggio nel momento di farsi la propria idea e opinione[40]. Quando si dispone di questi scorci eccezionali nasce anche la possibilità di mescolare il sacro con il profano, sfatando un noto proverbio. Ho visto che ci son state persone le quali hanno tratto dall'aver assisitito a queste manifestazioni anche motivi di rinvigorimento della loro fede, qualche volta aprirsi davanti a loro un mondo nuovo. Per queste esperienze occorrono assistenti di una certa elevatezza mentale, altrimenti resta in ciascuno solo il senso di un diletto: io, personalmente, sono convinto che agiscono forze intime dell'operatore. Naturalmente anche le altre opinioni sono rispettabili, e concordo pienamente con il discorso fatto dal dott. Assennato.

GABRICCI[41] – Desidero chiedere alla dottoressa De Carli come spiega il fenomeno in sé. Io non sono contrario ad ammettere che durante queste manifestazioni si sia di fronte a una trance o a una semitrance, anche se la cosa andrebbe approfondita e discussa in rapporto con le nostre conoscenze, il fenomeno del trasporto delle carte da gioco, il quale viene constatato e descritto – in maniera indiscutibile – da persone che assistono senza essere in trance o ipnotizzate.

DE CARLI VALERIO – Non volevo parlare di allucinazione collettiva, assolutamente; la trance dei presenti, anche leggera, potrebbe essere desiderabile per facilitare l'estrinsecazione dei fenomeni paranormali e in particolare pare indispensabile quando si tratta di fenomeni ad effetto fisico. In ogni caso serve per mutuare la trance del soggetto. Chiarisco che non ho posto dubbi sulla realtà dei fenomeni rolliani, ho semplicemente affermato che la trance è necessaria per produrli, ed ho constatato che Rol usava tecniche consuete per autoinduzione di trance[42].

GABRICCI – Lei quindi metterebbe in rapporto l'ipnosi con il fenomeno paranormale?

---

dei tempi. Il fatto che essi non siano stati popolarizzati e volgarizzati non significa che qualcuno, come ad esempio Rol, non li abbia risolti. Certo, manca ancora una soddisfacente spiegazione e dimostrazione in un'ottica scientifica, ciò che a una certo punto arriverà, quando ci saranno le condizioni opportune.
[40] Questo, a differenza della relatrice precedente, è certo l'atteggiamento corretto.
[41] Non identificato.
[42] È indubbio che Rol creasse un *ambiente armonico* che potesse favorire un *terreno adatto* ad un determinato stato di coscienza suo e dei presenti, propizio alla manifestazione dei fenomeni, ma tale stato non era la *trance*, che questa relatrice pare voler applicare dappertutto, o comunque ne giustifica un uso terminologico pervasivo solo modulandone l'intensità e la profondità. Credo sia abbastanza fuorviante. Mozart non andava in *trance* quando componeva, anche se certamente non era in uno stato di coscienza "normale".

DE CARLI VALERIO – Io dico che il fenomeno paranormale è facilitato dallo stato di ipnosi[43], tant'è vero che talvolta in soggetti non ritenuti paranormali noi possiamo ricreare una paranormalità mediante l'ipnosi.

GALATERI[44] – Vi porto la mia personale esperienza (ed un esperimento della settimana scorsa) da contrapporre al rifiuto di qualsiasi controllo scientifico, registrazione o fotografia in uso nelle riunioni del dott. Rol[45]. Noi operiamo con un elemento di cultura modesta[46], che in riunione assume quattro personalità diverse, le quali seguono lo stesso ordine da 7/8 anni, anche quando si rinnova la maggior parte dei presenti alla riunione. Il susseguirsi di queste personalità è caratterizzato da differenti intonazioni ed accenti di voce, corrispondenti ad uguale gestire ed atteggiamento del volto. Sono d'accordo con la dott.ssa De Carli che mi ha preceduto, che sia «lo stesso medium che si trasforma».
Nel nostro caso si produce prima una voce, che dichiara di essere stato un vecchio banchiere francese, ma a questo punto sono costretto a contraddire l'affermazione attribuita al dott. Rol «se lui dovesse giocare dei numeri alla roulette, i numeri non uscirebbero», perché lui non ha la possibilità di impedire una fenomenologia della quale si rende interprete in quel momento[47]. Vorrei chiedere al dott. Rol se non ha mai avuto

---

[43] Anche se non si applica al "caso Rol", ciò è senz'altro vero, come qualsiasi altra alterazione dello stato di coscienza che allontani l'individuo da un *vincolo/condizionamento* con la realtà *sensibile* che lo circonda.
[44] Conte Lelio Galateri di Genola, studioso di parapsicologia, autore e curatore di libri sull'argomento, incontrò Rol nel 1972 o 1973 insieme a Wilhelm H.C. Tenhaeff (si veda nota a 1-XVI-44ª). Qui da questo dibattito si evince che ancora non lo aveva conosciuto personalmente.
[45] Le uniche foto esistenti di questo tipo, come già detto in precedenza, sono quelle scattate nel 1978 da Gabriele Milani, fotografo della *Domenica del Corriere*.
[46] Si sta riferendo a un medium alle cui sedute partecipa.
[47] Galateri non aveva ancora conosciuto Rol e sapeva molto poco del suo pensiero, e come De Carli faceva considerazioni basate sui pochi elementi riferiti nelle riunioni o nei rari articoli precedenti. Parlare di un Rol che «non ha la possibilità di impedire una fenomenologia» equivale ad omologarlo a un medium o a un posseduto, che infatti non ha controllo su quello che fa, e spesso neanche memoria. Rol invece agiva in genere consapevolmente e intenzionalmente, anche se è vero che «si rende[va] interprete in quel momento»; su questo occorrerà tornare in altro studio.
Nel contraddire l'affermazione che «se lui dovesse giocare dei numeri alla roulette, i numeri non uscirebbero», Galateri da un lato sbaglia, perché Rol non sarebbe stato in grado di vincere per se stesso (egoisticamente) per il principio già ricordato del «quando si vuole nulla si ottiene»; da un altro lato però non sbaglia se consideriamo le eccezioni nelle quali Rol, *intenzionalmente e a beneficio di altri*, gioca dei numeri e vince, come nel caso emblematico del Casinò di San

l'occasione, per esempio, a San Remo, di constatare la coincidenza di sintonia. A noi, ponendo dei quesiti su alcune operazioni di borsa al vecchio banchiere, sono venuti suggerimenti confermati dalla realtà.

La mia personale esperienza – senza essere medico o ricercatore scientifico, ma solo uomo della strada – risale all'età di 8/9 anni, quando partecipavo a sedute (chiamate spiritiche) con mia madre medium e mio padre interessato a questi problemi. Al punto in cui sono oggi le cose, è necessario che le persone dotate di possibilità paranormali si mettano a disposizione[48] di una ricerca fatta su un piano scientifico – non ristretta ai soli medici, bensì con la partecipazione di spiritualisti – perché quello che si ricerca è in altra dimensione. Va bene registrare il battito cardiaco, la variazione di calore, etc., siamo d'accordo, ma sono constatazioni di fatto, che non spiegano tutto. Vorrei ora riprendere la questione: tutto quello che fa il dottor Rol è «*nel bene e per il bene*», ma, è naturale, il caso da noi seguito agisce allo stesso modo, anche se le condizioni ambientali e di convivenza sono limitate: Certe sensibilità e stati paranormali, fanno affrontare nell'essere più chiara la legge dell'armonia? Nel nostro caso è interessante osservare che le voci che si susseguono, sono aperte a tutte le

---

Mauro (1-IX-10, o vol. IV, p. 95), dove era andato con urgenza di notte (all'epoca non esistevano i bancomat) per "prelevare", tramite quattro puntate alla roulette, denaro in contante per comprare medicine di cui una bimba malata di una famiglia povera aveva immediato bisogno. Ma la ragione non era che non potesse «impedire una fenomenologia», quanto la *volontà* di essere di aiuto, *attivando* quello stato di coscienza che gli permetteva di ottenere quello che si era proposto.

[48] Un Maestro illuminato non potrebbe mai "mettersi a disposizione" in questo modo, e non per altezzosità od orgoglio – che gli sono del tutto estranei – ma perché sarebbe come se un adulto accettasse di essere giudicato, in un tribunale, da dei bambini. Quell'adulto sa cosa "possiede" e sa come quando e dove utilizzarlo per il bene del prossimo, mentre i bambini, che pretendono che lui sveli loro tutti i "segreti" per i loro "giochi", ovvero *per il presunto* – nei loro termini – *bene del mondo o della scienza*, si illudono di sapere cosa sia bene e cosa sia male e giudicano con il loro metro, o meglio, centimetro. Un po' diverso il caso dei medium, persone che possono anche essere perfettamente incolte o analfabete e che attraverso lo stato psicofisico della *trance* possono accedere a reparti diversi della realtà, non accessibili alla coscienza comune. Loro sì, eventualmente, potrebbero mettersi a disposizione, non essendo i detentori di nessuna conoscenza superiore o saggezza, ma solo espressione di sistemi neurologici alterati (di qui infatti i collegamenti con la psicopatologia), per quanto anche così non si vede perché qualcuno debba avere un tale dovere suppostamente "morale" (sempre *per il bene della scienza*, che tradotto significa anche, e forse soprattutto, per il bene dei ricercatori che possono ottenere riconoscimenti). Anche perché il medianismo e la sua fenomenologia, conosciuti da millenni, hanno alla lunga conseguenze deleterie non solo su chi ne è il catalizzatore-produttore, ma anche su quelli che gli stanno intorno. In quanto espressioni para-psicopatologiche, esse possono trasmettersi per *contagio psichico* con conseguenze anche serie.

discussioni, anche scientifiche, e che, nel caso di futili domande, le risposte sono date in tono piuttosto irritato e definitivo. Questi dialoghi con le energie che il medium porta in superficie, sono tutte indirizzate verso la collaborazione, per aiutarci a comprendere ed individuare altre possibilità al di fuori dei nostri cinque sensi. L'interessante – a mio avviso – sta nel fatto di poter riprendere il discorso interrotto nella riunione precedente, come se uno avesse fermato il registratore e lo riprendesse dopo alcuni giorni per ascoltare quanto segue[49].

Rifacendomi alla relazione sul dott. Rol, osservo che egli si pone come elemento umano fra i «*peccatori*» (perché?[50]) e nello stesso tempo «*braccio secolare*» scelto e prescelto per fare quello che fa (la dottoressa De Carli affermava che Egli è solo portatore di una energia comune «*presente in ogni essere*»[51]), ma necessita di certe condizioni, di certe forme per realizzarsi. Il dott. Rol, dichiarando la sua Fede Cattolica Apostolica Romana, spiega con una personale teoria la presenza e la funzione di questa energia, ed alla richiesta del Sacerdote presente alla sua riunione – che cosa avverrà alla fine dei tempi – rimette insieme *spirito-corpo*[52], al posto di considerare la possibilità dell'evoluzione della materia e quindi dell'*energia-spirito*, senza necessariamente doversi reintegrare

---

[49] Ciò dovrebbe suggerire che infatti si accede ad *archivi psichici* che sono come registrazioni, come lo sono gli *spiriti intelligenti*.

[50] Una semplice constatazione da parte di chi giudica severamente se stesso, avendo consapevolezza delle più piccole conseguenze delle proprie azioni. Non esiste del resto essere umano che non sia, foss'anche in minima parte, "peccatore". E Rol voleva inoltre allontanare da sé quello che potremmo chiamare *l'orgoglio dell'incenso*, ovvero l'orgoglio di essere "bravo buono e giusto", pericolo sempre in agguato per tutti coloro che si elevano nel cammino spirituale. Sminuirsi e "abbassarsi" – senza arrivare alla falsa modestia, che sarebbe altretanto pericolosa –, è sempre un'ottimo esercizio spirituale. Il Santo riuscirà a trovare in se stesso sempre delle imperfezioni, ed anche per questo è votato a un costante miglioramento. Una delle sue caratteristiche è l'umiltà.

[51] La frase sarebbe più giusta così: «Egli è portatore *e catalizzatore* di una energia comune "*presente in ogni essere*" *e in tutto l'universo*», ovvero la *potenza-śakti*.

[52] In una registrazione inedita del mio archivio audio, che qui mi limito per ora a trascrivere e non analizzare, necessitando di un serio approfondimento, Rol dice: «Io credo che risorgeranno anche i corpi, ritroveremo dei corpi fisici, perché siccome ciò che anima questo corpo e ciò che mi fa parlare in questo momento con le labbra, con tutto, è il mio spirito... cosa succede: che questa stessa ragione che sopravvive alla morte fisica – dopo la morte fisica, quando potrò e dovrò farlo – io con lo spirito ricostruirò il mio corpo, come lo vorrò, perfetto. E altri corpi si ricostruiranno per riunirsi con me, che sono quelli delle persone che io ho amate. Naturalmente bisognerà esserne degni. E su questo punto, Platone, cinque secoli prima di Cristo, diceva: "Sì, c'è un'anima che è immortale", e per anima intendeva e diceva ai discepoli: "Ci troveremo" – gli parlava di queste cose – quindi implicitamente pensava a una resurrezione del corpo».

nella qualità materiale rimasta primitiva in rapporto al processo di raffinamento avvenuto.

La validità di ogni asserzione, in fondo, è nel fatto che noi ricerchiamo una spiegazione soggettiva, e, quando questa non si produce, non raggiungiamo la chiarificazione e il tutto rimane nebbia o fumo.

Da questo vorrei trarre una conclusione: è giunto il momento che si formino delle équipes, dove siano presenti fisico, biologo, psicologo e ricercatore spiritualista per iniziare un lavoro coordinato (da mettere a disposizione di tutti gli interessati al problema) per la ricerca di tutti gli elementi con possibilità paranormali, registrando le loro impressioni ed idee nell'ambiente e nelle condizioni normali, poi quello che pensano e la posizione che assumono, nell'altro stato della loro personalità. Raccogliere dapprima tutte le estrinsecazioni medianiche, con tutti i controlli medico-scientifici possibili, aprire quindi la discussione su tutti gli elementi a disposizione, comparare caso per caso, volta per volta, alla ricerca dell'interruttore di una energia che ci circonda e ci attraversa[53]. Inevitabilmente ognuno di noi, ad un certo momento, deve poter fare la propria sintesi: personalmente mi trovo di fronte a due espressioni dell'energia totale: in una io vedo nel medium uno specchio riflettore dove rimbalzano energie che la concentrazione dei presenti mette in sintonia, nell'altra una catena dell'esistenza (così come esiste la catena genetica) che la concentrazione dei presenti[54] consente di riandare sul filo delle vite vissute.

RICCARDI – Mentre si svolgevano gli ultimi simpatici interventi ho fissato alcune cosucce che espongo. Io suppongo che nessuno di voi, se gli si presentasse la fortunata occasione di assistere a una seduta di Rol, eviterebbe di accorrere. È una cosa che desidereste tutti. Quello che quasi nessuno farebbe, ed è una grave lacuna, è di sforzarsi di mettere ordinatamente su carta il maggior numero di dettagli e di osservazioni sull'eccezionale avvenimento[55]. Ebbene, posso dirvi di aver scoperto, nel giro torinese di amicizie negli anni che ho frequentato Rol, con la presenza più o meno saltuaria di gente molto dotata, che nessuno di noi

---

[53] Nella *Scienza dello Yoga* questo "interruttore" è ben conosciuto e spiegato: è quello che fa destare *kuṇḍalinī*.
[54] «Concentrazione», per il "caso Rol", non è termine del tutto appropriato, soprattutto in generale: durante gli esperimenti né lui né i presenti avevano una postura di "concentrati", anzi talvolta persino l'opposto, cosiderando l'atmosfera spesso scherzosa e lieve degli incontri. Concentrazione implica uno sforzo o focalizzazione mentale, spesso in silenzio, e non è questo che accade nella maggior parte degli esperimenti di Rol. Non che, all'occasione e in differenti gradi, una concentrazione non abbia parte – talvolta all'inizio della seduta, talvolta in altri momenti – ma essa non rappresenta un elemento preminente.
[55] Su questo purtroppo aveva perfettamente ragione.

con la massima tensione di tutti i sensi e le facoltà intellettive ha potuto fare progressi consistenti in fatto di spiegazioni teoriche. Voglio dire che il più efficace salto qualitativo non è consentito a chi sia legato ad intervenire usando solo i suoi sensi ed il suo raziocinio, anche se non sia forte il pericolo (prospettato dalla De Carli) che non si possa giurare sulla nostra intera presenza di spirito come se fossimo invece freddi freddi dietro al tavolo di un laboratorio di fisica. Ciò significa che il rincorrere Rol, il volerlo avvicinare, il portarlo in una sala più grande dei normali salotti, l'avere un numero più elevato di esperimenti e di prove, non serve a niente, dal punto di vista della ricerca psichica, anche se a certuni, come ha detto Occhipinti, può fare un gran bene all'anima. Il precedente intervento auspica la soluzione di far sedere intorno a Rol persone dalla elevata spiritualità (io suppongo che non si tratti di santità ma di sensibilità paranormale), cioè dei "semi-Rol" che siano in grado di percepire, vedere, intuire qualche significativo particolare che tutti gli altri non sono riusciti a fissare. Non escludo che si possano fare così alcuni progressi, ma penso che bisogna sognare un'altra strada, quella degli strumenti di rivelazione[56]. La gamma dei dati è presto detta: tutto quello che oggi si può registrare su di un astronauta nello spazio. Cuore, cervello, temperatura, circolazione del sangue, respiro, ecc. Il nostro amico dedito agli studi spirituali dice: così voi fate solo un mucchio di diagrammi. Non è vero niente. Non esiste pacco di diagrammi presi razionalmente che – prima o poi – non si possa tradurre in assiomi e teoremi. Guardate cosa è successo quando alcuni studiosi hanno cominciato a prendere sistematicamente l'E.E.G. di volontari che si prestavano a dormire nei laboratori del sonno. Hanno scoperto quello che né Freud né Jung avevano immaginato, e cioè che sogniamo tutti per complessivi 90 o 100 minuti per notte e che i periodi di sonno puro e di sonno con sogni si alternano con notevole regolarità. La rilevazione impensata che si è imposta subito dopo è stata quella dei REM (cioè degli ormai famosi movimenti dei globi oculari mentre si dorme), i quali sono nulli nella fase detta di sonno senza sogni e sono positivi quando si sogna, quasi che la vista si mettesse a seguire lo spettacolo come su di uno schermo. Seguendo i diagrammi

---

[56] Entrambe le strade non sarebbero state percorribili. L'unica strada era sottostare umilmente alle indicazioni di Rol, come si sottostà alle indicazioni di qualunque Maestro padrone delle sue conoscenze. Per fare ancora una analogia: si immaginino Riccardi & C. come allievi di cintura bianca che si riuniscono in una palestra di arti marziali (il convegno in questione), senza il Maestro di cintura nera, e scambino idee su come "analizzare" il Maestro e la sua arte. La cosa sarebbe abbastanza ridicola, mentre non lo sarebbe avere la pazienza di incontrare il Maestro per tutte le volte che fosse necessario (anni, come anni ci vogliono per arrivare a un alto grado delle arti marziali o di qualunque altra cosa), "inchinarsi" a lui proprio come si fa nelle arti marziali e procedere nell'apprendistato, senza pretendere di "analizzare" o persino imporre una cosa qualunque.

REM continui possiamo scegliere di svegliare il soggetto quando non c'è registrazione e quando c'è. Nel primo caso ci vien risposto che non c'era nessun sogno in corso; nel secondo invece la linea dei REM è ampiamente ondulata e il soggetto quasi sempre risponde che gli abbiamo interrotto un sogno in atto. Un terzo tempo, altrettanto a sorpresa, è stato quello della rigorosa interazione di risvegli per diverse notti successive, intervenendo senza pietà appena si aveva fra E.E.G. e REM l'indicazione di un principio di fase paradossale o sognante. Il soggetto non perdeva complessivamente molti minuti di riposo ma questa violenta privazione del sogno si traduceva tutte le volte nell'ingresso in una fase di gravi squilibri psichici.

I notevoli balzi verso la conoscenza approfondita della natura dell'uomo, che ho brevemente delineato parlando dei laboratori dei sogni, sono senz'altro possibili anche nel campo delle reazioni di quei soggetti speciali che, nonostante le loro dichiarazioni di appartenenza a insiemi comuni, stanno certo a cavallo fra questo e un mondo parallelo con facoltà particolarissime. Se si potesse legare alla dipendenza di un Rol un completo istituto di rilevazioni, ottenendo che un essere così eccezionale cessasse l'antica ostilità a tali interventi, o se in mancanza ci mettessimo a cercare sulla faccia della Terra i membri di un'altra generazione di sensitivi della stessa forza[57] ma dotati di maggiore propensione alle verifiche e ai controlli fisiologici io credo che in capo a un forte numero di diagrammi si riuscirebbe a dire: questo sensitivo a effetti fisici presenta diagrammi di tali tipi quando si limita a conversare come tutti i suoi simili, ma quando comincia a dare prove delle sue facoltà una nuova forma di curve si ottiene mediamente con queste linee caratteristiche finché resta nella zona ch'egli considera elementare (il tempo delle aste per Rol), e con questi disegni più marcati quando attinge i livelli massimi e tutto il suo essere entra palesemente in vibrazioni tali da ricordare le forme di orgasmo[58]. Non ci sono altre vie che le molte registrazioni per

---

[57] Sostituendo «sensitivi» con «illuminati» – "categoria" alla quale Rol appartiene, perché non esistono «sensitivi della stessa forza» di Rol –, si avrà subito il quadro dell'impossibilità dell'idea di Riccardi, sia per la scarsità e difficile accessibilità ad altri *illuminati* come Rol, sia per il loro status psico-fisico-spirituale che li vedrebbe sottrarsi ai "controlli" – *quel genere di controlli* – esattamente come Rol. L'idea di Riccardi non era che una beata illusione.

[58] L'osservazione è molto significativa e un indizio, tra altri, per comprendere la *natura* della *coscienza sublime*. Quanto al resto, si tratta di nuovo di quella prospettiva parapsicologica che Rol trovava abbastanza indigesta, che di fatto trasforma il "soggetto dotato" in una cavia e lo lascia alla mercé di altri. La prospettiva di Rol, come vale la pena ribadire, invece era quella di portare un collaboratore di formazione scientifica a entrare gradualmente nel suo mondo – e sarebbero stati necessari anni – fino ad arrivare lui stesso a fare quello che faceva Rol. Sarebbe quindi stata una comprensione *dal di fuori e dal di dentro*, alla quale il ricercatore avrebbe poi tentato di dare forma analitica in relazioni scritte.

stabilire dei rapporti certi fra attività paranormali e stati fisiologici diversi. Non scopriremo ancora "perché" questi fenomeni avvengono solo con lui, né "da dove" gliene viene la potenzialità, ma avremo molti elementi in più sul funzionamento del suo organismo. Questa è una delle prime cose che volevo dire. (...)

ALBERTI – La mia idea è di chiedere se non sarebbe possibile, e decisamente più semplice, fare una registrazione cinematografica di questi esperimenti. Il fatto è che esiste in ogni singolo esperimento tutta una fase iniziale durante la quale il nuovo venuto nel gruppo non sa esattamente cosa avverrà, quale sarà stavolta il fenomeno particolare che si produrrà. Come tutti i precedenti oratori hanno ben riferito, Rol conduce ogni prova, in parte inventandola lì per lì, ma in parte seguendo certe direttive che i più esperti dei suoi allievi indovinano rapidamente[59]. Il pivello non sa a che cosa deve stare attento, cosa deve osservare, cosa deve ricordare. Quando poi la prova è ultimata gloriosamente non c'è per lui che l'imbarazzo di scegliere fra le osservazioni che poteva fare e non ha fatto[60]. È chiaro invece che con una registrazione cinematografica tutto il

---

Nell'impostazione di Riccardi invece, la prospettiva *dal di dentro* – la più importante – è inesistente.

[59] Ragion per cui non si vede perché siano necessarie le registrazioni, se la consuetudine e frequenza permette agli "allievi" (termine inappropriato: sono solo amici o conoscenti assidui) di «indovinare rapidamente». Rivedersi a casa o in una conferenza i vari passaggi, in sostituzione alla frequentazione, non avrebbe aiutato a comprendere meglio, e poi chissà in quali mani questi filmati sarebbero finiti, e per quali usi. Il fatto comunque che «i più esperti dei suoi allievi indovinano rapidamente» è una constatazione che da sola è sufficiente per mandare all'aria molte speculazioni degli scettici. Coloro che hanno assistito a decine di incontri (ad esempio Rappelli, Lugli, Visca, Gaito) sapevano infatti non solo cosa aspettarsi, ma erano anche in grado di dare spiegazioni pertinenti su come un esperimento avveniva, sulla base di quello che lo stesso Rol aveva precedentemente spiegato nel corso dei vari incontri. Un illusionista non potrebbe permettersi che coloro che sta "ingannando" con i suoi giochi capiscano il suo *modus operandi* e sappiano anche cosa aspettarsi, men che meno darebbe spiegazioni. Né mostrerebbe loro per decine o persino centinaia di volte il suo repertorio, a distanza ravvicinata sullo stesso tavolo, in piena luce. Ovviamente gli scettici fanno orecchie da mercante, ed elementi cruciali come questi fanno finta di ignorarli. Se poi aggiungiamo che spesso i materiali degli esperimenti (mazzi di carte e risme di fogli bianchi A4) sono nuovi o portati dai presenti (o dei padroni di casa dove si svolge l'incontro) ecco allora che l'illusionista di turno sarebbe preso completamente in gabbia e impossibilitato a fare qualunque trucco, men che meno a ripetizione.

[60] Era questo il problema soprattutto di chi aveva incontrato Rol solo una o due volte, di fatto un falso problema che sarebbe svanito con la frequentazione. Quei pochissimi che sono rimasti scettici su Rol – e che comunque non hanno scoperto nessun trucco – sono invariabilmente persone che lo hanno incontrato una o due

decorso può essere esplorato tranquillamente in seguito a molti importanti particolari di colori, di vibrazioni, di nuvolette e di trasvolamenti possono essere documentati e fissati durevolmente. Le descrizioni verbali che abbiamo sentito sono molto importanti, ma non fanno altro che invogliare a un'osservazione più attenta dei fenomeni[61]. Quanto poi all'impiego di elettrocardiografi, ecc., a parte le difficoltà tecniche che potrebbero essere superabili, mi sembra che Rol sia decisamente contrario a prestarsi alla condizione di cavia, mentre la realizzazione di film sarebbe molto meno imbarazzante per lui.

MENGOLI – A proposito di quanto vien detto da Alberti voglio ricordare che c'è un laboratorio germanico proprio studiato per queste categorie di fenomeni paranormali fisici. Ne abbiamo scritto a pag. 136 di *Metapsichica* 1968. Lo visitammo col dott. Crosa, insieme agli amici tedeschi: si trova a Ravensburg, diretto dal prof. *Schiebeler* ed ha in programma un ciclo di esperimenti in collaborazione con il professor Locher (dello: Seweitzer Vereinigung für Parapsychologie) su fenomeni di levitazione. Potrebbe essere un primo passo. Se nessun superdotato si presta a farsi studiare per queste vie, è inutile continuare a contare sui 5 sensi anche in futuro, sperando di andare molto al di là di quanto hanno ottenuto – con gli stessi sensi – i predecessori. Potrebbe darsi che il primo approccio scientifico sia proprio questo, e chissà che non costituisca uno sprone per qualcuno dei nostri, quando avrà avuto notizia di risultati positivi, ed accetti di sottoporsi a indagini che, nel caso del laboratorio di Ravensburg, non possono certo turbare il tranquillo decorso dei fenomeni.

RICCARDI – A proposito dell'idea ventilata (che il Rol degli esperimenti non sia esattamente il medesimo Rol della conversazione), io propendo per l'affermativa, dato che m'è sembrato di captare qualche indicazione in proposito. Mi spiego. Durante le ultime sedute io ho un poco abbandonato lo spasmodico inseguire le operazioni particolari sulle carte di vari mazzi, ormai entrato nella convinzione che il risultato finale era ad un tempo scontato e portentoso[62]. Confesso che appena uno degli ospiti sposta le direttrici di osservazione da codesti passi è subito condannato a dimenticare completamente tutti gli esperimenti, e sono tanti, che in una

---

volte, come Piero Cassoli, Piero Angela, Tullio Regge o Mario Monicelli. Non esistono scettici rimasti scettici dopo una frequentazione sufficiente, al contrario esistono molti inizialmente scettici che poi, con la frequentazione, hanno abbandonato ogni scetticismo, potendo fare tutte le osservazioni necessarie e stando attenti a ogni passaggio, fino al punto di «indovinare rapidamente» quale sarà quello successivo.

[61] Come era *ovvio e necessario* che fosse. Mai sentito parlare di "praticantato"?
[62] È appunto il processo di consolidamento della certezza dell'autenticità degli esperimenti, che cresce con la frequentazione.

serata passano davanti a lui. In cambio io ho cercato di fare attenzione alla sua persona[63]. Quando si siede al tavolo Rol usa prendere le sue tempie fra le mani, chiudere gli occhi e concentrarsi[64]. Da roseo spesso diventa molto pallido ma alla fine, quando dovrebbe essere assai stanco per tutta l'energia spesa, m'è parso di nuovo roseo e ringiovanito.

Prima di cominciare fa una cosa stranissima: apre uno dopo l'altro tutti i mazzi di carte e li allunga scoperti sul tavolo, dicendo che vuol verificare che ci siano i Jolly, 2 per mazzo, per poi riunire le carte[65]. Sembrerebbe importante che ogni mazzo fosse dunque di 54 carte. Ma poi quei jolly, tutte le volte che se li trova sottomano durante gli esercizi, li leva sistematicamente di mezzo, come disturbatori dell'armonia numerica. Sarà un caso, ma mi è sembrato di notare che le prove con scelta di carta campione battono sempre su numeri bassi, fino al 5. Se si mette di mezzo una figura la scarta: è troppo difficile da trattare.

C'è ancora un'osservazione sul comportamento. Durante le successive prove Rol si comporta in due maniere completamente diverse. C'è il momento della facilità, tutto ha un precedente e una conseguenza, un calmo fluire di tappe logiche. Rol resta calmo e non dà segno di alterazione. Ci sono altre prove per le quali cambia completamente

---

[63] Altra importante affermazione, che da sola esclude le speculazioni "ipnotiche": nessuno che sia sotto ipnosi potrebbe focalizzare la sua attenzione su ciò che preferisce, liberamente e in piena lucidità. Da qui in avanti, la testimonianza di Riccardi è molto importante, una delle più precise per quanto riguarda il comportamento di Rol durante gli esperimenti. Emergono i "due" Rol di cui si è già parlato in precedenza, quello della coscienza normale o comune, e quello della *coscienza sublime*.

[64] Che però non era la regola, almeno non in maniera così plateale. Forse lo ha fatto qualche volta nelle sedute in cui era presente Riccardi. Forse lo faceva di più negli anni '60. In alcuni casi si tratta appena di un momento di raccoglimento, spesso per ringraziare, ad alta voce o mentalmente, Dio, in termini analoghi a quelli usati ancora in alcune famiglie a tavola per ringraziare il Signore prima dei pasti. In altri si tratta proprio di quello che Riccardi suppone, il momento che ho chiamato di *cambio di fase*, che però può avvenire anche *senza fermarsi* a raccogliere «l'energia», ma *strada facendo* e in modi piuttosto variabili, alcuni dei quali l'autore cita nel proseguio.

[65] Anche in questo caso, non era la regola. Forse questo procedimento voleva essere dimostrativo/pedagogico nei confronti di Riccardi, il quale a differenza degli amici di Rol avrebbe scritto degli esperimenti. Questa "pantomima" non avveniva con gli amici: talvolta Rol contava e mescolava, con loro, all'inizio della seduta le carte – e poi magari non le toccava più nelle due o tre ore successive di esperimenti – talvolta no; talvolta c'era chi arrivava con mazzi intonsi e l'esperimento veniva fatto seduta stante senza nessuna preparazione o passaggio (si pensi a quello già citato di Marianini (1-V-69) che era arrivato da Rol con due mazzi nuovi, probabilmente in tasca, e prima ancora di entrare in casa Rol, lui ben distante, è stato oggetto di un esperimento dove tutte le carte di entrambi i mazzi sono diventate fanti di fiori).

atteggiamento: fa (o fa fare) invocazioni a Dio, affinché lo scopo dell'esperimento abbia valore per la formazione dei presenti, ed è tutto teso. Abbiamo fatto un'esperienza in cui – cosa piuttosto rara – ci si doveva tener per mano ed io tenevo la sua. La mia mano è sempre tranquilla, in queste faccende (e mi accorgo solo più tardi che ho regalato anch'io qualche cosa alle operazioni), ma la sua mano fremeva violentissimamente. E poi l'ho visto concentrarsi, e il dottor Zeglio dice che addirittura gli è sembrato che diventasse più alto[66], però questo a me è sfuggito. Ci sono quindi delle fasi in cui spende una forte quantità di energia psichica. Credo di aver capito quando ciò risulta necessario. Egli lo deve fare quando salta delle tappe o fasi intermedie, quando cioè – invece di guarnire la procedura, decisamente paranormale ed eccezionale, con diversi passaggi che sono soltanto una attività di riempimento – decide che può tentare la scalata diretta al risultato, e si imbeve della carta campione e pretende che subito in ogni mazzo essa prenda il posto più in alto. In grande fremito la sua mano si alza, sta un breve istante e poi piomba su ciascun mazzo. E docili docili tutte le carte, girate sotto i nostri occhi, sono identiche alla carta campione. In quel momento Rol è davvero un'imperatore imperioso.

Aggiungo qualche altra impressione. Il Rol della conversazione è un uomo molto attraente, simpatico, accentratore ma non troppo. Ma se parla di medicina gli esperti possono trovarlo un po' orecchiante. Se si occupa di religione probabilmente lo è del pari. Insomma nella conversazione è un uomo che ha i suoi settori oscuri, le sue cognizioni non aggiornate, cioè è un uomo che ha dei dubbi, qualche rallentamento, e sente anche gentilmente l'opinione degli altri[67]. Il Rol sul lavoro, chiamiamolo così, è un diabolico dittatore perché in ogni istante è padrone di tutti i dettagli. La signora poggia un momento la mano un poco avanti sul tavolo? Dice: «Si ritiri». La luce deve essere proprio come dice lui, e basta con le divagazioni. Insomma, è intensamente padrone della situazione, come si

---

[66] Possibilità che ho denominato *plasticità* (nota anche come *elongazione*, ma Rol non si allunga soltanto, potendo diventare più grande in larghezza o anche più piccolo), e che qui pare appena un abbozzo, un principio, e durante un esperimento che non aveva questo come fine, ovvero pare si sia trattato di una conseguenza secondaria dello stato di coscienza in cui Rol si trovava in quel momento. C'è da ritenere che questa sia la fase iniziale di quello che poi ha visto per esempio Fè d'Ostiani (3-XXXII-15), la cui analogia, più che con altri casi analoghi, è data dal fatto che sia Riccardi-Zeglio che Fè d'Ostiani erano seduti a un tavolo dove venivano eseguiti in quel momento degli esperimenti.

[67] È giudizioso comportamento del vero saggio non esagerare nel mostrare tutte le sue conoscenze, che finirebbero per umiliare e zittire l'uditorio. Mostrare incertezze e dubbi o fare finta di non sapere è anche un sano esercizio contro l'orgoglio e la presunzione.

legge degli astronauti all'allunaggio[68]. Fra questi due atteggiamenti: il garbato conversatore e il padreterno delle carte, c'è un abisso. E questo abisso mi spiega perché ormai qualunque successione di prove che Rol tenti è valida al cento per cento: non sbaglia più.

Vi racconto due episodi. Una sera ha voluto trasformare le terze carte di tutti i mazzi in una carta fissata come campione, però questa volta ha abbellito la procedura[69] mettendo tutto sotto al panno verde, e prendendo un tavolino da bridge rovesciato per coprire il mucchio. Una innocente signora, mentre lui passava le sua mani su e giù sul posto delle lavorazioni, e quindi guidava a distanza quelle tali trasposizioni necessarie, ha detto «si può vedere?»[70]. Immediatamente ha gridato «No impossibile, stia zitta, tranquilla!». Che cos'era questo? Il sensitivo che tutto raccolto s'impegna in codesti passi è uno che sa in quale momento la trafila delle azioni avviate, le quali io chiamo magiche, ottiene il risultato finale. Una differenza di pochi secondi copre l'intervallo fra l'istante in cui non è ancora successo niente in seno alle carte e l'istante in cui il sistema è pronto, e Rol dice «scoprite»: questo indicherebbe che egli *«entra realmente in uno stato particolare»*[71].

OCCHIPINTI – Anche Gnocchi[72] cambiava di stato. Aveva come una frattura, quasi si svegliasse improvvisamente da un suo mondo intimo.

---

[68] La missione Apollo 11 aveva portato i primi esseri umani sulla Luna (Neil Armstrong e Buzz Aldrin, mentre Michael Collins era rimasto in orbita lunare) pochi mesi prima, il 20 luglio 1969. L'analogia è molto pertinente e implica una preparazione, padronanza, conoscenza, attenzione e intenzione di quanto si sta facendo che è agli antipodi del modo di agire di un medium.

[69] Il variare ogni tanto lo *scenario* dell'esperimento evita una certa ripetitività e allontana l'assuefazione. Non è del tutto sbagliato, in effetti, parlare di un certo grado di teatralità, ma essa non è mai fine a se stessa, come alcuni superficiali hanno pensato, è invece finalizzata appunto ad evitare l'assuefazione ed anche a far emergere lo "scheletro" della procedura (che resta lo stesso pur cambiando lo scenario) mantenendo un minimo di componente "ludica" che crea affiatamento e coinvolgimento tra i partecipanti al "gioco".

[70] Altro indizio che nessuno è sotto ipnosi.

[71] Esattamente. In merito al «ha gridato "No impossibile, stia zitta, tranquilla!"» è un momento rilevante. Esso mostra che Rol è effettivamente molto concentrato (e *ricettivo*), come chi stia risolvendo mentalmente una complicata operazione aritmetica e qualcuno lo interrompa nel mezzo, facendolo spazientire; o come chi stia seguendo un certo ragionamento o un filo del discorso, ad esempio lo scrittore (a me capita di frequente) che debba formulare un pensiero articolato e logico e che venga interrotto proprio un secondo prima di metterlo per iscritto, facendo inevitabilmente evaporare quelle parole che magari aveva avuto bisogno di non poco tempo a mettere insieme nella sua mente, nell'ordine ideale. Questo genere di interruzione possiamo chiamarlo il momento della *rottura dell'incanto*, e lo si ritrova in ogni processo creativo o ragionamento mentale.

[72] Annibale Gnocchi, un "sensitivo" incontrato in passato da questo relatore.

Qualche volta il suo esperimento non riusciva: si trattava sempre di un piccolissimo errore (la 13ma carta al posto della 12ma, per esempio), ma lui si seccava molto.

RICCARDI – Come si è seccato Rol una volta! Ha preso un mazzo tutto intero dal tavolo, lo ha messo in un fazzoletto e lo ha alzato in alto, dopo essersi alzato anche lui. Poi ha messo di sotto la mano libera, avvicinandola e allontanandola dal pacco come se guidasse un fluido mesmerico, senza spiegarci cosa voleva ottenere. Ha quindi ripreso il mazzo in mano e ha detto: "ho cercato di mettere le carte una dritta e una rovescia". Ebbene, apre: le prime due carte erano tutte e due al rovescio, ma le altre 52 avevano obbedito. Si é seccato; non so con chi, ma ha avuto un moto di protesta[73]. Adesso vi dirò che finalmente ho saputo, interpellando molto i giovani amici che hanno tanta dimestichezza con le prove di Rol, che nei momenti culminanti avvengono nei mazzi delle vibrazioni, e nell'aria dei movimenti e delle fughe. Zeglio vi ha parlato del clic sentito su piatti che partecipavano a spostamenti di carte. Le cose avvengono come se ci fosse in sala uno stuolo di spiritelli[74] che si precipita a compiere le operazioni occorrenti sulla giusta materia tirata in ballo. Rol non potrebbe ottenere la millesima parte dei suoi successi se si dedicasse alle sole carte; per me egli è servito a puntino da quelli che chiamo spiritelli, come Aladino che non aveva bisogno di insegnare nei dettagli quel che i suoi genii della lampada dovevano fare[75]. Insomma, se Rol vuole, anche solo mentalmente, che una certa carta di un determinato mazzo vada in una precisa posizione, e il mazzo è lasciato ben in vista,

---

[73] Potrebbe banalmente esserseла presa con se stesso, o, che poi è la stessa cosa ma su un piano diverso, con il suo proprio *spirito intelligente*, quello al quale – in presenza di Pitigrilli – si era riferito come a «Lui». Si noti poi l'affermazione che «le prime due carte erano tutte e due al rovescio, ma le altre 52 avevano obbedito»: questo significherebbe, sempre che Riccardi sia preciso, che le carte erano 54, inclusi i due jolly, che Rol in genere preferiva togliere perché, come riferito dallo stesso Riccardi, «disturbatori dell'armonia numerica». Chissà se il fatto di non averli tolti sia all'origine della "disobbedienza" (per un altro tipo di disobbedienza, si veda l'episodio del busto a casa Rappelli, 1-XVI-1bis).
[74] Se pensiamo a quanto ha raccontato Silvia Dotti (*supra*, p. 206 nota 5) che «durante un esperimento c'erano degli "spiritelli verdastri" che svolazzavano e lo zio Giacinto ne ha preso uno con la mano», quanto scrive Riccardi potrebbe essere reale anche se lui non li vedeva direttamente. Il fatto però che in tutti i suoi scritti su Rol ritorni spesso su questi *genii*, indica forse non solo che fosse giunto a questa ipotesi sulla base dell'osservazione e dell'analisi razionale, ma anche che ne doveva forse percepire la presenza.
[75] Rimando di nuovo a *Fellini & Rol*, cap. *Il Genio*.

Rappelli non ha difficoltà a dichiarare: "io che ci son in mezzo così spesso, posso dire che ho visto vibrare il mazzo"[76].

OCCHIPINTI – Gnocchi trasferiva le sue facoltà ai presenti, e noi consideravamo questa una cosa straordinaria.

RICCARDI – Confermo che questo è possibile anche a Rol[77]. L'ho visto fra l'altro delegare una prova a un giovane sacerdote, il quale se l'è cavata molto brillantemente.
A proposito di moti e di evanescenze mi è stata raccontata una esperienza singolare. Fatta preparare una cassetta ben chiusa Rol disse: Io infilerò in questa cassetta tutti i 4 di cuori contenuti nei mazzi qui sul tavolo. Poi disse alla signora Rappelli: Fammi il favore di gesticolare come se tu stessi estraendo il 4 di cuori, che devi pensare intensamente, da ciascun mazzo, e di porgermelo. Io faccio a mia volta il gesto di prenderlo da te e di scaraventarlo nella cassetta. Inutile sottolineare che poco dopo tutti i 4 di cuori erano nella cassetta, ma i presenti hanno notato che, in quella sorta di volo immaginato, si notano delle «*macchie bianche che passano veloci nell'aria*» che starebbero a suggerire che il volo non è esclusivamente immaginato. Quindi ci sono dei moti materiali, localizzati, intelligenti, finalistici, ma finora difficilissimi da individuare. E perché io chiedo strumenti? E perché Alberti chiede cinematografie? Proprio contro questa difficoltà della trasparenza. Perché solo il giorno in cui, invece di un irremovibile signore torinese, si troveranno sul nostro cammino dei signori come Gnocchi, o come lo stesso Ted Serios (Ricordate il film di Campione con Ted che imprime paranormalmente pellicole su pellicole?), che si prestino a qualunque controllo, combinando altissime efficienze e accettazione delle rilevazioni, potremo tirare delle conclusioni[78].
Se nelle condizioni più colloquiali ed amichevoli interroghiamo il sensitivo, in seno a un piccolo gruppo, egli risponde: io vi dico tutto quello che so, ma io non so tutto quello che accade intorno a me. Del resto Rol non è né il primo né l'unico sensitivo che potrebbe offrire una vasta

---

[76] Fenomeno testimoniato anche da altri, cfr. vol. I/II, V-24bis, 39, 45, 101, 124; vol. III, V-162.
[77] Quello che, prendendo spunto dalla tradizione tibetana, ho chiamato *trasferimento di coscienza*.
[78] Come ho già sottolineato in precedenza, la storia sta dando ragione a Rol, il quale ha adottato una "strategia" diversa, visto che – ben lungi dall'essere «irremovibile» – non trovava nessuno all'altezza di comprenderlo o seguirlo per anni sulla sua strada: seminare a sufficienza e in molti luoghi gli indizi per poterlo capire, e quindi arrivare a comprendere la "sua" Scienza. I cosiddetti "sensitivi", che, quando non siano mistificatori manifestano possibilità di gran lunga inferiori a quelle di Rol, hanno forse portato la parapsicologia – per non dire la scienza – da qualche parte?

gamma di fenomeni straordinari senza poter chiarire al moderno mondo scientifico i meccanismi profondi delle sue facoltà. Ieri sera gli ho chiesto, a proposito di «spirito intelligente»: Domani a Milano il nostro Rappelli non ci sarà, e i signori convenuti mi guarderanno in faccia e chiederanno che – oltre alla dizione «spirito intelligente» – io mi slanci a spiegare qualche cosa di più: mi dia un sinonimo di questa espressione, almeno. Ha risposto: «*Come si fa a dare un sinonimo di Dio?*»[79].

GALATERI – Io son quello che auspica la presenza di elementi spiritualisti alle sedute rolliane: e naturalmente questo non esclude né limita l'intervento della ricerca scientifica. Penso però che la partecipazione di elementi, che non sono dipendenti da strumenti ma dispongono di possibilità istintuali e intuitive umane, possa costituire un utile contributo in unione alla parte ripetibile e scientifica. Non sono poi d'accordo col comandante sul fatto che sia inutile chiedere a freddo ai medium cosa pensano delle loro facoltà e manifestazioni. Per me l'intervista è tutt'altro che insignificante, e bisogna farla – sempre che sia possibile – perché i sensitivi si portano dietro, anche quando sono perfettamente a riposo e coscienti, delle forti proiezioni della loro parte inconscia, le quali certo interferiscono sulla loro mentalità, e permettono di ricavare elementi importanti. Non sempre saranno definitivi e probanti, ma, se si possono registrare e tenere a disposizione degli studiosi, ne deriveranno in seguito buoni dati comparativi con quel che avviene nella seconda fase, quella para normale.

RICCARDI – Domando al dott. De Boni se sarebbe possibile portare un giorno Gerard Croiset[80] ad assistere ad una seduta di Rol.

MENGOLI – Non so quale sarebbe l'accoglienza di Rol, ma – conoscendo Croiset – mi pare certo che accetterebbe; spero che – in tal

---

[79] Si cfr. questa risposta con quanto ho scritto a p. 272 nota 10 sulla *Intelligenza Divina*. Questa è la prima volta che Riccardi menziona lo *spirito intelligente* non avendolo mai fatto negli articoli precedenti né in *Operazioni psichiche sulla materia*; dovette quindi sentirne parlare per la prima volta da Rappelli nella riunione del 1969. In seguito, non lo menzionerà nemmeno nel suo libro pubblicato a novembre 1972, *L'occulto in laboratorio* – senza quindi portare avanti nessun approfondimento al riguardo – ma solo brevemente durante una conversazione com Remo Lugli nel settembre 1972 (*Il prodigioso "viaggio nel tempo"...*, La Stampa, 24/09/1972, p. 3).
[80] Gerard Croiset (1910-1980), Olandese, espresse possibilità chiaroveggenti e precognitive, avvalendosi spesso della *psicometria* o *psicoscopia* (conoscenza, solo toccandolo, della storia di un oggetto, di ciò che l'oggetto "ha visto" e di chi è venuto in contatto con esso). Fu sottoposto a studi ed esperimenti da parte del prof. W.H.C. Tenhaeff dell'Università di Utrecht (incontrato da Rol nel 1972 o 1973).

caso – sarebbe presente anche il prof. Tenhaeff, controllore di Croiset. Un programma del genere sarebbe molto attraente, ma deve essere accolto e gradito da entrambe le parti. De Boni mi fa osservare che Croiset è un potente sensitivo in proprio, ma credo che Riccardi intendesse usarlo solo come assistente, durante una serie di esperimenti, per vedere di ricavare dalle sue facoltà eccezionali un ausilio alle modeste doti di noi comuni mortali, atte a documentare qualche dettaglio che finora ci è sfuggito.

DE BONI – «Che cosa succederebbe se facessimo presenziare Croiset alle esperienze di Rol»? Io rispondo: «*forse molto, forse nulla!*».

DE CARLI – Vorrei dire due parole nei riguardi dell'uso di strumenti registratori. Io penso, come molti altri, che sottoporre i sensitivi alla sperimentazione strumentale certe volte finisca con l'inibire la produzione di fenomeni, e ritengo che questo pericolo sia reale[81]. In quanto alla introduzione di spiritualisti fra gli invitati, ciò potrebbe pregiudicare moltissimo, non solo la formazione, ma anche la preparazione dei medium, stampandoli tutti nello stesso modo. Ciò deriva dalla possibilità che lo stesso operatore, se è orientato spiritisticamente, crei sempre dei fenomeni di tipo spiritico, e allora gli studiosi non potranno mai avere un fenomeno obbiettivo. Tutti, o quasi tutti, i mediums della letteratura parapsicologica sono spiritistici, perché *furono allevati in quella particolare tradizione*. Se vogliamo fare delle sperimentazioni dobbiamo partire dal punto di vista opposto: probabilmente diminuirà il numero dei successi ottenibili, ma almeno quelli che otterremo non saranno suggestionati in senso spiritistico.

---

[81] Almeno riguardo a questo, si può essere d'accordo.

Appunti sulla relazione e sul dibattito riguardante G.A. Rol

di Jacopo Comin

31 maggio 1970[1]

Nelle interessanti relazioni su quelle che l'ing. Mengoli ha definito le «eccezionali facoltà» del dott. Rol, presentate nei due convegni dell'A.I.S.M., e nel dibattito che ne è seguito, si è fatto larghissimo spazio agli straordinari «giochi» di carte che egli compie, e che non sono affatto «giochi», ma qualcosa di assai diverso e più serio. La terminologia ha, in questo caso, un suo valore non trascurabile: chiamarli «giochi», come è stato fatto, vuol dire sminuirne implicitamente il significato, quasi ridurli a puro e semplice «divertissement». Il nostro Mackenzie non ha mai definito così quelli cui egli ebbe ad assistere in casa Poutet, messi in atto dalla personalità sedicente «Stasia»[2], né Vogl, o Schröder, o Kröner, o altri hanno mai chiamato con tale nome quelli di Kordon Veri[3]. E si

---

[1] *Metapsichica*, fasc. III-IV, luglio-dicembre 1970, pp. 119-122. Memoria presentata alla XXXII riunione dell'A.I.S.M. (31 maggio 1970). Jacop Comin (1901-1973) è stato giornalista, critico teatrale dell'*Italie* (quotidiano francese di Roma), sceneggiatore, regista, direttore di produzione di Giuseppe Amato e poi della *Cines*; ha contribuito alla realizzazione di numerosi film, nel 1951 ha diretto *La rivale dell'imperatrice* con Valentina Cortese e *Due sorelle amano* con Gaby Morlay, attrici che conobbero e frequentarono Rol. Si è occupato per molti anni di fenomenologia paranormale, facendone materia di lezioni alla *Accademia Tiberina* a partire dal 1958. Non ebbe la possibilità di conoscere Rol, anche se ci andò vicino (cfr. p. 361). Tuttavia in questo come nei lunghi articoli pubblicati tre anni dopo sulla rivista *Scienza e ignoto* (che saranno riprodotti e commentati nel prossimo volume) dimostrò serietà e preparazione nel formulare un giudizio.
[2] Avevo già segnalato sin dalla prima edizione della mia antologia che Comin era stato tra i pochi ad aver riscontrato un'analogia tra gli esperimenti con le carte di Rol e quelli del gruppo Poutet – su cui ho pubblicato nel primo/secondo volume un ampio dossier – e questo nonostante non avesse visto quelli di Rol e si fosse basato solo sulle descrizioni di altri (il che dimostra che non occorre essere stato testimone per arrivare a fare corrette associazioni ed analisi). Prima di lui, solo Talamonti – che conobbe Rol – aveva visto questa analogia più di quattro anni prima (*supra*, p. 123).
[3] Fridolin Anton Kordon-Veri (1906-1968) pittore e chiaroveggente della Carinzia (regione austriaca confinante con l'Italia). Ci sono effettivamente dei punti di contatto sia con Poutet-Stasia che con Rol, ma siamo ad un livello molto inferiore rispetto ad entrambi (come lo stesso Comin poi riconosce, anche di Poutet-Stasia rispetto a Rol, che però io giudico molto più rilevante). Per un

trattava, in entrambi i casi, di operazioni minori, in confronto a quelle che si verificano con il dott. Rol, i cui poteri raggiungono livelli spiritualmente più significativi. Mi riferisco in particolare agli esperimenti di «*trasmutazione della materia*» di cui sono stati validi testimoni Enrico Gec, Federico Fellini e il dott. Gastone de Boni[4].
Questo tipo di fenomeni (che, secondo il dott. Zeglio, lo stesso Rol considera *elementari* e, secondo l'avv. Rappelli, chiama *le aste*) ha assorbito la stupefatta curiosità dei più in modo preponderante, mentre sono state trascurate quelle altre manifestazioni che, ancora secondo lo Zeglio, il dott. Rol giudica, giustamente, «*di importanza superiore*». Ed è su di esse (pur ignorando se il sensitivo si riferisce proprio a quelle cui mi riferirò io) che mi permetterò di chiedere che sia concentrata l'attenzione degli studiosi.
Ne ha parlato con una certa ampiezza il comandante Riccardi, le ha messe in evidenza l'avv. Rappelli, e vi ha accennato di sfuggita il dott. Assennato. Egli ha detto che, nel corso di un esperimento con le carte, «avvenne perfino che una presente, prescelta con un gioco casuale da più presenti e invitata da Rol, reperisse con sorpresa *scritto* su una precisa carta del mazzo il nome del proprio genitore di recente defunto». Da me interrogato, Assennato mi ha chiarito che la calligrafia dello scritto venne riconosciuta dall'interessata come *identica* a quella del padre defunto[5]. È un fatto che riveste un certo interesse, quali che siano le diverse interpretazioni che se ne possono dare, tutte ben note. Comunque è un

---

confronto su questo caso, pubblico più avanti a p. 315 e sgg. due brevi e rari contributi in italiano di Emilio Servadio.
[4] Si veda il cap. XXXVI, vol. I/II-III, *Carte che si trasformano*.
[5] È ciò che c'è da aspettarsi con i "prodotti" di uno *spirito intelligente*, archivio mnemonico che conserva tutti i dati appartenenti alla persona defunta (o ancora in vita). La calligrafia identica è condizione necessaria, esclusa ovviamente la falsificazione, per attribuire uno scritto – sia esso materializzatosi (scrittura cosiddetta "diretta") che tramite la mano diretta di qualcuno (scrittura "automatica") – a uno *spirito intelligente* specifico. Ciò vale anche per quello di Rol, ed è una condizione minima da tenere presente per discriminare le sue presunte comunicazioni *post mortem* attraverso "sensitive" (lo scrivo al femminile perché sono preponderanti) che pretendono di essere in contatto con lui. La scrittura deve cioè essere identica, e questo vale sia per lo *spirito intelligente* di Rol (che non è Rol, ma la sua "copia") sia per lui in persona (a maggior ragione). Questo comunque non basta ancora per stabilire che dall'altra parte della cornetta interdimensionale ci sia proprio Rol. In tutti questi anni non ho trovato *una sola* di queste presunte comunicazioni attendibile (in un paio di casi *forse* lo *spirito intelligente* di Rol, ma non ho potuto verificare la calligrafia). Eppure c'è chi si fa pubblicità con queste cose, magari anche in buona fede (l'autosuggestione è molto diffusa e i creduloni subito pronti a prendere tutto per vero). Si veda il mio scritto *Le presunte "comunicazioni" post mortem di Rol*, vol. IV, pp. 375-381.

fatto che non deve essere considerato a sé stante, per apprezzarne le possibili inferenze, ma connesso con quanto esposto da Zeglio e Riccardi circa due esperimenti consecutivi, compiuti in presenza di un alto prelato. Su due carte diverse, ricavate da due mazzi con una delle note procedure rolliane, si trovarono scritte due brevi frasi differenti a proposito di una determinata questione teologica: la prima, che esprimeva, sembra, il parere dello stesso Rol, era scritta con la sua calligrafia, la seconda che traduceva le conclusioni del prelato, era tracciata con la calligrafia di questo. Entrambi gli interessati, viventi e presenti, riconobbero la loro scrittura. E, in questo campo, vi sono altri due fenomeni da segnalare: quello della parola «rosa» indicata dallo Zeglio e trovata su un cinque di fiori (non sappiamo, però, con quale calligrafia: era quella dello stesso Zeglio?), e l'altro, importantissimo, così per se stesso come per le condizioni eccezionali in cui si è verificato, narrato da Riccardi, ben noto anche nei particolari poiché egli lo aveva già esposto in «Metapsichica» e nel suo recente libro «Operazioni psichiche sulla materia»[6]. È il caso della «comunicazione» di François Auguste Ravier, scritta e firmata su un foglietto arrotolato intorno ad una matita, e posto a diretto contatto con il petto di Riccardi. La firma, mi ha scritto il comandante, dopo averla controllata su un quadro di Ravier esposto in una galleria d'arte, «mi è apparsa assolutamente identica» a quella del foglietto.

Questo caso, per il fatto della proiezione della grafite su un foglio arrotolato intorno a una matita e posto a contatto con la pelle di Riccardi, che riconosce di non aver avvertito nulla, potrebbe servire da introduzione ai vari episodi di «passaggio di corpi solidi attraverso la materia», e di «apporti», citati dal Rappelli e dagli stessi Zeglio e Riccardi, se non fosse troppo lungo soffermarsi su questi, che richiederebbero disanime accurate e complesse. Il solo «clic come di ceramica screpolata», udito dallo Zeglio, implica ipotesi a latitudine estesissima. Così il particolare di quel «globo di una discreta luminescenza» veduto dai giovani e da una signora presente, esposto da Riccardi, i «movimenti» e le «macchie bianche che passano veloci nell'aria», le «vibrazioni dei mazzi», constatate da Riccardi e Rappelli, oltre ai «minuscoli sommovimenti nel mazzo» osservati da Rappelli (e, ciò che le avvalora, confermati da Rol, come mi informa Riccardi), rappresentano tanti quesiti, grandi e piccoli (ammesso che di «piccoli» ve ne possano essere), che si presterebbero ad un'analisi approfondita. E non meno importante è il fenomeno di «trasfigurazione» di Rol in Ravier, attentamente osservato e acutamente esposto da Riccardi. Permettetemi di ricordarvi che si tratta di una categoria di fenomeni *obiettivamente* confermata da Nandor Fodor con il film che egli girò sulle trasfigurazioni della medium Mrs Bullock, e che presentò al congresso di

---

[6] pp. 217 e 331 in questo volume.

Oslo del 1935[7]. Circa questo episodio, Riccardi scrive nel suo libro (pag. 69)[8]: «Sulla probabile trasfigurazione il sensitivo è stato piuttosto sommario: ha detto solo che la esigenza del buio non è condizione necessaria ma solo ripiego prudente, perché sa benissimo che si danno in questi casi varie materializzazioni e non vuol far correre alle brave persone della sua cerchia abituale i pericoli di contraccolpi psichici troppo violenti». Abbiamo, così, da parte dello stesso Rol, la conferma del prodursi, per il suo tramite, di fatti di materializzazione. Val proprio la pena di fermare l'attenzione soltanto sulle carte! Quando Rappelli ci ha detto che il prof. Quaini[9] può confermare, da ginecologo, che «con un semplice gesto a distanza il dott. Rol riusciva a far ruotare nell'utero della partoriente il neonato, in modo che la presentazione fosse tale da facilitare il parto»! Chiamatelo, se volete, effetto PK, ma ha ragione Assennato, le parole non servono a spiegare il «*come* avvengono certi fenomeni e che cosa sottintendono». E Riccardi ammette che, per quante registrazioni si possano fare, «non scopriremo ancora *"perché"* questi fenomeni avvengano solo con lui, né *"da dove"* gliene viene la potenzialità».

A proposito di materializzazioni, mi è grato offrire al vostro studio due episodi che mi sono stati cortesemente esposti dal comandante, in lettere private, e che vi riferisco con la sua autorizzazione. Il primo si è verificato nella famosa seduta del quadro di Ravier. «La vedova B. presenta notevole importanza teorica: – mi scrive il comandante – Lei vuol sapere se per mezzo di Rol ha avuto contatti con il defunto. (Avverto che si tratta del marito, deceduto da poche settimane): Guarda caso, in quella stessa memorabile serata ne parlammo col sensitivo. E mi fece presente che durante l'elaborazione del quadro ha percepito fortemente la presenza di questo spettro insieme ad altri legati ai presenti, e che anche loro ne sarebbero stati folgorati se non si fosse cautelato con la richiesta del buio assoluto e col mettere tutti, meno me, a buona distanza dal laboratorio spiritico»[10].

---

[7] A Mrs. Bullock ho dedicato un breve capitolo più avanti, p. 309. Nandor Fodor (1895-1964) è stato uno psicanalista ungherese, autore di una nota *Encyclopaedia of Psychic Science,* 1934-1964.

[8] *Supra,* p. 220.

[9] Su *Scienza e ignoto* nel n. di settembre 1973 sarà scritto erroneamente «Poini». Il prof. Paolo Quaini è stato Primario di Ginecologia all'ospedale Sant'Anna di Torino.

[10] Queste poche righe sono piuttosto importanti: al netto del solito uso improprio dei termini «sensitivo» e «spiritico», si conferma intanto che Riccardi non era ancora a conoscenza della nozione di *spirito intelligente,* ché se lo fosse stato non avrebbe parlato di «spettro»; la presenza del quale, «insieme ad altri», conferma anche quell'idea di «spiritelli» di cui aveva parlato Silvia Dotti e che sarebbero sempre presenti, visibili o meno a seconda delle circostanze, della volontà di Rol di farli vedere e della "capacità" percettiva di ciascuno di poterli vedere; lo «spettro» del marito di B., deceduto da poche settimane, mi fa pensare, prima di

Il secondo episodio è di pochi mesi fa. Il comandante Riccardi scrive, a proposito di una coppia presente: «Poiché i signori x (non faccio il nome per ovvie ragioni) vivono nel culto del loro figlio morto stritolato tre anni or sono a 26 anni», il dott. Rol si dedicò, con amorevole bontà, a consolare la desolata madre. E accadde questo di paranormale: «a) che Rol diceva di vedere un simulacro del defunto[11] sulla sinistra della madre, netto solo nella parte alta del capo e qui a lei molto rassomigliante; e, b) che si è fatto consegnare due foto ma – prima di vederle – ha offerto l'informazione che nella età pubere il ragazzo fosse grassottello e sessualmente arretrato. Il padre, medico, ha confermato la rassomiglianza e la diagnosi».

Ma, oramai, bisogna concludere. Trascureremo perciò, i «viaggi nel passato e nel futuro», di grande interesse, cui ha accennato Rappelli, ed anche quel che Riccardi ha fatto osservare in «Metapsichica», e che è stato interpretato come conferma dello stato ipnotico: «... ora avvia un discorso che ci presenta come la traduzione in italiano di quanto lo spirito sta comunicando a lui in francese. Sono pensieri pacati e profondi che lì per lì fanno grande impressione per il tono di saggia bontà, ma poi mi è risultato che, *molto stranamente, subito dopo sono stati dimenticati da tutti*, come se non fossero stati espressi per mettere radici nei nostri intelletti».

Amnesia imposta, già verificatasi in altre sedute medianiche con medium molto dotati. Ma Rappelli, avendo interrogato Rol circa le sedute medianiche, ha avuto questa risposta: «Non ho dimestichezza con quella dottrina e riterrei ingiusto esprimere un giudizio sulle sedute medianiche. Sovente mi è accaduto di venire in rapporto con "spiriti intelligenti" di persone viventi: non so se ciò avvenga anche nelle sedute medianiche».

---

altri episodi, a quello di Cini apparso a Merle Oberon due giorni dopo l'incidente aereo (Yolande Sella: «è arrivato un ectoplasma, che si è messo a circolare, e si è fermato davanti a Merle. ... Era la maschera di Cini che era davanti a lei», vol. II, p. 679); fondamentale poi la conferma da parte di Rol della ragione principale del buio in questo genere di esperimenti, senza il quale i presenti «*sarebbero stati folgorati*» dalla visione degli «spettri» (ragioni secondarie, come avevo già osservato, sono che penombra o buio, soprattutto per quel tipo di esperimento, favorivano in Rol una *immersione* migliore nello stato di coscienza opportuno, riducendo le stimolazioni sensoriali dell'ambiente *fisico* che ha sempre una componente di interferenza).

[11] Ovvero lo *spirito intelligente* del defunto, che non è il defunto vero e proprio. Anche altri, oltre a Rol, hanno avuto ed hanno la capacità di vedere accanto a un individuo il simulacro di qualche parente o conoscente. Il fenomeno potrebbe essere raffigurato come una proiezione olografica originantesi dall'individuo stesso, forse dall'emisfero destro del cervello. Questa ed altre *proiezioni* dovrebbero essere permanentemente visibili a chi abbia la capacità di percepirle (tranne qualche rara predisposizione naturale, è ciò che si acquisisce con il risveglio, anche non completo, di *kuṇḍalinī*).

Posso assicurare il dott. Rol che la cosa si è verificata numerosissime volte: basterà ricordare il caso «Gordon Davis» investigato dal prof. Soal, con la medium Blanche Cooper, ed altri molti (vedere il libro di Bozzano *Da mente a mente: comunicazioni medianiche fra i viventi,* Luce e Ombra - Verona 1947)[12].

Il dott. Rol, forse per ragioni religiose, rifiuta per i suoi poteri la qualifica di «medianici». Reputando la medianità come un vero e proprio carisma, io non trovo nessuna contraddizione tra il suo esplicarsi e la grazia divina[13]. Comunque, secondo Riccardi, lo stesso Rol afferma che «quando avverrà il trapasso e la presentazione sua al Signore, teme di non saper esprimere la piena della sua gratitudine per la predilezione elargitagli».

Non è mia intenzione trarre, qui, nessuna deduzione da questi troppo brevi accenni a fenomeni di importanza veramente «superiore»: la tragga chi vuole, a condizione che sia dal complesso dei fatti e non dai singoli episodi genericamente indicati. Ma, traendole, non dimentichi le parole ora citate di Rol, che mi sembrano essere la più significativa e più nobile interpretazione delle sue «eccezionali facoltà».

---

[12] Testo con numerosi spunti, come tutti i lavori di Bozzano. Il caso citato lo tratta per esteso in: *Animismo e spiritismo*, Editrice "Luce e Ombra", Verona, 1967, pp. 98-107. Quando Rol afferma: «Non ho dimestichezza con quella dottrina... non so se ciò avvenga anche nelle sedute medianiche» non sta ovviamente dicendo la verità, essendo molto bene informato su teoria e pratica dello spiritismo. Sta solo facendo il vago per non dover dire di più, per non dover entrare nel merito dei punti di contatto e delle differenze (pochi anni dopo, nel 1973, avrebbe affermato di essere, nei confronti dello spiritismo, «in perfetta collisione e collusione e ciò proprio a causa dello "spirito intelligente"», in: Lugli, R., *Gustavo Rol. Una vita di prodigi*, 2008, p. 27), su cui avrebbe dovuto dare troppe spiegazioni (*fare il finto tonto* era una strategia anche di Federico Fellini). Io stesso talvolta non introduco certi argomenti solo perché non sono di semplice elucidazione in poche parole, e perché le domande che queste sollevano sono più delle risposte che forniscono.

[13] Se consideriamo – come a mio avviso si dovrebbe – la "grazia divina" come una influenza "esterna" all'individuo favorita, nella sua azione ed estrinsecazione, da uno stato di coscienza adatto nel ricevente, allora questo è *neuropsichicamente* incompatibile con il medianismo, come sono incompatibili per esempio ispirazione artistica e *trance* medianica.

La trasfigurazioni di E.F. Seddon (Mrs Bullock)

Nella relazione vista in precedenza, Jacopo Comin menzionava a titolo di comparazione con la trasfigurazione di Rol rilevata da Riccardi, le trasfigurazioni di Mrs. Bullock, ovvero Elizabeth Frances Seddon[1].
In effetti si tratta di un caso interessante che penso sia utile conoscere, pertanto riporto qui parte di quanto riferisce Ernesto Bozzano nel suo studio Dei fenomeni di trasfigurazione *(1941):*

«Mrs. Bullock è la medium più interessante per la categoria dei fenomeni di trasfigurazione, ed essa è anche animata dalla massima buona volontà di sottomettersi a tutti i controlli e a tutte le prove d'ordine scientifico che le si richiedono[2]. Ne derivò che il dottor Nandor Fodor, direttore dell'"International Institute far Psychical Research" di Londra, ha già intrapreso notevoli esperienze di cinematografia applicate ai fenomeni di trasfigurazione, ottenendo prove positive circa l'esistenza del fenomeno in sé.
Le relazioni di sedute con la medium in discorso si sono accumulate in tal numero da riuscire malagevole il procedere a una cernita tra le molte ugualmente interessanti. Mi limiterò pertanto a riferire alcuni lunghi brani di relazioni.
Premetto che con Mrs. Bullock si esperimenta in ambiente oscurato, con una lampadina rossa da 25 candele che riverbera tutta la luce sul di lei volto.
Il direttore del *Light*, il quale ebbe ad assistere a una serie di sedute con Mrs. Bullock, ne riferisce in questi termini:
"La trasfigurazione è una manifestazione ectoplasmica; vale a dire che non consiste in un semplice cambiamento di espressione di un volto per contrazioni muscolari, bensì risulta un radicale rifacimento del volto stesso, od anche del corpo intero. Insomma, ci si trova in presenza di un fenomeno di materializzazione in proporzioni ridotte, e ciò allo scopo di economizzare fluidi e forza. È bene stabilire un tal fatto in rapporto alle notevolissime esperienze di trasfigurazione che ultimamente Mrs. Bullock ha tenuto a Londra, nella sala della 'Greater Metropolitan Spiritualist Association'.
Alla luce di una lampadina da 25 candele, la parte inferiore del di lei volto si dissolveva in una massa amorfa di ectoplasma animata da moti

---

[1] Le uniche informazioni biografiche su Elizabeth Frances Seddon (1886-1965), di Manchester, impiegata di pasticceria negli anni giovanili, sposata con William Mason Bullock, sono emerse solo in anni recenti all'interno dell'articolo *Transfiguration*, su *Psypioneer Journal*, vol. 8, n. 6, june 2012, pp. 180-192.
[2] Mi scuso se mi ripeto, ma questo ha forse smosso di un millimetro la comunità scientifica? Da allora, da quando lei *si sottomise*, è già passato quasi un secolo.

vorticosi, la quale si concretizzava in un altro volto tutt'affatto diverso. La trasfigurazione del volto della medium in quello di un personaggio cinese, apparve soprattutto impressionante, ed avvenne in guisa pressoché istantanea... In altra manifestazione, il timbro della voce di lei erasi mutato in quello maschile e tremolante di un vegliardo...". *(Light,* 1934, p. 449).

A sua volta, il direttore di *Psychic News,* Maurice Barbanell, riferisce in questi termini le proprie impressioni in merito a una seduta cui ebbe ad assistere:

"Per quasi due ore io assistetti alla trasfigurazione del volto di Mrs. Bullock per opera di numerose entità di defunti. Si tratta, invero, di un fenomeno arduo a descriversi: bisogna assistervi per apprezzarne l'alta importanza probativa.

Durante l'intera seduta, sul volto di Mrs. Bullock si proiettava la luce di una lampadina rossa da sedici candele... Io sedevo a dodici pollici dal suo volto. Era pertanto uno spettacolo stupefacente quello di osservare così da vicino le trasformazioni portentose di quel volto, a misura che subentravano nuovi spiriti a controllare la medium.

Io contemplavo lo spettacolo con la più meticolosa attenzione... I primi a manifestarsi furono gli spiriti-guida: un egiziano, un cinese, un indiano, e una giovinetta negra di nome Moonie. Non era possibile ingannarsi al riguardo di questi volti tipici, disparatissimi tra loro, i quali si estrinsecavano sotto il mio sguardo attonito. Gli spiriti-guida sono quelli che si manifestano con maggiore facilità e perfezione: il che palesemente è dovuto alla grande pratica acquisita. Essi, inoltre, parlano con timbri vocali maschili e femminili tutt'affatto diversi dal timbro vocale della medium.

L'incidente d'identificazione personale più impressionante intervenne a Mrs. L. E. Singleton, alla quale si manifestò Mrs. Kitson, la moglie defunta del noto direttore del "Lyceum", la quale si espresse col timbro caratteristico della sua voce, parlando nel proprio dialetto dello Yorkshire, e fornendo magnifiche prove d'identificazione...

Quindi venne la volta di Lord Molesworth, al quale si manifestò il padre suo. Noi tutti potemmo contemplare quel volto in guisa distintissima, comprese le basette, che durante la trasfigurazione comparvero sul volto della medium.

Quando parlo di basette, io non intendo affermare che si tratti effettivamente di barba, bensì di una curiosa condensazione di ectoplasma la quale si dispone ai lati del volto, imitando così bene le basette, che a una certa distanza appariscono tali.

Allorché mi apparve William Stead, il quale prese a conversare con me, il suo volto era perfettamente somigliante, salvo che non portava la barba. Io glielo feci osservare, ed egli rispose: "Non credevo che tu avessi bisogno di un simile particolare per riconoscermi. In ogni modo, attendi un

momento". E cosí dicendo, vidi il suo volto apparire adorno di tutta la barba, quale egli portava da vivo. E come se ciò non bastasse, egli mi forní un'altra prova specialissima d'identità, consistente nel ripetermi ciò ch'egli stesso mi aveva detto in altra seduta, con altro medium.
A seduta finita, avviandomi a casa, il mio pensiero ricorreva a quel passo del Nuovo Testamento in cui si legge:
'Sei giorni appresso, Gesù prese seco Pietro, Giacomo e Giovanni suo fratello, e li condusse sopra un alto monte, in disparte. E fu trasfigurato in lor presenza, e la sua faccia risplendé come il sole, ed i suoi vestimenti divennero candidi come la luce'» (*Psychic Science,* 1934, n. 114, p. 1-2).
Rilevo che dal punto di vista della genuinità dei fenomeni, appare notevolissimo l'incidente in cui il relatore osserva al comunicante ch'egli da vivo portava la barba intera, osservazione tosto seguita dall'apparizione di tutta la barba sul volto del defunto comunicante. Niun dubbio che tutti converranno con me che non possono darsi prestidigitatori i quali, colti alla sprovvista da una richiesta simile, pervengano all'istante ad appagare il richiedente compiendo l'analogo prodigio»[3].

Dopo aver riportato altri esempi, Bozzano commenta:

«In una delle sue relazioni, ch'io ricavo dalla rivista francese *Psychica* (1936, p. 173-176), il dottor Nandor Fodor esordisce in questi termini:
"Le idee riguardanti ciò che s'intende per trasfigurazione sono piuttosto confuse. Tale termine dovrebbe riservarsi esclusivamente per designare i cambiamenti implicanti un potere di metamorfosi da parte del medium. Vale a dire che la trasfigurazione non dovrebbe confondersi con la personificazione. Quest'ultima, nella mia *Encyclopaedia of Psychical Science* viene così definita: 'Una imitazione, o riproduzione dei tratti caratteristici, fisici e mentali, di un invividuo qualunque, vivente o defunto'. La trasfigurazione, invece, implica qualche cosa di diverso, e cioè, sottintende l'addizione di ectoplasma nella manipolazione dei tratti del volto.
La personificazione non è necessariamente un fenomeno metapsichico, e diviene tale unicamente quando il soggetto è posseduto da una volontà estrinseca, o agisce in conseguenza di suggestione telepatica da parte di una volontà a sua volta estrinseca. Per converso, la 'trasfigurazione' è d'ordine psichico e fisico nel tempo stesso.
Dal nostro punto di vista, poco importa se la trasfigurazione del medium avvenga in forza di una trasmissione telepatica supernormale, ovvero per incorporazione in lui di un'entità spirituale estrinseca; vale a dire che è possibile studiare il fenomeno della trasfigurazione all'infuori delle sue presumibili causali metapsichiche o psichiche, e la mia presente relazione

---

[3] Bozzano, E., *Dei fenomeni di trasfigurazione*, Editrice "Luce e Ombra", Verona, 1967, pp. 49-52. L'edizione finale del libro risale al 1941.

si propone quest'unico scopo: quello, cioè, di esporre le risultanze delle nostre esperienze in proposito, quali si svolsero nella sala dell''International Institute far Psychical Research', nel corso delle cinque sedute con la medianità di Mrs. Bullock, la quale è il migliore soggetto presentemente conosciuto per la trasfigurazione.
Io m'incontrai per la prima volta con Mrs. Bullock nel corso dell'estate del 1934, in cui essa diede una serie di sedute nella sala della 'Greater Metropolitan Spiritualist Association', di Londra.
Mi trovavo a una distanza di circa tre metri dalla medium, e la impressione da me riportata sul fenomeno fu che la parte inferiore del volto divenisse una massa di ectoplasma amorfo, animato da una sorta di flusso e riflusso, fino a quando si concretava in un sembiante nuovo sovrapposto al sembiante normale della medium...
Il giorno 21 dicembre 1934, Mrs. Bullock ebbe la compiacenza di fare una prima visita al nostro Istituto, per farmi assistere a una dimostrazione analoga a quella descritta, consentendo a che si facessero fotografie ai raggi infra-rossi; ciò che mi permise di conseguire documenti del più alto interesse, e quali io avevo sperato.
Mrs. Bullock sedeva sulla piattaforma, addossata a un paravento nero. Indossava una vestaglia nera la quale non lasciava allo scoperto che la testa e le mani. Dinanzi al suo volto era una lampadina rossa, collocata dentro a una scatola rivestita di carta argentata, e situata in guisa da proiettare tutta la luce sul volto del medium. È in condizioni siffatte di esperimentazione che si ottiene una serie notevolissima di metamorfosi facciali, tra le quali il volto di un cinese, di un uomo barbuto, di un altro con lunghi baffi, di un negro africano con un anello al naso, di un soldato morto in battaglia durante la grande guerra, con ferita circolare intorno al capo. Parecchie di tali trasfigurazioni erano a tal segno impressionanti da provocare esclamazioni di stupore da parte degli assistenti...".
In altra sua relazione pubblicata nel *Light* (1935, p. 138), egli riferisce:
"Nella sera di martedì, prima di prendere la posa cinematografica ai raggi infrarossi della metamorfosi del volto di Mrs. Bullock, quest'ultima diede spontaneamente alla numerosa riunione dei membri dell'Istituto, una dimostrazione della sua potenzialità medianica, col posare per le trasfigurazioni allorché si era già fatta la luce bianca. Malgrado ciò, e per quanto il di lei volto fosse in pieno illuminato da luce brillante, si trasfigurò in quello del suo spirito-guida cinese, il quale era già apparso parecchie volte durante la medesima seduta in luce rossa.
A proposito di queste ultime manifestazioni del personaggio cinese, si era rilevato che sul labbro superiore del di lui volto si scorgeva una sorta di ondulazione che suggeriva l'esistenza dei baffi. Senonché l'impressione in me rimasta era che dovesse trattarsi di una combinazione curiosa e interessante di giuochi di luci e ombre; ma risultò che così non era. Osservando il medesimo particolare in una fotografia ingrandita e presa

coi raggi infra-rossi, essa ci rivelò l'esistenza inaspettata di una punta spiovente di baffi, la quale giungeva quasi al margine estremo del mento. Questa punta non consisteva in barba, ed era solo scorta sul lato sinistro del volto. Sul lato destro illuminato direttamente dalla luce rossa, l'altra punta di baffi non si scorgeva, probabilmente perché risultava trasparente alla luce in discorso ... La fotografia è ottimamente riuscita e chiarissima. Non può esservi dubbio su ciò... Anche le fotografie ai raggi ultra-violetti hanno fornito risultati molto interessanti nel senso medesimo ...".
In un articolo pubblicato dal medesimo indagatore sul *Journal of the American S.P.R.* (1938, p. 6), egli osserva:
"Nel quinto Congresso internazionale delle ricerche psichiche, tenuto a Oslo (Norvegia), io svolsi una pellicola di 400 piedi, conseguita ai raggi infra-rossi, insieme a numerose altre fotografie prese ai raggi ultra-violetti. Non vi è più dubbio sul fatto che il volto di Mrs. Bullock subisce metamorfosi impressionanti. La pellicola in discorso e le fotografie lo provano al di là di ogni contestazione immaginabile. È escluso altresí che tali metamorfosi possano ascriversi a contorsioni facciali: tutt'altro! Del resto, se così fosse, allora le quattro fotografie in serie, per cui viene colto il processo evolutivo del volto della medium in via di trasformarsi in quello di un cinese, rappresenterebbero di per se stesse uno stupefacente mistero da risolvere. Contuttociò io ripeto che dal punto di vista scientifico, si è per ora tenuti a limitarsi a prendere in considerazione le ipotesi della possessione medianica, e della personificazione ipnotica, allo scopo di giudicare quale tra le due risulti quella che meglio risponda al complesso dei fatti; e ciò fino a quando non siasi raggiunta la certezza scientifica sulla presenza effettiva di "ectoplasma" nelle metamorfosi facciali di cui si tratta... Comunque, sta di fatto che le metamorfosi in discorso risultano invero straordinarie, e che, per lo meno, in una circostanza da me osservata, come pure in base all'osservazione di due fotografie prese in successione al lampo dei vapori di mercurio, si rileva la presenza di materia estranea sul volto della medium ...".
Queste le risultanze delle prime esperienze per l'applicazione della fotografia e della cinematografia ai fenomeni di trasfigurazione; risultanze per le quali si è raggiunta la certezza scientifica circa l'esistenza del fenomeno in sé. Quanto alla genesi presumibilmente estrinseca di siffatte manifestazioni, può già da ora affermarsi che risulti a sua volta dimostrata – almeno nella maggioranza dei casi –, in base a numerosi incidenti d'identificazione personale emergenti dalle manifestazioni stesse, e ciò in guise talora impressionanti e inconfutabili. (...) Il dottor Nandor Fodor non intende entrare in tale ordine di discussioni, ed è bene che sia cosí, giacché appare ovvio che da un punto di vista rigorosamente scientifico, prima d'inoltrarsi in discussioni teoriche, necessita stabilire sperimentalmente, e in guisa risolutiva, l'esistenza dei fatti. Come si è visto, anche a quest'ultimo riguardo egli si mantiene riservato per ciò che

si riferisce alla natura ectoplasmica del fenomeno nel suo pieno sviluppo, sebbene si legga fra le righe ch'egli, personalmente, ne è già convinto; ma le convinzioni personali a nulla valgono in ambiente scientifico; occorre accumulare un complesso di prove positive tutte convergenti verso la medesima dimostrazione»[4].

---

[4] Bozzano, E., *cit.*, pp. 49-60. La conclusione mi trova totalmente d'accordo ed è anche per questo che è nata l'esigenza di creare questa antologia, che intende costituire la base del «complesso di prove» su Rol su cui edificare un edificio teorico sufficientemente solido.

Carte da giuoco e chiaroveggenza

di Emilio Servadio[1]

Il dr. Carl Vogl ha pubblicato, nel fascicolo di dicembre (1931) della «Zeitschrift für Parapsyohologie»[2], una relazione assai curiosa circa i complessi fenomeni di chiaroveggenza – soprattutto per mezzo delle carte – ottenuti col *medium* Kordon-Veri, di cui negli ultimi tempi i periodici tedeschi di metapsichica ebbero ad occuparsi con una certa frequenza. Che le carte da giuoco si prestino all'esercizio della metagnomia, è cosa universalmente nota: ma a parte la tradizione secolare relativa alla cartomanzia (nella quale non tutto forse è illusione o mistificazione), ricordiamo i casi analoghi studiati a fondo dal Mackenzie nel II capitolo della sua *Metapsichica moderna*: casi che furono anche analizzati, con puri criteri matematici, dal prof. Alessandro Padoa dell'Università di Genova[3].

Occorre premettere che la medianità del Kordon-Veri è assai complessa: oltre a quelli di metagnomia, egli presenta spesso fenomeni di carattere fisico (che il dr. Vogl ricorda per quanto lo concerne): fenomeni che non si discostano molto dalle manifestazioni del tipo Rudi Schneider[4]. Il resoconto è, in questa parte, troppo breve perché si possa pronunziare un giudizio in merito; i controlli che l'Autore enuncia sembrano però sufficienti a garantire l'autenticità dei fatti.

---

[1] In: *La ricerca psichica: luce e ombra*, Milano, Libreria Lombarda, fasc. 2, febbraio 1932, pp. 86-87. Questo e lo scritto seguente di Servadio sono rare analisi delle esperienze di Fridolin Anton Kordon-Veri, al quale Jacopo Comin ha fatto riferimento nel suo articolo visto in precedenza, descritte principalmente in alcune riviste di parapsicologia tedesche, da cui Servadio cita. Il materiale, anche sugli originali, non è molto. Oltre agli altri articoli su queste riviste che cito nelle note seguenti, si vedano anche i seguenti brevi contributi: Alacevich, Z., *La verità su Kordon-Veri*, Luce e Ombra, n.3, 1963, pp. 236-240; Bertholet, E., *Quelques expériences avec Fridolin A. Kordon-Veri medium-psychomètre artiste-inspiré*, Lausanne, Société Vaudoise d'Études Psychiques, imp. Henri Held, 1934; e Graf von Klinckowstroem, C., e Langer, A., *Fridolin A. Kordon-Veri*, Das Kriminal-Magazin, n. 32, nov. 1931, Goldmann Verlag, Leipzig, pp. 1980-1983.
[2] Vogl, C., *Das Geheimnis der Karten* [*Il Segreto delle Carte*], Zeitschrift für Parapsyohologie, Leipzig, dez. 1931, pp. 557-564. Altre relazioni nei numeri precedenti di giugno 1931, pp. 277-282; e dicembre 1930, pp. 723-731.
[3] Come si vede, anche Servadio nel 1932 aveva presente come riferimento e analogia le esperienze di Poutet-Stasia, di cui si era venuti a conoscenza pochi anni prima; l'analisi di Padoa l'ho riprodotta in appendice al vol. I/II.
[4] Anche lui medium austriaco (1908-1957), del quale sono state testimoniate soprattutto materializzazioni e fenomeni di telecinesi.

Ecco ora, in riassunto, alcuni esempi delle esperienze con le carte da giuoco, compiute in condizioni di rigoroso controllo.

Sulla tavola, dinnanzi al *medium* accuratamente bendato, viene posto un giornale, il «Volksblatt» di Graz. Da un mazzo di carte, portato intatto da uno dei professori che assistevano alla seduta e aperto dal relatore, viene estratta una carta, la quale vien posta dal dr. Vogl nella propria tasca, senza che nessuno l'abbia vista. Il mazzo viene messo da parte. Sempre in piena luce, e osservato da presso dai «controllori», il *medium* bendato prende una matita e la tiene verticalmente sopra il giornale: muovendosi da lettera a lettera la punta della matita segna successivamente: *Treff sieben* (sette di fiori): carta che corrisponde a quella scelta a caso e tenuta celata da Vogl. L'esperimento venne ripetuto altre due volte, con carte scelte de altre persone, e sempre con successo.

La seguente esperienza è assolutamente analoga a una di quelle riferite dal Mackenzie. Con i debiti controlli, il dr. Vogl sceglie una carta da un mazzo e la nasconde senza averla vista. Il *medium,* bendato, lascia cadere il coltello tra le carte di un altro mazzo: la carta così indicata corrisponde a quella riposta[5].

Curioso, e diverso dai soliti, fu invece quest'altro esperimento: il *medium* mescola le carte e il dr. Vogl lo interrompe, trae una carta dal mazzo e la ripone come al solito. Il *medium,* senza vederla egli stesso, mostra al relatore l'ultima carta dell'altro mazzo. Segue una pausa di due minuti, durante i quali il *medium* passeggia in su e in giù per la stanza. Quindi egli dice al Vogl di guardare la carta che ha in tasca: essa corrisponde a quella mostratagli dell'altro mazzo. Senonché il Vogl alza il mazzo, che era rimasto sulla tavola, e constata come l'ultima carta non sia affatto quella ch'egli aveva veduto prima. Escludendo per varie ragioni la frode (il Vogl conosce egli stesso i trucchi illusionistici della «carta forzata» e simili; inoltre l'ambiente e i controlli erano ben diversi da quelli propri alle rappresentazioni d'illusionismo), il relatore ritiene che possa qui trattarsi di un'allucinazione provocata mentalmente, in un primo tempo, dal *medium,* e poi venuta meno. Il Kordon-Veri, peraltro, non si rende affatto conto di come avvengano tali fenomeni.

Sorvoliamo per necessità su altre esperienze, pure interessantissime, in cui alla facoltà di chiaroveggenza sembrò mescolarsi quella telecinetica già riscontrata con questo *medium*. Il relatore ricorda ancora, concludendo, come nelle anzidette esperienze si possa constatare frequentemente l'intrusione di fattori extra-casuali, di ritmi speciali di giuoco, di persistenza a presentarsi di certe carte (il re di fiori, per esempio, sembrò avere un'influenza nefasta e il *medium* dovette togliere questa figura dal mazzo); e insiste sull'importanza di tali osservazioni, e sulla possibilità di

---

[5] Il coltello è qui analogo alla «spilla che l'operatore immetterà nel mazzo, "a caso", per separarlo in due parti» di cui riferisce Mackenzie (cfr. vol. II, appendice III, p. 713), modalità che *Stasia* chiamava «piquage».

arrivare, attraverso esse, a chiarire almeno parzialmente l'annoso enigma delle carte.

Nuove esperienze col medium Kordon-Veri[6]

Le riferisce Eduard Baumert nel n. 8 (30 agosto [1932]) della «Zeitschrift für metapsychische Forschung»[7]. Esse sono state condotte nei locali dell'*Institut für metapsychische Forschung* in Berlino. Per alcune premesse relative a questo *medium,* e per una ulteriore informazione sui fenomeni che presenta, cfr. il n. 2, 1932, p. 86 di questa Rivista[8].
Dei fenomeni riferiti dal Baumert e presenziati da notissimi studiosi di metapsichica come il prof. Schröder, il dottor Quade, il dottor Efron e il dottor Kröner, oltre ad alcune altre personalità tra cui il dottor Langer, specialista criminologo per tutto ciò che concerne i bari e le loro «arti», riferiremo soltanto due esempi, premettendo che il Kordon-Veri ha idee sue proprie intorno al «significato» delle varie carte da giuoco, e attribuisce loro speciali «valori mistici»; egli deriva tali sue idee da studi cabalistici: ciò, del resto, non ha alcuna importanza se non per il fatto che tale modo di vedere consente l'applicazione di facoltà nettamente paranormali a lui proprie.
Esempio n. 1 (n. 3 nella relazione Baumert): il dottor Efron trae una carta da un mazzo (tutte le carte usate, giova avvertire, sono tratte da mazzi nuovi, portati dai presenti) e la mette da parte. Il *medium* lo prega di nominare un oggetto presente nella sala. Il dottor Efron vede sul caminetto, in mezzo ad altri oggetti di bronzo, un animale di marmo, e dice: «Elefante». Kordon-Veri: «Dunque, un animale; è cosa che vive, quindi cuori; di che cosa è fatto?». «Di marmo», risponde il dottor Efron. Ma la signora Schröder va verso il caminetto e fa osservare che non si tratta di un elefante, ma di un orso. Allora il *medium* esclama: «Bugia, bugia! Non può esser diversamente, perché Lei non ha cuori, ma il sette di fiori, che vuol dir bugia!». Il dottor Efron guarda la carta, che è effettivamente il sette di fiori.
Esempio n. 2 (n. 5 nella relazione Baumert): Kordon-Veri viene accuratamente bendato. Senza che egli li tocchi, sei mazzi di carte vengono mescolati dai presenti e posti sulla tavola. Il *medium* fa scorrere

---

[6] In: *La ricerca psichica: luce e ombra*, Milano, Libreria Lombarda, fasc. 11, novembre 1932, pp. 518-519.
[7] Baumert, E. v., *Fridolin Kordon-Veri experimentiert im Institut für metapsychische Forschung*, Zeitschrift für metapsychische Forschung, n. 3, 1932, pp. 217-220; altre brevi relazioni a pp. 279-281; nel n. 1, 1930, pp. 313-317; 376-379; 416-419; e n. 2, 1931, pp. 129-132; 182-189.
[8] È l'articolo precedente.

le carte di un mazzo, ed è lo stesso Baumert a dirgli «alt!» e a prescegliere, senza vederla, una carta. Gli altri cinque mazzi vengono mescolati dal *medium* e riposti sulla tavola. Dietro sua richiesta, ogni presente divide il proprio mazzo in tre gruppi, *ad libitum,* e rimette i gruppi uno sull'altro *come vuole,* ricomponendo il mazzo in maniera diversa. Il *medium* fa scoprire la carta scelta dal Baumert; è la donna di cuori. Quindi fa alzare le prime cinque carte dei cinque mazzi posti davanti agli altri presenti. *Sono cinque donne di cuori.* «Cerchi mistici ci attorniano», dice il *medium,* che non si rende affatto conto di *come* avvengano tali straordinarie combinazioni[9].

---

[9] Non sarà stato difficile identificare alcuni punti di contatto con gli esperimenti di Rol con le carte. È ben possibile che anche Kordon-Veri avesse scoperto gli stessi principi che li rendono possibili (io stesso, come ho detto da altra parte, sono riuscito a realizzare alcuni di essi, senza intenzioni o aspettative e con mia sorpresa, quando ho voluto illustrare ad amici lo schema di base solo per far capire di cosa si trattava). Tuttavia l'impressione è che siamo molto distanti dal caso Poutet-Stasia, che a sua volta è molto distante dal caso Rol, di cui è analogo solo per la sua fenomenologia di base (ma comunque molto importante come termine di paragone). Giova ricordare che Rol era in grado di manifestare lo spettro completo della fenomenologia paranormale, da quella più alta (bilocazione, levitazione, tunnelling, viaggi nel tempo, alterazioni spazio-temporali, resuscitazione, post mortem) a quella di base (telepatia, chiaroveggenza, carte) e quindi tutto ciò che un medium "minore" poteva fare, anche Rol lo poteva o lo avrebbe potuto fare (e senza *trance*) mentre non valeva il contrario.

La difficile eredità di Rol

di Emilio Servadio[1]

È morto a oltre 91 anni, lasciando una miriade di ricordi, di sbalordimenti e di rimpianti, Gustavo Rol, leggendario «uomo del mistero».
Anche coloro che non l'anno mai avvicinato sapevano dei suoi «prodigi»: veggenza, pitture «precipitate», lettura in libri chiusi, carte manipolate dal pensiero e altro ancora.
Che cosa rimane di tutto ciò? Di fenomeni che avrebbero potuto costituire un patrimonio prezioso, un documento «definitivo» a favore della parapsicologia, una dimostrazione senza appello di una realtà paranormale? La risposta è amara: niente[2].
Rol non ha mai accettato una convalida sperimentale del «fenomeni». Diceva che essi, avendo un'origine spirituale, non erano di competenza della scienza e della tecnologia[3]. Al riguardo fu sollecitato indirettamente

---

[1] *Il Giornale dei Misteri*, n° 277, novembre 1994, p. 7. Ho ritenuto pertinente, sia in collegamento agli scritti precedenti dello stesso autore che in relazione agli articoli, lettere e relazioni dei vari parapsicologi o studiosi del paranormale pubblicati in questo volume, inserire anche questo breve articolo del 1994, dopo la morte di Rol, che avevo comunque già commentato ne *Il simbolismo di Rol*, pp. 113-114. Emilio Servadio (1904-1995) che sarebbe a sua volta morto pochi mesi dopo, è considerato uno dei fondatori della psicanalisi in Italia; fu anche studioso di ipnosi e parapsicologia, giornalista, autore radiofonico, traduttore, autore di saggi e articoli. Per un profilo biografico, si veda: treccani.it/enciclopedia/emilio-servadio_(Dizionario-Biografico).
Si noterà la notevole distanza di tempo (62 anni) tra questo articolo e gli scritti degli anni '30, che a quanto pare l'autore doveva ormai aver dimenticato, visto che non è stato in grado di fare alcun collegamento tra il "caso Rol" e gli esperimenti Poutet-Stasia, cosa che invece Talamonti e Comin avevano fatto.

[2] Questo "niente" nel 2022 è arrivato a 31 monografie (di cui 7 mie, che da sole arrivano a 3.200 pagine) – escludendo i libretti ripetitivi di M.L. Giordano – decine di articoli, documentari di cui uno trasmesso su History Channel, e molti progetti in divenire. Quando Servadio scriveva, era stata pubblicata una sola monografia (*Rol l'incredibile*, 1986, riedito poi come *Rol il mistero*, 1993, di R. Allegri).

[3] Non è per niente vero. Servadio doveva essersi basato su affermazioni riportate male o incomplete, come ad esempio quella di Massimo Inardi del 1975 (ripresa da *Grazia* del 1972): «Rol dice… che i suoi esperimenti non interessano la parapsicologia e la scienza, ma investono le possibilità "animistiche" proprie di ogni uomo» (Inardi, M., *Dimensioni sconosciute*, SugarCo, Milano, 1975, p. 158) o su pensieri diretti di Rol ma decontestualizzati, come quello di un suo scritto del 1978: «Io ritengo che gli scienziati non abbiano alcun motivo di interessarsi a me perché conoscono od intuiscono la mia estraneità al campo delle loro ricerche» (*La Scienza non può ancora analizzare lo Spirito*, La Stampa, 03/09/1978, p. 3);

anche dal sottoscritto[4]: il quale prevedeva che le «meraviglie» di Rol sarebbero rimaste nel ricordo di qualcuno, senza alcun retaggio o acquisizione documentata da parte dei posteri. Era una previsione facile, che si è puntualmente avverata[5]. Chiediamoci: che importanza, nel campo della conoscenza scientifica, di quella parapsicologica, di quella spirituale, potranno avere, fra cinquant'anni le «meraviglie» di Rol? Rimangono infinite testimonianze: libri, articoli, resoconti verbali a non finire. Che valore possono avere?[6] Alle *performances* di Rol hanno assistito individui qualsiasi e personaggi famosi. Tra questi ultimi, Saragat, Fellini, Buzzati, Agnelli, Pitigrilli... Tutte persone – è da ammettere – completamente ignare di illusionismo, e quindi del tutto incapaci di comprendere se, per caso, Rol fosse soltanto un grande illusionista – come ha ritenuto l'immancabile Piero Angela[7].

Ma il fatto è che per quanto mi consta, tra le innumerevoli persone che hanno assistito ai prodigi di Rol non figura un solo illusionista. Se sono sono in errore, mi si corregga. Quanto sarebbe stato utile – comunque – se un Silvan, o un Binarelli, avessero partecipato a qualcuna delle famose

---

nello stesso scritto Rol però diceva anche che «una collaborazione con la scienza io la invoco, senza quel presupposto di sfiducia che non offende la mia trascurabile persona bensì la conoscenza che ho raggiunta e che è già patrimonio della Scienza di Domani». In tali termini Rol si è espresso molte altre volte, e come già detto, ha sempre cercato un collaboratore di formazione scientifica per potergli trasmettere la sua conoscenza, passo dopo passo. Certo è che la «competenza» della scienza sulle manifestazioni di Rol e la loro origine, quando lui era in vita, era quasi inesistente, e attualmente non si è andati molto più avanti.

[4] Nella prima edizione scrivo qui in nota che «non è dato sapere né quando né come». Nel 2023 ho però trovato ciò a cui Servadio si riferiva, ovvero un suo articolo del dicembre 1978, *Un appello a Gustavo Rol*, pubblicato su *Gli Arcani*, che nel 2024 ho riprodotto e commentato nel dettaglio nel vol. IX, p. 162 e sgg..

[5] A quanto pare la capacità predittiva di Servadio si è rivelata invece fallimentare (un doppio smacco per chi come lui si è occupato di paranormale, e quindi anche di precognizione) e non è un caso che sia in compagnia di un altro che aveva formulato analoghi giudizi superficiali e critici: Piero Cassoli, che nel 1987 aveva affermato: «Quando fatalmente [Rol] non sarà più in vita, rimarrà solo qualcosa di lui a galleggiare sul lento e poderoso fiume del sapere, poi dopo un ultimo vortice, non resterà nulla» (*La «medianità» di G.A. Rol...*, cit.). Sarà questo invece il caso di tutti i critici di Rol.

[6] Come tessere di un puzzle dove ciascuna è un aneddoto o un pensiero di Rol che contiene una spiegazione o indicazione, una volta ordinate e unite in un quadro coerente – come sto facendo io ormai da più di due decadi – esse mostreranno l'immagine complessiva, che critici come Servadio non intuivano nemmeno potesse esistere, o che a un certo punto sarebbe esistita.

[7] Angela a partire dal 1978, oltre alla polemica con Rol, aveva condotto quasi una "crociata" contro paranormale e parapsicologia in generale e tutti quegli studiosi – come Servadio – che se ne occupavano, accusandoli di fatto di superficialità, ingenuità e/o frode.

«serate» in casa Rol, e avessero potuto affermare che, a loro avviso, i fenomeni erano autentici![8]

Personalmente non oserei pronunziarmi – anche se sono piuttosto incline a credere che Rol non fosse un illusionista, un impostore. Ma pongo su tutto quello che ho detto al riguardo (non sono mai stato da Rol) un inevitabile punto interrogativo. Se – come è possibile – Rol ha prodotto un grandissimo numero di fenomeni paranormali, tanto più è giustificato il rimpianto che di essi, sul piano di una conoscenza tangibile e inattaccabile, non sia rimasto nulla[9].

Un'osservazione finale. A più riprese, Rol ha dichiarato che ciò che avveniva era di origine spirituale; che lui, Rol, era un semplice strumento della divinità. Come nel caso di Sathya Sai Baba, si può chiedersi perché un uomo «illuminato» dalla divinità spenda tanto del suo tempo, e delle sue energie in una continua produzione di futilità: poiché altro non sono, spiritualmente parlando, se non futili gli anelli o i gioielli che escono dalle mani di Sai Baba, o le «meraviglie» delle carte semoventi, o degli acquerelli «auto-dipinti», che hanno sbalordito per tanti anni i *fans* di Gustavo Rol[10].

---

[8] Chissà se Servadio avrebbe modificato la sua opinione sapendo che cinque persone esperte di illusionismo conobbero Rol, e quasi tutte videro i suoi esperimenti, incluso Binarelli, senza trovare elementi di mistificazione, illusionismo o mentalismo.

[9] Ancora una volta, vale quanto ho detto in precedenza: che cosa è rimasto di davvero sostanziale (e soprattutto di differente) di tutte le sedute "sotto controllo" di innumerevoli medium nel corso di quasi due secoli – fino al momento in cui Servadio scriveva – di "ricerca psichica"? Tutto questo ha forse sdoganato le analisi e ricerche fatte da decine di autori incluso lo stesso Servadio? Non mi risulta per niente. E per arrivare a traghettare tutto questo materiale accumulato – sia quello "fiscalizzato" (e comunque non riconosciuto) che quello "aneddotico di qualità" (includendovi anche tutta la storia delle religioni) – nel novero della scienza futura, siamo davvero sicuri che il primo gruppo sia più rilevante e utilizzabile del secondo? Ho dei seri dubbi al riguardo, e non solo in relazione al "caso Rol". La fenomenologia spontanea, raccolta e registrata da testimoni e autori degni di fede, analizzata in un quadro comparato, è secondo me molto più importante, interessante ed utile di certe sedute artificiali "sotto controllo", meno ancora quelle "alla Rhine". Essa si rivelerà "inattaccabile" a posteriori, ovvero: una volta compresa (e riprodotta) la *scienza di Rol*, si sarà in grado di capire che cosa in tutta la casistica raccolta nei secoli fosse autentico e che cosa non lo fosse.

[10] Questo è uno dei giudizi tipici *di chi non ha conosciuto e frequentato Rol* – e nel 2022 ormai anche di chi non ha fatto uno straccio di approfondimento serio – e quindi non sa davvero di cosa sta parlando, sia per quanto riguarda le due classi di *possibilità* citate, sia per le altre 48 che ignora. Il futuro dimostrerà ampiamente che non vi era proprio nulla di futile.

Lettere di Leo Talamonti
1970

Roma, 20/III/70

Chiar.mo Dr. Rol,

dolente di importunarLa, ma non saprei come sottrarmi al dovere di inoltrarLe questa petizione a Lei diretta, e indebitamente inviata a me da un lettore della rivista spagnola «Horizonte», che è una specie di eco tardiva della ben nota «Planète». Probabilmente in Horizonte è stato pubblicato, a distanza di anni, il bell'articolo che scrisse su di Lei Pitigrilli; dopo di che, l'entusiasta lettore avrà scritto al direttore – che è il mio buon amico Prof. Antonio Ribera[1] – e questi deve avergli dato il mio indirizzo, come tramite per giungere fino a Lei.

Pur senza capire bene ciò che l'interessato mi chiedeva – perché non ho mai studiato quella lingua – mi sono affrettato a scrivergli che avrei inoltrato la lettera. Tutto qui. Penso Le chieda qualcosa di impossibile; ma so anche che la carità cristiana è per Lei un precetto importante; o mi sbaglio? Non chiude mai la porta in faccia a nessuno, Lei, per poco che possa evitarlo.

Non l'ha chiusa, a suo tempo, quando mi recai da Lei la prima volta, in quella lontana sera del marzo 1961[2]: e devo alla Sua grande, umana gentilezza se ho potuto poi intravvedere, a più riprese, alcuni incantevoli aspetti sconosciuti della "dimensione psichica" della realtà.

Non ha chiuso la porta in faccia neppure all'ineffabile Comandante Riccardi, che ha scritto di Lei in maniera così sprovveduta e contraddittoria, a mio avviso[3]; né al prelatizio Dino Biondi: l'uomo che crede sul momento a ciò che vede, salvo a ricredersi in un secondo tempo

---

[1] Antonio Ribera (1920-2001) scrittore e ufologo. *Horizonte* uscì solo per 16 numeri, tra il 1968 e il 1971. L'articolo di Pitigrilli era: *El increíble mago Gustav Rol*, Horizonte n. 11, Barcelona, lug.-ago. 1970, pp. 149-160, che ho pubblicato in traduzione italiana, dalla prima versione francese su *Planète* (1965), nel volume IV (pp. 133-147). L'articolo su *Horizonte*, edizione spagnola di *Planète*, è però uscito 4 mesi dopo la lettera di Talamonti. Quindi forse occorre invertire l'ordine degli eventi: il lettore potrebbe aver letto l'articolo sull'originale francese (maggio-giugno 1965) o forse, ancora più probabile, sull'edizione argentina (*Planeta*, marzo-aprile 1967), quindi avrebbe scritto a Ribera, il quale poi, proprio al seguito di quell'imput, nel numero di luglio-agosto 1970 decise a sua volta di pubblicarlo in Spagna.

[2] 1962, come si evince dalla lettera del 18/03/1962 a p. 33. Essendosi sbagliato in *Universo proibito*, deve poi aver ricopiato il suo stesso errore.

[3] Opinione che, come si è già ben visto nelle pagine precedenti, condivido pienamente.

(una sorta di San Tommaso alla rovescia). Mi è bastato incontrarlo una volta, per decidere di non volerlo incontrare più, possibilmente[4].
Com'è che in certe cose la mia sensibilità è più pronta e sicura della Sua, Dr. Rol? Ecco un grande mistero. Ha accolto, se non erro, a braccia aperte anche l'opportunista Dr. C.[5], di Bologna, il quale poi, invece di rendere testimonianza alle sue proprie convinzioni, acquisite irrevocabilmente, si è preoccupato soltanto di salvaguardare la propria «rispettabilità» di scienziato. Povera scienza![6]

---

[4] Commento sorprendente che inquadra negativamente Biondi, nonostante il giornalista de *Il Resto del Carlino* avesse scritto nel 1966 e 1967 i due apprezzabili articoli visti in precedenza. A quanto pare Biondi ebbe una reazione come quella di Ettore della Giovanna (vol. IV, p. 111), e magari fu anche così per qualche tempo. Peccato che Talamonti non dica quando lo abbia incontrato, perché due anni dopo questa lettera, Giovanni Serafini pubblicherà un articolo sul *Carlino* dove racconterà di un incontro con Rol presente Biondi e reso possibile per suo tramite, scrivendo che: «Devo all'opera di persuasione condotta da Dino Biondi il fatto di essere qui. Biondi e Rol, infatti, sono legati da una vecchia amicizia» (*infra*, p. 406). Può darsi quindi che Biondi avesse poi fatto marcia indietro e fosse tornato a "credere" (e chissà che la lettera di Talamonti non abbia indotto Rol a invitare di nuovo Biondi per convincerlo). Quanto al «prelatizio», che Talamonti sottolinea, voleva forse intendere che Biondi avesse un modo di fare "da prete"? che fosse bigotto?

[5] Piero Cassoli.

[6] Giudizio impietoso, quello su Cassoli, che condivido certamente. Quanto alla presunta scarsa sensibilità di Rol, che avrebbe fatto meglio a non accogliere gente come Cassoli (e si possono aggiungere anche altri giornalisti «lillipuziani» così come l'altro "Pierino", Angela, o il fisico Tullio Regge, e i vari «porcos» di cui parlava Pitigrilli; Riccardi già è un caso un po' diverso, Rol ha avuto con lui più tolleranza consentendogli di assistere a più sedute, anche se alla fine anche a lui è stata preclusa una ulteriore frequentazione) è una critica facile a posteriori e non tiene conto di alcuni principi fondamentali seguiti da ogni grande Maestro, che non intende vivere in *echo chambers* dove tutti sono ossequiosi, la pensano nello stesso modo e sono già spiritualmente elevati, piuttosto, proprio per il suo ruolo e la sua "missione" tende ad avvicinare i meno elevati per essere loro di aiuto, ed è anche, nei termini che ritiene opportuni, quando ci sia una qualche utilità e fino a una certa soglia, «amico dei pubblicani e dei peccatori» (Mt 11, 19) e va dietro senza esitare alla "pecorella smarrita" del momento («ci sarà più gioia in cielo per un peccatore convertito, che per novantanove giusti che non hanno bisogno di conversione», Lc 15, 7); ben venga poi se da queste situazioni può ottenerne anche qualcosa in cambio – non per sé, ma per la sua missione – come la divulgazione della "propria" filosofia e delle proprie scoperte, o tentare di gettare le basi, come nel caso di Rol, per un approccio e una collaborazione scientifica. E anche quando il Maestro intuisce che persone come Cassoli, Angela o Regge probabilmente finiranno per criticarlo, ciononostante tenta lo stesso, confidando in una possibile "conversione" e comunque sapendo che anche dalla loro negatività potrà nascere qualcosa di positivo (l'altro principio del "male necessario"): sapendo il Maestro di essere dalla parte della ragione, sa anche che

Io ho la curiosa, e forse presuntuosa impressione di essere uno dei pochi (con Buzzati, Pitigrilli, forse anche Fellini, e qualche altro) <u>ad aver visto, capito, creduto</u>[7]; e ho reso candidamente la mia testimonianza[8], sentendo in cuore un forte, vivo e fedele senso di amichevole stima e di umanissima simpatia. Ed è nel quadro di tali sentimenti di riconoscenza e di stima che <u>ho molto pensato a Lei, in questi anni</u>; non senza chiedermi, con qualche brivido, quali terribili previsioni si affaccino a volte nei suoi orizzonti precognitivi[9], mentre il mondo è messo a soqquadro da tante forze aberranti e demoniache.
Buona Pasqua, Dr. Rol. <u>Pax</u>!

  Suo, sinceramente,
   Leo Talamonti

P.S. – Non ho mai osato mandarLe i miei lavori, perché non ho mai capito, in realtà, cosa Lei pensi esattamente di me, delle cose che vado scrivendo. Se ben ricordo, certi Suoi giudizi lasciano il segno. Ed io non sono abbastanza sicuro di me stesso, per affrontare la sua critica troppo agguerrita.

---

una critica può diventare, anche in un futuro lontano, lo stimolo per un dibattito fruttuoso che alla lunga farà emergere la verità, che confermerà la correttezza delle sue idee e della sua postura (e, quasi come una punizione, getterà discredito su quelli che lo hanno criticato ingiustamente o superficialmente). Una piccola prova di quello che sto affermando: tutta la mia attività di ricerca e divulgazione è iniziata verso la fine del 1999, dopo aver letto per la prima volta quanto Piero Angela aveva scritto nel suo libro *Viaggio nel mondo del paranormale*. In famiglia sapevo che Angela aveva incontrato Gustavo, che era rimasto scettico e che lo aveva deluso, ma non conoscevo i dettagli della questione. Non mi era mai interessato leggere cosa esattamente avesse scritto – pensavo fosse abbastanza scontato che uno che si occupasse di divulgazione scientifica fosse scettico, credendo che la questione si limitasse a questo – fino a quando per caso un amico non mi portò il suo libro. Negli anni '80, adolescente, avevo seguito con interesse i suoi programmi *Quark*, molti li registravo. Ho sempre avuto interesse per la scienza, tanto che a 15 anni aspiravo ad essere archeologo o astrofisico, leggendo testi anche molto specialistici. Ma quando lessi le speculazioni e insinuazioni gratuite di Angela su Rol, mi accorsi che in quell'approccio non c'era non solo nulla di onesto, ma neanche di scientifico. Fui quindi doppiamente deluso e da lì in poi decisi di vendicare Rol, sia dal punto di vista morale che scientifico.

[7] È il giudizio che infatti avevo dato io nel 2008: «Talamonti era uno studioso esperto di tutta la letteratura parapsicologica. (…) Insieme a Inardi e Di Simone, fu, a quell'epoca, uno dei pochi che aveva capito in quale prospettiva collocare Rol» (*Il simbolismo di Rol*, 3ª ed. 2012, p. 129). Talamonti è anche stato il primo e quasi unico a notare l'analogia tra gli esperimenti di Rol con le carte e quelli di Poutet-Stasia.
[8] All'epoca di questa lettera solo in *Universo proibito*, 1966.
[9] Come quella su Cuba, *supra*, p. 120.

Leo Talamonti
Via Gaetano Sacchi 16
00153 - Roma

Roma, 20/III/70

Chiar.mo Dr Rol,

dolente di importunarla, ma non saprei come sottrarmi al dovere di inoltrarle questa petizione a Lei diretta, e indebitamente inviata a me da un lettore della rivista spagnola «Horizonte», che è una specie di eco tardiva della ben nota «Planète». Probabilmente in Horizonte è stato pubblicato, a distanza di anni, il bell'articolo che scrisse su di Lei Pitigrilli; dopo di che, l'entusiasta lettore avrà scritto al direttore - che è il mio buon amico Prof. Antonio Ribera - e questi deve avergli dato il mio indirizzo, come tramite per giungere fino a Lei.

Pur senza capir bene ciò che l'interessato mi chiedeva - perché non ho mai studiato quella lingua - mi sono affrettato a scrivergli ch'io avrei inoltrato la lettera. Tutto qui. Penso Le chieda qualcosa di impossibile; ma so anche che la carità cristiana è per Lei un precetto importante; o mi sbaglio? Non chiude mai la porta in faccia a nessuno, Lei, per poco che possa evitarlo.

Non l'ha chiusa, a suo tempo, quando mi recai

(foto © Franco Rol – Archivio Storico del Comune di Torino)

da Lei la prima volta, in quella lontana sera del
marzo 1961: e devo alla Sua grande, umana
gentilezza se ho potuto poi intravvedere, a più
riprese, alcuni incantevoli aspetti sconosciuti della
"dimensione psichica" della realtà.

Non ha chiuso la porta in faccia neppure
all'ineffabile Comandante Riccardi, che ha scritto
di lei in maniera così sprovveduta e contraddittoria,
a mio avviso; né al prelatizio Dino Biondi; l'uomo
che crede nel momento a ciò che vede, salvo a rivedersi in un secondo tempo (una sorta di San Tommaso alla rovescia). Mi è bastato incontrarlo una volta,
per decidere di non volerlo incontrare più, possibilmente.
Com'è che in certe cose la mia sensibilità è più
pronta e sicura della Sua, Dr. Rol? Ecco un grande
mistero. Ha accolto, se non erro, a braccia aperte
anche l'opportunista Dr. C., di Bologna, il quale poi,
invece di rendere testimonianza alle sue proprie convinzioni, acquisite irrevocabilmente, si è preoccupato
soltanto di salvaguardare la propria «rispettabilità»
di scienziato. Povera scienza!

Io ho la curiosa, e forse presuntuosa, impressione di essere uno dei pochi (con Buzzati,
Pitigrilli, forse anche Bellini, e qualche altro) ad aver visto, capito, creduto;
e ho reso candidamente la mia testimonianza, serban-
do in cuore un forte, vivo e fedele senso di ammi-
rabile stima e di umanissima simpatia. Ed è nel
quadro di tali sentimenti di riconoscenza e di stima
che ho molto pensato a Lei, in questi anni; non senza
chiedermi, con qualche brivido, quali terribili previsioni
si affacciano a volte nei suoi orizzonti precognitivi, mentre
il mondo è messo a soqquadro da tante forze aberranti
e demoniache. Buona Pasqua, Dr. Rol. Pax! Suo, sinceramente,
Leo Talamonti

P.S. - Non ho mai osato mandarle i miei lavori, perché non ho mai capito, in realtà, cosa Lei pensi veramente di me, delle cose che vado scrivendo. Se Lei ricordo, certi Suoi giudizi curiosano il segno. Ed io non sono abbastanza ricco di me
stesso, per affrontare la sua intera tempo aggiunta.

(foto © Franco Rol – Archivio Storico del Comune di Torino)

8 sett. 70

Gentile Dr. Rol,

vorrei pregarLa di una cortesia: ricevere il generale di Squadra Aerea (in servizio) Corrado Ricci[10], che ha letto molte cose a Suo riguardo, e vivamente desidera incontrarsi con Lei. Credo di dover aggiungere che non è uno dei soliti curiosi: uomo equilibrato, e di mente apertissima, è perfettamente disponibile per un certo tipo di esperienze che trascendono il livello comune. A parte ciò, arde in lui viva – come vedrà – la fiamma dello spirito.

Non Le rivolgerei questa preghiera, se non fossi certo del bene che può venire (mi perdoni la presunzione) all'uno e all'altro da un reciproco incontro. Si ha bisogno, e parlo per esperienza, di un amico buono e retto come Corrado Ricci. Si farà vivo lui, per telefono. È ispettore generale del Traffico Aereo. Il 9 agosto scorso ha subito un duplice, crudelissimo lutto[11].

Grazie, e mi creda, sempre,

Suo dev.mo
Leo Talamonti

---

[10] Corrado Ricci (1912-1995), generale e aviatore italiano, combattè nella Guerra civile spagnola e nella Seconda guerra mondiale, pluridecorato. Anche Talamonti era ex Ufficiale dell'Aeronautica, probabilmente per questo lo conosceva.

[11] All'epoca della lettera di Talamonti era Ispettore delle Telecomunicazioni e Assistenza al Volo (I.T.A.V.), incarico tenuto fino al 12/01/1972. Molto interessante il seguito della sua vita e c'è da chiedersi se Rol abbia avuto un ruolo determinante. Su *Il Corriere dell'Aviatore*, in un dettagliato articolo biografico dove si fa riferimento anche al lutto di cui parla Talamonti, trovo: «Cessato dal servizio, viaggia molto, forse alla ricerca di un qualcosa non ancora ben definito, ma che si riallaccia al ricordo dei tanti momenti vissuti. Già "terziario francescano", dopo la morte della moglie, ammalata da tempo e la perdita di uno dei suoi figli per incidente d'auto, chiede di poter diventare "sacerdote" e "missionario" in terra d'Africa, ove ha combattuto negli anni '40, per avvicinarsi ancora di più a Dio, entrare in rapporto diretto con Lui, portare la Sua parola a coloro che ancora non Lo conoscono. Ecco, così, la sua ordinazione sacerdotale e la sua nuova vita di missionario in Gabon, nell'Africa Equatoriale, dove incontra Papa Giovanni Paolo II, in visita alla sua "missione"» (Cersòsimo, G.B., *Il Generale S. A. Corrado Ricci del Corso "Leone" da "pilota" in Spagna, Africa Orientale e nei cieli metropolitani a "missionario" in Africa Equatoriale*, n. 7-8/2014, pp. 39-41). Occorrerebbe indagare quando precisamente Ricci cominciò la sua vita sacerdotale. Da queste note parrebbe il 1972. Potrebbe aver incontrato Rol già in quel settembre 1970, un mese dopo il duplice lutto.

LEO TALAMONTI

Via Gaetano Sacchi, 16 - ROMA

8 sett. 70

Gentile Dr. Rol,

vorrei pregarla di una cortesia: ricevere il generale di Squadra Aerea (in servizio) Corrado Ricci, che ha letto molte cose a Suo riguardo, e vivamente desidera incontrarsi con Lei. Credo di dover aggiungere che non è uno dei soliti curiosi: uomo equilibrato, e di mente apertissima, è perfettamente disponibile per un certo tipo di esperienze che trascendono il livello comune. A parte ciò, arde in lui viva – come vedrà – la fiamma dello spirito.

Non Le rivolgerei questa preghiera, se non fossi certo del bene che può venire (mi perdoni la presunzione) all'uno e all'altro da un reciproco incontro. Si ha bisogno, e parlo per esperienza, di un amico buono e retto come Corrado Ricci. Si farà vivo lui, per telefono. E' ispettore generale del Traffico Aereo. Il 9 agosto scorso ha subito un duplice, crudelissimo lutto.

Grazie, e mi creda, sempre,

suo dev.mo Leo Talamonti

(foto © Franco Rol – Archivio Storico del Comune di Torino)

8 sett. 70

Caro Dr. Rol,

Le ho scritto a parte per annunciarLe la visita del mio ottimo amico il generale di Squadra Aerea, in servizio, Corrado Ricci, latore della presente.

Egli coglie l'occasione della sua permanenza ad Acqui per cercare di prendere contatto con Lei: e mi auguro vivamente che possa riuscirci. So che Lei è praticamente assediato da richieste di persone che desiderano incontrarla; e che a buon diritto, se ne difende; ma questo è un caso eccezionale, come Lei vedrà subito: e sono certo che Lei avrà tanto piacere di incontrare il Gen Ricci, e di conoscerlo, quanto ne avrà lui stesso di entrare in contatto con Lei, di cui ha tanto sentito parlare attraverso racconti di comuni amici.

Per mezzo di lui Le mando i miei cordiali saluti ed auguri, sperando – a mia volta – di rinnovare l'antica amicizia quanto prima.

Suo dev.mo

Leo Talamonti

(foto © Franco Rol – Archivio Storico del Comune di Torino)

estratti da
Operazioni psichiche sulla materia

di Nicola Riccardi

Gennaio 1970[1]

Un medium e il suo gruppo, regista compreso, sono portati ad adagiarsi nella consuetudine, cioè a mantenere le manifestazioni su una tipologia piuttosto costante, oltre il consentito, dai caratteri delle facoltà del sensitivo. Per quanto anche così le prove possano restare in valore assoluto di un livello meraviglioso finché si vuole, subentrano fattori negativi, derivati dalla eccessiva dimestichezza e le relazioni finiscono con il farci sbadigliare.

Ho avuto durante i recenti anni diretto contatto con un danno di questo genere alle conoscenze paranormali, a proposito del gruppo di quelle eccellenti persone torinesi che in centinaia di sedute si sono assuefatte alle esperienze di Rol con le carte da giuoco …, cariche della evidenza di straordinari poteri, a un punto tale che le hanno lasciate cadere con un leggero senso di noia[2].

---

[1] Editrice Luce e Ombra, Verona, 1970.

[2] Riccardi scrive questo, a titolo di esempio, in una delle pagine iniziali del libro (17); mette in luce un effettivo "problema" – valido del resto per qualunque altra *routine* – ed è questa una delle ragioni principali per cui Rol variava i gruppi di persone o addirittura li sospendeva dopo qualche anno (vi ho già brevemente accennato nella nota 18 a p. 253), avendo già mostrato e spiegato tutto quanto poteva mostrare e spiegare, e avendo i presenti da un lato raggiunto la piena consapevolezza e certezza dell'autenticità degli esperimenti (assistendo a «centinaia di sedute» non poteva essere altrimenti), dall'altra ridotto l'entusiasmo consueto per tutto ciò che è nuovo e straordinario, che ripetuto molte volte diventa ordinario, "normale". Anche in una relazione di coppia, gli inizi sono sempre sprizzanti ed eccitanti, in seguito arrivano l'abitudine, il calo di interesse/desiderio e le crisi. Quando a 23 anni visitai i parchi di Serengeti e Ngorongoro in Tanzania, tranne una precedente e breve visita, a 19 anni, al piccolo Nairobi National Park – dove ebbi anche una avventura da brivido, ne ho parlato in altra sede –, non ero mai stato a contatto ravvicinato con tanti animali selvaggi, allo stato brado; trovarsi col fuoristrada a pochi metri da leoni, ghepardi, elefanti, ippopotami, rinoceronti, ecc. era entusiasmante, soprattutto il primo giorno. Ma già dopo tre giorni di scorribande nella savana la vista di un leone era diventata una cosa "normale" ("ah sì, ecco un altro leone a dormicchiare, ok" "le foto le ho già fatte nei giorni scorsi, a decine, è sufficiente", "quel ghepardo non sarà lo stesso di ieri? sembra uguale", ecc.). Negli esperimenti di Rol una partecipazione "frizzante", attenta, dei presenti era cosa a lui gradita, gli dava la voglia di fare, alimentava la sua creatività e la sua spinta motivazionale; al

Apporto di N come Napoleone[3]

RIASSUNTO: Riferisce l'esperienza diretta di un leggero apporto di grafite sotto forma di N, operato dal sensitivo G.A. Rol, cercando di indicarne le tappe psicologiche e le operazioni ipotetiche.

All'inizio dell'estate del 1965 il sensitivo Gustavo A. Rol, che troveremo sovente anche in seguito, in un appartamento di Torino e alla presenza di otto amici, durante una serata di esperienze centrate sulle carte da giuoco si propose, come diversivo e cortese ricordo alla padrona di casa[4], di guidare psichicamente a distanza il disegno, su una parete nascosta alla sua vista, di un leggero deposito di grafite a forma di N che avrebbe dovuto avere attinenza con la nota maniera napoleonica di firmare con la sola iniziale. Il disegno riuscì ed è sempre là, perché la signora fece appena in tempo la mattina seguente a fermare la cameriera che si apprestava a cancellare quello strano scarabocchio. Nato nell'aria, come tracciato su di un vetro verticale invisibile dalla mano destra di Rol che aveva impugnato una matita da cui s'era prima sporcato pollice e indice di grafite, nessuno può dire se il fulmineo segno aereo e il leggero apporto siano di forma e dimensione identiche.

La manifestazione paranormale si è svolta come se un invisibile aiutante di Rol, magari legato al primo Napoleone che da tanti anni forma oggetto di studio, di antiquariato e di venerazione da parte del sensitivo torinese, gli fosse rimasto accanto per ascoltare la descrizione del luogo verticale e per memorizzare la forma del segno tracciato all'aria, per correre poi nell'altra stanza armato di grafite e tracciare il ghirigoro. Nei limiti delle nostre facoltà di osservazione noi tutti presenti possiamo ragionevolmente escludere che il messaggero sia stato uno del gruppo.

Esula veramente dalla soluzione per messaggero invisibile la destinazione data da Rol a uno dei presenti di andarsi a porre in piedi nel punto del

---

contrario, un «leggero senso di noia» non era molto diverso da un freddo scetticismo: in entrambi i casi non gli veniva più voglia di fare nulla.

[3] Titolo del primo (cap. IV, pp. 39-43) di tre capitoli dedicati a Rol. Incontro del 3 giugno 1965. Riccardi riprende quanto aveva già scritto su *Metapsichica* nel 1966. Anche se ripetitivo nei contenuti, ci sono alcune differenze di forma e di dettagli (alcuni punti dovettero venire modificati od omessi dopo le proteste di Rol) che completano il testo precedente e mostrano anche come l'autore avesse leggermente cambiato il suo approccio, anche se la ragione non sembra essere una maggior frequentazione di Rol, che forse non vedeva da oltre tre anni (ovvero dall'incontro del 30 aprile 1966 riproposto anche più avanti) nel momento in cui scriveva (il libro è stato pubblicato a gennaio 1970, forse lo aveva scritto nella primavera-estate-inizio autunno 1969; si veda anche la nota 7 a p. 335).

[4] Lia Bertelè Colombo.

salone più vicino alla parete bersaglio, con un braccio disteso orizzontalmente verso di lui. Al quesito di quale era la funzione svolta da questo signore, Rol ha risposto che si aveva così una stazione energetica intermediaria e che quel braccio era la rispettiva antenna. Si deve però osservare che un ipotetico messaggero, nel momento della scrittura avrebbe avuto tutti noi di fronte e non alle spalle, dandoci quindi una N sul muro ribaltata di 180 gradi in confronto del gesto primario. Una emissione rettilinea di grafite attraverso l'amico relè avrebbe raggiunto la parete bersaglio come se essa fosse il retro di un foglio e noi non avremmo riconosciuto nell'apporto il disegno della N promessaci. Dunque possiamo arguire dall'aspetto dell'apporto come di una normale lettera inclinata da sinistra a destra, anche se ridondante nelle volute del disegno, che la N proviene piuttosto da un messaggero che da una emissione molecolare diretta. Se la figura non è stata tracciata fraudolentemente dallo stesso sensitivo in un intervallo di generale paralisi visiva per ipnosi collettiva, questa operazione psichica su di una minuscola quantità di grafite è da considerarsi pienamente genuina. Per rassicurarmi gli ho chiesto appunto qual era la materia del segno e mi ha risposto che si trattava proprio della grafite che aveva palesemente sottratta da una matita. Ricordo che in sala non ce n'erano, ne ha chiesta una, gli hanno presentato una penna a sfera e l'ha rifiutata, confermando che gli occorreva soltanto la matita. Possono essere anche particolari non necessari, questi, ma oltre all'impegno di sviscerare tutto mi pare nasca di qui l'impressione che il comportamento del sensitivo corrispondeva a un programma completo d'azione che gli proveniva probabilmente dall'aver fatto in passato la stessa esercitazione a base di grafite.

Bisognerebbe aver avuto la fortuna di essere stati presenti a continui apporti di tutto un alfabeto per mezzo di Rol[5], per tener fronte alle critiche formulabili a mente fredda sulla lunga fila di domande che non feci e non udii fare quella sera. A parte il fatto che il nostro prese congedo subito dopo, non è affatto certo che su molti quesiti pertinenti le sue risposte ci avrebbero pienamente illuminati. Ho ben presente che osservai un diverso affaticamento in lui, non percepibile durante le manifestazioni con i mazzi di carte ma forte nella esecuzione dell'apporto a causa della potente concentrazione di tutta la sua personalità per alcuni secondi, in piedi con la matita in mano, gli occhi fissi nella direzione prescelta. Poi, come se avesse captato l'atteso segnale di via libera, con un energico scatto ha tracciato il segno della N nell'aria ed è rimasto teso, mentre noi eravamo tutti intenti al suo viso, per un altro breve momento, cadendo quindi a

---

[5] Non è dato capire se Riccardi si riferisca a un esperimento effettivamente avvenuto di cui era a conoscenza, oppure è solo un ragionare per ipotesi. Si può comunque in parte rispondere affermativamente per quanto riguarda la materializzazione di parole o frasi scritte sulle pareti e lunghi scritti su fogli di carta e tovaglioli.

sedere con un gesto di stanchezza mentre ci diceva di andare di là a vedere sulla parete.

Per affermare che si sono avute quella sera unicamente operazioni psichiche bisognerebbe disporre di registrazioni strumentali che escludano l'operazione tutta fisica del sensitivo stesso che nella fase cruciale ci ha paralizzati sulle nostre sedie con negli occhi la sua immagine come sopra l'ho descritta, mentre in realtà è sfuggito con tutto o con parte del suo corpo fisico per andare di là a compiere l'opera, tanto più che la matita era già nella sua mano destra. Se le cose fossero andate così, abbastanza semplicemente, la N dovrebbe essere costituita da una traccia compatta e sottile di grafite, di quelle che infiniti ragazzi scarabocchiano sui muri con le matite da disegno.

La continua e profonda dimestichezza del sensitivo con tutto ciò che ha rapporto con il grande Napoleone avrebbe potuto in questa occasione, e dietro le sue inespresse invocazioni, anche delineare un'entità medianica a noi invisibile, per mezzo della quale, dopo una fase di concertazione telepatica centrata da un lato sulla parete bersaglio e dall'altro sulla desiderata rappresentazione della N, si sarebbe ottenuta la produzione del segno. Per tentare di rispondere al quesito se questa procedura potrebbe essere convalidata da minuziosi esami microscopici sul disegno finale, si deve pensare che l'ipotetica entità avrebbe avuto a disposizione uno straterello di grafite prelevato dai polpastrelli di Rol e non una matita compatta: quindi dovrebbe essere possibile percepire qualche differenza con la consueta manualità di un vivente.

Sebbene sia stato qui sopra nominato Napoleone, si tenga presente che non è questione di un servizio reso direttamente dal suo spirito, per quanto fosse nota la grande intimità che il sensitivo dimostra di avere con lui. La più accreditata critica alle teorie spiritiche tende a ridurre ai minimi termini la possibilità che a invocazioni nominative di grandi personaggi, del resto le più pronte a venire in mente, corrisponda una produzione di fenomeni che si possa attribuire con sicurezza a quel che resta della loro personalità dopo la morte, sostituendo piuttosto ai grandi nomi certe personificazioni sommarie che corrispondono all'idea culturale e sentimentale che il sensitivo si è fatta del determinato personaggio.

Dal momento che la grafite destinata all'apporto giace sparsa sui polpastrelli del sensitivo pare molto difficile che non sussista la necessità di un qualche tramite fisico o parafisico che provveda al trasporto attraverso le stanze e alla distribuzione intelligente sulla parete prestabilita e con lo schema prefissato. Tanta minuziosa preparazione ad alta voce poteva benissimo non essere destinata a noi assistenti, giacché avremmo apprezzato qualunque lettera in qualunque posto. Un aiuto ausiliario potrebbe ravvisarsi in un eventuale doppio del sensitivo stesso. Con lungo tirocinio percorso secondo direttrici personali ed empiriche, è uno stadio non raro. Molto rara appare invece la facoltà di ottenere lo sdoppiamento operativo della personalità⁶ senza essere immersi in stati di sogno o di trance evidente, e ancor più raro è il poterlo comandare come con un interruttore, senza motivazioni apparentemente più impegnative del giuoco e della mondanità⁷. È da rilevare che le postierle⁸ dalle quali si accede a codesti stati psichici verrebbero allora lubrificate proprio da quelle invocazioni verbali rituali a Dio e allo spirito di Napoleone che a noi sprovveduti possono sembrare false e fuori posto, mentre per il sensitivo costituiscono elemento fondamentale dei processi di sdoppiamento o aladineschi?⁹

Mentre il nuovo venuto crede di incontrare nelle serate di questo genere un solitario signore dotato di particolari facoltà, il sensitivo si presenta circondato da una coorte di genii che riesce ad eseguire i suoi comandi interiori. Vedremo in seguito che oltre a dislocare una piccolissima quantità di grafite su una parete (o su un foglio di carta) imitando l'opera di un essere vivente, essi sono capaci di altre straordinarie imprese. Siffatte ramificazioni appartengono a rari psichismi e sembra che il loro

---

⁶ Nello scritto del 1966 su *Metapsichica* era già comparso il «doppio» ma solo a un livello descrittivo dell'operare di Rol, il quale «si comporta come se un suo doppio stesse compiendo un atto di imperio sulle potenze invisibili» (*supra*, p. 167). Ora Riccardi intravvede come un «doppio» effettivo possa corrispondere a «un aiuto ausiliario» e menziona lo «sdoppiamento... della personalità», forse influenzato dalla lettura dell'articolo di Furio Fasolo del 1951 dove Rol aveva dichiarato: «Ha visto? I fenomeni di sdoppiamento della personalità sono possibili» (vol. IV, p. 90).

⁷ Stupisce un po' che dopo quasi cinque anni da quando aveva conosciuto Rol, avesse ancora una tale impressione o comunque si esprimesse in questi termini. Ritengo che la ragione stia nel fatto che, nonostante tutto quel tempo, avesse incontrato Rol pochissime altre volte, o addirittura nessun'altra volta, visto che nel libro non riferisce nulla di diverso da quanto aveva raccontato in precedenza (dal libro successivo del 1972, *L'occulto in laboratorio*, e da altre fonti si evince che incontrò Rol ancora forse sei o sette volte nel periodo gennaio-ottobre 1970, che è successivo a quando scrisse *Operazioni psichiche*; ma tra l'incontro del 30 aprile 1966 e quello del 29 gennaio 1970 di cui si parla nella conferenza del 1° febbraio 1970 (*supra*, p. 278 e sgg.), non ci sono evidenze che ci siano stati altri incontri). Uno come Lugli, per esempio, che davvero fu un frequentatore assiduo per anni, non avrebbe mai usato termini come «giuoco» e «mondanità», sentendoli profondamente stonati. E così tutti gli altri frequentatori assidui.

⁸ Postierla: «nelle fortificazioni del passato, piccola porta che veniva aperta in luogo nascosto e distante dalle porte principali per assicurare una via di comunicazione fra l'interno e l'esterno della cinta, da utilizzarsi in speciali circostanze» (*treccani.it*). L'esempio fatto da Riccardi è espressione del suo *background* militare (era stato comandante di Marina).

⁹ Interessante e condivisibile questa diretta omologazione del «processo di sdoppiamento» con quello «aladinesco», dove il *genio* viene a corrispondere con il nostro *doppio* e la lampada col contenitore psico-fisico che lo contiene, ovvero il nostro corpo-mente.

ambito naturale sia dotato di livelli esuberanti rispetto ai nostri normali, campo di azione che gli scrittori di *Planète* hanno chiamato felicemente «universo parallelo».

Possiamo chiamare appelli della psiche tanto i pensieri quanto le intenzioni dell'inconscio. Nel mondo meccanicistico si ritiene che tutte le volte che codesti appelli non si convertono in volizioni che vengono attuate per mezzo di operazioni fisiche, essi sono destinati a rimanere sterili. È mia intenzione dimostrare nel corso di questo lavoro che gli appelli della psiche rimasti allo stato di intenzioni possono azionare la rimanipolazione verificabile di un po' di materia.

L'accento qui va messo sul «verificabile». Quando si vuole che il trattamento di un problema sia veramente scientifico non basta assolutamente parlare a turno in riunioni annuali, senza altra spesa che carta, matita, dattilografa e un po' di tempo libero. Ci vogliono laboratori, istituti, finanziamenti, direttive, specializzazioni[10]. Se tutte le speranze si realizzassero non ci sarebbe nessun umorismo nell'immaginarci un gruppetto di illustri scienziati accampati davanti alla nostra N murale come se fosse un messaggio extraterrestre. A parte il fatto che in certo senso lo è, non si potrebbe cercare nulla di meglio di un reperto concreto per avviare tipi nuovissimi di ricerche. Se poi quello non piace loro, potrebbero sempre dire gentilmente al sensitivo di dimostrare ancora che non è stato lui a scrivere sul muro. Al momento di ripetere l'esperienza tutti faranno finta di essere nel solito salotto mentre in realtà saremo ora sul palcoscienico di un formidabile apparato tecnologico che controlla ogni punto e ogni istante[11]. Pensate per esempio alla possibilità di coprire i polpastrelli del soggetto con uno straterello di vernice radioattiva per andare poi a cercarla nella nuova lettera N apportata.

*

---

[10] Il Riccardi, in suoi articoli sia precedenti che successivi oltreché nei suoi libri, insiste sempre molto sulla necessità di organizzare istituti, centri studi, stuoli di ricercatori con tutte le possibili risorse tecniche ed economiche e laboratori per fare ogni tipo di esperimento e analisi. Questo approccio deve a un certo punto aver stancato Rol – che terminò gli incontri con Riccardi – che non aveva nessuna intenzione di diventare cavia da laboratorio.

[11] Rol non era in grado di *fare finta*: gli occorreva *spontaneità* nell'ambiente in cui operava, non era un attore sul palco di un teatro. Ciò che gli occorreva era un collaboratore-apprendista, forse due, in grado di assistere ed apprendere passo a passo. Quello che avrebbe contato, insomma, non sarebbe stato *il luogo* della sperimentazione, ma *la relazione* con i collaboratori. Per quel che ne so, avrebbe potuto benissimo fare i suoi esperimenti anche in un classico laboratorio di un istituto di ricerche, *con le persone giuste*, con le quali si sarebbe sentito a suo agio e che sarebbero state sufficientemente mature *sotto molti punti di vista*.

Un giovane italiano[12] ha un giorno, fra il 1920 e 30, la fantasia di scegliere come attività scherzosa i giuochi di destrezza con le solite carte. Non c'è per lui nulla di meglio al fine di procurarsi soddisfazioni sociali nel mondo benestante a cui appartiene[13]. Durante queste prove il giovane ottiene certi strani risultati che gli fanno intravvedere l'idea di cartoncini che vanno a posto da soli, purché li comandi mentalmente. Se si confida con amici positivisti è certo di sentirsi rispondere che a perseguire codesta idea assurda non riuscirà ad approdare a nulla. Ma è un orientamento che coincide con una sua prepotente propensione inconscia e perciò continua per questa strada, dedicandosi al nocciolo della costruzione anomala che si irrobustirà per sostenere le mirabili esperienze della maturità. Chiunque altro senza quella propensione primaria si sarebbe presto arreso dinanzi alla sconfitta delle sue aspirazioni. Sulle particolarità della natura del

---

[12] Questo brano si trova inserito in altro capitolo, pp. 50-51.
[13] Si vede qui una versione diversa e ridotta rispetto a quella di *Metapsichica* 1966: nessun servizio militare ed esperimenti con i commilitoni è più menzionato (Rol dovette informarlo che aveva frainteso quanto gli aveva raccontato); tuttavia, è chiaro che Rol non aveva raccontato a Riccardi la vicenda del mazzo di carte comperato a Marsiglia nel 1925 – le cui sperimentazioni notturne nella solitudine della sua stanza spartana della pensione della città francese proprio nulla avevano a che vedere con la ricerca di «soddisfazioni sociali nel mondo benestante», come risulta chiarissimo dal racconto di Rol che ho pubblicato nel mio articolo del 2021 *Rol, un Buddha occidentale del XX secolo*; così come è privo di fondamento il fatto che «non c'è per lui nulla di meglio» di «giuochi di destrezza con le solite carte» per procurarsele, visto che non era un senzatetto o un mendicante in cerca di una occasione di scalata sociale, ma un borghese di famiglia benestante, stimata e culturalmente raffinata che già era abituato a frequentare la "gente bene" sia per tradizione familiare che per la maturità della sua personalità (cultura, bella presenza, ecc.). Ho ipotizzato in precedenza che Riccardi potesse aver letto l'articolo di Fasolo del 1951, tuttavia queste righe suggerirebbero il contrario, visto che in quell'articolo si riferivano gli inizi di Rol a Marsiglia (vol. IV, p. 91) – anche se non il primo contatto con le carte – qui non menzionato. Anzi, la cosa strana è che Riccardi da nessuna parte, anche in seguito, citi Marsiglia, nemmeno il racconto del presunto incontro col presunto Polacco, ciò che è un indizio significativo, perché se è dubbio che avesse letto l'articolo di Fasolo (che non cita tra l'altro nessun Polacco) è invece certo che avesse letto Pitigrilli, che Riccardi cita sia in *Metapsichica* 1966 (*supra*, p. 168, dove cita l'articolo del 1965 su *Planète*), che nella conferenza-dibattito del 1969 (*supra*, p. 250, dove cita *Gusto per il mistero*). L'indizio è che se non menziona mai il Polacco è perché o Rol o qualcun altro dovette confermargli che quel *racconto di Pitigrilli del 1952* così come riferito non era attendibile o da prendere troppo sul serio o letteralmente, e lo stesso Pitigrilli anni dopo, nell'articolo del 1965 su *Planète* che Riccardi conosceva, aveva riferito che «secondo il fratello di Rol, l'ingegnere Carlo – cervello fisico-matematico eminentemente oggettivo –, niente è vero in questa storia. Il misterioso Polacco farebbe parte delle affabulazioni di cui Rol si compiace» (vol. IV, p. 141).

nostro giovane non si possono oggi scrivere né trattati né capitoli scientifici, ma avanzare la timida illazione che essa sia dotata di speciali risorse.

In che cosa consisterebbero? Il sensitivo a cui riesce una certa gamma di operazioni psichiche sulla materia potrebbe essere riuscito a non affrontare da solo queste periodiche imprese, per essersi procurato intorno al proprio psichismo un gruppo di ausilii e complementi che lo tengono in relazione con l'iperspazio o dimensione non accessibile direttamente per i sensi normali. Le possibilità operative così esaltate danno a imprudenti propositi, inclinazioni e aspirazioni un'imprevedibile sbocco positivo che sembra trascendere i legami palpabili tra cause ed effetti. Molti sono i percorsi psicologici che finiscono col consentire a una piccola aliquota di esseri umani l'accesso continuativo a manifestazioni paranormali. Per molti c'è all'inizio la scoperta che riescono a vedere e a conoscere eventi inaccessibili a tutti coloro che li circondano.

Rol e le carte da giuoco[14]

RIASSUNTO: Si riferiscono ancora altre manifestazioni del sensitivo Rol che è stato protagonista di due precedenti capitoli[15]. Appare certo che gli appartenga la rara facoltà di percepire l'aura umana. Qui si descrive una prova con 10 Donne di Picche e un'altra con l'inversione di metà mazzo, per concludere con proposte di espansione delle prove che trovano più ostacolo invalicabile nel forte senso di autonomia del soggetto.

Nelle occasioni in cui il dott. Rol accetta nuovi venuti per motivi diversi dall'antiquariato e dalla pittura, è molto probabile che gli vengano chiesti esperimenti ed è altrettanto probabile che egli conceda di presentarli usando in molta quantità normali carte da giuoco, non dimenticando mai di avvertire che così facendo intende iniziare i neofiti alla conoscenza di grado minore.

Da oltre 30 anni Gustavo Adolfo Rol dà dimostrazioni, soltanto per amicizia e senza alcuna remunerazione, attraverso le quali manifesta facoltà inabituali, fra le più imponenti del nostro mondo occidentale, che sbalordirebbero consessi di ricercatori psichici, seminari di fisici teorici e

---

[14] Capitolo XII a pp. 101-110. Riferisce l'incontro del 30 aprile 1966, già descritto in *Metapsichica* del 1966, ma come nel caso precedente vale la pena riprodurlo qui non essendo una riproduzione esatta della redazione anteriore.

[15] L'altro capitolo, *Pittura spiritica* (VII, pp. 61-69) già pubblicato da Riccardi su *Metapsichica* del 1968, non lo trascrivo perché, a differenza di questo e del precedente, si tratta di una riproduzione identica che ho già riportato nelle pagine precedenti (a p. 212).

sperimentali, nonché, per un'apparente rassomiglianza nei risultati, perfino adunanze di abili prestigiatori, se a consessi, seminari, adunanze, un giorno futuro decidesse di presentarsi. La sua sistematica ritrosia ha impedito finora di sostituire proficuamente intorno a lui gli esigui gruppi di amatori disimpegnati, con pubblici qualificati.

Sarebbe desiderabile che qualcuno approfondisse la grande lezione che scaturisce dal divario fra le mondane premesse e negative di un divertimento per una ristretta società, sottolineate dalla futilità dei mezzi e degli avvenimenti, a fronte delle implicazioni profonde e conturbanti che vengono a noi da queste dimostrazioni ripetibili di straordinari ed evidenti risultati di potestà psichica convertita in comando sicuro sulla materia dei giuochi.

G.A. Rol è un distinto signore torinese sui 60 anni, alto ed eretto nella persona, laureato in legge, dotato di una grande esperienza di antiquariato, pittore poco noto in Italia perché ancorato alle gallerie di Parigi, cattolico e sposato a una signora straniera, senza figli.

Può darsi che corrisponda a verità il racconto di Pitigrilli, nel libro *Il gusto del mistero*, per la parte riguardante il primo contatto con strane esercitazioni: c'è il misterioso maestro straniero, ci sono subito le carte da giuoco, c'è l'illuminazione religiosa[16] e il mistero della sua perdurante presenza. Sappiamo per certo, dal Rol della maturità, che solo dopo diversi anni di esercizio compiaciuto delle sue doti paranormali gli è nato l'impulso e il bisogno di esercitarsi nell'introspezione a prezzo di gravi travagli interiori per costringersi ad umiliarsi dinanzi alla sua testimonianza di questi poteri di comando. Lo schema attuale della sua filosofia[17] consiste nell'attribuire, sinteticamente e globalmente, l'occulta fruttifera collaborazione concessa solo a lui, in nome di una preferenza non sottoponibile ad analisi, nient'altro che al Dio della religione. Come corollario di questa impostazione soggettiva Rol afferma sovente, e con convinzione, che quando compirà il suo tempo terrestre e imprenderà il viaggio per presentarsi al suo Signore, teme soltanto di non sapere esprimere la piena della sua gratitudine per la predilezione dimostratagli in vita[18].

Quando se ne presenta incidentalmente l'occasione, e quindi con semplicità e senza rituale di sorta, Rol mostra di avere connaturata la facoltà di visualizzare l'aura delle persone presenti. La vede come un casco o parrucca che incornicia la testa e sembra poggiare sulle spalle, sotto alle quali pare che non scenda. A giudicare da quello che è successo

---

[16] *Illuminazione* religiosa: prima di Riccardi, solo Buzzati, pubblicamente, aveva inquadrato Rol usando termini analoghi («come possiamo definirlo? il Maestro? l'Illuminato? il Sapiente? il superuomo?»). Si veda vol. IV, p. 107 nota 4.

[17] Si veda nota 10 a p. 156 e si confronti come Riccardi ha sostituito i termini: se qui è «lo schema della sua filosofia» là era «lo sbocco della sua logica».

[18] Cfr. nota 11 p. 157.

con me, la prima volta che l'ho incontrato, dovrei affermare che il fenomeno, quando c'è lui di mezzo, appartiene al campo delle percezioni sensoriali, legato alle regola della vista fisiologica. Eravamo seduti in giro in un salotto e il sensitivo appena entrato ha affermato, volgendo il vivido sguardo tutt'intorno, che rivedeva volentieri le aure di questi vecchi amici che lo circondavano, come a dire che tutti avevano buona cera, aggiungendo che era lieto delle loro eccellenti disposizioni per la serata. Nessuno mostra a questo punto qualche curiosità verso maggiori ragguagli personali, tranne io, in parte perché son nuovo venuto e in parte perché ho dedicato molte pagine della rivista *Luce e Ombra* alle aureole vitali. Dal fondo del divano sul quale sono seduto non mi lascio sfuggire l'occasione di chiedere qualche particolare sull'aspetto della mia aura. Tutti coloro che reputano una richiesta del genere completamente priva di significato hanno diritto di immaginare la battuta di ritorno altrettanto priva di sostanza, come: «È regolare... È rossa... È di giusta grandezza... ».

Rol risponde soltanto che non riesce a distinguerla bene perché risulto illuminato a perpendicolo dalle lampade del lume retrostante e che per piacere mi chinassi un poco in avanti per sortire con la testa dal cono d'illuminazione. Eseguo e subito dopo mi arriva l'informazione che possiedo un'aura verde di normale luminosità ed estensione. Nella graduatoria dei colori gli esperti (chissà come!) considerano il verde come una classificazione di mezza tacca, né da vampiri né da santi[19]. L'interpellato non vide, o non ammise di aver visto in quella mia aura l'altra informazione che avrei scritto tanto su di lui[20].

Gli esperimenti di Rol con le carte consistono nel sovvertire vistosamente (per i risultati, non per il processo) la distribuzione casuale di carte da giuoco in numerosi mazzi, senza passaggi per toccamenti manuali. Nel capitolo VII[21] ne abbiamo già incontrato due, quello del numero 54 raggiunto con la carta prefissata Nove di Quadri, e quello del numero 22 detto a caso da me e materializzato nei Due di Fiori venuti in luce in due mazzi omologhi.

---

[19] Non è dato sapere a quali esperti e se davvero lo siano, faccia riferimento. Forse più che «mezza tacca» è un colore «che sta nel mezzo», come nell'arcobaleno visto da Rol, quindi un colore "nella media".

[20] Non è che Rol al primo approccio si mettesse a declinare *ogni* cosa del passato-presente-futuro, pur potendola vedere, anche perché se avesse detto tutto quello che vedeva forse ci avrebbe impiegato delle ore. Non molto pratico e anche abbastanza fastidioso. Comunque, a seconda della situazione e dell'interlocutore poteva dire alcune cose piuttosto che altre. E se di Riccardi sapeva che avrebbe scritto qualche strafalcione, o comunque che di lui non sarebbe stato soddisfatto, certo non glielo avrebbe detto in faccia in quel momento!

[21] È il cap. *Pittura spiritica* pubblicato anche in *Metapsichica* 1968 (*supra*, p. 212).

Non occorre quindi ripetere che le coppie di mazzi usate in queste riunioni sono sempre numerose e che ciascun mazzo è da ultimo mescolato da uno dei presenti. Mi sforzerò, ritenendo che l'impegnarsi in un metodo analitico di spiegazione del paranormale sia per questi tempi la via per far affiorare il maggior numero di impossibilità e incertezze nella ricerca di base, di tradurre in pratica i concetti esposti nel capitolo I, facendo largo posto all'ipotesi degli aiuti invisibili.

Adotto questa ipotesi in seguito alle mie osservazioni dirette.

Durante le esperienze alle quali ho assistito mi è parso di notare che sopraggiunge sempre un momento di sospensione, una fase di attesa, come accade in provetta per ogni combinazione chimica che impieghi un tempo finito per compiersi.

Le operazioni preliminari spesso sono studiatamente diluite e dilatate, con la sicurezza di un'abile regia capace di rafforzare la suspense[22]. C'è però, prima del trionfo, un periodo di aspettazione in cui i 15 o 20 secondi scorrono lentissimi, il sensitivo diventa teso, sorvola gli oggetti con le mani e pronuncia frasi incomprensibili. Se un importuno fa il gesto intempestivo di passare alle verifiche, Rol si scuote con un cenno, infastidito come se in un suo modo nascosto stesse seguendo la reazione in cammino su di un suo schermo interno e ne conoscesse le fasi intermedie.

Ecco l'esercizio delle Donne di Picche. Quel che esce all'inizio dalla bocca di Rol è di questo tenore: Lei A ha scelto il numero 2 con la relativa carta in questo mazzo e lei B vi ha pescato liberamente la Donna di Picche che tutti vedono. Basandomi sul 2 alzerò allora due carte del mazzo e metterò qui al terzo posto la Donna di Picche. Ecco fatto. Prendo ora gli altri 9 mazzi e li avvicino tra loro in fila per coprirli con un lembo del copritavola. Se mi riesce perché Dio me lo concede provvederò affinché in tutti i nove mazzi la terza carta dall'alto sia la medesima Donna di Picche.

Naturalmente non sarei qui a scrivere di Rol se non avessi visto, dopo quell'attesa che ho sottolineato, scartare due carte in ciascuno dei 9 mazzi e rivoltare la terza che era sempre la Donna di Picche, per nove volte di seguito. In termini tecnici questo evento si chiama operazione psichica su una piccola quantità di materia predefinita ed esito totalmente positivo dell'esperienza. Proviamo ad accantonare la spiegazione alternativa che noi presenti si sia stati vittima dell'illusione di non aver mai interrotto la nostra attenzione. Certo, se per qualche minuto io fossi stato messo a dormire e tutti fossero stati lesti di mano, non potrei riferire l'evento frodatorio e il mio rapporto non sarebbe diverso. Ma erano tutti così insospettabili!

---

[22] Si vedano le note 34 e 35 a pp. 163-164.

Affidate alla esecuzione del suo esercito di coadiutori invisibili, le operazioni di trasferimento di codesta carta chiave da dove si trovava in ciascun mazzo fino al nuovo posto uniforme, può darsi avessero avuto luogo nella innocentissima fase preparatoria del rimescolamento di ogni mazzo. Qualora un tempestivo segnale telepatico all'aria avesse convogliato la regola che erano 2 le carte da scartare e che al terzo posto si voleva la Donna di Picche, sarebbe stato sufficiente per i coadiutori sorvegliare ciascun mazzo durante il mescolare, forniti della capacità di individuare anche così ammucchiate tutte le singole carte, per lasciarci andare avanti fino al momento della comparsa della carte chiave in terza posizione. Di colpo ci avrebbero fermati uno per uno con impulsi che ci sarebbero sembrati autonomi. Se le cose stessero così, ho il rammarico di non aver osservato e comparato le durate dei singoli mescolamenti, che avrebbero dovuto essere molto diverse fra loro. Ho però la sensazione che il perno non è qui.

A completare il quadro finale, se queste furono le operazioni preparatorie e risolutive, sarebbe occorso che in occasione di determinazioni apparentemente libere sia il 2 che la Donna di Picche fossero stati posti sotto presa obbligata con energica guida ipnotica. Da quale sorgente?

Un gruppo tutto diverso di operazioni si sarebbe reso necessario se invece il mazzo campione, quello palesemente riordinato con la Donna di Picche in terza posizione, fosse stato il primo ed unico pronto al momento dell'occultamento di tutti gli altri mazzi sotto al copritavola. Nelle circostanze fuori del comune delle prodezze di Rol e compagni invisibili non sembra abbiano valore criteri di parsimonia di energie psichiche, secondo i quali parrebbe doversi ricorrere allo sfruttamento della quarta dimensione, nel senso che in ogni mazzo i genii individuano la carta chiave, la spediscono nella quarta dimensione, come fosse in atto un asporto, e quindi la riportano collocata nella prevista posizione in seno allo spazio-tempo a noi accessibile. Abbiamo invece relazioni di processi assai più complessi, secondo il nostro metro, relativi a una vera e propria dissoluzione e nuova figurazione dei disegni sui cartoncini. (...)[23]

Nelle circostanze della esperienza in esame non solo non possiamo dire cosa sia avvenuto esattamente sotto il panno nella ventina di secondi dell'attesa collettiva, ma non sapremmo nemmeno, senza pensarci su a lungo, escogitare i controlli validi per descrivere in termini operativi le decolorazioni e composizioni esposte da Gec e Fellini sulla soglia del vomitare. Si può pensare che in quel tempo le nove carte qualunque occupanti le terze posizioni siano state trasmutate dai coadiutori invisibili del sensitivo in altrettante Donne di Picche. Ricordo bene che appena sono

---

[23] Riporta poi gli episodi, che non ripeto, riferiti da Pitigrilli nella versione di *Planète* del 1965 (il 10 di picche di Gec trasformato in asso di cuori, cfr. vol. IV, p. 142) e da Buzzati sul *Corriere della Sera* sempre nel 1965 (il 6 di fiori di Fellini trasformato in 10 di cuori, p. 78 in questo vol.).

state scoperte da Rol ne ho toccata una e mi è sembrata più calda del prevedibile. Impressione soggettiva o realtà? Rol mi ha confermato evasivamente che doveva appunto essere così[24].

Secondo le mie indicazioni bibliografiche (l'altro libro che parla di Rol è *Universo Proibito*, di L. Talamonti) il massimo numero di carte trasmutate (o riordinate?) in una singola dimostrazione corrisponde alle 54 di un mazzo completo da canasta. Molti suoi amici riferiscono che da un mazzo mescolato e rimescolato Rol riesce a ricostruire la precisa successione di quando è uscito dalla stamperia, cioè un seme dopo l'altro e le carte in ordine crescente. In prima persona non ho assistito a questo particolare esercizio ma ad un altro simile. Il solito mazzo venne ora avvolto in un fine fazzoletto e l'involto fu tenuto alto dalla mano di Rol per molti secondi. Non ci era stato detto cosa doveva accadere. Messo giù il mazzo abbiamo visto che era stata ottenuta la scopritura alternata di metà carte, una di faccia e una di dorso da cima a fondo. Accadde questa volta un significativo contrattempo perché le prime due carte erano entrambe di faccia e Rol si soffermò su questa eccezione dimostrando una certa contrarietà, come di chi non sia stato obbedito a puntino[25]. Questo mostra che la raggiunta padronanza sui processi gli dice quando si può permettere di essere molto esigente in fatto di esecuzione analitica da parte dei suoi genii.

Avrei desiderio vivissimo che fosse soddisfatta la seguente mia curiosità di tipo sperimentale quantitativo. Consideriamo questa ultima capacità della rotazione alternata di cui mi considero testimone certo; immaginiamo di ingrandire il fazzoletto e di ottenere dal sensitivo che lo usi per avvolgere un numero crescente di mazzi completi, due e poi quattro e poi otto e così via. La fonte dell'energia occorrente, qualunque essa sia, dovrebbe impiegare più tempo che con un mazzo solo ed eseguire un numero di operazioni crescente in proporzione geometrica. Se ho messo dentro tutte le carte di dorso ci saranno pur dei limiti alle variabili importanti, oltre i quali una rimanenza di carte deve essere ritrovata allo stato iniziale. Il passaggio da un risultato totalmente positivo ad uno che lo è parzialmente per incremento delle unità di materia da trattare è di grande interesse teorico ma non è di quelli che possono

---

[24] Cfr. l'episodio raccontato da Renzo Allegri della materializzazione dello spartito musicale di Paisiello: «"Prendi" continuava a ripetere Rol, e solo allora, al secondo o terzo invito, vidi un rotolo di carta. Un rotolo bello grande. Lo presi ed era caldissimo. Ecco, questa è l'impressione chiara e forte che mi tolse da quello stato di imbarazzo in cui mi sentivo. Quel rotolo era caldo, quasi scottava. Guardai immediatamente se vicino all'anfora ci fossero stati dei caloriferi, ma non c'era niente. Tornai verso il tavolo pensando a quello strano calore, e ricordando che, in genere, gli "apporti", nelle sedute medianiche, sono sempre molto caldi» (*Rol il grande veggente*, 2003, p. 89; anche in vol. II, p. 459).
[25] Cfr. p. 299 nota 73.

sollecitare il consenso entusiasta del nostro sensitivo. È confortante però pensare che quando gli eventi, anche i più magici e occulti, hanno un supporto materiale nel mondo delle cose omogenee che si possono contare, è solo questione di fantasia nei ricercatori il trovare e applicare adatti schemi di valutazione comparata che sbocchino in un piano logico e intendibile. Occorre a fianco un'altra cosa assai delicata, e cioè che le esperienze siano psicologicamente accettate dai sensitivi in esse impegnati, per tutte le varianti sperimentali suggerite dai programmi, senza che la struttura intima delle prove si smagnetizzi miserabilmente per caduta della tensione psichica.

Secondo le osservazioni che ho creduto di compiere io distinguerei durante le esperienze con le carte tre momenti contrassegnati da un diverso comportamento della personalità visibile di Rol. C'è la fase preparatoria nella quale l'acume dell'uomo di mondo non fa pesare l'azione di confronto fra il repertorio di prove e il potenziale di adattamento e ricettività psichica dei presenti. È il momento della scelta del programma possibile. Solo in apparenza potrà sembrare estemporaneo. Talvolta risulta dettagliato ancor prima nella sua mente, forse mettendola a fuoco sui nomi degli invitati. C'è il momento dell'impulso esecutivo, che oltre ad apparire pienamente in suo potere, ora che sa il grado di dominio esercitabile sulla sua lampada di Aladino, da considerare eccezionale nella schiera dei sensitivi viventi, ha anche la capacità di essere attuabile a ripetizione secondo le sue volizioni. C'è infine il tempo necessario alle esecuzioni, tempo finito la cui durata non fa parte dell'accorta regia ma è dettata dall'intima struttura delle operazioni invisibili connesse con il fenomeno da realizzare. Mi pare indubbio che qui la preminenza di Rol sia alquanto ridotta, come se anche lui, fortunato cibernetico spontaneo che è riuscito a costruire per le sue rappresentazioni un esercito di coadiutori padroni del microcosmo, dei microtempi e della dimensione extra, si senta confinato al ruolo di cliente, tenuto aggiornato attraverso sue speciali antenne sulle tappe delle operazioni in corso.

In deroga a certi postulati della parapsicologia moderna, per esempio «non c'è fenomeno paranormale genuino senza un reale stato di trance del medium» e «un vero fenomeno della categoria parapsicologica non può essere che saltuario, imprevedibile, irripetibile a volontà» Rol è sempre apparentemente presente a se stesso, monologa come regista e moderatore della seduta, se è mosso da convinzioni spiritiche ha la finezza di non cedere a riti appariscenti[26], offre la sua presenza con buona continuità e

---

[26] Anche in questo caso, una frase che è l'indice della pochissima conoscenza che aveva Riccardi di Rol, il quale non era per niente «mosso da convinzioni spiritiche», neanche occasionali, anzi piuttosto al contrario si può dire che fosse *mosso da convinzioni anti-spiritiche*, e che la mancanza di «riti appariscenti» non è che una delle ovvie conseguenze, dal momento che un *Illuminato* non ha bisogno di alcun rito superfluo.

non rimanda mai i suoi ammiratori senza qualche soddisfazione, amministrando saggiamente le sue forze entro la gamma dei tipi di rappresentazione che ormai gli sono diventati congeniali.

Se si orientasse per sottoporsi ad una amichevole indagine psicologica, è probabile che in materia di architetture e teorie del paranormale sarebbe portato a dichiarare che si sente autorizzato dai suoi protettori invisibili a formulare volta per volta con lucida precisione mentale i problemi che desidera veder risolti per la meraviglia dei presenti, sapendo che riceverà avvertimenti, impulsi e suggerimenti profondi indicatori dello svolgimento operativo di meccanismi che non saprebbe descrivere[27].

*

Facoltà appartenenti alla sfera dell'inconscio[28] di un soggetto umano vivente o disincarnato possono esercitare un'azione diretta sulla materia. (...) conviene soffermarsi su alcuni esempi:

– Facoltà appartenenti alla sfera dell'inconscio del dott. Rol, la sera del 3 giugno 1965, hanno prelevato grafite da una matita e disegnato un N contorta su un muro dell'appartamento, senza l'intermediazione di energie fisiche, moti personali o strumentazioni individuabili e conosciute.

– Facoltà appartenenti alla sfera dell'inconscio del dott. Rol, la sera del 3 giugno 1965, hanno posto in azione invisibili entità cibernetiche che hanno eseguito il suo proponimento esplicito di porre come 3ª carta di 10

---

[27] Anche questo è un fraintendimento che ogni tanto sento venir fuori in chi conosce poco Rol, ovvero che più o meno non sapesse cosa stesse facendo e come avvenissero i suoi esperimenti; e per rafforzare questa idea si sente dire che per questo cercasse l'appoggio degli scienziati. In realtà, lui cercava la sponda in chi avrebbe potuto, con le sue qualifiche ufficialmente "certificate" (ad es., un docente universitario di fisica) avallare e descrivere i suoi esperimenti in maniera adeguata in un articolo *peer reviewed* in qualche rivista scientifica prestigiosa. Rol aveva tutte le conoscenze scientifiche sufficienti, sin da giovane (si pensi già solo al suo racconto nel mio articolo *Rol, un Buddha occidentale del XX secolo*) per scriverlo lui stesso un articolo di questo genere, ma a parte il fatto che è dubbio che qualche rivista glielo avrebbe pubblicato, ciò avrebbe inevitabilmente sollecitato in risposta un invito a dimostrare "in laboratorio" le sue affermazioni. E non era questa la strada che lui voleva percorrere, dove si sarebbe trovato da solo di fronte alla comunità scientifica contemporanea (di certo già prevenuta in partenza) e dove avrebbe dovuto dare dimostrazione senza le premesse iniziatiche (leggi: preparatorie) del mostrare i suoi esperimenti gradualmente e in maniera continuativa a persone meritevoli e responsabili, non a chiunque.

[28] Questo brano si trova in altro capitolo, p. 87: Riccardi fa gli esempi degli incontri con Rol come riferimenti principali.

mazzi affiancati, ciascuna delle 10 Donne di Picche esistenti fino a un momento prima in posizioni casuali.

– Facoltà appartenenti alla sfera dell'inconscio del dott. Rol, la mattina del 1° maggio 1966, hanno evocato quanto bastava del defunto pittore François Auguste Ravier per avere uno scritto a matita con firma e un quadro a olio della sua maniera[29].

*

Nota del direttore della collana[30] – Anch'io vidi il dott. Gustavo Adolfo Rol operante una notte dell'11 luglio 1967. Ero partito con questo proposito da Verona per recarmi a Torino; a Milano salirono sul mio treno un dottore ed una signora; arrivati a Torino ci recammo a casa d'una contessa, che venne con noi da Rol. In tutto, quattro persone, più Rol. Ci sedemmo intorno ad un tavolo rotondo, coperto dal solito tappeto verde. Sul tavolo vi erano cinque mazzi di carte. Rol ci dice che ognuno di noi ha un mazzo davanti, che può mescolarlo finché vuole, e che, quando crede, lo può depositare con la faccia in giù. Così facciamo. Ognuno di noi pone giù il mazzo in momenti diversi. Indi Rol dice: «Adesso vediamo quali carte usciranno per prima in ogni mazzo». Comincia Rol, il quale trae una donna di fiori; indi, le altre 4 persone, a turno, voltano la carta e trovano sempre la donna di fiori.
Rol ci dice: «Facciamo un'altra esperienza»; così dicendo trae da un mazzo una carta: è il 4 di cuori. Ci fa mescolare ad ognuno il suo mazzo; indi ce lo fa deporre sul tavolo; e a questo punto ci dice di scoprire la prima carta: ogni carta è diversa. Allora Rol ci dice: «Adesso io copro le carte e cercherò di influenzarle». Così dicendo, alza un lembo del tappeto verde, e copre le carte. Indi, con le mani, fa dei passi magnetici sul tappeto. Osservo bene. Ho la netta impressione che il tappeto si agiti e che le carte, sotto a questo, si spostino. Indi Rol conclude: «Vediamo che cosa è successo». Si tiene presente la carta scelta, che è il 4 di cuori. Orbene; ognuna delle prime carte dei 5 mazzi reca il 4 di cuori!
Queste esperienze o esperienze simili, varianti all'infinito, vengono ripetute una decina di volte; ma il risultato è sempre il pieno successo. È veramente straordinaria e conturbante la facilità e la precisione con cui i fenomeni si realizzano.

---

[29] In nota specifica: «A pag. 68 ho scritto che questo evento avvenne il 30 aprile 1966. In realtà la XXIV ora era passata da un pezzo quando il quadro è stato eseguito, ma scriverci sopra "1° maggio" all'intermediario è sembrato infausto».
[30] Si tratta di Gastone De Boni, che era direttore della collana editoriale "Nel mondo della psiche" della quale faceva parte il libro di Riccardi. Quanto scrive qui è un po' più esteso di quanto era stato trascritto dal suo intervento alla conferenza-dibattito del 16 novembre 1969 (*supra*, p. 256).

Infine Rol mi dice: «Dottor De Boni, vuol venire con me nel salotto? Le voglio far vedere una cosa». Usciamo dalla sala e ci dirigiamo al salotto; Rol reca in mano un mazzo di carte. Mi dice: «Ne scelga una». Ne traggo una: è il sette di fiori. «La tenga fra le mani» mi dice Rol «la tenga bene stretta». Egli si allontana allora di qualche passo; poi fa dei passi sulle mie mani; e io – per parte mia – ero *certissimo* che nessun evento, se non supernormale, potesse prodursi. Indi mi annunciò: «È fatto: guardi pure!». Guardo: è una donna di fiori. La carta si era trasformata nelle mie mani. Questo fu solo un primo contatto con il dottor Gustavo Adolfo Rol. Certamente egli è uno dei più grandi sensitivi viventi. Spero solo di avere la possibilità di studiarlo da vicino[31].

F.A. Ravier, *Vue de Morestel*, olio su cartone.

Le due torri sono le stesse che si scorgono in lontananza nel dipinto *Hommage à Ravier* di Rol – protagonista della seduta *spiritualistica* – che ho riprodotto a p. 221, soggetto prediletto dal pittore francese.

---

[31] pp. 109-110. Non è dato sapere con sicurezza se poi De Boni incontrò di nuovo Rol. Da elementi che vedremo nel prossimo volume, è possibile che ci sia stato un nuovo incontro tra il 1975 e il 1981.
Seconda ediz. 2024: De Boni effettivamente incontrò Rol di nuovo nell'ottobre 1981, insieme a Paola Giovetti. Cfr. Giovetti, P, Arte medianica, Edizioni Mediterranee, Roma, 1982, p. 91.

Opinioni

di Giorgio di Simone

Gennaio 1970[1]

È da tempo che aspettavamo l'occasione di conoscere, se non personalmente, almeno le idee del dottor Gustavo Adolfo Rol sulle proprie qualità che ci ostiniamo a chiamare paranormali e, finalmente, l'attento interesse di un nostro Collaboratore per le manifestazioni «psi» ci ha permesso di cogliere un lato significativo della personalità del Rol e della sua opinione sulle sue, a quanto pare, vastissime possibilità di tipo parapsicologico.

Abbiamo infatti ricevuto dal geometra Lamberto Sèlleri di Bologna la registrazione di una cospicua parte di ciò che è stato detto sul nostro sensitivo dall'Avvocato Rappelli, alla 30ª Riunione Scientifica dell'AISM, a Milano, il 16 novembre scorso[2].

Data l'importanza e la delicatezza della cosa, abbiamo ritenuto opportuno fare su di essa un discorso a parte, per esprimere con la massima franchezza possibile il nostro parere sul tanto dibattuto «caso Rol», anche se ammettiamo subito che tale parere non può essere completo, data la mancanza di una nostra diretta osservazione dei fenomeni che il Dr. Rol è in grado di provocare, più o meno a volontà[3].

Cominciamo a riferire in modo succinto ciò che è stato detto in proposito dall'Avv. Rappelli, per poi dare più ampio spazio a quella che riteniamo essere una doverosa critica alla teoria che il Rol ha escogitato per spiegare i fenomeni da lui prodotti.

Dobbiamo anche dire che, a quanto risulta da una lettera parzialmente letta dall'Avv. Rappelli[4], il Dr. Rol avrebbe risposto ai cinque quesiti della nostra inchiesta sui fenomeni PN[5], rifiutando però la qualifica di

---

[1] da: *Informazioni di Parapsicologia*, pubblicazione del Centro Italiano di Parapsicologia di Napoli, n. 1, gennaio 1970, pp. 35-40. I corsivi nel testo sono dell'autore.
[2] È parte della registrazione delle conferenze-dibattito che ad oggi risulta purtroppo perduta (cfr. p. 248 nota 5).
[3] *Nota di Di Simone* (nel suo volume *Oltre l'umano*, cit., 2ª ed. 2009, p. 25, dove riporta parte di questo articolo): «Da questo ormai vecchio scritto appare evidente il tentativo di "provocare" Rol, per far sì che prendesse in considerazione un contatto con me».
[4] Che ho stabilito essere quella pubblicata senza data e destinatario in *"Io sono la grondaia"*, p. 246 in questo volume.
[5] Paranormali.

paranormali per i fatti da lui prodotti[6]. Tale lettera, malgrado le nostre sollecitazioni presso l'interessato, non ci è a tutt'oggi pervenuta e non riusciamo veramente a comprendere il motivo di tale atteggiamento...[7]

L'Avv. Rappelli, amico di G.A. Rol, e quindi privilegiato spettatore (e protagonista) della fenomenologia PN da lui esplicata, si è dapprima intrattenuto sulla personalità del sensitivo torinese, uomo di elevate qualità morali, che si è sempre servito delle proprie facoltà PN (e ci perdoni il Rol se continuiamo a chiamarle così!) per aiutare o addirittura salvare il prossimo, specialmente durante l'ultima guerra.

Egli rifugge dalle sperimentazioni ufficiali, ma si presta tuttora per le persone bisognose di cure sia fisiche che spirituali, avvicinandole a Dio di cui si considera un semplice strumento.

G.A. Rol è laureato in biologia medica (Parigi), in Legge (Torino) e in Economia e Commercio (Londra)[8].

È sempre stato, fin da bambino (dall'età di due anni!), un ammiratore e un profondo conoscitore di Napoleone I e della sua epopea, in una misura stupefacente che sfiora anche qui il paranormale.

Dotato di endoscopia, possiede – tra l'altro – la possibilità di agire dinamicamente sulla materia, a distanza. Chiaroveggente, scorge l'aura dei viventi e le sue alterazioni causate dalle malattie.

In quanto al segreto dei suoi esperimenti, quel segreto che, affermato dalla volontarietà delle sue operazioni paranormali, molti parapsicologi si sono affannati a svelare, si può solo «intuire» perché, secondo il sensitivo, non si può trasmettere! Sue affermazioni, riferite dall'Avv. Rappelli, sono: *«Non mi ritengo dotato di qualità paranormali... Tutta la mia vita si è svolta costantemente nelle «possibilità»... L'osservazione profonda di ogni cosa comporta l'inserimento di una determinata cosa nella visione di un sistema universale in rapporto al valore e alla funzione della cosa stessa...»*[9]

---

[6] *Nota di Di Simone* (*idem*, commento già espresso nel 1996 nella 1ª ed.): «Sono quesiti in buona parte superati dal tempo, ahimè!». Cfr. p. 266 nota 2.

[7] L'anno precedente nella lettera del 26/05/1969 Di Simone così iniziava: «Malgrado le Sue promesse, non ci sono ancora pervenute le Sue risposte alla nostra inchiesta sui fenomeni paranormali» (*supra*, p. 244).

[8] Di Simone basa queste informazioni riassuntive su quanto affermato in precedenza da altri (Rappelli, Riccardi, forse Biondi e altri). Per essere precisi, pare che Rol oltre alla laurea in Legge avesse poi ottenuto quella in biologia clinico-medica a Parigi e si fosse *diplomato* in Economia a Londra, ma di questi due titoli mancano al momento dei riscontri.

[9] Grazie a questa trascrizione di Di Simone possiamo stabilire che la lettera che aveva letto Rappelli alla conferenza-dibattito del 16 novembre 1969 era quella che ho stabilito essere probabilmente del giugno 1969 poi pubblicata nel 2000 in *"Io sono la grondaia"*; queste frasi di Rappelli non furono riportate nella versione ridotta del dibattito pubblicata su *Metapsichica* nel 1970, e solo in parte le menzionerà Jacopo Comin nel 1973 su *Scienza e Ignoto*.

Noteremo a questo punto, che siffatta «possibilità» è già di per sé paranormale!
Rol insiste sulla legge di armonia che guiderebbe i suoi esperimenti (v. gli infiniti esperimenti con le carte e la sua affermazione che *tutti gli esperimenti sono possibili!*)[10].
L'oratore si è quindi soffermato sugli altri più o meno strabilianti fenomeni del suo amico: la pittura al buio (una specie di «pittura medianica» a comando), il viaggio nel passato e nel futuro, attuato anche da parte dei presenti all'esperimento («*Rol compie mentalmente evidentemente un qualcosa che non conosciamo o che non possiamo apprezzare nella sua interezza, e recita ad alta voce delle espressioni che aiutano lo «spirito intelligente» a viaggiare nel tempo con tutte le percezioni sensorie, ecc...*»[11]). Ma qui il discorso si fa più complesso e, diremmo, ingarbugliato, e si parla di una «*funzione antenato che può marcare l'individuo in modo particolare*», con riferimento alla «*cellula biologica trascendentale prevalente*» (storicismo della «funzione» degli oggetti, che «permane». Tale funzione è l'«essere» dell'oggetto, quindi la si può chiamare *spirito dell'oggetto*. Idem per gli animali, le piante, l'uomo!).
Ed ecco che si enuncia la personalissima teoria del Dr. Rol sullo «spirito intelligente» dell'uomo, e preghiamo i lettori di seguirci con pazienza perchè le alte qualità del sensitivo torinese meritano un discorso il più possibile ampio ed approfondito, almeno per quanto ci consente la nostra parziale conoscenza del soggetto e delle sue idee e opinioni.
Trascriviamo integralmente la spiegazione della suddetta teoria[12], così come è stata riportata dall'avv. Rappelli:
« ... *Lo «spirito intelligente» dell'uomo non è l'anima. Forse ne è lontanamente un riverbero, ma non è l'anima. L'anima è qualcosa di completamente diverso, d'infinitamente superiore. L'anima è la parte, il soffio divino che viene instillato nell'uomo, che quando egli muore si libera e torna a Dio. Lo «spirito intelligente» dell'uomo rimane invece*

---

[10] *Nota di Di Simone* (2009, p. 26): «Oggi condivido in pieno questa affermazione di Rol». Anche se è una affermazione riferita e non diretta di Rol, la possiamo prendere per buona letteralmente: «*tutti gli esperimenti sono possibili*», concordante con altre affermazioni analoghe, come «*l'impossibile sulla Terra non esiste*» e «*quando si entra nella sfera della "Coscienza Sublime" tutto diventa possibile*».
[11] Questa frase tra parentesi di Rappelli si trova solo in questo articolo. Di Simone non l'ha più riprodotta nel suo libro, così come è stata omessa dalla trascrizione del dibattito su *Metapsichica*. Un piccolo esempio dell'utilità di andare a scovare questi articoli originali più o meno sconosciuti e introvabili, che possono assurgere a preziose fonti di primaria importanza quando vi si trovino brani come il successivo sullo *spirito intelligente*, ampiamente omesso nel libro e da nessun'altra parte ripetuto nella sua integrità.
[12] Sono parti non riportate in *Metapsichica*.

sulla Terra, e rimane sulla Terra perché?... A prova e riprova della esistenza e inconsumabilità di Dio e delle cose da Lui create... Lo spirito intelligente è... di noi quel complesso di funzioni che noi esercitiamo, quel complesso di abitudini: il nostro modo di pensare, la sensibilità, l'atteggiamento morale, l'elevazione spirituale; insomma tutto quello che noi siamo[13]*, la nostra funzione, il nostro essere; è in realtà una fotocopia di noi stessi, una scheda segnaletica che quando noi moriamo rimane sulla Terra, come io vi ho detto, e che evidentemente esiste nel momento in cui noi ci siamo. Ognuno di noi ha il suo bravo «spirito intelligente» vicino. Questa teoria è stato il Dottor Rol a formularla ed è il primo che l'ha formulata*[14] *e l'ho verificata in una quantità di esperimenti.*

L'esperimento di viaggio nel futuro o nel passato è spiegabile con la teoria dello «spirito intelligente», e in che modo? Così come lo spirito di ogni oggetto non può essere considerato a sè stante (ricordiamo che io uso l'espressione spirito = funzione) non può essere considerato avulso dal mondo che lo circonda, perchè? Prendiamo l'esempio del bicchiere... Il bicchiere di che cosa è composto? Di un certo materiale il quale ha avuto delle trasformazioni chimiche, industriali; è stato manipolato da un operaio, è stato messo in un forno; quindi la funzione del fuoco ha inciso su quel bicchiere. Così come ha inciso la funzione dell'uomo che ha incartato il bicchiere quando è stato spedito,... Cioè, tutti gli oggetti, se voi riflettete un momento, potete fare una quantità di esempi. Tutti gli oggetti della Terra hanno delle funzioni che, a catena, così come attraverso una reazione atomica, si possono collegare ad altri...

... La stessa cosa avviene per lo «spirito intelligente» dell'uomo. Io sono nato da un padre, il quale a sua volta è nato da un padre, ecc... Andiamo su fino al progenitore comune. Ora in questa scala biologica, ad un certo punto noi troviamo qualcuno che ha lasciato in noi una traccia maggiore che in un altro. Il fatto di somigliare ad un antenato... attraverso questa scala e sopratutto attraverso quella maggiore impronta che il Dr. Rol chiama la «cellula biologica trascendentale prevalente» è possibile percepire quelle nozioni delle funzioni che questi «spiriti intelligenti»

---

[13] Questo è il punto in cui si ferma la citazione di Di Simone nel suo libro. Già dalla prima edizione del 1996 scriveva in nota: «Qui conviene che io tagli un paio di pagine che servirebbero soltanto a frastornare il lettore. D'altra parte, l'argomento verrà ripreso in maniera più lineare nelle relazioni di Jacopo Comin inserite in questo capitolo» (p. 27, 2ª ed. 2009). Le "relazioni" sono estratti dagli articoli molto più estesi che Comin pubblicò nel 1973 su *Scienza e ignoto* nei quali in effetti si trovano citazioni più estese di quanto dice Rappelli. Ma il brano integrale originale è fonte primaria e preferibile e io non ho alcun timore di «frastornare» il lettore nell'evidenziarlo, anzi lo sollecito a prestargli la dovuta attenzione.

[14] Nella forma sicuramente, non però nella sostanza. L'argomento è tanto vasto che dovrò occuparmene estesamente in altro studio.

hanno avuto nel loro tempo. Così, ricordiamo che lo «spirito intelligente» dell'uomo non ha le «défaillances» che ha la natura dell'uomo vivente, cioè non soffre di stanchezza, non soffre di amnesie, non soffre di tutte quelle limitazioni che il nostro organismo purtroppo ha. E quindi ha la possibilità di conoscere e di memorizzare, se vogliamo usare un termine improprio, una quantità infinita di fenomeni, di fatti, di avvenimenti, di conoscenza che diventa assolutamente infinita attraverso tutte le altre funzioni di «spiriti intelligenti» che lo hanno preceduto e che gli sono state di fianco durante tutto il periodo in cui questo «spirito intelligente» ha cominciato ad esistere. Perchè lo «spirito intelligente», ricordiamolo, non è sempre stato. Lo «spirito intelligente» dell'uomo nasce con l'uomo. Rimarrà dopo, ma nasce con l'uomo. Quindi da quel momento in avanti egli comincia ad essere la scheda segnaletica dalla quale ogni tanto si può tirare fuori quei dati che lui conosce e attraverso la reazione a catena dei vari suoi ascendenti e collaterali, vista la funzione che tutti hanno concatenata fra di loro, è possibile avere una conoscenza. Ora, come avviene l'esperimento di viaggio nel passato e nel futuro, e sopratutto cosa significa? Significa questo: che è possibile al nostro «spirito intelligente» di trasportarsi (evidentemente solo con la presenza del Dr. Rol, capirete, altrimenti nessuno ci riesce!), di trasportarsi nel passato o nel futuro senza apprezzabili limitazioni di tempo. Noi abbiamo avuto degli esperimenti di viaggio nel passato di 4.000 a. C. e siamo andati nel futuro fino al 2.500... Che cosa succede? Non si va, prima di tutto, in «trance» ... Col Dr. Rol non sappiamo cosa sia la «trance» ... »[15].

Dopo tanto trascrivere vorremmo innanzitutto mettere in evidenza alcune contraddizioni insite nell'operato del Rol rispetto alle sue affermazioni, e quindi reinserire la fenomenologia da lui estrinsecata nel quadro del noto.

---

[15] Si potrà comprendere l'importanza di questo discorso di Rappelli, che in quegli anni aveva bene assimilato la teoria di Rol, e, almeno fino ai miei studi e spiegazioni a partire dai primi anni 2000, è stato l'unico testimone a non venire dal mondo della parapsicologia o dal giornalismo ad aver compreso alcuni elementi centrali del suo pensiero e a saperli anche illustrare. Se devo fare un appunto a Di Simone, è quello di non aver dato il giusto peso a queste parole di Rappelli e di non averle incluse nel suo libro del 1996 se non molto parzialmente – all'epoca in cui ne scrissi una postfazione e una appendice per la seconda edizione, nel 2009, non mi ero reso conto di quanto l'intervento di Rappelli fosse stato sforbiciato sia nel suo libro che nella trascrizione della conferenza-dibattito pubblicata su *Metapsichica*, cosa che attualmente, nel 2022, invece avrei segnalato – come del resto vedremo che ometterà un rimando importante agli esperimenti di Poutet-Stasia. Purtroppo credo che la teoria di Rol – che trova una sponda nelle posizioni anti-spiritiste di Guénon e altri, e anche e proprio negli esperimenti di Poutet con la "personalità medianica" Stasia, che non era lo spirito di un defunto, ma di un vivente («il doppio di una persona viva, ed inferma», vol. II, p. 708) – minacciasse le concezioni troppo spiritistiche dell'autore, che quindi non le ha dato il risalto che avrebbe meritato, e anzi l'ha di fatto censurata.

Il Rol afferma – secondo noi con giusta intenzione – che i suoi poteri vanno usati riservatamente solo per aiutare chi soffre, senza cedere ad alcuna pretesa di speculazione. Viene però in seguito affermato dall'Avv. Rappelli che, almeno una volta, i «suggerimenti» di uno «spirito intelligente» cui si era rivolto un grande regista italiano, suggerimenti scritti su vari fogli di carta, non furono distrutti come al solito, ma lasciati in possesso del regista e da lui conservati e consultati per un'opera certamente non carismatica![16]

Rol dice che «*la verità non è un bene per l'uomo*»[17] e consente a coloro che gli sono più vicini di prendere contatto con essa o, almeno, con alcune

---

[16] *Nota di Di Simone del 1970*: «Il nome e l'opera del regista sono facilmente intuibili. La stampa ha parlato spesso di una tale amicizia tra Rol e il regista in questione». Nel suo libro poi Di Simone indicherà direttamente Fellini, e in nota scriverà: «Credo che il film in questione sia "*Giulietta degli spiriti*"». Invece si trattava de *Il Viaggio di G. Mastorna*, film che alla fine Fellini non fece: infatti fu proprio Rappelli a raccontarmi (cfr. vol. I, XXXV-56) di una seduta con Fellini – che ho potuto stabilire essere avvenuta alla fine del 1968, quindi l'anno precedente al convegno dell'AISM – dove Rol interpellò lo *spirito intelligente* di "Mastorna", il quale rispose con un lungo scritto materializzatosi su più fogli in tasca al produttore Alberto Grimaldi (si veda anche *Fellini & Rol*, pp. 332-333). Di Simone scrive che Rappelli aveva riferito che i fogli erano stati conservati da Fellini, cosa che a me non aveva detto (nel 2005) perché ormai non lo ricordava più. Certo se fossero ritrovati sarebbero un documento interessante per il "caso Mastorna", purtroppo è noto che Fellini cestinasse moltissime cose, anche importanti, quindi quei fogli potrebbero essere andati persi per sempre. A meno che non si trovino insieme al primo copione, anch'esso al momento perduto, del *Mastorna*, che Fellini aveva donato a Rol con una dedica.

[17] Il mio punto di vista su questa affermazione, che meriterebbe lunghe analisi che rimando ad altro momento, è così sintetizzato: pochi sono coloro che riescono a «rendere immortale il proprio spirito», per usare un'espressione di Rol, e quindi pochi sono coloro la cui avventura continui dopo la morte, in una dimensione spirituale. Per tutti gli altri, la grande maggioranza, è la fine della corsa e il "sonno eterno" (ed escludendo tranquillamente un *ritorno nella carne*, teoria pagliativa e consolatoria, distorta interpretazione dei più che reali *ricordi di vite passate*, che però hanno un'altra possibile spiegazione e di cui proprio la nozione di *spirito intelligente* fornisce le direttive. Se ammettessimo l'idea reincarnazionista, saremmo di fatto degli immemori di una vita precedente che sarebbe comunque tumulata dentro la psiche attuale, un prigioniero occulto che non sa nemmeno di esistere; chissà se chi sostiene questa teoria si sia mai fermato un momento a riflettere su dove sia davvero il proprio presunto "io" passato, visto che quello presente, per esistere, non ha alcun bisogno di postulare un predecessore). Cfr. intanto Gustav Meyrink: «"…il paradiso non è un luogo, bensì una condizione; anche la vita sulla terra, del resto, è solo una condizione. (…) La questione del paradiso è una lama a doppio taglio. Si può ferire qualcuno in modo irrimediabile dicendogli che di là ci sono solo immagini". "Immagini? Che cosa intende dire?". "Voglio spiegarglielo con un esempio. Mia moglie – sa che è morta da tanti anni – mi ha amato moltissimo, e io lei. Ora è 'di là' e sogna che io

parti di essa[18] (o di quella che egli considera la verità, il che per la logica del nostro assunto, è la stessa cosa). Qualche volta si è pure lasciato sfuggire profezie di morte, non ritenute valide dall'interessato e puntualmente verificatesi. Si potrebbe obiettare che Rol è pur sempre un essere umano fallibile, ma andiamo avanti ...

Tutta la serie degli esperimenti e dei fenomeni che il sensitivo torinese riesce a manifestare rientra senza nessunissima difficoltà nella casistica metapsichica e parapsicologica. Dalla «pittura medianica» alla traslazione a distanza di oggetti (psicocinesi), dalla «scrittura diretta» alla «incorporazione» (benché senza «trance» apparente), dagli «apporti» al «viaggio in astrale» (con escursioni extra nel passato e nel futuro), dalla veggenza selettiva (aura) alla visione di «spiriti intelligenti» presenti nell'ambiente, all'endoscopia, ecc. ecc... [19]

Sì, certamente, due fatti sono strabilianti e di fondamentale importanza, altrimenti Rol non sarebbe Rol: la vastissima gamma di fenomeni attuati e la loro attuazione *volontaria*, con quell'accompagnamento rituale di «se Dio vuole».

A questo punto abbiamo la precisa sensazione che lo stesso Rol non abbia chiaro il meccanismo che in lui si mette in moto e determina i fatti. Perchè non vuole farsi esaminare con rigore scientifico, ufficialmente?... Perché si rifugia in formule assurde che negano, ad esempio, che la verità sia fatta per l'uomo? Sul piano psicologico il contrasto tra questo atteggiamento e l'apparente potenza della personalità Rolliana è stridente, inaccettabile![20]

---

le stia accanto. Non sa che non sono realmente io ad essere con lei, ma solo la mia immagine. Se lo sapesse il paradiso diverrebbe per lei un inferno. Tutti coloro che muoiono trovano nell'aldilà le immagini delle persone che hanno amato, e le credono vere, e così anche le immagini delle cose più care" indicò le file di libri sugli scaffali. "Mia moglie credeva nella Madonna, ora è 'di là' e sogna fra le sue braccia. Gli illuministi che vogliono strappare le masse alla religione non sanno quel che fanno. La verità è solo per pochi eletti e dovrebbe rimanere ignota alla grande massa. Chi l'ha conosciuta solo in parte, quando muore trapassa in un paradiso incolore. Il più grande desiderio di Klinkherbogk sulla terra era vedere Dio; ora è nell'aldilà e vede Dio"» (*Il volto verde*, Adelphi, Milano, 2000, pp. 221-222).

[18] La «verità» viene qui invece a coincidere con lo stato di *coscienza sublime*, che è poi l'anticipazione dell'immortalità. Per chi ne sarà qualificato al momento del trapasso.

[19] Ciò di cui Di Simone era a conoscenza nel 1970 non era che una minima parte delle *possibilità* di Rol, che *nessun* medium, "sensitivo" o "mago" potrebbe manifestare tutte insieme, oltre al diverso *modus operandi*.

[20] Il contrasto *apparente* è inevitabile, perché derivato, determinato e condizionato dal principio iniziatico – che è anche un principio di semplice buon senso, ripreso anche nel fumetto di *Spider Man* – che «da un grande potere derivano grandi responsabilità», e che può dar luogo a un «atteggiamento» che a molti immersi ancora nella coscienza "comune" pare «stridente, inaccettabile».

Cosa c'é di sostanzialmente diverso dalle arcinote manifestazioni medianiche se non il loro eclettismo e un'apparente volontarietà? Cosa diversifica la teoria dello «spirito intelligente» dalla pura e semplice teoria dello spirito?... L'ombra, fotocopia di un uomo ex-vivente, la funzione che pensa, agisce!... Ci rifiutiamo sul filo della più elementare logica di dare il benché minimo valore ad una teoria che si qualifica da sé, attraverso le proprie interne incongruenze e assurdità concettuali e logiche. A contatto con le dimensioni sconosciute siamo abituati a ben altro rigore e, nello stesso tempo, a ben altra armonia e semplicità!
I vacillanti puntelli teorici di G.A. Rol possono impressionare chi non è diversamente esperto e provveduto, non certamente noi[21].
L'assurdo rasenta il ridicolo quando, in ultimo, si dice (avv. Rappelli) di avere udito uno «scalpiccio» nella stanza degli esperimenti, con la seguente affermazione: «*È lo scalpiccio dello spirito intelligente di Rappelli!*»[22].
Ci sia a questo punto consentito di chiudere «coerentemente» con quanto più sopra affermato: sì, una «funzione», entità astrattamente «marcata» dalla cellula biologica trascendentale prevalente, che *scalpita* sonoramente sull'impiantito di una stanza del presente, lasciando stupito il proprio oggetto-uomo...
Come potrà la Parapsicologia, sul piano rigoroso della sperimentazione scientifica, approdare a qualcosa se i rarissimi soggetti ultra-dotati, come il Rol sembra essere, usano così male il loro libero arbitrio ed hanno un così personale senso del bene e della verità, come potrà, essa Parapsicologia, cavar fuori un ragno dal buco?...

***

La Parapsicologia infatti ha cavato, in definitiva, pochi ragni dai buchi, e questo proprio anche a causa dell'approccio che aveva allora Di Simone,

---

[21] Questo brano mostra quanta distanza poteva esserci tra un ricercatore e studioso di parapsicologia, "sprofondato", è il caso di dire, nelle sue piccole certezze, e la sua capacità di giudicare correttamente un *Illuminato*, tanto più non avendolo ancora incontrato e sapendo troppo poco di lui. Il brano però è sintomatico anche come esempio pregiudiziale *tout court* di chi non conosceva (o, ancora oggi, non conosce) Rol e il suo pensiero, o di chi, avendolo incontrato magari una sola volta, come fu il caso per esempio di Piero Cassoli, nel corso degli anni aveva accresciuto nei suoi confronti frustrazione e acredine sia per andare contro altrettante personali *piccole certezze*, sia per essere stato, di fatto, da Rol escluso, non essendo ritenuto adatto, o in termini iniziatici: *qualificato*.
[22] In questa significativa affermazione è racchiusa sia la descrizione di un fenomeno reale, inscrivibile nella galassia di quelli *poltergeist*, sia la sua spiegazione, che è anche al tempo stesso una smentita delle teorie spiritiste, tanto che il filo-spiritista Di Simone non può non sbottare in un «l'assurdo rasenta il ridicolo».

ansioso di verificare il fenomeno e imbevuto di teorie spiritistiche dalle quali la ricerca in questo ambito, anche con approccio scientifico, è stata inevitabilmente condizionata.
Nel suo libro scritto un quarto di secolo dopo, il suo approccio al «caso Rol» sarà molto diverso (ché, non lo fosse stato, non avrei accettato di collaborare con scritti e concessioni di immagini per la nuova edizione[23]); scriveva nel 1996:

> «Quell'articolo di oltre venticinque anni fa, se da un lato rappresentava una vera provocazione, dall'altro poteva indurre Gustavo ad un silenzio totale, ad una rottura di qualsiasi rapporto con me.
> Come il lettore avrà già capito, oggi il mio pensiero è mutato di molto e su molte questioni. Venticinque anni di esperienze, anche penose e di maturazione interiore, non passano invano, e oggi debbo pienamente riconoscere che quell'articolo era eccessivamente "pesante" nei confronti di Rol, per quanto giustificato dal desiderio di farlo uscire "allo scoperto"!
> È anche ovvio che io, allora, nel 1970, ancor prima d'incontrare Gustavo, dovessi nutrire qualche dubbio su di lui, pur non essendo uno scettico aprioristico, dato che già da decenni m'interessavo – essendone convinto razionalmente – di comunicazioni medianiche

---

[23] Nel 2009 ero già meno ingenuo su questo punto, dopo le delusioni dei libri di Pincherle (*Il segreto di Rol*) e Giordano (*Una vita per immagini*) nel 2005; nell'edizione del 2022 di *Rol il grande veggente* per l'editore Lindau, Renzo Allegri ha voluto mettere in copertina la foto scattata da Norberto Zini che lo ritrae con Rol, di cui detengo i diritti esclusivi e che non avrei concesso. Avendo anche progetti con lo stesso editore, e dopo aver fatto presente che in altra circostanza la violazione avrebbe fatto scattare un procedimento legale, ho lasciato perdere, non senza rammarico. Non ho avuto invece problemi a consentire l'uso, gratuito, delle altre foto presenti nel testo, essendone il corredo naturale sin dagli articoli su *Gente* del 1977. Allegri si è comunque spesso sentito autorizzato ad usare le foto scattate da Zini nel 1977 – alcune tra le più famose e carismatiche di Rol – per il fatto che anche lui era presente e perché era lui ad intervistare Rol (che poi peraltro riscrisse completamente gli articoli, che quindi non sono di Allegri, ma di Rol). Ma i diritti delle foto erano di Zini prima, e miei dopo, a partire dal 2001. Quando nel 2001 informai Zini che Allegri in precedenza le aveva usate in più di una occasione *ad libitum* senza informarlo e chiedergli il permesso, Zini ne rimase amareggiato. La foto di Allegri e Rol in copertina è fuorviante, perché distorce il loro rapporto dando l'impressione che furono grandi amici, mentre si incontrarono solo poche volte, quelle necessarie all'inchiesta per *Gente* nel 1977. Soprattutto, Allegri riutilizzò poi il loro contenuto per realizzare il suo primo libro su Rol nel 1986, *Rol l'incredibile*, libro che Rol non aveva approvato, che aveva giudicato «idiota» e del quale si era lamentato spesso, valutando anche di fare causa all'editore. Ne ho parlato abbondantemente ne *Il simbolismo di Rol* al quale rimando.

di elevato valore: "dottrine", se vogliamo chiamarle così, basate realmente su logica e razionalità, e in virtù delle quali, anche oggi, la teoria di Rol non è convincente; ammenochè – come per altri aspetti della questione – quella sua teoria non fosse un'ulteriore "copertura" di auto-difesa».

Di Simone qui si sbagliava proprio, sia che la teoria potesse essere «un'ulteriore "copertura" di auto-difesa» sia che non fosse «convincente».
Non che gli elementi di spiegazione disponibili fossero molti, certo è che quando si è immersi in una echo chamber medianica non si vedono le teorie alternative, che peraltro già esistevano da tempo anche se non erano "di moda", sovrastate dalla "ideologia" spiritica.
Talamonti per esempio le conosceva e già nel suo libro del 1966, Universo proibito, *vi ha alluso di frequente menzionando i* «cliché astrali»[24], «cliché archiviati del passato»[25], *ovvero* «le "impronte" o "clichés astrali" lasciati nell'universo psichico da coloro che non sono più»[26], «quelle enigmatiche entità che il passato racchiude non si sa bene se in forma di ricordo perenne (vi è infatti chi le chiama 'tracce' o 'impronte'; e si potrebbe anche chiamarle '*clichés* archiviati'); oppure in qualche più concreta maniera che si avvicini alle idee correnti sull'esistenza»[27].
Non è dato sapere se a fargliele conoscere sia stato Rol – il quale all'epoca della pubblicazione del libro di Talamonti ancora non aveva coniato la definizione di spirito intelligente *pur avendola già perfettamente presente – ciò che sarebbe ben possibile.*

---

[24] p. 291.
[25] p. 346.
[26] Dalla didascalia dell'inserto fotografico, senza n. di pagina.
[27] p. 254.

Lettere di Nicola Riccardi a Giorgio di Simone[1]
1970*a*

Torino, 7 marzo 1970

Caro Direttore,

ho ricevuto la sua del 1° marzo.
N. 1/70 di IP[2]. Appena Rol ha letto la sua opinione pubblicata un po' in fretta, si è affrettato a un passo che non fa mai: mi ha telefonato per dirmi che riteneva che la sua prosa fosse una presa in giro verso di lui. Il suo discorso è lineare. Io non ho nulla da spartire con i parapsicologi e voglio che essi mi lascino in pace. Il suo discorso è anche erroneo, perché se un artista marziano capita sulla Terra e viene circondato dai nostri biologi, non può protestare perché ammette solo artisti al suo cospetto e rifiuta i biologi[3]. Io sapevo che lo scritto su IP si basava su scarsi elementi e aveva sullo sfondo il rammarico di un pubblicista a cui viene a mancare una firma importante a una raccolta di risposte[4].

---

[1] Sono 4 lettere, tre del 1970 e una del 1971, pubblicate (solo in trascrizione, non in originale) nel libro di Giorgio di Simone *Oltre l'umano. Gustavo Adolfo Rol*, Reverdito Edizioni, Trento, 2009 (1ª ed. 1996). Le riproduco alternandole con le lettere di Di Simone a Rol dello stesso periodo e il secondo articolo di Di Simone su *Informazioni di Parapsicologia*.

[2] Sta per *Informazioni di Parapsicologia* (n. 1 del 1970), visto nel capitolo precedente.

[3] L'analogia andrebbe invertita: se dei biologi andassero su Marte (*a casa di Rol*) pretendendo di comprendere un Marziano molto più evoluto di loro prelevandogli il sangue e misurandogli il battito cardiaco, non potrebbero poi protestare se egli si rifiutasse di sottoporsi a questa invasività infantile e richiedesse di confrontarsi con qualcun altro in grado di comprenderlo su un piano del tutto diverso; altra analogia: se un Leonardo da Vinci fosse capitato in Amazzonia nel XV secolo e fosse stato circondato dagli indios, quante possibilità ci sarebbero state per essi di comprendere una personalità così diversa e intellettualmente sviluppata, già molto al di sopra della media dei suoi propri contemporanei? (forse l'avrebbe compresa, o almeno intuita, solo il capovillaggio sciamano).

[4] *Nota di Di Simone*: «Qui Riccardi si riferisce ai cinque quesiti parapsicologici proposti a vari "addetti ai lavori" e anche ad alcuni sensitivi. Ne avevo inviato copia anche a Rol, sperando in una sua risposta, ma come parapsicologo non come "pubblicista", cosa che non sono mai stato. Da notare, in queste lettere, la prosa disincantata di Riccardi, tendenzialmente positivista, che aveva scritto il libro *Operazioni psichiche sulla materia*» (p. 31).

Perciò ho cercato di consolare Rol facendo pesare il risultato centrale della riunione di Milano del 2 febbraio[5]. In verità c'è stato un momento in cui ho chiesto all'auditorio se c'era qualcuno che credesse tutto frode e trucco in ciò che avevamo esposto su Rol fino a quel punto, e ho visto chiaramente che dei fatti sono tutti ben certi. Adesso è svanita la probabilità di portarlo a Campione, al 2° Convegno di Parapsicologia, e mi sto lambiccando il cervello per trovare quale gruppo di... artisti potrebbe non essere rifiutato dal sensitivo. Credo proprio che dovrò farmi aiutare dalla curia vescovile.

Dibattito di Milano: il 2 febbraio Rappelli è scivolato via e i forti contestatori bolognesi pure. Occhipinti ha illustrato a pezzetti l'emulo di Rol per le carte, che ha conosciuto assai bene: Annibale Gnocchi[6]. La dott.ssa De Carli ha esposto il suo punto di vista completamente animico sulle facoltà psicocinetiche di Rol, insistendo sulla sua trance invisibile e sui fenomeni ipnotici dei viaggi nel futuro e nel passato. Per lei nulla accorre dall'esterno a compiere i prodigi rolliani. Io ho accolto tale posizione e ho indicato per quali segni mi pare di poter ritenere che ci sia la trance; per quali altri piccoli moti dei mazzi, luminescenze, rumori e macchie bianche nello spazio si debba andare a caccia di spiritelli che lì per lì aiutano Rol. Infine ho detto quanto sarebbe inutile cercare di andare da lui con l'ausilio dei soli sensi, e quanto invece sarebbe importante cercare degli altri sensitivi di calibro similare e convincerli a caricarsi di tutti i terminali di controllo che si usano con gli astronauti in missione. Assennato e Alberti hanno esposto le loro esperienze personali. Sto lavorando a un primo travaso delle registrazioni magnetofoniche che mi ha mandato Mengoli[7]... Molti amichevoli saluti[8].

*

Torino, 17.3.1970

Caro Di Simone,

torno a scrivere perché i suoi rapporti con il dottor Rol stanno prendendo una nuova direzione. Le pagine che lei gli ha dedicato nell'ultimo numero

---

[5] La seconda conferenza su Rol organizzata dall'A.I.S.M., che però stando a *Metapsichica* e ad Ettore Mengoli (*supra*, p. 248) si svolse domenica 1° febbraio, non lunedì 2.

[6] Dubito fortemente che potesse essere anche solo un «emulo», non ho trovato nulla su di lui, pare non ci siano articoli o relazioni (il che indica probabilmente che si fosse rivelato un caso inconsistente o che facesse giochi di prestigio: emuli, o presunti tali, di tal genere ne è pieno).

[7] Anch'esse perdute, come quella della prima conferenza del 16/11/1969.

[8] pp. 30-32.

di IP lo hanno amareggiato[9] profondamente, anche se si è subito accorto che in lei aveva preso il sopravvento il direttore di rivista che da una importante sorgente non riesce a ottenere risposta a un questionario che è stato onorato da studiosi come Bender e Eisenbud[10].
Solo in questi ultimi giorni ho avuto sott'occhio la trascrizione di una registrazione simile alla sua[11], e che finora costituisce tutto il materiale primario. Dentro quel contesto svolto dall'avvocato Rappelli, la parte personale di Rol comincia con "I cinque punti" e finisce con "consapevolezza e conoscenza". Il resto appartiene a Rappelli ...[12]
... La decisione di Rol di non mandarle, nonostante le sollecitazioni, nemmeno il suddetto discorso che, rispetto alle collaborazioni mandate da tanti di noi[13] che non siamo sensitivi, rappresenta una grande muraglia, doveva insospettire il suo fiuto psicologico ...
... Per fortuna, nelle sue pagine non appare nessun riferimento a "giochi" con le carte, come invece è successo a Mengoli (pag. 149 di Metapsichica) e amaramente rilevato da Rol[14]. A parte la precedente storia, udita ieri sera[15], di siffatti "giochi", che erano l'unica arma di Rol per sottrarre nel pinerolese alle SS i condannati a morte[16], se un architetto provvisto solo di

---

[9] *Nota di Di Simone*: «Sulla lettera che evidentemente Riccardi gli aveva fatto leggere, Gustavo Rol corresse di suo pugno la parola, sostituendola con "rattristato"» (p. 35).
[10] Il che varrebbe più o meno a dire che due scribi accettarono di rispondere a un questionario che Gesù aveva invece deliberatamente ignorato.
Jule Eisenbud era uno psichiatra e parapsicologo statunitense.
[11] La intendo come «simile alla sua» di trascrizione, ovvero di quella fatta da Di Simone e pubblicata in *Informazioni di parapsicologia*, tratta dalla registrazione della prima conferenza.
[12] I puntini qui e di seguito sono come nella riproduzione di Di Simone, che non ha riportato la lettera integralmente. La «parte personale di Rol» è quella della lettera di Rol del 1969, non spedita, letta da Rappelli in conferenza (*supra*, p. 246 e p. 266).
[13] Gli scribi e Gesù, per l'appunto.
[14] Mengoli, nella comunicazione-sunto sulla riunione del 16/11/1969 a Milano (*supra*, p. 269) aveva riferito che «il dott. Inardi ha esposto i vari giochi con le carte». È curioso che Riccardi faccia un tale commento senza far seguire anche un'eventuale auto-critica, visto che da appena due mesi aveva pubblicato *Operazioni psichiche sulla materia* dove un capitolo è intitolato *Rol e le carte da giuoco* (per non parlare della «pittura spiritica» e dei molti altri elementi che dovettero *amareggiare* Rol). Evidentemente faceva finta, con Di Simone, che nulla fosse successo.
[15] Quindi il 16 marzo 1970, probabilmente il quinto incontro con Rol (i precedenti accertati furono: 03/06/1965, 30/04/1966, 29/01/1970, 31/01/1970).
[16] Ciò che ho evidenziato nella nota 7 a p. 155. Il fatto che non menzioni anche i presunti "giochi" durante il servizio militare conferma l'inattendibilità di quella prima comunicazione.

mazzi di carte riuscisse a costruire un ponte, facendoselo collaudare positivamente proprio da lei[17], a nessuno verrebbe in mente che si tratta ancora di un gioco di carte. Gli esperimenti con lo stesso materiale sono anch'essi dei "ponti", nell'aspirazione profonda di Rol[18]. Io gli potrei rimproverare di essersi troppo sperduto in passato con persone che del "ponte" non si sono minimamente accorte[19]. Ma a lei e a Comin non sfuggirà nessun significato profondo.

L'azione difensiva del dottor Rol verso i "maltrattamenti" stampati su IP consiste nell'invitarla quando vuole, con un assistente, qui a Torino per una seduta di intervista e di esperienze. Poiché io sarò con voi, dia pure a me i particolari del viaggio. Molti cordiali saluti.

P.S. Che un solo assistente sarà accolto mi è stato fissato da Rol. Io gradirei molto che fosse Jacopo Comin[20] ... anzitutto perché mi riconoscerà quando ci incontreremo, poi perché ha preparato diverse lezioni su Rol per l'Accademia Tiberina e vorrebbe svilupparle[21].

---

[17] Di Simone era architetto.
[18] L'immagine del ponte costruito con le carte è molto suggestiva e pertinente.
[19] Critica analoga, amichevole, gli aveva fatto anche Pitigrilli nel 1952: «se la nostra vecchia amicizia mi autorizza a fargli un rimprovero, è di aver ammesso alle sue esperienze – che i superficiali chiamano "giuochi" – troppi analfabeti e mezze calzette, cialtroni e imbecilli, falliti alla licenza liceale e al diploma di ragioniere, snobs, signorinette e facilioni» (vol. IV, p. 112).
[20] *Nota di Di Simone*: «Per un grave impedimento, Jacopo Comin, altro fraterno amico, poté accompagnarmi soltanto all'aereo in partenza da Roma per Torino. E così arrivai da solo a destinazione» (p. 36).
[21] pp. 35-36. Le lezioni su Rol per l'Accademia Tiberina sarebbero poi state trasformate da Comin negli articoli del 1973 su *Scienza e Ignoto*.
Di Simone poi aveva aggiunto: «Sul retro della lettera di Riccardi, Gustavo Rol aveva aggiunto, con la sua fotografia, le frasi seguenti: *Egregio dottor Di Simone, non avevo affatto messo a punto il questionario da Lei inviatomi. Sono veramente spiacente di tutto quanto è successo. Il bravo Rappelli ha detto troppo o troppo poco... In ogni modo io spero di vederla a Torino per quella dimostrazione che tanto desidera. Suo dev.mo G.A. Rol*» (p. 36).

Lettere di Giorgio di Simone
1970a

Napoli, 20 marzo 1970

Egregio Dottor Rol,

ho ricevuto la lettera del 17/3 del Com.te Riccardi, con l'appendice scritta da Lei[1] e sono sinceramente dispiaciuto di quanto è successo, anche perchè sono certo che vi sia stato un grosso malinteso. Il fatto è che non ho mai personalmente posto in dubbio l'autenticità dei fenomeni da Lei esplicati, anche se non potrei giurarci sopra (almeno per alcuni di essi più insoliti ed eccezionali). Tanti testimoni li hanno accertati e la Sua stessa figura d'uomo generoso ed integerrimo è una valida garanzia a loro favore.
Quello che ho però ritenuto giusto, in quanto parapsicologo venuto a conoscenza di una certa teoria, è stato di criticare tale teoria sulla base di una registrazione in cui l'Avv. Rappelli ha esplicitamente dichiarato di riferirsi ad una Sua teoria esplicativa[2] della serie di fenomeni che Lei è in grado di produrre.
E non si tratta neanche di disappunto, in qualità di direttore di una Rivista, come crede Riccardi, per non avere avuto le Sue risposte al nostro questionario. Ormai, consideravo chiusa la faccenda e non nutrivo, mi creda, nessun sentimento di rivalsa nei Suoi confronti. Il fatto solo che si sia potuto pensare ad una cosa del genere, amareggia me in quanto uomo dedicato a studi che hanno bisogno di serenità d'animo e di obbiettività di giudizio. – Comunque, se qualche mia espressione dell'articolo di "IP" è andata oltre le mie intenzioni, voglia scusarmi, perchè non intendevo assolutamente recarLe danno.
Sono lieto pertanto che Lei mi abbia invitato a Torino. Malgrado il viaggio rappresenti per me un grosso sacrificio, sopratutto in questa stagione inclemente, lo affronterò con gioia, lieto anche della compagnia del Dr Comin di Roma, con il quale mi sono messo già d'accordo[3].
Durante la serie di esperimenti, io Le sarò vicino attento ed armato di tutti i miei strumenti critici (mentali, s'intende), ma, in quanto architetto, saprò

---

[1] Vedi pagine precedenti.
[2] Quella dello *spirito intelligente*, illustrata per la prima volta in maniera estesa da Rappelli.
[3] Ma che come già si è visto non lo avrebbe poi accompagnato, causa un impedimento.

anche osservare le cose con animo di artista, per integrare nel modo migliore i due aspetti del problema[4].

Oggi stesso scrivo anche a Riccardi per dirgli del programma. Penso di essere, con Comin, a Torino mercoledi 25 prossimo, di sera, se tutto va bene. In tal caso si potrebbe dividere in due fasi la sperimentazione, se Lei è d'accordo (una parte la sera stessa, ammesso ch'io non sia troppo stanco, ed una parte l'indomani), oppure si potrà adoperare l'intero pomeriggio di giovedi 26.

La ringrazio ancora dell'invito e mi creda sinceramente e cordialmente

[firma]

---

[4] Questo certo era un elemento che Rol apprezzava e deve aver apprezzato in Di Simone: la capacità di usare la ragione e il senso critico in concomitanza con la sensibilità, l'ispirazione, il senso estetico e l'intuizione propria degli artisti. Ciò che, da un punto di vista neurologico, si traduce in un uso equilbrato, costruttivo, *sinergico*, dei due emisferi cerebrali, terreno adatto a favorire la fioritura della *coscienza sublime*.

PROF. ARCH. GIORGIO DI SIMONE · VIA BELVEDERE 87 · 80127 NAPOLI · TELEF. 647343

Napoli, 20 marzo 1970

Preg/mo Dottor
   Gustavo A. Rol
via Silvio Pellico, 31
T O R I N O

Egregio Dottor Rol, ho ricevuto la lettera del 17/3 del Com.te Riccardi, con l'appendice scritta da Lei e sono sinceramente dispiaciuto di quanto è successo, anche perchè sono certo che vi sia stato un grosso malinteso. Il fatto è che non ho mai personalmente posto in dubbio l'autenticità dei fenomeni da Lei esplicati, anche se non potrei giurarci sopra (almeno per alcuni di essi più insoliti ed eccezionali). Tanti testimoni li hanno accertati e la Sua stessa figura d'uomo generoso ed integerrimo è una valida garanzia a loro favore.

Quello che ho però ritenuto giusto, in quanto parapsicologo venuto a conoscenza di una certa teoria, criticare tale teoria sulla base di una registrazione in cui l'Avv. Rappelli ha esplicitamente dichiarato di riferirsi ad una Sua teoria esplicativa della serie di fenomeni che Lei è in grado di produrre.

E non si tratta neanche di disappunto, in qualità di Direttore di una Rivista, come crede Riccardi, per non avere avuto le Sue risposte al nostro questionario. Ormai consideravo chiusa la faccenda e non nutrivo, mi creda, nessun sentimento di rivalsa nei Suoi confronti. Il fatto solo che si sia potuto pensare ad una cosa del genere, amareggia me in quanto uomo dedicato a studi che hanno bisogno di serenità d'animo e di obbiettività di giudizio.

Comunque, se qualche mia espressione dell'articolo di "IP" è andata oltre le mie intenzioni, voglia scusarmi, perchè non intendevo assolutamente

./.

(foto © Franco Rol – Archivio Storico del Comune di Torino)

recarLe danno.

Sono lieto pertanto che Lei mi abbia invitato a Torino. Malgrado il viaggio rappresenti per me un grosso sacrificio, soprattutto in questa stagione inclemente, lo affronterò con gioia, lieto anche della compagnia del Dr Comin di Roma, con il quale mi sono messo già d'accordo.

Durante la serie di esperimenti, io Le sarò vicino attento ed armato di tutti i miei strumenti critici (mentali s'intende), ma in quanto architetto, saprò anche osservare le cose con animo di artista, per integrare nel modo migliore i due aspetti del problema.

Oggi stesso scrivo anche a Riccardi per dirgli del programma. Penso di essere, con Comin, a Torino mercoledì 25 prossimo, di sera, se tutto va bene. In tal caso si potrebbe dividere in due fasi la sperimentazione, se Lei è d'accordo (una parte la sera stessa, ammesso ch'io non sia troppo stanco, ed una parte l'indomani), oppure si potrà adoperare l'intero pomeriggio di giovedì 26.

La ringrazio ancora dell'invito e mi creda sinceramente e cordialmente

Napoli, 31 marzo 1970

Caro ed Egregio Dottor Rol,

debbo innanzitutto ringraziarLa per la cordialità con la quale mi ha accolto a Torino per l'incontro avvenuto a casa Sua[5], una casa la cui strana e suggestiva atmosfera ricorderò a lungo...
Per il momento sono ancora con la mente colma di pensieri, idee e desideri connessi al nostro troppo breve incontro; breve, ma sufficiente a chiarirmi alcune cose, al di là del fatto puramente obbiettivo e scientifico.
Ritengo anche che Lei abbia probabilmente (come ha Lei stesso accennato) la possibilità di "trasmettere" parte dei "poteri"[6] (come si direbbe con termine preso in prestito alla magia...) o almeno l'orientamento tecnico e di studio per trovare in sé stessi l'atteggiamento più idoneo al loro volontario svolgimento. Debbo sinceramente ammettere che invidio in Lei le facoltà che Le permettono di recare aiuto e sollievo al prossimo e sopratutto quella applicata ad esempio alle carte, atta ad aprire in qualunque mente varchi verso una dimensione di raccordo con la Realtà divina.
Ritiene sia giusto, utile ed opportuno iniziare con me un rapporto in questo senso? Le Sue ultime parole dette a casa Sua me lo fanno sperare, e non credo che la distanza che ci separa sia un ostacolo!
La Sua vita, i Suoi doni, non possono non diventare un ponte verso il piano divino, con una scelta oculata del momento, delle persone, dei mezzi... Anch'io, dal mio punto di osservazione dell'infinito, cerco di fare lo stesso tramite gli scritti "Dalla dimensione x"[7]. I mazzi sono diversi, ma la finalità è identica nei due casi.
Vorrei proporLe, tra l'altro, di scrivere la Sua biografia, ma mi rendo conto che per questo Lei ha eventualmente persone più vicine che possano farlo meglio di me[8].

---

[5] Avvenuto cinque giorni prima, il 26 marzo, solo tra Di Simone e Rol (si veda *Oltre l'umano*, 2009, p. 43 e sgg.), mentre la sera precedente c'era stato il primo incontro con esperimenti a casa di Rappelli, come spiegherà poi nel n. 2 di *Informazioni di parapsicologia* (*infra*, p. 372).
[6] Sì, ciò che io ho chiamato *trasferimento di coscienza*; Di Simone vi ritorna nella lettera del 9 aprile (*infra*, p. 370) e a maggio nel secondo articolo di *IP* (*infra*, p. 380).
[7] Uscito poi come: *Rapporto dalla Dimensione X: la vita, la morte, l'aldilà*, Edizioni Mediterranee, Roma, 1973.
[8] La proposta non ebbe seguito. Nel suo libro del 1996 l'autore commentava: «Ricordo... quando gli parlai del mio desiderio di scrivere la sua biografia, e in me – lo confesso! – c'era anche il desiderio di tentare di far "quadrare" i conti su quelle immense possibilità che Rol esprimeva. Egli non mi disse di no, ma mi parlò di varie casse di documenti che probabilmente avrei dovuto consultare, e

Mi auguro fortemente di rivederLa a Napoli ed in questo ho la Sua promessa cui, sono certo, non mancherà. Il mio augurio è quindi, direi, una certezza!
Dal momento in cui mi ha telefonato all'albergo per chiedermi un ulteriore incontro, ho sentito crescere una spontanea sintonìa, culminata nella stretta di mano finale che era infatti qualcosa di più di una stretta di mano...
In attesa di Sue buone notizie, La ringrazio ancora e Le invio i miei più cordiali e cari saluti.

Suo [firma]

> PS. Mi permetto inviarLe a parte un mio libro di Architettura, nella speranza che possa interessarLa. Non ricordo se, a suo tempo, Le inviai il mio libro sul "guaritore" Andalini. Se non l'ho fatto, me lo dica, glielo invierò[9].
> Attendo anche, e mi scusi per la lunghezza della lettera, quel frammento di seta verde promesso.

---

così via. Non mi disse di no, ma mi resi quasi subito conto che il mio progetto, in buona parte egoistico (nel senso della mia personale ricerca parapsicologica), era praticamente irrealizzabile. Avrei dovuto vivere a breve distanza da lui, nella stessa città, per settimane e settimane; ma, almeno in quegli anni, la mia vita familiare e la mia professione non me lo consentivano in alcun modo. Ne fui naturalmente molto rammaricato, perché sapevo di perdere un'occasione unica e così era in realtà. (...). Per queste ragioni (...) l'esito dell'"operazione Biografia", con tutti i possibili controlli di rigore, era segnato negativamente» (p. 119, ed. 2009).

[9] In una lettera di Rol del 9 aprile 1970 – quella alla quale Rol fa riferimento nell'annotazione a mano al fondo della lettera di Di Simone e che lui ha pubblicato alle pp. 49-54 del suo libro – Rol commentava: «Non conosco il Suo libro sul guaritore Andalini e ritengo debba essere molto interessante, anche perché ne ho sentito parlare molto favorevolmente. Pur ringraziandola vivamente, non desidero leggerlo. Rifuggo in genere da tutta la letteratura che tratta argomenti metapsichici poiché nulla – e questa è la mia maggiore preoccupazione – deve distogliermi da questo continuo affanno che mi trova costantemente impegnato all'osservazione spontanea di ogni cosa. È qui che io tento di trovare i mezzi per realizzare quei progressi ai quali appoggio tutto il mio lavoro» (*Oltre l'umano...*, 2ª ed., pp. 53-54). Il libro di Di Simone era *Vita di guaritore*, 1968. Quanto invece al libro di architettura che già gli aveva mandato (probabilmente *L'abitazione ed i maestri dell'architettura contemporanea*, 1961) Rol nella stessa lettera aveva scritto: «ho ricevuto l'interessante Suo libro. Ho apprezzato l'esposizione, chiara e avvincente di una materia che ha concetti estetici tanto elevati ma non accessibili a tutti. I Suoi allievi sono molto fortunati di essere condotti dalla Sua viva voce per una strada così nobile e aperta a problemi sempre più attuali» (*ib.*, p. 49). *Seconda ediz. 2024: si tratta effettivamente del volume che avevo supposto, trovato con l'inventario fatto nel 2023 da parte dell'Archivio Storico del Comune di Torino, si veda la dedica di Di Simone a p. 441.*

Dovrei scrivere di Lei ancora (forse anche per "Metapsichica"[10]), ma spero stavolta di dire quanto debbo dire senza ferire in alcun modo i Suoi sentimenti.

Suo [firma]

[*annotazione di Rol*] Risposto 9 aprile

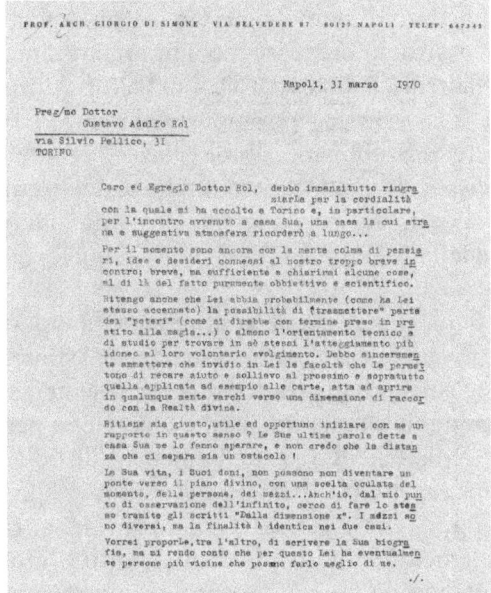

(foto © Franco Rol – Archivio Storico del Comune di Torino)

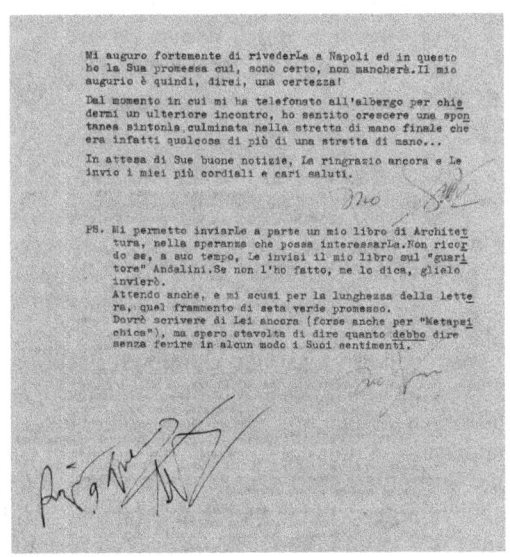

---

[10] Lo farà prima su *Informazioni di parapsicologia* e poi con lo stesso articolo, salvo poche varianti, su *Metapsichica* (*infra*, p. 372).

Pochi giorni dopo Jacopo Comin mandava a Di Simone questa lettera:

Roma, 4.4.70

Caro Professore,

... Comprendo perfettamente il Suo stato d'animo riguardo a Rol. Anche perché le esperienze cui Lei ha assistito, pur essendo importantissime nelle loro risultanze, e pienamente dimostrative della potenza psicocinetica del sensitivo, non sono, forse, proprio quelle che Lei avrebbe desiderato veder compiere. Le abbiamo, direi quasi, "vedute" nelle molte descrizioni precise che ce ne hanno dato studiosi della cui competenza e scrupolosità siamo certi, da Talamonti a Riccardi, dallo stesso Pitigrilli a Fellini e a Castellani[11], a De Boni, con il quale ne abbiamo parlato lungamente.

È probabile che essendo in condizioni di seguirle in continuità, come può fare il solo Rappelli e credo, in parte, Riccardi, sarebbe possibile, vincendo l'interesse per il puro meccanismo, di scorgere qualche elemento trascendentale che interviene senza dubbio nella immagine mentale e, per conseguenza, nella esecuzione. Ma ritengo estremamente difficile percepire questi fattori a una prima esperienza. Per fortuna Lei avrà altre occasioni di incontrare Rol, e mi auguro che egli voglia darle prova di altri e, secondo me, più fondamentali elementi della sua medianità multiforme. Lei sa benissimo quali io intendo e quali possono interessarla maggiormente. Per esempio la "pittura medianica", per la quale l'interpretazione psicocinetica mi sembra semplicistica o di comodo. Se questo tipo di ipotesi fosse, come io credo, da scartare, si dovrebbe ricorrere a un potere di "evocazione" a volontà davvero eccezionale! O rifarsi a congetture di "interscambi psichici" straordinarie...

il Suo Jacopo Comin[12]

---

[11] Dovrebbe trattarsi del regista e sceneggiatore Renato Castellani (1913-1985) che tre anni prima, nel 1967, aveva diretto il film *Questi fantasmi*, con Sophia Loren, Vittorio Gassman e Marcello Mastroianni. Comin non fornisce la fonte, forse conosceva direttamente Castellani, il quale potrebbe avere conosciuto Rol all'inizio degli anni '60, in base a quanto aveva scritto Nino Rota – che si apprestava a musicare il film di Castellani *Il brigante* (1961) – nella lettera a Rol del 29 giugno 1961 (*supra*, p. 55): «Ho saputo però, sia dallo stesso Castellani che da altre persone ipercritiche e mai indulgenti che il lavoro, da te fatto, di ricerca e di inquadramento storico, è originalissimo e di eccezionale interesse: oltre che di notevole impegno»; il «lavoro» riguardava il film *Venere imperiale* (1962) poi non diretto da Castellani.
[12] *Oltre l'umano*, cit., pp. 48-49.

Napoli, 9 aprile 1970

Caro ed Egregio Dottor Rol, ho bisogno di Lei! Non è né una cosa urgente, né grave, e mi permetto di approfittare del fatto che ancora Lei non ha risposto alla mia precedente lettera[13], per allungare di poco la lista dei miei quesiti[14], quesiti che mi frullano continuamente per il capo...

Ho tentato qualche semplice esperimento con le carte e il risultato è stato lusinghiero. Tale risultato, per ogni colpo andato a segno, ha una probabilità matematica di 1 contro 2704 di essere dovuto al caso![15]

Molte volte sono andato vicino al successo e sempre ho "sentito" che mi manca qualcosa di essenziale, a parte – ovviamente e giustamente – il Suo lunghissimo e laborioso tirocinio[16], con penetrazione sempre più profonda dell'intima natura della materia (direi, dell'idea di materialità).

Ed ecco quindi i quesiti:
Cosa intende precisamente per "quinta armonica".
Chi s'intende di musica mi ha parlato di "quinta minore" o "maggiore"...?
Come schematizza armonicamente e mentalmente la componente "calore"?
Come ordina l'esperimento? Visualizzando mentalmente l'ordine da dare alla carta scelta, o la sua posizione? ...
La Sua è forse una pratica di tipo iniziatico?

Voglia perdonarmi l'insistenza delle domande e le consideri come quelle di un discepolo[17].

---

[13] Per coincidenza, Rol scrisse la lettera di risposta lo stesso giorno in cui Di Simone scriveva a sua volta a Rol (Di Simone l'avrebbe quindi ricevuta nei giorni successivi).

[14] In aggiunta a quelli di cui non aveva avuto risposta scritta da Rol e ai quali Rol di persona e nella stessa lettera concomitante del 9 aprile dovette poi in parte rispondere. Consta anche che Rol telefonò a Di Simone pochi giorni prima, il 4 aprile (*infra*, p. 392 nota 4).

[15] In *IP* fornirà maggiori dettagli (*infra*, p. 378 e sgg.).

[16] Rol dovette spiegare a Di Simone che le sue *possibilità* erano sì un "dono", ricevuto però come conseguenza di un «lunghissimo e laborioso tirocinio» su se stesso che lo condusse alla *coscienza sublime*.

[17] Che quindi, implicitamente, già riconosceva in Rol un Maestro. Non è dato sapere se Rol rispose nello specifico a questi ulteriori quesiti. La sua lettera successiva a Di Simone era del giugno 1970 (pubblicata in *Oltre l'umano* a pp. 61-64), successiva al secondo articolo su *IP* di maggio, e l'unico eventuale indizio di risposta (nel caso, elusiva, né avrebbe potuto essere diversamente, *in quella fase preliminare*, per lettera e su questioni *complesse*) è il seguente: «Quanto felice sarei se potessi darle una formula, una regola, una qualunque cosa

Debbo però dirLe un'ultima importante cosa, un pensiero che mi è venuto, e cioè questo: sono certo che il Suo potere di modificare l'ordine delle cose e la stessa materia (telecinesi o psicocinesi, se così vogliamo chiamarla) <u>è in grado, Lei volendolo, di modificare la struttura specifica interna di un uomo, in modo tale da dargli, almeno in parte, le Sue stesse possibilità</u>[18]...

In attesa di leggerLa al più presto, Le sono infinitamente grato del Suo aiuto e della Sua vicinanza e Le invio i miei più cordiali saluti e auguri.

Suo [firma]

PS. Un'ultimissima cosa. Cosa mi consiglia di fare o di prendere per bloccare, o frenare, la dispersione di energia nervosa che Lei ha perfettamente percepito in me?[19] Ancora grazie di tutto!...

[firma]

---

suscettibile di metterla in grado di abbreviare la strada e di penetrare quei concetti – (quelle verità) – che sono già alla portata di chiunque».

[18] È interessante constatare la precisione della descrizione che Di Simone dà, considerato che aveva incontrato Rol una sola volta. Si comprende che questo punto lo aveva particolarmente interessato e colpito, sottolineandolo e avendovi già accennato nella lettera precedente e di nuovo nel numero di *IP* di maggio.

[19] A un giornalista de *Il Giornale d'Italia* (*infra*, p. 394) Di Simone nel 1972 aveva detto che: «Appena misi piede in casa sua, mi fece un quadro sorprendentemente esatto delle mie condizioni fisiche, precisando di quali disturbi soffrivo»; questo avvenne il 25 marzo 1970. Il giorno dopo invece, al momento del congedo accadde questo: «Personalmente soffrivo da tempo, già allora, di coliche renali, terribili schianti che mi atterravano per più giorni. Egli lo sapeva e, salutandomi sulla porta di casa, si piegò sulle ginocchia, sfiorandomi con le mani aperte i reni, poi disse: "Non c'è niente ora, sei pulito!"» (*Oltre l'umano*, p. 46). Non è dato sapere quali consigli Rol poi diede, se li diede. In una telefonata del 23 dicembre 1971 invece: «Colsi poi l'occasione per chiedergli consiglio a proposito di alcuni disturbi di cui soffriva in quel momento mia moglie. Disponibile come sempre mi disse qualcosa che in un secondo tempo risultò essere esatto» (*ib.*, p. 67).

PROF. ARCH. GIORGIO DI SIMONE - VIA BELVEDERE 87 - 80127 NAPOLI - TELEF. 647343

Napoli, 9 aprile 1970

Preg.mo Dottor
Gustavo A. Rol
via S. Pellico, 31
TORINO

Caro ed Egregio Dottor Rol, ho bisogno di Lei! Non è né una cosa urgente, né grave, e mi permetto di approfittare del fatto che ancora Lei non ha risposto alla mia precedente lettera, per allungare di poco la lista dei miei quesiti, quesiti che mi frullano continuamente per il capo...

Ho tentato qualche semplice esperimento con le carte e il risultato è stato lusinghiero. Tale risultato, per ogni colpo andato a segno, ha una probabilità matematica di 1 contro 2704 di essere dovuto al caso!

Molte volte sono andato vicino al successo e sempre ho "sentito" che mi manca qualcosa di essenziale, a parte -ovviamente e giustamente- il Suo lunghissimo e laborioso tirocinio, con penetrazione sempre più profonda dell'intima natura della materia (direi, anzi, dell'idea di materialità).

Ed ecco quindi i quesiti:
Cosa intende precisamente per "quinta armonica". Chi s'intende di musica mi ha parlato di "quinta minore" o "maggiore"...?
Come schematizza armonicamente e mentalmente la componente "calore"?
Come ordina l'esperimento? Visualizzando mentalmente l'ordine da dare alla carta scelta, o la sua posizione?...
La Sua è forse una pratica di tipo iniziatico?

Voglia perdonarmi l'insistenza delle domande e le consideri come quelle di un discepolo.
Debbo però dirLe un'ultima importante cosa, un

./.

(foto © Franco Rol – Archivio Storico del Comune di Torino)

pensiero che mi è venuto, e cioè questo: sono certo che il Suo potere di modificare l'ordine delle cose e la stessa materia (telecinesi o psicocinesi, se così vogliamo chiamarla) è in grado, Lei volendolo, di modificare la struttura specifica interna di un uomo, in modo tale da dargli, almeno in parte, le Sue stesse possibilità...

In attesa di leggerLa al più presto, Le sono infinitamente grato del Suo aiuto e della Sua vicinanza e Le invio i miei più cordiali saluti e auguri.

PS. Un'ultimissima cosa. Cosa mi consiglia di fare o di prendere per bloccare, o frenare, la dispersione di energia nervosa che Lei ha perfettamente percepito in me? Ancora grazie di tutto!...

Incontro con Gustavo Adolfo Rol

di Giorgio di Simone

31/05/1970[1]

È per me innanzi tutto doveroso riprendere qui il discorso iniziato sotto il titolo «Opinioni», dopo il mio recentissimo incontro con il Dr. Rol di Torino. E ciò soprattutto per rendere giustizia all'elevato aspetto umano e spirituale della sua vicenda; al di là di una polemica i cui termini sono superati dalla consapevolezza ormai raggiunta di ciò che, nel profondo, anima le parole e l'azione dell'eccezionale protagonista di eventi che per il loro intimo, valido significato, si pongono in una dimensione extra-scientifica.

Il fatto emergente è che per me, ora, è piuttosto difficile proseguire un discorso che potrebbe condurre molto lontano e che dovrebbe trattare di cose non tutte facilmente esprimibili in termini di comune comprensione[2].

Sarà quindi, in definitiva, opportuno dividere in due parti questo breve discorso su di una personalità e su ciò che essa è in grado di fare: personalità sulla quale si è già scritto e parlato a lungo[3].

---

[1] Memoria presentata alla XXXII riunione dell'A.I.S.M., il 31 maggio 1970, pubblicata su: *Informazioni di Parapsicologia*, n. 2, maggio 1970, pp. 5-11 e in seguito su: *Metapsichica*, fasc. III-IV, lug.-dic. 1970, pp. 112-118, con qualche variante. I corsivi nel testo sono dell'autore.

[2] Questo *incipit* – presente in *IP* ma non in *Metapsichica* – mostra un cambio di tono decisivo rispetto a quello polemico e provocatorio del fascicolo precedente, di pochi mesi prima. La ragione? L'autore ha conosciuto Rol. Ad altri sarà necessario più di un incontro per cambiare tono e come abbiamo visto, una manciata tra coloro che non hanno avuto questa opportunità (per causa loro) hanno continuato con la stessa musica stonata. Come scrivo nel 2003 in uno dei miei primi contributi *contro gli scettici*, «lo scetticismo nei confronti di Rol è, in media, inversamente proporzionale alle volte che gli scettici lo hanno incontrato: con l'aumento degli incontri infatti, lo scetticismo tende a diminuire, tanto che, da 3/4 incontri in poi, anche per i più coriacei positivisti scompare del tutto. Lo scetticismo, quindi, decresce con l'aumento degli incontri. È pertanto inversamente proporzionale a tale aumento. Se si è incontrato Rol 0 volte, lo scetticismo è scontato. E la maggior parte degli scettici che hanno scritto di Rol fanno parte di questa categoria, tanto che le loro speculazioni si moltiplicano indefinitamente senza appoggiarsi sulla conoscenza reale del personaggio (o su di un approfondimento esente da pregiudizi)» (*2000-2013.gustavorol.org/ scetticismo.htm*).

[3] *Nota di Di Simone*: «vedi, ad es., l'articolo del Com.te Riccardi su "Metapsichica" (n. di luglio-dicembre 1966: "Gustavo Adolfo Rol")» (*supra*, p. 154).

Ho una certa e piuttosto lunga esperienza diretta di fenomeni paranormali, soprattutto nel campo della «trance» ad incorporazione, ma è stata questa la prima volta che ho avuto modo di constatare in un vivente, perfettamente sveglio, l'eccezionale potenza di azione della mente sulla materia[4], attraverso gli ormai classici esperimenti che il Dr. Rol esegue con semplici mazzi di carte da poker.

La sera del 25 marzo scorso sono stato spettatore (ed anche, per una minima parte, attore) di una quindicina di tali esperimenti, tesi a mettere in chiara luce l'azione paranormale esercitata dal Rol su cinque mazzi di carte, *due dei quali erano stati portati da me,* dopo averli acquistati il giorno prima a Napoli, su suggerimento dello stesso Rol.

Eravamo in cinque, nell'accogliente casa dei coniugi Rappelli, a Torino: il Dr. Rol, io, il Com.te Riccardi (del Consiglio Direttivo dell'AISM), l'Avv. Rappelli e la Signora Rappelli (disposti in senso orario).

È superfluo, ritengo, enunciare e descrivere per l'ennesima volta le modalità secondo cui si sono svolti gli esperimenti, tra le 22.20 circa e le 2 di quella notte. Molti ricercatori, studiosi e profani di scienza, lo hanno già fatto e mi sembra che la prassi sia grossomodo sempre la stessa, mentre sempre identico è il desiderio del Dr. Rol di salvaguardare l'assoluta obbiettività e genuinità dei fenomeni[5]. Soltanto io (e qualche volta il com.te Riccardi) toccavamo il mazzo di carte strumento e base dei fenomeni stessi. Ne descriverò soltanto uno, per coloro che non ne avessero ancora conoscenza. Il Dr. Rol sgrana un mazzo di 52 carte aperte e fa scegliere *a caso* la carta campione facendo scorrere l'indice sulle carte fino al mio «alt». Isolata la carta situata a picco sotto il dito bloccato dall'alt, Rol mi fa mescolare un secondo mazzo (uno di quelli portati da me), dopo di che me lo fa gettare sul tavolo a dorso in su: le carte scorrono l'una sull'altra per un attimo: l'unica ad essere capovolta, e cioè visibile, è quella corrispondente alla carta campione prima determinata![6]

Da quella sera ho riflettuto e meditato a lungo su quella «normalmente» incredibile serie di esperimenti, vagliando – alla luce delle mie

---

[4] Si confronti questa *constatazione*, che conferma quella di altre decine persone, con le speculazioni di Jolanda Valerio de Carli che non aveva conosciuto Rol.

[5] È bastato un solo incontro a Di Simone per *constatare* che «la prassi sia grossomodo sempre la stessa» così come «il desiderio del Dr. Rol di salvaguardare l'assoluta obbiettività e genuinità dei fenomeni»: ecco poche parole che vanno ad aggiungersi alle decine di elementi che escludono che Rol potesse essere un illusionista, che non potrebbe permettersi, a distanza ravvicinata, in ambiente non preparato e in piena luce, di mostrare sempre lo "stesso" repertorio, pena essere prima o poi scoperto; soprattutto se poi non è più giovane e lesto di mano.

[6] Questo esperimento, per mia svista, non è stato inserito nei volumi precedenti dell'antologia, ciò che sarà fatto in un volume futuro. La carta campione era probabilmente il 10 di fiori, che Di Simone poi troverà più volte anche negli esperimenti tentati da solo a casa sua (cfr. *infra*, pp. 391-392).

conoscenze ed esperienze di parapsicologo – tutte le possibili ipotesi atte a dare una certa spiegazione della fenomenologia in atto, e ciò senza trascurare gli altri tipi di fenomeni prodotti dal Dr. Rol: dalla «pittura al buio», alla «proiezione» di figure a grafite su oggetti più o meno distanti, agli apporti, agli episodi di chiaroveggenza, alla sua opera di «guaritore» disinteressato, e con la sola esclusione dei famosi «viaggi nel tempo», sia perché il loro meccanismo appare troppo complesso e discutibile[7], soprattutto a chi come me non li ha direttamente sperimentati, sia perché essi esigono un discorso a parte, le cui implicazioni di ordine filosofico sono particolarmente pesanti[8] ed impegnative.

A questo punto ritengo di poter dire che, dal mio soggettivissimo punto di vista, la «forza» messa in azione è di tipo *esclusivamente* telecinetico (con l'eventuale, saltuario, ausilio di un potere di chiaroveggenza[9], una telecinesi dalle caratteristiche eccezionali, sia dal punto di vista della potenza e precisione, sia da quello della volontarietà. Si comprenderà in seguito perché per me è fenomeno telecinetico anche quello che «proietta» i colori adatti sull'adeguato supporto (tela, legno, cartone,...) nella «pittura al buio». Solo che in questo caso il fatto avviene in gran parte *inconsciamente,* ed è – sempre a mio avviso – condizionato qualitativamente in senso stilistico dal rapporto di sintonìa che il Dr. Rol ha con la personalità del pittore francese Auguste Ravier (1814-1894), presunto autore dei quadretti di origine paranormale. E l'inizio di un certo fenomeno di trasfigurazione, cui ha accennato il Riccardi nel suo saggio, descrivendo il fenomeno, è secondo me perfettamente compatibile con la mia tesi, secondo anche quanto dirò fra poco.

La teoria del Dr. Rol, in merito soprattutto a questo fenomeno, è di tipo particolare, ma non desidero contestarla in modo specifico, anche perché su di un terreno così poco conosciuto le frange di eventi diversi spesso si toccano... Credo soltanto che sia doveroso da parte mia esporre la mia opinione sull'argomento, sulla scorta – come dicevo – della mia esperienza e del poco che so in merito alla «pittura al buio» del Dr. Rol.

Postulare qui l'intervento dell'entità spirituale del Ravier (ma non è questa l'idea del Rol) mi sembra eccessivo ed in flagrante contrasto con il principio mai contraddetto dell'assoluta libertà di azione di qualsivoglia entità spirituale. In una parola: non è stato mai possibile *imporre* ad una

---

[7] Indicativo che usi tale aggettivo: *discutibile,* commettendo lo stesso errore di pre-giudizio di quando ancora non aveva incontrato Rol. La *sindrome di San Tommaso* insomma.

[8] Sì, implicazioni pesanti come il macigno che si abbatte sulle teorie spiritiste, per il collegamento con la nozione di *spirito intelligente*.

[9] *Nota di Di Simone*: «Nei fenomeni più complessi è da postulare, per spiegare i fatti, un eccezionale potere di "trasmutazione" della materia, quindi, in definitiva, sempre una precisa influenza della mente sulla materia stessa».

entità spirituale l'estrinsecazione di un certo fenomeno[10]. Quando ciò è avvenuto (e la casistica parla chiaro) è stato perché la richiesta veniva fatta nell'ambito di un programma stabilito a priori *dalla stessa entità comunicante*[11], ed in funzione di certa *elevata* finalità da raggiungere, di tipo spirituale (vedi, ad es., i casi di «Katie King» o di «Stasia» della letteratura metapsichica[12]).

Ma mi rendo conto che parlare di «effetto PK» o telecinetico, significa soltanto catalogare i fenomeni rolliani, od almeno gran parte di essi, e se mi fermassi qui non avrei aggiunto un bel nulla a quanto finora è stato detto su di essi.

È necessario quindi da parte mia aggiungere che la sorgente, il fulcro di tutta la fenomenologia rolliana è di tipo *animico* e che Gustavo A. Rol trae dalla propria struttura animica la forza che gli consente di dominare in parte la materia. Questa forza è una *forza medianica* (anche se in questo particolarissimo caso il termine «medianica» appare improprio!): è una forza, insomma, della stessa qualità di quella di cui si servono le intelligenze prive d'involucro corporeo per effettuare i noti fenomeni del basso, medio ed alto medianismo: solo che, nel caso del Rol, è egli stesso che si avvale della predetta forza per renderla materia docile ai suoi comandi[13].

---

[10] Al di là che l'«entità», una volta inquadrata come *spirito intelligente*, concederebbe supposizioni di tipo diverso da quelle consuete spiritistiche, e al di là che un medium, nella *trance*, effettivamente non possa imporre il suo volere data la passività intrinseca nella quale si trova, mi limito a segnalare ancora una volta, come materia di riflessione – in diretto contrasto con quanto afferma Di Simone – l'episodio di cui fu testimone Rappelli, del busto di marmo che fu spostato da uno *spirito intelligente* dopo intimazione imperiosa di Rol (XVI-1bis). Tale episodio l'ho poi inquadrato in maniera non equivoca in *Fellini & Rol*, pp. 257-264.

[11] Essendo lo *spirito intelligente* una "entità-fotocopia", essa in realtà non ha una propria coscienza indipendente, ma è collegata direttamente alla psiche dei presenti presso i quali si manifesta. Si capirà quanto questa prospettiva sia distruttiva di tutte le teorie spiritiche. Analogamente alla teoria reincarnazionista, è come aver scoperto che è la Terra a girare intorno al Sole, e non il contrario, nonostante tutte le apparenze. In campo spiritualistico, la nozione di *spirito intelligente* è di fatto una *rivoluzione copernicana*.

[12] La «Stasia» cui l'autore si riferisce non è quella del circolo Poutet, ma la sua "predecessora", una personalità medianica che si era manifestata tra il 1909 e il 1912 tramite la medium polacca Stanislawa Tomczyk, e alla quale quella di Poutet si è poi "idealmente" collegata. Katie King fu il "fantasma" materializzato dalla medium Florence Cook nel 1873-1874.

[13] Ciò che, per usare l'espressione usata da Di Simone poche righe prima, è «in flagrante contrasto con il principio mai contraddetto dell'assoluta libertà di azione di qualsivoglia entità spirituale». In nota l'autore commentava: «Ciò – per inciso – giustifica la mancanza di "trance". Per altro verso, questa particolare "strutturazione" o "predisposizione" del complesso psico-animico del sensitivo,

Perché, quando si tratta di effettuare i fenomeni più complessi (la «pittura al buio» per es., o la «trasmutazione» di una carta) il Dr. Rol ha bisogno che la luce sia *meno intensa* del solito, o addirittura appena sufficiente a seguire il fenomeno? Con accettabile evidenza, perchè le radiazioni della luce elettrica o solare, come tutti sanno, *tecnicamente* interferiscono con l'estrinsecazione della «forza medianica»[14].

So che il Dr. Rol si disinteressa del fatto «spiritico» (la parola è brutta ed equivoca, ma per ora resta!), come – d'altra parte – si disinteressa della Parapsicologia (ed ormai, lo riconosco, a giusto titolo!). Spero però molto che non gli dispiaccia se esprimo con tutta franchezza la mia tesi circa la genesi dei suoi poteri PN. Non vorrei fare qui discorsi di carattere vagamente iniziatico, però ritengo opportuno dire che, a mio avviso (e la storia ce ne dà esempi notevoli), raggiunto un certo livello di «possibilità», ognuno di noi passa attraverso un qualche tipo d'«iniziazione» che in un certo qualmodo lo qualifica per il raggiungimento di particolari obbiettivi il cui tessuto connettivo è implicitamente di carattere spirituale, cioè unitario. Sono esperienze personali spesso incomunicabili, percezioni improvvise, incontri qualificanti, meditazioni tese sul filo di un rapporto intuitivo con la Realtà...

Qui, il racconto di questo per me tuttavia straordinario incontro, incontro che considero un autentico privilegio, si fa veramente difficile, perché è difficile stabilire un limite tra il dire troppo o troppo poco.

Ed anche perché si entra nell'osservazione della dimensione umana e spirituale di Gustavo A. Rol, componente dalla quale non si può e non si deve prescindere durante l'esame dei fatti che lo hanno per protagonista[15].

È ormai abbastanza noto che il Dr. Rol afferma di avere assimilato attraverso lunghi anni di pazienti ricerche e di esperimenti, la struttura ideale armonica, base essenziale dei suoi poteri. Uno schema mentale fondamentale che gli consente di agire sulla materia, come in effetti fa, a suo piacimento, ma entro certi limiti, ovviamente. Il ritmo, il colore (il verde), un certo stato vibratorio, formano la piattaforma interiore dalla

---

può richiamare l'interpretazione di "entità cibernetica" avanzata recentemente dal C.te Riccardi».

[14] La cosa non si può escludere, ma fino a una analisi comparata precisa e a quando in futuro questi fenomeni non saranno meglio compresi, darei priorità alle due ragioni che già ho evidenziato in precedenza, ovvero di *interferenza sensoriale* che crea fastidio alla concentrazione-percezione e di *precauzione necessaria* per evitare traumi nei presenti (cfr. *supra*, pp. 85-86 note 13-14; p. 138 nota 9, p. 278 nota 20, p. 306 nota 10).

[15] È questo uno dei meriti dell'autore, tra i pochissimi a capire, *già subito dopo aver conosciuto Rol*, l'importanza di coniugare l'approccio scientifico con quello spirituale per poterlo comprendere.

quale si sviluppa la sua facoltà paranormale, (ma ormai «normale» per lui!).

Le stesse, strane parole che egli fa pronunciare (e che probabilmente mormora o pensa) durante il corso rapidissimo degli esperimenti, servono a questo scopo. A tale proposito debbo confessare che nelle mie riflessioni sul caso (e non sembri strano), ho anche pensato molto ai rituali magici, ma solo per sgombrare il terreno delle ipotesi da quelle che non reggono ad una critica razionale[16]. Mi riferisco, ovviamente al concetto tradizionale di magìa, con le sue varie suddivisioni (magìa naturale, magìa cerimoniale, ...) perché per quanto riguarda altre accezioni possiamo tranquillamente dire che tutto è magìa: la nostra stessa vita, ad esempio![17]. Superata questa breve parentesi, dovrebbe apparire evidente che l'eccezionale controllo volontario della «forza» o energia di tipo medianico posseduta dal Rol, è il risultato di anni ed anni di pazienti tentativi, e che esso può provenire soltanto dalle sue più elevate possibilità in senso animico e spirituale, *applicate alla penetrazione della intima natura delle cose e, in genere, della materia.* Sono ancora pienamente d'accordo con lui quando afferma che *ognuno di noi ha in sè la possibilità di realizzare ciò che lui è riuscito a realizzare.*

Da questo travaglio che può essere sfibrante (ed anche pericoloso per menti fragili e non dotate in senso specifico) deriva quel famoso schema mentale armonico su cui fa leva l'energia medianica per la realizzazione dei fenomeni descritti, ed è anche logico pensare – come il Rol pensa – che per ognuno di noi può, deve esistere, un «metodo» soggettivo di approccio a tali realizzazioni; metodo che in quanto soggettivo è normalmente incomunicabile e indescrivibile per quanto concerne la sua intima carica[18].

---

[16] Come ho avuto già modo di scrivere, un *Illuminato* non è un mago, ma è *anche* mago, se non altro perché *agisce* volontariamente e senza *trance*. Rol tuttavia non aveva bisogno di rituali, e quelle poche volte che qualcosa del genere è parso ai presenti, erano solo eccezioni ad uso e consumo delle loro riflessioni e di quelle degli studiosi futuri.

[17] *Nota di Di Simone*: «Ho anche pensato alle "leve psichiche" (ectoplasmiche) invisibili del Crawford, e con riferimento a quanto accennato dal Bottazzi nel suo libro "Fenomeni medianici" (Perrella, Napoli, 1909) resoconto degli esperimenti fatti con E. Paladino».

[18] *Nota di Di Simone*: «Si può, a questo punto, postulare un parallelismo con l'"attivazione" dei "chakra" centri vitali della dottrina Yoga». – Analogia corretta di Di Simone. Tuttavia, lo yoga è una scienza precisa – come lo è la *scienza di Rol*, che infatti sin dal 2000 io affermo essere intelligibile proprio attraverso la scienza dello yoga –, dove la quota di soggettività è data al massimo dal punto diverso di partenza di ognuno, e dal tipo di percorso scelto all'interno però dello stesso "territorio" (tanto che vi sono diversi approcci della *sādhana* in conformità con la personalità, le tendenze, il carattere, la costituzione fisica, ecc. del *sādhaka* (praticante, apprendista), approcci basati tuttavia su principi neuro-

Vi è secondo me ancora una possibilità, ma non mi pare qui il caso di esprimerla senza prima averne approfondito le virtualità.

Il Dottor Piero Cassoli e il Dottor Massimo Inardi nella loro «nota preliminare sul Dottor Rol»[19] enunciano quattro punti che dovrebbero essere accettati dal sensitivo torinese per rendere scientificamente accertabili e rigorosi gli esperimenti. Essi sono: *a)* Che Rol dichiari precedentemente che cosa si ripropone di fare accadere e di far vedere; *b)* Che accetti di non toccare il mazzo su cui si svolge in genere l'accadimento paranormale; *c)* Che accetti che due macchine cinematografiche riprendano da due posizioni l'esperimento; *d)* Che accetti di sperimentare con mazzi nuovi ed intonsi procurati dagli indagatori.

Desidero esprimere brevemente la mia opinione su tali punti, nell'intento, fra l'altro, di collaborare (sul piano scientifico) alla soluzione del caso Rol. Per quanto mi riguarda (testimonio il Com.te Riccardi) il punto *(b)* e il punto *(d)* sono stati soddisfatti, come ho detto all'inizio. Sul punto *(a)* si può dissentire, nel senso che proprio in virtù di quanto ho scritto poc'anzi, il Dr. Rol è parzialmente condizionato dal suo «metodo» a schema armonico e evidentemente, spesso, l'idea del tipo di esperimento da effettuare gli balena al momento. D'altra parte il controllo del punto *(a)*, se ho ben capito le intenzioni del Dr. Cassoli e del Dr. Inardi, servirebbe ad escludere l'intervento del caso (ed un certo margine di eventuali «manipolazioni»!): ritengo però che le cose che accadono con Rol escludano automaticamente, secondo la Matematica Probabilistica, tale possibilità. Per quanto riguarda il punto *(c)*, la richiesta in esso contenuta tenderebbe a neutralizzare un eventuale fatto di tipo ipnotico-suggestivo ed a ricontrollare fotogramma per fotogramma lo svilupparsi del fenomeno. Non so se il Dr. Rol vorrà, o potrà, prendere in considerazione tale forma di controllo meccanico dei suoi esperimenti. Da parte mia escludo nel modo più assoluto l'intervento di fatti ipnotico-suggestivi (ai quali ho subito pensato!), per la semplice ragione che sono riuscito a realizzare a casa mia alcuni semplici esperimenti sulla scorta delle mie osservazioni e delle intuizioni avute[20].

---

psico-fisiologici comuni). Aggiungo che, come ho più volte fatto notare, se Rol ha definito «*legge*» la sua formalizzazione di *verde-quinta-calore*, in quanto tale non può essere per niente soggettiva (il che non esclude però che si possa arrivare al medesimo risultato passando da un'altra strada (meno diretta...?) che però solleciti i medesimi principi). Si vedano mie considerazioni al riguardo in *Fellini & Rol*, p. 272 e precedenti.

[19] Cfr. anche *supra*, p. 369.

[20] *Nota di Di Simone*: «Per eliminare anche il sospetto di suggestione, il Dr. Rol mi pregò dopo il primo esperimento la cui chiave era data da cinque 10 di fiori, di mettermeli in tasca per controllarli l'indomani, da solo».

Per ben quindici volte (su di un totale di circa settanta prove) sono riuscito (da solo o facendo maneggiare il mazzo di carte, sede dell'esperimento, da altri) a determinare *a priori* la posizione di una carta campione (scelta in un secondo mazzo secondo il sistema usato dal Rol). Ora una tale esatta localizzazione di una carta fra altre 51, ci dà un rapporto probabilistico che si esprime con la formula seguente: $1/52 \times 1/52 = 1/2704$, pari allo 0,009369 per cento!

Mi si dirà che ciò è valido soltanto per me, e sono pienamente d'accordo ... benché si tratti di inezie a confronto dei fenomeni rolliani!

Soggettivamente quindi, oltre quanto lo stesso Dr. Rol mi ha detto e che avevo in parte intuito, sull'intima natura dei suoi esperimenti, posso affermare che veramente questi chiari, tranquilli, eppure grandiosi fenomeni che si svolgono con un mezzo così mondano come le carte da gioco, rappresentano un ponte consapevolmente lanciato oltre la materia, oltre tutto il sensibile ed il noto, per l'ennesima affermazione di un Principio spirituale di fronte al quale la Scienza, così come la intendiamo, questa Scienza inevitabilmente razionale, elaborata per i nostri immediati bisogni di uomini della Terra, non può che inchinarsi, delimitando forzatamente il proprio, ahimé, troppo ristretto campo d'indagine: un campo che, comunque, siamo ben lungi dall'aver tutto dissodato!

***

Questa relazione è stata pubblicata pochi mesi dopo anche su Metapsichica, *dove però Di Simone ha aggiunto una lunga nota al fondo*:

Nota aggiuntiva - Poiché è stata differita, per ragioni editoriali, la pubblicazione della mia relazione sul dott. Rol, ritengo fare cosa utile alla ricerca aggiungendo le seguenti brevi note, che si riferiscono in modo particolare agli esperimenti da me compiuti con le carte da poker per la localizzazione, predeterminata mentalmente, di una carta campione nel mazzo stesso.

Ebbene, il numero dei «colpi» validi che, come ho scritto nell'ultima parte della relazione, raggiungevano all'inizio il 20 per cento circa del totale delle prove, è andato lentamente scemando nel tempo, fino ad un limite minimo di un «colpo» riuscito su di una serie di circa 20 «colpi»[21]. Dopodiché ho interrotto l'esperimento, anche per ragioni di disponibilità di tempo, e perché accusavo una certa stanchezza specifica.

---

[21] Nel 1996 Di Simone aggiungerà nel suo libro che «l'esperimento da me tentato (e riuscito ben 15 volte) consisteva nel "far andare" in cima al mazzo la carta prescelta. Questo straordinario "effetto Rol" (una sorta di trasmissione di poteri) andò lentamente declinando e sparì completamente dopo una quindicina di giorni» (p. 42, 2ª ed. 2009).

Ciò tenderebbe a indicare che il dott. Rol, durante il mio pur brevissimo contatto con lui, in marzo, mi avrebbe inconsciamente (credo) trasferito una piccola parte dei suoi poteri PN[22]. La possibilità di questo evento risulta anche dalla lettura di alcune relazioni pubblicate sul numero di giugno di «Metapsichica»[23]. Ancora: questo fenomeno, qualora si ripetesse con una certa costanza, dimostrerebbe la possibilità da parte del dott. Rol di «attivare» volontariamente – pur sempre, usando del suo potere sulla materia (organica od inorganica che sia) – in altre persone particolarmente predisposte, gli stessi poteri dal punto di vista qualitativo[24], che egli esplica così potentemente a volontà.

Chiudo definitivamente con un'ultima considerazione che penso abbia un certo rilievo nel tentativo di approccio ad un chiarimento dei fatti: durante i brevi istanti in cui mi concentravo per ottenere la riuscita degli esperimenti circa la localizzazione determinata di una carta (1°, 2°, ... ultimo posto del mazzo), spesso ho avuto la schiena percossa da un leggero brivido, rapido ma non propriamente piacevole! Ad esso corrispondeva *immancabilmente* un risultato positivo. Questa osservazione di dettaglio potrebbe, se confermata, rimettere in discussione il presupposto della non consapevolezza a priori, da parte dei sensitivi, della riuscita di un esperimento psi[25].

***

---

[22] Nella lettera a Rol del 31/03/1970 Di Simone aveva infatti scritto: «Ritengo anche che Lei abbia probabilmente (come ha Lei stesso accennato) la possibilità di "trasmettere" parte dei "poteri"» (*supra*, p. 365).

[23] Riccardi aveva confermato il 1° febbraio 1970 che Rol fosse in grado di «trasferire le sue facoltà», ad esempio lo vide «delegare una prova a un giovane sacerdote» (*supra*, p. 300). Prima del commento di Riccardi, già Pitigrilli, forse trent'anni prima, era stato "delegato" da Rol: «Dichiaro senz'altro che come "apprenti sorcier" non valgo niente. Quando ero assistito da Rol ho fatto anch'io delle cose spettacolose, ma da solo nulla mi riuscì. (...) quando ero solo, in casa mia, il risultato fu totalmente negativo» (vol. IV, p. 120); a Di Simone pare sia andata meglio, anche se a differenza di Pitigrilli, del sacerdote e di altri non era stato messo in condizione di fare gli stessi esperimenti di Rol in sua presenza; la sua è stata appena una (acuta) supposizione, l'alto tasso di successo sarebbe da ricondurre a una *influenza residua* di Rol e certo è una possibile spiegazione. L'alternativa è che Rol invece lo stesse aiutando, *in quel momento*, da remoto, cosa che ha fatto spesso con molti altri (si pensi agli esperimenti per telefono), e che gli avesse dato una *carica* per metterlo in condizione di riuscire, carica poi venuta meno naturalmente.

[24] La sua intuizione era corretta e anche rilevante, considerati i pochi elementi fattuali che aveva nel 1970.

[25] Di Simone, G., *Incontro con Gustavo Adolfo Rol*, Metapsichica, fasc. III-IV, lug.-dic. 1970, pp. 117-118.

Queste considerazioni finali sono molto significative. Quando le lessi la prima volta non potei non associarle subito al risveglio di kuṇḍalinī, che è propriamente ciò che un Maestro come Rol è in grado di suscitare a sua discrezione nel prossimo, sia per contatto che a distanza, ed è uno degli elementi principali che fanno parte di quei pochi lignaggi autentici maestro-discepolo, dove il maestro non trasmette solo una conoscenza o delle tecniche di meditazione, ma propriamente una "energia", un "impulso" che alla stregua di una fiamma passa all'apprendista, che per un certo tempo può mantenere accesa e che comunque poi non si spegne più, anche se solo in alcuni cresce fino al massimo della sua Potenza, mentre in quasi tutti gli altri rimane come brace di un fuoco quasi spento, se non c'è il giusto legno e il giusto ossigeno per tenerla attiva.
Rileggiamo il passaggio essenziale:

> «spesso ho avuto la schiena percossa da un leggero brivido, rapido ma non propriamente piacevole! Ad esso corrispondeva *immancabilmente* un risultato positivo».

Nel primo volume dell'antologia, nel 2012, scrivevo:

> «noi vediamo in questi brividi dei fulminei e brevissimi scatti di *kundalini*, che viene *risvegliata* per una frazione di tempo sufficiente a creare quello stato di neutralità che favorisce l'esito positivo dell'esperimento. Si tratta della *chiave di volta fisiologica* degli esperimenti di Rol»[26].

Quel mio commento prescindeva da quanto lo stesso Di Simone aveva poi scritto nel suo libro nel 1996 e che io non ricordavo, avendolo letto anni prima, e che conferma il mio giudizio sulla sua esperienza:

> «A volte, durante l'arco delle 70 prove tentate, sentivo un brivido percorrermi la spina dorsale: *ero allora certo che il fenomeno fosse avvenuto!* E questo mi ricordava il famoso "risveglio della Kundalini", la misteriosa energia che risiederebbe in alcuni *chakra* dello schema energetico sottile indù, mediante il quale si realizzerebbero fenomeni paranormali»[27].

Ciò che però stranamente Di Simone non è mai giunto a considerare, è che gli stessi esperimenti di Rol avessero la loro origine proprio in questo "risveglio". Temo la sua prospettiva un po' troppo condizionata dal mondo dello spiritismo, dal medianismo e dalla parapsicologia non gli abbia permesso di vedere ciò che gli era quasi davanti agli occhi, e che

---

[26] p. 588 della 1ª ed. / pp. 395-396 della 3ª ed.
[27] p. 45 ed. 1996; p. 42 2ª ed. 2009.

non sarebbe invece sfuggito a uno storico delle religioni come per esempio un Mircea Eliade, o a studiosi-scrittori del calibro di René Guénon, Julius Evola, Gustav Meyrink[28].

---

[28] Aggiungo questa nota, e in questa pagina per non alterare la formattazione delle pagine precedenti, con la seconda edizione: mi ero dimenticato di riportare anche l'inizio dello scritto di Di Simone pubblicato su *Metapsichica*, che differisce dall'inizio dell'articolo su *IP*, e con un brano piuttosto significativo: «Sapevo che fosse difficile scrivere del dott. Rol di Torino e delle sue eccezionali facoltà paranormali, ma, da quando ho avuto la fortunata occasione di incontrarlo, mi sono reso conto che è ancora più difficile scrivere di lui *dopo* averlo conosciuto di persona. E ciò per varie ragioni, non tutte esprimibili... Il fatto è che non si sa da dove iniziare un discorso, che potrebbe portare molto lontano, e sconfinare dai limiti imposti dal tempo e dallo spazio» (p. 112).

Lettere di Nicola Riccardi a Giorgio di Simone
1970*b*

9 giugno 1970

Caro Di Simone...

Rol mi ha detto che siete in corrispondenza e che le telefona. Benissimo. Un giorno disse che avrebbe forse preso in esame la stesura di un libro sulla "coscienza sublime", e un'altra volta mi ha detto che lei si era proposto per coadiuvarlo nella preparazione di un libro biografico. Benissimo ancora: non pensi minimamente di pestare i piedi a me, perché ho avuto la prova delle dissonanze rolliane quando è stato necessario ottenere il suo testo dell'intervento di Rappelli. Perciò vada avanti nella buona amicizia ed evviva se le riuscirà di immobilizzarlo per alcune ore davanti a un microfono. Stia attento che ha nel cassetto cento volumi manoscritti di sue memorie e riflessioni[1], e quel che me ne ha letto è di enorme livello spirituale. Io non credo che il mio livello sia tanto inferiore, ma comincio a dubitare che sia di qualità diversa dalla sua perché io non credo affatto in Dio e suppongo che Rol cominci a rendersene conto. Questo spiegherebbe l'attuale silenzio, almeno che non abbia in famiglia qualche guaio di salute molto serio[2].

Visto che siete in continuo rapporto[3] suppongo che i quesiti fatti a me li abbia rivolti anche a lui. Leggo che lei vuol sapere cosa si deve intendere per quinta armonica. Ho avuto occasione di chiederglielo e mi

---

[1] Già nel 2008, ne *Il simbolismo di Rol*, avevo considerato tale quantità «esagerata», e che era «comunque vero che vi sono moltissimi scritti di Rol che non sono ancora stati pubblicati» (p. 118, 3ª ed.). Il lascito nel 2019 di C. Ferrari al Comune di Torino ha però mostrato che questi scritti sono molti di meno di quanto si pensasse e anzi ora l'affermazione di Riccardi non pare solo esagerata, ma proprio assurda e non corrispondente alla realtà. A meno che questo materiale non sia sparito o che qualcuno abbia reso esecutiva la richiesta fatta da Rol e riferita nel 1972 da Remo Lugli: «Ha scritto centinaia di pagine... ma sulla copertina del plico ha vergato un terribile ordine: "Bruciare dopo la mia morte"» (*Il prodigioso "viaggio nel tempo"*..., cit.). In ogni caso, «centinaia di pagine», sicuramente non «cento volumi».

[2] Sicuramente non aveva nessun guaio, e «l'attuale silenzio» doveva essere conseguenza della pubblicazione di *Operazioni psichiche sulla materia*.

[3] *Nota di Di Simone*: «Non era proprio così, purtroppo, e Riccardi immaginava più di quanto ci fosse in realtà, almeno sul piano dei miei rapporti materiali con Gustavo» (*Oltre l'umano*, p. 70).

ha risposto che è l'intervallo fra una nota e quella che occupa il sesto posto dopo di essa, cioè dopo 5 salti ... [4]

---

[4] pp. 69-70. L'*accordo di quinta* non è l'intervallo che descrive Riccardi, tra la nota 1 e la nota 6 (o 7), ma tra la 1 e la 5, dopo 4 "salti" (DO-re-mi-fa-SOL, per esempio). Rol più specificatamente parla di *due note*, quindi si tratta di un *bicordo* (come do-sol). Di Simone commenta poi in generale la lettera: «Riccardi era un tipo particolare e il fatto che fosse ateo spiegava molte cose» (*ib,* p. 70).

Lettere di Giorgio di Simone
1970*b*

Napoli, 26 luglio 1970

Egregio e Caro Dottor Rol,

non ho ancora ricevuto risposta da Lei alla mia lettera del 30/6 scorso[1] (ma probabilmente Lei non è a Torino) ed eccomi a scriverLe di nuovo: stavolta per segnalarLe un caso davvero angoscioso. Si tratta brevemente di questo.

L'Avv. ...[2] di Roma soffre da vari anni di psiconevrosi depressiva, in forma veramente ossessiva.
Il male gli impedisce di lavorare e quindi lo ha costretto a dare fondo alle risorse economiche che aveva. Ha una famiglia (moglie e due ragazzi) da mantenere. L'Avv. ... ha provato un po' tutte le terapie, ma senza successo: medicinali vari, agopuntura, psicoterapia, elettrochoc (che lo ha, in particolare, peggiorato!), ecc...
Avendo saputo dal Prof. Nestler[3] di Roma, che io conosco e che è, tra l'altro, un collaboratore di "Metapsichica" amico di Riccardi, e Socio della SIP di Roma, avendo, dicevo, saputo l'Avv. ... dal Nestler che Lei ha dei poteri di terapia paranormale ed avendo egli avuto dei contatti con me da cui ha saputo con quale stima io considero le Sue manifestazioni, mi ha scongiurato di preavvisarLa di una sua lettera con la quale, ritengo, Le chiederà di potere avere giovamento dai Suoi poteri di terapia paranomale.
Dal canto mio ho mantenuto il massimo riserbo sulla Sua attività in questo senso (tra l'altro, io stesso non so molto della Sua dedizione costante, negli ospedali, all'alleviamento delle sofferenze del prossimo...).
Ho promesso all'Avv. ... che Le avrei scritto in modo da preannunciarLe una sua lettera. È quello che ho fatto, nella speranza di poter essere utile ad un essere in profonda sofferenza che rischia di finire i suoi giorni in clinica neuropsichiatrica, con tutte le gravi conseguenze del caso per la sua famiglia. Tra l'altro, la madre del ..., di nascosto dal figlio, mi ha recentemente telefonato scongliandomi di fare qualcosa per lui!

---

[1] Mancante. Rol gli avrebbe poi risposto «ai primi del giugno 1970», con una lettera che comincia con: «Caro Amico, rispondo subito alla Sua del 30 u.s.» (*Oltre l'umano*, p. 61) (u.s. sta per "ultimo scorso", ovvero il mese scorso).
[2] Considerando la natura molto personale e sensibile delle informazioni, ho occultato il nominativo.
[3] Vincenzo Nestler (1912-1988), due volte campione italiano di scacchi (1943, 1954), autore di articoli sulla parapsicologia e del libro *La telepatia*, 1974.

Mi scusi per la lunga lettera e si abbia, con il mio saluto più cordiale, un grazie di cuore.

PROF. ARCH. GIORGIO DI SIMONE · VIA BELVEDERE 87 · 80127 NAPOLI · TELEF. 647343

Napoli, 26 luglio 1970

Egregio e Caro Dottor Rol,

    non ho ancora ricevuto risposta da Lei alla mia lettera del 30/6 scorso (ma probabilmente Lei non è a Torino) ed eccomi a scriverLe di nuovo: stavolta per segnalarLe un caso davvero angoscioso. Si tratta brevemente di questo.

    L'Avv. ▓▓▓ ▓▓▓ di Roma soffre da vari anni di psiconevrosi depressiva, in forma veramente ossessiva. Il male gli impedisce di lavorare e quindi lo ha costretto a dare fondo alle risorse economiche che aveva. Ha una famiglia (moglie e due ragazzi) da mantenere. L'Avv. ▓▓▓ ha provato un pò tutte le terapie, ma senza successo: medicinali vari, agopuntura, psicoterapia, elettrochoc (che lo ha, in particolare, peggiorato!), ecc...

    Avendo saputo dal Prof. Nestler di Roma, che io conosco e che è, tra l'altro, un collaboratore di "Metapsichica" amico di Riccardi, e Socio della SIP di Roma, avendo, dicevo, saputo l'Avv. ▓▓▓ dal Nestler che Lei ha dei poteri di terapia paranormale ed avendo egli avuto dei contatti con me da cui ha saputo con quale stima io considero le Sue manifestazioni, mi ha scongiurato di preavvisarLa di una sua lettera con la quale, ritengo, Le chiederà di potere avere giovamento dai Suoi poteri di terapia paranormale.

    Dal canto mio ho mantenuto il massimo riserbo sulla Sua attività in questo senso (tra l'altro, io stesso non so molto della Sua dedizione costante, negli ospedali, all'alleviamento delle sofferenze del prossimo...).

    Ho promesso all'Avv. ▓▓▓ che Le avrei scritto in modo da preannunciarLe una sua lettera. E' quello che ho fatto, nella speranza di poter essere utile ad un essere in profonda sofferenza che rischia di finire i suoi giorni in clinica neuropsichiatrica, con tutte le gravi conseguenze del caso per la sua famiglia. Tra l'altro, la madre del ▓▓▓, di nascosto dal figlio, mi ha recentemente telefonato scongiurandomi di fare qualcosa per lui!

    Mi scusi per la lunga lettera e si abbia, con il mio saluto più cordiale, un grazie di cuore.

(foto © Franco Rol – Archivio Storico del Comune di Torino)

Lettere di Nicola Riccardi a Giorgio di Simone
1971

3 marzo 1971

... Di Rol posso darle queste notizie: dopo la serata del marzo (dello scorso anno) con lei, sono andato a molte altre sedute, fino alla fine di maggio [1970], poi silenzio più che estivo, finché in ottobre del '70 ho dovuto prendere l'iniziativa di mandare a Rappelli una lettera molto denigratoria del signor Cox, parapsicologo americano[1] che, dalla lettura del dibattito[2] aveva dedotto che Rol ci derideva usando carte truccate. La lettera era per Mengoli ma da Rol doveva venire la confutazione. Una sera mi invita e scopro che non avevano capito nulla perché il discorso era in inglese![3] Così sento che hanno apprezzato molto il discorso di raddrizzamento pubblicato da lei dopo le esperienze[4], mentre il commento alle molte pagine di *Metapsichica* è mancato a tal punto che credo non l'abbiano mai aperta[5].

In ottobre, dunque, ho avuto l'ultimo incontro: pochi esercizi di carte con avvertenza di trovarci di fronte a "triplici armonie", quindi seduta spiritica con scrittura automatica del sensitivo come se fosse Napoleone. Notevoli energie in gioco perché sua maestà, spazientito, ha fatto sollevare d'un colpo il pesante tavolo di marmo che lei ha visto dai Rappelli. Rol ha interpretato l'azione fisica come sollecitazione a far domande. Per quanto sgradevole, ho tenuto un diario di tutto quel che ricordavo, subito dopo, ma non l'ho elaborato. Dica francamente se vuole gli appunti, un articolo pungente o nulla.

Dopo d'allora si è diffusa la voce che è stato molto ammalato: ernia intestinale e polmonite, in successione, con avviso che non

---

[1] Si veda *infra*, p. 434.
[2] Pubblicato anche in inglese: *Condensed report of the debate on G.A. Rol*, Metapsichica, n. 1, gen-giu 1970, pp. 46-55.
[3] Il soggetto dovrebbe essere «Rol e Rappelli», il che è abbastanza insensato, visto che Rol conosceva perfettamente l'inglese: evidentemente l'ennesima scusa, perché a Rol non interessava minimamente confutare (meglio ancora: *perdere tempo a confutare*) le chiacchiere di Cox. E Riccardi dovette bersela.
[4] Credo si riferisca alla *memoria* e *articolo* del maggio 1970, *Incontro con Gustavo Adolfo Rol*, pubblicato su *IP* prima e *Metapsichica* (lug-dic 1970) poi, cfr. *supra*, p. 372.
[5] Dubito fortemente che non avessero letto la trascrizione definitiva del dibattito e le relazioni collegate. Il fatto che sia mancato un commento è piuttosto l'indice della perplessità che la lettura dovette suscitare in Rol. Già lo immagino con scrollamenti di testa e borbottamenti di dissenso, intervallati da qualche "Ma nooo!" e simili...

desiderava visite[6]. Ora Rol è convalescente e so che ha permesso a Rappelli di prendere appuntamento con Mengoli e con Milan Ryzl per una seduta nel prossimo mese di giugno[7]. È la logica conseguenza del dibattito reso in inglese e andato in giro per il mondo. Anche Stevenson e Pratt[8] se ne sono interessati l'anno scorso. Modesti come siamo, sia per soci sia per mezzi, questo di illustrare le personalità fuori del normale che appaiono in casa nostra è la cosa migliore che possiamo fare ...»[9].

---

[6] Probabile ennesima giustificazione per non vedere più Riccardi.
[7] L'incontro poi non avvenne, come si viene a sapere da ciò che Mengoli scrisse nel settembre 1971 nella prefazione al libro di Milan Ryzl *La parapsicologia* (Mediterranee, Roma, 1971, pp. 9-10): «Ancora di una cosa dobbiamo dolerci – e non certo per ragioni nazionalistiche ma nell'interesse della scienza – che il dott. Ryzl non abbia avuto l'occasione di compiere esperimenti con il nostro grande sensitivo dott. G.A. Rol, che riteniamo essere il maggiore sensitivo esistente. Siamo certi che egli ne avrebbe tratto conclusioni di grande significato e, dato l'umano orientamento del dott. Rol, esse avrebbero confermato le parole con le quali Ryzl chiude il suo libro: "La nuova conoscenza delle più elevate sfere dell'esistenza cosmica, una volta acquisita, si riverberà anche sulla vita dell'umanità. L'uomo riconoscerà gli Alti Principi Cosmici, ed imparerà a vivere la sua vita in armonia con essi"».
[8] Ian Stevenson (1918-2007), psichiatra statunitense di origine canadese, noto soprattutto per i suoi studi sui casi di reincarnazione; Joseph Gaither Pratt (1910-1979), psicologo americano, autore di articoli e libri sulla parapsicologia, che con Stevenson nel 1967 aveva sottoposto ad esperimenti Ted Serios; Stevenson e Pratt, con altri autori, avevano anche firmato un articolo, su un altro caso, pubblicato su *Nature* nell'ottobre 1968.
[9] *Oltre l'umano*, pp. 65-66.

Lettere di Giorgio di Simone
1971-1972

Napoli, 16 giugno 1971
ore 15,30

Carissimo Dottor Rol

Sento l'impulso di scriverLe, e non comprendo perché. Ho sognato di Lei due volte, a breve distanza di tempo l'una dall'altra, recentemente, e forse penso che questo possa avere un significato che non so decifrare, e che Lei invece...

Sto – tra l'altro – attraversando un'ampia crisi di tipo intimo, che coinvolge certi ritmi esistenziali, certe tensioni umane e spirituali, e mi avvedo di collegare tutto questo con il fatto di averLa scoperta.

Non so dirLe altro, per il momento. Solo che spererei di venire a trovarLa a Torino, e che comunque spero di vederla a Napoli in ottobre, o quando Lei vorrà. La mia casa è a disposizione, ancorché modesta.

Affettuosamente,

Suo

[firma]

PS– Volevo anche chiederLe se – in tutta riservatezza – è per Lei possibile effettuare esperimenti a distanza (ad es.: trasmutazione di una carta, od altro, da Torino a Napoli)[1]. Grazie!

---

[1] Domanda che pare di nuovo collegata a quanto afferma nelle lettere precedenti (sul possibile *trasferimento di coscienza*). Forse Di Simone nel fare alcuni tentativi con le carte si è trovato carte trasformate o che ha creduto trasformate? E ha sospettato che fosse opera di Rol, a distanza? La cosa sarebbe certamente possibile, Rol poteva fare e far fare ogni tipo di esperimento a distanza. La risposta alla domanda di Di Simone in ogni caso è "sì". Il fatto che comunque continui a tornare su questo argomento da varie angolature mi fa pensare che effettivamente Rol stava agendo a distanza su di lui, facendo accadere cose che normalmente non sarebbero potute accadere (anche "solo" indovinare le carte molto al di sopra della media statistica, come abbiamo visto in precedenza).

(foto © Franco Rol – Archivio Storico del Comune di Torino)

Napoli, 22 ottobre 1971

Carissimo Dottor Rol,

mi permetta di definirLa così e mi scusi se scrivo a macchina: temo di essere poco chiaro scrivendo a mano...
Al principio del mese scorso Le ho telefonato varie volte da Bologna, nella speranza di poter venire da Lei, assieme a mia moglie, per una serata. Evidentemente Lei era lontano da Torino e quindi ho perso questa magnifica occasione di rivederLa e di farLa conoscere a mia moglie.
Però non ho nemmeno ricevuto Sua posta. Cos'è accaduto?
Mi auguro, e Le auguro, che la Sua salute migliori costantemente e che non sia questo ad impedirLe di rispondermi[2].
Lei certamente sa quanto profondamente io desideri "conoscere" più a fondo Lei e le Sue facoltà, che non si possono ancora esattamente definire, e questo lo dico non da studioso, non da parapsicologo, ma da uomo personalmente e riservatamente interessato ad un certo aspetto del mistero, al punto tale che sarei pronto a trasferirmi per un certo periodo di tempo presso di Lei sia per essere iniziato, sia per scrivere eventualmente appunti da servire ad una Sua biografia[3]...
Ogni tanto tento qualche esperimento con le carte ed a volte riesce secondo le modalità che Lei già conosce e che ho descritto nel mio articolo pubblicato anche dalla Rivista "Metapsichica". Cose molto scarse, irrilevanti, ma credo, di un certo significato... Sarei tentato (per quanto riguarda il dettaglio) di chiederLe ancora (l'altra volta non mi rispose!) se ha un particolare significato, ad esempio, il fatto di trovare spesso il dieci di fiori (la carta da me scelta nel primo esperimento da Lei eseguito in mia

---

[2] Nella lettera di Riccardi del 03/03/1971, questi informava Di Simone che dopo l'ottobre 1970 «si è diffusa la voce che è stato molto ammalato», ciò che ho già messo in dubbio in precedenza. Qui siamo un anno dopo, e la cosa è decisamente improbabile. La verità è che Rol tendeva, soprattutto con chi voleva fare di lui un "soggetto" di studio, a darsi per irreperibile, sia perché era molto occupato sia perché adottava una strategia iniziatica "standard" (concedersi all'aspirante apprendista o "discepolo" in modo graduale e a tappe, per testarne il carattere, le motivazioni, la pazienza, la sincerità, ecc.). Dovettero passare ancora dei mesi perché comunicasse di "stare bene", dato che Di Simone nel suo libro scrive che nel «1972, non appena seppi che Gustavo si era ristabilito in salute, potei organizzare il mio secondo viaggio a Torino» (p. 70), che grazie alle due lettere che pubblico più avanti a p. 396 e 398 sappiamo ora essere stato il 23 (o 24) maggio, cui ne fece seguito un altro il 30 agosto, data anche questa che ricaviamo dalla lettera inedita che pubblico a p. 400.
[3] Un anno e mezzo dopo, Di Simone torna su questo argomento. Cfr. *supra*, p. 365, nota 8.

presenza) unito al due di picche[4]..... Ci sarebbe forse da tenere presente che il numero dieci è sempre stato un numero caratteristico per me, ed anche il dodici, per un certo periodo della mia infanzia...
Ma forse queste divagazioni sono inutili e non La possono interessare. Ed allora ?!...
Mi risponda, La prego, e mi faccia anche sapere se sarà possibile rivederLa.

Affettuosamente Suo
[firma]
*

Due mesi dopo questa lettera Di Simone telefonò a Rol:

«Il 23 dicembre 1971 telefonai a Gustavo, sia per sapere come stava in salute (aveva già 68 anni), sia per fargli comunque i miei auguri per le festività di fine d'anno (...). Telefonai e subito mi venne il dubbio che fosse stato lo stesso Rol ad attivare quel contatto, perché mi confidò che tre giorni prima aveva fatto una seduta discutendo col mio "spirito intelligente", come lo definiva in genere. Ero molto perplesso: un fatto assolutamente nuovo s'inseriva in un rapporto che, in un certo senso, era ancora agli inizi. Rol mi disse che con il mio spirito aveva discusso di "spiritismo" (fatto che, intanto, contrastava con le sue idee), e ne aveva discusso *a lungo*! Mi disse anche che lo spirito era *triste*... »[5].

---

[4] Nel suo libro scrive: «Il 4 aprile 1970 Rol mi telefonò. Stranamente, della stessa data è una lettera che Jacopo Comin mi scrisse (*supra*, p. 368) dopo che lo avevo ragguagliato su ciò che era avvenuto durante l'incontro di natura sperimentale di Torino. La telefonata di Gustavo avvenne alle ore 9.15 del mattino, molto cordiale e con accenni ad altri fatti riguardanti la sua persona e le sue possibilità. La sera mi riuscì per quattro volte di identificare il 10 di fiori tra vari mazzi di carte sparse sul tavolo a faccia in giù! Il 10 di fiori e il 2 di picche erano state le mie carte-chiave negli esperimenti di Rol nella notte del 25 marzo 1970, così come l'asso di cuori: l'estetica prevaleva, a parte il 2 di picche!» (*Oltre l'umano*, pp. 47-48); qualche pagina più avanti, prendendo spunto dall'importanza attribuita da Rol al numero 5, scrive che «sarà una coincidenza, ma anche due dei miei numeri per così dire *fatidici* hanno per base il 5. Questi numeri sono il 10 e il 25, il terzo è il 12. C'è anche da dire che, soprattutto nel mio primo incontro con Rol a casa dell'avvocato Rappelli, la carta più "battuta" fu il 10 di fiori (oltre al 2 di picche: $10 + 2 = 12$). Non solo, ma quando ho tentato di rifare a casa mia uno dei più semplici esperimenti di Gustavo, molto spesso saltava fuori lo stesso 10 di fiori (e anche, sovente, il 2 di picche)» (p. 99). Si veda anche *infra*, p. 394.
[5] *Oltre l'umano*, p. 66. Lo *spirito intelligente* di Di Simone era «triste» forse perché deluso e frustrato dalle argomentazioni di Rol contro lo spiritismo (e quindi in disaccordo con le idee di Di Simone). Il fatto che Rol lo abbia informato di questa "discussione", voleva essere forse un modo indiretto, allusivo, "delicato", per fargli capire o ribadire la sua posizione anti-spiritista.

PROF. ARCH. GIORGIO DI SIMONE - VIA BELVEDERE 87 - 80127 NAPOLI - TELEF. 647343

Napoli, 22 ottobre 1971

Carissimo Dottor Rol,
                    mi permetta di definirLa così e mi scusi se scrivo a macchina: temo di essere poco chiaro scrivendo a mano...
   Al principio del mese scorso Le ho telefonato varie volte da Bologna, nella speranza di poter venire da Lei, assieme a mia moglie, per una serata. Evidentemente Lei era lontano da Torino e quindi ho perso questa magnifica occasione di rivederLa e di farLa conoscere a mia moglie.
   Però non ho nemmeno ricevuto Sua posta. Cos'è accaduto ?
   Mi auguro, e Le auguro, che la Sua salute migliori costantemente e che non sia questo ad impedirLe di rispondermi.
   Lei certamente sa quanto profondamente io desideri "conoscere" più a fondo Lei e le Sue facoltà, quelle facoltà che non si possono ancora esattamente definire, e questo lo dico non da studioso, non da parapsicologo, ma da uomo personalmente e riservatamente interessato ad un certo aspetto del mistero, al punto tale che sarei pronto a trasferirmi per un certo periodo di tempo presso di Lei sia per essere iniziato, sia per scrivere eventualmente appunti da servire ad una Sua biografia...
   Ogni tanto tento qualche esperimento con le carte ed a volte riesce secondo le modalità che Lei già conosce e che ho descritto nel mio articolo pubblicato anche dalla Rivista "Metapsichica". Cose molto scarse, irrilevanti, ma credo, di un certo significato... Sarei tentato (per quanto riguarda il dettaglio) di chiederLe ancora (l'altra volta non mi rispose !) se ha un particolare significato, ad esempio, il fatto di trovare spesso il dieci di fiori (la carta da me scelta nel primo esperimento da Lei eseguito in mia presenza) unito al due di picche.....Ci sarebbe forse da tenere presente che il numero dieci è sempre stato un numero caratteristico per me, ed anche il dodici, per un certo periodo della mia infanzia.....
   Ma forse queste divagazioni sono inutili e non La possono interessare. Ed allora ?!....
   Mi risponda, La prego, e mi faccia anche sapere se sarà possibile rivederLa.
                              Affettuosamente Suo

(foto © Franco Rol – Archivio Storico del Comune di Torino)

Napoli, 9.2.1972

Egregio e Caro Dottor Rol,

È per me doveroso chiarirLe una situazione increciosa venutasi a determinare per l'arbitrio e la impudenza di un giornalista che, sul "Il Giornale d'Italia" del 5/6 febbraio scorso, ha scritto di me[6] (e già sarebbe poco male) e anche di Lei, riferendo sia parte del mio articolo "Incontro con G.A.Rol"[7] (che Lei ben conosce e che è quindi di pubblico dominio), sia frammenti alterati di conversazioni riservate. Per fortuna, per quanto riguarda la Sua Persona, ci si è limitati a riferire (prendendole anche da altre fonti) cose già pubblicate nel passato, anche se in una forma, al solito, non aderente alla realtà dei fatti ed al loro valore.

---

[6] Articolo di Claudio Mori (*La voce dello spettro*, Il Giornale d'Italia, 5-6/02/1972, p. 8) che ha per oggetto le ricerche di Di Simone, in particolare il tentativo di stabilire, da un punto di visto tecnico, le differenze di voce di una medium quando è in trance e quando non lo è.

[7] Questo il passaggio in cui si parla di Rol: «Il professor Di Simone può invece fornire una testimonianza personale e diretta delle attitudini del dottor Gustavo Adolfo Rol a violare le leggi della materia. Il dottor Rol, amico di molti illustri personaggi fra i quali Dino Buzzati e Federico Fellini, è un anziano e cortese signore che abita a Torino dove si è occupato, con molto distacco, di antiquariato; attualmente si dedica a collezionare cimeli napoleonici e a sbalordire i suoi amici e visitatori con esperimenti che hanno tutti i requisiti dell'incredibilità. A volte il signor Rol gioca con le carte. "Mi invitò a fargli visita – racconta Di Simone – dopo aver letto un mio articolo sulla rivista 'Informazioni di parapsicologia'. Appena misi piede in casa sua, mi fece un quadro sorprendentemente esatto delle mie condizioni fisiche, precisando di quali disturbi soffrivo. Non ci eravamo mai visti prima: avevamo avuto solo contatti epistolari e mai avevamo parlato della mia salute. Mi aveva chiesto, per lettera, di portare con me quattro mazzi di carte acquistati a Napoli. Li portai, ancora avvolti nel cellophane. Rol cominciò i suoi esperimenti: erano presenti l'avvocato Rappelli, suo amico e discepolo, la signora Rol, un ufficiale, il comandante Riccardi e io. Aprii i mazzi di carte e, su invito di Rol, ne mischiai uno mentre altre tre persone mischiavano altrettanti mazzi. Ad un certo punto Rol disse: stop. Tutte le prime carte dei quattro mazzi erano dieci di fiori. Lo stesso Rol in un'altra occasione staccò senza avvicinarsi un pezzo di tacco da una scarpa di Federico Fellini: solo per fargli uno scherzo. Questo signore torinese si compiace di assegnare una funzione di gioco e di intrattenimento ai suoi poteri paranormali, verificati ormai da decenni di esperienza». Il punto che forse metteva in imbarazzo Di Simone, se Rol l'avesse letto, era probabilmente soprattutto questo: «A volte il signor Rol gioca con le carte». Sull'esperimento del tacco di Fellini mi sono soffermato abbastanza in *Fellini & Rol*, pp. 32-38. Su quello con le carte, descritto in *IP* due anni prima (*supra*, p. 373) vi sono delle differenze, come ad esempio che Di Simone si fosse portato da Napoli 4 mazzi, mentre lui aveva scritto 2 (ed è questo che fa testo).

Ma tant'è: la stampa si getta su qualunque cosa, pur di trattare cose sensazionali.
Evidentemente dovrò stare molto più attento alle persone con cui ho a che fare, ed a ciò che dico! Dovrò quindi ridurre la fiducia che ho nel prossimo, anche se è triste, e tacere ...
Farò intanto le mie rimostranze per la pubblicazione dell'articolo a chi di dovere, poichè non l'ho autorizzato.

In attesa di Sue buone notizie, mi creda sempre Suo affettuoso amico.

                              Suo
                            [firma]

(foto © Franco Rol – Archivio Storico del Comune di Torino)

Napoli, 5.5.1972

Carissimo ed Egregio Dottor Rol,

sento che è venuto il momento per un nuovo incontro. Lei me ne ha parlato tempo fa e so che anche il Dr. Andreana[8] è al corrente della cosa e che Lei ha invitato anche lui per una riunione ristretta.
Così, sono a chiederLe se per Lei andrebbe bene un incontro per il giorno 23 maggio martedi. Verremmo da Bologna dove, il 22 maggio, possiamo cosi assistere ad una conferenza al CSP di Bologna, del mio amico Dr. Comin.
Debbo però chiederLe anche un'altra cosa. Poichè mia moglie non ha intenzione di venire con noi (tra l'altro è impegnata con i figli che rimangono a Napoli ed altre faccende), potrei portare con me il Dr. Molino[9], giovane medico e bravissima persona, il quale desidera da tempo conoscerLa. È uno dei nostri soci più intelligenti, aperti ed attivi.

Attendo quindi una Sua tempestiva risposta a conferma del tutto, mentre non vedo l'ora di incontrarLa di nuovo.
Le invio il mio pensiero affettuoso e La ringrazio.

                        Suo
                            [firma]

---

[8] «Segretario del C.I.P» (Centro Italiano Parapsicologia), specificherà nel terzo articolo su Rol (*IP* 2/1973, che riprodurrò nel prossimo volume).
[9] «Domenico Molino, giovane medico chirurgo e Consigliere del C.I.P» (*ib.*).

PROF. ARCH. GIORGIO DI SIMONE - VIA BELVEDERE 87 - 80127 NAPOLI - TELEF. 647343

Napoli, 5.5.1972

Preg.mo Dr.Gustavo A.Rol
via Silvio Pellico,31
TORINO

Carissimo ed Egregio Dottor Rol,

sento che è venuto il momento per un nuovo incontro. Lei me ne ha parlato tempo fa e so che anche il Dr. Andreana è al corrente della cosa e che Lei ha invitato anche lui per una riunione ristretta.
Così,sono a chiederLe se per Lei andrebbe bene un incontro per il giorno 23 maggio martedì.Verremmo da Bologna dove,il 22 maggio,possiamo così assistere ad una conferenza al CSP di Bologna,del mio amico Dr. Comin.
Debbo però chiederLe anche un'altra cosa.Poichè mia moglie non ha intenzione di venire con noi (tra l'altro è impegnata con i figli che rimangono a Napoli ed altre faccende),potrei portare con me il Dr.Molino, giovane medico e bravissima persona,il quale desidera da tempo conoscerLa.E' uno dei nostri soci più intelligenti,aperti ed attivi.

Attendo quindi una Sua tempestiva risposta a conferma del tutto,mentre non vedo l'ora di incontrarLa di nuovo.
Le invio il mio pensiero affettuoso e La ringrazio.

(foto © Franco Rol – Archivio Storico del Comune di Torino)

Napoli, 27 maggio 1972

Carissimo Gustavo[10],

sono tornato a Napoli con mal di gola e un forte raffreddore che mi ha messo quasi a terra per due giorni. Ecco perché ti scrivo soltanto adesso per ringraziarti – anche a nome di Andreana che probabilmente ti scriverà per conto suo[11] – della tua affettuosa ospitalità e di tutto il resto. Purtroppo, i nostri contatti sono sempre troppo rapidi, ma spero tanto di vederti a Napoli. Mia moglie desidera conoscerti[12] e così altre poche degne persone, tra cui miei conoscenti di Bologna.

Ho poi già stabilito il mio periodo di cure a Fiuggi in funzione della settimana che dovrei passare da te (dalla fine di agosto in poi) se lo ritieni sempre utile e desiderabile, come spero. Gli uomini hanno bisogno di credere, hanno bisogno di conoscenza, ma deve essere dato loro a grani molto piccoli e secondo le loro capacità mentali e spirituali. La responsabilità più grande e la più grande fatica è quella di dosare questa conoscenza, e tu lo sai meglio di me[13], soprattutto per quello che riguarda la pratica di vita e la prassi attiva.

Vi aspettiamo dunque, tua moglie e te, in attesa dell'incontro riservato e più approfondito e decisivo di settembre.

Grazie ancora di tutto. Ti abbraccio.

Giorgio

PS– Un saluto alla famiglia Gazzera ed agli amici Pesante (!) e Portoghese[14].

---

[10] L'*incipit* ormai confidenziale è dovuto al fatto che Di Simone aveva incontrato Rol per la seconda volta, nei giorni precedenti, il 23 (o 24) maggio.

[11] Non sono pervenute sue lettere. Di lui oltre a quanto scrive Di Simone nel suo libro, cfr. anche quanto riferisce Stefano Juliano nel vol. I, XXXIV-71. Domenico Molino dovette invece aspettare l'anno successivo per andare da Rol.

[12] Rol non andò mai a trovare Di Simone a Napoli. La moglie Maria Rosa invece lo conobbe nell'incontro del 30 agosto a Torino.

[13] Di Simone aveva avuto la capacità di mettersi nei panni di Rol e ora che lo aveva incontrato sapeva dare dei giudizi equilibrati. Gliene rendo merito, anche perché c'è gente che ha frequentato Rol per molto più tempo e non ha capito un decimo di quello che aveva già capito Di Simone.

[14] I Gàzzera, Luigi Gazzera e Luisita Vacca, abitavano nello stesso palazzo di Rol e fu a casa loro che si svolse l'incontro, come scrive Di Simone (confondendosi di mese – marzo invece di maggio – forse perché tornerà una seconda volta dai Gàzzera il 9 marzo 1973 nel suo ultimo viaggio a Torino): «La sera (eravamo in marzo, mi pare di ricordare), puntualmente, a casa dei signori Gàzzera, suoi amici da tempo e che abitavano nella sua stessa palazzina, ebbe inizio un'altra delle

(foto © Franco Rol – Archivio Storico del Comune di Torino)

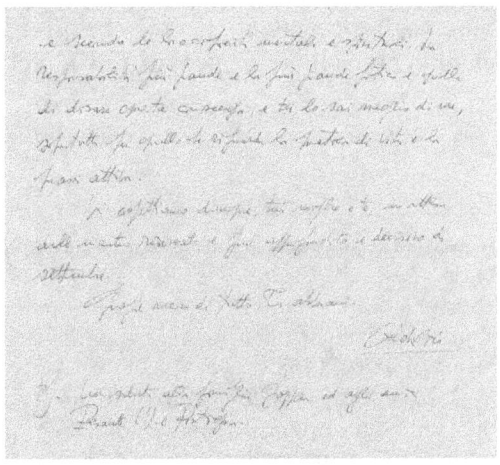

incredibili serate sperimentali di Gustavo» (*Oltre l'umano*, p. 73; la serata è raccontata nel seguito). Di Simone informa che erano in 11, incluso Rol, senza però fare nomi; oltre ad Andreana, dovevano esserci anche i conugi Manlio Pesante e Dina Fasano, coi quali Remo Lugli avrebbe parlato pochi mesi dopo, che menzionano infatti Di Simone (cfr. mio video del 2017 – di cui verrà data trascrizione nel prossimo volume – *youtu.be/YPYxuf1AnV0*) e poi un'altra coppia, pare ci sia scritto «Portoghese», come Luigi Gàzzera mi ha suggerito, che lui e la moglie frequentavano allora anche se non ricorda se fossero stati presenti a un incontro con Rol.

Napoli, 12.9.1972

Gustavo Carissimo,

ho letto in questi giorni il libro di Donato Piantanida "La Chiave perduta" e mi rammarico di non averlo, a mia volta, conosciuto. Tu me ne hai accennato, a proposito del suo desiderio di vedermi, prima di morire. Indubbiamente era un puro di cuore ed un esoterista preparato, anche se ancora legato forse troppo a certe forme la cui sostanza attiva è più illusoria che reale.
Hai qualche sua fotografia?[15]
Intanto, qui, ho ripreso lentamente il ritmo della vita solita. Mondadori, con una bella e circostanziata lettera, mi ha fatto sapere che, purtroppo, il mio "Rapporto dalla Dimensione X" non può essere pubblicato nelle sue collane. Ormai, quindi, saranno quasi certamente le Edizioni Mediterranee di Roma a pubblicare il volume (alla fine del 1972 od ai primi del '73). Mi ha telefonato un giornalista della Stampa di Torino che ha detto di aver parlato anche con te[16]. Mi ha chiesto notizie per un suo servizio sulla magia in Italia e dovrebbe ritelefonarmi per trascriversi i miei pareri su Spiritualismo e Animismo.
Ed ora qualche parola sulla serata di giovedi 30 agosto, da te[17]. Mi rammarico ancora che non vi sia stato tempo e possibilità per procedere oltre negli esperimenti, per ciò che mi riguarda. I soliti interrogativi riferiti ai tuoi procedimenti mentali (ed al retroterra iniziatico[18] che penso tu

---

[15] Abbiamo già visto la lettera di Piantanida a Rol. Dal modo in cui Di Simone ne parla, pare di capire che Rol ne avesse stima, che avesse probabilmente consigliato a Di Simone di leggere il suo libro (pubblicato nel 1959) e che fosse rimasto in contatto con lui fino a prima della sua morte, avvenuta quattro anni prima, il 08/01/1968.

[16] Deve trattarsi probabilmente di Remo Lugli, che aveva conosciuto Rol appena una settimana prima, il 5 settembre. Sarà poi a casa di Lugli che si terrà, l'8 marzo 1973, la prima di tre serate dell'ultimo incontro con Rol.

[17] È quella che nel suo libro (p. 81) Di Simone colloca «verso l'autunno del 1972» e che, vista la brevità del resoconto, riproduco più avanti.

[18] Certamente vero se inteso nel senso di un retroterra di *conoscenza ed esperienza*, ovvero di studio, introspezione e sperimentazione nel corso di decenni, sin dagli anni giovanili. Non va inteso invece nel senso che qualcuno lo avesse "iniziato". Vale per Rol quanto lui stesso disse di Padre Pio (e che io credo abbia detto proprio per voler dare una indicazione anche su se stesso): «Mi sono chiesto se era un Iniziato Padre Pio, e poi ho visto che era già un uomo che aveva superato l'iniziazione, aveva iniziato se stesso, mi spiego? era già andato oltre» (*Il simbolismo di Rol*, p. 503).

abbia in modo più consistente di quanto tu stesso non voglia far sapere[19]) persistono nella mia mente, ma – d'altra parte – ad ognuno il suo compito. Dipenderà da 'altri', eventualmente, il fatto che io possa avere un giorno la possibilità sia di capire queste cose specifiche, sia la giusta tecnica che – leggendo Piantanida – mi ha fatto pensare alle 'parole di potenza'[20], ecc...
Grazie ancora, anche a nome di mia moglie e di mia cognata, della serata.
Ed ora un'ultima cosa. Se la tua venuta a Napoli incontra difficoltà relative al viaggio, Andreana si offre con gioia di venirti a prendere in macchina e, naturalmente, di ricondurti a Torino dopo i giorni di permanenza qui...
Attendo comunque tue buone notizie. Un saluto affettuoso, anche da parte di mia moglie, e un abbraccio da me.

Tuo Giorgio

---

[19] Il che è uno dei principi dell'iniziazione (e di qualunque apprendistato) – comunicare certe conoscenze gradualmente – che Rol applicava con tutti coloro che lo avvicinavano (lui non è stato iniziato, ma iniziava gli altri).

[20] Nel suo libro (pp. 44-45) Di Simone intitolerà un paragrafo «La tecnica»: «Per prima cosa Gustavo tentò (...) di farmi capire lo schema "tecnico" che era l'asse portante dei suoi fenomeni, delle sue enormi possibilità. (...) Il primo elemento importante era la "visualizzazione" del colore verde, identico a quello dell'iride, nella meraviglia dell'arcobaleno. Il secondo elemento che si doveva contemporaneamente e intensamente pensare, quasi materializzandolo in se stessi ... era un suono bitonale: DO-SOL. Allo stesso tempo era necessario suscitare la sensazione del calore... L'incorporazione-assimilazione della "tecnica" andava fatta su base "armonica universale" (...) Proseguendo, Gustavo mi disse che predisponeva sempre mentalmente l'esperimento che riteneva di svolgere (o che intendeva far svolgere, chi lo sa?), il che tra l'altro significava che la creazione dei fenomeni era *voluta* da lui. Disse anche che l'operazione doveva durare pochi secondi, altrimenti l'esperimento sarebbe fallito (...). Poi venivano gli altri elementi. Le strane parole che Rol a volte (non sempre, per lo meno udibilmente) pronunciava, gli erano nate spontaneamente: *hemma-hamma* (...)».
Come già ho detto in precedenza, al di là che esista o meno un significato specifico, le «strane parole» vanno inquadrate nella scienza dei *mantra*, che sono poi le "parole di potenza" di cui parla frequentemente Piantanida nel suo libro, come intuisce giustamente Di Simone; ad esempio: «si consiglia al neofito di giungere fin al punto d'immedesimarsi nell'oggetto pensato per conseguire un vero successo, nelle sue materializzazioni. Naturalmente la sola ideazione anche perfetta, non è sufficiente per conseguire lo scopo, occorre conoscere le appropriate 'parole di potenza' scandirle con 'voce giusta' ed uniformandosi ad un rituale dettato dall'esperienza acquisita durante millenni, 'focalizzare' la propria forza volitiva nell'unico punto in cui deve agire. Solo in tal modo sarà possibile manifestare quanto è stato "concepito nel proprio cuore"» (*La chiave perduta*, cit., p. 95).

Napoli, 12.9.1972

Gustavo Carissimo,
ho letto in questi giorni il libro di Donato Piantanida "La Chiave perduta" e mi rammarico di non averlo, a mia volta, conosciuto. Tu me ne hai accennato, a proposito del suo desiderio di vedermi, prima di morire. Indubbiamente era un puro di cuore ed un esoterista preparato, anche se ancora legato forse troppo a certe forme la cui sostanza attiva è più illusoria che reale.
Hai qualche sua fotografia ?
Intanto, qui, ho ripreso lentamente il ritmo della vita solita. Mondadori, con una bella e circostanziata lettera, mi ha fatto sapere che, purtroppo, il mio "Rapporto dalla Dimensione X" non può essere pubblicato nelle sue collane. Ormai, quindi, saranno quasi certamente le Edizioni Mediterranee di Roma a pubblicare il volume (alla fine del 1972 od ai primi del '73).
Mi ha telefonato un giornalista della Stampa di Torino che ha detto di aver parlato anche con te. Mi ha chiesto notizie per un suo servizio sulla magia in Italia e dovrebbe ritelefonarmi per trascriversi i miei pareri su Spiritualismo e Animismo.
Ed ora qualche parola sulla serata di giovedi 30 agosto, da te. Mi rammarico ancora che non vi sia stato tempo e possibilità per procedere oltre negli esperimenti, per ciò che mi riguarda. I soliti interrogativi riferiti ai tuoi procedimenti mentali (ed al retroterra iniziatico che penso tu abbia in modo più consistente di quanto tu stesso non voglia far sapere) persistono nella mia mente, ma -d'altra parte- ad ognuno il suo compito. Dipenderà da 'altri', eventualmente, il fatto che io possa avere un giorno la possibilità sia di capire queste cose specifiche, sia la giusta tecnica che -leggendo Piantanida- mi ha fatto pensare alle 'parole di potenza', ecc....
Grazie ancora, anche a nome di mia moglie e di mia cognata, della serata.
Ed ora un'ultima cosa. Se la tua venuta a Napoli incontra difficoltà relative al viaggio, Andreana si offre con gioia di venirti a prendere in macchina e, naturalmente, di ricondurti a torino dopo i giorni di permanenza qui...
Attendo comunque tue buone notizie. Un saluto affettuoso, anche da parte di mia moglie, e un abbraccio da me.

tuo Giorgio

(foto © Franco Rol – Archivio Storico del Comune di Torino)

Della serata del 30 agosto 1972 alla quale Di Simone fa riferimento nella lettera precedente, l'autore diede nel 1996 il seguente resoconto:

«Eravamo verso l'autunno del 1972, e così i miei incontri con Gustavo si facevano più frequenti, anche se di poco. (...)
Anche questa volta gli esperimenti cominciarono alle 21-21.30, con poche persone, e furono in buona parte simili a tanti altri. Questa è la ragione per la quale non mi attarderò su di essi, perché so bene che la ripetizione anche di fatti straordinari può generare noia: ovviamente in chi non li vede manifestarsi davanti ai propri occhi[21]. Però, anche in queste condizioni, un nuovo tassello si aggiunse al grande mosaico rolliano, per una migliore comprensione dei fenomeni.
Seguendo i dettami di quell'"armonia" di cui si era reso perfettamente consapevole, Gustavo Rol indicò a ognuno il posto che doveva occupare intorno al tavolo tondo, disponendo alternativamente uomini e donne, queste ultime sempre delicatamente oggetto della sua galanteria. E la seduta ebbe inizio. Di nuovo si creò per l'ennesima volta un'atmosfera strana, starei per dire "magica" nel senso migliore della parola. Ma non voglio essere frainteso: la percezione di quel tipo di atmosfera era una conseguenza diretta, inevitabile e logica di ciò che di eccezionale stava per avvenire, ancora una volta sotto gli occhi dei presenti. Non si trattava certo di una sonnolenta fase preipnotica!
Ma, come ho detto, non voglio andare oltre nella descrizione di quei fenomeni. (...) Dopo gli esperimenti, tornati in albergo, mia moglie (anche lei dotata di senso critico da segugio e di buona osservazione) espresse un suo commento a una fase degli esperimenti. Quando Rol le aveva chiesto di tagliare uno dei mazzi di carte da lei stessa mescolato, si era vista come obbligata da una forza misteriosa a farlo in un certo modo. Era come se il mazzo si "volesse" dividere in un punto preciso (che in quel caso corrispose all'asso di picche). Cos'era stato? Si ripropone in sordina l'ipotesi di campi magnetici guidati *intelligentemente*, ma da chi? Dallo stesso Rol oppure dai suoi "assistenti" invisibili di cui qualcuno, anche fra i parapsicologi, ha parlato?»[22].

---

[21] Anche, in parte, nel secondo caso, dopo anni di frequentazione (ma più che noia, assuefazione, cfr. *supra*, p. 253 quanto dice Riccardi).
[22] *Oltre l'umano*, 2ª ed. 2009, pp. 81-82. Degli «assistenti invisibili» aveva parlato Riccardi; lui stesso, si ricorderà, partecipe di un esperimento dove a un certo punto fu «come obbligat[o] da una forza misteriosa»: «credo di essere libero ma in realtà ho prestato la voce mia, come ipnotizzato, a una volontà diversa dalla mia» (*supra*, p. 215). Alla domanda: «campi magnetici guidati *intelligentemente*, ma da chi? Dallo stesso Rol oppure dai suoi "assistenti" invisibili»? si potrebbe e

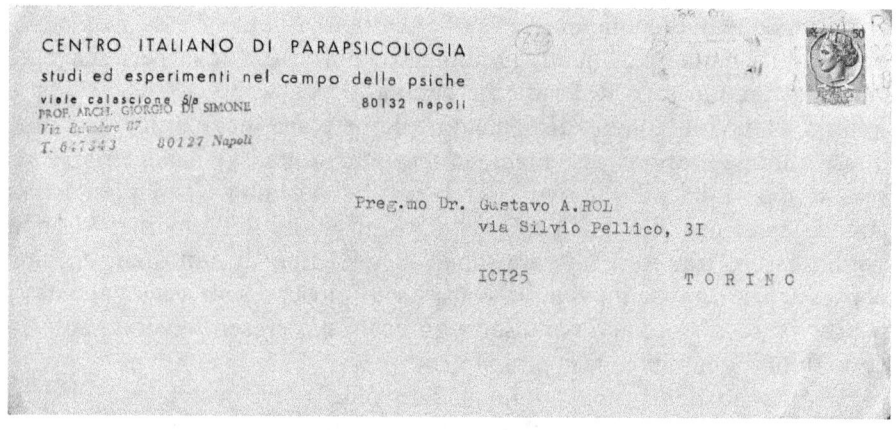

(foto © Franco Rol – Archivio Storico del Comune di Torino)

si dovrebbe rispondere: da nessuno dei due e da entrambi, ovvero dallo *spirito intelligente* di Rol.

Il prodigio come un gioco

di Giovanni Serafini

Aprile 1972[1]

Occhiello
Descriviamo nei dettagli alcune portentose «operazioni» compiute in salotto – Ed è ancor nulla in confronto a ciò che riferiscono di lui – Un vero gentleman, ma dotato di incredibili capacità superumane – Non ama la pubblicità, è difficilissimo, per un giornalista, farsi ricevere da lui

Due bandiere che sventolarono alla battaglia di Austerlitz sono issate fra le scansie della biblioteca. I busti in marmo di Giuseppina Bonaparte e di Napoleone si colorano di luce un po' spettrale in una nicchia ricavata nella parete. Sono in casa di Gustavo Adolfo Rol, a Torino, la città «magica» per eccellenza.
È un pomeriggio piovoso. Venendo dalla stazione ho cercato di immaginare il suo aspetto, ricostruendolo dai visi della gente infreddolita che mi passava accanto. Non ero sicuro che Rol mi ricevesse. «È un uomo inafferrabile – mi avevano detto –, non ama i giornalisti e i curiosi»[2].

---

[1] *Il Resto del Carlino*, 13/04/1972, p. 3. Giovanni Serafini venne assunto da Enzo Biagi al *Carlino* l'anno precedente, in qualità di redattore delle pagine cultura e spettacolo. «Nel 1974 è stato trasferito presso la redazione romana del "Resto del Carlino" e della "Nazione", dove si è occupato successivamente di spettacoli, cultura e cronaca parlamentare. Divenuto inviato speciale nel 1978, ha seguito gli avvenimenti più importanti in Italia e all'estero fino al 1984, anno in cui è stato nominato corrispondente a Parigi per i giornali del gruppo Poligrafici ("Il Resto del Carlino", "La Nazione", "Il Giorno"). Dal 2000 al 2004 è stato direttore responsabile e direttore editoriale del quotidiano "France Soir", glorioso giornale popolare francese acquisito dal gruppo Poligrafici. Dal 2005 ha ripreso la sua attività di corrispondente da Parigi» (*confindustriaromagna.it/documenti/2018/guidarello-2018-libretto.pdf*). Nel 2018 ha ricevuto il premio *Guidarello* per il giornalismo d'autore.

[2] Cinque anni dopo Renzo Allegri si confrontava con la stessa nomea: «Tutto ciò che mi avevano raccontato su questo personaggio durante i miei vari tentativi di ricerca di un contatto, aveva contribuito a farmelo immaginare come una specie di orco irraggiungibile, circondato da barriere di protezione fanatiche e di omertà invalicabili» (*Rol l'incredibile*, 1986, p. 17). Così avevo commentato ne *Il simbolismo di Rol* (p. 24): «E questo in effetti era abbastanza vero *per chi voleva contattare Rol per motivi futili*, o *per chi perseguiva prevalentemente suoi interessi personali o professionali*, come era spesso il caso dei giornalisti o dei parapsicologi (per non parlare dei prestigiatori)».

Devo all'opera di persuasione condotta da Dino Biondi il fatto di essere qui. Biondi e Rol, infatti, sono legati da una vecchia amicizia: ma nonostante questo non è stato facile ottenere un incontro[3].

Rol è alto, energico, simpatico, estroso. I suoi occhi azzurri hanno tonalità magnetiche, fissano l'interlocutore con una leggera punta di ironia. Età fra i sessanta e i settanta (ma lui dice «Vado per i novanta», e lo ripete da ormai quarant'anni)[4].

Sposato con una norvegese, una bella e legante signora che ha conservato, pur nell'italiano correttissimo, qualche inflessione della sua lingua. «Quando venne per conoscere mio padre e mia madre – racconta – li lasciò a bocca aperta: lesse, senza mai averlo visto in precedenza e senza aprirlo, una pagina di un libro che avevamo in casa. In norvegese, naturalmente».

Gustavo Adolfo Rol non è un mago. Non è un medium, né un chiromante, né un veggente, né un guaritore. È qualcosa di tutto questo, ma anche molto di più. Non è facile descrivere i suoi «esperimenti»: sono tutti molto rapidi, spogiati di enfasi: dopo pochi minuti lo sbalordimento dello spettatore defluisce, tutto diventa credibile, normale, ovvio. Soltanto qualche ora più tardi, quando ci si ripensa a mente fredda, si stenta a convincersi di aver visto veramente «quelle» cose[5].

Trascorriamo il pomeriggio conversando: Rol è un gentiluomo di antico stampo che non ha dimenticato il baciamano alle signore, che adora Parigi e l'odore del *métro*, che ama la buona battuta di spirito, la cultura, l'arte. La sua casa è forse una delle più belle che abbia mai visto: tutta tappezzata di libri, di cimeli, di mobili in stile. Sempre cordiale, ci offre vini e liquori rari e scherza con un soprammobile d'argento, agitandolo («Ridi anche tu, vero cagnolino?»).

Naturalmente, pur essendo la compagnia piacevolissima, non vediamo l'ora che abbiano inizio gli «esperimenti». Sono con me Dino Biondi, sua moglie, e alcuni amici torinesi di Rol, i signori Gàzzera, che abitano due piani sotto di lui. Eccoci tutti seduti attorno a un grande tavolo, coperto da un panno bianco. La luce è accesa, Rol è seduto a capotavola e ci indica alcuni mazzi di carte. «Mescolateli attentamente. E controllateli». La «seduta» incomincia. Cinque mazzi mescolati e «tagliati» vengono deposti davanti a Rol. Da un sesto mazzo la signora Biondi estrae una

---

[3] Non è così che si comporterebbe un mistificatore, che non avrebbe visto l'ora di farsi pubblicità sulle pagine dei giornali (ricordo inoltre che internet non esisteva).

[4] Ho mostrato, riunendo testimonianze e dichiarazioni, come Rol sapesse quando sarebbe morto, si veda il vol. I, IX-41, 42, 43, 44 (e nota), 65.

[5] Riecheggia Fellini: «le cose che fa, lui le chiama "giochi", nel momento in cui le vedi per tua fortuna non ti stupiscono. Soltanto nel ricordo assumono una dimensione eccezionale» (*supra*, p. 69-70); comunque era così per molti testimoni.

carta a caso. È il cinque di quadri. Ora Rol si concentra: appoggia la punta delle dita sui cinque mazzi; dopo qualche minuto[6] ci invita a sollevare e guardare la prima carta di ogni mazzo. È sempre, inesplicabilmente, il cinque di quadri. Rimango sbigottito: la logica dice che le carte non possono sistemarsi da sole in un certo ordine; ma d'altra parte Rol le ha appena sfiorate. Che le abbia predisposte senza che ce ne siamo accorti? Ma in questo caso, come poteva immaginare che la signora Biondi avrebbe estratto proprio il cinque di quadri? Oppure in quale maniera è riuscito a imporle di scegliere quella carta? Non riesco a pensarci troppo, perché Rol sta già preparando l'esperimento successivo. Mi dà un mazzo e mi dice di mescolarlo e di sparpagliarne quindi le carte sul tavolo, in un ordine qualsiasi. Contemporaneamente dà alla signora Gàzzera un secondo mazzo e le dice di scegliersi una carta. La signora esegue: è l'asso di cuori. Quindi viene invitata a pensare un numero: quattordici, dice. Ora Rol si rivolge a me: «In quale ordine vuole contare?». Da sinistra a destra. «Benissimo – aggiunge sorridendo – conti quattordici carte di quelle che ha davanti a lei, da sinistra a destra». Non può essere l'asso di cuori, penso. Invece, arrivato alla quattordicesima carta, devo constatare che è così. L'esperimento mi appare tanto più sconcertante in quanto Rol non ha toccato nessuna carta. Ripete il gioco decine di volte, complicando sempre di più: e l'asso di cuori continua sempre a uscire, qualunque sia il numero pensato, a turno, da ognuno di noi. A un certo punto Rol mi fa scoprire ben quattro carte: sono, oltre all'asso di cuori, quello di picche, di fiori, di quadri.

Mi sento un po' a disagio, ma affascinato. A poco a poco non dubito più, mi costruisco invece la convinzione che tutto sia naturale, logico: non può non essere l'asso di cuori, penso, mentre scopro per l'ennesima volta le carte. Così, quando Rol mi dice di sistemare un mazzo sotto un vassoio, eseguo meccanicamente. Dino Biondi viene invitato a estrarre una carta da un altro mazzo. È il due di picche. «Faccia scivolare leggermente il vassoio, in modo da sparpagliare le carte», mi dice Rol. E aggiunge: «Vogliamo trovare questo due di picche?». Lo guardo stupito, ma so già che finirò certamente per trovarlo. Infatti, appena sollevo il vassoio, mi accorgo che fra tutte le carte coperte spunta l'orlo di una carta capovolta. La libero dalle altre che le stanno sopra: non poteva esserci dubbio, è proprio il due di picche. Altre volte mi trovo a indicare con sicurezza il valore delle carte coperte, come se le vedessi. E, come sempre, Rol è distante, e le carte fuori della sua portata[7].

Ora la seduta si fa ancora più appassionante: chiede di preparargli, ben mescolato, un mazzo qualsiasi. Glielo metto davanti. Si concentra, ed impone la mano sulle carte. Ad un certo punto vediamo tutti distintamente

---

[6] Più probabilmente, poche decine di secondi o anche meno.

[7] Occorre sottolinearlo: *come sempre, Rol è distante, e le carte fuori della sua portata.*

il mazzo levitare di qualche millimetro, con il caratteritico fruscio delle carte che vengono mescolate. Un leggero colpo con due dita, e il mazzo si apre per tutta la lunghezza del tavolo come un lungo nastro: le carte sono alternamente coperte e scoperte, come una vivace fisarmonica. Guardiamo Rol ad occhi spalancati e lui, allegro, continua a conversare, sorridendo, e mangia pasticcini.

Ora con le carte componiamo due numeri, il 512 e il 27. Rol li segna su un foglio e dopo pochi minuti di concentrazione ci dice, nei particolari, quello che è scritto nella pagina 512 del volume 27 della Treccani. È da notare che i numeri sono stati scelti da noi. Anche ammettendo che Rol conoscesse a memoria quella pagina, che avrebbe fatto se avessimo estratto numeri diversi? È possibile che conosca a memoria, fin nei dettagli, tutta l'enciclopedia Treccani?

Ma non basta. Ora invita Dino Biondi a scegliere un libro qualsiasi della biblioteca. Qualche istante di concentrazione, ed ecco che Rol ci «legge» la prima riga di una pagina da noi determinata. Restiamo allibiti. Lui, tranquillo, mangia un altro pasticcino. Arriviamo, in questo modo fino alle tre di notte. Mentre mi avvio verso l'Albergo, mi sento stranamente euforico[8]. Poi, per parecchie ore, cerco di ricostruire gli «esperimenti», e non riesco ad addormentarmi.

Mi avevano già parlato di Rol: mi avevano descritto certi esperimenti strabilianti (del resto, lo stesso Rol me ne aveva accennato: «Queste sono soltanto le aste, un giorno passeremo a cose più serie»). Segni che lui traccia nell'aria e che si ritrovano misteriosamente stampati su tovaglioli, pareti, carte da gioco; capacità di bilocazione (torneremo su questo fenomeno) e di viaggi nel passato con materializzazioni; casi di scrittura automatica, riproducente l'esatta grafia di personaggi di altre epoche. Le testimonianze sono numerose: da Fellini a Pontecorvo allo sventurato conte Giorgio Cini, che fu da Rol preavvertito della tragica morte cui andava incontro.

È difficile dire quanto tutto questo sia ingigantito dalla fantasia o dal grado di suggestionabilità di chi lo ha raccontato. Ma ciò che ho visto con i miei occhi è sufficiente a farmi credere a molte di queste cose. La spiegazione di questi fenomeni? È molto complessa: il «gentiluomo superuomo» di Torino, infatti, è schivo da esibizionismi, come si è detto. Non accetta l'intrusione di curiosi o di appassionati insistenti. Rifiuta categoricamente ogni possibilità di lucro (alcune società americane gli avrebbero pagato mille dollari l'ora purché si esibisse nei loro circoli). È da osservare, inoltre, che fenomeni di questo genere non debbono scontrarsi con la diffidenza legittima dello studioso e l'interesse dell'approfittatore. È impensabile, per esempio, che il dominio delle carte

---

[8] Indubbiamente c'era un fattore psicologico, ma ce n'era anche uno fisiologico: l'*energia* che Rol aveva "distribuito" tra i presenti, quella *carica* di cui ho parlato a p. 380 nota 23, in relazione a Giorgio di Simone.

dimostrato da Rol possa essere sfruttato in un casinò: «Non riuscirei a vincere», dichiara. Ma allora, come definirlo? Come verificare le sue facoltà? È impossibile: bisogna accontentarsi di pensare che esistono situazioni in cui il limite fra realtà e irrealtà diventa impercettibile: in cui la verità si annulla nel momento stesso in cui si crede di averla afferrata.

Se poi si vuole per forza pensare ad un trucco (anche se non si può obiettivamente vedere in quale direzione e dimensione possa aver luogo), rimarrebbe senza soluzione il mistero di un uomo ricco, amico di personaggi potenti, che avrebbe atteso per anni ed anni il momento di dare sfogo al suo esibizionismo, e che continuerebbe tuttavia, ad evitare la pubblicità intorno al suo nome. Per smentire queste ipotesi basta conoscere Rol: vederlo nella sua semplicità, tranquillo, sereno, innocente. Un gentleman d'altri tempi che fra i suoi peccati annovera soltanto quello di amare la vita ed il mondo sconosciuto che le sta dietro.

Il Resto del Carlino - 3

Viaggio nel mondo dell'occulto - Gustavo Adolfo Rol

Il prodigio come un gioco

Descriviamo nei dettagli alcune portentose «operazioni» compiute in salotto - Ed è ancor nulla in confronto a ciò che riferiscono di lui - Un vero gentleman, ma dotato di incredibili capacità superumane - Non ama la pubblicità, è difficilissimo, per un giornalista, farsi ricevere da lui

Gustavo Adolfo Rol nel suo studio, a Torino. Un medium? Un chiromante? Un veggente? Un guaritore? Nulla di tutto ciò, forse: non si sa bene quale sia la definizione giusta. Ma, certamente, un uomo fornito di superumane qualità, ch'egli adopera con elegante «nonchalance», senza alcun fine di lucro. Il denaro non gl'interessa, non ne ha bisogno.

L'immagine allegata all'articolo di Serafini, con la didascalia:

Gustavo Adolfo Rol nel suo studio, a Torino. Un medium? Un chiromante? Un veggente? Un guaritore? Nulla di tutto ciò, forse: non si sa bene quale sia la definizione giusta. Ma, certamente, un uomo fornito di superumane qualità, che egli adopera con elegante «nonchalance», senza alcun fine di lucro. Il denaro non gl'interessa, non ne ha bisogno.

I fantasmi del pomeriggio

di Carlo Moriondo

1972[1]

*

Premessa: ho scoperto questo articolo, grazie a un incrocio casuale di dati, solo nel 2022, rimasto sconosciuto e mai citato da nessuno di coloro che hanno scritto di Rol negli anni successivi. Si tratta di un documento molto importante per la peculiarità di quello che si riferisce, sia come fenomenologia che per il modus operandi *di Rol.*
La seduta di cui si parla potrebbe essere avvenuta nella seconda metà degli anni '40 o inizio anni '50[2], con un Rol molto diverso da quello descritto praticamente da tutti i testimoni.
Se stessimo solo a questo articolo infatti, non si potrebbe evitare di definirlo medium *– e quindi dare ragione a Pitigrilli che lo aveva frequentato in quegli anni, che però non aveva riferito nulla di simile a quanto testimoniato da Moriondo – per la presenza della trance e per il tipo di manifestazioni che ricordano quelle più alte della letteratura medianica.*
Viene da chiedersi se il "primo Rol" (anni '30 e '40) non abbracciasse uno spettro di manifestazioni più "differenziate" e non desse modalità diverse di dimostrazione (ho già avuto occasione di dire che un Illuminato *potrebbe manifestare anche tutta la fenomenologia del medianismo, perché questa è gerarchicamente inferiore, mentre un* medium *non potrebbe manifestare tutta quella di un* Illuminato, *né in un comparabile*

---

[1] Moriondo, C., *I fantasmi del pomeriggio*, 45° Parallelo – Periodico dell'Associazione Stampa Subalpina e del Circolo della Stampa, Anno IX, n. 52, sett.-ott. 1972, pp. 26-27. Il 10 gennaio 1973 al Circolo della Stampa di Torino si tenne poi un dibattito di cui riferì un articolo su *La Stampa*, «l'occasione – un numero speciale della rivista "45° parallelo" sui temi dell'occulto», dove si cita la presenza del filosofo Gianluigi Marianini, del pittore Lorenzo Alessandri e di Nicola Riccardi. «Su tutti, l'ombra del personaggio più famoso, il mago Rol, assente dalla riunione, come sua consuetudine. Lo evocano tanti interlocutori, testimoni, in varie circostanze, delle sue straordinarie capacità extrasensoriali» (Calcagno, G., *Torino città "magica"*, La Stampa, 12/01/1973, p. 7). Carlo Moriondo (1915-1999) «approdò al quotidiano "Stampa Sera" subito dopo la guerra. Collaborò al giornale per oltre trent'anni, prima nella cronaca e poi come inviato speciale, diventandone infine vice-direttore. Nel 1956 vinse il Premio giornalistico Saint-Vincent» (*deagostinilibri.it*).

[2] Ho stabilito questo solo dopo aver già pubblicato il vol. IV (anni '40 e '50), dove sarebbe stato più opportuno inserirlo, anche se l'articolo è stato pubblicato nel 1972.

stato di coscienza vigile, perché gerarchicamente superiore) e che mostrasse in quegli anni molto di più di quanto avrebbe poi mostrato in seguito. È anche possibile che Rol avesse voluto dare per quella occasione e di proposito *quel tipo di dimostrazione piuttosto che un altro tipo; non compaiono i consueti esperimenti di base con le carte, la biblioscopia e gli altri esperimenti che faceva di norma, soprattutto con i neofiti.*

*

Molti anni sono passati, però sono sicuro di ricordare in modo esattissimo quell'incredibile pomeriggio di settembre in cui Rol ci fece assistere ad alcuni esperimenti, che non so come definire appunto perché a chi non vi ha mai partecipato possono apparire fantastici. Ora ne parlo io, mentre dovrebbe narrarne lo stesso dott. Rol, ma si sa che egli è persona schiva, che ben pochi riescono a conoscere, e soprattutto a far parlare, e tanto meno a far scrivere. C'è in lui il timore di essere scambiato per un banale «medium» (che nega di essere) c'è soprattutto il terrore che lo si chiami mago, che qualcuno gli chieda come mai non fa i «suoi giochi» in pubblico. Perciò, anziché tentare certamente invano di farlo raccontare, preferisco raccontare io quanto ho visto e mi è ben fisso nella memoria, senza aggiungere né togliere né abbellire né drammatizzare né rendere giornalistico, insomma, la pura verità, che è una delle cose più difficili da scovare.

La riunione avvenne in casa del povero e grande Ernesto Quadrone[3]: questo già dice quanto tempo è passato da allora. Quadrone abitava in un ampio alloggio all'ultimo piano, in piazza Statuto. Si era in settembre e faceva ancora caldo, però la riunione avvenne a finestre chiuse: Rol allora eseguiva i suoi esperimenti al buio o perlomeno nella penombra, perciò Quadrone aveva coperto i vetri delle finestre con pesante carta blu, fissata con puntine da disegno. Mi dicono[4] che ora Rol fa esperimenti in piena

---

[3] Ernesto Quadrone (1887-1960) è stato un giornalista molto noto tra le due guerre mondiali, inviato speciale in giro per il mondo, scrittore, sceneggiatore, regista, pluridecorato bellico, aviatore. Abitava in Piazza Statuto n. 3, dove alla sua morte si recarono a rendergli omaggio i colleghi de *La Stampa* col direttore, e anche l'allora presidente della FIAT Vittorio Valletta. Si vedano gli articoli: *Ernesto Quadrone Premio "O Cavara"*, La Stampa (della sera), 26/02/1936, p. 3; *La morte di Ernesto Quadrone*, La Stampa, 31/05/1960, p. 5; *Ernesto Quadrone è morto stamane*, Stampa Sera, 30-31/05/1960, p. 2; *Le estreme onoranze a Ernesto Quadrone*, Stampa Sera, 31/05-01/06/1960, p. 2.

[4] Tra le persone con cui Moriondo potrebbe averne parlato, quelle presenti al dibattito al Circolo della Stampa (Alessandri, Marianini, Riccardi) o anche Remo Lugli, suo collega a *La Stampa* che conobbe Rol proprio quando uscì il numero della rivista con l'articolo di Moriondo (settembre 1972), o anche l'altro suo collega Nevio Boni, per quanto forse Boni arrivò a *La Stampa* dopo (suo primo articolo con firma è del 1974). Il 16 novembre 1979 Boni terrà una conferenza

luce: forse con gli anni i suoi poteri di concentrazione sono aumentati[5]. Allora invece eravamo in fitta penombra, non tanto però da non vedere le persone che erano nella stanza, perché un poco di luce filtrava.
Il dott. Gustavo Adolfo Rol era allora funzionario della Cassa di Risparmio[6]. Aspettavamo di trovarci di fronte un tipo eccezionale, poiché conoscevamo le sue doti, invece egli ci sorprese, se così si può dire, appunto perché non aveva nulla di sorprendente: era di media statura, di media età, di poche parole, la testa quasi calva, con un vestito di buon taglio: proprio il modello del funzionario di banca[7].

---

con Moriondo su "Torino magica" alla Galleria d'Arte Moderna di Torino (cfr. Rizzo, R., *Grande fascino della magìa*, La Stampa, 18/11/1979, p. 14, da cui: «i giornalisti Carlo Moriondo e Nevio Boni hanno condotto un serrato dibattito fra maestri dell'occulto e maestri dell'illusione davanti a almeno settecento persone che sono rimaste inchiodate alle poltrone sino a mezzanotte»). Boni mi aveva comunicato, tra le molte cose che ho pubblicato e che altri hanno poi ripreso, una previsione tragica di Rol riguardante la moglie di Moriondo, si veda 1-IX-4 e nota relativa.
[5] La spiegazione potrebbe essere in parte vera: come ho evidenziato in precedenza in merito agli esperimenti di *pittura al buio*, al netto della precauzione di non causare traumi ai presenti, la luce creava *interferenza sensoriale* e poteva ostacolare la concentrazione, essere cioè di fastidio a Rol, che comunque ha dimostrato di riuscire a fare *tutti* i suoi esperimenti anche alla luce. Tuttavia, qui non si tratta solo dei «poteri di concentrazione», ma proprio del tipo di coscienza: infatti *trance* e *coscienza sublime* non sono la stessa cosa, la prima sta alla seconda come l'oscurità sta alla luce, ciò che in effetti si rispecchia nelle condizioni ambientali in cui avvenivano i differenti esperimenti. Al tempo stesso però, la *trance* forse era più "comoda", *per quel tipo di esperimenti*, lasciando fare tutto allo *spirito intelligente* senza bisogno di stare "svegli": una specie di "pilota automatico".
[6] Questo sarebbe uno degli elementi utili a stabilire la collocazione cronologica della seduta: Rol terminò di lavorare alla Banca Commerciale Italiana (non la Cassa di Risparmio di Torino, CRT: Moriondo forse ricordava male, ma potrebbe esserci un'altra spiegazione, come ipotizzo alla nota seguente) il 30 giugno 1934, quattro settimane dopo la morte del padre, avvenuta il 2 giugno 1934. Se Moriondo poi in seguito non menzionasse chi fossero le altre persone presenti ed altri elementi, si potrebbe pensare che la seduta fosse avvenuta nei primi anni '30.
[7] Rol era alto 1.85, quindi di statura sopra la media. L'indicazione che fosse «di media età» con «la testa quasi calva» lo colloca tra i 40 e i 50 anni. Già questi sarebbero elementi che contraddirebbero l'ipotesi che siamo all'inizio degli anni '30, dove Rol era trentenne. Ma è indagando l'anno di nascita di alcuni dei presenti menzionati in seguito che si comprende come non sia possibile che si sia negli anni '30, né nella prima metà degli anni '40 che era il periodo bellico e che Moriondo non avrebbe potuto non menzionare, se fosse stato il caso. È quindi abbastanza incomprensibile che Rol venga presentato come funzionario di banca dato che ormai non lo era forse da una quindicina di anni. Se però escludiamo una confusione della memoria e prendiamo per buona l'informazione fornita da Moriondo, una possibile spiegazione potrebbe essere che forse Rol prestava

La stanza in cui si svolse la seduta era piccola: all'incirca, poniamo, quattro metri per cinque. I partecipanti, oltre a Rol ed a Quadrone, erano i colleghi ed amici Borio[8], Devecchi[9], Gili[10], Neirotti[11], un conoscente di Rol di cui non ricordo il nome, il musicista maestro Savina[12] ed il sottoscritto. Tutta gente piuttosto scettica, venuta con l'intenzione di passare un pomeriggio divertente, vedendo cose strane[13].

Rol si mise in un angolo, su una poltroncina di legno a braccioli: tutti noi assistemmo o partecipammo quando i suoi polsi e le sue caviglie furono legate ai braccioli ed alle gambe della poltroncina. Erano nodi solidissimi, fatti passando e ripassando la corda sopra e sotto, diverse volte[14].

---

qualche tipo di consulenza esterna per la CRT, cosa certo possibile perché era consulente di altre società private.

[8] Ferruccio Borio (1922-2009), giornalista de *La Stampa* dal 28 aprile 1945, poi capocronista a partire dalla direzione di Giulio De Benedetti (cfr. Rizzo, R., *Il maestro della cronaca*, La Stampa, 20/06/2022, p. 47 (cronaca di Torino); Boffano, E., *È morto Borio, padre di Simonetta Conti*, La Repubblica, 15/11/2009; cfr. anche un profilo su: *anpi.it/donne-e-uomini/1245/ferruccio-borio*)

[9] Sergio Devecchi (1919-1997), dal 1949 a *Stampa Sera* e poi alla cronaca de *La Stampa*, cfr. Trovati, G., *Addio a Devecchi, cronista del sindacato*, La Stampa, 21/06/1997, p. 17.

[10] Alvaro Gili, giornalista a *La Stampa* fino agli anni '80.

[11] Tino Neirotti (1923-1992) redattore capo de *La Stampa* a partire dal 1947, al quale anni dopo Rol fece sparire dei calcoli renali, cfr. 1-III-5, 5bis. Per un profilo: *it.wikipedia.org/wiki/ Tino_Neirotti*.

[12] Carlo Savina (1919-2002), musicista, compositore e direttore d'orchestra, a partire dagli anni '50 lavorerà con la Rai, sia radio che tv, e realizzerà numerose colonne sonore per il cinema e la televisione. Collaborerà anche con Federico Fellini per *Prova d'orchestra*.

[13] Tranne Ernesto Quadrone, come si vede dagli anni di nascita dei presenti – in base ai quali ho collocato la seduta nel dopoguerra, insieme agli inizi di alcuni di loro a *La Stampa* – erano tutti più o meno trentenni, non stupisce quindi l'approccio un po' superficiale e forse anche goliardesco del gruppo. Ho fatto una ricerca preliminare per vedere se per caso qualcuno di loro potesse avere scritto o detto qualcosa di Rol, oltre a Moriondo, ma non ho trovato nulla.

[14] Non mi risulta che ci siano, o comunque non sono emersi, altri episodi dove Rol sia stato legato; in un caso, nel secondo incontro con il fisico Tullio Regge, Rol riferisce che «mi hanno fatto stare con le mani dietro allo schienale» (1-V-127). Può sembrare sorprendente che in quegli anni fosse disposto a sottoporsi a un tale stringente e invasivo controllo, ma potrebbe anche essere, al tempo stesso, una precauzione per l'incolumità di se stesso e degli altri, e – come già visto per altri "rituali" indiziari ma non necessari – una dimostrazione ad uso e consumo di un gruppo – 8 persone escluso Rol – soprattutto di giornalisti, perché fosse messa nero su bianco *quel tipo di dimostrazione*, che attesta che Rol fosse impedito di qualunque movimento, e quindi di truccare caso avesse voluto.

Aggiungo subito che, fra un esperimento e l'altro, andavamo a controllare da vicino: sempre constatammo che Rol era legato come al principio, nulla faceva pensare che i cordini si fossero allentati.

Ci disponemmo in cerchio, seduti attorno ad un tavolinetto a quattro gambe, attorno alle quali era stato passato un altro cordino: vedremo in seguito il perché. Il tavolino era di legno scuro; per renderlo più visibile Quadrone aveva fissato sui bordi, non ricordo in che modo, una fettuccia di stoffa o di carta, intinta in una materia fosforescente.

Quando si spense la luce, Quadrone cominciò a fare domande: le risposte erano date da colpi che sembravano uscire dal tavolino. Dapprima Quadrone fece l'appello dei presenti, con l'intesa che un tocco di risposta significava che l'individuo era bene accetto; due tocchi indicavano invece che l'individuo era malvisto, e quindi doveva stare un po' lontano dal tavolino. Quando Quadrone pronunziò il mio nome, risuonarono due tocchi, e così avvenne anche per l'amico Gili: entrambi ci spostammo indietro con le nostre sedie, restando a non più di un paio di metri dal tavolo. Altri invece, i bene accetti, rimasero più vicini[15].

Non udimmo più alcuna parola da Rol, caduto in trance fin dall'inizio. Tralascio i preliminari, come l'evocazione di «spiriti» vari[16], che si manifestavano con colpi che uscivano apparentemente dal tavolo. Parlo solo delle cose più straordinarie, che furono tante.

Avevo portato un aeroplanino di latta di mio figlio, che Quadrone aveva intinto nel fosforo, per renderlo visibile al buio. Il giocattolo era stato lasciato su uno scaffale in un angolo della stanza: lo vedemmo sollevarsi in volo, passare sulle nostre teste, volteggiare in giro per la stanza; poi piombò in un angolo e di lì non si mosse più.

---

[15] Il metodo dei colpi sul tavolo fu adottato sistematicamente nel XIX secolo nelle sedute di spiritismo per comunicare con i presunti defunti ed è stato denominato *tiptologia*, «(dal greco *typtein,* battere, e *lògos,* discorso) un tipo di comunicazione di carattere intelligente che avviene mediante colpi *(raps)* battuti dal classico tavolino, o provenienti da muri, mobili, ecc .. Secondo Nandor Fodor, Rudolf of Fulda (IX secolo) parla già di comunicazioni con entità spirituali mediante "picchi" intelligenti. Paracelso li chiamava *pulsatio mortuorum:* "battito dei morti". La Chiesa pare li conoscesse da sempre come *spiritus percutiens* (spirito picchiatore). Il primo caso ricordato dalla storia è quello del convento di S. Pietro a Lione (1527) ove la superiora comunicò grazie ai colpi provocati dalla probabile medianità di suor Antoinette Grollée. Si ricordano poi i colpi della casa infestata di Cock Lane a Londra (1762). I più famosi sono stati però quelli di Hydesville (1847), tramite i quali Kate Fox, allora bambina, comunicò con il presunto spirito di un merciaio ucciso alcuni anni prima, nella casa ove essa abitava» (Giorgio di Simone, in *Paranormale. Dizionario enciclopedico*, vol. II, Mondadori, Milano, 1992, p. 994).

[16] Naturalmente, non si trattava di «evocazione di spiriti», ma di presa di contatto con *spiriti intelligenti,* anche se a quell'epoca Rol ancora non aveva coniato la definizione.

In quel momento stavo sussurrando a Gili, che mi era vicino: «Robetta da prestigiatori. Qui ci prendono in giro!». Fu come se una mano infuriata avesse strappato il nastro fosforescente fissato ai bordi del tavolino: lo vedemmo contorcersi in aria, poi piombare verso di me. Venne a cadere quasi ai miei piedi, che mi affrettai a ritirare sotto la sedia. Qualcuno accese la luce: Rol era legato alla poltroncina, immobile, gli occhi chiusi, pallidissimo, il capo piegato sulla spalla destra. Quadrone fece portare un piattino ed un bicchiere di vetro, colmo d'acqua. Spegnemmo la luce. Quasi subito scorgemmo nella penombra il tavolino levarsi verso il soffitto, a perpendicolo, accompagnato da un rumore come di tamburo: rimase lassù qualche istante, poi piombò a terra, dov'era prima. Si accese la luce: sul piattino c'era il bicchiere, ma capovolto. L'acqua era scomparsa, non ve n'era assolutamente traccia. Rol era immobile sulla sua poltroncina d'angolo, perfettamente legato. L'ultimo esperimento fu il più straordinario. A luce spenta, il tavolino (avevamo tolto piattino e bicchiere) tornò a levarsi verso il soffitto, poi cadde scivolando verso la parete, proprio nel punto in cui era Rol, tanto da farci temere che lo avesse colpito. Accendemmo la luce. Il tavolino era finito fra la schiena di Rol e lo schienale della poltrona; le gambe del tavolino erano rivolte verso di noi. Ho detto prima che le quattro gambe erano state legate da un lungo cordino che andava dall'una all'altra, all'esterno. Ebbene, questi cordini erano infilati fra i braccioli della poltrona e le braccia di Rol (sempre legate all'altezza dei polsi ai braccioli stessi). Insomma, v'era stato passaggio di materia dentro materia: per mettersi in quella posizione, il cordino che legava le gambe del tavolo aveva dovuto passare dentro o attraverso le braccia di Rol.
Infatti per togliere il tavolino dovemmo slegare le braccia di Rol. Il quale tardava a rinvenire: restava immobile, pallidissimo, mi pare che gemesse. Quadrone dovette dargli qualche schiaffetto sul volto, infilargli un po' d'acqua fra le labbra. Solo allora riaprì gli occhi e si guardò attorno con uno sguardo che mi parve stupefatto. Ricordo che non dette alcuna spiegazione di quanto era avvenuto, anche perché mi sembra non se ne rendeva conto. Poi ci fu un'altra sorpresa. Gili portava l'orologio nel taschino dei pantaloni: ne usciva fuori un piccolo ciondolo, tenuto al cinghietto dell'orologio da un anello. Ma il ciondolo, che rappresentava l'effigie di un santo, non era più al suo posto: era finito per terra, davanti alla sedia, che Gili occupava durante la seduta. Per staccarlo «qualcuno» aveva forzato ed aperto l'anello, piccolo ma molto robusto. Ma Gili non si era accorto di nulla.
Era venuto tardi, e ci lasciammo in fretta. Credo che ognuno di noi fosse inquieto, ma non volesse manifestarlo.
Oppure la seduta ci aveva lasciato in stato di stupefazione, ed ogni commento pareva superfluo. Ci separammo come se ognuno desiderasse ripensarci per proprio conto, con calma. Riportai a casa l'aeroplanino di

mio figlio. Che aveva volato tutto da solo. La mia famiglia era ancora in vacanza, ero solo nell'alloggio. Misi il giocattolo su un mobile in camera da pranzo. Chiusi bene la porta. Al mattino andai a vedere, piuttosto ansioso: l'aeroplano non si era mosso. E la seduta del pomeriggio precedente mi parve sempre più irreale.

***

C'è da supporre che col passare dei giorni quella irrealtà si sia trasformata in incredulità e abbia prevalso di nuovo lo scetticismo, come capitato a certi scettici che non proseguirono la frequentazione di Rol.
Considero questa testimonianza di Moriondo davvero molto significativa, anche e proprio perché sia lui che gran parte del gruppo erano scettici.
Non si capisce in base a cosa potesse sussurrare a Gili «Robetta da prestigiatori. Qui ci prendono in giro!», se non un mero pregiudizio, visto che la descrizione che fornisce dell'aeroplanino, che iniziò a volteggiare in giro per la stanza sopra le loro teste, non presenta alcun appiglio per un eventuale trucco (se non ci fossero anche i successivi prodigi e tutta la fenomenologia conosciuta di Rol, non sarebbe difficile ipotizzare – ma Moriondo non lo fa nemmeno e se lo fece all'epoca dovette poi subito escluderlo, per ovvie ragioni oggettive – che il «conoscente di Rol» di cui non fornisce il nome potesse essere il "complice" che, non percepito, si era alzato e aveva col braccio fatto finta di far volare il giocattolo...; questo è il genere di "ragionamento" acuto che fanno di norma gli scettici superficiali, che pensano di essere, presuntuosamente, più furbi e scaltri di coloro che erano presenti, per di più scettici come loro).
Lo spirito intelligente di Rol, con «mano infuriata», ha quindi reagito a quella insinuazione con una dimostrazione piuttosto impressionante, la cui complessità esclude nel modo più assoluto qualsiasi possibile mistificazione.
Circa il «passaggio di materia dentro materia», ovvero che «il cordino... aveva dovuto passare dentro o attraverso le braccia di Rol», è fenomeno che con Rol già conosciamo bene e che io ho denominato tunnelling, *ed è credibile anche e di più proprio grazie alla comparazione con altri episodi appartenenti alla stessa categoria. Uno di questi, inedito, riferitomi ad ottobre 2022 per iscritto da Alain Dufrêne di Lione, che conobbe Rol nell'86 quando abitava ad Aix les Bains, è più specificatamente pertinente:*

> «Nel 1988 durante una serata da amici ad Aix les Bains Gustavo aveva chiesto a uno dei presenti, François, di tenere un mazzo di carte tra le sue mani e a un altro di scegliere una carta. E questa carta "è passata attraverso le mani" ed è caduta sul tavolo».

Gli ho chiesto:

«*"Vuoi dire che la carta è uscita fuori da sola dal mazzo? E che ha attraversato le mani? Come quando un oggetto attraversa il muro?"*
"Si, esattamente".
"E l'avete vista proprio passare? Rapidamente o lentamente?"
"Come un ologramma che si è materializzato sul tavolo, forse 2 secondi"
"E François aveva le mani a che distanza dal tavolo? Quanti eravate?
"Era vicino al tavolo, le mani a circa 40 cm di distanza. Eravamo in 6 a casa di Catherine A., inclusi Gustavo e Catterina Ferrari che lo accompagnava».

È chiaro che siamo di fronte allo stesso fenomeno del cordino e questo dimostra che Rol poteva 1) far attraversare; 2) attraversare; 3) essere attraversato dalla materia, aspetti differenti di una unica possibilità.

Nella rivista dove si trova l'articolo di Moriondo, ci sono altri due articoli a firma Ernesto Caballo che menzionano Rol: in uno vi accenna di sfuggita scrivendo che «da noi, a Torino, le capacità paranormali di Gustavo Adolfo Rol hanno vinto non pochi scetticismi»[17]; *nell'altro invece riferisce quanto gli disse il pittore Lorenzo Alessandri:*

«Alessandri continua nell'esplorazione della Torino occulta: "Per ultimo, ma è il primissimo, il professor G. A. Rol, uno dei più grandi maghi viventi (noi ricordiamo un bellissimo articolo di Dino Buzzati, dedicato a Rol, di alcuni anni fa - n.d.r.). È una delle figure più inquietanti della Torino notturna. Alto, impenetrabile, estroso, ambitissimo, ricercatissimo, concede la sua presenza solo ad alcuni ristretti circoli. Il professore è un cultore dello spirito di Napoleone, dichiara di credere in Dio e di trarre i suoi poteri dal regno della Mente e di essere come "il guardiano del tesoro" che possiede la chiave di ricchezze inestimabili, ma non può spenderle a suo favore[18]. Le sue *expertises* hanno stupito

---

[17] Caballo, E., *Un grande appetito di magia*, 45° Parallelo – Periodico dell'Associazione Stampa Subalpina e del Circolo della Stampa, Anno IX, n. 52, sett-ott. 1972, p. 19.
[18] Inardi tre anni dopo parlerà del «pericolo di perdere un tesoro che – diffondendolo a chi non è pronto a riceverlo – potrebbe essere incompreso o malcompreso» (*Dimensioni sconosciute*, 1975, p. 159). Con le «ricchezze» che «non può spenderle a suo favore», il riferimento è al non poter trarre da queste

e affascinato uomini come Picasso e Fellini, re e imperatori. La casistica è enorme: i fatti straordinari che gli vengono attribuiti sono innumerevoli: dicono che trasformi qualsiasi carta da gioco in un'altra, solo col pensiero. Si procura nell'aria una matita quando deve scrivere[19] e, con la stessa, a distanza, buca da parte a parte una carta da gioco scelta da altri, infilata a caso nel mazzo, a sua volta coperto da un piatto capovolto. Ricostruisce, senza toccarlo nemmeno, uno smeraldo di grande valore che era andato in frantumi[20]. Fulmina con lo sguardo un enorme calabrone che sta per pungere un bambino nella culla[21]. Rinchiuso a chiave in una stanza, appare subito dopo in un'altra non attigua, passando letteralmente attraverso i muri. Inutile dire che tutti gli ambienti sono sigillati»[22].

---

possibilità dei vantaggi materiali, riassunte per esempio dalla incapacità di vincere alla *roulette* se per se stesso.

[19] Se non si tratta della materializzazione nell'aria di una matita in un esperimento non conosciuto – certo possibile – è un fraintendimento del modo di operare di Rol, che faceva gesti nell'aria per scrivere o forare a distanza con la sua matita di bambù.

[20] Episodio non riferito da nessun altro.

[21] È questo l'episodio spesso citato di cui fu testimone Fellini.

[22] Caballo, E., *I disegni stregati di Alessandri*, 45° Parallelo, *cit.*, p. 49. L'ultimo episodio, così come riferito non è citato da nessun altro, non è quindi preso da articoli o dichiarazioni pubbliche precedenti. Importante perché è cronologicamente una delle prime testimonianze che Rol potesse attraversare i muri. L'originalità rispetto ad altri racconti è che Rol sarebbe stato «rinchiuso a chiave» e che «tutti gli ambienti sono sigillati», un livello di controllo che trova rispondenza nella seduta con Moriondo dove era stato legato.

estratti da
L'occulto in laboratorio

di Nicola Riccardi

Novembre 1972[1]

Penso sia utile indicare come potrebbe essere impostato un problema di ricerca psichica. Conosco bene, e ne ho scritto in un altro mio libro, quell'operatore di esperienze paranormali di eccezione che si chiama Gustavo Adolfo Rol. Non mi orienterò né sulle carte né sulla pittura spiritica[2], per limitarmi a quella facoltà statica che egli ha di percepire l'aura umana. Nella occasione della nostra prima conoscenza Rol mi disse con spontaneità, e come se si trattasse di una semplice visione compiuta con gli occhi, che mettevo in evidenza, a suo giudizio, un'aura verde di buona luminosità che mi coronava la testa. Il particolare che per esaminarmi da tre metri di distanza mi ha pregato di cambiare l'illuminazione sulla mia persona, a me dice con sicurezza che non c'è nessuna soperchieria. Perciò ho riferito questo episodio con il marchio della certezza. Ma tanti racconti come questo non costituiscono mattoni validi della ricerca psichica. Dovremmo pervenire all'esame continuativo di molte aure umane da parte del medesimo sensitivo, attraverso tutti i possibili schermi ottici, cambiando con criteri di gradualità i soggetti presentati alla prova, sì da ottenere in breve rapporti relativi a un campione ragionato di umanità, e variando in parallelo anche gli stati fisici e mentali del sensitivo. Inoltre, poiché abbiamo il sospetto che proprio in fatto di aure si hanno descrizioni e analisi molto variabili da osservatore a osservatore, il minimo di garanzia esige che ripetiamo l'intera gamma di prove con numerosi sensitivi idonei. Allo stato attuale essi sono gli unici apparati efficienti nel campo delle aure. Nel timore di non poter raggiungere una teoria solida usando pochi membri della società umana, e non troppo stabili, uno sforzo collaterale deve essere avviato per completare la rilevazione di tante auree introducendo nei procedimenti

---

[1] Riccardi, N., *L'occulto in laboratorio*, Torino, Meb, 1972. In questo libro, tranne brevi cenni, l'autore fornisce altre informazioni e resoconti da altre sedute. Non è quindi ripetitivo come lo era *Operazioni psichiche sulla materia* rispetto agli articoli di *Metapsichica*.

[2] Ancora nel 1972, perlomeno nella prima metà dell'anno quando il libro deve essere stato scritto o comunque terminato e consegnato all'editore forse a inizio estate, Riccardi imperterrito usava questa terminologia sbagliata. A settembre, in uno dei due articoli di Remo Lugli su Rol (*Il prodigioso "viaggio nel tempo"...*, cit.) dove Riccardi è citato, la pittura finalmente non era più «spiritica», ma «in penombra».

l'ausilio di strumenti ottici e di apparecchiature per i controlli fisiologici. Spendere uomini, tempo e denaro per questo unico scopo di far luce sulla presenza delle auree umane si chiama buona ricerca psichica[3].

*

Avrei ancora qualche cosa da dire in rapporto ai rituali che innescano la produzione di esperienze di magia bianca, alle quali ho ripetutamente assistito in Torino, condotte dal dott. Gustavo Adolfo Rol. Nel corso delle stranezze preparatorie che venivano suggerite, seduta dopo seduta, al piccolo gruppo degli ammessi, c'era tempo sufficiente per riflettere sull'impiego che veniva fatto delle nostre persone. I compiti erano semplici. All'inizio si trattava solo di scambiare posto fra noi, per la definizione di una catena ottimale di energie psichiche. Poi ci veniva chiesto di fornire all'unisono energia sonora, ma escludendo l'impiego delle voci, per stropicciamento di fogli o soffregando le mani. Ai fini di unificazione mentale era di regola immaginare tutti insieme una grande distesa tutta verde. Talvolta si chiedeva di depositare lontano ogni oggetto personale metallico. Rispetto al piano del sensitivo di aprire davanti a noi un mondo di paranormalità obiettivabile in disposizioni straordinarie di carte da gioco sul tavolo, nessuno di quei rituali era di tipo consequenziale, cioè capace di conseguenze dirette[4]. L'eterna regola magica di lasciare tutti gentilmente disinformati era ermeticamente rispettata. Non parliamo poi dei momenti difficili, quando il mago ci richiedeva la pronuncia di parole magiche che andava suggerendo[5].
Così – mentre attentissimamente seguivo le istruzioni – mi è capitato di intuire a un tratto un forte parallelismo con quel che si legge di tutte le difficoltà rituali poste lungo il cammino della preparazione di pozioni e unguenti magici. Non sapremo mai quante minuziose e pazze richieste sono funzionali e quante invece hanno compiti di eccitamento psicologico, impreziosendo l'impresa magica, ci sia o non ci sia qualche derivazione paranormale genuina nel suo contesto[6].

*

Siamo al 15 ottobre 1970, in Torino. È sera e in casa Rappelli siamo in cinque attorno al dott. G. A. Rol[7]. Contrariamente al solito egli sembra

---

[3] pp. 16-17. Il brano mostra ancora una volta quell'approccio da "topo da laboratorio" visto in precedenza.
[4] Infatti. Cfr. quanto ho già commentato sugli anelli a p. 214 nota 9.
[5] E anche qui, Rol dovette scuotere la testa nel leggere queste affermazioni di Riccardi. Non risulta infatti che dopo il 1970 lo abbia più invitato a qualche incontro.
[6] pp. 64-65.
[7] Dovrebbe essere questa l'ultima volta che Riccardi incontrò Rol.

avere molta fretta di andare a sedersi attorno al tavolo ovale e mostrarci subito alcune esperienze con le carte da gioco, anche perché ci ha annunziato che sarebbero state di grado superiore. Cominciamo con le carte, dunque. Nel mazzo che indico con A Rol ha fatto scegliere a caso la carta campione per la durata di quell'intero esperimento; è l'Asso di Cuori. Ha quindi dato a me il mazzo B facendomi nel contempo pronunciare un numero a vanvera. Ho detto 12 e allora son state contate e girate le 12 carte superiori di questo mazzo: la dodicesima carta era l'Asso di Cuori.

Altra prova. Carta campione, questa volta, è il 7 di Cuori. Rol la mette di fronte a due mazzi coperti, fa una pausa di concentrazione e poi li alza all'unisono, con le due mani: appaiono entrambi i 7 di Cuori. Agli altri due mazzi fa compiere all'improvviso, senza alcuna manipolazione o rimescolamento, una scivolata verso il centro del tavolo e a metà di ciascun mazzo appare, unica carta rovesciata, due volte il 7 di Cuori che palesemente fuoriesce dalla fila ordinata d'ogni mazzo.

Si ha quindi un breve intervallo durante il quale la padrona di casa, che non vedevo da alcuni mesi[8], racconta come negli ultimi tempi abbia ricevuto, attraverso scritture automatiche per mano di Rol in seduta spiritica[9], o addirittura per scritture dirette nelle medesime sedute, consigli assai utili per il lavoro dello studio legale che guida con il marito. Io intervengo domandando se con tali aiuti non hanno il sospetto di barare un poco nei vantaggi professionali; rispondono che ciò è lontano dai loro pensieri, trattandosi di fini moralmente leciti.

Segue distribuzione di fogli di carta e seduta spiritica al buio. In queste occasioni e con questi partecipanti si chiama e si riceve soltanto l'imperatore Napoleone Primo. Rol si concentra e dice nel buio che lo spirito è presente. A me domanda se Napoleone mi é gradito e io rispondo che pur non essendo imperialista lo ascolterò volentieri. Per la prima risposta mi accorgo che Rol si è messo a scrivere con grande foga e subito dopo alla luce ci legge il messaggio col quale Napoleone afferma di non essere imperialista nemmeno lui e di aver sempre operato per il bene dei popoli. Andiamo pure avanti, dico io, ma intanto penso che dopo Hitler e Stalin è lui l'europeo che ha procurato all'umanità il maggior numero di morti in guerra. Poiché Rol non è certo della mia idea, tale pensiero non è captato dalla entità e non si hanno discussioni[10].

---

[8] Dalla fine di maggio 1970. È quanto Riccardi scrive nella lettera a Giorgio Di Simone del 03/03/1971 (*supra*, p. 387).
[9] Impossibile che l'avv. Giuliana Ferreri, all'epoca moglie di Lorenzo Rappelli che con lui frequentava assiduamente Rol già da qualche anno, potesse aver parlato di seduta «spiritica». Anche qui, sempre farina del sacco di Riccardi.
[10] Altra ingenuità. Forse Rol non aveva voglia di dibattere con Riccardi, che di Napoleone ne doveva sapere molto poco. Certo ogni volta che si usa il metro dei morti in guerra per giudicare Napoleone, si fa un buco nell'acqua. Come se le

Le domande dei miei amici – il sensitivo non ne pone mai di proprie, almeno in compagnia – sono centrate su questioni di lavoro e di rapporti umani. Io a mia volta chiedo se le precognizioni di molti medium americani, radunati presso una stazione emittente ai primi del 1970, che avevano insistito sulla fine di Nasser, hanno potuto in qualche modo raggiungere la consapevolezza del bersagliato e se quindi possono aver contribuito alla sua morte come malocchio o sortilegio verso l'uomo più odiato dagli americani nel Medio Oriente[11]. La risposta adombra l'altra interpretazione, quella della scrittura nei libri trascendentali del destino, perché Napoleone ci ricorda che anche lui l'aveva predetto allo stesso tavolo due mesi prima. Chi l'aveva captata allora osserva che la predizione sembrava piuttosto destinata a De Gaulle. Fatto sta che pochi giorni dopo è morto anche lui![12]

La mia successiva domanda verte su quale è la vera condizione dello spirito-guida Abdul Latif nei riguardi della medium E.J. Garrett[13]. La risposta è che si tratta di modeste sciocchezze. Altra mia domanda riguarda un mio lavoro teorico – sempre in campi parapsicologici – che era in visione presso amici, per il quale volevo sapere l'opinione dell'entità circa la maggiore o minore esattezza delle ipotesi. La risposta è che la mia interpretazione è di tipo materialista e non corrisponde alla sostanza dei fenomeni.

Ciò è esattamente quello che deve dire un disincarnato che, indipendente dalla sua personale intelligenza da vivo, dovrebbe secondo certuni avere

---

guerre nel XVIII e XIX secolo non fossero purtroppo una *inevitabile* consuetudine europea! Ogni volta che non si colloca Napoleone nel suo tempo peculiare e non si ripercorre la sua traiettoria biografica – al di là di tutto il resto – si fanno analogie fuori luogo come quella di Riccardi.

[11] Gamal Abd el-Nasser, presidente della Repubblica Egiziana, morì il 28 settembre 1970, 17 giorni prima della seduta di Riccardi con Rol.

[12] Il 9 novembre 1970. Lo *spirito intelligente* di Napoleone in una seduta di agosto – di cui non è dato sapere nulla tranne quanto riferisce qui Riccardi – dovette prevedere la morte imminente di un grande Capo di Stato senza specificare quale; a «chi l'aveva captata allora» – non è dato capire in che senso di preciso – «sembrava... destinata a De Gaulle», ma forse l'associazione era spontanea visto che a parlare era Napoleone, in francese. Certo, tra Nasser e De Gaulle avrebbe più senso che Napoleone, che aveva come riferimento principale la Francia, prevedesse la sua di morte. Ma qui afferma di aver previsto quella di Nasser. Diceva la verità? Oppure voleva "incassare" la previsione? Oppure aveva previsto, forse solo *sentito*, quella di De Gaulle e dopo che è occorsa quella di Nasser ha forse pensato di aver sentito imprecisamente? Sarebbe stato interessante fare una seduta successiva alla morte di De Gaulle per chiedere lumi allo *spirito intelligente* di Napoleone (ad esempio: "E quindi, di chi avevi previsto la morte? E se di Nasser, com'è che non hai previsto quella di De Gaulle?").

[13] Cfr. Garrett, E. J., *Vita di medium*, Astrolabio, Roma, 1948, pp. 178-179; 182; 198.

pieno accesso ai miei pensieri e alla mia mente, dove l'esistenza degli spiriti è assai ridotta d'importanza e le loro comunicazioni sono sfuggite come perdite di tempo.

Ancora due o tre annotazioni. Napoleone scompare durante la seduta per un poco dalla scena, e Rol ce lo comunica. Prima che egli ritorni e si riprendano i colloqui, vien fuori uno scritto che comincia con S.M. (Sua Maestà). Chiedo se Napoleone parla ogni tanto di sé in terza persona e mi dicono (perché sanno tutto[14]) che stavolta non è lui in persona ma il suo aiutante di campo generale Rapp[15]. La firma è una grande circonferenza.

Un altro scritto ha la firma disegnata in modo diverso dal solito e c'è accanto indicata S. Elena. Rol mi informa che dopo Waterloo l'imperatore è stato iniziato (non spiega se massoneria o esoterismo o magia) e le affermazioni che convalida con siffatta firma da iniziato sono di assoluta certezza[16] (Stavolta la risposta era di una sola parola «Peut-être»).

A un certo momento le domande tardavano a essere formulate, Rol faceva fretta e il tavolo, peraltro pesantissimo e con piano di marmo, s'è alzato con evidente durezza dalla sua parte. Alla seconda signora che chiedeva quale delle case sotto esame doveva acquistare, Napoleone risponde argutamente che non è agente immobiliare[17].

I presenti, con i loro problemi, non hanno affatto creato nello spirito del grande guerriero l'impulso a risposte impazienti. Si vede che si è adattato. E poi, perché le faccende personali debbono essere qualificate come problemini? La preoccupazione che un tale stia per giocarci un brutto tiro riempe la nostra vita un poco di più del quesito metafisico se sopravviveremo dopo morti. Perciò appena si ha confidenza con un ente che dovrebbe sapere tante cose, nelle nostre richieste ha la precedenza il giusto comportamento verso il presunto imbroglione.

---

[14] Il soggetto della frase mi pare siano i *genii* cui tanto spesso ha fatto riferimento l'autore, e non i presenti alla seduta (come Lorenzo Rappelli e Giuliana Ferreri).

[15] All'epoca in cui Rol faceva esperimenti con i, e dai, Rappelli, negli anni '60 e '70, l'intervento dello *spirito intelligente* del generale Jean Rapp (1771-1821) aveva evidente funzione allusiva. Rol infatti in quegli anni considerava Rappelli il suo «braccio destro» (così come Napoleone aveva avuto Rapp come suo aiutante di campo) e il suo possibile «successore», il candidato migliore che avrebbe potuto portare avanti le sue conoscenze, ciò che però in seguito non avvenne, se non nel suo personale percorso di introspezione interiore.

[16] Su questo, si veda *Il simbolismo di Rol*, p. 274 e sgg..

[17] Trovo questa frase sia divertente che emblematica: da un lato mostra l'ingenuità e banalità della domanda della signora; dall'altro la risposta un po' insofferente dello *spirito intelligente*, che con essa dimostra anche di non saper fare o avere conoscenze che esulano da quelle che aveva quando era in vita, ciò che è appunto una sua caratteristica, lo *spirito intelligente* essendo "fotocopia" di quello che l'individuo è stato. Nel brano che segue Riccardi pare voler prevenire la critica proprio alle domande banali, volendole giustificare.

Quella sera tutti i fogli sono stati lacerati man mano che venivano letti ad alta voce. Vecchia regola di queste riunioni, dalle quali potrebbe, se avanzasse qualche scritto medianico, altrimenti sortire un serbatoio inesauribile di preziosi autografi del grande Corso[18].

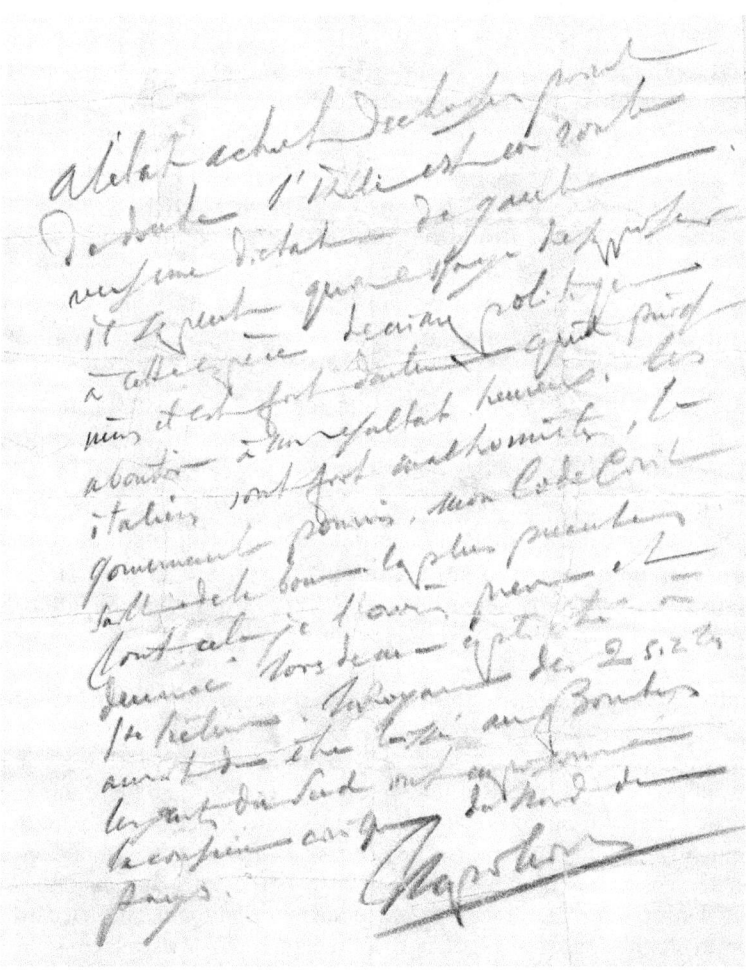

Con me è accaduto qualcosa di particolare in fatto di fogli coperti di scrittura. Mi accorgo che non ho segnato l'episodio in calce agli appunti che presi allora, subito dopo la seduta. Ma come mai ricordo con

---

[18] La regola era la distruzione degli scritti, dipinti, disegni, ecc., ma con numerosissime eccezioni. Si veda la *fake news* n. 8 nel mio scritto del 2019 *Le 10 principali fake news degli scettici*. Prendo lo spunto dal testo di Riccardi per inframezzarlo con l'immagine di un raro scritto dello *spirito intelligente* di Napoleone Bonaparte, senza data e contesto, che mi fu donato da Nuccia Visca che era stata incaricata di cestinarlo e che poi decise invece di tenerlo, e che io ho ricomposto (pubblicato già nel 2008 ne *Il simbolismo di Rol*).

precisione che una delle risposte dirette a me è comparsa sul foglio che avevo ricevuto bianco bianco per tenerlo davanti, come tutti gli altri? E la cosa non finì a questo punto, perché, rifatto il buio, esposta la nuova domanda, udito lo strofinio della matita in mano a Rol, riaccesa quindi la luce, sul foglio tutt'ora posato sul tavolo davanti a Riccardi non appariva più nessuno scritto. Scrittura diretta prima e asporto dei segni dopo. Alla mia esclamazione Giuliana Rappelli ha osservato che doveva trattarsi di una tardiva punizione con avvertimento, perché anni prima avevo conservato il foglietto su cui era stato dato annunzio di presenza in sala di un defunto pittore (Vedi il mio «Operazioni psichiche sulla materia» Capitolo VII)[19]. Se questo particolare della sentenza napoleonica offerta e ritirata fosse certa, costituirebbe il miglior pezzo paranormale della intera serata. Nel mio subconscio, allora, era forse entrato il dubbio che si trattasse di uno scherzo, ben possibile con tutto quel buio, e quindi al momento della annotazione su carta la mia memoria aveva scartato l'episodio[20].

Curiosità e rituali sono o no presenti in quanto ho riassunto qui sopra con la data del 15 ottobre 1970? Un rituale implicito si trova già nelle pieghe della intenzione deliberata di tener seduta; le esperienze preliminari con le carte hanno anch'esse funzioni propiziatorie, e poi c'è la breve pausa con la concentrazione muta di Rol[21] per investirsi della insolita funzione di medium scrivente. Ma in quanto al concetto usuale di curiosità, assunto come motivazione psicologica, l'indagine si complica per il fatto che tutti

---

[19] Si tratta di Ravier e della "pittura spiritica", la frase era: «Je suis ici avec vous F. Auguste Ravier» (cfr. *supra*, p. 217).

[20] Naturalmente l'ipotesi dello scherzo è legittima, ma è plausibile? Per saperlo occorre intanto chiedersi se Rol avrebbe potuto operare, paranormalmente, quel cambio di contenuti sul foglio (vuoto-pieno-vuoto) e se lo aveva fatto in altre occasioni, in maniera analoga. Se la risposta è affermativa, allora non ci sono ragioni di pensare ad uno scherzo in questo caso, e l'interpretazione data da Giuliana Ferreri potrebbe anche essere plausibile, tantopiù che Riccardi presto avrebbe avuto la "punizione" di non frequentare più Rol (anche se, stando a quanto mi ha detto sua figlia Barbara Riccardi (*supra,*, p. 223) la decisione di terminare gli incontri – ci credo fino a un certo punto – sarebbe stata reciproca). Su scritte presenti e poi sparite o cambiate si vedano per es: 1-XXXV-40, 40bis; 3-XXXV-116, 129. Casi *esattamente* uguali a quello di Riccardi al momento non ce ne sono.

[21] Riccardi lo vede come un «rituale», io lo vedo invece come *prassi, procedura* se non proprio *protocollo*: l'ambiente in genere è sereno, a tratti scherzoso, informale, didattico, razionale, caratteristiche che non sono omologabili all'idea di «rituale» (solennità, concentrazione, *mantra*, preghiere, litanie, indumenti folcloristici, *trance*, ecc.); certo, alcuni elementi "magici" ci sono, ma sono minoritari, e sono "magici" solo perché ancora non rientrano in una formalizzazione scientifica. L'*entanglement* non sembra forse "magico"? eppure non lo è.

noi eravamo certo spinti dalla curiosità, ad eccezione del regista e mago[22]. Nello stato di perfezione che ha raggiunto, e di cui tornerò a scrivere, non gli si può attribuire lo scopo, in queste complesse riunioni, di provare a se stesso se certi esercizi psicocinetici – tali sono le bravure su cartoncini stampati – gli riescono o meno[23]. In quanto al lungo dialogo con Napoleone, o chi per esso, nel modesto valore comparso dominante non poteva esserci stimolazione per l'anima sua ma solo condiscendenza verso gli amici.

La mia ipotesi per spiegare psicologicamente l'intensa, e quasi giornaliera, attività del dott. Rol in esperienze magiche, è riassumibile nel suo singolare bisogno di praticare abbastanza spesso una sorta di ginnastica-psichica-per-tenersi-in-forma dalla quale si astiene solo per ragioni di grave malattia[24], a quanto mi risulta. Insistenza e frequenza potrebbero essere collegate alla sostanziale attività di benefico consigliere di tante persone che si rivolgono a lui per la chiaroveggenza in scomparti sconosciuti alle attuali scienze della vita. Sembra che faccia un gran bene in giro, ma è talmente riservato su questo aspetto delle sue facoltà che non mi è mai riuscito di saperne quanto basta per scriverne. Peccato davvero!

La maggior parte dei ricercatori psichici sostiene esserci nei fenomeni paranormali due permanenze abbastanza valide:

1) Non c'è caso genuino senza un reale stato di trance nel medium;

---

[22] «medium», «mago»...

[23] Non sono del tutto d'accordo, anche se non era più uno «scopo» di «provare a se stesso», era comunque ancora sempre una «sfida» con se stesso, ogni esperimento riuscito era una vittoria – e infatti Rol si commuoveva spesso come um bambino – come quello di uno sportivo che vuole mantenere il suo livello e migliorarsi, battendo i record precedenti, anche soltanto i suoi. Anche ai pluricampioni continuare a vincere non smette di piacere.

[24] Sarebbe difficile capire a cosa esattamente si riferisca: agli «esercizi psicocinetici» con le carte appena menzionati? meditazione? yoga? visualizzazione di verde-quinta? se non fosse che gli chiederà lumi al riguardo Ada Occhipinti (si veda più avanti p. 436), e Riccardi farà capire di considerare «esercizi» sia gli esperimenti con le carte che in generale anche le altre *possibilità* di Rol (quel limitato campionario che lui ha potuto testimoniare e di cui è venuto a sapere), ovvero che Rol «pratichi tenacemente le sedute unicamente per continuare ad esercitare le sue facoltà di percezione immediata, di visione a distanza, di scoperte psichiche nelle anime e nei corpi, di diagnosi e di guarigione, di beneficenza morale e consigli preziosi, per essere sempre in piena forma quando gli scrivono o gli telefonano...». Rol cioè farebbe i suoi esperimenti con frequenza per tenersi in allenamento, ovvero perderebbe la sua efficacia se non lo facesse: una prospettiva che è l'ennesimo *non sense* di questo studioso. La ragione è invece molto più semplice: la frequenza non è che la volontà di mostrare e convincere sempre di più e sempre più persone della *potenza dello spirito*; Rol era come un missionario che svolgeva il suo apostolato *sui generis* e non si risparmiava.

2) La produzione di eventi paranormali fisici da parte dello stesso medium non può essere che saltuaria e capricciosa. Diversamente dobbiamo pensare piuttosto alla presenza di abili trucchi[25].

Ora, Rol sembra veramente impermeabile alla trance – fresco, pronto, conservatore, regista e ospite principale – e non ha torto di rifiutare il titolo di medium[26] e il concetto di paranormale. Le sedute, inoltre, sono a ritmo continuo e con una saggia scelta degli amici che accetta e delle esperienze, egli riesce ad ultimare felicemente e compiutamente tutte le imprese che comincia, anche se ha l'aria di averle inventate sul momento[27].

Cosa deve tentare di mettere in evidenza la ricerca psichica attiva quando si imbatte in un mago così casalingo[28]? Definito il criterio semplificatore che la sua capacità fondamentale è di interventi parafisici e parapsichici nella zona che altri coltivano come giochi di prestigio, si presentano tre gruppi di problemi:

a) Quali sono i limiti del parco di strumenti materiali (per Rol sono le normali carte da gioco) che si mantengono sotto il livello di trattabilità nei programmi del sensitivo? Spiegazione: Rol afferma che dinanzi a un alto personaggio vaticano ha manipolato 6000 carte da gioco. Ebbene, si vuol sapere, quanto ancora oltre può andare? E perché si deve fermare?[29]

b) Scoperti i suddetti limiti, è possibile inventare altri controlli che permettano di stabilire la portata delle sue facoltà in ogni direzione?

c) Risolti questi due ordini di problemi, si possono escogitare mezzi esterni per definire le possibili componenti di una personalità così poco comune e dei suoi corredi psico-fisici comparati con quelli della gente normale?[30]

*

---

[25] Una frase che testimoniava le limitazioni della parapsicologia e dei suoi studiosi, il cui orizzonte di ricerca era ristretto ai fenomeni medianici, ai medium, sensitivi, ecc., ma misconosceva *possibilità* e *modus operandi* dei Maestri illuminati, certo estremamente più rari da trovare e identificare; con essi non vi è nulla di «saltuario e capriccioso», bensí padronanza e costanza delle loro azioni normali e "paranormali".
[26] Ma se non ha torto, perché continua a chiamarlo così?
[27] Non è precisamente ciò che fanno gli artisti, le *menti creative*?
[28] Altro scrollamento di testa di Rol...
[29] Ho parlato in una nota precedente (a p. 159), più o meno seriamente, di future competizioni per il Guinness dei primati. L'esperimento con 6000 carte dev'essere sicuramente quello di cui avevano parlato prima Cassoli e poi Di Simone, svoltosi «nell'ambito della Curia arcivescovile napoletana, quando furono addirittura 111 (centoundici!) i mazzi di carte che si ritrovarono alla fine con la stessa prima carta» (Di Simone, G., *Oltre l'umano*, p. 74); 111 x 54 = 5.994.
[30] pp. 77-81.

Esperienze magiche

Se non avessi assistito a molte esperienze magiche non avrei potuto scrivere il libro «Operazioni psichiche sulla materia» che nei capitoli precedenti qualche volta ho citato. Il nome del mago è Gustavo Adolfo Rol e il luogo delle sedute è sempre Torino. Le esperienze magiche sono operazioni psichiche sulla materia. (…)
Ecco i titoli che nel suddetto libro riferiscono esperienze rolliane:
- Apporto di N come Napoleone (IV);
- Pittura spiritica (VII);
- Rol e le carte da giuoco (XII).
Prima di presentare, in base ai caratteri che mi sembrano comuni a questi episodi, la mia definizione personale di esperienze magiche, mi rendo conto che è più interessante conoscere cosa ci offre sul medesimo argomento il mago in persona. Ora, la sua impostazione di principio è questa: si ritiene estraneo a tutto ciò che i ricercatori psichici hanno convenuto di chiamare paranormale. Gli esperimenti che gli stanno tanto a cuore, e che veramente sono impareggiabili, appartengono secondo lui alle manifestazioni della coscienza sublime.
Fra i moderni storici della magia si è andato affermando il concetto che la medicina più idonea a non farci soffrire troppo, date le limitazioni della nostra mentalità razionale, per gli infiniti elementi pieni di assurdità che sono contenuti nelle magie, consiste nel difenderla da critiche suggerendo che bisogna provare a considerarla dal punto di vista del suo interno stesso, dove cioè può affiorare una certa logica. È come dire che la magia si porta dietro la sua giustificazione come ciascuno di noi si porta a passeggio la propria pelle. E non vale l'opera di coloro di coloro che cercano di delimitarla, seduti a tavolino, con gli strumenti della loro particolare saggezza.
Dire «coscienza sublime» equivale a dire «sintesi priva di disegno comunicabile»; a me pare che le due dizioni rappresentino cornici identiche destinate a restare vuote di quadri. Il mago afferma che durante ogni esperienza gli spuntano naturali e continui tutti quegli effetti e interventi che sono espressione di armonie superiori. Ad esse risale la facoltà di rendere docilissime di fronte alla potenza dell'anima, e obbedienti agli ordini di mutamenti che ne provengono, tutte le forme accessibili di materia manufatta che sono in quel momento controllabili a vista dagli astanti.
Le costanti ed eccezionali possibilità contenute nella potenza della sua anima magica – anche se il termine non gli è gradito, non ce n'è uno più adatto nella nostra lingua[31] – non sono esprimibili per parti analitiche.

---

[31] Anche qui, Riccardi mostra di essere bene informato che tutti questi termini a Rol erano indigesti, e nonostante questo, con la scusa, o con la mancanza di

Anche lui rimira dunque la sua opera dall'interno, dal fuoco centrale che considera coincidere con la benevolenza di Dio verso questa testimonianza vivente. (...)

Il principale artefice delle esperienze magiche[32] compie con eleganza le mosse e sortite che impediscono al suo piccolo pubblico di accorgersi dei momenti di allontanamento psichico dalla vigilanza cosciente, cioè i frequenti ingressi in stati simili alla trance. Che ciò debba avvenire si comprende facilmente, perché le esperienze che ci vengono mostrate sono *una continua esplosione e alternanza di capacità paranormali che solo nei grandi trattati sono classificate in separati capitoli*[33]. Il mago conosce cosa significa andare in trance definitivamente e sa che ciò è incompatibile con la sua posizione di regista energico. Non può rischiare di risvegliarsi nella sua poltrona tutto solo e in penombra, perché gli altri son andati a bisbigliare nella sala accanto per lasciarlo dormire[34].

Ritengo che si possa definire mago quel rarissimo esemplare di essere umano che si è scoperto la propensione, o la necessità, verso un complicato tirocinio nel quale ha posto i suoi scopi vitali, ed è riuscito a conquistare l'abilità di produrre fenomeni fisici portentosi. Le sue interpretazioni teoriche delle esperienze magiche così offerte non hanno la medesima consistenza dei fenomeni. È forse colpa della sordità psicologica dei ricercatori che desidererebbero molto costringerlo a teorizzare secondo linee razionali. Oppure deriva da appannamento della sua capacità analitica e critica, in conseguenza delle premesse religiose alle quali tiene moltissimo[35].

---

conoscenza, che non ci sia altro termine «adatto nella nostra lingua», li usa. Strano, eppure io nei miei libri e articoli non li uso affatto né ho bisogno di usarli, chissà perché? Analogamente, Piero Cassoli aveva parlato di "giochi", perché «non saprei quale altro termine usare» (*supra*, p. 196).

[32] Qui e nelle righe seguenti Riccardi parla di «esperienze magiche» e di «mago» come se ne stesse parlando in generale, invece il riferimento è sempre a Rol, anche se non è esplicito.

[33] Corsivo mio.

[34] Come se la *coscienza sublime* fosse necessaria, o "usata", per non mettersi a dormire! Non sarebbe diverso dal dire che per la stessa ragione un pittore o un musicista dipinge o suona con coscienza vigile invece che andare in *trance*. Così è più facile illustrare quanto insensato sia quello che scrive Riccardi (si sostituisca «mago» con «artista» e la cosa sarà evidente).

[35] Queste righe, ancora una volta, sono la dimostrazione di una continua incomprensione di Riccardi, che pretendeva dopo pochi incontri con Rol spiegazioni semplici e "razionali" e dal momento che Rol non poteva (e non voleva) dargliele nei modi che lui auspicava, ciò diveniva causa di un «appannamento della sua capacità analitica e critica», e per questo «le sue interpretazioni teoriche... non hanno la medesima consistenza dei fenomeni», "colpa" «delle premesse religiose» di Rol, che nella mente del Riccardi erano solo intralci inutili. Ciò che il parapsicologo non comprendeva è che il dato

Per illustrare il tipo di esperienze magiche alle quali mi riferisco continuamente, in quanto si tratta di mia conoscenza personale alla quale non credo sia stata sostituita una serie di serate soltanto immaginate in stato di ipnosi, penso sia utile riportare un medesimo evento sotto due esposizioni differenti.
Prima relazione (Copiata dalla rivista Metapsichica 1970)
«Costruzione mentale del numero 22. Rol dà a me (Riccardi) il mazzo A affinché io lo mescoli, fermandomi quando mi dirà "stop". Poso quindi A sul tavolo e Rol, che mi ha fermato, domanda a bruciapelo un numero. Mentre dico 22 mi meraviglio dentro di me per una scelta così inconsueta. Il mazzo B è ora posto con le facce visibili sul tavolo nel solito modo e il dito di Rol viene fermato da lontano allo "stop" di uno dei presenti. La carta sottostante è il due di fiori. Rol mi dice di riprendere in mano il mazzo A e di mostrare a tutti l'ultima carta. È il due di fiori».
Breve discorso che rassomiglia a una di quelle ricette elencate nei libri che istruiscono i ragazzi a fare i giochi di prestigio. Soltanto che lì, quando ti provi a ripetere lo scherzo, hai imparato in che cosa consiste il momento risolutore.
Seconda relazione (Copiata dal mio libro «Operazioni psichiiche sulla materia»).
«Mi vien dato un altro mazzo con l'invito a mescolarlo. (...)[36] con nostra grande meraviglia il primitivo numero 22, che sembrava un piccolo fiato inconsulto, è stato magicamente ricostruito e materializzato per mezzo di due carte identiche».
La prima e superficiale maniera di descrivere l'esperienza magica è un verbalino che non offre nessuna presa al ricercatore psichico che abbia deciso di mettersi a studiare il mago che di cose simili ne produce a volontà, e sicuramente non le ricorda nemmeno. Ora, è da sottolineare che buona parte delle relazioni stampate sui libri di parapsicologia ha questo sconsolante aspetto; precisamente sono le meravigliate descrizioni delle apparenze immediate che colpiscono i sensi dello spettatore.
Non saprei a cosa può rassomigliare la seconda maniera, più lunga ed elaborata. Sia chiaro che potrebbe essere errata da cima a fondo, pur riferendo un avvenimento sicuro. Io penso, per un paragone, a quel che cercherebbe di riferire un terrestre con qualche nozione in testa, se fosse prelevato da un disco volante e autorizzato ad assistere ad alcune manovre.
La seconda maniera introduce in tutto il procedimento magico un altro universo e lo stuolo dei coadiutori invisibili. Ne nascono molti passaggi alla telepatia, alla chiaroveggenza, alla psicocinesi, alla suggestione

---

"religioso" in Rol non era *credenza*, ma *conoscenza* ed *esperienza* (*coscienza sublime*= *nirvāṇa*, unione con il *Tutto*, ecc.). Più che della «sordità psicologica dei ricercatori» come Riccardi, si trattava invece delle loro *sordità tout court*...
[36] Non riproduco di nuovo tutto il brano, che può essere letto a p. 215.

mentale, complicati e tempestivi – montati artificialmente, potrebbe essere il severo giudizio del mago in persona –, sta bene per fare a meno della spiegazione teistica. La quale potrebbe suonare così: Dio ha deciso quella sera che Rol ottenga con i mazzi di carte A e B il solito successo. Sicché Egli con tenuissimi tocchi ha posto un 2 di fiori in fondo al mazzo A, e un 2 di fiori sul luogo dello stop al dito che scorreva lungo il mazzo B. In quanto al Riccardi, è stato quasi niente fargli dire 22 al momento opportuno. Un minuscolo impiego delle armonie superiori alle quali i parapsicologi da strapazzo non sono sensibili.

Credo siano moltissime le varianti imbastibili sullo schema teistico, e si può essere ostinati nella convinzione che siano tutte fuori strada, conservando però il rispetto per l'accadimento in sé. Se è successo, qui in Terra, e per motivi o ignorati o insignificanti, gli si deve trovare una spiegazione animica locale.

L'universo è una parola grossa. Diciamo che nel contesto della esercitazione proposta dal mago, insolita come un viaggetto dentro a un disco volante, è stata applicata, per sue facoltà inconsce, la possibilità che le carte di alcuni mazzi risultassero tutte ispezionabili per di sotto da genietti trasparenti, e così i genietti avrebbero potuto regolare e ordinare intelligentemente i passaggi e le fermate, come nella precedente interpretazione avrebbe fatto il buon Dio.

Un istituto di ricerche psichiche riguardanti il paranormale – ricordiamo che il grosso delle ricerche psichiche riguarda la psicologia normale – avrebbe ottime occasioni, quando si scopre un mago vivente, di mettersi a registrare e trascrivere tutto quello che si può trarre dagli studi sistematici della sua personalità, nonché le numerose categorie di esperienze incluse nel suo repertorio, a patto che l'uomo eccezionale sia accessibile.

Dire istituto e dire strumentazione è equivalente, nel nostro sistema di tecnologia avanzata. Io penso, e mi auguro, proprio il contrario di quel che ho sentito affermare da molti spiritualisti, per i quali il paranormale non sarà mai analizzabile per mezzo delle macchine. Bisogna cercare di andare oltre all'aspetto catalogatore della ricerca, quel doversi limitare ad attendere, con la targa più ammaliante possibile fuori dalla porta, che nei dintorni accadano eventi tanto insoliti da suscitare nella gente la voglia di raccontarli a noi. In questi casi, se dentro l'organizzazione ci siamo solo noi con una bibliotechina di 50 libri, si corre al primo annuncio, si raccolgono testimonianze, si assiste al seguito del fenomeno, si ha la gioia di fornire ai posteri il rapporto di prima mano, ma tutto può ridursi a modesti spunti per una valida teoria. (…)

Per studiare a fondo le esperienze magiche non si deve contare solo sulla cinematografia e sulla proibizione di contatti fra mago e oggetti. I nostri migliori studiosi, Inardi e Cassoli, se potessero finalmente cominciare sul serio col mago torinese, si accorgerebbero in breve di quante altre verifiche c'è necessità, per scolpire adeguatamente nella memoria le fasi incalzanti di ogni esperimento. È veramente formidabile osservare, a questo punto, quale profonda differenza esista fra questi problemi e la relativa semplicità delle prove quantitative alla maniera di Rhine. Probabilmente c'è proprio da prendere in considerazione la proposta di adottare tre direttrici differenti di ricerca per i tre grandi rami dei fenomeni metapsichici.

Fra i ricercatori psichici è sentita, nel pieno delle prove, l'esigenza di incapsulare l'impulso alla meraviglia, nonostante che sia uno dei principali intendimenti nella condotta del mago, perché esso ha effetti paralizzanti e appanna il giudizio. Questi indagatori han da temere di continuo gli imbrogli e le frodi. Non ignorano che la loro situazione è simile a quella degli impiegati di banca in confronto con i potenziali rapinatori. Nessuno esclude che il gruppo dei banditi e il gruppo dei bancari abbiano intelligenze equivalenti, ma solo i primi, non impegnati con i conteggi e la clientela, hanno l'iniziativa e il tempo di organizzare l'impresa delittuosa. I frodatori in campo occulto possiedono sui banditi un sicuro vantaggio, quello di divertirsi moltissimo.

Quando si ha l'occasione di mantenere rapporti duraturi con sensitivi e con medium, ci si accorge che si tratta di personalità che debbono venir mantenute nei loro monoideismi, fra cui è primario quello di essere beneficiari di rugiade celesti che irrorano tutte le produzioni anormali derivanti dalla loro mediazione e iniziativa.

Appena queste persone si addentrano per anni nelle pratiche magiche, diventano impercettibili i segni fisiologici che accompagnano i loro stati alterati di coscienza. Ciò va tenuto presente dai ricercatori psichici che si ripromettono di presenziare e analizzare esperienze della categoria magica. In siffatte esperienze è abbastanza forte la probabilità che si sviluppino componenti dinamiche e trasferimenti materiali ad altissime velocità: i progettatori di apparecchi se lo tengano a mente.

Con queste particolarità reali si deve ritenere ingiustificata l'antica convenzione per la quale le scienze occulte venivano presentate agli uomini con molta prudenza ed erano faticosamente misteriose per decreto degli dei. Il mistero, che poi è una sommatoria di eccezioni dalla vita comune e dalle grandezze accessibili, è inerente alla loro intima natura, nella quale si trovano, tanto per esemplificare, velocità estreme, invisibilità e trasparenza degli operatori, pieghe nel tessuto del tempo e memorie incoscienti[37].

*

A leggere i libri della Garrett[38] si ha l'impressione che dal principio alla fine della sua attività ci sia stato un continuo progredire; in Home[39]

---

[37] pp. 151-159. Amen, di nuovo...
[38] Cfr. Garrett, E. J., *Vita da medium*, Astrolabio, Roma, 1948.
[39] Daniel Dunglas Home (1833-1886), medium scozzese.

sembrerebbe invece più probabile avvistare un gruppo di facoltà abbastanza costanti. Per Rol siamo di fronte, a mio avviso, a un altro caso di decorso senza vistose ascese, con il completamento, però, degli ultimi anni contrassegnati da tentativi di aggiungere alle azioni qualche impostazione filosofica[40].

Nel campo dei fenomeni rolliani io mi domando se i sensitivi che offrono il paranormale prevalentemente fisico a getto continuo e per molti anni, cioé coloro che ancor oggi vanno definiti «maghi» e sono rarissimi, risultano, per struttura psico-fisica e per inclinazioni mentali, suscettibili di incrementi sistematici (entro larghi limiti) nelle loro estrinsecazioni, sì da introdurre vigorose novità rispetto ai repertori giovanili. C'è qui da tenere conto che la lunga spettacolarità, psichicamente equivalente ad aver sposato il professionismo aperto, invita ciascun operatore a ricercare abbastanza razionalmente l'introduzione di ornamenti e complementi i quali riempono lo scenario ma forse del tutto paranormali non sono[41].

*

L'intero andamento di due riunioni per lo studio delle esperienze fisiche paranormali prodotte in Torino dal dott. G. A. Rol, divenuto un denso saggio in lingua inglese dentro la rivista italiana *Metapsichica* che ha una diffusione internazionale, ha destato lettere al direttore dagli Stati Uniti – ma stranamente nulla del tutto dalla vicina Francia. Per farmene discutere una con Rol mi è pervenuta quella lunghissima di Mr. Edward Cox, Box 936, Southern Pines, North Carolina 28387, in fotocopia. Conoscevo già l'opera di questo parapsicologo e prestigiatore[42], dai libri e dalla rivista

---

[40] Insensata idea analoga a quella espressa già nel 1966 su *Metapsichica*, dove «il bisogno di introspezione [di Rol] è sorto solo pochi anni fa» (*supra*, p. 156). Quanto al «decorso senza vistose ascese», davvero è incomprensibile come uno che abbia conosciuto Rol nel 1965 e incontrato poche volte possa essere minimamente informato sul suo percorso soprattutto negli anni '20 e '30, di cui ha mostrato di non sapere nulla. A considerare anche solo il 27 luglio 1927, quell'unico giorno l'ascesa fu, è proprio il caso di dire, *verticale*.
[41] p. 197.
[42] Di William Edward Cox (1915-1994) Ugo Dèttore forniva nel 1978 questo profilo biografico: «Parapsicologo americano, ingegnere meccanico, associato alla Foundation for Research on the Nature of Man di Durham, si occupa soprattutto di fenomeni fisici e precognitivi, di casi di *Poltergeist* e di studio della medianità. Importanti i suoi esperimenti sulla psicocinesi con apparecchi di sua invenzione, adatti soprattutto per le prove di piazzamento, che fu il primo a tentare, nel 1951, lanciando piselli secchi su di una superficie a scacchiera. Ha ideato fra l'altro una "macchina PK idraulica" consistente in un vaporizzatore che fa cadere gocce d'acqua su di una sorta di graticcio dal quale esse possono scorrere indifferentemente in due provette di vetro: il soggetto deve tentare di farle scorrere in prevalenza, nell'una o nell'altra delle provette. Sua è anche la

del prof. J. B. Rhine, e ho letto attentamente il suo scritto molto critico. C'era infatti la informazione che infiniti negozi americani vendono mazzi di carte truccati con i quali Cox e ogni acquirente possono eseguire scherzi di sorpresa simili alle esperienze di Rol. Avrei fatto una parte del mio dovere se mi fossi provveduto di queste carte speciali e avessi imparato ad adoperarle, ma c'erano altri dati, nelle sedute rolliane, quali l'uso di mazzi portati nuovi dagli assistenti, nonché intere sequenze senza che il mago prendesse minimamente in mano i mazzi adoperati, che mi invitavano a considerare del tutto incomplete le osservazioni del signor Cox[43].

***

"macchina a orologio *relais*", in cui quattro *relais* elettromeccanici sono connessi in serie con un orologio: il soggetto, alterando per psicocinesi la velocità con cui i *relais* rispondono alla corrente, fa aumentare o diminuire la velocità con cui girano le lancette dell'orologio. Esperto di illusionismo e illusionista lui stesso, ha sperimentato con Uri Geller nella convinzione che i suoi fenomeni fossero dovuti a un'abile frode, ma ha concluso col dire: "Se Uri non possiede in realtà delle straordinarie capacità psi, allora è senza dubbio un prestigiatore assai più esperto di qualunque professionista che abbia il doppio della sua età, se può valere qualcosa la mia esperienza quarantennaie nel campo sia dell'illusionismo che della para psicologia". Numerosi i suoi articoli nel *Journal* della ASPR, nel *Journal of Parapsychology* ecc. in particolare sulla precognizione, il *Poltergeist*, la psicocinesi, i rapporti tra parapsicologia e illusionismo» (in: *L'uomo e l'ignoto. Enciclopedia di parapsicologia e dell'insolito*, vol. II, Armenia, Milano, 1978, pp. 332-333). È probabile che Cox passserà alla storia grazie alla nota che qui lo ricorda...

[43] pp. 203-204. Che Cox pretendesse di saperla più lunga di coloro che avevano assistito direttamente, non era che la solita presunzione tipica di molti prestigiatori e dei loro *dejà vu* mentali, vere e proprie autosuggestioni dove il loro cervello secerne illusioni. Sulla pretesa illusoria di "svelare" i presunti trucchi di Rol leggendo le descrizioni dei testimoni, ho già avuto occasione di commentare. Riccardi qui fa una osservazione giusta, peraltro ben facile a farsi e che *qualunque testimone continuativo di Rol* o anche *attento* studioso potrebbe fare. Se i mazzi Rol non li tocca minimamente, tutte le chiacchiere su come avrebbe potuto essere il trucco sono vane (e non solo per gli esperimenti dove non le tocca, la stragrande maggioranza, ma anche per quei pochi altri dove accade che le tocchi – in maniera peraltro ininfluente – visto che se sono autentici i primi, autenticità garantita dalle *condizioni ambientali*, non si vede perché non debbano esserlo anche i secondi, principio applicabile anche a molti altri esperimenti/prodigi) e "osservazioni" come quelle di Cox non sono appena «del tutto incomplete», ma proprio «del tutto sbagliate».

Domanda di Ada Occhipinti[44]*:* Vorrei chiarimenti sulla ginnastica psichica per tenersi in forma, che lei considera lo scopo indiretto delle esperienze di magia psichica[45] di Rol.
Risposta. Da molti anni mi chiedo, ogni volta che esco sbalordito dalle serate di magia psichica di Rol con le normali carte da gioco, che cosa di tanto sostanziale ed elevato spinge questo anziano signore di Torino a intervenire quasi ogni sera in un circolo privato per meravigliare profondamente questa mezza dozzina di privilegiati che gli stanno intorno. Poiché non si verificano, almeno per quanto riesco a giudicare io, in nessun momento periodi di alta spiritualità, di pentimento per esistenze condotte terra terra, di illuminazione sulla immensità e la potenza di Dio[46], autore e regista delle meraviglie rolliane, io mi son visto costretto a ripiegare su una spiegazione ipotetica di questo spreco di energie psichiche, immaginando che il sensitivo pratichi tenacemente le sedute unicamente per continuare ad esercitare le sue facoltà di percezione immediata, di visione a distanza, di scoperte psichiche nelle anime e nei corpi, di diagnosi e di guarigione, di beneficenza morale e consigli preziosi, per essere sempre in piena forma quando gli scrivono o gli telefonano o lo consultano di persona per casi umani di grande pietà[47].

---

[44] Questo brano è estratto dal capitolo *Un parapsicologo alla sbarra*, di N. Riccardi, dal libro *Panorama di parapsicologia*, a cura di Luigi e Ada Occhipinti, Armenia Editore, Milano, 1975, pp. 258-259.

[45] *Esperienze di magia psichica*: definizione d'effetto che non significa nulla.

[46] Giova ricordare che Riccardi faceva tali affermazioni con uno storico di frequentazione molto scarso, non più di una decina di incontri spalmati su cinque anni, come ho mostrato in precedenza. Certo gli incontri con Rol non erano né un culto di fanatici, né un circoletto di preghiera, né lezioni di meditazione... Si mostrava l'*intelligenza divina* nella quotidianità e nelle sue multiformi espressioni, e quando se ne presentava l'occasione c'erano anche approfondimenti filosofici, spirituali, insegnamenti profondi di vita, e anche brevi momenti di raccoglimento o di preghiera se per esempio c'era da aiutare qualcuno (presente o no) o se Rol si apprestava a fare esperimenti di "grado superiore" come i viaggi nel tempo, prima dei quali faceva una breve preghiera perché quanto si stava per compiere non nuocesse a nessuno.

[47] Su questo ho già commentato in una nota precedente (n. 24, p. 427). Sicuramente con Riccardi Rol era incorso in uno «spreco di energie psichiche», visto che aveva capito molto poco. Perlomeno, a differenza di quei molti altri con i quali Rol ha sprecato il suo tempo e le sue energie, Riccardi ha messo per iscritto la sua testimonianza, e non tutto quello che ha detto è da cestinare, anzi. L'importante, come sempre, è separare il grano dal loglio.

Altri documenti
aggiunti con la seconda edizione

Lettera di Mario Miniaci a Rol

Domenica 18 febbr.
'68

Egregio Dottore,

Buzzati venerdì sera mi assicurò che Le avrebbe scritto[1], così penso che a quest'ora Lei sia in possesso delle lettere di "credenziali". Quanto alla Sua più che legittima diffidenza, posso assicurarLe da parte mia che non verrò a Lei come giornalista e in ogni modo non farò oggetto di articoli la materia che potremo trattare sul nostro incontro o che avrò l'eventualità di venire a conoscere.

Le sono in ogni modo molto grato perché Lei, pur non ritenendo che fosse interessante ciò che mi piacerebbe sottoporre alla Sua attenzione, si è comunque detta disposta a ricevermi: per il caso di poter essere utile, così ha detto[2].

La documentazione enormemente importante che Le farò vedere ritengo peraltro che potrà interessarla proprio. Le telefonerei mercoledì, o anzi martedì sera, per sentire quando potrò venire. Con molta cordialità.

Mario Miniaci

---

[1] Infatti scrisse la sua lettera a Rol venerdì 16 febbraio, si veda *supra*, pp. 111-113. Nella nota 2 di p. 111 scrivevo nel 2022 che «non è dato sapere se poi Miniaci e Rol si sentirono o incontrarono». Nel 2023 ho scoperto presso l'Archivio Storico del Comune Torino la lettera di Miniaci che pubblco qui, la quale comunque ancora non dimostra che poi effettivamente si incontrarono, anche se lo fa supporre.

[2] Probabilmente Miniaci dovette sentire Rol telefonicamente, e in seguito chiedere a Buzzati se poteva scrivere una lettera di presentazione.

(foto © Franco Rol – Archivio Storico del Comune di Torino)

Lettera di Giorgio di Simone

Napoli, 30 giugno 1970

Caro ed Egregio Dottor Rol,

dopo la Sua telefonata di circa tre mesi fa, sono rimasto col desiderio di Sue notizie... Nel frattempo, l'esperienza che ho avuta dei Suoi eccezionali esperimenti, si è andata lentamente decantando in me stesso, lasciandomi però sempre un intenso desiderio di approfondimento di una conoscenza che reputo fondamentale per l'uomo e per il suo spirito.

Ha ricevuto il n. 2/70 di "Informazioni di Parapsicologia", in cui Le ho dedicato l'editoriale?[3]... Mi auguro di si.

Da parte mia non vi sono novità degne di nota. La solita vita che a volte mi pesa per la sua monotonia, per la sua mancanza di elementi spiritualmente corroboranti, anche se so benissimo che a tutti i livelli, con qualunque ritmo, l'esperienza della realtà vitale è utile. Spesso poi è il corpo che ci trascina giù. Soffro spesso di astenia, ma ormai è un fatto cui debbo abituarmi per forza.

Mi è stato accennato da qualcuno (ma non ricordo più chi sia) che Lei ha probabilmente avuto contatti con G.I.Gurdjieff, durante il soggiorno di questi a Parigi (anni 30 e 40), derivandone forse elementi utilissimi alla estrinsecazione delle Sue facoltà paranormali. Ho letto quindi, in edizione francese, il libro di Ouspensky "Fragments d'un einseignement inconnu", e quello di de Hartman "Notre vie avec Gurdjieff", oltre a quello di Louis Pauwels "Monsieur Gurdjieff", ed ho dei dubbi sulla realtà di un Suo incontro con Gurdjieff. Potrebbe dirmi qualcosa lei in proposito?[4] Gliene sarei grato.

Ma non voglio più rubarle del tempo prezioso!

Ho, ferma nella memoria, la Sua promessa di un incontro a Napoli in autunno[5]. Sarà un pensiero gradevole durante le mie vacanze di agosto,

---

[3] Si veda *supra*, p. 372 e sgg..
[4] Non constano risposte di Rol al riguardo e non ci sono evidenze che possa avere incontrato Gurdjieff, né elementi significativi che possano giustificare tale eventualità. Quanto al fatto che in alcune personalità "dello spirito" o dello studio dell'esoterismo si riscontrino dei punti di contatto dimostra solo che tutte attingono alla medesima fonte, non necessariamente che una debba qualcosa a un'altra, o abbia preso da un'altra. Peraltro Di Simone, dopo aver approfondito, afferma di avere «dei dubbi sulla realtà» di un incontro tra Rol e Gurdjieff, e infatti salvo prova contraria deve essere considerato non avvenuto.
[5] Che poi non c'è stato. Di Simone dovette attendere il 23 o 24 maggio 1972, ovvero quasi due anni, prima di incontrare nuovamente Rol, a Torino. Cfr. *supra* p. 391 nota 2.

la cura di Fiuggi, e fino a quando non avrò il piacere di rivederla. Mi scriva, se non Le è di peso...

Le auguro un'ottima estate. Cordialmente, affettuosamente,

Suo [firma]

(foto © Franco Rol – Archivio Storico del Comune di Torino)

Nell'immagine in basso, dettaglio della busta della lettera di Giorgio di Simone, dove l'architetto ha scritto, a mo' di post scriptum: «(Quando mi mandi "La Marsigliese"?!!)».

L'ABITAZIONE ED I MAESTRI DELL'ARCHITETTURA CONTEMPORANEA

«Al Dottor Gustavo Adolfo Rol con stima e ammirazione • Marzo 1970».
Dedica di Giorgio di Simone all'inizio del suo libro di architetttura del 1961 (cfr. *supra,* p. 366) (Archivio Storico del Comune di Torino).

«A Gustavo Rol un saluto affettuoso da Dino Buzzati»

Dedica all'inizio del volume di Dino Buzzati *Poema a fumetti*, Mondadori, Milano, 1969 (foto © Franco Rol – Archivio Storico del Comune di Torino)

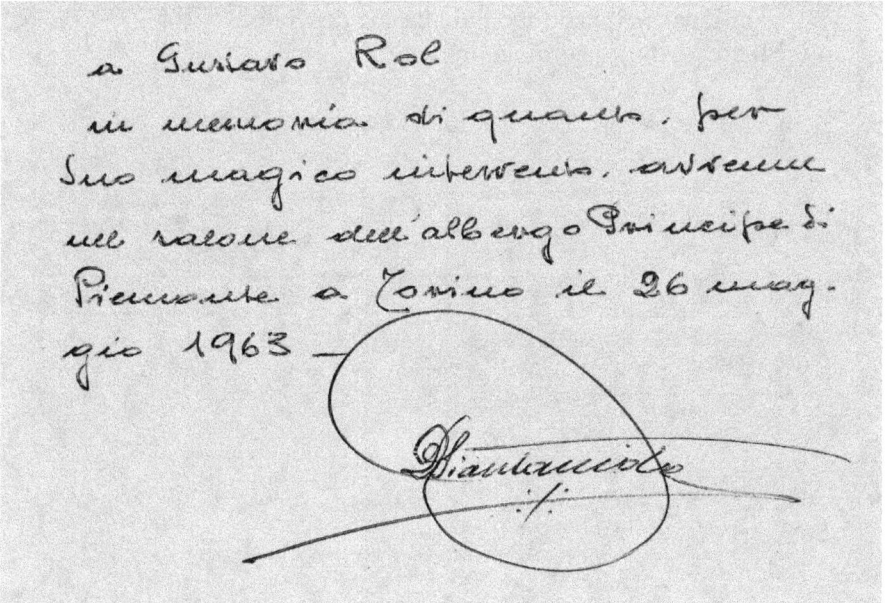

Biglietto senza data di Donato Piantanida (foto © Franco Rol – Archivio Storico del Comune di Torino):

«a Gustavo Rol
in memoria di quanto, per suo magico intervento, avvenne nel salone dell'albergo Principi di Piemonte a Torino il 26 maggio 1963»[6]

---

[6] Si veda p. 121.

Lettera di Gastone De Boni

Verona, 31.8.67.

Egregio dottor Gustavo Adolfo Rol,

Sono qui per ringraziarla della bella serata che Lei ci ha offerto[7] col permetterci di presenziare i suoi esperimenti di "coscienza sublime". Gliene sono infinitamente grato. Se non osassi troppo, vorrei chiederle se non fosse il caso di pubblicare una relazione circostanziata su tutta la gamma di tali esperienze in un libro o in vari articoli su Luce e Ombra?[8]
È un'idea che io sottopongo alla sua decisione.
Mi creda, molto cordialmente, il Suo

Gastone De Boni[9]

(foto © Franco Rol – Archivio Storico del Comune di Torino)

---

[7] Quasi due mesi prima, l'11 luglio 1967, cfr. *supra*, pp. 346-347.
[8] Non si sa se Rol rispose a questa lettera, si sa però che nessun articolo fu scritto su di lui su *Luce e Ombra* in quegli anni.
[9] Annotato a matita, in alto, in grafia che non pare essere di Rol, c'è scritto: «direttore libro opuscolo Luce ed ombra».

Dediche di Federico Fellini

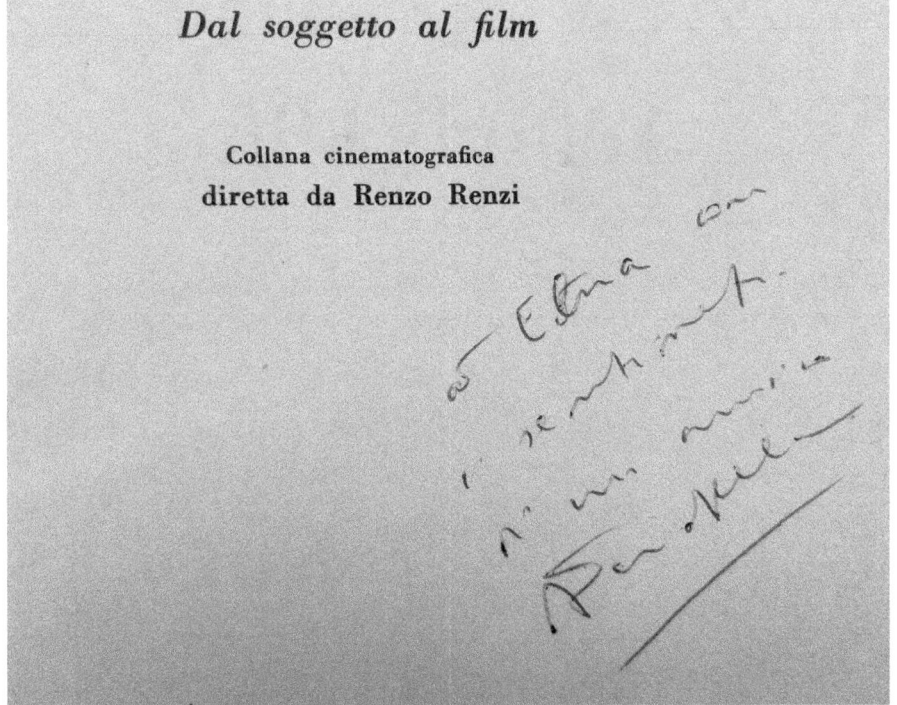

«a Elna con i sentimenti di un amico
Federico Fellini»

Dedica di Fellini all'inizio del volume curato da Tullio Kezich, *Giulietta degli spiriti di Federico Fellini*, Cappelli editore, Bologna, 1965 (foto © Franco Rol – Archivio Storico del Comune di Torino).

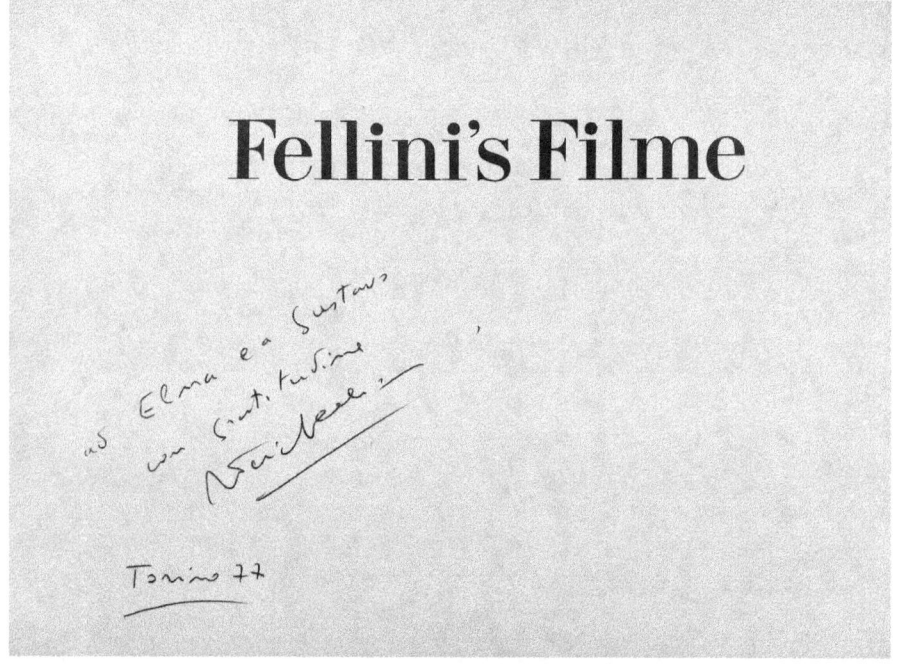

«a Elna e a Gustavo con gratitudine
Federico Fellini
Torino 77»

Dedica di Fellini all'inizio del volume *Fellini's Filme*, Diogenes Verlag, Zurich, 1976 (foto © Franco Rol – Archivio Storico del Comune di Torino).

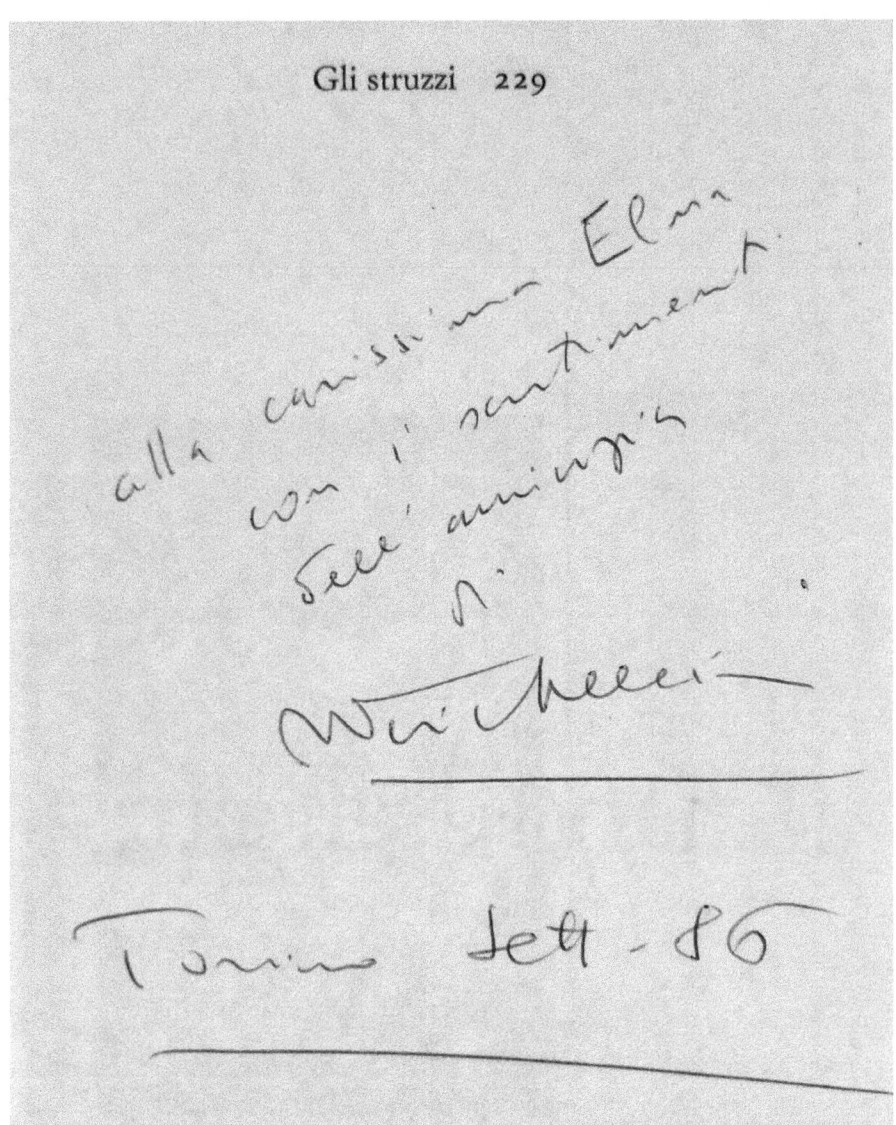

«alla carissima Elna con i sentimenti dell'amicizia di Federico Fellini
Torino Sett. 86»

Dedica di Fellini all'inizio del suo libro *Fare un film*, Einaudi, Torino, 1980 (foto © Franco Rol – Archivio Storico del Comune di Torino).

> *A Gustavo con Tutto, Tutto quello che ho dentro, e non so esprimergli davvero! – Giulietta*
>
> *e non so esprimergli davvero!*

GIULIETTA MASINA
il diario degli altri

Società Editrice Internazionale · Torino

«A Gustavo con Tutto, Tutto quello che ho dentro, e non so esprimergli davvero! Giulietta» (foto © Franco Rol – Archivio Storico del Comune di Torino).

Dedica di Giulietta Masina all'inizio del suo libro *Il diario degli altri*, SEI, Torino, 1975.

A matita Rol aveva riscritto sotto, un passaggio che non era ben comprensibile.

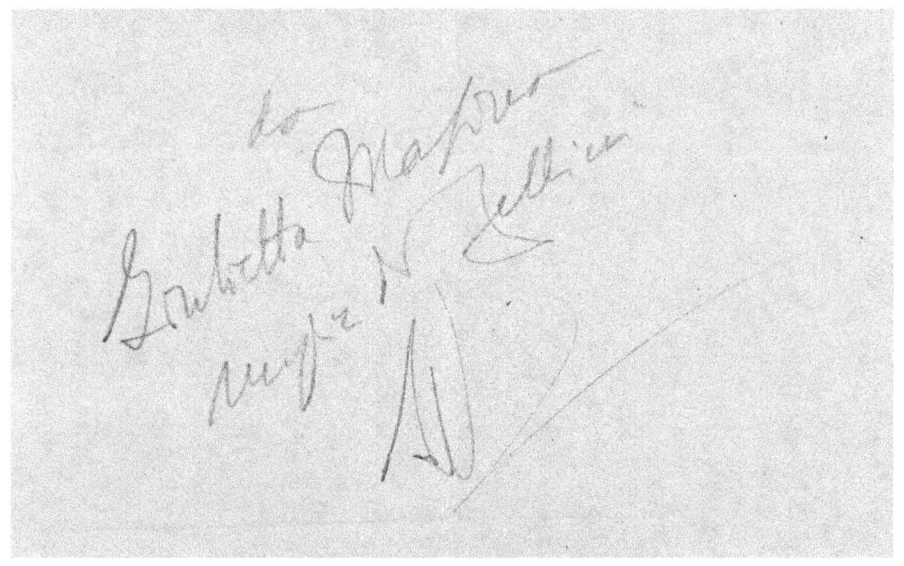

«da Giulietta Masina moglie di Fellini»

(foto © Franco Rol – Archivio Storico del Comune di Torino).

Annotazione di Rol all'inizio del libro di Giulietta Masina.

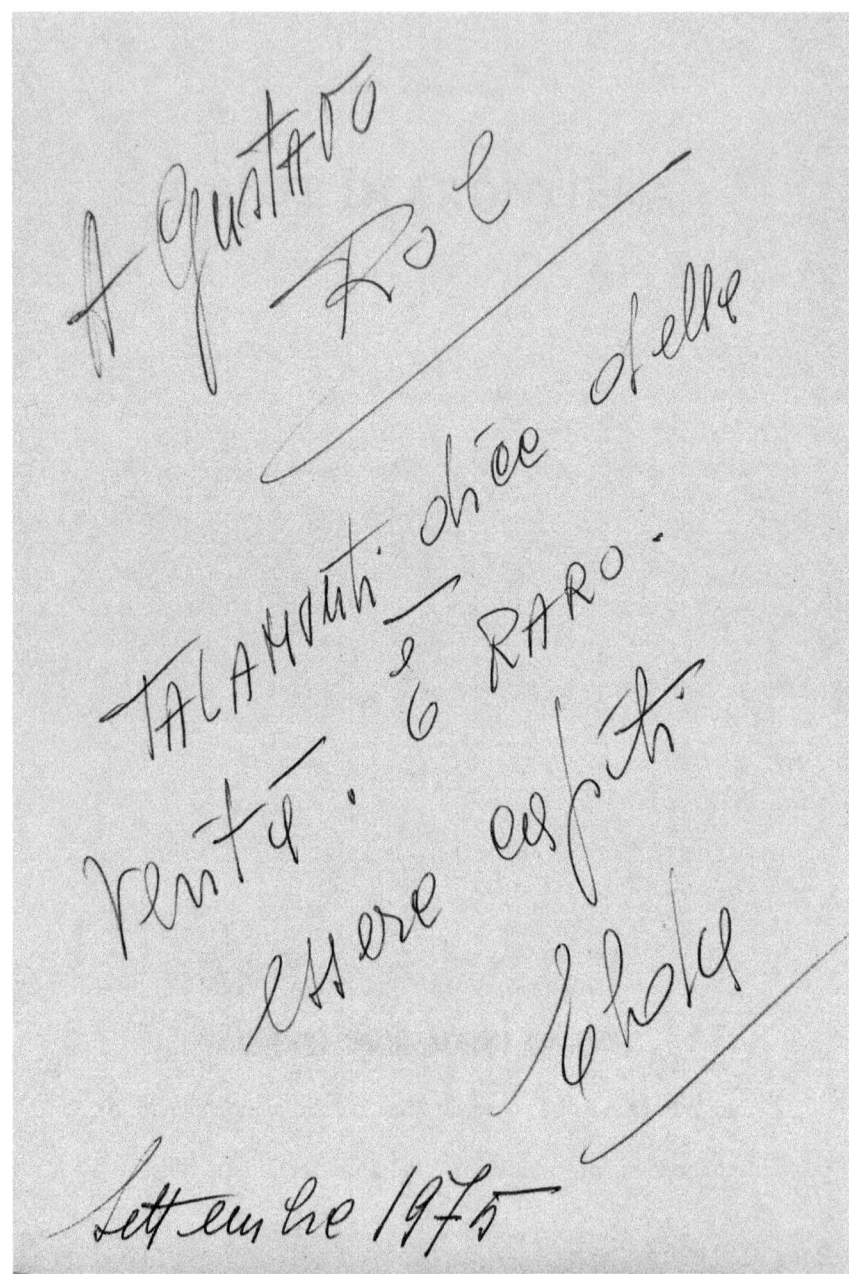

«A Gustavo Rol • Talamonti dice delle verità. È raro essere capiti. • Elda Settembre 1975» (foto © Franco Rol – Archivio Storico del Comune di Torino)

Dedica di mia nonna materna Elda Quaglia Rol all'inizio del libro di Leo Talamonti *Gente di frontiera*, 1975, unica copia presente nella biblioteca di Rol. Il giudizio di Elda era giusto, infatti Talamonti fu uno dei pochi ad avvicinarsi alla comprensione di alcune cose fondamentali di Rol.

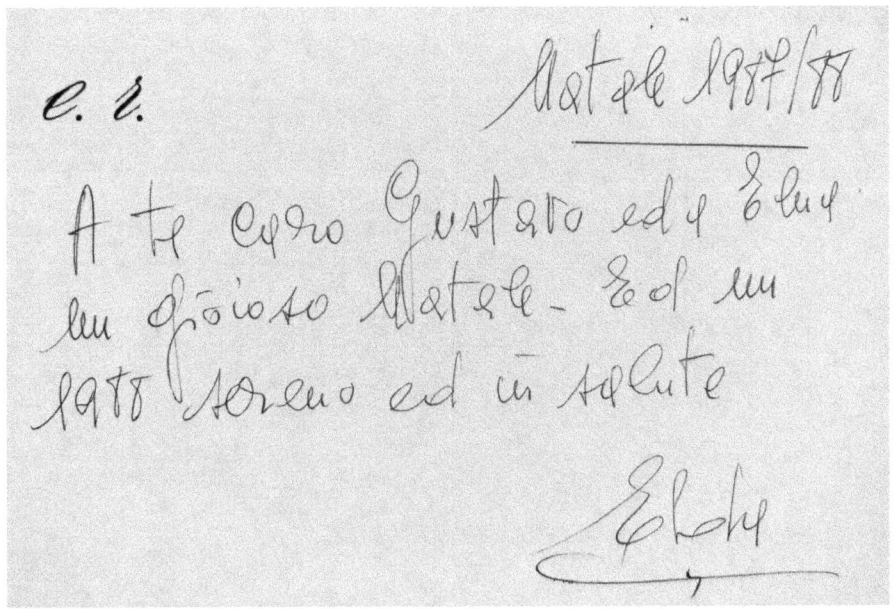

«Natale 1987/88
A te caro Gustavo ed a Elna un gioioso Natale. Ed un 1988 sereno ed in salute.
Elda» (foto © Franco Rol – Archivio Storico del Comune di Torino)

Biglietto di auguri di Elda Quaglia Rol.

www.ingramcontent.com/pod-product-compliance
Lightning Source LLC
Chambersburg PA
CBHW071222230426

43668CB00011B/1274